アセモグル/レイブソン/リスト
A/L/L
Acemoglu Laibson List

入門経済学
Introductory Economics

ダロン・アセモグル Daron Acemoglu
デヴィッド・レイブソン David Laibson
ジョン・リスト John A. List

岩本康志［監訳］
岩本千晴［訳］

東洋経済新報社

いつも私たちに元気を与えてくれる
アスー、ニーナ、ジェニファーへ
感謝の気持ちを込めて

Original Title
ECONOMICS, 1st Edition
by ACEMOGLU, DARON; LAIBSON, DAVID; LIST, JOHN

まえがき

経済学はとても面白い。経済は驚くべき仕組みでできている。スマートフォンを前にして私たちが思い浮かべるのは、とてつもなくすばらしいテクノロジーに関する複雑なサプライ・チェーンだ。そこでは、世界中で製造された部品を組み立てるために、多くの人々が生産に参加している。

誰の命令によるものでもなく、世界を動かす市場の力は、意識の存在や人生そのものと同じぐらいに、印象的で深遠な現象だ。市場システムの創造は、人類が創り出した最大の偉業であることは間違いない。

経済学の考え方はシンプルなものでありながら、世界の出来事を説明し、予測し、改善するうえでとても役に立つ。それを知ってもらおうと思い、私たちは本書を執筆した。学生たちに経済分析の基本的な原理を理解してもらうために、人間行動を理解するうえでの経済学のアプローチの核心を3つの原理にまとめた。3つの原理は抽象的な単語にまとめられているが、その内容は直観的に理解できるものだ。

経済学のアプローチにおける３つの原理

第1の原理は最適化である。最適化とは、人々は可能な選択肢の中で最善のものを選ぼうとする、という考えだ。誰もがつねに最適化ができているとは限らないが、人々は最適化を試みることによって、多くの場合にうまく最適化を行っている。最大の純便益をもたらす選択肢を選ぼうと努力する意思決定者にとっては、最適化とは人間の行動を予測するための有用なツールである。最適化はまた、有用で規範的なツールでもある。最適化のための方法を学ぶことによって、人々は意思決定と生活の質を向上させることができる。本書を読み終えた後には、誰もが最適化行動をうまく選択することができるようになっていることだろう。最適化を行うには複雑な数式は必要なく、ただ経済学的直観を用いるだけでよい。

第2の原理は、第1の最適化の原理を拡張することによって導き出される均衡の原理である。経済システムは均衡の下で機能する。均衡とは、誰もが同時に最適化しようとしている状態だ。幸福度（ウェルビーイング）を最大限に高めようとしているのは、自分だけではない。各人が今とは違う行動をとっても状況は変化しないと誰もが感じるときには、その経済は均衡状態にある。均衡の原理は、経済主体のつながりに注目するものである。たとえば、アップルストアには、大勢の消費者がiPhoneを買いに来るので、大量のiPhoneの在庫が用意されている。その一方で、多くの消費者は、iPhoneが買えると思うからアップルストアを訪れる、とも考えられる。均衡においては、消費者も生産者も同時に最適化しているのであり、両者の行動は関係しあっているのである。

最適化と均衡という最初の2つの原理は、概念的なものである。それに対して、第3の原理である経験主義は、方法論である。経済学では、経済理論を検証したり、世の中について学んだり、政策担当者と話をする際には、データを使う。本書においても、データは主役である。ただし、実証分析は、極めて単純なものにとどめている。本書が他のテキストと違うのは、経済学の理論と現実データのマッチングに重点を置いた点にある。すなわち本書では、経済学ではどのようにデータを用いて具体的な問題の解決策を示すのかを描いている。各章の記述は、具体的でかつ読んで面白いものであることに努めた。最近の学生は理論の背景にあるエビデンス（実証的裏づけ）を求めるものだが、それについても十分に提供した。

たとえば、各章では、実証的な質問を提示して、その後に、データを使ってその質問に答えていくというスタイルをとっている。たとえば、5章は、以下の質問からスタートする。

「月100ドルの報酬で禁煙できるだろうか？」

5章は、禁煙すれば報酬を支払うという実験では、どのように喫煙率が下落するかを考える。

自分たちの経験を振り返っても、経済学を学びはじめた当初の学生たちは、経済学は理論偏重でエビデンスに乏しいという印象を持っていることが多い。本書では、データを用いることによって、経済学ではどのように科学的分析や改善が行われているかを説明する。データを用いることによって、概念の理解は容易になる。またエビデンスが示されることによって、学生は直観的に理解できる。データは、抽象的な原理をより具体的な事実に変換してくれる。各章では、学生が興味を持ち続けることができるように、経済学ではどのようにしてデータを使って疑問に答えているのかについて焦点を当てる。どの章をとっても、経済学を科学的に応用するにはエビデンスが重要な役割を果たしていることが示される。

コラムの目的

3種類のコラムの目的は、現実社会の問題を直観的に理解することである。

「根拠に基づく経済学」（EBE） EBEは、各章冒頭で取り上げた問いに答えるコラムであり、経済学ではどのように現実のデータを用いて問いに答えるかが示されている。EBEでは、各章で議論する重要な概念に関係する実際のデータが使用される。それらのデータは、フィールド実験やラボ実験から得られるものもあるし、あるいは様々な事象（自然に起こる事象）を観察することから得られるものもある。そうしたデータを活用することによって、自分たちを取り巻く世界の中で経済学が果たしている役割について、読者はよりリアルに実感が湧くだろう。

各章の問いで取り上げるのは、無味乾燥な理論だけに基づく概念ではない。たとえば、以下のように、教室の外の現実社会に関連した問いが取り上げられる。

フェイスブックは無料《タダ》か？（1章）
大学には、進学する価値はあるのか？（2章）
月100ドルの報酬で禁煙できるだろうか？（5章）
自由貿易は仕事を奪うのか？（8章）
2007～09年の景気後退はなぜ起きたのか？（15章）

EBE Evidence-Based Economics
根拠に基づく経済学

問い：月100ドルの報酬で禁煙できるだろうか？

本章の冒頭では「月100ドルの報酬で禁煙できるだろうか？」と問いかけた。経済学の研究で支持を得ている禁煙方法に、報酬を支払うというアプローチがある。このようなインセンティブを与えるという方法はうまくいくのだろうか？　また、なぜ、うまくいくのだろうか？　この問いを考えるときに、本章で学んだ考え方が役に立つ。

EBE Evidence-Based Economics
根拠に基づく経済学

問い：アメリカ経済は、過去200年間にわたって、なぜ経済成長を続けることができたのか？

ここまでの議論は、持続的成長においては技術が中心的な役割を果たしていることを裏づけるものである。次に、実証データによっても同じことが言えることを確認しよう。

アメリカの経済成長の要因を分析するに際しては、10章と同じアプローチをとる。10章では、集計的生産関数、各国ごとの物的資本ストックと

「データは語る」 2番目のコラム「データは語る」では、現実のデータを議論の根幹に据えることからスタートして、経済に関する疑問を分析する。以下のようなコラムがある。

マクドナルド社は、弾力性を考慮に入れるべきだろうか？（5章）
フェアトレード：ブームの裏側（8章）
平均寿命とイノベーション（11章）
失業率と実質GDPの成長率：オークンの法則（15章）

LETTING THE DATA SPEAK
データは語る

平均寿命とイノベーション

70年前の世界の平均寿命（出生時平均余命）は、今日よりもはるかに低いものであった[4]。1940年当時は、乳幼児の死亡率は非常に高く、成人できたとし1999年のインドと同水準だった。貧しい国々の健康状態の著しい改善は、どのようにして起きたのだろうか？

その答えは、20世紀のアメリカや西ヨーロッパ諸国で起きた科学分野のブレイクスルーとイノベーションにある。第1に、世界的な医薬品のイノベーションの波があった。なかでも最も重要なのが、抗生物質の開発である。抗生物質は、発

「選択の結果」 最適化の原理を扱う本書では、現実の経済的意思決定の問題を考えたり、また過去に行われた経済的意思決定の評価をしたりする。そうした課題に取り組むコラムが「選択の結果」だ。そして、同じ意思決定の問題を、経済学ではどのように取り扱うのかについて学ぶ。以下のようなコラムがある。

人々は本当に最適化しているのか？（3章）
レブロン・ジェームズは自宅のペンキ塗りをすべきだろうか？（8章）
指数的成長がもたらす結果（11章）

大きすぎて潰せない（13章）

CHOICE&CONSEQUENCE
選択の結果

指数的成長がもたらす結果

あなたに2つの給与プランが提示されたとしよう。第1のプランでは、初任給が1カ月1,000ドルで、毎月6%ずつ昇給する。第2のプランでは、初任給はけるつもりならば、低い給与からはじめるほうがはるかに得だ。

第1の給与プランは、かなり厚待遇だ。少なくとも、しばらくの間この仕事を続けるつもりの人にとっては魅力的なプランである。これこそが、指数的成長の力なのである。毎月6%の昇給は、初任給に対して適用されるのではない（もしそうであるならば、毎月60ドルずつ

本書の構成

「第Ⅰ部　経済学への誘い」の目的は、世界を知るための経済学的な考え方を理解するための基盤を作ることである。「1章　経済学の原理と実践」では、最適化の原理が私たちの選択のほとんどに関係していることを学ぶ。私たちは便益と費用を考慮に入れて優先順位をつけるのだが、そのためには、トレードオフ、予算制約、機会費用について理解しなければならない。続いて学ぶ均衡とは、誰もが同時かつ個別に最適化しようとしている状態であることを説明する。均衡では、自分の行動を変えることによって便益が変化することはない。また、個人の最適化と社会の最適化が必ずしも一致するわけではないフリーライダー問題についても紹介する。

データは経済学では中心的役割を担う。「2章　経済学の方法と問い」では、経済モデル、科学的方法、実証的エビデンス、そして相関関係と因果関係の重要な違いについて説明する。そして、人間の行動に関する興味深い疑問に答えるためには、経済学ではどのようにモデルやデータが利用されているのかを示す。補論では、グラフの作り方とその解釈の仕方について学ぶ。また、この補論では、インセンティブに関して実際に行われた実験が例として用いられる。

「3章　最適化：最善をつくす」では、最適化の概念について詳しく学ぶ。また限界分析を直観的に理解するために例を用いる。ここでは、アパートを探す際の、通勤時間と家賃のトレードオフが問題になる。ここでは、水準による最適化と差分による最適化という2つのアプローチが紹介されるのだが、経済学で用いられることが多いのは後者の差分による最適化（限界分析）の手法である。その理由についても学ぶことになる。

「4章　需要、供給と均衡」では、ガソリン市場を例にとって、需要と供給

の枠組みについて学ぶ。ガソリン価格は、どのようにドライバーなどの買い手の意思決定に影響を及ぼすのだろうか？　また、エクソンモービル社などの売り手の意思決定に影響を及ぼすのだろうか？　4章では、以下の手順でモデルが構築される。まず個々の買い手を足し合わせて市場の需要曲線を作り、個々の売り手を足し合わせて市場の供給曲線を作る。次に、買い手と売り手を合わせて、完全競争市場において交換される財の市場均衡価格と市場均衡取引量がどのように決定されるのかを示す。最後に、価格が、需要量と供給量が一致するように調整できないときには市場が機能しなくなることを示す。

「第Ⅱ部　ミクロ経済学の基礎」は、需要と供給がどのように決まるのかについて詳しく説明することからはじめる。著者たちの教育者としての経験では、ほとんどの学生たちは、経済学を1年間学んだ後でさえ需要曲線と供給曲線に関する基本的な考え方――特に、これらの曲線がどのようにして作られているのか――を、理解できていない。そして、多くの教科書ではこの問題は放置されたままになっている。

5章と6章を執筆したときの著者たちの目標は、インセンティブの考え方に基づけば、消費と生産が実は表裏一体の関係にあることを示す章を用意することであった。他の教科書では様々な章でバラバラに学んでいた、消費者と生産者に関係する概念をここに集めることによって、消費者による最適化と生産者による最適化の間の共通する点と関連する点を明らかにすることを目指した。こうした構成をとることで、読者は、概念がどのように関係しているのかを理解するために教科書の様々な章を前後して参照する必要もなく、1つの場所で全体像を学ぶことができる。

「5章　消費者とインセンティブ」では、需要曲線の背景に立ち入って、需要曲線がどのようにしてできるのかを考える。消費者が何を買うのかを決めるやり方を「買い手の選択」と名づける。買い手の選択に影響を及ぼすのは、買い手の選好、財とサービスの価格、予算の3つの要素である。この3要素を合わせて考えることによって、需要曲線が導き出される。このアプローチの延長で、消費者余剰と需要の弾力性を説明し、消費者がインセンティブにどのように反応するのかを見る。本章の議論から、政策当局や企業は、経済を需要側から考えるべきである理由が理解できるだろう。さらに理解を深めたい学生のために、補論では所得効果と代替効果について説明する。

「6章　生産者とインセンティブ」では、5章と同様の包括的なアプローチをとって「売り手の選択」について考える。題材としているのは、ある1つの企業（著者の1人が10代の夏休みにアルバイトをしたウィスコンシン・チーズマン社）である。売り手の選択に影響を及ぼすのは、生産、費用、利益の3つの要素である。他の教科書では、これらの3要素を、様々な章でバラバラに学んでいたが、売り手の選択を考えるときには、3要素を1つにまとめるのが自然である。そもそも最適な選択を行う企業は、これらの3要素について同時に考えているのだ。また、1つの企業を題材にしたことによって、章全体の説明は一貫したものとなり、わかりやすくなっている。さらに理解を深めたい学生のために補論では、企業によって費用構造が異なると、長期でも経済的利潤が発生することを解説する。

「7章　完全競争と見えざる手」では、市場全体に目を向ける。まず、5章で説明した買い手と6章で説明した売り手が完全競争市場で出会うことによって、何が起きるかを考える。本章の冒頭の問いは、「利己的人間だけがいる市場は社会全体の幸福度を最大化できるか？」だ。この問いに関しては、我々の目を見張らせる経済学の考え方がある。完全競争市場では、「見えざる手」が働き、個人の利益と社会の利益を調和させるというのだ。価格が見えざる手を動かし、買い手と売り手にインセンティブを与えることによって、経済のあらゆる産業間と産業内で資源を効率的に配分し、社会的余剰を最大化する。さらに、バーノン・スミス（ノーベル経済学賞受賞）が行った実験で、価格と取引量は需要と供給が等しくなるところに近づく結果が得られていることを紹介する。

「8章　貿易」では、まず生産可能性曲線、比較優位、さらに貿易による利益を学ぶ。そして、個人間の取引の説明からはじめ、州間の取引である交易を説明し（入門レベルの教科書では画期的なテーマである）、最後に国と国の間の取引である国際貿易を説明する。このような流れに沿って学ぶことで、個人間で取引が生まれる原理が、州際交易でも、国際貿易でも同じように働くことが理解できる。貿易が行われることによって、一国の中で勝者と敗者が生まれることは多いが、勝者が貿易から得る利益は敗者の損失を上回る。政策の課題は、すべての人が貿易の利益を享受できるように、余剰の振り分け方を考えることである。

「第Ⅲ部　マクロ経済学の基礎」では、文字どおりマクロ経済学の基礎を学ぶ。「9章　国の富：マクロ経済全体を定義して測定する」では、基礎的な測定ツールについて説明する。経済の総産出量である国内総生産（GDP）を導出するフレームワークである国民経済計算について、生産、支出、所得の3つのアプローチから説明し、これら3つが等価であり、同じGDPの値になる理由を説明する。また、家庭における生産などの、GDPでは測定できないものについて考える。最後に、インフレーションの測定と物価指数の概念についても議論する。

「10章　総所得」では、1人当たり所得（GDP）を国際比較する方法について、為替レートと購買力平価という2つの類似した手法を通して検討する。集計的生産関数は、一国のGDPが、物的資本ストック、労働資本（労働者1人当たりの総労働時間と人的資本）、および技術に関係づけられていることを示す。また一国のGDPと、1人当たり所得、労働者1人当たりの物的資本ストック、人的資本、技術との関連を示す。これらのツールを用いれば、各国ごとの繁栄の水準に大きな差がある理由を説明できる。ここでも、物的資本、人的資本、技術は重要な要因となっている。

「11章　経済成長」では、経済成長が過去200年間を通して、多くの国々の姿を大きく変えてきたことを示す。たとえば、今日のアメリカの1人当たりGDPは、1820年当時の約25倍だ。この議論の中では、経済成長の「指数的」性質についても学ぶ。指数的成長とは、新しい成長は過去の成長のうえに成り立っていることを意味している。指数的成長があるときには、1人当たり成長率のほんの少しの違いが、数十年の時間を隔てると大きな差となって現れる。そのうえで、持続的成長は技術進歩に依存すること、また国ごとに長期的成長の経路が異なる理由を説明する。経済成長は、すべての市民に等しく恩恵をもたらすわけではない。一部の市民を貧困に陥らせてしまうことは、技術進歩が意図していることでは必ずしもない副産物だ。

12章から14章は、労働市場、クレジット市場、銀行準備の市場について議論する。これらは、マクロ経済の分析において中心的な役割を果たす3つの重要な市場だ。「12章　雇用と失業」では労働市場、すなわち労働需要と労働供給について扱う。標準的な競争均衡においては、労働者の賃金と労働量は、労働需要曲線と労働供給曲線の交点で決定される。しかし、賃金が十分に伸縮的でない場合には、失業が発生する。この枠組みを用いることによって、摩擦的失業や構造的失業のような、様々な失業の要因についても議論をする。

「13章　クレジット市場」では、現代の金融制度が、どのようにして貯蓄者から借り手へと資金を循環させているのかについて説明する。また、金融システムを不安定にする様々なショックについて説明する。銀行やその他の金融仲介機関が、どのようにしてクレジット市場において需要と供給を結びつけているのかを学ぶ。また銀行の貸借対照表（バランスシート）を使って、短期負債を持つリスクと、長期投資をするリスクについて説明する。

「14章　金融システム」では、最初に貨幣の機能について説明する。そして、（アメリカの中央銀行である）連邦準備銀行（Fed）について紹介し、準備預金市場の需要と供給の役割に焦点を当てるとともに、金融システムの基本的な機能を明らかにする。準備預金をコントロールし、準備預金の金利（フェデラル・ファンド・レート）をはじめとした金利に影響を与えるFedの役割については詳細に説明する*。本章では、インフレーションの原因と、インフレーションの社会的費用と社会的便益についても説明する。

本書の最後は、景気変動を分析するための最新の分析枠組みについて説明する。我々の考えでは、経済学を学びはじめた学生が景気変動を理解するにあたっては、労働市場に眼を向けることが最も有益だ。そこで労働市場と失業を分析の中心に置いた。「15章　景気変動」では、様々な経済ショックがどのようにして景気変動を引き起こすのかが示される。技術変化、景況感（アニマル・スピリットを含む）、金利に影響を与えたり金融危機を引き起こす貨幣的・金融的要因などを検証する。それぞれのケースにおいて、当初のショックの影響が乗数効果の働きによって増幅されていく過程が説明される。また、賃金の硬直性が、労働市場のショックへの対応に影響を与える理由を説明する。景気後退と景気拡大の両方の分析に対して労働市場モデルを応用し、経済成長が遅すぎるときや早すぎるときに起こる問題について検討する。

* 中央銀行が果たす役割については、日本銀行もほぼ同じである。

謝　辞

私たち3人の執筆者は、テキスト・プロジェクトに取り組むにあたって、経済学だけではなく、教育（ティーチング）、執筆（ライティング）についても議論を重ねた。加えて、本書執筆の段階では多くの方々から、さらに多くを学ぶことができた。貴重な助言に対して、謹んで感謝申し上げたい。それらの助言は、執筆開始時には想像もできなかったほど、大変に貴重なものだった。彼らの洞察とアドバイスのおかげで本書のアイデアは大きく改善されることとなった。

本テキストのレビュアー、フォーカス・グループ、テスト授業参加のみなさんには、どのように私たちのアイデアを組み立てていけばいいのかを示していただいただけでなく、執筆をサポートし、私たちの文章をより簡潔にするためのお手伝いをしていただいた。彼らのすばらしいフィードバックは、経済学についての私たちの誤解を修正し、概念的な思い込みを改善し、明快に執筆する方法を示してくれた。彼らのアドバイスによって、本書のあらゆるパラグラフが改善された。サポートをいただいた方々を以下に紹介しよう。

リサーチ・アシスタントのAlec Brandon、Justin Holz、Josh Hurwitz、Xavier Jaravel、Angelina Liang、Daniel Norris、Yana Peysakhovich、Jan Zilinskyには、データの分析、文章の推敲、本書全体を貫く教育的原理についての深い洞察を生み出すなど、プロジェクトのあらゆる場面で重要な役割を果たしていただいた。彼らは、多くの役割を担っていた。本書の細部に至るまで影響を及ぼした彼らの才能と貢献がなければ、プロジェクトの成功はなかったであろう。とりわけ、Joshの貢献は特筆すべきものである。Joshの深更まで及んだ作業、優れた編集能力と経済学に関する深い洞察に対する感謝の気持ちは永遠に忘れることはない。Zick Rubinには、プロジェクトがスタートした初期の段階から助言と激励をいただいた。プロジェクトの内容に貢献してくれた多くの経済学者のみなさんにも感謝したい。ボストン大学のBruce Watson、Anuradha Gupta、Julia Paul には、章末問題の作成に貢献していただいた。テキサス工科大学のRashid Al-Hmoudには、革新的なインストラクターズ・マニュアルとアクティブラーニングの演習問題を作成していただいた。カリフォルニア州立大学ロングビーチ校のSteven Yamarikと、インディアナ大学ブルーミントン校のPaul Grafには、本書の重要点を抽出したすばらしいパワーポイントのスライドとアニメーションを作成していただいた。Anuradha GuptaとJulia Paulには、TestBankを作成していただいた。

最も重要な貢献は、編集者とピアソン社のみなさんによるものである。彼らとは、本書のすべての段階をともに過ごした。夜も週末も、数えきれないほどの時間をこのプロジェクトに注いでいただいた。このプロジェクトに寄せられた彼らの情熱、ビジョン、編集に際しての提案のすべてが、テキストの至るところに活かされている。プロジェクトにおける重要な決断のほとんどは、編集者の助言と協力の賜物である。この関係があったからこそ、本書を完成させることができた。ピアソン社の多数の人たちが重要な役割を担ってくれたが、特にお世話になったのが、Executive Acquisitions EditorのAdrienne D'Ambrosio、Executive Development Editor の Mary Clare McEwing、Production Manager の Nancy Freihofer、Project Manager の Sarah Dumouchelle、Andra Skaalrud、Diane Kohnen と Ann Francis、Product Testing and Learner Validation ManagerのKathleen McLellan、Executive Field Marketing ManagerのLori DeShazo、Senior Product Marketing Managerの Alison Haskins、Digital Content Team Lead の Noel Lotz、Digital Studio Project ManagerのMelissa Honig、Margaret E. Monahan-Pashallである。

なかでも特にAdrienneには感謝している。プロジェクトがスタートした当初から献身的に関わり、重要な決断のすべてに労を惜しまず貢献してくれた。プロジェクトの立案にあたったDigital EditorのDenise Clinton、そして、Vice President Product ManagementのDonna Battistaには、プロジェクトを通じて支援していただいた。みなさんは、私たち3人にとっては、筆者であり、教育者であり、コミュニケーターであった。本書は、プロジェクトに関わったすべての方々の忍耐と献身の証であり、良い文章（いや悪い文章！）を見出した慧眼の証でもある。彼らのプロジェクトへの偉大な献身に私たちは感銘を受けてきた。完成までの助言と協力に心から感謝している。

最後に、私たちを支えてくれた人々に感謝したい。私たちを経済学者として導き、教育の力と経済学を学ぶことから得られる喜びを実例をもって示してくださった指導教授たち。私たちを育て、私たちのキャリアを可能にした人的資源を与えてくれた両親。私たちの子どもたち、Annika、Aras、Arda、Eli、Greta、Mason、MaxとNoahは、執筆に追われて犠牲にせざるをえなかった家族との時間を我慢してくれた。そして、プロジェクトを通して私たちをサポートし、理解してくれた配偶者にも感謝しきれない。

本書は、このプロジェクトにともに取り組んだ、慧眼と情熱を持った多くの人々の成果である。数多くの協力者たちに心から感謝を捧げたい。

レビュアー

以下に挙げる方々は、本テキストのレビュアー、フォーカス・グループ、テスト授業参加のみなさんである。彼らからは、様々な洞察と貢献を与えていただいた。

Adel Abadeer, Calvin College
Ahmed Abou-Zaid, Eastern Illinois University
Temisan Agbeyegbe, City University of New York
Carlos Aguilar, El Paso Community College
Rashid Al-Hmoud, Texas Tech University
Sam Allgood, University of Nebraska, Lincoln
Neil Alper, Northeastern University
Farhad Ameen, Westchester Community College
Catalina Amuedo-Dorantes, San Diego State University
Lian An, University of North Florida
Samuel Andoh, Southern Connecticut State University
Brad Andrew, Juniata College
Len Anyanwu, Union County College
Robert Archibald, College of William and Mary
Ali Arshad, New Mexico Highlands University
Robert Baden, University of California, Santa Cruz
Mohsen Bahmani-Oskooee, University of Wisconsin, Milwaukee
Scott L. Baier, Clemson University
Rita Balaban, University of North Carolina
Mihajlo Balic, Harrisburg Area Community College
Sheryl Ball, Virginia Polytechnic Institute and State University
Spencer Banzhaf, Georgia State University
Jim Barbour, Elon University
Hamid Bastin, Shippensburg University
Clare Battista, California State Polytechnic University, San Luis Obispo
Jodi Beggs, Northeastern University
Eric Belasco, Montana State University
Susan Bell, Seminole State University
Valerie Bencivenga, University of Texas, Austin
Pedro Bento, West Virginia University
Derek Berry, Calhoun Community College
Prasun Bhattacharjee, East Tennessee State University
Benjamin Blair, Columbus State University
Douglas Blair, Rutgers University
John Bockino, Suffolk County Community College
Andrea Borchard, Hillsborough Community College
Luca Bossi, University of Pennsylvania
Gregory Brock, Georgia Southern University

Bruce Brown, California State Polytechnic University, Pomona
David Brown, Pennsylvania State University
Jaime Brown, Pennsylvania State University
Laura Bucila, Texas Christian University
Don Bumpass, Sam Houston State University
Chris Burkart, University of West Florida
Colleen Callahan, American University
Fred Campano, Fordham University
Douglas Campbell, University of Memphis
Cheryl Carleton, Villanova University
Scott Carrell, University of California, Davis
Kathleen Carroll, University of Maryland, Baltimore
Regina Cassady, Valencia College, East Campus
Shirley Cassing, University of Pittsburgh
Nevin Cavusoglu, James Madison University
Suparna Chakraborty, University of San Francisco
Catherine Chambers, University of Central Missouri
Chiuping Chen, American River College
Susan Christoffersen, Philadelphia University
Benjamin Andrew Chupp, Illinois State University
David L. Cleeton, Illinois State University
Cynthia Clement, University of Maryland
Marcelo Clerici-Arias, Stanford University
Rachel Connelly, Bowdoin College
William Conner, Tidewater Community College
Patrick Conway, University of North Carolina
Jay Corrigan, Kenyon College
Antoinette Criss, University of South Florida
Sean Crockett, City University of New York
Patrick Crowley, Texas A&M University, Corpus Christi
Kelley Cullen, Eastern Washington University
Scott Cunningham, Baylor University
Muhammed Dalgin, Kutztown University
David Davenport, McLennan Community College
Stephen Davis, Southwest Minnesota State University
John W. Dawson, Appalachian State University
Pierangelo De Pace, California State University, Pomona
David Denslow, University of Florida
Arthur Diamond, University of Nebraska, Omaha
Timothy Diette, Washington and Lee University
Isaac Dilanni, University of Illinois, Urbana-Champaign
Oguzhan Dincer, Illinois State University
Ethan Doetsch, Ohio State University
Murat Doral, Kennesaw State University
Tanya Downing, Cuesta College
Gary Dymski, University of California, Riverside
Kevin Egan, University of Toledo
Eric Eide, Brigham Young University, Provo
Harold Elder, University of Alabama, Tuscaloosa
Harry Ellis, University of North Texas
Noha Emara, Columbia University
Lucas Engelhardt, Kent State University, Stark

Hadi Esfahani, University of Illinois, Urbana-Champaign
Molly Espey, Clemson University
Jose Esteban, Palomar College
Hugo Eyzaguirre, Northern Michigan University
Jamie Falcon, University of Maryland, Baltimore
Liliana Fargo, DePaul University
Sasan Fayazmanesh, California State University, Fresno
Bichaka Fayissa, Middle Tennessee State University
Virginia Fierro-Renoy, Keiser University
Donna Fisher, Georgia Southern University
Paul Fisher, Henry Ford Community College
Todd Fitch, University of California, Berkeley
Mary Flannery, University of Notre Dame
Hisham Foad, San Diego State University
Mathew Forstater, University of Missouri, Kansas City
Irene Foster, George Mason University
Hamilton Fout, Kansas State University
Shelby Frost, Georgia State University
Timothy Fuerst, University of Notre Dame
Ken Gaines, East-West University
John Gallup, Portland State University
William Galose, Lamar University
Karen Gebhardt, Colorado State University
Gerbremeskel Gebremariam, Virginia Polytechnic Institute and State University
Lisa George, City University of New York
Gregory Gilpin, Montana State University
Seth Gitter, Towson University
Rajeev Goel, Illinois State University
Bill Goffe, State University of New York, Oswego
Julie Gonzalez, University of California, Santa Cruz
Paul Graf, Indiana University, Bloomington
Philip Graves, University of Colorado, Boulder
Lisa Grobar, California State University, Long Beach
Fatma Gunay Bendas, Washington and Lee University
Michael Hammock, Middle Tennessee State University
Michele Hampton, Cuyahoga Community College
Moonsu Han, North Shore Community College
F. Andrew Hanssen, Clemson University
David Harris, Benedictine College
Robert Harris, Indiana University-Purdue University Indianapolis
Julia Heath, University of Cincinnati
Jolien Helsel, Youngstown State University
Matthew Henry, Cleveland State University
Thomas Henry, Mississippi State University
David Hewitt, Whittier College
Wayne Hickenbottom, University of Texas, Austin
Michael Hilmer, San Diego State University
John Hilston, Brevard College
Naphtali Hoffman, Elmira College and Binghamton University
Kim Holder, University of West Georgia
Robert Holland, Purdue University
James A. Hornsten, Northwestern University

Gail Hoyt, University of Kentucky
Jim Hubert, Seattle Central Community College
Scott Hunt, Columbus State Community College
Kyle Hurst, University of Colorado, Denver
Ruben Jacob-Rubio, University of Georgia
Joyce Jacobsen, Wesleyan University
Kenneth Jameson, University of Utah
Andres Jauregui, Columbus State University
Sarah Jenyk, Youngstown State University
Robert Jerome, James Madison University
Deepak Joglekar, University of Connecticut
Paul Johnson, Columbus State University
Ted Joyce, City University of New York
David Kalist, Shippensburg University
Lilian Kamal, University of Hartford
Leonie Karkoviata, University of Houston, Downtown
Kathy Kelly, University of Texas, Arlington
Colin Knapp, University of Florida
Yilmaz Kocer, University of Southern California
Ebenezer Kolajo, University of West Georgia
Janet Koscianski, Shippensburg University
Robert Krol, California State University, Northridge
Daniel Kuester, Kansas State University
Patricia Kuzyk, Washington State University
Sumner La Croix, University of Hawaii
Rose LaMont, Modesto Community College
Carsten Lange, California State University, Pomona
Vicky Langston, Columbus State University
Susan Laury, Georgia State University
Myoung Lee, University of Missouri, Columbia
Sang Lee, Southeastern Louisiana University
Phillip K. Letting, Harrisburg Area Community College
John Levendis, Loyola University
Steven Levkoff, University of California, San Diego
Dennis P. Leyden, University of North Carolina, Greensboro
Gregory Lindeblom, Brevard College
Alan Lockard, Binghamton University
Joshua Long, Ivy Technical College
Linda Loubert, Morgan State University
Heather Luea, Kansas State University
Rita Madarassy, Santa Clara University
James Makokha, Collin County Community College
Liam C. Malloy, University of Rhode Island
Paula Manns, Atlantic Cape Community College
Vlad Manole, Rutgers University
Hardik Marfatia, Northeastern Illinois University
Lawrence Martin, Michigan State University
Norman Maynard, University of Oklahoma
Katherine McClain, University of Georgia
Scott McGann, Grossmont College
Kim Marie McGoldrick, University of Richmond
Shah Mehrabi, Montgomery Community College
Saul Mekies, Kirkwood Community College

Kimberly Mencken, Baylor University
Diego Mendez-Carbajo, Illinois Wesleyan University
Catherine Middleton, University of Tennessee, Chattanooga
Nara Mijid, Central Connecticut State University
Laurie A. Miller, University of Nebraska, Lincoln
Edward Millner, Virginia Commonwealth University
Ida Mirzaie, Ohio State University
David Mitchell, Missouri State University, Springfield
Michael Mogavero, University of Notre Dame
Robert Mohr, University of New Hampshire
Barbara Moore, University of Central Florida
Thaddeaus Mounkurai, Daytona State College
Usha Nair-Reichert, Emory University
Camille Nelson, Oregon State University
Michael Nelson, Oregon State University
John Neri, University of Maryland
Andre Neveu, James Madison University
Jinlan Ni, University of Nebraska, Omaha
Eric Nielsen, St. Louis Community College
Jaminka Ninkovic, Emory University
Chali Nondo, Albany State University
Richard P. Numrich, College of Southern Nevada
Andrew Nutting, Hamilton College
Grace O., Georgia State University
Norman Obst, Michigan State University
Scott Ogawa, Northwestern University
Lee Ohanian, University of California, Los Angeles
Paul Okello, Tarrant County College
Ifeakandu Okoye, Florida A&M University
Alan Osman, Ohio State University
Tomi Ovaska, Youngstown State University
Caroline Padgett, Francis Marion University
Peter Parcells, Whitman College
Cynthia Parker, Chaffey College
Mohammed Partapurwala, Monroe Community College
Robert Pennington, University of Central Florida
Kerk Phillips, Brigham Young University
Goncalo Pina, Santa Clara University
Michael Podgursky, University of Missouri
Greg Pratt, Mesa Community College
Guangjun Qu, Birmingham-Southern College
Fernando Quijano, Dickinson State University
Joseph Quinn, Boston College
Reza Ramazani, Saint Michael's College
Ranajoy Ray-Chaudhuri, Ohio State University
Mitchell Redlo, Monroe Community College
Javier Reyes, University of Arkansas
Teresa Riley, Youngstown State University
Nancy Roberts, Arizona State University
Malcolm Robinson, Thomas More College
Randall Rojas, University of California, Los Angeles
Sudipta Roy, Kankakee Community College
Jared Rubin, Chapman University
Jason C. Rudbeck, University of Georgia
Melissa Rueterbusch, Mott Community College
Mariano Runco, Auburn University at Montgomery

Nicholas G. Rupp, East Carolina University
Steven Russell, Indiana University-Purdue University-Indianapolis
Michael Ryan, Western Michigan University
Ravi Samitamana, Daytona State College
David Sanders, University of Missouri, St. Louis
Michael Sattinger, State University of New York, Albany
Anya Savikhin Samek, University of Wisconsin, Madison
Peter Schuhmann, University of North Carolina, Wilmington
Robert M. Schwab, University of Maryland
Jesse Schwartz, Kennesaw State University
James K. Self, Indiana University, Bloomington
Mark Showalter, Brigham Young University, Provo
Dorothy Siden, Salem State University
Mark V. Siegler, California State University, Sacramento
Timothy Simpson, Central New Mexico Community College
Michael Sinkey, University of West Georgia
John Z. Smith, Jr., United States Military Academy, West Point
Thomas Snyder, University of Central Arkansas
Joe Sobieralski, Southwestern Illinois College
Sara Solnick, University of Vermont
Martha Starr, American University
Rebecca Stein, University of Pennsylvania
Liliana Stern, Auburn University
Adam Stevenson, University of Michigan
Cliff Stone, Ball State University
Mark C. Strazicich, Appalachian State University
Chetan Subramanian, State University of New York, Buffalo
AJ Sumell, Youngstown State University
Charles Swanson, Temple University
Tom Sweeney, Des Moines Area Community College
James Swofford, University of South Alabama
Vera Tabakova, East Carolina University
Emily Tang, University of California, San Diego
Mark Tendall, Stanford University
Jennifer Thacher, University of New Mexico
Charles Thomas, Clemson University
Rebecca Thornton, University of Houston
Jill Trask, Tarrant County College, Southeast
Steve Trost, Virginia Polytechnic Institute and State University
Ty Turley, Brigham Young University
Nora Underwood, University of Central Florida
Mike Urbancic, University of Oregon
Don Uy-Barreta, De Anza College
John Vahaly, University of Louisville
Ross Van Wassenhove, University of Houston
Don Vandegrift, College of New Jersey
Nancy Virts, California State University, Northridge
Cheryl Wachenheim, North Dakota State College
Jeffrey Waddoups, University of Nevada, Las Vegas
Donald Wargo, Temple University
Charles Wassell, Jr., Central Washington University
Matthew Weinberg, Drexel University
Robert Whaples, Wake Forest University

Elizabeth Wheaton, Southern Methodist University
Mark Wheeler, Western Michigan University
Anne Williams, Gateway Community College
Brock Williams, Metropolitan Community College of Omaha
DeEdgra Williams, Florida A&M University
Brooks Wilson, McLennan Community College
Mark Witte, Northwestern University
Katherine Wolfe, University of Pittsburgh
William Wood, James Madison University
Steven Yamarik, California State University, Long Beach
Bill Yang, Georgia Southern University
Young-Ro Yoon, Wayne State University
Madelyn Young, Converse College
Michael Youngblood, Rock Valley College
Jeffrey Zax, University of Colorado, Boulder
Martin Zelder, Northwestern University
Erik Zemljic, Kent State University
Kevin Zhang, Illinois State University

監訳者まえがき～日本語版刊行にあたって～

本書は、Daron Acemoglu, David Laibson, John A. List, *Economics*（2015, Pearson Education）から15章を抄録した日本語版である。原書は、大学での経済学入門コースの教科書として、アメリカをはじめ世界各国で好評を博している。全章の日本語版は、『ミクロ経済学』と『マクロ経済学』の分冊で出版されているが、よりコンパクトな教科書が欲しい日本の読者のために、独自に編まれたものが本書である。日本の大学では、4単位科目（通年1コマか半期2コマ）の教科書に適した分量であるが、内容を取捨選択して2単位科目の教科書として使用することもできるだろう。

翻訳された教科書で本書のレベルに相当するものには、『マンキュー 入門経済学』、『スティグリッツ 入門経済学』（以上、東洋経済新報社）、『ハバード経済学Ⅰ 入門編』（日本経済新聞出版社）等がある。これらと比較した本書の特徴は、「新しい」と「やさしい」である。

「新しい」面は、従来の入門レベルの教科書では扱われていないが、学界の最先端で議論されているような最新のトピックを、教科書の中核に取り入れていることである。改訂を重ねている教科書には、長年使われて改良が施されている利点がある一方で、経済学の新しい知見が現れても、教科書の骨格を変化させることが難しい。その結果、時代の変化とともに廃れつつある知識を最初にしっかりと学び、今重要な新しい知識は上級の教科書で触れられるものとしていっさい取り上げないか、最後に少しだけ触れられるような構成になってしまうことが起こりがちである。結局、既存の教科書は変化できずに、新しい教科書に取って代わられることで、教科書は進歩してきた。

本書は、革新的業績で経済学を変貌させてきた著者たち（いわば教科書の書換えを迫る張本人）が、自分たちが変えた経済学の姿を教科書に盛り込もうと試みたものである。その新しい例をいくつか挙げよう。

まず、事実とデータにより理論を検証しようとする「経験主義」を、経済学のアプローチにおける3つの重要な原理の1つに掲げ、各章の構成をその精神で貫いている。各章冒頭では重要な問いかけを行い、それを解明するために必要な経済学の概念や論理を学び、コラム「根拠に基づく経済学」（EBE）で、実際のデータを用いて理論を検証している。もちろん教科書であるから、概念と理論を積み上げていくように章の順番は構成されているが、理論を学ぶことが優先ではなく、経済を理解するために経済学を学ぶことが優先である。データは時間が経つと古くなるので、従来の教科書ではなかなか積極的に採用できなかったアプローチである。本書では、長く学生にとっても役に立つ、本質的な問題を精選することで、この問題に対応している。

その際、本書の前半では、実験室で行われるラボ実験と実際の現場で行われるフィールド実験で得られたデータが多数、紹介されている。市場の働きの解明はミクロ経済学の中心課題であるが、複雑な現実の市場をそのまま説明することは難しい。重要な要素を抽出した環境を実験室に作り出し、市場の働きの本質を解明しようとするのが実験的手法である。実験によって制御された環境によって、消費者はインセンティブに反応するのか（5章）、供給は価格に反応するのか（6章）、価格は本当に均衡に収束するのか（7章）、という問題が検証されている。

本書が取り上げる課題の多くは、経済に起こった現象の原因と結果の関係の解明である。因果関係から生じる影響を抽出するために、原因から影響を受ける処置群と影響を受けない対照群を設定するという手法（現在の学界では、ゴールドスタンダードと呼ばれる）が中心的な役割を占める（2章）。「平均処置効果」のような学部レベルでは扱われていなかった概念まで最初からしっかり説明されているのは、従来の教科書にはない特徴である。最初からこのような方法論を学べることは、本書を学んだ後に経済学を使って自分で経済問題を考える際には大きな助けとなることだろう。

従来のマクロ経済学の教科書での定番教材としては、現代の教科書の元祖であるサミュエルソンの『経済学』（1948年初版）で導入された「45度線モデル」（マクロ経済を安定化させる財政政策の乗数効果を説明するモデル）がある。しかし、現代のマクロ経済学は45度線モデルには立脚しておらず、乗数効果はゲーム理論での「戦略的補完性」の概念に基づいて説明されるようになっている。このことをはじめとして、現在、マクロ経済学では学部で学ぶことと大学院で学ぶことの乖離が大きいことが教育上の問題になっている。経済学入門コースで45度線モデルをしっかり学んでも、レベルが上がるにつれて、45度線モデルで学んだことは不要になる。本書では戦略的補完性の技術的説明はしていないが、そのエッセンスを伝える説明をすることで、そのまま現代のマクロ経済学での議論につながる体裁をとっている（15章）。

金融に関しても、サブプライム・ローンの破綻から金融危機（2008～09年）

が起きたことで、教科書の書換えが迫られていた。これまで金融危機が長らく起こらなかったことで、金融危機が起こらない経済の動きをうまく説明するようにマクロ経済学は発達し、教科書もそのような経済学に基づいて書かれてきた。いまやそれは不適切である。本書では、銀行の機能からリーマン・ブラザーズ証券の破綻を招いた現象である組織的銀行取付けに至るまで、金融危機がなぜ起こるのかを理解するために必要な概念を一直線に学べるように工夫されている（13章、15章）。

内容が複雑にならない、記述が難しくならない、という意味での「やさしさ」については本書のレベルは、従来の教科書では一番やさしいとされる『マンキュー 入門経済学』よりも少しやさしい水準だろう。

翻訳でもそうした「やさしさ」を伝えることにひときわ気を遣った。原書で使われている英語は非常に平易なものであるが、翻訳によっては学術的で固い日本語になってしまいがちである。本書は、高校生でも読めるような翻訳を目指した。そのため一部では、日本語として意味が通りやすい意訳を志向している（ただし、経済学の教科書であるので、原文の論理そのものを踏み外すわけにはいかないとともに、日本語が固まっている専門用語はそのまま用いている）。

経済学の内容を読者にやさしく伝えるために、本書ではアメリカの学生が経験する身近な事例を多数取り上げている。翻訳教科書のつねとして、そのような事例は日本ではなじみのないもので、逆効果になることもある。その場合は、固有名詞を一般名詞に置き換えたり、日米の慣習や制度の違いについて訳注を付けたりして、日本の読者にも読みやすくなるようにした（原書注とは区別して、「*」を付して脚注としている）。また、日本のデータを参照した図をいくつか追加している（図表番号の終わりに「J」を添えている）。なお、原書のわかりにくさを改善するために、11章補論にあった経済成長モデルの数学的説明は割愛し、13章（443ページ）の実質金利と名目金利に関する記述は第2版と差し替えた。

経済学のテキストを実際の大学の講義で使用するにあたっては、アメリカでは教科書に適合した様々なサポート教材が提供されている[†]。本書でも、同様のセットが日本語版として提供される。テキスト各章に対応した、図表スライド、講義用スライド、TestBank、eラーニング、章末問題の解答、アクティブラーニング用スライドなどの様々なサポート教材のセットが用意されている。

† 教員向けサポート教材については「教科書の森」サイトを参照。https://book.toyokeizai.net/textbook/

本書の著者の経歴と業績は巻末に紹介されているが、プロフィールの若干の補足をしておこう。

アセモグル教授は、その業績を要約することが難しいほど、多岐にわたる分野で活躍をしている。専門分化が進んだ現代の経済学の中で、1つの専門分野にとどまることなく重要な問題に次々と関心を移し、それぞれで影響力のある業績をあげ、稀有な存在として業界の尊敬と畏怖の念を集めている。教授の活躍自体が、経済の様々な重要な問題をゴールドスタンダードに沿って検証するという本書のアプローチのお手本になっていると言ってよい。教授の知的好奇心は、最近では、人工知能（AI）の経済への影響や新型コロナウイルス感染症対策に関する研究にも影響力を発揮している。

レイブソン教授は、心理学の知見を取り入れて発展した行動経済学の確立に貢献した重鎮である。3章で経済学の第1の原理である「最適化」を説明する際にも、人が最適化できない状況があることに注意を促して、行動経済学の考え方を最初から取り入れている。また、神経科学を取り入れた神経経済学、遺伝子情報をデータとして活用する遺伝子経済学でも活躍しており、隣接科学との交流によって経済学の方法論を大きく広げる活躍をされている。教授は2019年秋より、勤務するハーバード大学の経済学入門講義を担当することになった。長年、この講義を担当し、入門用教科書のベストセラーの著者であるマンキュー教授からの交代は、教科書の世代交代を印象づけることとなった。

リスト教授は、実験室内ではなく実際の社会で実験を行うという、フィールド実験を用いた研究の第一人者である。経済学の研究対象が自由貿易の是非のような国民経済全体に関わることであった時代には、経済学は自然科学とは違って実験ができない学問とされていた。しかし現代では教育、社会保障のような対個人サービスが重要な位置を占めるようになり、政策の効果の検証には実験が可能な研究課題が多くなってきた。それだけでなく教授は、人々の経済行動の研究にもフィールド実験を積極的に適用して、経済学の方法論を革命的に進歩させた。

こうした革新的な業績をあげ続けているスーパースターのチームが、教科書の世界を革新しようとする醍醐味を、本書を読むことで味わっていただきたいと思う。

岩本　康志

『アセモグル/レイブソン/リスト　入門経済学』の『ミクロ経済学』『マクロ経済学』との対応関係

アセモグル/レイブソン/リスト 入門経済学		ミクロ経済学	マクロ経済学
第Ⅰ部	経済学への誘い		
1章	経済学の原理と実践	1章	1章
2章	経済学の方法と問い	2章	2章
3章	最適化：最善をつくす	3章	3章
4章	需要、供給と均衡	4章	4章
第Ⅱ部	ミクロ経済学の基礎		
5章	消費者とインセンティブ	5章	
6章	生産者とインセンティブ	6章	
7章	完全競争と見えざる手	7章	
8章	貿易	8章	
第Ⅲ部	マクロ経済学の基礎		
9章	国の富：マクロ経済全体を定義して測定する		5章
10章	総所得		6章
11章	経済成長		7章
12章	雇用と失業		9章
13章	クレジット市場		10章
14章	金融システム		11章
15章	景気変動		12章

目　次

まえがき　i

謝辞　x

監訳者まえがき〜日本語版刊行にあたって〜　xix

第Ⅰ部　経済学への誘い

1章　経済学の原理と実践　2

1.1　経済学の対象　3

経済主体と経済資源　4

経済学の定義　6

事実解明的経済学と規範的経済学　6

ミクロ経済学とマクロ経済学　8

1.2　3つの原理　9

1.3　第1の原理：最適化　11

トレードオフと予算制約　12

機会費用　13

費用便益分析　15

EBE　フェイスブックは無料か？　17

1.4　第2の原理：均衡　20

フリーライダー問題　22

1.5　第3の原理：経験主義　23

1.6　経済学は役に立つ？　24

まとめ　25

キーワード　26

復習問題　26

2章　経済学の方法と問い　28

2.1　科学的方法とは　29

モデルとデータ　30

経済モデル　32

EBE　大学を卒業すると、どれぐらい所得が増えるのか？　33

平均値　35

伝聞に基づく議論　36

2.2　因果関係と相関関係　37

赤色の広告キャンペーン　37

因果関係と相関関係　38

実験経済学と自然実験　41

2.3　経済学の問いと答え　42

EBE　義務教育が１年延びたら、賃金はどれぐらい上がるのか？　43

まとめ　45

キーワード　45

復習問題　47

補論　グラフの作成と解釈　48

インセンティブに関する研究　48

実験のデザイン　49

変数の説明　50

原因と結果　54

キーワード　58

練習問題　58

3章　最適化：最善をつくす　60

3.1　最適化の２つの方法：焦点の違い　61

3.2　水準による最適化　64

選択の結果　人々は本当に最適化しているのか？　64

比較静学　68

3.3　差分による最適化：限界分析　71

限界費用　72

EBE　立地は家賃にどのように影響するのか？　76

まとめ　80

キーワード　81

復習問題　81

4章 需要、供給と均衡 84
4.1 市場 85
競争市場 86
4.2 買い手の行動 88
需要曲線 89
支払意思額 90
個人の需要曲線から総需要曲線を導き出す 91
市場需要曲線を作る 93
需要曲線のシフト 94
EBE ガソリン価格が安くなったら、もっとガソリンを買うだろうか？ 98
4.3 売り手の行動 100
供給曲線 100
受入意思額 102
個別の供給曲線から市場供給曲線を導き出す 102
供給曲線のシフト 104
4.4 均衡における供給と需要 107
競争均衡における曲線のシフト 110
4.5 政府がガソリン価格を決めたらどうなるか？ 113
選択の結果 市場価格を固定することによる予期せぬ出来事 114
まとめ 116
キーワード 117
復習問題 118

第Ⅱ部 ミクロ経済学の基礎

5章 消費者とインセンティブ 122
5.1 買い手の選択 124
好きなもの 125
財とサービスの価格 125
選択の結果 絶対水準 vs 割合 126
使える金額 126

5.2 3要素を合わせて考える 129
価格の変化 132
所得の変化 133
5.3 買い手の選択から需要曲線へ 134
5.4 消費者余剰 136
価格上昇による消費者余剰の減少 138
EBE 月100ドルの報酬で禁煙できるだろうか? 139
5.5 需要の弾力性 143
需要の価格弾力性 143
需要曲線上の位置と価格弾力性 145
弾力性の判定：弾力的と非弾力的 147
需要の価格弾力性を決定する要因 149
需要の交差価格弾力性 151
需要の所得弾力性 152
データは語る マクドナルド社は、弾力性を考慮に入れるべきだろうか? 154
まとめ 155
キーワード 156
復習問題 156
補論 無差別曲線で選好を表す：予算制約のもう1つの活用法 159
キーワード 163
練習問題 163

6章 生産者とインセンティブ 166
6.1 完全競争市場における売り手 167
6.2 売り手の選択 168
財の生産：投入物と生産物 169
生産のための費用：費用曲線 173
生産から得られる利益：収入曲線 176
すべてを合わせる：3つの要素を活用して最善の選択を行う 178
選択の結果 1単位当たり利潤ではなく、総利潤を最大化する 181
6.3 売り手の選択から供給曲線へ 182
供給の価格弾力性 182
企業の操業停止 185

選択の結果　限界で判断するとサンクコストは無視される　187

6.4　生産者余剰　188

6.5　短期から長期へ　190

長期供給曲線　191

選択の結果　自動車製造工場：分業と規模の経済　192

6.6　企業から市場へ：長期競争均衡　193

企業の参入　194

企業の退出　196

長期では利潤はゼロになる　197

経済的利潤と会計上の利益　199

EBE　エタノールへの補助金は生産者にどう影響するか？　200

まとめ　205

キーワード　206

復習問題　206

補論　企業の費用構造が異なるとき　208

7章　完全競争と見えざる手　212

7.1　完全競争と効率性　214

社会的余剰　216

パレート効率性　218

7.2　見えざる手の及ぶ範囲：個人から企業へ　219

7.3　見えざる手の及ぶ範囲：産業間の資源配分　224

7.4　価格が見えざる手を動かす　228

死重損失　231

計画経済　232

選択の結果　ハリケーン・カトリーナの災害：FEMAの対応とウォルマートの対応　234

中央集権国家　236

選択の結果　Kマートの計画と統制　238

7.5　公平性と効率性　239

EBE　利己的人間だけがいる市場は社会全体の幸福度を最大化できるか？　240

まとめ　245

キーワード　246

復習問題　246

8章 貿易 248
8.1 生産可能性曲線 249
機会費用の計算 253
8.2 貿易の基本：比較優位 255
特化 256
絶対優位 257
選択の結果 比較優位の実験 258
取引の価格 261
8.3 州際交易 262
選択の結果 レブロン・ジェームズは自宅のペンキ塗りをすべきだろうか？ 265
経済全体の生産可能性曲線 265
各州の比較優位と特化 267
8.4 国際貿易 268
国際貿易を決定する要因 270
データは語る フェアトレード：ブームの裏側 272
輸出国での勝者と敗者 272
輸入国での勝者と敗者 274
世界市場での価格はどう決まるのか？ 276
国の比較優位を決めるもの 276
8.5 反自由貿易の根拠 277
国家安全保障に関する懸念 278
グローバル化が自国の文化に与える影響に対する不安 278
環境問題と資源問題に関する懸念 278
幼稚産業保護論 279
関税の効果 279
EBE 自由貿易は仕事を奪うのか？ 282
まとめ 285
キーワード 285
復習問題 286

第Ⅲ部　マクロ経済学の基礎

9章　国の富：マクロ経済全体を定義して測定する　290

9.1　マクロ経済学の問題　291

9.2　国民経済計算：生産=支出=所得　294

生産アプローチ　294

支出アプローチ　295

所得アプローチ　296

経済循環　297

国民経済計算：生産アプローチ　299

国民経済計算：支出アプローチ　302

EBE　アメリカの経済生産の１年間の総市場価値はどれほどの規模になるのか?　304

国民経済計算：所得アプローチ　308

データは語る　貯蓄か投資か　309

9.3　GDPでは測定されないもの　310

物的資本の減耗　311

家庭における生産　312

地下経済　314

負の外部性　315

国内総生産（GDP）と国民総生産（GNP）　315

余暇　317

GDPで幸福が買えるだろうか?　317

9.4　実質と名目　319

GDPデフレーター　322

消費者物価指数　325

インフレーション　328

名目変数の調整　329

まとめ　330

キーワード　331

復習問題　332

10章 総所得 334

10.1 世界の経済格差 335

1 人当たり所得の違いを測定する 336

データは語る ビッグマック指数 338

1 人当たり所得の格差 338

労働者 1 人当たり所得 340

生産性 341

所得と生活水準 342

選択の結果 1 人当たり所得を見ているだけではわからないこと 343

10.2 生産性と集計的生産関数 346

生産性の違い 346

集計的生産関数 347

労働 348

物的資本と土地 349

集計的生産関数を式で表す 349

10.3 技術の役割と決定要因 352

技術 352

データは語る ムーアの法則 353

技術に関するいくつかの側面 354

データは語る 企業レベルでの生産の効率性と生産性 356

企業家精神 357

データは語る 独占とGDP 357

EBE 平均的アメリカ人が平均的インド人よりずっと豊かな理由は何か？ 358

まとめ 361

キーワード 362

復習問題 362

補論 集計的生産関数の数学的説明 364

11章 経済成長 368

11.1 経済成長の力 369

ひと目でわかるアメリカの経済成長 369

指数的成長 372

選択の結果　指数的成長がもたらす結果　374
経済成長のパターン　375
データは語る　GDPは水準で比較すべきか？　成長率で比較すべきか？　378
平均成長率の計算　381
11.2　経済はどのように成長するのか？　382
最適化：貯蓄と消費の間の分割の選択　383
持続的成長は、どのように実現されるのか？　384
選択の結果　貯蓄率が上昇するのは、どんな場合にもいいことなのか？　386
知識・技術進歩・経済成長　386
EBE　アメリカ経済は、過去200年間にわたって、なぜ経済成長を続けることができたのか？　389
11.3　経済成長と技術の歴史　392
近代以前の経済成長　392
マルサスが考えた経済成長の限界　394
産業革命　395
産業革命以降の経済成長と技術　396
11.4　経済成長、不平等、そして貧困　396
経済成長と不平等　396
データは語る　アメリカにおける所得格差　397
選択の結果　格差と貧困　398
経済成長と貧困　399
どうすれば貧困を減らすことができるのか？　400
データは語る　平均寿命とイノベーション　401
まとめ　402
キーワード　403
復習問題　403

12章　雇用と失業　406
12.1　雇用と失業の測定　407
16歳以上人口の分類　408
失業率の計算　409
失業率の傾向　410
失業者の内訳　412

12.2 労働市場の均衡 413
- 労働需要 413
- 労働需要曲線のシフト 416
- 労働供給 418
- 労働供給曲線のシフト 418
- 競争的労働市場の均衡 420

12.3 失業はなぜ起きるのか? 421

12.4 ジョブ・サーチと摩擦的失業 422

12.5 賃金の硬直性と構造的失業 424
- 最低賃金法 424
- 選択の結果 ラッダイト運動 426
- 労働組合と団体交渉 427
- 効率賃金と失業 428
- 賃金の下方硬直性と失業の変動 429
- 自然失業率と循環的失業 431

EBE 企業が工場を閉鎖すると、地域の雇用と失業にはどのような影響が及ぶのか? 432
- まとめ 435
- キーワード 437
- 復習問題 437

13章 クレジット市場 440

13.1 クレジット市場とはどういう市場か? 441
- 借り手と融資の需要 442
- 実質金利と名目金利 443
- 信用需要曲線 445
- 貯蓄の決定 448
- 選択の結果 なぜ貯蓄をするのか? 449
- 信用供給曲線 449
- クレジット市場における均衡 452
- クレジット市場と資源の効率的配分 454

13.2 銀行と金融仲介機関：供給と需要をあわせて考える 455
- 銀行の貸借対照表上における資産と負債 457

13.3 銀行はどのような業務を行っているのか？ 460
利益につながる融資機会を見つけ出す 460
満期変換 461
リスクの管理 462
銀行取付け 464
銀行の規制と銀行の支払い能力 465
EBE 銀行の破綻はどのぐらい頻繁に起こっているのか？ 467
選択の結果 大きすぎて潰せない 470
選択の結果 資産価格の変動と銀行の破綻 471
まとめ 472
キーワード 473
復習問題 474

14章 金融システム 476
14.1 貨幣 478
貨幣の機能 478
貨幣の種類 479
マネーサプライ 480
選択の結果 金に交換できた貨幣とできなくなった貨幣 482
14.2 貨幣、物価、GDP 483
名目GDP、実質GDP、インフレーション 483
貨幣数量説 485
14.3 インフレーション 486
インフレーションの原因は何だろうか？ 486
インフレーションが及ぼす影響 487
インフレーションの社会的費用 488
インフレーションの社会的便益 490
14.4 連邦準備制度 491
中央銀行と金融政策の目的 491
EBE 1922~23年のドイツでは、なぜハイパーインフレーションが起きたのか？ 492
中央銀行は何をしているのか？ 495
準備預金 497
フェデラル・ファンド市場の需要サイド 499

フェデラル・ファンド市場の供給サイド、およびフェデラル・ファンド市場の均衡 502
Fed はマネーサプライとインフレ率にどのような影響を及ぼすのか? 507
選択の結果 フェデラル・ファンド市場以外で準備預金を得る 509
フェデラル・ファンド・レートと長期実質金利の関係 509
選択の結果 インフレ期待の２つのモデル 512
まとめ 515
キーワード 516
復習問題 516

15章 景気変動 518
15.1 景気変動と景気循環 519
景気変動のパターン 522
大恐慌 525
15.2 マクロ経済均衡と景気変動 528
労働需要と変動 528
変動の要因 531
データは語る 失業率と実質GDPの成長率：オークンの法則 532
乗数と景気変動 539
賃金が下方硬直的で乗数効果が働くときの短期均衡 542
中期的な均衡：部分的な回復と完全な回復 542
15.3 経済モデルの拡張 548
EBE 2007~09年の景気後退はなぜ起きたのか? 550
まとめ 557
キーワード 559
復習問題 560

用語解説 561
索引 575
著者紹介 580

ミクロ経済学主要目次

第Ⅰ部 経済学への誘い

1章 経済学の原理と実践
2章 経済学の方法と問い
3章 最適化：最善をつくす
4章 需要、供給と均衡

第Ⅱ部 ミクロ経済学の基盤

5章 消費者とインセンティブ
6章 生産者とインセンティブ
7章 完全競争と見えざる手
8章 貿易
9章 外部性と公共財
10章 政府の役割：税と規制
11章 生産要素市場

第Ⅲ部 市場構造

12章 独占
13章 ゲーム理論と戦略的行動
14章 寡占と独占的競争

第Ⅳ部 ミクロ経済学の拡張

15章 時間とリスクのトレードオフ
16章 情報の経済学
17章 オークションと交渉
18章 社会経済学

マクロ経済学主要目次

第Ⅰ部　経済学への誘い

1章　経済学の原理と実践
2章　経済学の方法と問い
3章　最適化：最善をつくす
4章　需要、供給と均衡

第Ⅱ部　マクロ経済学への誘い

5章　国の富：マクロ経済全体を定義して測定する
6章　総所得

第Ⅲ部　経済成長と発展

7章　経済成長
8章　なぜ豊かな国と貧しい国があるのか？

第Ⅳ部　マクロ経済の均衡

9章　雇用と失業
10章　クレジット市場
11章　金融システム

第Ⅴ部　景気変動とマクロ経済政策

12章　景気変動
13章　反循環的マクロ経済政策

第Ⅵ部　グローバル経済のマクロ経済学

14章　マクロ経済と国際貿易
15章　開放経済のマクロ経済学

経済学への誘い　第 I 部

PART I
Introduction to Economics

1 経済学の原理と実践

The Principles and Practice of Economics

フェイスブックは無料《タダ》か？

こう聞かれたら、「無料《タダ》」だと答えたくなるだろう。

フェイスブック（Facebook）からお金を請求されているわけではないのだから。では視点を変えて質問しよう。フェイスブックを使っているとき、あなたは何をあきらめているだろうか？　フェイスブックはあなたのお金はとらないが、あなたの時間をとっている、と考えてみよう。その時間を使えば、サッカーをしたり、ビデオを見たり、音楽を聴いたりして過ごせる。毎日1時間フェイスブックに使っているとしたら、あなたはその1時間を別のことに使うのをあきらめていることになる。時間の使い道はいろいろだ。たとえば、アメリカの典型的な大学生は1週間に7時間働き、1年間では約4,000ドルを稼いでいる。フェイスブック以外のことに時間を使うとしたら、あなたの価値観では、何をするのが一番良い選択肢だろうか？　これこそが、フェイスブックの費用（お金以外も含む）についての経済学的な考え方だ。

本章の構成

- 1.1 経済学の対象
- 1.2 3つの原理
- 1.3 第1の原理：最適化
- EBE フェイスブックは無料か？
- 1.4 第2の原理：均衡
- 1.5 第3の原理：経験主義
- 1.6 経済学は役に立つ？

KEY IDEAS キーアイデア

◉経済学とは、人々の選択に関する学問である。

◉経済学の第1の原理は最適化である。人は、実現可能な最善の選択肢を選ぼうとする。

◉経済学の第2の原理は均衡である。経済システムは均衡に向かう傾向がある。均衡とは、そこから行動を変えることで便益を得る人は誰もいない、という状態のことだ。

◉経済学の第3の原理は経験主義である。つまりデータを使って分析をするということだ。経済学者は、理論を検証したり、世界で起きたことの要因を分析したりするためにデータを活用する。

本章では、世の中の出来事を経済学的に考える方法を紹介する。経済学では人々の選択を研究する。特にその選択を、費用と便益の面から考える。フェイスブックについても、費用と便益の面から考えていこう。

1.1 経済学の対象

経済学の考え方が日常生活に広く関係していることを知ると、たいていの人はびっくりする。経済学は人間の行動のすべてを研究する。新車を借りるかどうか、シートベルトをするかどうか、ヘアピンカーブを時速何キロで回るか。これらはすべて選択であり、経済学者にとっては、こうしたすべての選択が研究対象となる。すべての選択が、直接お金に関連しているわけではない。だから、お金ではなく、選択こそが経済学の研究対象のすべてに共通する特徴である。

実際、経済学では、人間の行動のほとんどすべてが選択の結果だとみなす。たとえば、父親が娘に洗車するように命令したとしよう。彼女には、実際にそう考えるかどうかはともかく、いくつかの選択肢がある。洗車するというのも

> **お金ではなく、選択こそが経済学の研究対象のすべてに共通する特徴である。**

そうだし、もっと楽な手伝いに変えてよと交渉することも選択肢だ。洗車を拒否してその報いを受ける、あるいは（極端な例ではあるが）家出するというのも選択肢の1つだ。父親に従うという選択もあれば、従わないという選択もありえるのだ。

経済主体と経済資源

経済学は選択の学問である。これが、経済学とはどういうものかを覚えておくための簡単な方法だ。しかし、より正確に定義するには、経済主体と資源配分という2つの重要な概念について知る必要がある。

まず**経済主体**とは、選択を行う個人、あるいは集団である。個人の選択の例から紹介しよう。たとえば、消費者は、ダブルベーコンチーズバーガー、あるいは豆腐バーガーのどちらかを選択する。親は、子どもを、公立学校に入れるか、あるいは私立学校に入れるかを選択する。学生は、授業に出席するか、あるいはさぼるかを選択する。市民は、選挙で投票するか、あるいは投票しないかを選択し、投票する場合にはどの候補者を支持するかを選択する。労働者は、仕事をするか、あるいは仕事をするフリをして友人とメールをするかを選択する。犯罪者は、車を盗むか、あるいは高齢の女性からひったくりをするかを選択するかもしれない。企業幹部は、新しい工場をチリに建設するか、あるいは中国に建設するかを選択する。政治家は、法案に賛成するか、あるいは反対するかを選択する。もちろん、日々膨大な数の選択を行っている読者のみなさんも、経済主体の1人だ。

経済主体は個人だけではない。政府、軍隊、企業、大学、政党、労働組合、スポーツチーム、ストリートギャングなど、集団ということもある。経済学は通常、集団の中にいる各個人が集団の決定にどう関与しているかという細かい部分を省略して、集団を1つの意思決定者のように扱って分析を簡単化する。たとえば経済学では、「アップル社は利潤を最大化するようにiPhoneの価格を設定する」と表現して、価格決定に至るまでに多くの経営幹部が関与するという事実は省略される。

次に理解すべき重要な概念は、希少資源の配分だ。経済学は、希少資源の配分を研究する学問だ。**希少資源**とは、人々が欲しがっている量が、人々が利用

● **経済主体**（economic agent）とは、選択を行う個人や集団である。

できる量を超えているものである。金の結婚指輪、指圧、コーチのハンドバッグ、カリフォルニアの桃、iPhone、チョコレート・アイスクリーム、眺めの良い部屋などはすべて希少資源だ。資源には限りがあるのに人の欲求に限りはない状態では、**希少性**が生まれる。すべての人に欲しいものすべてを与えるほど十分な資源はこの世の中にはない。もしスポーツカーが無料でもらえるとしたら、台数は足りなくなってしまうだろう。だから実際には、スポーツカーは代金を支払う意思がある消費者だけに販売される。

スポーツカー市場があることで、経済主体にはたくさんの選択肢が生まれる。あなたに割り当てられた時間は、1日24時間だ。これがあなたの時間枠となる。あなたは、24時間のうちどれくらいをフェイスブック（Facebook）に使うかを選択する。仕事など、それ以外の活動に何時間使うかも選択する。そして仕事がある人は、苦労して稼いだ給料でスポーツカーを買うかどうかも選択するだろう。現代社会では、このような選択に導かれて、支払うお金と意思を持っている顧客にスポーツカーが配分されるのだ。

スポーツカー、ハイブリッド車、電動アシスト自動車、SUV、あるいは公

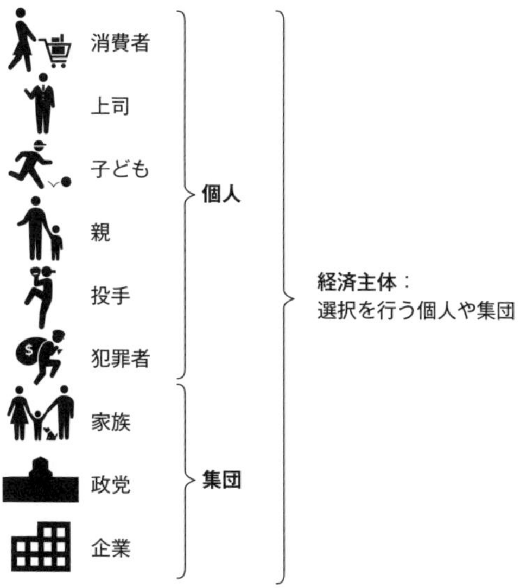

図表1.1　経済主体の例

- **希少資源**（scarce resource）とは、人々が欲しがっている量が、人々が利用できる量を超えているものである。
- **希少性**（scarcity）とは、限られている資源に対して限りない欲求がある状態である。

共交通機関のどれが良いかについて、経済学者が自らの好みをあなたに押しつけるようなことはない。経済学者の関心は、あなたが様々な選択肢の費用と便益を比較して最善の選択肢を選ぶことができるように、経済学的な考え方を教えることにある。

経済学の定義

これで経済学を詳細に定義する準備ができた。**経済学**とは、経済主体が希少資源の配分をどう選択するか、またその選択が社会にどう影響を及ぼすのかを研究する学問である。

もうお気づきだろうが、この定義で重要なのは選択だ。定義では、その選択が社会にどのような影響を及ぼすのかも考慮に入れている。たとえば、新しいスポーツカーの売上げは、それを買った人にだけ関係があるわけではない。売上げがあれば、売上税*が発生する。売上税は政府の収入となり、それが高速道路や病院などの建設資金となる。販売された新しい車がラッシュアワーの列に加われば、渋滞を引き起こすかもしれない。その新しい車が、あなたの家の近くの駐車場の最後の空きをとってしまうかもしれない。新しい車の所有者が乱暴な運転をする人であれば、事故のリスクが高まる。さらに車は排気ガスも出す。経済学では、最初の選択が社会のほかの人々に及ぼす様々な影響を研究する。

事実解明的経済学と規範的経済学

ここまでの説明で、経済学が人々の選択から成り立っているというイメージがつかめただろう。しかし、なぜ選択を研究するのだろうか？　経済学者は単に好奇心が強いから、ということもあるだろうが、それだけではない。人々の選択を理解することが役に立つ、重要な理由がある。経済分析は以下の2点を行う。

1. 人々が実際にしていることを記述する（事実解明的経済学）。
2. 人々がするべきことを提言する（規範的経済学）。

● **経済学**（economics）とは、経済主体が希少資源の配分をどう選択するか、またその選択が社会にどう影響を及ぼすのかを研究する学問である。

* アメリカの「売上税」は、消費者にとっては日本の消費税と同じような税に見えるが、小売りに課税される税であり、仕組みは若干異なる。

1は記述的であり、2は提言的である。

事実解明的経済学は人々が実際にしていることを記述する　人々が実際にしていることを記述することは、世の中を客観的に記述することである。このような現実の記述は、データを用いて確認したり、検証したりすることができる。たとえば、2010年のアメリカの世帯の50%は年間所得が5万2,000ドル以下だった、という記述は事実だ。このように、何が起きたかを記述すること、またはこれから何が起こるのかを予測することを、**事実解明的経済学***、または事実解明的経済分析と言う。

2020年にはアメリカの家計は所得の約5%を貯蓄するだろう、という予測を考えてみよう。この予測は、将来のデータと照らし合わせれば、正しかったか、そうでなかったかが判明する。予測は最終的に検証可能なので、予測することも事実解明的経済学に含まれる。

規範的経済学は人々がするべきことを提言する　もう1つの経済分析である**規範的経済学**は、個人または社会がとるべき選択について提言（アドバイス）する。規範的経済学はつねに主観的な判断に基づく。つまり個人的な感情や好み、意見の影響を免れないということだ。とすれば、誰の主観的判断をベースにすれば良いのだろうか？　アドバイスを受ける個人の主観的判断をベースにすべきだ、というのが経済学の考え方だ。

たとえば経済学者がある労働者に、退職後に備えていくら貯金をするかについてアドバイスするとしよう。経済学者はまず、その人の好み（優先順位）を聞くだろう。その人が将来のことを重視していて、「退職後の消費を減らさずにすむように十分に貯金したい」という考えの持ち主だった場合には、経済学者は、その要望を叶えられる貯蓄率を提案する。それは、ほとんどのアメリカの中流家庭では、10〜15%くらいだ。こうして経済学者は、その人にとって最善の貯蓄率をはじき出すアドバイザーの役割を果たす。

- **事実解明的経済学**（positive economics）とは、データで証明できる形で世の中を客観的に記述したり、予測したりする経済分析である。
- **規範的経済学**（normative economics）とは、個人または社会がするべきことを提言する経済分析である。

* 哲学では、positivismを実証主義、empiricismを経験論（経験主義）と訳している。哲学における実証主義とは経験的事実に基づいて理論を検証する考え方であり、本書でのpositive economicsの定義はこれに沿っている。ただし、規範的経済学と対比させて、主観的判断に依存しないことに着目して定義することもあるので、本書では、positiveを「事実解明的」と訳す。

経済学者がその人に対して、どのくらい将来を重視すべきだ、という命令をすることはない。経済学者はその人の優先順位を聞き、それをベースに提案を行うだけだ。これくらい貯蓄があれば退職後の生活はこうなる、ということを労働者がちゃんとわかっているとすれば、あとはその人がどんな貯蓄率を選ぼうともそれは理に適っている、と考えるのが経済学だ。

規範的分析と公共政策 社会に提言をするのも規範的分析の仕事だ。経済学者は、税や規制などの公共政策についての評価を頼まれることが多い。ある政策によって勝者と敗者が生まれる場合、市民の意見は対立しがちだ。ある人にとってバードサンクチュアリ（鳥の楽園）に見える場所が、別の人にとっては蚊の多い沼地にすぎないかもしれない。その湿地帯を環境規制で保護した場合、野鳥愛好家は喜ぶが、土地の持ち主である事業者は開発ができなくなって困るだろう。

このような場合、規範的分析に基づくアドバイスをするために、経済学者は何らかの倫理的判断を下す必要がある。ある集団の状況を改善するために別の集団にとって損になるような政策を評価する場合はつねに、経済学者は倫理的判断を下さなくてはならない。

全員が得をするような政策はほとんどないので、経済学者が政策を判断するときには、倫理的判断を避けては通れないというのが通常だ。敗者が被る費用と勝者が得る便益がある。これを比較して政策の正当性を評価する場合、倫理的判断が必要になる。沼地を住宅用地にするために沼の水を抜くことを禁止する環境規制を課すのは、倫理に適うことだろうか？　一部の人間が重視する、渡り鳥を保護する環境規制を作ることは、倫理的に正しいのだろうか？　あるいは、こうしたジレンマを解決する第3の解決策はあるのだろうか？　政府は、開発業者からその土地を買い取るべきだろうか？　仮に買い取るとすれば、買い取り価格をどう決めればよいだろうか？　政府の提示価格で買い取ることを業者に強制すべきだろうか？　こうした政策的問題——社会はどう行動すべきかを問うこと——も規範的経済学の仕事なのだ。

ミクロ経済学とマクロ経済学

経済学の分析対象を理解するためには、知っておくべきもう1つの区分がある。経済学は2つの分野に分けられる（もっとも、多くの経済学者は両方にかかわっているのだが）。

ミクロ経済学は、個人、家計、企業、そして政府がどのように選択を行うかを研究する。さらにその選択が価格、資源配分、そして別の経済主体の幸福にどう影響を及ぼすのかを研究する。たとえば、ミクロ経済学者は公害を減らす政策を考える。地球温暖化の原因の1つは、石炭、石油およびその他の化石燃料からの炭素の排出だ。ミクロ経済学者は、このような燃料の使用を削減する政策を設計する。炭素排出量を対象にした「炭素税」はその一例だ。炭素税を活用すると、化石燃料をより多く使う石炭発電のようなエネルギー源は、そうでない風力発電のようなエネルギー源に比べて、エネルギー単位当たりで高い税が課されることになる。ミクロ経済学者は炭素税を設計する仕事や、このような税が家計や企業のエネルギーの使用にどのような影響を及ぼすのかを判断する仕事をする。一般的には、経済全体の中の細かい部分を理解したいときには、ミクロ経済学者にお声がかかる。

マクロ経済学は経済全体を研究する学問である。マクロ経済学者は、経済全体の現象を分析する。経済全体の総産出量の成長率、一般物価の上昇率（インフレ率)、労働力人口の中で職を探しているが見つからない人の割合* (失業率)などだ。マクロ経済学者は「全体的」、別の言葉で言うと「集計された」経済のパフォーマンスを向上させる政府の政策を設計する。

マクロ経済学者はたとえば、マイナス成長が続いている経済（景気後退**にある経済）を刺激するのに最善の政策は何かを考えている。2007〜09年の金融危機の時期には、住宅価格の暴落や銀行の破綻など、マクロ経済学者の眼前には課題が山積みになった。経済が収縮している理由を説明し、経済が息を吹き返すような政策を提案するのが彼らの役目だった。

1.2 3つの原理

ここまでで、経済学のイメージは伝わっただろう。でも、人類学、歴史学、政治学、心理学、社会学などのほかの社会科学とどこが違うのかという疑問を

- **ミクロ経済学**(microeconomics)とは、個人、家計、企業、そして政府がどのように選択を行うか、その選択が価格、資源配分、そして別の主体の幸福にどう影響を及ぼすのかを研究する学問である。
- **マクロ経済学**(macroeconomics)とは、経済全体を研究する学問である。マクロ経済学は、一国の総産出量、インフレ率、失業率など、経済全体の現象を分析する。

* 本書では分数「A/B」は、AがBの一部であるときには「割合」、AとBが違うときには「比率」と使い分けをする。「女子学生が全学生に占める割合」「女子学生と男子学生の比率」というふうに使われる。

** 本書では「景気後退(recession)」、「不況(depression)」、「恐慌、危機(crisis)」と訳す。後ろにいくほど深刻となる。

人は便益と費用の計算に基づいて選択を行う。

持った人もいるのではないだろうか？すべての社会科学は人間の行動を研究する。その中で、経済学はどこが違うのだろうか？

経済学には3つの重要な概念がある。

1. 最適化　ここまで説明してきたとおり、経済学は選択の学問だ。人間のすべての選択を研究することは、壮大な課題であり、最初は不可能に見えるかもしれない。そして、一見したところ、消費者がマクドナルドでダブルベーコンチーズバーガーを選ぶことと、企業幹部が5億ドルを投資してノートパソコンの工場を中国に建設する決定をすることには、何の共通点も見出せないように思える。

経済学者は、各経済主体が直面する広範囲の選択を統一的なものとみなす強力な概念を作り出した。その1つが、すべての選択には最適化という共通項があるということである。最適化とは、人は実現可能な選択肢の長所と短所のすべてを、意識的または無意識に天秤にかけて、最善の選択肢を選ぶという考え方だ。言い換えると、人は便益と費用の計算に基づいて選択を行う。

最適化は経済学の第1の原理だ。経済学では、私たちの選択のほとんどは最適化で説明できると考えている。これには、映画に誘われて、行くかどうかという小さな決断から、誰と結婚するかといった大きな決断まで含まれる。

2. 均衡　経済学の第2の原理は、均衡である。経済システムは均衡に向かう傾向がある。均衡とは、そこから行動を変えることで便益を得る人は誰もいない、という状態のことである。各経済主体が、別の行動をとっても自分の状況は良くならないと信じているとき、経済システムは均衡にある。言い換えると、均衡とは、みなが同時に最適化している状態である。

3. 経験主義　経済学の第3の原理は、経験主義である。経済学はデータを

- **最適化**（optimization）とは、利用しうる情報をもとにして、実現可能な最善の選択肢を選ぼうとすることである。
- **均衡**（equilibrium）とは、誰もが同時に最適化をしていて、そこから行動を変えることで便益を得る人は誰もいない、という特別な状態である。
- **経験主義**（empiricism）とは、データを使用する分析である。経済学者は、理論を検証したり、世の中で起きたことの要因を分析するためにデータを活用する。

* 哲学でのempiricismは、知識は観察や実験によって得られるとする立場を指す。本書でのempiricismは、データによって理論を検証する立場を指し、哲学でのpositivismに近い。本書ではempiricismを「経験主義」と訳すが、哲学での用語と違いを持つことに注意されたい。また、empirical analysisの訳語は「実証分析」で定着しているので、本書もそれに従う。

使った分析、あるいは根拠に基づく（エビデンス・ベースの）分析だということだ。経済学者は理論を検証したり、世の中で起きたことの要因を分析するためにデータを活用する。

1.3 第1の原理：最適化

ではここで、最初の原理をさらに詳しく考えていこう。経済学とは選択の学問であり、選択がどのように行われるかを示す理論である。経済学では、経済主体は最適化を試みると考える。すなわち、経済主体は利用しうる情報をもとにして、「実現可能」な最善の選択肢を選ぼうとする、と考える。ここで実現可能とは、予算の範囲内にあってかつ実際に選択しうる、という意味だ。財布に現金が10ドルしかなくて、クレジットカード、デビットカード、キャッシュカードのいずれも持っていないとしよう。このとき、ランチに5ドルのビッグマックを食べるという選択は実現可能だが、50ドルの牛ヒレステーキを食べるという選択は実現可能ではない。

実現可能性という概念は、その経済主体の金銭的予算だけでは決まらない。それ以外の制約もたくさんある。たとえば1日24時間を超えて働くという選択肢はとれないし、ニューヨークと北京の2つの会議に直接同時に参加するのも不可能だ。

最適化の定義には、（選択時に）「利用しうる」情報をもとにして、という表現も使われている。たとえば、サンディエゴからロサンゼルスまで車で移動しているときに、飲酒運転の車にぶつけられたとしよう。これは、運が悪かっただけであり、最適化に失敗したとみなす必要はない。自動車事故はありうるという現実的リスクも考慮に入れて旅行の計画を立てたのであれば、あなたは最適化行動をとったことになる。最適化とは、将来を完璧に予見することではない。最適化とは、意思決定の際に可能性のあるリスクを考慮に入れることである。利用しうる情報をもとにして実現可能な最善の選択肢を選ぶとき、その意思決定者は合理的である、あるいは、合理的に行動したと経済学では表現する。合理的行動をとるのに未来を予言する水晶玉は必要ない。費用と便益のそれぞれの選択に伴うリスクを論理的に理解できていればよい。

ただし、道中の運転を友人に任せることにして、その友人が出発前にビールを2～3本飲んだことも知っていたならば、あなたは最適化をしていない。また、事故もなく目的地に着いたという結果をもって、その選択が最適であったとも

経済主体が最適化に失敗したときには、規範的経済分析は、その誤りを認識したり、将来より良い選択をしたりするための助けとなってくれる。

（おそらくは）言えない。それは、悪い決断をしたのに運が良かっただけの話だ。最適化したかどうかの基準として重要なのは、意思決定の質であって、結果ではない、ということだ。

本書では多くの紙幅を割いて最適化を分析していく。あわせて、最適化の方法を説明し、経済主体はふだんから最適化しているという理論を裏づける、たくさんの根拠も紹介しよう。経済主体が最適化に失敗したときには、規範的経済分析は、その誤りを認識したり、将来より良い選択をしたりするための助けとなってくれる。

最後に、何を最適化しているのかは、人によっても集団によっても違う、というのも大事なポイントだ。ほとんどの企業が利潤を最大化しようとする一方で、経済主体は所得の最大化だけを目的としているわけではない。それだけが目的ならば、みな1週間に40時間以上働くだろうし、退職後も働き続けるだろう。ほとんどの家計は、所得以外にも、休暇や健康、そして（SNSや人生の目的などの）別のたくさんの要素がある中で、全体的な幸福度を最適化しようとする。同じように、政府は複数の政策目標の組み合わせを最適化しようとする。ほとんどの経済主体にとって最適化とは、単にたくさんお金を稼ぐという話ではない。

トレードオフと予算制約

最適化を理解するために、**トレードオフ**を理解する必要がある。何かを得るために何か別のものをあきらめる必要があるとき、トレードオフが生まれる。フェイスブックの例で考えてみよう。フェイスブックに1時間を費やしたら、その1時間を別のことには使えない。たとえば、フェイスブックのプロフィールを編集するのと同時にアルバイトの仕事をこなすことはまず無理である。

経済学では、予算制約を使ってこのトレードオフを表す。**予算制約**とは、限られた予算の範囲内で消費者が選択できる財やサービスの組み合わせである。

例を使って説明しよう。自由時間を使って、2つの活動のうち1つだけ実行できるとする。アルバイトの仕事かネットサーフィンだとしよう。（睡眠、食事、入浴、授業、宿題、試験勉強などを除いて）あなたには1日5時間の自由時間

- **トレードオフ**（trade-off）とは、何かを得るために、何か別のものをあきらめる必要がある状態である。
- **予算制約**（budget constraint）とは、限られた予算の範囲内で消費者が選択できる財やサービスの組み合わせである。

があるとする。この5時間を自由時間の予算と考えてみよう。すると、あなたの予算制約は次のように書ける。

5時間＝ ネットサーフィンの時間 ＋ アルバイトの時間

この予算制約式からわかるあなたのトレードオフはこうだ。もしもう1時間ネットサーフィンをしたいなら、アルバイトを1時間減らす必要があるし、もう1時間アルバイトをしたいなら、ネットサーフィンを1時間減らす必要がある。一方の時間を長くすればもう一方の時間は短くなる。図表1.2は、この5時間の配分の組み合わせをまとめたものだ。

予算制約はトレードオフを数値化する便利な経済学のツールだ。経済主体が直面する選択を経済学的にとらえるには、最初に予算制約を明確にすることだ。

機会費用

最適化に関して、もう1つの重要な概念である機会費用を紹介しよう。ネットサーフィンの例で言うと、それに費やす時間があれば、何か別のことができていたかもしれない。バスケットボール、ジョギング、空想にふける、寝る、友だちに電話する、たまった電子メールを読む、演習問題を解く、アルバイトの仕事をする、などだ。ネットサーフィンに時間を費やしている間、あなたはこうした別の活動をする時間を犠牲にしていることになる（有給の仕事をしながら並行してこっそりフェイスブックをしているならば別だが——その場合には、上司を友だちリストに入れないほうがいい）。

ネットサーフィンを選んだことで選択から漏れてしまった活動のリストを作

予算	ネットサーフィンの時間	アルバイトの仕事の時間
5時間	0時間	5時間
5時間	1時間	4時間
5時間	2時間	3時間
5時間	3時間	2時間
5時間	4時間	1時間
5時間	5時間	0時間

図表1.2 自由時間の配分

各列は5時間の自由時間を配分する組み合わせだ。ネットサーフィンかアルバイトの仕事をするか、選択肢は2つだと仮定する。簡単化のため、表では1時間単位の数字だけを使用した。

成してみよう。そして、ネットサーフィン以外で何をやるのが一番良かったのかを考えてみよう。その行動をリストの一番上に持っていこう。残りの行動についても同じことを繰り返す。そうしてできたリストが、機会費用の概念を説明してくれる。ネットサーフィンに時間を費やしてもいいし、リストにある別の活動をしてもいい。ただし、ほとんどの場合に両方を同時に行うことはできない。

こんなふうにトレードオフを見積もることは、実際には難しい。考慮に入れるべき選択肢の数が非常に多いからだ。経済学では、代替的な選択肢の中で最善のものに着目する。この最善の選択肢を、**機会費用**と言う。これは、最適化行動をとる人が、ネットサーフィンをするときに実質的にあきらめているものである。

資源は限られており、希少であることを考えれば、この機会費用の重要性がわかるだろう。あることを行うときはいつも、別の何かがはじき出されている。あなたが1時間ネットサーフィンをすれば、そのときにはそう考えてはいないかもしれないが、別の行動が1時間減ることになる。大学のレポートを書きながら同時にフェイスブックに書き込むことはできない。単にレポートを後回しにしただけだ、と思うかもしれないが、後でいざレポートに取りかかったときには、また別の活動が犠牲になる（期末試験のための経済学の勉強とか）。何をするにせよ、最適化のためには、つねに機会費用を念頭に置く必要がある。要するに、最適化とは、限られた資源の別の使用法をつねに考えることなのだ。

もう1つ、春休みの家族旅行の例を使って説明しよう。候補はカリブ海クルーズ、マイアミ旅行、またはロサンゼルス旅行だ（どの旅行もかかる費用は同じで日数も同じだとしよう）。第1希望がクルーズで、第2希望がマイアミ旅行だとすると、クルーズを選択した場合の機会費用はマイアミ旅行になる。

機会費用の概念は、1日当たり24時間という時間の資源だけではなく、すべての資源に適用できる。たとえば、木工職人の手元に美しいメープル材があると想像してみよう。メープル材は彫刻や容器、額などに加工できる（どれを作るのも同じ量の材木と同じ時間が必要だと仮定しよう）。木工職人が一番作りたいのは彫刻で、2番目が容器だとすれば、彫刻を制作するための機会費用は容器の制作だということになる。

機会費用を金銭で評価する　経済学では、機会費用を金銭で評価しようとする。便益と費用をドルや円のような金銭単位に変換すると、すべてが分析しや

● **機会費用**（opportunity cost）とは、代替的な選択肢の中で最善のものを指す。

すくなる。あなたの1時間をお金に換算するといくらなのかを推定する1つの方法は、アルバイトの仕事に就くか、すでにしているアルバイトの仕事を1時間増やすかして、その結果を分析することだ。

あなたの時間の機会費用は、最低でも、あなたが仕事から得られる純便益になる（予定に合う仕事が見つかると想定した場合）。理由はこうだ。アルバイトの仕事は、ネットサーフィンの代わりにやりたいことリストに載っている、たくさんの候補の中の1つだ。アルバイトの仕事がそのリストの一番上にあるのならば、それが最善の選択肢となるので、ネットサーフィンの機会費用＝アルバイトの仕事の純便益となる。ではアルバイトの仕事がリストの一番上にない場合はどうだろうか。その場合、アルバイトの仕事よりもさらに良い最善の選択肢があることになり、その選択肢の価値は、アルバイトの仕事以上であると考えればいい。つまり、あなたの機会費用は、アルバイトの仕事の純便益と同じかそれ以上の価値がある、と言っていい。

この考え方を数値で表してみよう。これには役立つ情報がある。16歳から24歳までのアメリカの労働者の平均賃金は2013年には時給11.35ドルだった（米労働省労働統計局調べ）。もちろん、仕事には賃金以外にも多くの要素がある。たとえば、（感じの悪い客に愛想をふりまくなどの）ストレスもあるし、仕事に慣れるのは大変だし、同僚は親切な人だけではないし、履歴書を書くのも大変だし……と数え上げたらきりがない。

賃金には表されないこうした部分を無視すれば、1時間の仕事の便益は（税引き後の）賃金だけになる。お金以外の要素にはプラスとマイナスがあるので、これが相殺されない場合は計算が複雑になる。簡単化のため、この後の分析では税引き後の賃金（ここでは時給10ドル）だけを使うが、仕事には、上で挙げたようなお金以外の要素があることも心にとどめておいてほしい。

費用便益分析

機会費用を活用して最適化問題を解いてみよう。具体的には、実現可能な選択肢を比較して、その中から最善のものを選ぶ。経済学ではこのプロセスを費用便益分析と呼ぶ。**費用便益分析**とは、ドルや円などの共通の測定単位を使用して費用と便益を積算していくことだ。そうすることで、純便益（便益から費用を差し引いたもの）が最大になる選択肢はどれかを見極めるのだ。

● **費用便益分析**（cost-benefit analysis）とは、ドルや円などの共通の測定単位を使用して費用と便益を積算していくことである。

例を使って考えよう。春休みに、あなたは友だちと一緒にボストンからマイアミビーチまで旅行をする。考えるべき唯一の問題は、車で行くか、飛行機で行くかだけだとしよう。あなたの友人はレンタカー代とガソリン代をシェアすれば「1人200ドルしかかからない」から車で行くべきだという。そして「飛行機代に1人300ドル払うよりずっといい」と言ってもう決めてしまうつもりでいる。

費用便益分析を使ってこの問題を分析するには、車で行く費用と便益のすべてを、飛行機で行く場合と比較する。

便益面では、車で行くと100ドル節約できる。これは車で行くときの支出200ドルと飛行機で行くときの支出300ドルの差額だ。費用面では、車で行くと40時間余計にかかる。車は往復で50時間、飛行機は空港での待ち時間と飛行時間を合わせて10時間だからだ。この40時間が車で行くことの費用だ。

共通の単位ですべてを表現していないこの段階では、車で行くことの良し悪しは、判断できない。ここであなたの時間の機会費用は1時間当たり10ドルとしよう（16歳から24歳までのアメリカの労働者の平均賃金より少し低い設定だ）。これをあなたの時間の価値とする。これで、飛行機で行くことと比較して車で行くことにどれくらいの純便益があるかがわかる。

（節約できる100ドル）－（余分にかかる40時間）×（時給10ドル）

＝100ドル－400ドル＝－300ドル

車で行く費用は相当なマイナスだ。最適化をする人ならば、飛行機を選択するだろう。

マイアミ旅行は費用便益分析の簡単な例にすぎないが、あらゆることがらをドルの正味の価値に落とし込む優れた方法だ。本書では、どうすればこのような計算ができるのかを説明する。家を買うかどうか、どんな職に就くか、心臓移植を公的医療保険の適用内で行うかどうかを決める際に、費用便益分析は役に立つ。こうした「冷徹な」計算を行うがゆえに経済学は好まれないのだが、難しい選択を定量的に分析できるがゆえに役に立つ。

経済学では、費用便益分析と最適化は同じことである。純便益（＝便益－費用）が最大になる選択肢を選ぶことを、最適化と言う。このため、規範的経済分析にも費用便益分析が役に立つ。経済学者は、費用便益分析を使うことで、個人や社会がすべきことを明らかにすることができる。費用便益分析はまた、多くの有用な事実解明的経済学の知見をもたらす。実際にも、費用便益分析で消費者の選択を正確に予測できることが多い。

EBE Evidence-Based Economics
根拠に基づく経済学

問い：フェイスブックは無料《タダ》か？

本章冒頭の問いに戻ろう。フェイスブックをすることに機会費用があることはもうおわかりいただけただろう。代替的な選択肢の中で最善のものがあるからだ。では実際に機会費用を推計してみよう。そのためにはデータが必要になる。本書のコラム「根拠に基づく経済学」（EBE）では、データを使って、経済学の問題に答えていく。

2013年には、世界中で毎日2億5,000万時間がフェイスブックに費やされた。1人当たりで見ると、10億人のフェイスブックユーザーが1日平均15分を費やしている。大学生はもっと長く、平均的な大学生は1日約1時間フェイスブックに費やしている。

世界中でフェイスブックに費やされる時間の平均機会費用を1時間当たり5ドルと想定しよう。これはフェイスブックユーザーの機会費用をすべてまとめて平均した概算だ。

計算方法はこうだ。

第1に、フランス、日本、そしてアメリカのような豊かな先進国のユーザーの場合には、先進国の一般的な最低賃金である1時間当たり9ドルを機会費用とする。先進国では、雇用主は少なくとも最低賃金分を支払うよう法律で定められていて、ほとんどの先進国の労働者にはこの金額以上が支払われている。働かないという選択をした人でも、その時間で何か別のことができる。昼寝をしたり、メールをしたり、デートをしたり、勉強をしたり、ゲームで遊んだり、映画を観たり、などだ。働いていない人、たとえば学生などでも、少なくとも最低賃金分の機会費用を持つと想定する。

第2に、発展途上国（ここでの例では先進国以外のすべての国）のフェイスブックユーザーの時間の機会費用は、先進国よりは低くなる。発展途上国のフェイスブックユーザーの機会費用を1時間当たり1ドルとしよう。雇用機会が先進国に比べてはるかに劣悪だといった点などを考慮に入れた数字だ。

以上の想定が妥当かどうかを評価するには、自分にこう問いかけてみるといい。「自分から時間を1時間奪う人がいたとして、その人は自分にいくら対価を支払うべきか？」。あなたが想像した金額は、ここで想定した先進国の場合（1時間当たり9ドル）と、発展途上国の場合の金額（同1ドル）のどちらに近かっただろうか？

フェイスブックユーザーの約半数は先進国に住んでいて、残りの半数は発展途上国に住んでいる。よって、先の想定を代入すれば、平均機会費用は、(1/2)×9ドル＋(1/2)×1ドル＝5ドル/時間、と計算できる。この1時間当たりの平均機会費用に、フェイスブックに費やされる1日の時間数を掛ければ、フェイスブックを使うことの1日の総機会費用を計算できる。

2億5,000万時間 × 5ドル ＝12億5,000万ドル
（1日当たり）（1時間当たり）（1日当たり）

これに365（日）を掛ければ、年間の機会費用を算出できる。約4,500億ドルがフェイスブックの機会費用となる（各個人の機会費用を直接観察することはもちろんできないので、ざっくりした近似計算にすぎない）。

違った角度からこの推計について考えることもできる。もしその時間をフェイスブックではなく平均時給5ドルの仕事に充てたとしたら、2013年の世界経済は4,500億ドルも生産が増えていただろう。これはオーストリア一国の年間生産量より大きい。

最後に、フェイスブックに毎日1時間を費やすアメリカの典型的な大学生の機会費用も推計しよう。彼らの機会費用を1時間当たり10ドルとすると、年間の機会費用は3,650ドルだ。

10ドル × 365時間 ＝ 3,650ドル
（1時間当たり）（1年当たり）（1年間当たり）

アメリカの16歳から24歳の平均時給は、2013年に11.35ドル（税引き前）だった。低所得の彼らに課される税率はそれほど高いものではないので、機会費用は1時間当たり10ドルとした。

ここまで、フェイスブックの使用頻度とその頻度が意味するトレードオフを計算してきた。これは純粋な事実解明的経済分析だ。この分析からは答えられない問題がある。フェイスブックやほかのSNSには費やす価値があるのだろうか、という問題だ。ここまで見てきたのは、ネット

に時間を割くことには費用がかかるということだった。ネット以外にも価値ある選択肢はある。だがフェイスブックユーザーは、その使用を正当化できるような価値を見出している。たとえば、SNSは友人や家族の最新の情報を教えてくれる。新しい友だちや新しいつながりもできる。そして、フェイスブックなどのサイトは見ていて楽しい、というものだ。

このような利点は簡単には定量化できないものであり、判断はみなさんにお任せする。経済学はあなたのするべきことを指示するわけではないが、何をするか決めるときのトレードオフを明確にするための手助けはできる。これを規範的問題として経済学で要約するとこうなるだろう。

1時間当たりの機会費用を10ドルとすると、毎日1時間フェイスブックに時間を費やす機会費用は年間で3,650ドルになる。この機会費用を超える便益をフェイスブックから得ていますか？

経済学者は、自分たちの好みを他人に押しつけようとは思っていない。経済学の視点では、フェイスブックを長時間することで大きな便益を得ている人たちはそのまま続けるべきだ。経済学者が選択を押しつけることはない。ただ、あなたには、気づいていないトレードオフを認識してほしい。経済学者の関心は、手持ちの金銭的予算と手持ちの時間、とい

	単価（ドル）	個数	総額（ドル）
カプチーノ	4	52杯	208
iPhone	400	1台	400
ニューヨーク-パリ往復	1,000	1往復	1,000
パリのホテル	250	4泊	1,000
ニューヨーク-バージン諸島往復	300	1往復	300
バージン諸島のホテル	180	4泊	720
iPhoneのアプリ	2	11個	22
総　計			**3,650**

図表1.3　3,650ドルであなたなら何を買う？

3,650ドルの使い道は人それぞれだろう。ここに示されているのは、実現可能な組み合わせの一例だ。ここにあるのは金銭的な費用だけである。より精緻な経済分析をするときには時間の機会費用も考慮する必要がある。

う希少資源を最も有効に活用するための手助けをすることにある。多くの状況で、人々は資源をすでに有効に活用している。だが、より良い選択をするのに経済学的思考が役立つこともあるだろう。

Q 問い　フェイスブックは無料《タダ》か？

A 答え　無料とは言えない。フェイスブックの機会費用は、2013年には約4,500億ドルだった。

データ　フェイスブック社が提供するフェイスブックに関する統計。

注意　世界中の10億人のフェイスブックユーザーの機会費用は概算でしかわからない。

1.4 第2の原理：均衡

ほとんどの経済状況において、あなただけでなく、ほかの人たちも最適化を図っている。ほかの人たちの行動は、あなたの選択に影響を与える。世の中は経済主体の集まりであり、経済主体はお互いの最適化行動に影響を与える。均衡とは、誰もが同時に最適化をしていて、そこから行動を変えることで便益を得る人は誰もいない、という特別な状態だったことを思い出してほしい。

この定義はもっと明解に説明すべきだろう。そこから行動を変えることで便益を得る人は誰もいないということは、行動を変えることで便益を得られるとは誰も信じていないという意味である。均衡では、あらゆる経済主体が、利用できるすべての情報をもとに最善の実現可能な選択をしている。その情報には、他者がどう行動するかに関する信念も含まれる。したがって、この定義はこう書き換えることもできる。均衡では、行動を変えることで便益を得られるとは誰も認識していない。

均衡の概念を直観的に理解するために、スーパーのレジ待ちの状況を考えてみよう。もしほかより短い列があるなら、最適化をする人はその列に並ぼうとし、長い列は避けるだろう。こうして短い列に客が集まり、長い列は敬遠される。客が気にするのは列の長さだけではない。前に並ぶ人の買い物カゴの中の量など、見えるもののすべてから判断して、一番早く会計がすみそうなレジを予想してその列に並ぶだろう。この状態を経済学者ならこう言う。「均衡では」

会計待ちの列の長さはどのレジもだいたい同じになる。待ち時間がほとんど同じと予想されるときには、列を変えるインセンティブは生まれない。言い換えると、自分の行動を変えることで便益が得られると認識する人は誰もいない。

別の例も見てみよう。ガソリンの市場価格が1ガロン*3ドルで、ガソリン市場は均衡状態にあるとする。その場合には、次の3つの条件が満たされる必要がある。

1. ガソリン生産者（石油会社）が生産するガソリンの量と、顧客が購入するガソリンの量が等しい。
2. ガソリンの市場価格である3ドル未満の費用でガソリンを生産できる生産者のみが生き残る。
3. ガソリンを買う人は、市場価格3ドル以上の価値がある活動のためにそれを使う（親友の結婚式には車で行く）。しかし、3ドルの価値がない行動のためには使用しない（好きでもない親戚には会いに行かない）。感謝祭の休暇**に、ガソリン代が上がったとしても、みな家族には会いに行くだろう。

均衡では、ガソリンの市場価格3ドルを所与（ある与えられた価格）として、ガソリンを売る人も買う人も最適化している。行動を変えることで便益を得る人は誰もいない。

本書では、経済主体の集団の行動も研究する。集団とは、2人のチェスプレイヤーだったり、eBayのオークションの30人の参加者だったり、ニューヨーク証券取引所（NYSE）で株を売買する大勢の投資家だったり、トラクター、トラック、原動機付自転車、バイク、自家用車に入れるためのガソリンを購入する世界中の家計などだ。こうしたすべてのケースについて、経済主体が相互に影響を及ぼすときに生じる均衡を分析する。言い方を変えると、チェスの一手一手やNYSEのすべての取引において、誰もがつねに同時に最適化をしていると仮定したうえで、こうしたケースを研究していく。均衡分析は、集団が相互に影響しあうとき何が起きるかをうまく説明してくれる、と経済学では考えている。

* 1ガロンは約3.8リットル。

** 日本では正月とお盆に帰省する慣習があるが、アメリカでは感謝祭（11月の第４木曜日）に同様の慣習がある。感謝祭の翌日を休日にして４連休とすることが多く、遠方への旅行がしやすいためである。

フリーライダー問題

均衡の概念を使って、身近な経済問題を考えてみよう。学生寮のルームメイトに関する問題だ。5人のルームメイトが1つ屋根の下で一緒に暮らしているとしよう。ルームメイトたちは自由な時間をどのように過ごすだろうか。ピザの空き箱や空き缶をゴミ箱に捨てたり、汚れた部屋を掃除したりして、全員の幸福度を上げることもできるし、YouTube動画を観たり音楽を聴いたり、自分だけが楽しめる行動にすべての時間を使うという選択肢もある。

全員が掃除に参加して各人の負担が少しだけというのが、集団にとっては有益だ。しかし各ルームメイトには、ほかの人に掃除をやってもらいたいというインセンティブがある。誰か1人が30分もかけてお皿を全部洗ってくれたら、ほかのみんなは指1本動かさずに便益を得られることになる。このように、ルームメイトと共同で暮らすということは、問題が起きやすい。

怠け者のルームメイトは、経済学で言うフリーライダー問題の一例である。ほとんどの人が、汚れ仕事は別の人にやってほしいと思っている。何もしないフリーライダー（ただ乗り）になって、他人がした投資から便益を受けたいのだ。

フリーライダーが問題にならないケースもある。きちんとしている人の数が多くて、フリーライダーの数が非常に少ない場合だ。たとえば、運賃を支払わずに地下鉄に潜り込む人の数が少ない場合は、地下鉄の経営が脅かされることはない。でもみながいっせいに不正乗車をはじめたら、地下鉄会社はたちまち赤字になってしまう。

地下鉄のフリーライドは、警備員が巡回することで抑制される。ルームシェアの場合には、フリーライドは社会的な（ルームメイトの）圧力によって抑止される。そのような「罰則」の仕組みがあったとしても、フリーライドの問題はなくならない。フリーライダーを現行犯で捕まえるのは簡単ではないからだ。誰もいない地下鉄の改札を通り抜けるのは可能だし、誰も見ていないならソファーに落としたパンくずをそのままにしておくこともできる。

人々の私的便益は、公共の利益とは一致しない場合が多い。地下鉄に無銭乗車するのは、切符代を支払うよりも安上がりだ。YouTubeで動画を観るほうが、昨晩のパーティの後片づけをするよりも楽しい。均衡分析は、集団の行動を予測するのに役立つだけでなく、なぜフリーライドが起きるのかを理解するのにも役立つ。人は、個人的な利益を追求し、公的な利益には自主的に貢献しないこともある。残念ながら、戦場の英雄が見せるような無私の行動は例外的なもので、一般的に見られるのは、利己的な行動のほうだ。集団の中の個人は、集団全体の幸福を最適化するように行動するのではなく、自分にとって最善のことを行うのだ。

均衡分析は、フリーライドを減らす、またはなくすための特別な制度（金銭的取決めなど）を設計するのに役立つ。たとえばルームシェアの場合、全員が毎週5ドル支払って、クリーニング・サービスを利用することに合意したらどうだろう。「誰も見ていなくても、自分が汚したものは自分で掃除をしよう」というルールを作って監視するよりも、毎週5ドルの支払いを強制するほうが簡単だ。ピザの食べ残しに名札はつけられないからだ。このように、均衡分析は、個人が集団の利益に適う行動をとらない理由を説明し、問題を解決するためにインセンティブの構造をどう改良できるかを教えてくれる。

1.5 第3の原理：経験主義

経済学者は自分たちのアイデアを、データを使って検証する。根拠に基づいた（エビデンス・ベースの）こうした分析を実証分析、または経験主義と言う。経済学者は、人間の行動の理論（最適化や均衡など）が実際の人間の行動と一致するかどうかを判断するために、データを使用する。もちろん、経済学の理論では世の中で起きていることを説明できていない、ということも知りたい。その場合は原点に返って、より良い理論を考える必要がある。経済学、また科学全般はそうやって進歩してきた。

経済学者は、世の中で起きていることの原因を理解することにも興味がある。簡単な例を使って、何が原因で何が原因ではないかを見てみよう。暑い日と海の混雑は1年の同じ時期に起きるが、どちらが原因でどちらが結果だろうか。もちろん、暑い日のほうが原因だ。暑いから人は泳ぎに行く。人が泳ぐから暑くなるわけではない。

しかし、原因と結果を解明しにくい場合も多い。ほかの人より頭が良いから大学へ行ったのだろうか？　大学へ行ったからほかの人より頭が良くなったのだろうか？　またはそのどちらも原因でありうるのだろうか？

経験主義に関しては以降も折に触れて述べる。因果関係に関しては2章で詳しく扱う。原因を特定することが簡単な場合もあれば、原因と結果を探し出すのに非凡な才能が求められる場合もある。

1.1
1.2
1.3
1.4
1.5
1.6

1.6 経済学は役に立つ?

経済学の授業をとることは、あなたの役に立つのだろうか？　まず、費用から考えてみよう。機会費用は目に見えないが重要な概念だ。経済学を受講する主な機会費用は、卒業までに受けることができない別の講義だ。経済学を選んだせいで受けられなかった講義は何だろう。日本史か、生物学か、ロシア文学か？　経済学が通年の講義だったとすれば、半期の科目を2つあきらめることになる。

次に、経済学を勉強することの便益を考えてみよう。いろいろ考えられるが、最大の便益は、毎日の生活に経済学的思考を適用できるようになることだ。デートの予算や、休暇で訪れる場所、4人のルームメイトと清潔な部屋で暮らす方法など、経済学的思考であなたの意思決定の質は向上するだろう。また退職後の貯蓄をどう投資するか、最良の住宅ローンをどう組むかなど、あなたが重要な決断をするとき、経済学は人生を通してあなたに便益をもたらし続けるだろう。

ほとんどの決断は費用と便益の考え方から導かれる。事実解明的経済学を使えば、他者の行動を予測することもできるだろう。経済学は人間の行動に光を当て、それを解明する。

他人の相談に乗るときや自分で選択をするときにも、経済学の原理を活用してほしい。これは規範的経済学になる。「良い選択をする方法を学ぶこと」。これが経済学を学ぶことから得られる最大の便益だ。だから私たちは意思決定の概念に重点を置いて本書を書いた。経済学の考え方を通して世の中を見ることは、あなたの一生にとって大きな強みになる。

経済学は非常に楽しい学問だ。人間の行動の動機を理解することは、その過程でたくさんの意外な発見があり、とてもおもしろい。

こうした利点を活用するためには、本書の概念をあなたの周りの経済活動と結びつけて考える必要がある。そのためには、以下のことを心にとどめてほしい。

- トレードオフや費用便益分析などの経済学のツールは、どんな経済的判断にも応用できる。毎日の決断でそれを利用するといい。そうすればこの考え方を習得し、その限界を理解するのにも役立つだろう。

> **「良い選択をする方法を学ぶこと」。これが経済学を学ぶことから得られる最大の便益だ。**

・自分で判断を下す場面だけでなく、人々が資源を活用したり、交換したりする場面に居合わせたら、それをよく観察することで経済学について多くのことを学べるだろう。スーパーや中古車ディーラーに行くとき、サッカーの試合を観るとき、トランプでポーカーをするときなど、経済学者のように考えてみよう。

・経済学的に考える一番簡単な方法は、世界で起きている出来事に目を向けることだ。新聞や雑誌を読んでみよう。イギリスの『エコノミスト』誌は各国の首相や大統領必読の雑誌だ。一般誌、スポーツ誌、ファッション誌など、どの雑誌のどのページを見ても、経済的要因で動いている出来事が書いてある。その要因を見つけて理解することは簡単ではない。しかし、時間が経てば、見出しの背景にある経済の働きを簡単に見つけて解釈できるようになるだろう。

人々はつねに経済的選択をしている、ということにいったん気づいたならば、経済学の授業はほんの第一歩にすぎないことがわかるだろう。あなたが最も重要な発見をするのは、期末試験が終わり、授業を離れてからだ。

経済学のツールは、良き社会人になる、良き消費者になる、良き市民になるといったすべての局面において、あなたの生き方を向上させてくれる。どんな場面でも、すべての選択に経済学の考え方を活かせることを覚えておいてほしい。

まとめ

◉経済学とは、経済主体が希少資源の配分をどう選択するか、またその選択が社会にどう影響を及ぼすかを研究する学問である。経済学には2種類の分析がある。事実解明的経済分析（人々は実際に何をしているか）と、規範的経済分析（人々は何をすべきか）である。また経済学には2つの主要な分野がある。（個人の意思決定と個別の市場を見る）ミクロ経済学と、（経済全体を見る）マクロ経済学だ。

◉経済学は3つの重要な原理で成り立っている。最適化、均衡、経験主義である。

◉利用しうる情報をもとにして、実現可能な最善の選択肢を選ぼうとすることを最適化と言う。最適化するために、経済主体は、トレードオフ、予算制約、機会費用、費用便益分析など、たくさんの論点を考慮に入れる必要がある。

◉均衡とは、そこから行動を変えることで便益を得る人は誰もいないという状態である。

◉経済学ではデータを使って自分たちのアイデアを検証する。根拠に基づいた(エビデンス・ベースの)こうした分析を実証分析、または経験主義と言う。経済学ではデータを使用して、最適化や均衡など、人間の行動の理論が実際の人間の行動と一致するかどうかを判断する。経済学では、世の中で起きていることの原因を探ることにも、データを使用する。

キーワード

経済主体
希少資源
希少性
経済学
事実解明的経済学
規範的経済学
ミクロ経済学
マクロ経済学
最適化
均衡
経験主義
トレードオフ
予算制約
機会費用
費用便益分析

復習問題

1.... 消費する財のほとんどに価格がついているのはなぜだろうか?

2.... ほとんどの人は、経済学の研究はお金と金融市場に重点を置いていると思っている。本章を読んだあなたならば、経済学をどのように定義するだろうか?

3.... 以下の文章は、規範的であるだろうか？　事実解明的であるだろうか？　その理由も説明しなさい。

a. アメリカの自動車産業の2012年の売上げは前年比で13％増加し、過去5年間で最高の成長率を記録した。

b. アメリカ政府は地球温暖化の原因となるCO_2排出量を削減するために、炭素税の税率を引き上げるべきだ。

4.... ミクロ経済学とマクロ経済学は、どのように違うのだろうか？　アメリカにおけるiPhoneの供給は、ミクロ経済学とマクロ経済学のどちらの研究対象になるのだろうか？　一国の経済の総産出量の成長率はどうだろうか？

5.... 予算制約は何を表しているのだろうか？　消費者が直面しているトレードオフを、予算制約はどのように説明するだろうか？

6.... 本章では機会費用の概念について学んだ。

a. 機会費用が意味することは何だろうか？　様々な選択肢の機会費用はどのようにして比較されるのだろうか？

b. 高校を卒業してから1年間ヨーロッパを旅行して回ることの機会費用は何だろうか？　旅行をした人は非合理的ということになるのだろうか？

7.... あなたの新年の抱負は痩せることだ。そのために、いろいろな方法を検討している。スポーツジムの会員になる、職場まで歩く、エレベーターの代わりに階段を上る、食事に気をつける、などである。これらの選択肢を比較して最適なものを選ぶためには、あなたならどうするだろうか？

8.... トウモロコシの市場価格は1ブッシェル（約25キロ）当たり5.50ドルとする。この価格で均衡するためには、トウモロコシ市場において必要な3つの条件とは何か。

9.... 経済学者はしばしばフリーライダー（ただ乗り）の問題を懸念する。以下の質問に答えなさい。

a. フリーライダーとはどのような意味だろうか？　例を挙げて説明しなさい。

b. 公園にはフリーライダー問題はあるだろうか？　公道をきれいにしておくことはどうだろうか？　説明しなさい。

10.. 因果関係の概念について、簡単な実生活の例を用いて説明しなさい。

11.. 以下の例における、原因と結果を特定しなさい。

a. 乳児の死亡率の低下と栄養の改善。

b. ココアの価格の高騰と、その年のココアに害虫が発生したこと。

2 経済学の方法と問い

Economic Methods and Economic Questions

大学には、進学する価値はあるのか?

大学に進学するのは大きな投資だ。学費はコミュニティ・カレッジ(地域の公立教育機関)で年間2,500ドル、公立大学で年間5,000ドル、私立大学なら約2万5,000ドルかかる。それだけではない。1章で説明したように、1時間の労働の価値を10ドル以上とすれば、大学教育の機会費用は合計で年間2万ドル以上になる。

大学教育を投資ととらえるならば、その見返りをどう考えればいいだろうか? 「教育の便益」とは何だろうか? それを測定する方法はあるのだろうか? 本章では、モデルとデータを使ってこの疑問に答えていこう。

本章の構成

- **2.1** 科学的方法とは
- **EBE** 大学を卒業すると、どれぐらい所得が増えるのか?
- **2.2** 因果関係と相関関係
- **2.3** 経済学の問いと答え
- **EBE** 義務教育が1年延びたら、賃金はどれぐらい上がるのか?

KEYIDEAS
キーアイデア

- ◉モデルとは現実を簡単化して表現したものである。
- ◉経済学者は、モデルの正確性を評価して、世の中がどう動いているかを理解するためにデータを使う。
- ◉相関関係があるからといって、因果関係があるとは言えない。
- ◉実験は、経済学者が因果関係を検証するのに役立つ。
- ◉経済学は、社会にとって重要で、モデルとデータを使って答えられる問題に焦点を当てる。

2.1 科学的方法とは

経済学の第3の重要な原理は経験主義である。これは、データを使って世の中の出来事を分析するということだ。第1の原理（最適化）と第2の原理（均衡）は1章で勉強したので、本章では経験主義について学ぼう。

経験主義は、すべての科学的分析において重要な概念である。経済学者、社会科学者、自然科学者が以下のことを行うために使う一連のプロセスを**科学的方法**と言う。

1. 世の中の出来事を表すモデルを考え出す。
2. データを用いてそのモデルを検証する（モデルとデータが一致するかどうかを評価する）。

経済学者は、このプロセスで世の中を示す「真」のモデルを明らかにできると期待しているわけではない。世の中は非常に複雑だからだ。経済学者が期待しているのは、世の中を理解するのに役立つモデルはどれかを見つけ出すことである。データを使って検証すれば、良いモデルと悪いモデルを区別できる。良いモデルは、データとの整合性がより高い。モデルと実際のデータがあまり

●**科学的方法**（scientific method）とは、経済学者、社会科学者、自然科学者が以下のことを行うために使う一連のプロセスである。（1）世の中の出来事を表すモデルを考え出す。（2）データを用いてそのモデルを検証する。

に食い違うときには、経済学者はモデルを修正したり、まったく別のモデルを用いたりする。

このプロセスを経ることで、過去の出来事を説明するのに役立つモデルや、ある程度の確からしさをもって将来を予測するのに役立つモデルを見つけることができる。まず、モデルとは何か、データを使ってモデルをどうやって検証するのか、ということから説明しよう。

モデルとデータ

かつては誰もが、地球は平らだと信じていた。今では誰もが、地球はフリスビーではなくビーチボールのような丸い形だと知っている。だが平面モデルはいまだに使われている。ガソリンスタンドで売っているのは、平面の道路地図だけだ。カーナビの地図も平面図で、車のダッシュボードに地球儀を入れている人はいない。

平面地図も地球儀も、どちらも地球の表面を表したモデルだ。**モデル**は、世の中の出来事を簡単化して描写したり、説明したりする。モデルは単純化されたものであり、現実を完全に再現したものではない。平面地図が地球の表面を正確に描いたモデルでないのは明らかだ。曲線の曲がり具合（曲率）が歪められている。ただし、ニューヨークから東京に行くときは曲率は重要だが、ニューヨーク市内を観光するときには地球が球状かどうかを意識する必要はない。

科学者は（通勤者もそうだが）、当面の問題を分析するのに最も適したモデルを使用する。（地球は平らだという）間違った想定に基づくモデル（地図）であっても、将来の予測をしたり、計画を立てたりするのに役立つこともある。モデルについて言えば、厳密に正確であるよりも、シンプルで便利であることのほうが重要性を持つ。

科学的モデルによる予測はすべて、世の中を描写する事実や測定結果、統計などの**データ**を使って検証できる。1章で述べたように、経済学者は**実証的エビデンス**を構築するためにデータを使用するので、自分たちを経験主義者または経験主義の実践者と呼ぶことがよくある。このような用語はすべて、次の基本

科学的モデルによる予測はすべて、データを使って検証できる。

- **モデル**（model）とは、世の中の出来事を簡単化して描写したり、説明したりしたものだ。経済学ではモデルを理論と言うこともある。モデルと理論は同義で使用される。
- **データ**（data）とは、世の中を描写する事実、測定結果、または統計のことである。
- **実証的エビデンス**（empirical evidence）とは、観察や測定によって得られる一連の事実である。

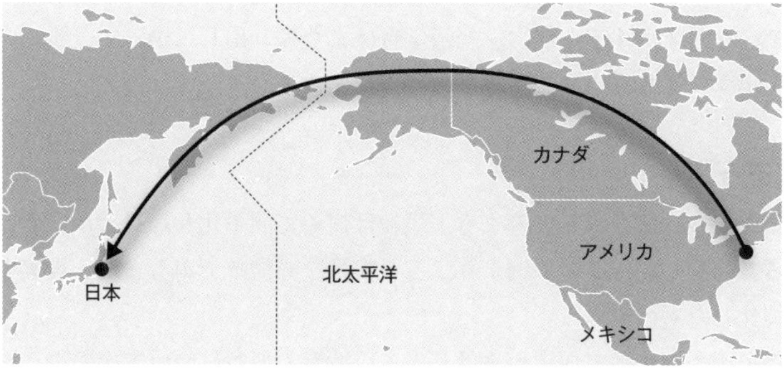

図表2.1　ニューヨークから東京への移動には、平面地図で見る以上の距離がある

この平面地図は、地球の表面のモデルである。世界は完全に平らだと描いていて、地図の制作者が北緯の距離を拡大して作成したものと考えることができる。たとえば地理を学ぶなど、特定の使用目的には便利である。だが太平洋を横断する最適な空路を導き出すには使えないだろう。たとえば、ニューヨークから東京までの最短の空路は、サンフランシスコの上を通る直線ではない。最短ルートはアラスカ北部の上空を通るものだ。地球の平面モデルは地理の授業で使うのには適するだろうが、大陸をまたぐ空路の指示には適さない。

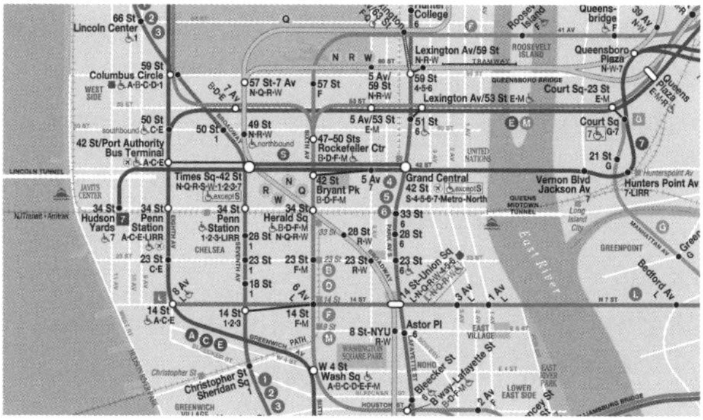

図表2.2　ニューヨーク市の地下鉄路線図

この図は、ニューヨーク市の地下鉄システムのモデルである。非常に簡単化されている。たとえば、ニューヨーク市を完全に平坦だとしていて、街の形も実際とは違っている。それでも通勤者や旅行者にとっては非常に便利なものである。

出所：Martin Shields/Alamy.

的アイデアに帰着する。それは、世の中の出来事に関する問題に答えるために、またモデルを検証するために、データを使用するということだ。たとえば、ニューヨーク市内の地下鉄路線図なら、その地下鉄に実際に乗って路線図の正確性を確認することで地図モデルを検証できる。

経済学の実証分析では、モデルによる予測を**仮説**と呼ぶ。その仮説が利用可能なデータと矛盾するたびに、経済学者はまた振り出しに戻って、新しい仮説を導き出す、より良いモデルを見つけようとする。

経済モデル

経済モデルの例を考えてみよう。最初は極めて簡単化したモデルについて検討する。しかし、ここでの例よりずっと複雑な経済モデルもまた、現実を極めて単純化したものである。

経済モデルはすべて仮定からはじまる。教育の便益について次のように仮定しよう。教育に投資する年数が1年増えるごとに、将来賃金は10%ずつ増える。そして、この仮定をもとに、ある人の教育レベルと賃金を関連づけるモデルを作ろう。

賃金が10%増加するとは、元の賃金に $1 + 0.10 = 1.10$ を掛けることと同じだ。この仮定によれば、1年長く教育を受けた人はそうでない人と比較して1.10倍の賃金を得る。たとえば、13年間の教育を受けて時給15ドルで働いている人が、もう1年、計14年間の教育を受けたとしたら、その人の時給は 1.10×15 ドルで、16.50ドルに上昇することになる。

経済学では仮定を使って、インプリケーション（含意）を導き出す。

たとえばこの仮定に従うと、教育年数が2年増えたら、賃金が10%ずつ2回増えることになるので、合計で21%増える。

$$1.10 \times 1.10 = 1.21$$

では教育年数が4年増えるとしてみよう。10%の賃金の増加が4回あるということなので、合計で46%増えることになる。

$$1.10 \times 1.10 \times 1.10 \times 1.10 = (1.10)^4 = 1.46$$

これは、大学を卒業する（4年間の教育を受ける）と、高校で教育が終わった場合と比較して、所得が46%増えることを意味する。言い換えると、このモデルの予測（仮説）では、大卒の所得は高卒の所得より46%高い、ということになる。

原理的には、教育年数が何年であってもこの仮定は適用できる。このため、このモデルは学歴と収入を関係づける一般モデルと言える。ここで導き出したモデルを、教育の便益モデルと呼ぼう。このモデルは、教育年数の増加に対する経済的な利得、すなわち教育投資から得る「便益」を表したものだ。ちなみ

● **仮説**（hypothesis）とは、データを使って検証しうる予測である。仮説は通常、モデルから導き出される。

に、ほとんどの経済モデルは、これよりはるかに複雑だ。仮定からインプリケーションを導き出す数学的な分析に何ページも割いている経済モデルはたくさんある。とはいえ簡単なモデルは、議論の良い出発点になる。それはあらゆる経済モデルに共通する2つの重要な特徴を示しているからである。

第1に、モデルは近似である、ということだ。モデルは、教育を1年長く受けた誰もが厳密に将来10%の賃金増加を手にする、と予言しているわけではない。教育と将来の賃金について予測される関係は平均的なものであり、ほとんどの状況でほとんどの人に起きるであろうと考えられることに対する近似である。モデルでは考慮の対象とされない特定の状況はたくさんある。たとえば、学位を得て大学を卒業したというのは履歴書の重要情報になるので、賃金増加への貢献という意味では、大学3年目よりも大学4年目の1年間のほうがはるかに重要だろう。同じように、大学で何を専攻したかも、卒業後の収入に重要な影響を与える。経済学専攻の学生は、ほかの専攻の卒業生よりも所得が高いかもしれない。単純なモデルは、こうした細部をたくさん省略している。平面的な地下鉄路線図が街の特徴の近似にすぎなかったように、教育の便益モデルも、教育年数と賃金を結びつけた近似にすぎないのである。

第2の特徴は、モデルは、データを使って検証しうる予測を立てるという点である。ここでのモデルの場合には、教育と賃金に関するデータを使おう。これで教育の便益モデルが立てた予測を実際に評価する準備が整った。

EBE Evidence-Based Economics
根拠に基づく経済学

問い：大学を卒業すると、どれぐらい所得が増えるのか？

ここでのモデルを検証するには、データが必要である。そのデータとして、政府の統計調査である人口動態調査（Current Population Survey, CPS）を使おう。この調査は、賃金や学歴、その他の多くの一般的な人口の特徴に関するデータを集めたものであり、誰でも利用できる。誰もが利用可能なデータは「公表データ」と呼ばれる。

図表2.3は、モデルを検証するために平均年収をまとめたものである。「教育の便益モデル」は、データとは完全には一致していない。図表2.3では、12年間の教育（高校卒業と同じ）を受けたアメリカの30歳の労働者の平

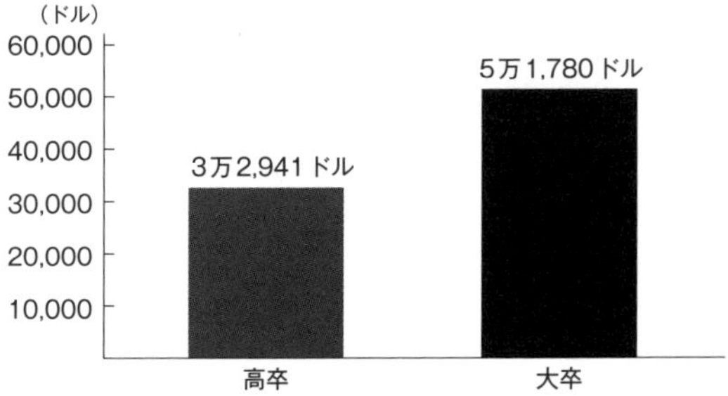

図表2.3 学歴別30歳のアメリカ人の平均年収：2013年データ

高卒の30歳のアメリカ人の平均年収は3万2,941ドルだが、大卒の平均年収は5万1,780ドルである。

出所：人口動態調査（CPS）。

均年収は3万2,941ドルである。一方16年間の教育（4年制大学卒業と同じ）を受けたアメリカの30歳の労働者の平均年収は5万1,780ドルである。

大卒賃金を高卒賃金で単純に割ると、比率は1.57となる。

$$\frac{\text{16年間の教育を受けた30歳の平均賃金}}{\text{12年間の教育を受けた30歳の平均賃金}}$$

$$= \frac{\text{5万1,780ドル}}{\text{3万2,941ドル}} = 1.57$$

私たちのモデルでは、教育年数が1年増えるごとに賃金が10%増加すると仮定したことを思い出そう。4年間長く教育を受けると、賃金の増加は $(1.10)^4 = 1.46$ になる。一方データによれば、12年間の教育が4年延びて16年間になると、57%の所得増加になっている。

このことから、モデルとデータは厳密には一致していないことがわかる。だがモデルが予測する46%の増加は、データとそれほどかけ離れてはいない。

Q 問い　大学を卒業すると、どれぐらい所得が増えるのか？

A 答え　大卒の平均賃金は、高卒の平均賃金の1.57倍である。

データ　2013年の人口動態調査（CPS）の賃金データ。学歴別の30歳労働者の平均賃金比較。

⚠ **注意**　全人口の平均値である。個人の経験で異なる。

平均値

CPSのデータからどうやってEBEで使った賃金を計算したのか、と考える人もいるかもしれない。私たちが使ったのは、平均という概念だ。**平均**とは、様々な値をすべて足し合わせて、それを値の数で割ったものである。これは、データをまとめるときによく使われる手法だ（平均はmeanとaverageの訳語であり、統計や他の科学分野では両者は同義に扱われる）。

具体的な計算方法を簡単に説明しよう。ウォン、リトルトン、ロック、ライ、シェファードの5人の従業員がいて、各人の時給は次のようにそれぞれ異なっていたとしよう。

ウォン　　　＝時給26ドル
リトルトン　＝時給24ドル
ロック　　　＝時給 8ドル
ライ　　　　＝時給35ドル
シェファード＝時給57ドル

この5人の時給を足して5で割ると、時給30ドルという平均賃金が出る。

$$\frac{26\text{ドル}+24\text{ドル}+8\text{ドル}+35\text{ドル}+57\text{ドル}}{5}=30\text{ドル}$$

ここで使った例はサンプルは小さい（データを集めた個人が少ない）が、平均の計算の概念はちゃんと表している。もちろん、経済学の分析で使われるサンプルはもっと大きい。

典型的な経済学の研究論文は、何千人もの人々から集めたデータを使う。経済学の分析の強みの1つは、使用されるデータの数の多さにあると言える。EBEの分析でも、わずかな事例に頼って教育が所得を増加させることを議論したわけではない。何千人もの30歳の人々を調査したデータを使用したのだ。たくさんのデータ（経済学ではこれを観測値と呼ぶ）を使用することで、研究

● **平均**（mean, average）とは、様々な値をすべて足し合わせて、それを値の数で割ったものである。

者はより正確に結果を述べることができる。それにより、実証的議論の信頼度は上がる。

本書では、説得力のある実証的議論を展開する方法を説明するために、大勢の人々に関する実際のデータをたくさん使用する。多くの観測値に基づいた信頼のおける実証的議論は、科学的方法にとって大切な要素である。

伝聞に基づく議論

教育は絶対必要なものではない。教育年数が長いのに収入が少ないという人もいる。逆に、ほとんど教育を受けていないのに収入が高い人もいる。本書執筆の時点で世界有数の資産家であるビル・ゲイツ（マイクロソフト創業者）は、ハーバード大学を中退している。フェイスブックCEOのマーク・ザッカーバーグも、ハーバード大学中退だ。

この2つの事例だけ見れば、大学を中退するのが成功への道筋だと結論づけたくなる。けれども、統計的な関連性を判断しようとするときに、たった2つの事例や小さいサンプルに基づくのは誤りである。

データの量が大きな違いを生み出す別の例を紹介しよう。図表2.4は2人の30歳の労働者のデータをグラフにしたものだ。おわかりのように、図表2.4では、図表2.3とは違い、教育年数が長いと賃金が下がるように見える。このデータは教育と賃金の正の関係を再現していない。とはいえ、たった2人の例から作ったことを考えると、図表2.4の結果は驚くには当たらない。実際、無作為に選んだ2人の30歳の労働者を比較すると、25%の確率で、高卒の人のほうが4年制大学を卒業した人よりも所得が高いのだ。大学に行くことは、通常は所得を増やす助けになる。だが教育以外にも、収入を決めるはるかに多くの別の要素がある。

限られた数のデータだけを見ると、間違った結論に飛びつきやすくなる。新聞を読むときには、例外的な数少ない事例を取り出してあなたを説得しようとする記事を見たら、気をつけよう。その記事が何千人もの体験談をもとに書かれているものならば、書き手はいい仕事をしていることになり、その議論には耳を傾ける価値がある。だがその記者がひと握りの伝聞に基づく話を使って議論を展開していたら、まずは疑ってかかろう。特に記者の意見を裏づけるような話を選んで紹介しているのではと疑われる場合は、十分用心してかかろう。伝聞に基づく議論を鵜《う》呑《の》みにしてはいけない。

ただしこのルールには1つ例外がある。事例を使う議論は、包括的意見に反

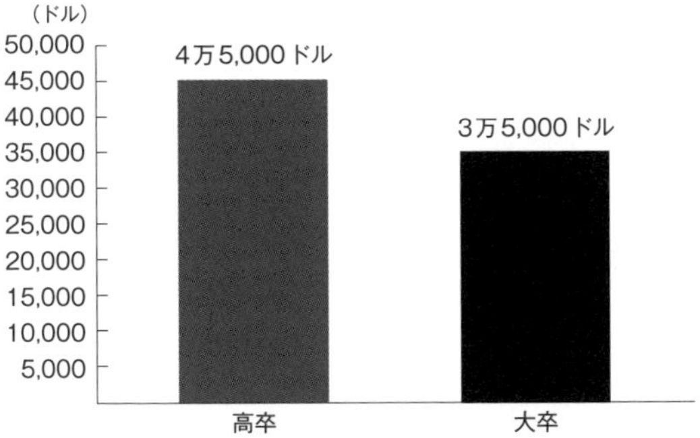

図表2.4　2人の30歳の労働者の年間所得：学歴別

図表2.3では大卒の平均年収が高卒のそれよりも57％高いと示しているが、大卒よりも年収が高い高卒の例を探すことは実際のところ難しくない。このグラフはその一例である。高卒の年収が4万5,000ドル、大卒の年収が3万5,000ドルだ。

対するときには有効となるのだ。たとえば誰かが、米プロバスケットボールリーグ（NBA）の選手は誰もが身長が高くなければいけないと主張したとする。その意見が間違いだと証明するには、それに反する事例が1つでもあればいい。このケースだと、NBAで14年間プレーした身長160cmのタイロン・ボーグスの例がそれに当たるだろう。

2.2 因果関係と相関関係

教育年数が1年長くなると所得が平均10％増えることが、所得と教育年数に関する膨大なデータからわかった。ということは、学校にもう1年長くいるように生徒に勧めれば、彼らの将来の所得は10％増えることになるのだろうか。そうとも限らない。なぜそうとも限らないのか、別の例を使って説明しよう。

赤色の広告キャンペーン

あなたがウォルマート社に経営コンサルタントとして雇われたとしよう。あなたは赤色を多く使った広告は人々の注目を集めるだろう、という広告キャンペーンに関する仮説を立てた。この仮説を証明するエビデンスとして、あなたは、広告の色とその広告期間の売上げの変化を示す過去の実績データを集めた。

この実証的調査から、赤色をたくさん使ったキャンペーン中は売上げが25％伸び、一方青色をたくさん使ったキャンペーンではたったの5％しか伸びなかったことがわかった。あなたは自分の仮説が証明されたと考えた。まさに天才！あなたは最高経営責任者（CEO）にこのすばらしい結果を急いで報告した。ところがすぐにクビになってしまった。

CEOは気がついたのにあなたが見落としたものは、何だったのだろうか？

実は、赤色を多く使った広告は主にクリスマスシーズンに集中していて、青色を多く使った広告はそれ以外の時期のものだった。CEOはこう言った。

> 赤色を使った広告が我々の売上げを増やしたのではない。クリスマスが売上げを増やしたのだ。そしてクリスマスだから広告に赤色が増えたのだ。12月ならば青色を多く使った広告であっても、売上げは25%ぐらい上がっていただろう。

残念ながらこれは実際にあった私の友人の話だ（友人の名誉のために企業名は変えてある）。補論で、これに関連する内容に再び触れる。

因果関係と相関関係

相関関係を因果関係と思い込む人は多い。ある出来事が別の出来事に直接影響を及ぼすとき、**因果関係**があると言う。たとえば雪玉を熱いオーブンに入れたから溶けたというように、因果関係は、原因から結果への道筋と考えることができる。

相関関係とは、一方の出来事が変化したらもう一方の出来事も変化する、というように2つの出来事が相互に関連していることを言う。それは原因と結果の関係（因果関係）かもしれないが、因果関係がないときでも相関関係は発生する。たとえば、高校の授業で音楽を選択した高校生は、そうでない高校生よりもSAT（日本のセンター試験・大学入試共通テストに相当）の点数が高いことがわかったとする。すると、音楽の授業を増やしたらSATの点数が上がるという関係、つまり因果関係があると主張する教育者が出てくるだろう。

だからといって、将来子どもが生まれたらクラリネットを買おうと考えるのはまだ早い。SATの点数がすでに高い学生が音楽を選択する傾向がある、という研究もある。あるいは、たとえば良き

因果関係は、原因から結果への道筋と考えることができる。

- **因果関係**（causation）は、ある出来事が別の出来事に直接影響を及ぼす（原因と結果の関係がある）ときに生じる。
- **相関関係**（correlation）とは、2つの出来事が相互に関連していることを言う。

生徒でいるためにとか、SATの点数が高くてかつ音楽を選んでいる何か別の理由があるかもしれない。SATの点数と音楽選択は単なる相関関係にすぎない。トロンボーン奏者が腕をけがして音楽の授業の履修をやめたとしても、それが原因で将来SATの点数が下がることはないだろう。2つの出来事に相関関係があるとき、その出来事の間に因果関係がある可能性もなくはないが、もっとよく調べる必要がある。これは調べるきっかけにはなるが、結論ではない。

相関関係には、正の相関、負の相関、ゼロ相関の3種類がある。家計所得などの要素を**変数**と呼ぶ。**正の相関**とは、2つの変数が同じ方向に変化することである。たとえば、相対的に所得が高い人は所得が低い人よりも結婚している可能性が高い、という調査結果がある。この場合、所得と結婚には正の相関があると言う。**負の相関**とは、2つの変数が反対の方向に変化することである。たとえば、学歴が高い人は失業する可能性が低い。この場合、学歴と失業には負の相関があると言う。2つの変数が関連していないとき、**ゼロ相関**であると言う。あなたの友人の数と、あなたの住所の番地が偶数か奇数かはまったく関係がない。

相関関係が因果関係を意味しないとき　2つの変数の相関関係をもって、特定の因果関係があると結論づけてはいけない。それには、次の2つの理由がある。

1. 省略された変数
2. 逆の因果関係

省略された変数とは、分析の対象からは外れているが、それがもし含まれていたら2つの変数が相関している理由がわかるものを指す。ウォルマートの広告の赤色の量とウォルマートの売上げの伸び率には正の相関があったことを思い出してほしい。だが、赤色を多く使った広告がウォルマートの売上げを伸ばした原因だったわけではない。クリスマスシーズンが近いということで、ウォルマートの広告に赤色が増え、ウォルマートの月間売上げも前月より増えたの

- **変数**(variable)とは、変化する要素のことである。
- **正の相関**(positive correlation)とは、2つの変数が同じ方向に変化することである。
- **負の相関**(negative correlation)とは、2つの変数が反対の方向に変化することである。変数の動きに関連がない場合には、**ゼロ相関**(zero correlation)と言う。
- **省略された変数**(omitted variable)とは、分析の対象からは外れているが、分析に入れれば2つの変数が相関している理由を説明しうる変数である。

図表2.5 省略された変数の例

ウォルマートでは、広告に使われる赤色の量と、売上げの伸び率に正の相関がある（広告に赤色が最も多いとき、月間売上げが最も増加する）。しかし、赤色が売上げ増加の原因だったわけではない。クリスマスだ。これが広告に赤色が多くなる原因であり、かつ売上げが増加した原因でもある。この場合、クリスマスが、赤色の広告と売上げ増加の正の相関関係を説明する省略された変数である。

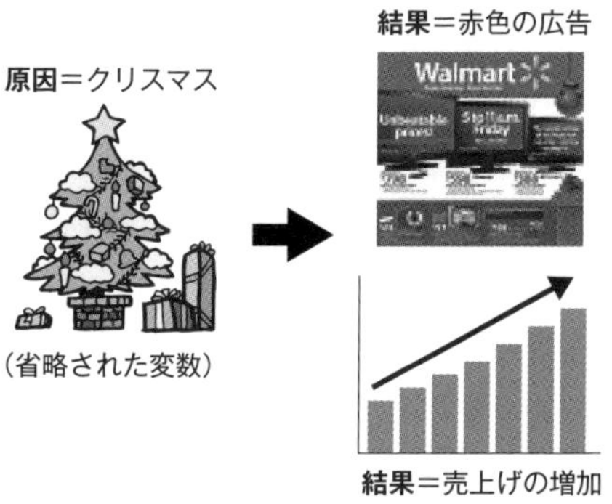

だ。この場合、クリスマスが省略された変数となる。クリスマスが、売上げが増えた時期に赤色の広告も増えた理由だったのである（図表2.5参照）。

教育と所得にも正の相関があるが、その理由を説明する省略された変数はあるだろうか？　1つ考えられる要因として、ワーカホリック（仕事中毒）があるかもしれない。ワーカホリックな学生は、大学でもほかの学生より努力する傾向があるとしたらどうだろう。学期末のレポートを徹夜で書くことで、クラスでの成績も上がるだろう。ワーカホリックであれば日々遅くまで仕事をし、週末も仕事をするかもしれないので、給与も増えるだろう。ワーカホリックは、高い所得の理由であり、かつ大学を中退しない理由なのだろうか？　あるいは大学に在学すること自体が所得を増やす原因になるのだろうか？　何が原因で、何が結果なのだろうか？

相関関係と因果関係を区別するうえで悩ましいもう1つの問題に、**逆の因果関係**がある。逆の因果関係は、原因と結果の方向を取り違えたときに生じる。たとえば、比較的裕福な人々は比較的健康だという事実を考えてみよう。社会学者は、富が健康の要因だと結論づけてきた。たとえば、裕福な人はより良い医療にお金を出す余裕があるからだ。一方で、健康が富を作り出すという、逆の因果関係があるかもしれない。たとえば、健康な人は一生懸命に働く体力があり、健康でない人よりも医療の出費が少ない。どちらの因果関係も成立しそうだ。つまり、富は健康をもたらすし、同時に健康が富をもたらす、ということが成立しそうだ。

教育の便益に関する分析でも、逆の因果関係が成立するか考えてみよう。

● **逆の因果関係**（reverse causality）は、原因と結果の方向を取り違えたときに生じる。

30歳で高賃金というのは、20代でより長い教育を受ける原因になっているだろうか？　タイムマシンでもない限り、30歳の賃金が20代で長く学校に行く原因にはなりえない。論理的にこの可能性は除外できる。したがって、教育の便益の例では、逆の因果関係は問題にはならないだろう。しかし別の多くの分析（たとえば富と健康の関係）では、逆の因果関係は重要な考慮の対象になる。

経済学では何が因果関係で、何が相関関係かを判断するために、多くのツールを開発してきた。以下でいくつかのツールを説明しよう。

実験経済学と自然実験

原因と結果を特定する1つの方法は、**実験**（変数の因果関係を検証するために条件を調整する方法）を行うことである。経済の実験を新聞で見かけることは少ないかもしれないが、医薬品の実験（治験）が記事になることは多い。たとえば、製薬会社が開発した新薬が一般大衆薬として認可される前に、注意深く設計した治験を行うことが、食品医薬品局（FDA）によって義務づけられている。新薬の効果を証明するためだ。

治験を行うには、研究者たちは通常、処置群（トリートメントグループ）* と対照群（コントロールグループ）という2つのグループを作る。治験の参加者は、処置群か対照群かのどちらかに無作為（ランダム）に振り分けられる。これを**無作為抽出**と呼ぶ。無作為抽出で振り分けられた処置群と対照群は同じように治療を受けるが、最初に1つだけ条件を変えてある。この条件の影響が、治験で検証したい内容となる。

期待されている新薬が糖尿病の患者に効くかどうかを知りたいとしよう。この場合、糖尿病の患者1,000人を選び、無作為に500人を処置群（新薬を処方されるグループ）に振り分ける。残る500人は対照群であり、すでに広く使用されている標準的な薬を与える。そしてすべての患者を追跡調査して、その後の数年間で健康状態に変化がないかどうかを調べる。この実験が、新薬は標準的な薬よりも効果が高いという因果関係を示す仮説を検証するものとなる。

では次に、経済学の実験を考えよう。大学の学位がもたらす違いを知りたいとする。大学に行く経済的余裕はないが、大学に行きたいと思う高校生を1,000人選ぶ。そのうちの500人を無作為に振り分け、大学の費用のすべてが支払わ

- **実験**（experiment）とは、変数の因果関係を検証するために変数の条件を調整する方法である。
- **無作為抽出**（randomization）とは、意図的ではなく無作為（ランダム）に、対象者を処置群と対照群に振り分けることである。

* 「処置」は経済の分野ではピンとこない用語だが、医学の分野での「処置（treatment：治療）」から来ている。

れる処置群とする。残りの500人の学生を対照群にする。この1,000人の学生全員について、その後の状態を追跡する。大学を卒業したグループと大学に行かなかったグループの賃金がどう違うかを知るため、周期的に調査を行う。この実験によって、大卒という学歴が賃金を上昇させるという仮説を検証できる。

実験を行う際の問題の1つは、非常に費用がかかることである。大学教育に関する前述の実験の場合、500人の学生の学費を支払うことになるので、何千万ドルもの費用がかかる。ほかにも問題がある。実験は、重要な問いに直接的な答えを出すわけではない。たとえば、教育期間が1年長くなると生涯にわたって給与に影響が出るかを調べるために、現在の高校生を対象にした実験を行った場合、その答えが出るまでにはさらに何十年もかかる。

もう1つの問題として、実験そのものがうまく実施されないこともある。たとえば、薬の効果を調べる実験のときには、患者を完全に無作為に振り分けられなければ、その実験結果から学ぶものはない。最先端医療を提供する病院に通う糖尿病患者は、最新の治療薬を処方される可能性が高いとしよう。この場合、患者の健康が改善した原因は新薬なのか、またはこの病院が行った何か別の治療なのかはわからない。うまくデザイン（設計）された治験では、誰が新薬を処方され、誰が従来の薬を処方されるかは完全に無作為に決定される。

実験のデザインが悪いと、経済学者はその結論に非常に懐疑的になる。研究方法が悪いと、実験の結論が無意味になってしまうことを表して、「素材がゴミならできあがったものもゴミになる」と言う。

実験する予算や時間がないときに、原因と結果を見つけるための別のやり方はあるだろうか？ 「自然」実験によって生じた過去の記録を研究することはその1つだ。**自然実験**とは、実験者がコントロールしない形で、無作為またはほぼ無作為に、対象者が対照群と処置群に振り分けられた実証分析を言う。

経済学者はたくさんの重要な問いに答えるために、このような自然実験を見つけて活用してきた。「教育から何を得るのか」という問いに、より確実な答えを出すにはこの方法が役に立つ。

2.3 経済学の問いと答え

経済学の研究とは、問いを立て、その問いに答えるプロセスである。すでに

● **自然実験**（natural experiment）とは、実験者がコントロールしない形で、無作為またはほぼ無作為に、対象者が対照群と処置群に振り分けられた実証分析である。

EBE Evidence-Based Economics
根拠に基づく経済学

問い：義務教育が1年延びたら、賃金はどれぐらい上がるのか？

数十年前は義務教育に関する法律は今ほど厳格ではなく、10代の若者は中学校卒業前に中退できた。フィリップ・オレオポウロスはこの義務教育法の改革によって生じた自然実験を研究対象にした[1)]。オレオポウロスは、義務教育の修了を14歳から15歳に引き上げた1947年のイギリスの教育改革に着目した。この変更によって、14歳で学校を中退する子どもの割合は1946～48年にかけては57%から10%未満へ約50ポイント*減少した。

この教育改革を活用すると、1947年より前に14歳になった子どもは、1947年以降に14歳になった子どもの「対照群」とみなせる。この研究によれば、1948年に14歳になり、1年長く通学した学生は、1946年に14歳になった学生と比較して平均で10%賃金が高かった。

こういった自然実験は、様々な問題について相関関係と因果関係を区別する助けになるので、実証研究では非常に役に立つ。教育の便益の問題にこれを応用すると、教育の年数と所得の間の相関は、省略された変数が原因ではなく、教育の影響を反映したものであったことがわかる。

教育の便益に関するモデルでは、このようにしてデータできちんと立証された。教育年数が1年長くなるごとに10%賃金が上昇すると聞いたあなたは、より長く学校に通いたいと思っただろうか？

Q 問い　義務教育が1年延びたら、賃金はどれぐらい上がるのか？

A 答え　平均で賃金は10%上昇する。

データ　英家計調査（General Household Survey）。14歳で中退したイギ

1）Philip Oreopoulos, "Estimating Average and Local Treatment Effects of Education when Compulsory Schooling Laws Really Matter," *American Economic Review*, Vol. 96, No. 1, 2006, pp. 152–175.

* ここで、約50「%」減少したと書くのはよく見かける間違いである。両者の差の「47%」は基準となる57%から見ると82%（47/57＝82%）なので、約80%減少した、とするのが正しい。%で示された数字の差は、英語で「percentage point」、日本語で「ポイント」または「%ポイント」と呼ぶ。したがって、10%は57%より47ポイント低い。すなわち、「約50ポイント減少した」こととなる。経済学では、成長率の差、失業率の差などがよく使われるが、日常生活でも政党の支持率の差、テレビ番組の視聴率の差のように、%で表された数字を比較するときには、間違った記述をしないように注意されたい。

リスの子どもと、義務教育法の改革により通学が1年長くなった子どもを比較。

⚠注意 義務教育法の改革以外の要因（省略された変数）が、学校に長く通学した子どもたちが、最終的に労働者としてもっと稼ぐようになった理由を説明できるかもしれない。

いくつかの問いを見てきた。たとえば、本章では次の問いを立てた。「義務教育が1年延びたら、賃金はどれぐらい上がるのか？」。1章では別の問いを立てた。「フェイスブックは無料《タダ》か？」。

良い問いの形は様々である。しかし、とても刺激的な経済学の問いには次の2つの特徴がある。

1. **良い問いとは、個人や社会にとって重要な課題に取り組んだものである。**
   経済学者は、経済学の研究とは社会的厚生に貢献するものだと考えている。経済学者は、人間の行動や経済の働きについて一般的なインプリケーション（含意）を与えてくれる研究を試みる。たとえば、教育を受けるためには多くの資源を投資するのだから、教育の便益を理解することは重要だ。アメリカは年間1兆5,000億ドルの予算を教育のために使っている。これは経済の産出量の約1割に相当する。こうした投資のすべてについて、見返りを数値化することは有益だ。仮に教育の便益が非常に高いならば、社会は教育への投資をさらに増やすことを求めるだろう。教育の便益が小さいならば、その重要な事実を、学業を続けるかどうか考えている学生と共有すべきだ。教育の便益を知ることは、個人や政府が、教育への投資にどれだけの希少資源を配分するかを決めるのに役立つ。
2. **良い経済学の問いには答えがある。**
   別の学問分野では、良い問いを提示するだけで十分だという場合もある。たとえば哲学者は、いくつかの最も重要な問いには答えはないと考えている。それとは対照的に、経済学者は、十分に綿密な研究と注意深い論理で答えることができる問いに主に関心を持つ。

本書で議論する経済学の問いを以下（46ページ）に挙げた。このリストを見れば、これらの問いはみなさんと社会全体にとって大きな意味を持つ重要な問いだとわかるだろう。本書は、こうした問いに経済学的な答えを出しながら議論を進めていく。きっと刺激的な旅になるだろう。さっそく出発しよう。

まとめ

◉科学的方法とは、経済学者、社会科学者、自然科学者が以下のことを行うために使う一連のプロセスである。(1)世の中の出来事を表すモデルを考え出す。(2)データを用いてそのモデルを検証する。

◉実証的エビデンスとは、観察や測定によって得られる一連の事実である。これを使ってモデルを評価する。

◉経済学者は変数同士の因果関係を解明しようとする。

◉因果関係を特定する1つの方法は、実験を行うことである。実験とは、変数同士の因果関係を調べるための制御された方法である。経済学者は、研究室と実社会の両方で実験を行う。経済学では、因果関係を推論するために、自然実験によって生まれた過去のデータを研究することもある。

キーワード

科学的方法
モデル
データ
実証的エビデンス
仮説
平均
因果関係
相関関係
変数
正の相関
負の相関
ゼロ相関
省略された変数
逆の因果関係
実験
無作為抽出
自然実験

	問い
1章	フェイスブックは無料《タダ》か？
2章	大学には、進学する価値はあるのか？
3章	立地は家賃にどのように影響するのか？
4章	ガソリン価格が安くなったら、もっとガソリンを買うだろうか？
5章	月100ドルの報酬で禁煙できるだろうか？
6章	エタノールへの補助金は生産者にどう影響するか？
7章	利己的人間だけがいる市場は社会全体の幸福度を最大化できるか？
8章	自由貿易は仕事を奪うのか？
9章	アメリカの経済生産の１年間の総市場価値はどれほどの規模になるのか？
10章	平均的アメリカ人が平均的インド人よりずっと豊かな理由は何か？
11章	アメリカ経済は、過去200年間にわたって、なぜ経済成長を続けることができたのか？
12章	企業が工場を閉鎖すると、地域の雇用と失業にはどのような影響が及ぶのか？
13章	銀行の破綻はどのぐらい頻繁に起こっているのか？
14章	1922～23年のドイツでは、なぜハイパーインフレーションが起きたのか？
15章	2007～09年の景気後退はなぜ起きたのか？

復習問題

1.... 経済学では科学的方法を使用する、というのはどういう意味だろうか？　役に立つモデルとそうでないモデルを、経済学者はどのように識別するのだろうか？

2.... 経験主義とはどういう意味か？　経験主義は仮説をどのように使うのか？

3.... 経済モデルの2つの重要な特徴は何か？　モデルは通常、現実社会の現象を簡単化して表したものである。これは、モデルが非現実的であるという意味なのか？

4.... 観察値からは、平均はどのようにして計算されるのか？　ある夏の暑い日に、5,000人がアイスキャンディーを買ったとする。1人が購入したアイスキャンディーの平均が2本だとすると、その日には何本のアイスキャンディーが売れたことになるのか？

5.... 実証的議論の妥当性に、データの量はどのように影響を及ぼすのか？　議論を反証するのに1つの例だけで受け入れられるのは、どのようなときだろうか？

6.... 相関関係は、必ずしも因果関係を意味するわけではない理由について説明しなさい。因果関係はいつも正の相関関係になるだろうか？　その理由について説明しなさい。

7.... 正の相関がある変数、負の相関がある変数、ゼロ相関である変数の組み合わせの例を挙げなさい。

8.... 無作為とはどういう意味か？　無作為は実験の結果にどのような影響を及ぼすだろうか？

9.... 本章では自然実験と無作為実験について議論した。自然実験は無作為実験とどのように違うのか？　どちらの実験方法がより正確な結果が得られる可能性が高いだろうか？

10.. シートベルト着用の義務化が交通事故による死亡率に与える影響について調べたい。あなたなら、無作為抽出で実験を行うか？　それとも、自然実験を行うか？　その理由についても説明しなさい。

補論

グラフの作成と解釈

経済学を学ぶ際には、データの意味を理解し、それをわかりやすく視覚的に表現できるようになることが重要だ。グラフは、テレビ、インターネット、新聞や雑誌、経済学の教科書、とどこにでも出現する。グラフはなぜこれほど人気があるのだろうか？

よくできたグラフは、一目瞭然で簡潔に情報を伝えてくれる。「1枚の絵は千語に匹敵する」という古い格言からも、視覚的な表現が好まれることがわかるだろう。本書では、グラフをたくさん使用する。本書を読み進むにつれて、言葉で説明した経済概念をグラフが補っていることに気づかれるだろう。

グラフの作り方と読み方を説明するために、データや要約を交えながら、我々が行っている最近の研究をお見せしよう。

インセンティブに関する研究

もしあなたに、この経済学の講義の成績がA評価だったら50ドルあげようと言えば、あなたはもっと勉強する気になるだろうか？　500ドルだったらどうだろう？　最初はこう思うだろう。「そうだな……そうしよう。そのお金があれば、新しいKindleや、ビヨンセのコンサートチケットだって買えるし」

でも1章で学んだように、もっと勉強するには機会費用がかかる。ロックコンサートにあまり行けなくなるし、友だちとおしゃべりをする時間も減る。この機会費用を、授業でA評価をとる便益と比べてみよう。こんな仮想の質問なんて真剣に考えるほどのものでもないと思うかもしれないが、実はそれほど現実離れした話ではない。

この数年間に、アメリカで多くの学生がこのような問題に実際に直面した。サリー・サドフ、スティーヴン・レヴィット、そしてジョン・リストという経済学者が、シカゴ南方のシカゴハイツの2つの高校で、学生の行動を変えるためのインセンティブを使った実験を行ったのだ。

こうした実験をすることで、2つの変数の関係を考えることができるようにな

よくできたグラフは、一目瞭然で簡潔に情報を伝えてくれる。「1枚の絵は千語に匹敵する」という古い格言からも、視覚的な表現が好まれることがわかるだろう。

る。ここでは、金銭的報酬が上がると授業での成績が上昇するのか、という関係を見るのである。もちろん、本章で学習したばかりの原因と結果の議論にも関係がある。変数間に因果関係があるか、あるいは簡単な相関関係があるか、を考えていこう。因果関係も相関関係も、私たちを取り巻く世界をより深く理解するために重要な概念である。

実験のデザイン

シカゴハイツの町には2つの高校があるが、両校とも、中退者が多いことで問題になっている。入学した学生の半数以上が卒業証書を受け取ることなく中退してしまう。学生の中退については、この地域に限らず、多くの都市でも同様の問題を抱えていた。

この問題を考えるのに経済学がどう役に立つだろうか？　ある経済学者の研究チームが中退率を減らし、学校での成績を上げるためのインセンティブを考え出した。本書の共著者ジョン・リストもその一員だ。この実験では、成績が上昇した学生には報酬が支払われる[2]。

最初に中退を減らす実験を考えてみよう。生徒たちは次の3つのグループに無作為（ランダム）に振り分けられる。

対照群　実験者が設定したある基準（下記を参照）を満たしても、金銭的報酬はなし。

学生にインセンティブを与えた処置群　基準を満たせば学生が毎月50ドル受け取れる。

親にインセンティブを与えた処置群　基準を満たせば親が毎月50ドル受け取れる。

実験者が設定した基準は次のとおり。これを1カ月満たせばクリアとなる。

1. その月のどの講義でもD評価またはF評価がない*。
2. その月の無断欠席は1回まで。
3. その月に停学処分を受けていない。

2) Sally Sadoff, Steven D. Levitt, and John A. List, "The Effect of Performance-Based Incentives on Educational Achievement: Evidence from a Randomized Experiment," University of Chicago Working Paper, 2011.

変数の説明

学生たちが実際にどのぐらいの金額を手にしたかを知る前に、この実験で我々が関心を持つ変数についてさらに注意深く考えてみよう。名前のとおり、変数は変わるものである。つまり状況が変われば値も変わる。ここでは、変数をグラフで表すときに使用する3つの方法を紹介しよう。

1. 円グラフ
2. 棒グラフ
3. 時系列グラフ

●円グラフ

円グラフは簡単に理解できる。**円グラフ**は円を分割したもので、それぞれの面積が全体に対する割合を示す。円グラフは、1つの変数を異なる要素に細分化して示すときに使われる。経済学では、政府の税収や政府の支出など、重要な経済変数を示すために円グラフをよく活用する。

たとえば、この実験に参加した学生の人種を考えてみよう。図表2A.1から、実験対象の高校1年生の59%はアフリカ系アメリカ人だとわかる。実験に参加

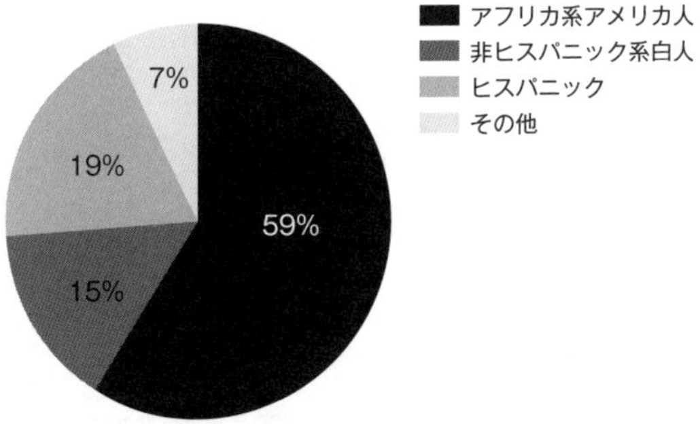

図表2A.1 シカゴハイツの実験参加者(人種別)

円グラフのそれぞれの面積は、実験に参加したシカゴハイツの高校の学生が4つの人種に分かれている様子を視覚的に示すものだ。数字の合計は100になり、すべての項目を足すと完全な「円」になる。

●**円グラフ**(pie chart)とは、円を分割したもので、それぞれの面積が全体に対する割合を示す。

* アメリカの標準的な成績評価で、Fは不合格である。Dは教員の設定した合格基準には満たないが何らかの事情で合格とする、グレーゾーンないし学生に対しての警告つきの合格である。

した学生全体の中でのアフリカ系アメリカ人の割合を示すため、円グラフの59%を濃い紫色にする。学生の15%は非ヒスパニック系白人で、次に濃い紫色で示されている。このようにして、100%になるまで実験参加者を人種別に細分化していくと、実験参加者の人種構成を示す円グラフができあがる。

●棒グラフ

変数の内容をまとめて表示する別の方法として、棒グラフがある。**棒グラフ**は、棒の高さ（長さ）によって、各グループの性質を示すものである。棒グラフは、異なるグループ同士を比較するのに便利なものだ。棒グラフを作成するには、長方形の棒を横一列に並べ、それぞれの棒の高さ（縦一列にした場合は長さ）が変数の値と同じになるようにする。

たとえば、図表2A.2は、実験で分類した3つのグループの学生の成功率を示したものだ。グラフの横軸（x軸）は**独立変数**（実験者が学生の分類に選んだ変数）を示す。縦軸（y軸）は**従属変数**（実験から影響を受ける可能性がある変数）を示す。このグラフでの従属変数は、先に紹介した基準を満たした学

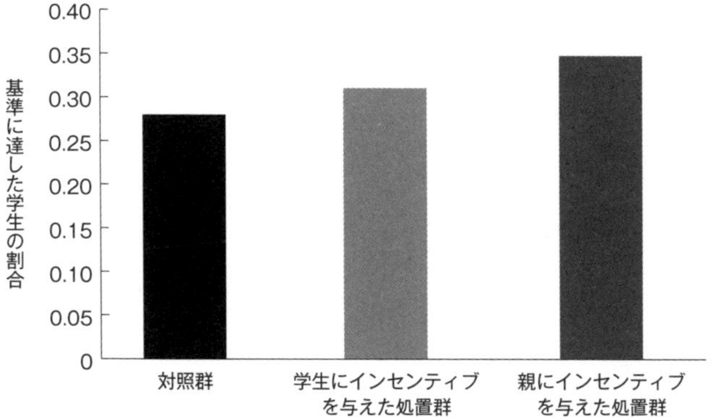

図表2A.2　基準を満たす学生の割合（グループ別）

この棒グラフは実験のグループごとの数値を比較するためのものである。この場合、各グループがどれくらい基準を満たしているか、その割合の違いが棒の高さからわかる。親にインセンティブを与えた処置群の棒のほうが、対照群の棒よりも高い。つまり前者のほうが後者よりも基準を満たした割合が高いことを示している。

- **棒グラフ**（bar chart）は、棒の高さ（長さ）を変えることで、各グループの性質を示す。
- **独立変数**（independent variable）とは、別の変数の影響を受けない変数であり、実験では、実験者が操作する。
- **従属変数**（dependent variable）とは、別の変数の変化から影響を受ける変数である。

生の割合になる（割合で表すと100%は1、30%は0.3となることに注意してほしい）。

図表2A.2の結果は非常に興味深い。対照群（インセンティブがないグループ）の学生で基準を満たしたのは28%だった。一方、親にインセンティブを与えたグループでは34.8%と、基準を満たした学生の数が著しく増えた。これは、インセンティブに効果があったことを示す重要な根拠になる。

●時系列グラフ

円グラフと棒グラフは、1つの変数を細分化するときに使われる。しかし、1つの変数が時間とともにどのように変化するのかを見たい場合にはどうだろう。たとえば、基準を満たす学生の割合が時間とともに変化する場合には、**時系列グラフ**を使うと変化を見ることができる。時系列グラフは異なる時点のデータを示すものである。

例として、図表2A.3を見てみよう。これは月別に、基準を満たした学生の割合を示したもので、グレーは親にインセンティブを与えた処置群、紫色は対照群の数字だ。グラフには異なる月と異なるグループが描かれているが、変数は1つだ。その変数とは、基準を満たした学生の割合である。図表2A.3から

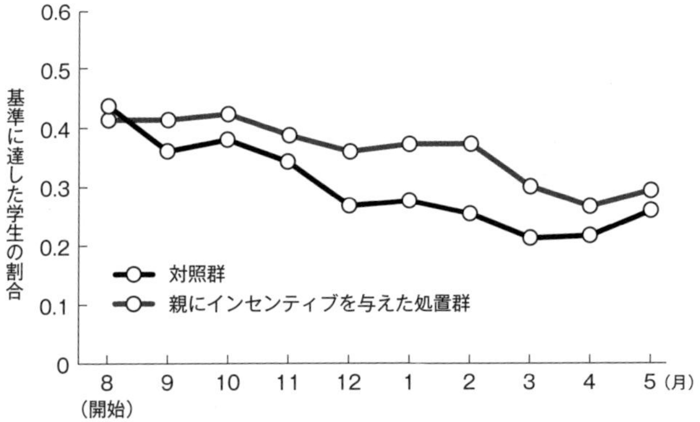

図表2A.3 月別に見た、基準を満たす学生の割合の変化

この時系列グラフは、棒グラフと同じ情報を使って、実験期間中の各月の変化を示したものである。月ごとの変化をより明確に表示するために、点を線でつなげた。2つの異なるグループ（対照群と親にインセンティブを与えた処置群）を描くことで、棒グラフと同じように2グループを比較することができる。

●**時系列グラフ**(time series graph)は、異なる時点のデータを示す。

わかるように、基準を満たした学生の割合は、親にインセンティブを与えた処置群のほうが、対照群よりも高い。また、親にインセンティブを与えた処置群と対照群との差の大きさが、月によって違うことに注意が必要だ。この時系列データがなければ、こうした月ごとの変化には気づかなかったし、インセンティブの効果がつねに一定とはならないことにも気づかなかっただろう。データの特徴を知るうえで重要な点は、時間とともに変数がどのように変化したのかを認識することである。本書を読み進めるうちにそうした認識が身に付くことだろう。時系列グラフは、変数が時間とともにどのように変化するかを理解するうえで、大きな助けになってくれる。

●散布図

読者のみなさんはこう考えているのではないだろうか？　こうした金銭的インセンティブがない場合でも、教育には価値があるのだろうか？　本章では、賃金と教育年数が関連していることを示した。この関係を示すもう1つの方法は、**散布図**を使うことだ。散布図は、データの点の位置によって2つの変数の関係を示す。図表2A.4は、2013年9月時点のアメリカ各州における平均教育年数と週給の関係を示したものだ。たとえば、教育年数が10.4年で週給800ド

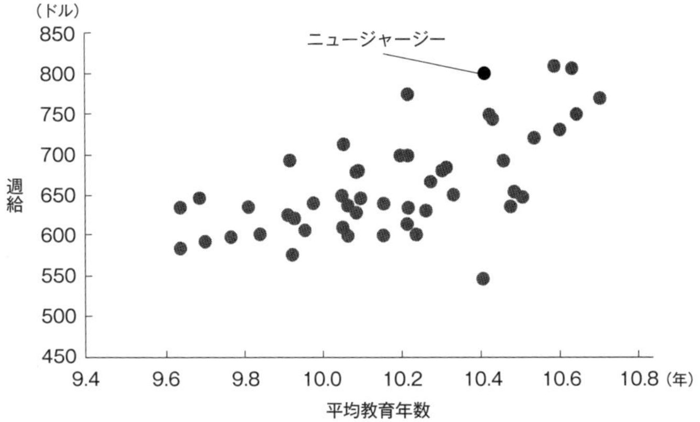

図表2A.4　教育と所得の関係

各点は、アメリカ各州における平均教育年数と週給の中央値（median）である。図は、2013年9月の人口動態調査（CPS）のデータを使用して作成した。この図から、教育年数と週給には正の相関があることがわかる。

●**散布図**（scatter plot）は、データの点の位置によって2つの変数の関係を示す。

ルという点が、ニュージャージー州として表示されている。これは、ニュージャージー州の成人の平均教育年数は10.4年で、平均週給は800ドルであることを意味する。

原因と結果

本章では因果関係と相関関係について詳しく説明した。経済学では特に、因果関係に関心を持つ。因果関係は2つの変数を能動的に——aによってbが生じるなら、aはbの原因であるというふうに——関連づけるものだからだ。

実験を例にすると、学生の成績に対して報酬を支払うことにより、彼らの成績が改善される、という結論を導きたくなる。だがこの実験が適切に行われていなかった場合には、必ずしもそうとは言えなくなる。たとえば対照群と処置群への学生の振り分けが無作為になされなかった場合や、過去に成績が悪かった学生が全員対照群に入っていた場合だ。対照群の成績がほかのグループよりもはじめから悪い場合には、実験開始の時点で「その他すべてが一定」とは言えない。そのために、成績と報酬の相関関係については、この実験からは何も言えなくなる。

しかし、シカゴハイツの実験は、本章で説明したような無作為の原則で実施された。実験者は学生を無作為に振り分けたので、各実験グループの学生の構成や特徴（知能などの変数）は同じだった。学生の各グループへの配置は偶然によるものであり、実験終了時におけるグループごとの成績の違いは、各グループに課せられた条件の違い（ここでは金銭的インセンティブの違い）によるものだと言うことができる。

そこから言えるのは、学生にインセンティブを与えた処置群と対照群の成績の違いの原因は、処置群には与えられて対照群には与えられなかったもの、すなわち成績改善のための50ドルのインセンティブだったということである。

●相関関係では因果関係を証明できない

相関関係が誤って因果関係と解釈されることはよくある。2つの変数が相関していれば、因果関係を探る手がかりにはなる。しかしそれは、因果関係を検証するための最初のステップとみなしていいというだけのことだ。たとえば、ある会社のマーケティング部門の担当役員が図表2A.5（守秘義務のため数値は変更してある）を見せてくれたことがある。会社の広告が売上げ増加に効果的だったことを示そうとしてこう言った。

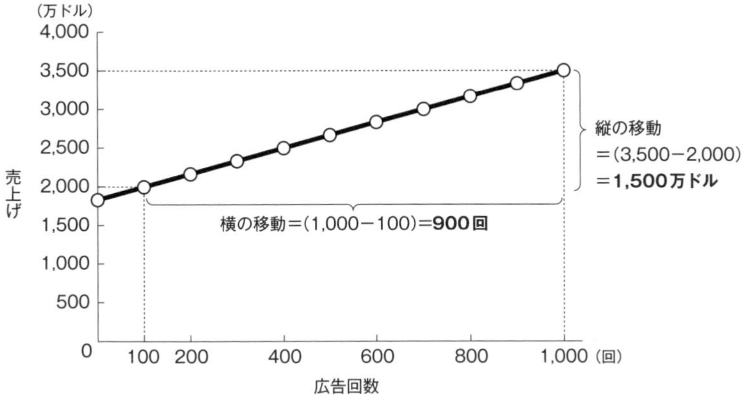

図表2A.5　広告と売上げ

広告回数と売上げを表す折れ線グラフを見ると、広告回数を増やせば売上げが増えると言いたくなるだろう。だが、もし無作為抽出を行っていなければ、グラフに入っていない変数が売上げを増やした可能性がある。実は、広告は関係がないかもしれない。省略された変数が隠されている可能性を考える必要がある。

「広告と売上げには明らかな正の相関があります。広告を1,000回打ったときの売上げは3,500万ドルでした。100回しか打たなかったときには、売上げは約2,000万ドルに落ちました。これは、広告を多く打ったほうが売上げも伸びることを証明しています」

このグラフが因果関係を証明するかどうかを議論する前に、図表2A.5の基本的特徴について考えよう。グラフから以下の情報がわかる。

1. 横軸（x軸）の変数x。このグラフでは広告の回数である。
2. 縦軸（y軸）の変数y。このグラフでは売上げである（単位：万ドル）。
3. 原点（y軸とx軸の交わる点）。原点では売上げと広告の回数はともにゼロとなる。

このグラフでは、広告の回数が独立変数で、売上げが従属変数である。両方の変数の値が同じ方向に変化するとき、正の関係があると言う。一方が増えて他方が減るとき、すなわち両方の変数の値が逆の方向に変化するとき、負の関係があると言う。

図表2A.5から、2つの変数には正の関係があることがわかる。この正の関係の強さは傾きでわかる。**傾き**とは、y軸の変数の値の変化をx軸の変数の値の

変化で割ったものである。

$$\text{傾き} = \frac{y\text{の変化}}{x\text{の変化}} = \frac{\text{縦の移動}}{\text{横の移動}}$$

この例では、100回から1,000回への広告回数の増加が、2,000万ドルから3,500万ドルへの売上げの増加を伴っている。縦の移動（売上げyの変化）は1,500万ドルで、横の移動（xの変化）は900回。どちらの変数も増加している（同じ方向に変化している）ので、傾きは正である。

$$\text{傾き} = \frac{3{,}500\text{万ドル} - 2{,}000\text{万ドル}}{1{,}000\text{回の広告} - 100\text{回の広告}} = \frac{1{,}500\text{万ドル}}{900\text{回の広告}} = 1\text{万}6{,}667\text{ドル}$$

よってグラフから、広告を1回増やすことが1万6,667ドルの売上げの増加と関係があることがわかる。ここから、広告を1回増やすことが売上げを1万6,667ドル増やす原因になると、本当に言えるだろうか。

売上げと広告回数がともに増加することをもって、2つの変数に因果関係があると解釈したくなる。だが、残念ながら、広告の回数は実験で無作為に決められたものではない。そのため、この関係が因果関係なのかどうかはこのデータからはわからない。マーケティング担当役員は、そもそもなぜこれほど急激に広告の量を増やしたのかを忘れていた。彼らは年末だったから広告を増やしたのだ。年末は、売上げが増えることがはじめからわかっている時期だ。

さらに掘り下げていくと（詳しくは割愛するが）、データからわかることは、この会社は感謝祭から12月にかけての繁忙期に広告回数を増やしていたこと、そしてこの時期はまさにショッピングシーズンで、売上げが伸びる時期だということだ。本章で見たウォルマートの赤色の多い広告の例と同じだ。季節的な影響を考慮に入れると、広告回数と売上げの因果関係は消えてしまうのだ。

この例から示唆される、グラフを見るときに気をつけるべきことは何だろうか？　それは、2つの変数が一緒に動いている（相関がある）からというだけでは、因果関係があるとは必ずしも言えないということだ。両方の変数を上昇させる原因になる別の変数（この例ではショッピングシーズン）が関係しているのかもしれない。

ここで言いたいことがもっとはっきり伝わるように、アメリカの月間の水難事故数とアイスクリームの生産量をグラフにして考えてみよう。図表2A.6は、2011年の月別データを使用して作成されている。見てのとおり、アイスの生産量が多い月には溺死者も多い。同じように、アイスの生産量が少ない月には

● **傾き**（slope）とは、y軸の変数の値の変化をx軸の変数の値の変化で割ったものである。

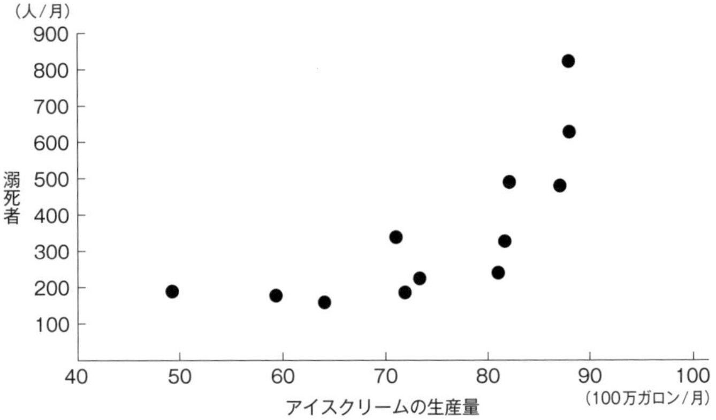

図表2A.6 アメリカのアイスクリームの生産量と溺死者数

月別のアイスクリームの生産量と溺死者数の関係を示している。ここにある12の点は、2011年の各月のデータだ。ここには因果関係があるのだろうか、それともこの2つの変数が同じ方向に変化する原因となる、省略された変数があるのだろうか？
ヒント：右上の点は7月のもので、左下の点は12月だ。

出所：Centers for Disease Control and Prevention, and Brian W. Gould, University of Wisconsin Dairy Marketing and Risk Management Program.

溺死者も少ない。ここから、アイスを食べた後は泳いではいけないということが言えるのだろうか？

このグラフから影響を受けて因果関係があると思い込んだ親は、プールや湖の近くではけっして子どもにアイスクリームを食べさせまいとするかもしれない。しかしアイスが大好きな人への朗報がある。ここには省略された変数があるのだ。夏の暑い時期にはアイスを食べる頻度も増え、そして泳ぐ頻度も増える。泳ぐ人が増えれば溺れる人も増える。夏にアイスを食べる人が増えたとしても、それが溺れる人が増える原因ではないのである。

先ほどの企業広告の例では、ショッピングシーズンが省略された変数だった。このアイスクリームの例の場合、省略された変数は夏の暑さだ。暑いことで泳ぐ人が増え、そしてアイスを食べる人も増える。泳ぐ人が増えると（予想したとおり）溺れる人も増える。アイスを食べることと溺死者数の間には、図表2A.6に見られる正の相関のほかには、何も関係がない。

データからグラフをどのように作成するかを理解するだけでなく、データを視覚的に解釈する方法を理解するためにこの補論が役に立てばと思う。ここで重要なことは、2つの変数が相関している（一緒に変化する）というだけでは、因果関係があるとは言えないという点だ。因果関係は、社会科学におけるゴールドスタンダード*だ。因果関係を理解することなくして、信頼に足る予測をすることはできない。因果関係が理解できていなければ、ある変数を変えるような政策介入で世界がどう変わるかはわからない。シカゴハイツでの実験から、インセンティブを与えた処置群が学生のパフォーマンスに影響をもたらすことを学んだ。実験は、因果関係を明らかにするのに役立つのである。

キーワード

円グラフ
棒グラフ
独立変数
従属変数
時系列グラフ
散布図
傾き

練習問題

1.... あなたなら以下のことをどのようにグラフで描くだろうか？

a. 過去10年でアメリカの所得格差が拡大した。

b. ある国の製造業部門の労働者の構成は、以下のとおりである――31.5％は高校中退者、63.5％が高校卒業者、そして残りは職業訓練の修了者である。

c. 2012年のアラバマ州の家計の中位所得は4万3,464ドルで、同じく2012年のコネティカット州の家計の中位所得は6万4,247ドルだった。

2.... 以下のデータから、2004～12年のブラジルのコーヒーの生産量を示しなさい。

	生産量（トン）
2004年	2,465,710
2005年	2,140,169
2006年	2,573,368
2007年	2,249,011
2008年	2,796,927
2009年	2,440,056
2010年	2,907,265
2011年	2,700,440
2012年	3,037,534

a. 時系列グラフを作成しなさい。

* ゴールドスタンダードとは、根拠に基づく医療（エビデンスベースト・メディスン）で最良とみなされている検証方法を指す用語。

b. 2009〜11年のブラジルのコーヒーの生産量の平均を求めなさい。

c. 2009〜11年の平均から、2012年にはどのぐらい生産量が増えただろうか？パーセントで答えなさい。

3.... 以下の表は、ガールスカウトの得る収入と、彼女たちが売るクッキーの箱の数の関係を示している。

クッキーの箱の数（箱）	収入（ドル）
50	200
150	600
250	1,000
350	1,400
450	1,800
550	2,200

a. このデータを散布図にしなさい。

b. この2つの変数には正の相関があるだろうか、負の相関があるだろうか？説明しなさい。

c. この散布図から得られる線の傾きを計算しなさい。この傾きは、ガールスカウトの売るクッキー1箱の価格に対してどのような意味を持つだろうか？

3 最適化：最善をつくす

Optimization: Doing the Best You Can

立地は家賃にどのように影響するのか？

あなたは都市の中心部で働くことになり、アパートの物件を探しているとしよう。中心部に住めば通勤時間は往復15分ですむが、郊外に住むと往復で60分かかる。あなたのように中心部で働く人がたくさんいる場合、どの地域の家賃が安くなるだろうか？　あなたは住む場所をどのように決めればいいのだろうか？　直面しているトレードオフを踏まえて、どうやって最善の選択肢を選べばいいだろうか？

本章では、最適化——実現可能な最善の選択肢を選ぶこと——の概念を掘り下げ、費用便益分析を使って最適化の方法を学ぶ。そしてこの知識を使って、住む場所を選ぶという選択問題について考えていこう。

本章の構成

3.1	3.2	3.3	EBE
最適化の2つの方法：焦点の違い	水準による最適化	差分による最適化：限界分析	立地は家賃にどのように影響するのか？

KEYIDEAS キーアイデア

◉経済主体が実現可能な最善の選択肢を選ぶことを、最適化と言う。

◉水準による最適化は、各選択肢ごとに純便益の合計を計算し、最善の選択肢を選ぶ方法である。

◉差分による最適化は、ある選択肢から別の選択肢に変えた場合の純便益の違いを計算し、その変化の違いを比較して、最善の選択肢を選ぶ方法である。

◉水準による最適化と差分による最適化からは、まったく同じ解が得られる。

3.1 最適化の２つの方法：焦点の違い

1章では、経済学は選択の学問であると述べた。通常、人は、利用しうる情報をもとにして実現可能な最善の選択肢を選ぶ、すなわち最適化すると経済学では考える。これが経済学の第1の原理である。

人や家計、企業、政府の選択の多くは最適化の概念で表現できると経済学では考える。春休みにどこに旅行に行くかを決める大学生の選択、どの地域にアパートを借りるかを決める労働者の選択、あるいは、iPhoneの価格をいくらにするかというアップル社の選択など、一見関係がないように見える意思決定も、すべて最適化の原理でつながっている。そして、人はどのような決断においても最適な選択をしようとする、と経済学では考える。とはいえ、誰もがつねに最適化に成功することは想定していない。人は通常は、知っている情報をもとに最適化を試み、かなりうまくそれをこなしているとみなすのだ。

言い換えれば、人間の行動は最適化で近似できると経済学では考える。最適化は通常は簡単なことではないし、多くの場合には非常に複雑である。だから普通、人は完璧な最適化はできない。住まい探しの例でその複雑さについて考えると、まず大都市には無数の賃貸アパートがある。その場所（立地）や窓からの

人や家計、企業、政府の選択の多くは最適化の概念で表現できると経済学では考える。

景色、近隣の環境などの特徴は、アパートの物件ごとに異なっている。

複雑さの核心にあるのはトレードオフである。たとえば、家賃が安いアパートと、通勤時間が短いアパートがあるとして、あなたはこの2つの物件をどう比較するだろうか？　自分にとってどちらの物件が良いかを、どうやって判断するだろうか？　本章では、このようなトレードオフに直面したとき、どうやって最適化を図るのかを見ていく。そのために経済学者が使用する最も重要な最適化ツールを紹介しよう。

アパートを選ぶ際に考えるべきことはほかにもたくさんある。ここでの例はあくまでも最適化の一般的概念を説明するための一例にすぎないことも心にとどめておいてほしい。

最適化は、費用便益分析の次の2つのやり方のどちらか1つを使って実践できる。どちらのやり方も、1章で紹介した純便益（便益から費用を差し引いたもの）の概念を使う。

1. **水準による最適化**は、各選択肢ごとに純便益の合計を計算し、最善の選択肢を選ぶ方法である。
2. **差分による最適化**は、ある選択肢から別の選択肢に変えた場合の純便益の違いを計算し、その変化の違いを比較して、最善の選択肢を選ぶ方法である。

これから示す例でわかるように、水準による最適化と差分による最適化はまったく同じ解を導き出す。2つの方法は表裏一体である。

ハロウィンでもらえるお菓子袋を例に、この2つの方法を使ってみよう。

あなたの前に、8種類のお菓子が入った袋が2つあるとしよう。もしあなたがどちらかの袋を選ぶように言われたら、どうするだろうか？　袋1から得られる便益と袋2から得られる便益をそれぞれ計算して、便益が大きいほうの袋を選ぶのが、水準による最適化だ。

次に、まったく同じ選択を第2の方法でやってみよう。それぞれの袋の中にあるお菓子を取り出して、どのお菓子が同じでどれが違うのかがわかるように並べ替えてみよう。ここでの例では、袋1と袋2には1つだけ違ったお菓子が入っ

- **水準による最適化**(optimization in level)は、各選択肢ごとに純便益の合計を計算し、最善の選択肢を選ぶ方法である。
- **差分による最適化**(optimization in difference)は、ある選択肢から別の選択肢に変えた場合の純便益の違いを計算し、その変化の違いを比較して、最善の選択肢を選ぶ方法である。

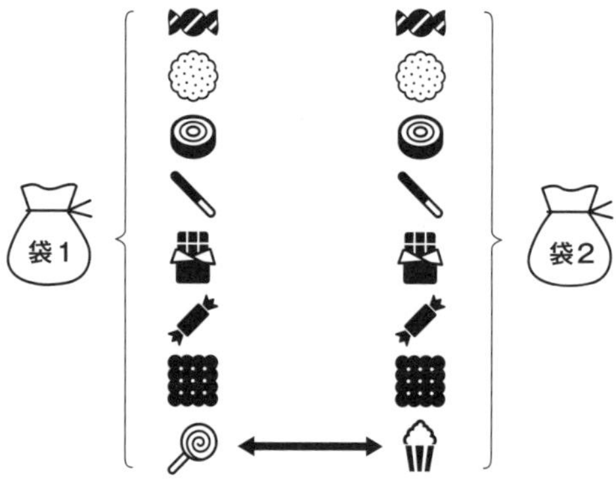

ている。たとえばをロリポップキャンディ、をポップコーンだとしてみよう。この違い——ロリポップキャンディか、ポップコーンか——は、あなたにとって袋2の価値を上げるだろうか？　もし価値が上がるのなら袋2を選ぶべきだし、この違いが価値を下げるのなら、袋1を選ぶべきだ。

これが、差分による最適化行動の例だ。差分による最適化では、ある袋から別の袋に変えた場合の純便益の違いを分析し、その違いを比較して最善の選択肢を選ぶ。

あなたには同じ選択を2回考えてもらった。どちらの選択でも使ったお菓子袋は一緒だ。最初の選択では、それぞれの袋について、個別に便益を考えた。2回目の選択では、2つの袋を比較し、違いに注目して便益を考えた。水準による最適化と差分による最適化の違いは、この焦点の違いだけだ。最適な選択をしたのなら、焦点の違いが最終的な判断を変えることはない。しかし、選択する速さは違うかもしれない。多くの場合に、選択肢の重要な違いに焦点を当てる差分による最適化のほうが、速く、簡単に決断できる。

3.2 水準による最適化

水準による最適化についてもっと詳しく見ていこう。この考え方を説明するために、本章の冒頭のアパートの物件探しの例に話を戻そう。

あなたは4件の候補まで選択肢を絞り込んだ「ショートリスト」を準備した。

CHOICE&CONSEQUENCE
選択の結果

人々は本当に最適化しているのか？

最適化というフレームワークは、人々がどのように様々な経済的な選択を行うかを近似している、と経済学では考えている。とはいえ、手放しでそうみなしているわけではない。「人々は本当に最適化しているのか？」という問いを調査する経済学研究もかなりある。

この問いに関しては、膨大な数の論文が書かれてきた。それらの研究は、最適化は（すべてではないが）ほとんどの状況で経済行動をよく表すモデルである、とおおむね結論づけている。経済学の一分野である**行動経済学**は、人が最適化できない特殊な状況を特定している。行動経済学では、人の行動を説明する心理学理論と経済学理論を組み合わせることで、このような最適化の失敗を説明しようとしている。

いくつかの特別な状況で、最適ではない行動が見られる。たとえば、やるべきことを先延ばしにしたり、依存症になったりなど、人がセルフコントロール（自制）に問題を抱えている場合、最適化ではその行動をうまく説明できない。

また、人は初めて行動するときには最適化に失敗しやすい。たとえば、初めてポーカーをするときは、初歩的なミスを犯してうまくいかないことが多い。その一方で、多くの経験がある場合には、最適化はプレーヤーの選択過程をよく説明できる。ほかにも、新しいクレジットカードを持って数年経った消費者は、月々の支払いの締切を忘れる確率が半分になる。

人は生まれながらに完全な最適化行動者ではないので、最適化を身に付けることは役に立つツールとなる。経済学は、みなさんがより良い最適化を図れる主体になる方法を教えてくれる——このようなアドバイスは、規範的経済分析の範囲になる。

最適化の概念は、2つの方法で活用してほしい。1つは、経験豊富な意思決定者の行動に学ぶことである。もう1つは、最適ではない意思決定を改善するための優れたツールとしてである。

● **行動経済学**(behavioral economics)では、心理学理論と経済学理論を組み合わせて人の行動を説明する。

図表3.1は、このショートリストの概要だ。毎月の家賃と1カ月の合計通勤時間という2つの重要な情報も含まれている。図表3.1を見ると、職場（都市の中心部）から離れれば離れるほど家賃は安くなるのがわかる。本章の後半では、この家賃と職場からの距離の関係を経済モデルで予測できる理由を説明する。そしてこの予測を確認する実際のデータもお見せしよう。

図表3.1には含まれていない、ほかの情報が気になる人もいるかもしれない。たとえば、近くのコインランドリーまで歩いてどのくらいか、近くに公園はあるのか、などといった情報だ。この図表の通勤費用には、時間しか含まれていない。本来なら、公共交通機関の定期代はいくらか、車ならガソリン代や高速代はいくらかかるか、といった情報も比較対象として考慮すべきではないだろうか？

たしかにこういった要因は実際には重要なのだが、説明を簡単にするために、今のところは除いて考えることにしよう。計算を簡単にすることで、基本的な経済学の概念が見えやすくなる。ひとたび基本的概念を理解すれば、あとから項目を追加することはやさしい。ここでは、職場から「とても近い」「近い」「遠い」「とても遠い」という4物件は、図表3.1にある違いのほかはまったく同じだと想定する。

この例では、通勤時間と家賃という2つの費用だけを考える。またアパートに住むことの便益はすべて同じだと想定しよう。買い物の便利さや公共交通機関へのアクセスなどの便益が同じであれば、費用便益分析はさらに簡単になる。通常の費用便益分析では、意思決定者は、純便益（＝便益－費用）が最も大きい選択肢を見極めようとする。すべての選択肢の便益が同じだと想定すれば、意思決定者は、単に最も費用が安い選択肢を見つければいい。ではさっそくやっていこう。

図表3.1には必要な情報がすでに含まれているが、このままでは、最適なアパートを選ぶことはできない。家賃と通勤時間という2つの費用を合計する方法をまだ考えていないからだ。それぞれのアパートの総費用を計算して、費用の総額を出す必要がある。総費用には、家賃という直接費用と、通勤時間という間接費用が含まれる。

この2種類の費用を合計するために、計算に使う共通の単位を決める必要がある。ひとまず、1カ月当たりのドル単位と設定しよう。図表3.1では、家賃はすでに1カ月当たりのドルで示されているので、作業の半分はもう終わっている。作業の残りは、間接費用である通勤時間を同じ単位に変換することである。

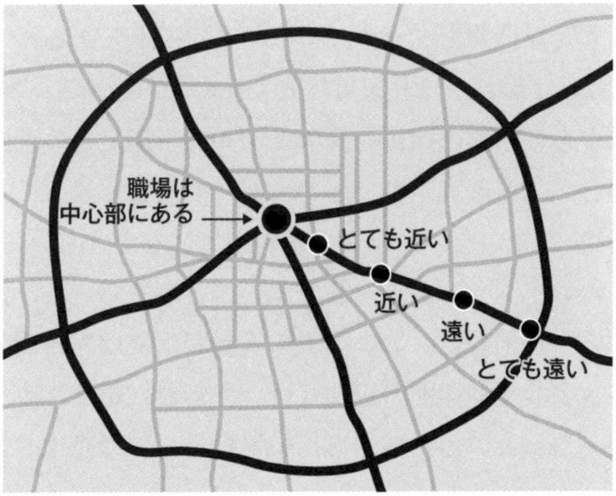

アパート	通勤時間 （1カ月の合計）	家賃 （ドル/月）
とても近い	5時間	1,180ドル
近い	10時間	1,090ドル
遠い	15時間	1,030ドル
とても遠い	20時間	1,000ドル

図表3.1　ショートリストにあるアパート。違いは通勤時間と家賃のみで、その他はまったく同じ

多くの都市には、中心部と言われる場所があり、そこに企業が集まっている。似た物件であれば中心部に近いほうが家賃は高い。これはなぜだろうか？

そのために、1章で紹介した機会費用の概念を使おう。はじめに、通勤時間の機会費用を1時間当たり10ドルと想定しよう。これは、通勤に時間を充てたためにできなかった別の活動の1時間当たりの価値だ。その別の活動の中身は、昼寝をする、人と会う、ビデオを観る、お風呂に長く入る、あるいはもちろん仕事をすることでもいい。10ドルと金額で表したからといって、その時間は必ず働いていたはずだ、と考える必要はない。その時間に何をしようが、その1時間はあなたにとって10ドルの価値があるということだ。

往復の通勤時間が1カ月で20時間、1時間当たりの機会費用が10ドルとすると、ドル換算した通勤費用は以下の式となる。

20時間　×　10ドル　＝　200ドル
（1カ月当たり）（1時間当たり）（1カ月当たり）

左辺第1項は1カ月当たりの通勤時間であり、図表3.1に示されるとおりである。次の左辺第2項は時間の機会費用であり、1時間当たりのドル価格で示

アパート	通勤時間（1カ月の合計）	通勤費用（ドル/月）	家賃（ドル/月）	家賃と通勤時間の総費用（ドル/月）
とても近い	5時間	50ドル	1,180ドル	1,230ドル
近い	10時間	100ドル	1,090ドル	1,190ドル
遠い	**15時間**	**150ドル**	**1,030ドル**	**1,180ドル**
とても遠い	20時間	200ドル	1,000ドル	1,200ドル

図表3.2 通勤時間と家賃の比較（単位を1カ月当たりのドルで換算、時間の機会費用は10ドルの場合）

最適化のためには、すべての費用と便益を共通の単位に変換する必要がある。この例では1カ月当たりのドルで換算することが共通単位となる。最善の選択肢は、総費用が最も安い「遠い」アパートとなる。

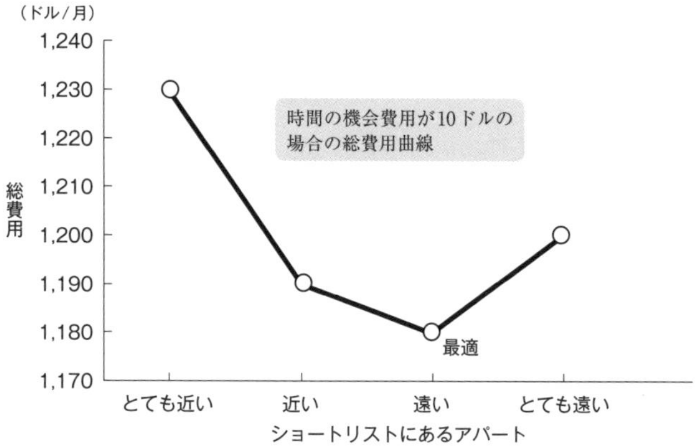

図表3.3 家賃と通勤費用を合わせた総費用（時間の機会費用は10ドルの場合）

この消費者が最善の選択肢を選ぶならば、「遠い」アパートを選ぶだろう。直接費用（家賃）と間接費用（通勤費用）の合計で見ると（詳細は図表3.2）、「遠い」アパートの総費用が最も安い。通勤費用は、この例では1時間当たり10ドルの機会費用として計算した。

される。掛け合わせると、右辺に示すように1カ月当たりの機会費用がドル（ドル/月）で表示される。

これで、図表3.1を書き直す準備ができた。上で見た機会費用を使って、4つの物件すべての通勤時間の費用を、ドル換算で求めることができる。図表3.2は4物件にかかる毎月の費用をドル換算したものだ。

この表から、最適化問題の解が得られる。1時間当たりの機会費用が10ドルという消費者にとっては、「遠い」アパートが最善の選択肢となる。直接費用である家賃と、間接費用である通勤時間を考えると、このアパートの費用が、4物件の中で最も安い1,180ドルとなるからだ。

総費用をグラフにして、この結果を再確認しよう。図表3.3は4物件それぞれの総費用を示したものだ。「遠い」アパートが最善の選択肢だとすぐわかる。経済学では、実現可能な最善の選択肢を**最適**と表現する。総費用の折れ線グラフで最適と書いたものだ。

ここまでの説明をまとめると、水準による最適化には以下の3つのステップがある。

1. すべての費用と便益を、「1カ月当たりのドル」などの共通の単位で換算する。
2. 各選択肢ごとに純便益の合計を計算する。
3. 純便益が最も大きい選択肢を選ぶ。

比較静学

経済モデルは、環境条件の何かが変わるときに人間の選択がどのように変化するかを予測するものである。**比較静学***では、経済変数が変わる前の状態と後の状態を比較する。たとえば、富が増えるともっと高価な車に乗ろうとする人がいるとする。この場合、富という条件が変わるときに、車の選択という経済行動が変化することになる。

ここで、比較静学分析を行うために、前述の例に戻ろう。そして、時間の機会費用が変わるときに何が起きるかを考えることにする。

先のアパートの選択の例では、1時間当たり10ドルの機会費用を想定して計算した。ここでは、1時間当たりの機会費用が15ドルに上がった場合を想定しよう。機会費用が上がる理由には、何があるだろうか？　たとえば、フリーランスの労働者の時給が上がって、そうした働き方の時間の機会費用が高くなる、ということがあるだろう。

時間の機会費用が高くなると、選択はどう変わるだろうか？　細かく検討していく前に、直観的に考えてみよう。時間の価値が変わったとき、住む場所に

● **最適**(optimum)とは、実現可能な最善の選択肢である。言い換えれば、最適とは最適な選択のことである。
● **比較静学**(comparative statics)では、経済変数が変わる前の状態と後の状態を比較する。

* 時間の経過とともに変数がどのように動くかを分析することを「動学」と呼び、時間の経過が起こらない分析を「静学」と呼ぶ。本章での分析は、変数が変化する「前」と「後」では時間が経過しないと考えて両者を比較しているので、比較静学と呼ばれる。現実の世界では変数が変化するのに時間がかかるのが普通であるが、時間が経過するといろいろな変数が変化して、他の条件一定が満たされない。同じ時点で、ある変数が違う状態というのは現実には起こりにくいので、そのような状態を思い浮かべるには想像力が必要である。

アパート	通勤時間（1カ月の合計）	通勤費用（ドル/月）	家賃（ドル/月）	家賃と通勤時間の総費用（ドル/月）
とても近い	5時間	75ドル	1,180ドル	1,255ドル
近い	**10時間**	**150ドル**	**1,090ドル**	**1,240ドル**
遠い	15時間	225ドル	1,030ドル	1,255ドル
とても遠い	20時間	300ドル	1,000ドル	1,300ドル

図表3.4 通勤時間と家賃の比較（単位を1カ月当たりのドルで換算、時間の機会費用は15ドルの場合）
最適化のためには、すべての費用と便益を共通の単位に変換する必要がある。この例では1カ月当たりのドルで換算することが共通単位となる。最善の選択肢は、総費用が最も安い「近い」アパートとなる。

関する最適な判断は影響を受けるだろうか？　時間の価値が高い通勤者は、職場に近い物件と遠い物件のどちらを選ぶべきだろうか？

この質問に答えるために、家賃という直接費用と同じように、通勤時間という間接費用を、1カ月当たりのドルで換算する必要がある。つまり、図表3.2を、15ドルという時間の機会費用で計算し直す必要がある。図表3.4は4つの物件すべてについて計算し直したものだ。

図表3.4を見れば、新しい条件での最適化の答えがわかる。1時間当たりの機会費用が15ドルの人にとって最善の物件は、「遠い」アパートから、「近い」アパートに変わった。直接費用の家賃と、間接費用の通勤時間の両方を考慮に入れると、「近い」アパートの総費用が1,240ドルで最も安い。

図表3.5は1時間当たりの機会費用を15ドルと想定して、4物件それぞれの総費用をグラフにしたものだ。「近い」アパートが最善の選択肢——最適——となる。

時間の機会費用が高くなったことで、最善の選択肢が「遠い」アパートから「近い」アパートへと変わった。時間の機会費用が1時間当たり10ドルから15ドルに上がると、通勤者にとって、通勤に使う時間を減らしてくれる選択がより価値を持つようになる。そのため、通勤時間が長くて家賃が安いアパートから、通勤時間が短くて家賃が高いアパートへと最善の選択肢が変わったのである。

図表3.6は、図表3.3と図表3.5のグラフを1つにまとめたものである。下方の濃い紫の線は、時間の機会費用が10ドルの場合の総費用曲線を示し、上方の薄い紫の線は、時間の機会費用が15ドルの場合の総費用曲線を表す。図表3.6からは、2つの重要な特徴がひと目で見て取れる。

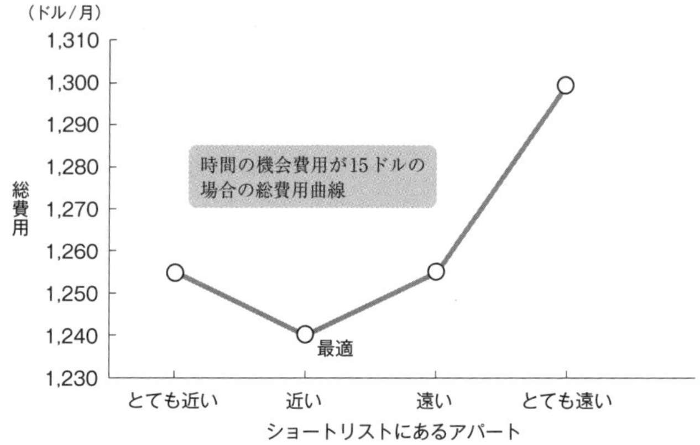

図表3.5 家賃と通勤費用を合わせた総費用(時間の機会費用は15ドルの場合)

時間の機会費用を15ドルとすると、最善の選択肢は「近い」アパートになる。家賃(直接費用)と通勤費用(間接費用)の合計で見て、この物件の総費用が最も安い。

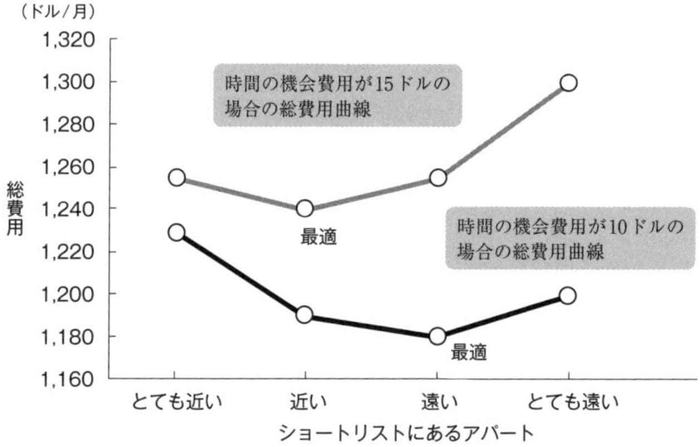

図表3.6 時間の機会費用が10ドルと15ドルの総費用曲線

時間の機会費用が10ドルから15ドルに上がると、最善の選択肢は中心部により近いアパートになる。時間の機会費用が高い労働者は、通勤時間が短い物件を選択すべきだ。

1. 時間の機会費用が10ドルのグラフは、機会費用が15ドルのグラフの下に位置している。10ドルと15ドルの機会費用を比較すると、前者のほうがどの物件でも通勤費用が安くなる。そのため、家賃(直接費用)と通勤費用(間接費用)を合わせた総費用も、すべての物件で前者のほうが安くなる。

2. 時間の機会費用が 10ドルのときは、「遠い」アパートの総費用が最も安い。一方、15ドルでは、「近い」アパートの総費用が最も安い。時間の機会費用が10ドルから15ドルに上がると、最善の選択肢は、「遠い」アパートから、「近い」アパートに変わる。

3.3 差分による最適化：限界分析

ここまでは、アパートごとの総費用を計算する方法で、物件探しの問題を検討してきた。すでに説明したように、このアプローチを水準による最適化と呼ぶ。次は、もう1つの最適化の方法である、差分による最適化について説明しよう。差分による最適化では、選択肢の異なる部分だけに焦点を当てるので、水準による最適化よりも速く答えを求めることができる。

差分による最適化では、ある選択肢から別の選択肢に変えた場合に費用と便益がどう変化するかに注目することで、最適化問題を分解する。たとえば、旅行プランを立てるときに、マイアミのホテルで4日間の休暇を過ごすか、あるいは5日間の休暇を過ごすかを選択するとしよう。水準による最適化では、4日間の純便益の合計と5日間の純便益の合計をそれぞれ計算して比較を行う。この方法とは別に、2つのプランの違いのみに注目して考えることもできる。つまり、1日余分に過ごす費用と便益だけを考えるのである。5日目の休暇から得られる便益とかかる費用を比較して、便益のほうが大きければ、最適化を図る経済主体は5日間のプランを選ぶ。4日間か5日間かの選択肢を選ぶとき、どちらのプランでも最初の4日間は共通しているので、最初の4日分については考える必要はない。最適化を図る経済主体が注目する対象は、2つのプランの違い——5日目——だけでいい。

経済学では、各選択肢の違いを示すために限界という用語を用いる。通常この違いは、「1段階」の増加、あるいは「1単位」の増加というように表される。この例での限界は、4日間と5日間の休暇の違い、すなわち5日目を指す。

ともに実現可能なある選択肢と別の選択肢の違いに焦点を当てて費用と便益を計算することを、**限界分析**と呼ぶ。限界分析では、もう1段階（1単位）増えたときの結果（費用と便益）を比較する。アパートの物件探しの例で考える

● **限界分析**（marginal analysis）とは、ともに実現可能なある選択肢と別の選択肢の違いに焦点を当てて費用と便益を計算することである。

限界分析でも、「何が最適か」という質問への最終的な答えは変わらない。だが、最適化に関するあなたの見方を変えるだろう。

と、限界分析を使えば、都市の中心部に近い物件からもう1段階離れた物件に変えるときの費用と便益を分析できる。

限界分析でも、「何が最適か」という質問への最終的な答えは変わらない。だが、最適化に関するあなたの見方を変えるだろう。限界分析を使って選択肢を比較するときには、変わる部分に重点を置く。限界分析は、差分による最適化を行う方法であり、経済学における最も重要な概念の1つである。

限界費用

最善の物件を選ぶアパートの物件探しの問題に戻ろう。同じ問題を考えたほうがわかりやすいだろう。ここでしたいのは、どんな状況でも最適化できるツールを示すことだ。

ここまで、限界分析は使用してこなかった。代わりに、4物件の直接費用と間接費用を合わせた総費用を計算して比較することで、この問題を解決した。次は、限界分析を使ってこの問題を検討しよう。後で確認するように、どちらの方法でも最適解は変わらない。しかし、この問題についての考え方は変わる。

1時間当たりの機会費用が10ドルの通勤者の例を再び考えよう。各アパートを別々に検討するのではなく、比較することを考えてみよう。具体的に言うと、中心部に近いアパートから、もう1段階離れたアパートに引っ越すときに、何が変わるかに着目する。それぞれのアパートの違いは何だろうか?

この違いを考えるには、図表3.7が役に立つ。「通勤費用」の列には、時間の機会費用が10ドルの場合の、各アパートの1カ月の通勤費用が書かれている。「限界通勤費用」の列は、中心部から1段階ずつ離れたアパートに引っ越すことで生じる追加的通勤費用だ。たとえば、「近い」アパートから、「遠い」アパートに引っ越すと、1カ月50ドルの通勤費用が余分に発生する。これは、ショートリスト上で隣接する物件の通勤費用の差額だ。この例では、限界通勤費用はいつも50ドルで一定だ。中心部から1段階離れるごとに、通勤費用が同じ金額ずつ上昇している(これは設定を単純にしたためであり、一般にそうなるわけではない)。一般的に言うと、**限界費用**とは、ともに実現可能なある選択肢

●**限界費用**(marginal cost)とは、ともに実現可能なある選択肢から別の選択肢に変えた場合に発生する追加費用である。

（単位：ドル）

アパート	通勤費用	限界通勤費用	家賃	限界家賃	総費用	限界総費用
とても近い	50		1,180		1,230	
		＋50		－90		－40
近い	100		1,090		1,190	
		＋50		－60		－10
遠い	150		1,030		1,180	
		＋50		－30		＋20
とても遠い	200		1,000		1,200	

図表3.7 水準と変化（限界）の関係（時間の機会費用は10ドルの場合）

中心部から1段階ずつ離れたアパートに引っ越す限界費用を分析することで、この問題を分解できる。中心部から離れる意味がなくなるのは、どの地点だろうか？

から別の選択肢に変えた場合に発生する追加費用である。

「家賃」と書かれた列をもう一度見てみよう。それぞれのアパートの1カ月の家賃が書かれている。「限界家賃」の列は、中心部からもう1段階離れたアパートに引っ越すことで生じる家賃の差額である。たとえば、「とても近い」アパートから、「近い」アパートへ引っ越すことで、家賃を1カ月90ドル節約できる。したがってこの場合、家賃の限界費用は負の値であるマイナス90ドルになる。同じように、「近い」アパートから「遠い」アパートに引っ越すと、1カ月で60ドルの節約になり、家賃の限界費用はマイナス60ドルになる。

最後に、限界総費用を計算しよう。2通りの方法で限界総費用の値を算出できる。第1の方法は、通勤の限界費用（限界通勤費用）と家賃の限界費用（限界家賃）を合計することだ。たとえば、「限界費用」の一番上の数値を見ると、50ドル＋(－90ドル)＝－40ドルとなっていることがわかる。つまり「とても近い」アパートから「近い」アパートに引っ越すと、通勤費用が50ドル上がるが家賃は90ドル下がり、全体では40ドル下がる。

第2は、「総費用」の列に示されているように、すべての費用を計算する方法だ。たとえば、「とても近い」アパートの通勤費用は50ドル、家賃は1,180ドル、合計した総費用は1,230ドルだ。「近い」アパートの場合には、通勤費用が100ドル、家賃が1,090ドル、総費用が1,190ドル。1,230ドルの「とても近い」アパートから、1,190ドルの「近い」アパートに引っ越すと、総費用は40ドル下がる。

どちらの方法でも、「とても近い」アパートから「近い」アパートに引っ越すとき、限界総費用はマイナス40ドルである。

通勤の限界費用＋家賃の限界費用
　＝50ドル＋(−90ドル)＝−40ドル
「近い」アパートの総費用−「とても近い」アパートの総費用
　＝1,190ドル−1,230ドル＝−40ドル

どちらの計算結果もマイナス40ドルになるのは偶然ではない。ここから、限界総費用を計算するのに、どちらの方法でも違いが出ないことがわかった。各項目の限界費用を合計するやり方でも、各物件の総費用とその差額を計算するやり方でも、限界総費用はまったく同じになる。結果は同じになるので、どちらかやりやすいほうで限界総費用を計算すればよい。

図表3.7の一番右にある「限界総費用」の列には、最適化に必要なすべての情報が含まれている。この列を上から下に順に見て、中心部から郊外に向かう「引っ越し」が労働者にどのような影響を及ぼすかを考えよう。最初は、「とても近い」アパートから、「近い」アパートへの引っ越しだ。限界費用は1カ月につきマイナス40ドル。費用削減につながるので、引っ越す価値がある。

次は「近い」アパートから「遠い」アパートへの引っ越しだ。限界費用は1カ月につきマイナス10ドル。この引っ越しも費用削減になるので、価値がある。

3番目は、「遠い」アパートから「とても遠い」アパートへの引っ越しだ。限界費用は1カ月につき20ドル。費用増加につながるので、引っ越す価値はない。

まとめると、最初の引っ越しと次の引っ越しは実行する価値があり、最後の引っ越しは費用に見合わない。「遠い」アパートから「とても遠い」アパートへの引っ越しは条件が悪くなるので、「とても遠い」アパートへの引っ越しは最適解ではない。一方、「とても近い」アパートへの引っ越しも最適解ではない。「とても近い」アパートから「近い」アパートに引っ越せば、条件が良くなるからだ。最後に、「近い」アパートから「遠い」アパートへの引っ越しも条件が良くなるので、「近い」アパートへの引っ越しも最適解ではない。

以上から、「遠い」アパートへの引っ越しが最適解――実現可能な最善の選択肢――である。「遠い」アパートへの引っ越しは次の条件を満たす唯一のアパートである。そのアパートに引っ越すことで条件が良くなり、そのアパートから出ることで条件が悪くなる。言い換えれば、「遠い」アパートはほかの物件よりも条件がいい。

最適化を図る経済主体の目的は、できる限り恵まれた状態にいることである。最適とは、最適化を図る経済主体がそれ以上は良くなれない状態を言う。実現可能なほかの選択肢よりも良いアパートとは、総費用を最小化するアパートで

もある。これは、**限界での最適化原理**の例だ。限界での最適化原理とは、実現可能な最善の選択肢をとるとあなたの状況がより良くなり、別の選択肢に変えると状況がより悪くなるということである。

図表3.8のグラフは、この考え方を可視化したものだ。各アパートの総費用と、中心部から離れるように引っ越したときのそれぞれの限界費用をまとめてある。たとえば、「とても近い」アパートから「近い」アパートへ引っ越すことによって費用は40ドル減る。点線は、「とても近い」アパートの費用と「近い」アパートの費用には40ドルの差があることを示している。

総費用曲線が、図表3.8のようにお椀のような凹型をしているとき、限界分析を使用した最適化は、つねに1つの最適な選択肢を選び出せる。総費用が下がっているとき、限界費用は負の値となる。限界分析で考えると、中心部からさらに離れ、総費用を下げたほうがいいということになる。総費用が上がり、限界費用が正の値になると、これ以上は遠くに離れないほうがいいという意味になる。

総費用曲線がお椀のような凹型ではない場合、分析はより複雑になる。しか

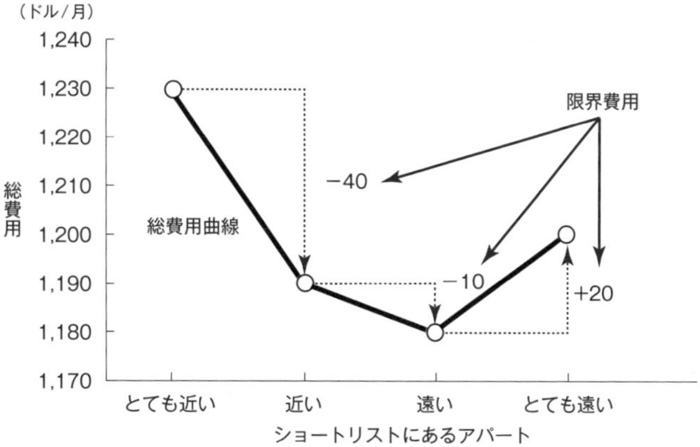

図表3.8　各アパートの総費用と引っ越しの限界費用（時間の機会費用は10ドルの場合）

費用最小化の選択では、「遠い」アパートになる。紫の総費用曲線と点線の限界費用曲線を見れば一目瞭然だ。限界費用がマイナスのとき、総費用は下がる。限界費用がプラスのとき、総費用は増える。「遠い」アパートは、ほかのどの物件よりも条件が良い唯一の物件となっている。「遠い」アパートに引っ越すときに限界費用はマイナスになり、「遠い」アパートから引っ越すときに限界費用はプラスになる。したがって、「遠い」アパートは、限界での最適化原理を満たす唯一のアパートである。

● **限界での最適化原理**（principle of optimization at the margin）とは、実現可能な最善の選択肢をとるとあなたの状況がより良くなり、別の選択肢に変えると状況がより悪くなるということである。

しその場合でも、最終的には差分による最適化は、水準による最適化と同じ解を導出する。

水準による最適化も差分による最適化も、どちらも同じ「最適」な解に至るので、直面する問題に対しては、使いやすいほうで分析をすればいい。しかし、経済学ではほとんどの場合に差分による最適化、つまり限界での最適化を使用する。ここではその理由を理解しておこう。限界での最適化では、比較する2つの選択肢の異なる特徴以外はすべて無視できるので、分析が簡単になる。限界分析では、意思決定に関係のない情報は分析する必要がない。

まとめると、差分による最適化には以下の3つのステップがある。

1. すべての費用と便益を、共通の単位に変換する(1カ月当たりのドルなど)。
2. 選択肢を変えた結果生じる限界的変化を計算する。
3. 限界での最適化原理を適用して、その選択肢をとることで状況がより良くなり、別の選択肢に変えることで状況がより悪くなるという特徴を持つ最善の選択肢を選ぶ。

EBE Evidence-Based Economics
根拠に基づく経済学

問い:立地は家賃にどのように影響するのか?

本章では、各アパートの質はどれも同じであるとして、都市の中心部に近いほど家賃は高いと想定した。この想定が正しいかどうか、疑問に思われた読者もいるだろう。

多くの場合に(アメリカでは)、街中といえば汚いアパートを、郊外といえばきれいな一軒家を想像するだろう。だが立地の影響だけを見たい場合には、アパートの質を一定として立地だけを変化させる必要がある。

経済学者のベス・ウィルソンとジェームス・フリューは、オレゴン州ポートランドの賃貸アパートに関するデータベースを作成した[1]。彼らは、統計的手法を使って、都市の中心部に近いアパートと、郊外の同質のアパートをうまく比較できるようにした。この比較から、中心部からの距離と

1) James Frew and Beth Wilson, "Apartment Rents and Locations in Portland, Oregon: 1992-2002," *Journal of Real Estate Research*, Vol. 29, No. 2, 2007, pp. 201-217.

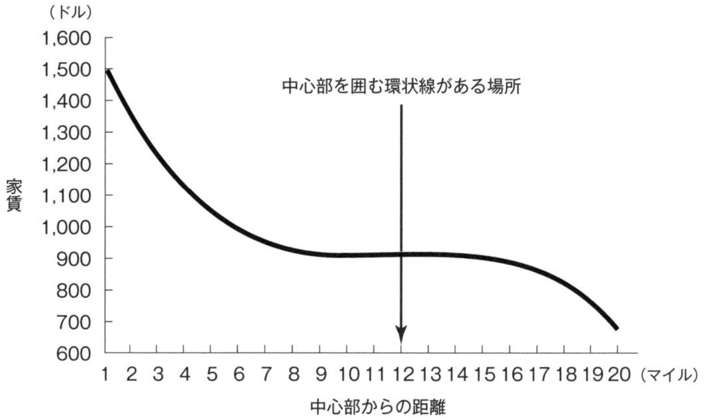

図表3.9 オレゴン州ポートランドの家賃(中心部からの距離別)

図は、都市の中心部からの距離以外は同じ特徴を持つアパートを調べたものである。縦の矢印は、ポートランドを走る環状線がある場所を示す。

家賃には強い負の関係があることがわかった。それが、図表3.9に描かれている。

この図は、次のような同じ特徴を持つアパートの家賃を見たものだ。バス・トイレ付きの1ベッドルーム、洗濯機、屋根付き駐車場、ケーブルテレビ、エアコンあり、暖炉なし、トレーニングルームなし、プールなし。この分析では、中心部からの距離以外の特徴はすべて同質とみなして、アパートの家賃を比較した。

都市の中心部に近いと家賃が上がること、また中心部に近ければ近いほど家賃が上がることが図から確認できる。たとえば、中心部から6マイル離れた場所にあるアパートの一般的家賃は約1,000ドルだが、中心部から1マイル離れた「同じ」タイプのアパートの家賃は、1,500ドルだ。

図表3.9を見ると、中心部から12マイル前後で曲線が目立って平らになっているのがわかる。この地域一帯の家賃が同じ理由は何だろうか? これは、機会費用とポートランドの道路事情を考えると答えが出る。多くの大都市と同じように、ポートランドの中心部から約12マイルの場所にも、「リング・ロード」と呼ばれる都心環状線が走っている。この環状線の近くに住む人々は、その恩恵を受けて移動時間が短くなる。この環状線が

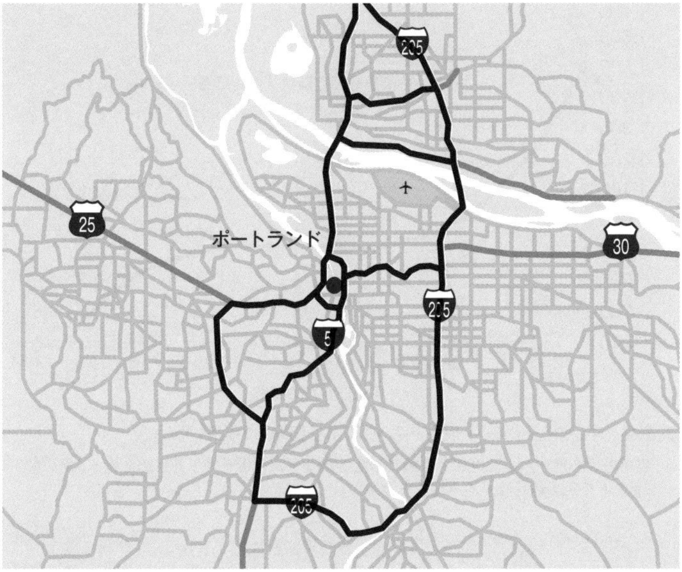

オレゴン州ポートランド周辺の環状道路

多くの大都市と同じように、ポートランドの中心部から約12マイルの場所に「リング・ロード」と呼ばれる都心環状線が走っている。

あることで、中心部から9マイルから14マイルの距離では通勤時間はあまり変わらない。

希少性、価格、インセンティブ

では、最初の重要な質問に戻ろう。都市の中心部から離れるにしたがって家賃が下がるのはなぜだろうか？　それは、「最適化」という本章の話題とどのような関係があるのだろうか？

仮に都市の中心部と郊外で家賃が同じであれば、最適化をする通勤者は中心部に住むことを好むだろう。しかし、誰もが中心部に住めるわけではないし、誰もが通勤時間を短くできるわけではない。中心部に住みたいと思う人全員の願いを叶えるほどには十分な数のアパートがないからだ。そう、1章で学んだ最初の概念である希少性があるからだ。

アパートの賃貸市場が、短い通勤時間で通えるのは誰かという問題を解決してくれる。賃貸市場では、最適化をする貸し主と、最適化をする借り主が、アパートの家賃を自由に交渉できる。アパートの家賃は、政治家や規制当局ではなく市場が決める。時間の機会費用が最も高く最適化を図る主体が、より通勤時間が短くてすむアパートの家賃を押し上げるのである。

市場価格（この場合には、アパートの家賃）は、経済資源を暗黙裏に配分するインセンティブを与えてくれる。たとえば、都市の中心部のアパートの家賃が上昇すると、時間の機会費用が高い労働者だけが進んでその物件を借り、そのほかのほとんどの労働者は、中心部から離れた場所に住み、より長い通勤時間を受け入れる。家賃が安くなるのと引換えに通勤時間が長くなる――これがトレードオフである。

市場価格は、都市の中心部のアパートに多く支払う意思のある人々にそれを配分する効果を持つ。この配分メカニズムによって、収入が高い人――そして機会費用が高い人――が立地の良いアパートを借りることになる。

この市場メカニズムに対しては、不公平だという批判もある。なぜ給料の高い人が、立地の良い物件まで手に入れるのか？　これに対して市場システムの擁護者はこう答える。立地の良いアパートは家賃が高く、そうしたアパートに住む人々はその特権に対する対価をちゃんと支払っている。市場による配分メカニズムは、高い金額を支払う意思のある人がそれを得られるように保証しているのだ、と。

市場の配分プロセスがどのように機能しているかは4章の課題であり、その他の章でも話題にする。この問題について議論をはじめる際には、都市の中心部のアパートのような希少な資源の価格を社会がどう決定するべきかについて、みなさんに考えてほしい。最適化をする貸し主と最適化をする借り主が、アパートの家賃の決定について自由に交渉できるシステムを構築するべきだろうか？　もしこのシステムが、最も高給な労働者だけが便利なアパートに住むことができる制度を生むことになったらどうだろうか？　これは不公平なのだろうか？　アパートを配分するもっと良い方法をみなさんは思いつくだろうか？

Q 問い 立地は家賃にどのように影響するのか？

A 答え （全部ではないとしても）ほとんどの街では、アパートの質が同じだとすれば、都市の中心部から離れたアパートほど家賃は下がる。たとえば、オレゴン州ポートランドでは、中心部から6マイル離れると、それと同質のアパートの家賃は33％下がる。

データ オレゴン州ポートランドの家賃。

注意 この分析では特別な統計的手法を用いて、都市の中心部からの距離を除けば同じ特徴を持つアパートを比較している。アパートの重要な特徴が同質ではないということももちろんあるので、計算にはバイアスがかかってしまう。

まとめ

◉経済学では、経済主体が行う選択の多くを最適化で説明できる、あるいは少なくとも近似できると考える。多くの人がほとんどの場面で最適化をしていると考えているが、最適化を当然のこととみなしているわけではない。人々は最適化しているのか？　経済学の分析はこの質問に答えようとする。最適化を使って人々の行動を説明したり予測したりすることは、事実解明的経済分析の１つである。

◉最適化は、最適ではない意思決定を改善するのに役立つツール――特に費用便益分析と限界分析――を提供する。意思決定を向上させるために最適化を活用することは、規範的経済分析の１つである。

◉水準による最適化には3つのステップがある。(1)すべての費用と便益を、「１カ月当たりのドル」などの共通の単位に換算する、(2)各選択肢ごとに純便益の合計を計算する、(3)純便益が最も大きい選択肢を選ぶ。

◉差分による最適化は、ある選択肢から別の選択肢に変えた場合の純便益の違いを分析する。最も重要な例が限界分析である。限界分析とは、ともに実現可能なある選択肢と別の選択肢の違いに焦点を当てて費用と便益を計算することである。限界分析は、もう1段階(1単位)余分に何かをしたときの結果を比較する。限界費用とは、ともに実現可能なある選択肢から別の選択肢に変えた場合に発生する追加費用である。

◉差分による最適化には3つのステップがある。(1)すべての費用と便益を、共通の単位に変換する(1カ月当たりのドルなど)、(2)選択肢を変えた結果生じる限界的変化を計算する、(3)限界での最適化原理を適用して、その選択肢をとることで状況がより良くなり、別の選択肢に変えることで状況がより悪くなるという特徴を持つ最善の選択肢を選ぶ。

◉水準による最適化と差分による最適化からは、まったく同じ解が得られる。2つの方法は表裏一体である。

キーワード

水準による最適化　**差分による最適化**
行動経済学　**最適**
比較静学　**限界分析**
限界費用　**限界での最適化原理**

復習問題

1.... 最適化とはどういう意味だろうか？　水準による最適化と差分による最適化の違いは何だろうか？

2.... 最適化原理では、人はつねに最善の選択肢を選ぶと考えられているのだろうか？

3.... 比較静学とは何だろうか？　例を示して説明しなさい。

4.... 都市の中心部の近くに住むことを選択する人もいれば、中心部から離れて毎日の通勤時間が長い場所に住むことを選ぶ人もいる。通勤時間が長い場所を選ぶことは最適化の失敗なのだろうか？

5.... 2つの学区を境にして似たような住宅が販売されているという情報を得たとしよう。子どもの学校の質について両親が感じる価値を推定するのに、この情報をどのように活用できるだろうか？

6....「何事も全力をつくすべき」という諺がある。経済学者はこの諺に同意するだろうか？

7....ほとんどの場合に、経済学では水準による最適化ではなく、差分による最適化を活用する。その理由は何だろうか？

8....マンション市場では、都市の中心部に近いマンションの供給が少ない理由を説明しなさい。

9....最適化行動の分析は、規範的だろうか、あるいは事実解明的だろうか、あるいは両方だろうか？　その理由についても説明しなさい。

4 需要、供給と均衡

Demand, Supply, and Equilibrium

ガソリン価格が安くなったら、もっとガソリンを買うだろうか?

2013年のアメリカのガソリン価格は、1ガロン当たり3ドルから4ドルの間にあった。もっと安くなったら(たとえば、1ガロン1ドルになったら)、消費が増えるだろうか? どこまで安くなったら、ドライブの回数を増やそうと思うだろうか? 1ガロン0.04ドル(4セント)だったら——つまり事実上の無料になったら——どうだろうか? 驚くことにこの価格は、政府の補助金政策で2013年にベネズエラ人が実際に支払っていたガソリン価格だ。

本章では、財やサービスの価格変化に、買い手と売り手がどのように反応するのかを学ぶ。主に扱う事例は、エネルギー市場とガソリン価格だ。ガソリン価格は、ガソリンの買い手である家計と、ガソリンの売り手であるエクソンモービル社などのガソリン会社の意思決定にどのような影響を及ぼすだろうか。ガソリン価格に対する政府の政策の影響がないときには、

本章の構成

- **4.1** 市場
- **4.2** 買い手の行動
- **EBE** ガソリン価格が安くなったら、もっとガソリンを買うだろうか?
- **4.3** 売り手の行動
- **4.4** 均衡における供給と需要
- **4.5** 政府がガソリン価格を決めたらどうなるか?

KEYIDEAS キーアイデア

- ◉完全競争市場では、(1)売り手はみな同じ財やサービスを売り、そして、(2)個人の買い手も個別の売り手も、自分だけでは財やサービスの市場価格に影響を及ぼすほどの力はない。
- ◉需要曲線は、市場価格と買い手が需要する財の量の関係を表す。
- ◉供給曲線は、市場価格と売り手が供給する財の量の関係を表す。
- ◉競争均衡価格では、需要量と供給量は一致する。
- ◉価格が自由に変動しないときには、市場では需要量と供給量は一致しない。

買い手と売り手の決断によって価格はどのように決まるのだろうか。

4.1 市場

毎年、世界中では10億人以上のドライバーがガソリンスタンドに行くのに、そこで「売り切れ」だと言われることはない。しかも給油をしてから発車をするまでにたいていの場合は10分もかからない。

驚くほど効率的なシステムだ。どのぐらいの数の客が来店するかをガソリンスタンドに教えてくれる人はいないし、どこでガソリンを入れればいいかをドライバーに教える人もいない。チケット販売サイトで「ガソリン満タン」という切符が売られているわけでもない。しかし、ほとんどの場合に、給油をしたいすべてのドライバー全員分の十分な量のガソリンがある。ドライバーは支払う意思がある価格でガソリンを購入しているし、石油会社は従業員に給料を支払ったうえで株主に配当をするのに十分な金額を得ている。

本章では、ガソリン市場を例にして市場の動きを学ぶ。**市場***とは、財やサービスを取引する経済主体の集合であり、取引のためのルールと取決めが定めら

● **市場**(market)とは、財やサービスを取引する経済主体の集合であり、取引のためのルールと取決めが定められている。

> **価格は、少ない費用で財を生産する売り手と、その財に高い価値を付ける買い手の間の取引を促進するための選択の道具として機能する。**

れている。小麦や大豆、鉄や石炭などの農業や工業の財は、すべて市場で取引される。市場には特定の場所が決められていることもあれば（たとえば、オランダのアールスメール花市場など）、決められていない場合もある。たとえば、石油の場合には、街の至る所にガソリンスタンドがあるので、市場は分散している。同じように、求人情報のウェブサイトは、コンピューターがありインターネットにアクセスできればどこからでも利用できる。経済学者から見れば、出会い系サイトも市場だ。

ここでは、すべての取引が自発的に発生し、価格が伸縮的である市場を想定する。価格は、少ない費用で財を生産する売り手と、その財に高い価値を付ける買い手の間の取引を促進するための選択の道具として機能する。

ガソリン市場の例では、ガソリンの原料である原油や、より広範囲のエネルギー市場などから説明できる。そこでは、ドライバーが購入したいガソリンの量と、ガソリンスタンドが売りたいガソリンの量が同じになるように、ガソリン価格が決まる。

競争市場

それぞれ別のオーナーが経営している数百のガソリンスタンドがひしめきあう街があったとしよう。そんな中で、ある店がほかよりも1ガロン当たり1ドル高く売りはじめたら、お客はほとんど来なくなるだろう。同様に、ほかの客よりも1ドル安く売ってくれと交渉しても買うことはできない。ガソリンスタンドでは通常、個人の客との特別な取引はしない。車のグレードに関係なくドライバーはレギュラーガソリン1単位に対して同じ価格を支払うことになっている。

生活が苦しいからといって値切ってみても、うまくはいかないだろう。試しに次回の給油時に値切り交渉をしてみるといい（ただし、交渉後に別のガソリ

* 市場を「いちば」と読むときは、函館の朝市、豊洲の魚市場、高知の日曜市のように、実際の場所を指している。財やサービスはこのような実際の場所ではなく、たとえば電話やオンラインで取引されることもあるので、経済学では、財やサービスが取引される抽象的な「場」を指す場合には市場を「しじょう」と読んで、両者を区別する。英語で区別するときは、いちば（market place）、しじょう（market）となる。日常的には、東京都中央卸売市場（しじょう）の1つである豊洲市場（とよすしじょう）のように、「しじょう」は「いちば」のかしこまった言い方としても使われるが、経済学ではもう少し深い意味を持っている。

ンスタンドに行けるだけの十分なガソリンが残されていることは確認しておくこと)。

すべての売り手と買い手が同じ価格に直面しているとき、その価格は**市場価格**と呼ばれる。**完全競争市場**では、(1)売り手はみな同じ財やサービスを売り、そして、(2)個人の買い手も個別の売り手も、自分だけでは財やサービスの市場価格に影響を及ぼすほどの力はない。すなわち、売り手も買い手もみな**価格受容者**（プライステイカー）である。言い換えれば、市場価格を受け入れるだけで、価格の交渉はできない。

市場が完全に競争的であることは、仮にあったとしても、極めて少ない。しかし経済学では、とりあえずこのように市場を設定して理解しようとする。このことは、最初はばかげているように聞こえるかもしれない。なぜ、経済学では世の中にめったに存在しない設定の市場について研究するのだろうか？　その答えは、ほとんどの市場が完全に競争的ではないとしても、多くの市場はほぼ完全に競争的だからである。多くのガソリンスタンドには、競争相手がいて——多くの場合に通りの向かい側には競合店がある——市場価格以上には価格を設定できないようになっている。田舎道などでは近くに競合店がないガソリンスタンドもあるかもしれないが、これは例外だ。売り主が、ほぼ同じ財を売り、ほとんどの市場参加者が多くの競争に直面している場合には、完全競争モデルは、実際の市場がどのように動くのかを示す良い近似となる。

本章の目的は、価格が伸縮的で完全競争である市場（同じ財を扱い、市場参加者は市場価格に影響を及ぼすことができない市場）の特徴を理解することである。

1. 買い手の行動
2. 売り手の行動
3. 市場価格と取引量の決定プロセス

これらの基本的な問題をこれから1つずつ扱っていく。

- すべての売り手と買い手が同じ価格に直面しているとき、その価格は**市場価格**(market price)と呼ばれる。
- **完全競争市場**(perfectly competitive market)では、(1)売り手はみな同じ財やサービスを売り、そして、(2)個人の買い手も個別の売り手も、自分だけでは財やサービスの市場価格に影響を及ぼすほどの力はない。
- **価格受容者**(price-taker)とは、市場価格を受け入れる売り手や買い手のことである。買い手はより安い価格を交渉することはできず、売り手はより高い価格を交渉することはできない。

4.2 買い手の行動

最初に、買い手の行動を学習しよう。買い手は価格受容者であり、市場価格を交渉の余地のないものとして受け取り、値下げ交渉はしない。経済学では、財の価格と買い手が購入したい財の量の関係を分析する。所与の価格（ある与えられた価格）において、買い手が購入したいと思う財やサービスの量を**需要量**と言う。

需要量という概念を理解するためには、買う側の立場になって考えてみるといい。ガソリン価格が上がると、ガソリンの購入を減らすだろうか？　ガソリン価格が上がると、キャンパス外から通学する学生は車の代わりに自転車で通学するようになるかもしれない。あるいは、友だちと車の相乗りをしたり、公共交通機関を利用したりするようになるかもしれない。ガソリン価格がもっと上がれば、燃費の悪い車ならば売ってしまうかもしれない。大学の寮に住む学生なら、車を使わないようにするかもしれない。春休みにボストンからワシントンD.C.の実家に帰るのに車ではなく、バスを利用するかもしれない。

これらの調整を数値化して考えてみよう。たとえば、ガソリンの価格が上がれば購入を減らすことを、典型的な消費者クロエの例で考えてみよう。クロエは、すぐにはガソリンの消費量を調整することはできないかもしれないが、長期では、ガソリン価格が上昇すれば、公共交通機関を利用するなどしてガソリンの消費を減らそうとする。クロエのガソリンの購入量とガソリン価格の関係は、図表4.1の右上表にまとめた。表は様々な価格における需要量が示されており、**需要表**と呼ばれる。需要表を見れば、**その他すべてを一定として**、ガソリン価格の変化に対応してクロエのガソリンの購入量がどのように変わるのかがわかる。「その他すべてを一定として」とは、所得、家賃そして高速道路料金などのガソリン価格以外のすべての条件が一定に保たれる、または固定されていることを意味する。需要表からは、ガソリン価格が下がると、クロエは購入するガソリンの量を増やすことがわかる。

- **需要量**（quantity demanded）とは、所与の価格において、買い手が購入したいと思う財やサービスの量である。
- **需要表**（demand schedule）とは、その他すべてを一定として、様々な価格における需要量を示したものである。
- **その他すべてを一定とする**（holding all else equal）とは、経済においてその他の要素が変化しないことを意味する。経済学ではしばしば、ラテン語で同じことを意味する*ceteris paribus*が使われる。

需要表

価格（ドル/ガロン）	需要量（ガロン/年）
6	50
5	100
4	150
3	200
2	250
1	300

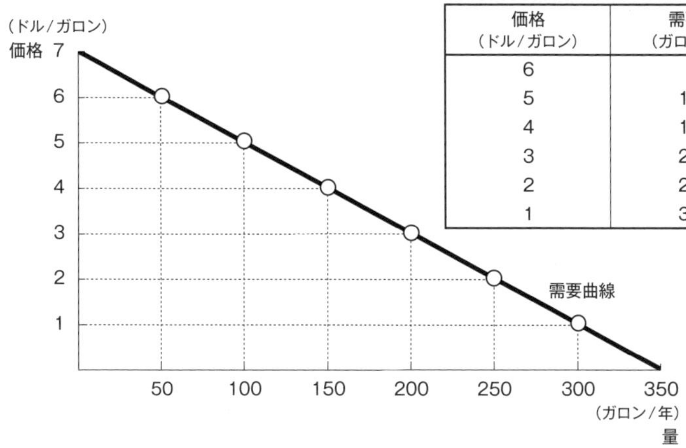

図表4.1　クロエのガソリンに対する需要表と需要曲線

ガソリン価格が下がると、クロエのガソリン購入量は増える。つまり、ガソリン価格が下落すると、需要量は増加する。横軸に沿って左から右に行くにしたがって曲線は下に向かう。すなわち、需要曲線は右下がりである。

需要曲線

需要表をグラフにしたものが、需要曲線である。**需要曲線**とは、様々な価格における需要量をグラフにしたものである（その他すべては一定とする）。図表4.1は、需要表をグラフで表したものだ。たとえば、一番左の点は、1ガロン当たり6ドルの価格ではガソリンの需要量は年間50ガロンになることを表している。同様に、一番右の点は、1ガロン当たり1ドルの価格では、需要量は年間300ガロンになることを示している。横軸（x軸）はガソリンの需要量、縦軸（y軸）はガソリン1ガロン当たりの価格を示す。経済学ではつねに、横軸に需要量、縦軸に価格をとる。通常は、図表4.1のように「点をつなげる」。価格と需要量がつねにきりのいい数字になるとは限らない。

需要曲線には、これからも繰り返し観察される重要な特徴がある。ガソリンの価格と需要量には**負の関係**があり、反対方向に動く。言い換えると、一方が上がれば、もう一方は下がる。またはその逆に、一方が下がれば、もう一方は

- **需要曲線**（demand curve）とは、様々な価格における需要量をグラフにしたものである。すなわち、需要表をグラフで表したものである。
- 2つの変数が反対方向に動くとき、その2つの変数には**負の関係**（negatively related）があると言う。

上がる。クロエの場合には、1ガロン当たり6ドルのガソリン価格では年間50ガロンを需要する。1ガロン当たり1ドルでは、はるかに多い年間300ガロンを需要する。このように、ガソリンの価格と需要量は反対方向に動く。

ほとんどすべての財は、基本的には負の関係にある需要曲線を描く。（その他すべてを一定として）価格が下落するときには需要量は増加する。これを経済学では**需要の法則**と呼ぶ。

支払意思額

クロエの需要曲線からは、追加して1ガロンのガソリンを購入することに対するクロエの支払意思額（支払可能額）を計算することもできる。ここで追加の1ガロンは、限界的なガソリンである。様々な購入量に対応するクロエの需要曲線の高さは、その時に最後に購入する財の1単位に対する支払意思額である。言い換えるならば、需要曲線の高さは、クロエが購入したうちの最後の1ガロンの価値をドル価格で表したものである。

たとえばクロエは、150ガロン目のガソリンに対しては4ドルを支払ってもよいと思っている。言い換えれば、1年間に使用できるガソリンをすでに149ガロン持っているクロエは、さらに追加して1ガロンを購入するときの支払意思額は4ドルである。**支払意思額**とは、財の追加の1単位に対して買い手が支払う意思のある最大の金額である。

仮にクロエがすでに（その年に使用できる）ガソリンを199ガロン持っていたとしたら、追加して購入する1ガロンに対してはクロエが支払うのは3ドルだけだ。追加して購入する1ガロンに対する支払意思額は、すでに持っている量（図表4.1の横軸）とは負の関係がある。すでに保有しているガソリンの量が多いほど、追加して購入する1ガロン当たりの支払意思額は小さくなる。ほとんどの財とサービスには、こうした負の関係が成り立つ。所有している量が多いほど、同じ財を1単位余分に獲得することから得られる便益は少なくなる――たとえば、ピザのスライスでも同じことが言える。

これが、**限界便益逓減**と言われる概念である。財の消費が多くなるにつれて、追加の1単位に対する支払意思額は減少する。この概念を理解するためには、

- **需要の法則**（law of demand）とは、（その他すべてを一定として）価格が下落するときには需要量は増加する、という関係であり、ほとんどすべての場合において当てはまる。
- **支払意思額**（willingness to pay）とは、財の追加の1単位に対して買い手が支払う意思のある最大の金額である。
- **限界便益逓減**（diminishing marginal benefit）とは、財の消費が多くなるにつれて、追加の1単位に対する支払意思額は減少することである。

4.1
4.2
4.3
4.4
4.5

ドーナツを例に考えてみればよい。朝食の1個目のドーナツはとても価値があるので、1個目にはたくさん支払ってもよいと考える。しかし、4個目に食べるドーナツの価値ははるかに小さくなるだろう。したがって4個目のドーナツに対する支払意思額は減少する。ドーナツを食べる量が増えるほど、次のもう1個のドーナツに対する支払意思額は減少する。

個人の需要曲線から総需要曲線を導き出す

ここまではクロエという1人の消費者について考えてきた。しかし、ここで説明した概念は、消費者や企業も含めて、ガソリンの買い手のすべてに対して適用できる。

エネルギーの世界全体の市場について考えてみよう。クロエの需要曲線から、ガソリン価格が下がるとガソリン使用量は増加することがわかる。価格が下落すれば他のガソリン使用者も消費を増加させるだろう。

個人の需要曲線はすべて右下がりだが、共通しているのはここまでだ。たとえば、ケニアの学校教師の所得が年間1,000ドルだとすれば、ガソリン価格がいくらであろうと、この教師が（約50倍の所得がある）アメリカの典型的な労働者と同じ量のガソリンを消費することはない。

この部分が次の課題になる。世界中の非常に多くの消費者のガソリン需要は、どのように説明すればいいだろうか。需要曲線はすべて、需要の法則に従っているだろう。しかし、それ以外は、同じではない。世界のエネルギー市場の動きを研究するためには、経済学では世界規模のガソリンの需要曲線を研究する必要がある。これは、個人の需要曲線の合計と等しくなる。経済学では、この加算していくプロセスを、個人の需要曲線の**集計**と呼ぶ。

はじめに、買い手が2人だけのときの需要量を合計する方法を説明しよう。まず需要表を使って行う。そのあとで、それが需要曲線を描いたときには何を意味するのかを説明する。需要について考える方法が違ったとしても、意味していることは同じであると覚えておこう。それぞれの方法は、相互に裏づけ合うものとなっている。

図表4.2には、2人の個人の需要表と、総需要表がある。ある特定の価格における総需要量を計算するためには、スーとカルロスの様々な価格ごとの需要量を足せばよい。たとえば、ガソリンの価格が1ガロン4ドルのときには、スーの需要量は年間200ガロン、カルロスの需要量は年間400ガロンとなる。した

● 個人の行動を加算していくプロセスを**集計**（aggregation）と言う。

スーの需要表

価格（ドル/ガロン）	需要量（ガロン/年）
5	100
4	200
3	300
2	400
1	500

カルロスの需要表

価格（ドル/ガロン）	需要量（ガロン/年）
5	200
4	400
3	600
2	800
1	1,000

総需要表

価格（ドル/ガロン）	需要量（ガロン/年）
5	300
4	600
3	900
2	1,200
1	1,500

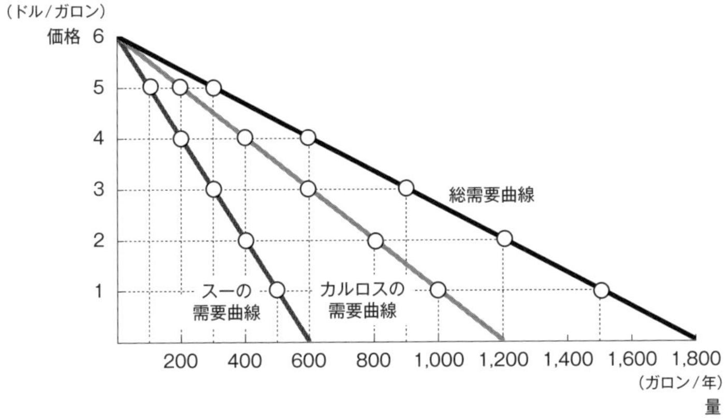

図表4.2　総需要表と総需要曲線の集計

総需要表とは、個人の需要表の様々な価格で需要される量を合計することによって集計したものである。同じように、総需要曲線は、個人の需要曲線の様々な価格で需要される量を合計することによって集計される。

がって、1ガロン4ドルの場合には、年間の集計された需要水準は、200ガロン＋400ガロン＝600ガロン、となる。

概念上は、需要量を集計するにあたっては、価格を固定して対応する買い手の需要量を足していく。足していくのは量であって金額ではない。こう考えるとわかりやすいだろう。ドーナツを1個1ドルで売るベーカリーがあるとしよう。2人の空腹の学生がこのお店に入り、1人が1個ずつドーナツを欲しがったとする。この場合に、1個1ドルでの2人の総需要量は2個だ。この2個のドーナツの例を思い出し、総需要量を計算するときには、合計する対象を間違えないようにしよう。

図表4.2には需要曲線も描かれている。このように需要曲線が直線のときには、価格と需要量の関係は線形であると言う。線形にすると説明しやすく、数式で表しやすいために、経済学ではしばしば需要曲線を直線で描く。とはいえ、

実際の需要曲線は完全な直線にはならないので、この線形モデルは主に説明のために用いるものである。

図表4.2で描かれた需要曲線は、需要表を集計したものと同じ方法で集計できる。たとえば1ガロン4ドルという価格での需要量を見る。スーの需要曲線は年間200ガロンの需要量を示し、カルロスの需要曲線は年間400ガロンの需要量を示している。したがって、1ガロン4ドルの価格での年間の総需要量は、この2人の需要量の合計であり、200ガロン＋400ガロン＝600ガロン、となる。

市場需要曲線を作る

図表4.2では、単に2人の需要曲線を合計する方法を示した。次は市場のすべての買い手の需要量について考えよう。経済学ではこれを**市場需要曲線**と言う。すべての潜在的な買い手である個人の需要曲線の合計である。市場需要曲線は、その他すべてを一定として、総需要量と市場価格の関係をグラフにしたものである。

10億人以上の経済主体が、毎年ガソリンを購入している。特定の市場価格でガソリンの総需要量を合計すれば、その価格でのガソリン市場の需要量を計算できる。しかし、経済学者が見るのはガソリンの需要量だけではない。ジェット燃料、ディーゼル燃料も、自動車のガソリンと同様に石油から生産される。エネルギー市場を研究する経済学者には、ガソリン市場が、石油から生産される製品のすべての市場に密接に影響を及ぼしていることがわかっている。したがって、経済学者がガソリン市場を研究するときには、石油に関するすべての市場を集計する。図表4.3は、何十億「バレル」（1バレル＝42ガロン）もの石油に関する世界の需要曲線のおおよその見積もりである。バレルとは石油市場で使用される単位である。

最後に、図表4.3の（市場）需要曲線は直線ではなく、前出のグラフの直線の需要曲線とは少し違って見える。需要曲線の重要な特徴が、価格と需要量の負の関係であることを思い出そう。需要曲線はこのように、直線ではない負の関係を表すこともある。

図表4.3の水平な点線は、2011～13年にかけての石油の市場価格である1バレル100ドルを示している。この価格を示す水平の点線と需要曲線が交わる交点では、買い手の支払意思額（この需要曲線の高さ）は石油の市場価格と同じ

● **市場需要曲線**(market demand curve)とは、すべての潜在的な買い手である個人の需要曲線の合計である。その他すべてを一定として、総需要量と市場価格の関係をグラフにしたものである。

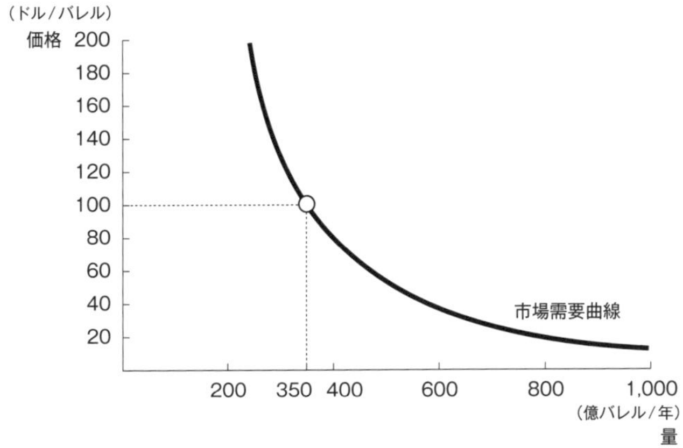

図表4.3　石油の市場需要曲線

2011〜13年にかけて、石油の市場価格は1バレル約100ドルだった。この時の世界の石油需要量は年間350億バレルだった。この需要曲線は、石油価格と需要量の関係をグラフにしたものである。

になる。買い手は、自分の支払意思額が石油価格より高い間は、石油の購入を続ける。需要曲線からわかるように、市場価格が1バレル100ドルのときには、買い手は年間需要量が350億バレルに到達するまで石油を買い続ける。

需要曲線のシフト

需要曲線とは、その他すべてを一定として、価格と需要量の関係を描いたものである、と説明した。次には、一定であると想定していた「その他すべて」について、もっと詳しく考えていこう。

以下の5つの主要な変数（要因）が変わるときには、需要曲線はシフトする。

- 嗜好または選好
- 所得または富
- 関連する財の利用可能性と価格
- 買い手の数と規模
- 将来に対する買い手の予想

嗜好または選好の変化　嗜好または選好の変化とは、個人的に好きなこと、楽しんでいるもの、または価値を見出す対象が変わることである。たとえば、地球温暖化は地球規模で深刻な問題であり、化石燃料の使用を減らす倫理的責任があるとあなたが考えるようになれば、(価格が同じであっても)石油製品への需要は減少するかもしれない。環境への懸念が膨らんだ結果、石油製品を購入する支払意思額は減少するために、あなたの需要曲線は左にシフトする。同じ価格で需要量が減ると左に移動することになるため、このことを需要曲線の「左への」シフトと言う。多くの人が同じ経験をすると——たとえば、環境に関するドキュメント動画が、何百万人もの人々にハイブリッド車の購入を促進させたならば——その後はガソリン車の市場需要曲線は左へシフトする。需要曲線の左へのシフトについては、図表4.4を参照されたい。

当然ながら、嗜好の変化が、同じ価格で需要量を増やし、需要曲線を右にシフトさせることもある。たとえば、離れた場所に住む恋人と付き合いはじめて、交通移動が必要になる場合には、あなたのガソリンの需要を右にシフトさせるだろう。図表4.4には、需要曲線の右へのシフトもグラフに示されている。

この例は、2つの重要な概念を表している。

- **需要曲線のシフト**は、同じ価格の下で需要量が変化するときにのみ起こる。左へのシフトと右へのシフトは、図表4.4(a)に描かれている。
- 財の価格が変化しても、需要曲線がシフトしないときには、その価格の変

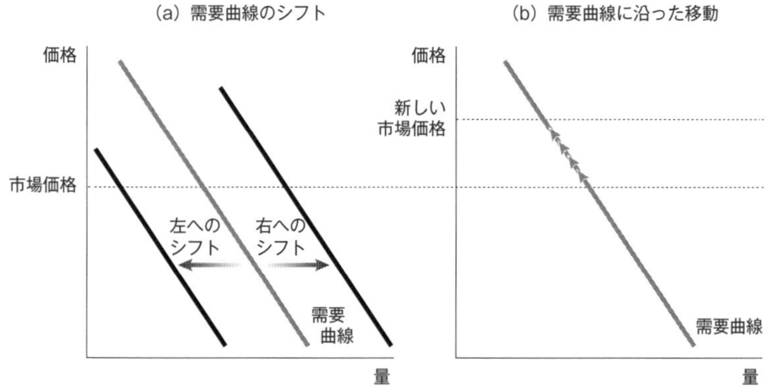

図表4.4 「需要曲線のシフト」と「需要曲線に沿った移動」

財の価格以外にも、多くの要因が需要量に影響を及ぼす。様々な要因の変化が、同じ価格の下で需要量を減らす場合には、(a)に示されるとおり需要曲線は左にシフトする。その逆に、要因の変化が、同じ価格での需要量を増やす場合には、同じく(a)に示されるとおり需要曲線は右にシフトする。一方で、財の価格だけが変化する場合には、(b)に示されるとおり需要曲線はシフトせず、需要曲線に沿って移動する。

化は**需要曲線に沿った移動**を引き起こす。需要曲線に沿った移動は、図表4.4(b)に描かれている。

上の2つの用語はこれから繰り返し言及される概念であり、正しく理解しておこう。図表4.4を使って、「需要曲線のシフト」と「需要曲線に沿った移動」の違いを正しく理解しているかどうかを確認しよう。同じ価格の下で需要量が変わる場合には、需要曲線はシフトする。

では続けて、嗜好または選好以外の、需要曲線をシフトさせる重要な要因について説明しよう。

所得または富の変化　所得や富の変化は、財とサービスに対する支払能力に影響を及ぼす。あなたが初めてフルタイムの仕事に就き、学生生活から、年収4万ドルの生活に変わったとする。あなたは車を買うかもしれないし、ガソリンも買うだろう。休暇の過ごし方ももっと豪華なものにするかもしれない。たとえば、バスに乗って遠くにいる友人に会いに行くのではなく、飛行機でハワイを訪れるかもしれない。これらの変化は、ガソリンの価格が一定であるとすれば、あなたの（直接的および間接的な）支払意思額が高くなり、これにより需要曲線が右にシフトしたことを示す。**正常財**の場合には（財の価格を一定とすると）、所得の増加は財の需要曲線を右にシフトさせる。

一方、スパム（ランチョンミートの缶詰）などの缶詰加工肉を考えてみよう。先進国では、所得が上がると缶詰食品の消費が減り、生鮮食品の消費が増えると考えられている。所得の増加が財の需要曲線を左にシフトさせる場合、（財の価格を一定とすると）その財（食品）は**劣等財**である。この失礼にも聞こえる名称は、実際には専門用語であり、所得の増加と需要曲線の左へのシフトの関係を表すものである。

関連する財の利用可能性と価格の変化　関連する財の利用可能性と価格の変化も、（石油価格を一定とすると）石油製品の需要に影響を及ぼすので、石油の需要曲線をシフトさせる。たとえば、市が公共交通機関の料金を値下げすれば、ドライバーは車の使用を減らす可能性が高い。これは、ガソリンの需要曲

- **需要曲線のシフト**(demand curve shift)は、同じ価格の下で需要量が変化するときにのみ起こる。
- 財の価格が変化しても、需要曲線がシフトしないときには、その価格の変化は**需要曲線に沿った移動**(movement along the demand curve)を引き起こす。
- **正常財**(normal good)では、所得の増加は財の需要曲線を右にシフトさせる(財の価格は一定とする)。
- **劣等財**(inferior good)では、所得の増加は財の需要曲線を左にシフトさせる(財の価格は一定とする)。

線を左にシフトさせる。一方の財の価格の低下が、関連するもう一方の財の需要曲線を左にシフトさせるとき、2つの財は**代替財**である。公共交通機関とガソリンで見ると、公共交通機関の料金の下落によって、人々は車の運転を減らし、結果的にガソリンの需要曲線の左へのシフトをもたらすために、この2つは代替財である。

一方、関連する財やサービスで、反対の役割を持つものもある。たとえば、あなたの自宅から200マイル離れた場所にあるスキーリゾートがリフト券を値下げしたとする。この値下げでスキーに行く人が増えて、移動の必要性が上昇すると、ガソリンの需要曲線を右にシフトさせるかもしれない。一方の財の価格の低下が、関連するもう一方の財の需要曲線を右にシフトさせるとき、2つの財は**補完財**であると言う*。

買い手の数と規模の変化　買い手の数が増えると、需要曲線は右にシフトする。買い手の数が減ると需要曲線は左にシフトする。また、買い手の購買規模も重要である。たとえば、小さな都市の市長が市バスのすべてをガソリン車から電気自動車に転換したとしても、大都市である東京都の知事がそれを実行した場合に比べれば、世界のガソリン需要への影響ははるかに小さいものだろう。

「需要曲線のシフト」と「需要曲線に沿った移動」についてのまとめ

次の要因が変化するときには、需要曲線はシフトする。

1. 嗜好または選好
2. 所得または富
3. 関連する財の利用可能性と価格
4. 買い手の数と規模
5. 将来に対する買い手の予想

需要曲線に沿った移動が発生する唯一の理由

財の価格自体の変化

- 一方の財の価格の低下が、関連するもう一方の財の需要曲線を左にシフトさせるとき、2つの財は**代替財**(substitute)である。
- 一方の財の価格の低下が、関連するもう一方の財の需要曲線を右にシフトさせるとき、2つの財は**補完財**(complement)である。

* リフト券だけではスキー旅行はできない。不足している役割をガソリンが補って(補完して)いることになる。

将来に対する買い手の予想の変化 将来に対する買い手の予想の変化も、需要曲線に影響を及ぼす。経済全体が減速する最初の数カ月の間に、一部の人が仕事を失いはじめたとしよう。たとえあなたはまだ失業していなくても、心配にはなるだろう。近い将来のどこかの時点で仕事を失う可能性がある。その可能性を予想するとき、万一に備えて今から貯金を増やすかもしれない。自家用車からカーシェアリングに変えたり、週末のスキーを中止したりして、出費を減らすことだろう。こういった節約行動は、ガソリンの使用量を減らし、石油の需要曲線を左にシフトさせる。

EBE Evidence-Based Economics 根拠に基づく経済学

問い：ガソリン価格が安くなったら、もっとガソリンを買うだろうか？

ガソリンの価格が上昇すると、その需要量が減少することはすでに説明した。これを裏づける実際のデータを見ていこう。

ブラジルとベネズエラは隣国同士であり、1人当たりの所得水準も近い。また有数の石油産出国である――両国とも2013年には1日当たり約300万バレルを生産した。しかし、この2国のエネルギー政策は極めて異なったものである。多くの国と同様に、ブラジルではガソリン販売には重い税金が課されている。一方のベネズエラでは、ガソリン販売に大きな補助金が出されている。対照的な政策を比較するために、2013年のガソリン価格をドル換算すると、ブラジルのドライバーは1ガロン5.58ドルを支払うが、ベネズエラのドライバーの支払いは1ガロン当たりたったの0.04ドルだ。ベネズエラ政府は、ガソリン価格が事実上は無料になるほどの補助金を出している。ベネズエラでは国営企業が石油を供給しており、たとえ価格が1ガロン0.04ドルであっても、消費者の需要を満たすのに十分なガソリンを提供できるからである。

需要の法則に基づくならば、その他すべてが一定であれば、より低い価格は、より高い需要量を伴う。実際に、1人当たりのガソリン消費量は、ブラジルよりベネズエラのほうが5倍も多い。

図表4.5では、縦軸にガソリン価格（税と補助金を含む)、横軸にガソリンの需要量をとっている。一見してわかるように、価格と需要量には

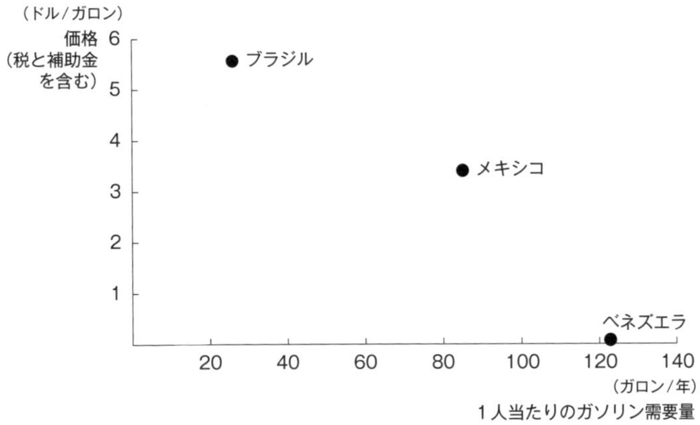

図表4.5　1人当たりのガソリン需要量と、ブラジル、メキシコ、ベネズエラのガソリン価格

ガソリン市場において、価格と需要量には負の関係がある。図中の需要量はOECDデータ、課税後または補助後のガソリン価格はAIRINC社による。

負の関係がある。この図に、（1人当たりの所得が同程度の）ほかの中南米諸国であるメキシコを追加した。メキシコはガソリンに少額の補助金を出しているため、両国の間に入る。需要の法則は価格と需要量の負の関係を予想するものであるが、データによってもこの予想は再確認される結果となった。

Q 問い　ガソリン価格が安くなったら、もっとガソリンを買うだろうか？

A 答え　ガソリン1ガロン当たりわずか0.04ドルしか支払わないベネズエラ人は、1ガロン5.58ドルを支払うブラジル人よりも5倍多くの量を購入する。

データ　1人当たりの所得水準がほぼ同じで、ガソリン価格が大きく異なる中南米の諸国におけるガソリンの需要量を比較する。ガソリン価格の違いは、課税水準と補助金の違いによって発生する。

注意　1人当たりの所得水準はこの3カ国では同程度であるが、分析の際には考慮に入れていない違いはほかにある。

4.3 売り手の行動

ここまでで、買い手の行動は理解できたと思う。市場の動きを理解するには、売り手についても研究をする必要がある。市場における買い手と売り手の相互関係が市場価格を決めるからである。

まず、財の価格と、売り手が売りたい、または供給したいと思う財の量の関係を分析する。所与の価格において、売り手が供給したいと思う財やサービスの量は**供給量**と呼ばれる。

供給量の概念を直観的に理解するため、エクソンモービル社のような企業を想定してみよう。石油価格が上昇すると、エクソンモービル社は、発見・掘削するのにより費用がかかる石油をもっと市場に供給しようと考えるだろう。海底油田は2マイル（約3,200メートル）の深さの海底、さらにその海底から8マイルの深さの地中にある。そうした海底油田の掘削には、何百人もの従業員が働き、ロボット化された無人の潜水艦が装備されているフットボール場2つ分の広さを持つ特殊な船舶が使われる。これらには膨大な費用がかかるため、そのような海底油田は、石油価格が1バレル70ドル以上にならない限り掘削はされない。

北極圏の海底石油掘削にはさらに費用がかかる。1つの小さな氷山がタイタニック号を沈没させられるくらいだから、何千もの巨大な氷山が毎年行き交う場所で、石油掘削装置を建設してそれを保守する大変さは想像できるだろう。北極圏の海底油田は、石油の価格が1バレル80ドル以上のときにのみ掘削が行われる。

石油価格が高ければ高いほど、エクソンモービル社にとって収益を生む掘削場所が増えていく。石油は将来には枯渇するという議論も多い。実際、エクソンモービル社にとっても、低コストで掘削できる油田は枯渇している。地球の地中深くには使いきれないほどの石油があるとされている。ただし問題は、そのような石油の多くが、掘削されて市場に出回るまでには膨大な費用がかかる、ということである。

供給曲線

石油価格が上昇すると、エクソンモービル社は掘削が困難な場所であっても

● **供給量**（quantity supplied）とは、所与の価格において、売り手が供給したいと思う財やサービスの量である。

新しい油田を開発するようになる。エクソンモービル社の石油生産と石油価格の関係は、図表4.6の供給表にまとめられている。**供給表**とは、その他すべてを一定として、様々な価格における供給量を示したものである。供給表からは、エクソンモービル社は、石油価格が上昇するときには石油の供給量を増やすことがわかる。図表4.6には、様々な価格における供給量をグラフにしたエクソンモービル社の**供給曲線**も示されている。つまり、供給曲線とは、供給表をグラフで表したものである。

図表4.6の供給曲線には重要な特徴がある。石油価格と供給量には**正の関係**がある。正の関係があるときには、2つの変数が同じ方向に動く――つまり、一方の変数が上がればもう一方の変数も上がる。ほとんどすべての場合において、供給量と価格には正の関係がある（その他すべては一定とする）。これを経済学では**供給の法則**と呼ぶ。

エクソンモービル社の供給表

価格（ドル/バレル）	供給量（億バレル/年）
10	0
50	12
100	15
150	17

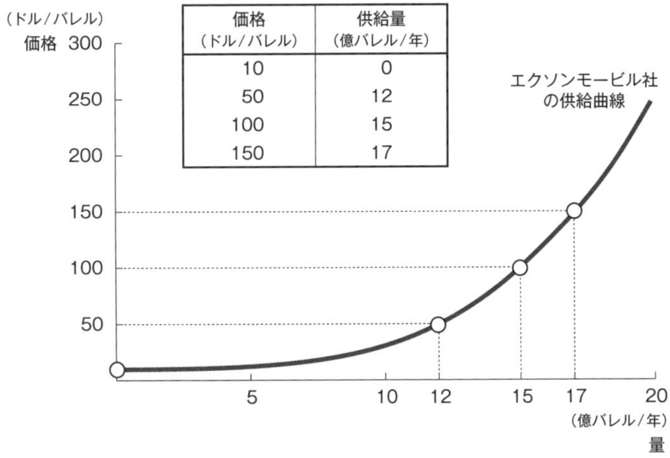

図表4.6　エクソンモービル社の石油供給表と石油供給曲線

供給量は石油価格と連動して上昇する。したがって、供給量と価格には正の関係がある。横軸に沿って左から右に行くにしたがって曲線は上に向かう。すなわち、供給曲線は右上がりである。

- **供給表**（supply schedule）とは、その他すべてを一定として、様々な価格における供給量を示したものである。
- **供給曲線**（supply curve）とは、様々な価格における供給量をグラフにしたものである。すなわち、供給表をグラフで表したものである。
- 2つの変数が同じ方向に動くとき、その2つの変数には**正の関係**（positively related）があると言う。
- **供給の法則**（law of supply）とは、（その他すべてを一定として）価格が上昇するときには供給量は増加する、という関係であり、ほとんどすべての場合において当てはまる。

エクソンモービル社は、石油価格が1バレル10ドル以上になると石油の生産をはじめる。1バレル50ドルでは、年間12億バレルを供給する。1バレル100ドル以上ならば、年間15億バレル以上を供給する。供給表の最も高い価格である1バレル150ドルでは、供給量はさらに増加して年間17億バレルになる。

受入意思額

エクソンモービル社が最適化行動をとるならば、少なくとも生産の限界費用が支払われる金額なら、さらに1バレルを追加的に供給するだろう。3章で学んだ最適化について思い起こしてみよう。限界費用とは、1単位生産を増やすために必要な追加費用である。石油生産者は、少なくとも追加生産をする1バレル当たりの限界費用が支払われる限りは、1バレルを追加して供給する意思がある。

最適化行動をとる企業にとっては、供給曲線の高さは企業の限界費用を示す。たとえば、エクソンモービル社の供給曲線を見ると、石油価格が100ドルのときには供給量は年間15億バレルである。逆の言い方をすると、エクソンモービル社は、15億バレルの石油を生産するためには価格100ドルを受け入れる意思がある。これが供給曲線の示す内容だ。経済学では、財を追加的に1単位売るために売り手が受け入れる最小の金額を**受入意思額**と言う。最適化行動をとる企業にとって、受入意思額は、生産の限界費用と同じである。年間15億バレルを供給するとき、エクソンモービル社の限界費用は100ドルなので、この時点での受入意思額は100ドルになる。

個別の供給曲線から市場供給曲線を導き出す

買い手については、個人の需要曲線を合計すれば市場需要曲線を導き出すことができた。売り手についても同じである。供給量を加算する作業は、需要量を加算する作業と同じである。特定の価格における供給量を合計していくのである。これを様々な価格について行えば、**市場供給曲線**を描くことができる。市場供給曲線は、その他すべてを一定として、総供給量と市場価格の関係をグラフにしたものである。

それでは、集計の分析をはじめよう。まず、市場にはシェブロン社とエクソ

- **受入意思額**(willingness to accept)とは、財を追加的に1単位売るために売り手が受け入れる最小の金額である。最適化行動をとる企業にとって、受入意思額は、生産の限界費用と同じである。
- **市場供給曲線**(market supply curve)とは、すべての潜在的な売り手の個別の供給曲線の合計である。その他すべてを一定として、総供給量と市場価格の関係をグラフにしたものである。

ンモービル社という2つの企業だけがあるとする。図表4.7に両社の供給表を示す。1バレル100ドルでは、シェブロン社の供給量は年間10億バレルであり、エクソンモービル社は年間15億バレルである。したがって、1バレル100ドルでの年間総供給量は、10億バレル＋15億バレル＝25億バレル、となる。総供給量を計算するために、様々な価格について同じ計算を繰り返す。総供給曲線は図表4.7にグラフで示されている。

もちろん、実際の市場には、シェブロン社やエクソンモービル社だけではなく、数多くの石油生産者がいる。市場供給曲線は、そういった数多くの潜在的な売り手の個別の供給曲線の合計である。市場需要曲線が、すべての潜在的な買い手である個人の需要曲線の合計であるのと同じ考え方だ。

何千もの石油生産者の個別の供給曲線を集計することで、図表4.8の市場供給曲線を導き出せる。1バレル100ドルのところには点線が入っている。これは実際に2011〜13年にかけての世界の石油市場におけるおおよその市場価格

シェブロン社の供給表

価格（ドル/バレル）	供給量（億バレル/年）
10	0
50	8
100	10
150	11

エクソンモービル社の供給表

価格（ドル/バレル）	供給量（億バレル/年）
10	0
50	12
100	15
150	17

総供給表

価格（ドル/バレル）	供給量（億バレル/年）
10	0
50	20
100	25
150	28

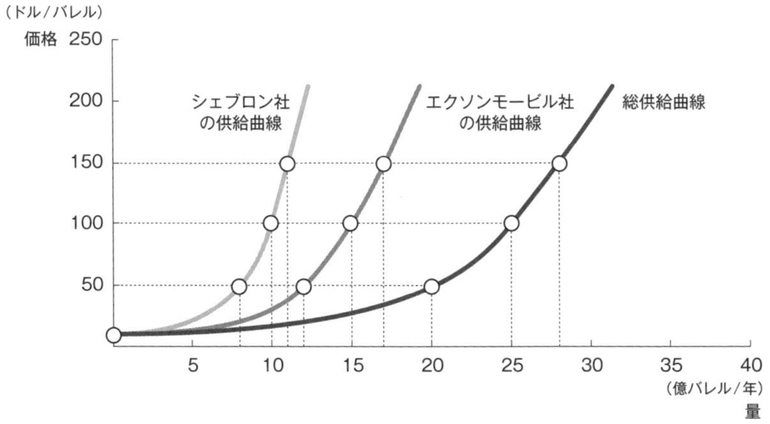

図表4.7　総供給表と総供給曲線の集計

特定の価格における総供給量を計算するためには、その価格におけるそれぞれの供給量を合計する。そして、様々な価格について同じ計算を繰り返すことによって、総供給曲線を描くことができる。

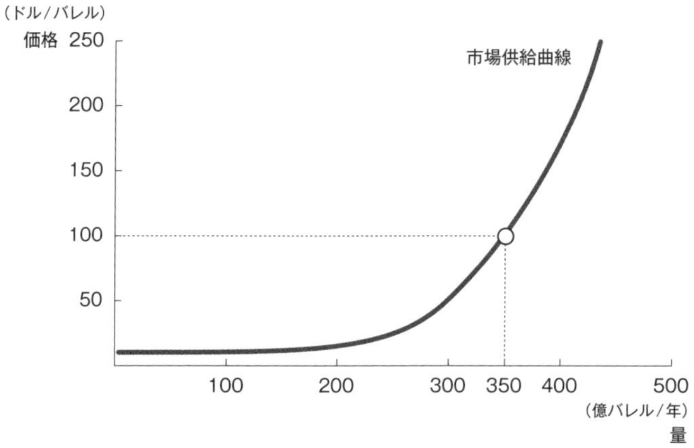

図表4.8 石油の市場供給曲線

市場供給曲線は、個別の売り手の供給曲線と同様に、右上がりの曲線となる。

だ。この価格では石油の総供給量は年間350億バレルだった。

供給曲線のシフト

供給曲線とは、その他すべてを一定として、価格と供給量の関係を描いたものだ。供給曲線を描くときに一定であるとされた主要な変数（要因）は以下の4つである。これらの変数が変わるときには、供給曲線はシフトする。

- ・財を生産するために使用する投入物の価格
- ・財を生産するために使用する技術
- ・売り手の数と規模
- ・将来に対する売り手の予想

財を生産するために使用する投入物の価格の変化 投入物の価格の変化は、供給曲線をシフトさせる。**投入物**とは、ほかの財やサービスを生産するために使用する財やサービスである。たとえば鉄は、石油掘削場の建造、石油掘削機械の製造、パイプラインの敷設、石油タンカーの建造に使用される。したがって、石油生産にとっては鉄は重要な投入財である。鉄の価格が上昇するときに

●**投入物**(input)とは、ほかの財やサービスを生産するために使用する財やサービスである。

は、石油生産の収益性が下がるので、最適化する石油生産者は（価格が変化しない場合）それまでと同じ量の石油を供給しないという選択をするだろう。結果的に、鉄の価格の上昇は、石油の供給曲線を左にシフトさせる。言い換えると、石油価格が一定のときには、石油供給量は減少する。その逆に、鉄の価格の下落は、石油供給曲線を右にシフトさせる。図表4.9(a)は、供給曲線の左へのシフトと右へのシフトを描いたものである。

この例は、2つの重要な概念を表している。

- **供給曲線のシフト**は、同じ価格の下で供給量が変化するときにのみ起こる。左へのシフトと右へのシフトは、図表4.9(a)に描かれている。
- 財の価格が変化しても、供給曲線がシフトしないときには、その価格の変化は**供給曲線に沿った移動**を引き起こす。供給曲線に沿った移動は、図表4.9(b)に描かれている。

財を生産するために使用する技術の変化　技術の変化も供給曲線をシフトさせる。最近では、シェールガス・オイルの採掘における「フラッキング」（水

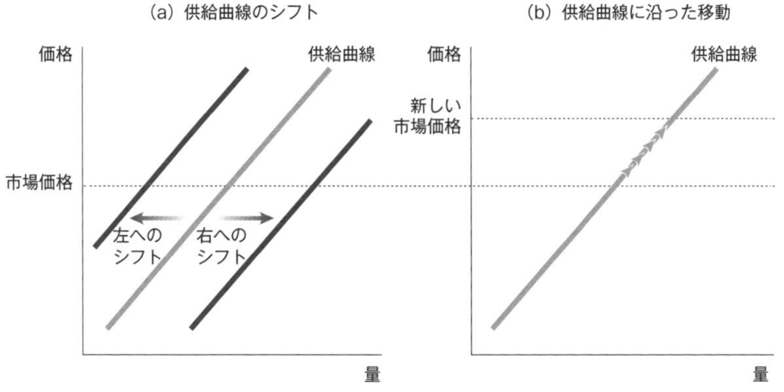

図表4.9　「供給曲線のシフト」と「供給曲線に沿った移動」

財の価格以外にも、多くの要因が供給量に影響を及ぼす。様々な要因の変化が、同じ価格の下で供給量を減らす場合には、(a)に示されるとおり供給曲線は左にシフトする。その逆に、要因の変化が、同じ価格での供給量を増やす場合には、同じく(a)に示されるとおり供給曲線は右にシフトする。一方で、財の価格だけが変化する場合には、(b)に示されるとおり供給曲線はシフトせず、供給曲線に沿って移動する。

- **供給曲線のシフト**(supply curve shift)は、同じ価格の下で供給量が変化するときにのみ起こる。
- 財の価格が変化しても、供給曲線がシフトしないときには、その価格の変化は**供給曲線に沿った移動**(movement along the supply curve)を引き起こす。

圧破砕法）がエネルギー産業に変革を巻き起こした。この技術では圧力をかけた液体を利用して、油井を取り囲む地下の岩石（頁岩［シェール］）を破砕する。破砕された岩石から天然ガスが流れ出て、油井から取り出される。フラッキング技術が、原油と天然ガスの供給曲線を右にシフトさせたのである。

売り手の数と規模の変化　売り手の数の変化も供給曲線をシフトさせる。たとえば、2011年にリビアで起きた内戦では、6カ月に及ぶ政府・反政府間の戦闘の後に、42年間にわたって同国を支配してきた独裁者ムアンマル・カダフィ大佐が失脚した。この間、リビアでは事実上石油の生産が止まってしまった。内戦以前のリビアでは、1日当たり約150万バレルの石油が生産されていたので、リビア内戦の間、世界の供給曲線は、リビアの生産規模である1日当たり約150万バレル相当だけ左にシフトしたことになる。

将来に対する売り手の予想の変化　将来に対する売り手の予想の変化も供給曲線をシフトさせる。たとえば、天然ガスの市場を考えてみよう。毎年冬になると、天然ガスの使用量は住宅暖房分が跳ね上がる。このために天然ガス価格も冬には跳ね上がる。この価格上昇を予想して、天然ガスの生産者は、（価格が比較的安い）夏の間に膨大な量のガスを貯蔵する。言い換えると、天然ガスの生産者は夏の天然ガスの生産量のすべてを販売する代わりに、夏の天然ガス生産の多くを貯蔵に回す。つまり、天然ガスの供給者は、夏の間は供給曲線を左にシフトさせる。これは最適化戦略の1つである。（価格の安い）夏の市場では供給量を減少させ、（価格の高い）冬の市場では供給量を増加させることによって、天然ガスの供給者はより高い平均価格を獲得できる。この戦略をま

「供給曲線のシフト」と「供給曲線に沿った移動」についてのまとめ

次の要因が変化するときには、供給曲線はシフトする。

1. 財を生産するために使用する投入物の価格
2. 財を生産するために使用する技術
3. 売り手の数と規模
4. 将来に対する売り手の予想

供給曲線に沿った移動が発生する唯一の理由

財の価格自体の変化

とめると、天然ガスの生産者は、将来の天然ガスの価格がどのように変化するかを予想し、その予想に対応して1年という期間の中で供給量を調整する。

4.4 均衡における供給と需要

ここまでは、買い手と売り手の行動を別々に説明してきた。市場におけるこの2つの側面を一緒にする方法はまだ説明していない。買い手と売り手はどのように相互に影響し合うのだろうか？　彼らが取引する市場価格はどのように決まるのだろうか？　買い手が購入して売り手が販売する財の量はどのように決まるのだろうか？　これらの問いに答えるためには、市場需要曲線と市場供給曲線を使う。ここでは完全競争市場を扱っているが、これからは単に「競争市場」と呼ぶ。

競争市場は、供給量と需要量が同じ価格に収束する。供給量と需要量が一致するということがどういうことかを見るためには、図表4.10に示されているように、需要曲線と供給曲線を同じグラフ内に描く必要がある。

図表4.10では、石油の需要曲線と供給曲線は1バレル100ドル、年間350億バレルで交わる。需要曲線は右下がり、供給曲線は右上がりであるため、この2つの曲線が交わる点は1つだけである。経済学ではこの交点を**競争均衡**と呼ぶ。この交点は、供給量と需要量が一致する**競争均衡価格**である。またこの価格であれば、市場で供給されるどの量に対しても買い手がいることになるので、市場清算価格と言うこともある。交点の量は、競争均衡価格に対応する**競争均衡量**である。

競争均衡価格では、需要量と供給量は一致する。それ以外の価格では、需要量と供給量は一致しない。これを確認するには、別の価格で水平線を引いてみればよい。需要量と供給量が一致するのは、競争均衡価格における水平線のみである。

図表4.11は、市場価格が競争均衡価格より高いために、市場が競争均衡にはない状態を示している。価格が高いと、売る側にとっては好ましいが、買う側にとっては好ましくない。高い価格は、競

競争市場は、供給量と需要量が同じ価格に収束する。

- **競争均衡**（competitive equilibrium）は、供給曲線と需要曲線の交点である。
- **競争均衡価格**（competitive equilibrium price）では、供給量と需要量は一致する。
- **競争均衡量**（competitive equilibrium quantity）とは、競争均衡価格に対応する量である。

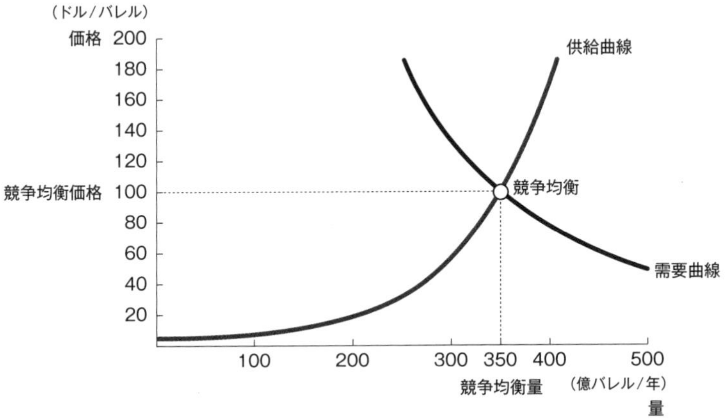

図表4.10 石油の需要曲線と供給曲線

競争市場における市場価格とは、需要曲線と供給曲線が交わる点である。

争均衡水準よりも供給量を増やし、競争均衡水準よりも需要量を減らす。市場価格が競争均衡価格よりも高いときには、供給量が需要量を上回る**超過供給**になる。たとえば、図表4.11を見ると、石油1バレル140ドルの市場価格では、石油供給量が年間380億バレルになり、年間290億バレルの石油需要量を上回っている。

市場で同じ状態が続くと、売り手は年間380億バレルの石油を供給し続けるが、買い手は290億バレルしか購入しないので、その差の90億バレルが毎年売れ残る。石油の貯蔵量が世界中で膨大に増加するために、石油価格は押し下げられることになる。現存する石油の貯蔵タンクには限界があり、新たに建設するには費用がかかるので、売り手は増加し続ける石油在庫を減らすために値下げをはじめる。こうして価格は下落する。しかし、図表4.11のような状況は、普通は長く続かない。同規模の石油販売業者同士が、顧客を獲得するために値下げをしてお互いに競争するからだ。この競争は、市場価格が競争均衡価格に戻るまで続く。この競争のプロセスが、競争均衡と言われる状態に市場を戻すうえでの重要な役割を担っている。

図表4.12には、逆のケースが示されている。市場価格が競争均衡価格よりも低いときには、需要量は供給量を上回り、**超過需要**になる。石油1バレル当た

● 市場価格が競争均衡価格よりも高いときには、供給量が需要量を上回る**超過供給**(excess supply)になる。

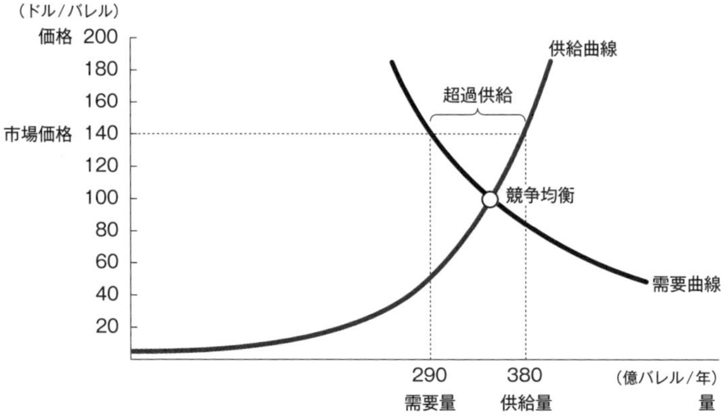

図表4.11　超過供給

市場価格が競争均衡水準より高いときには、需要量は供給量より小さい。これが超過供給の状態である。この場合には、石油の超過供給は年間で、380億バレル－290億バレル＝90億バレル、である。

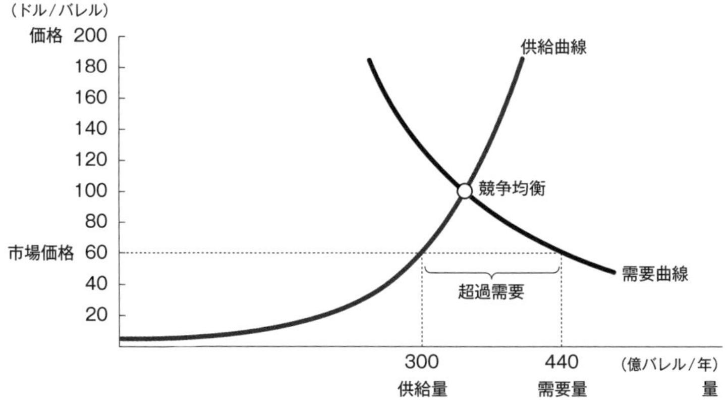

図表4.12　超過需要

市場価格が競争均衡水準より低いときには、需要量は供給量よりも大きい。これが超過需要の状態である。この場合には、石油の超過需要は年間で、440億バレル－300億バレル＝140億バレル、である。

り60ドルの市場価格では、石油需要量は年間440億バレルであり、年間の石油供給量300億バレルを上回っている。これは、買い手側は440億バレルの石油を欲しがっているが、市場には300億バレルしか供給されないことを意味している。

● 市場価格が競争均衡価格よりも低いときには、需要量が供給量を上回る**超過需要**（excess demand）になる。

図表4.12のような状況は、普通は長く続かない。欲しい量の石油を入手できない買い手は、限られた量の石油を得るためにより高い価格を支払うことでお互いに競争する。この競争は、市場価格が競争均衡価格である1バレル100ドルになるまで続く。

競争均衡における曲線のシフト

この考え方に基づいて、次の問題を考えてみよう。石油の均衡量と均衡価格に対して、世界の石油市場へのショックはどのような影響を及ぼすのだろうか。

たとえば、2011年のリビア内戦時のように、主要な石油輸出国がいきなり生産をストップしたらどうなるだろうか。この場合には、図表4.13に描かれるように、供給曲線の左へのシフトの原因となる。石油がより希少となるため、かつて供給量と需要量を一致させていたときの水準よりも、石油価格を引き上げる必要がある。この石油の均衡価格の上昇は、需要曲線に沿った移動を伴う（需要曲線はシフトしない）。需要曲線は右下がりであるため、価格の上昇は需要量を減少させる。実際リビアで内戦が勃発し、リビアの油田が閉鎖された時期には世界の石油価格は上昇した。

需要曲線のシフトによる影響を予想することもできる。たとえば、環境問題への懸念が増し、消費者が二酸化炭素排出量を削減するために石油の使用を減らすと、何が起きるだろうか？　図表4.14に示されるように、消費者の嗜好の変化は、石油の需要曲線を左にシフトさせる。石油需要が減少すると、供給量と需要量を一致させていたときの水準よりも石油価格を引き下げる必要がある。石油の均衡価格の下落は、供給曲線に沿った移動を伴う（供給曲線はシフトしない）。供給曲線は右上がりであるため、価格の下落は供給量を減少させる。

市場を分析するためには、需要曲線と供給曲線を使う。これによって、経済学者はパズルを解くことができる。たとえば図表4.14では、石油の市場価格は下落し、人々は石油の消費を減少させている。この2つの事象が同時に起きることは理解しにくいかもしれない。石油価格が下がれば、石油の購入量は増えるのではないか、と思われるからだ。だが、図表4.14を見れば、石油価格の下落は需要曲線の左へのシフトに引き起こされたものであることがわかる。価格の下落と均衡量の下落はともに、需要曲線の左へのシフトの結果なのである。

ここまでは、動くのは需要曲線か供給曲線のどちらか一方だけという例で学んできた。しかし、世の中はつねにこれほど単純ではなく、両方の曲線が同時にシフトする場合もある。たとえば、リビアでの革命によって石油の供給曲線

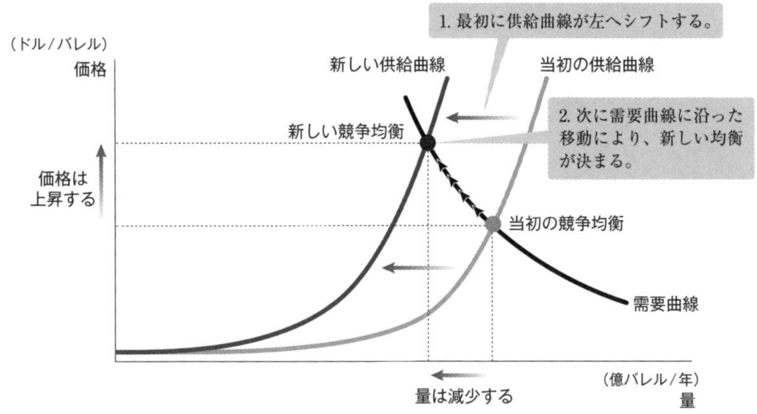

図表4.13　供給曲線の左へのシフト

供給曲線の左へのシフトは、均衡価格を上昇させ、均衡量を減少させる。当初の競争均衡は●点である。シフトをしない需要曲線と新しい供給曲線の交わる●点が新しい均衡点となる。

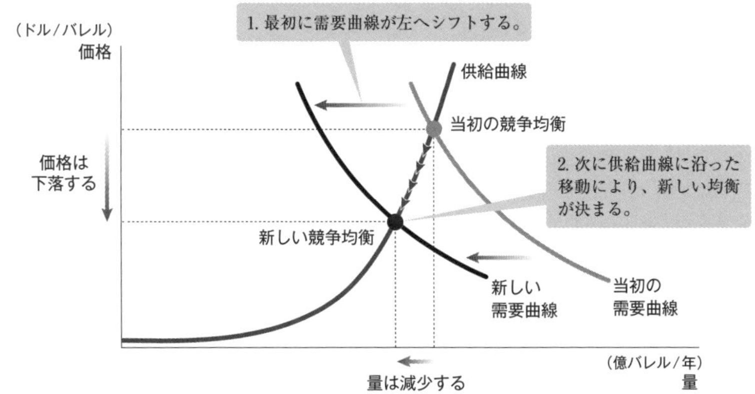

図表4.14　需要曲線の左へのシフト

需要曲線の左へのシフトは、均衡価格を下落させ、均衡量を減少させる。当初の競争均衡は●点である。シフトをしない供給曲線と新しい需要曲線の交わる●点が新しい均衡点となる。

は左にシフトし、それと同時期に高まる環境問題への懸念が石油の需要曲線を左にシフトさせることがあるかもしれない。

このような混合ケースでは何が起こるだろうか。供給曲線と需要曲線が同時にシフトすることが、市場価格と取引量の変化にどのように変換されるのかを示したのが図表4.15である。みなさんがすでに想像しているように、両曲線の

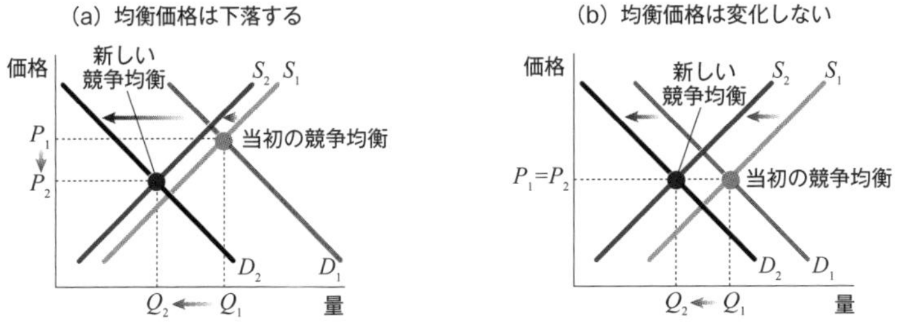

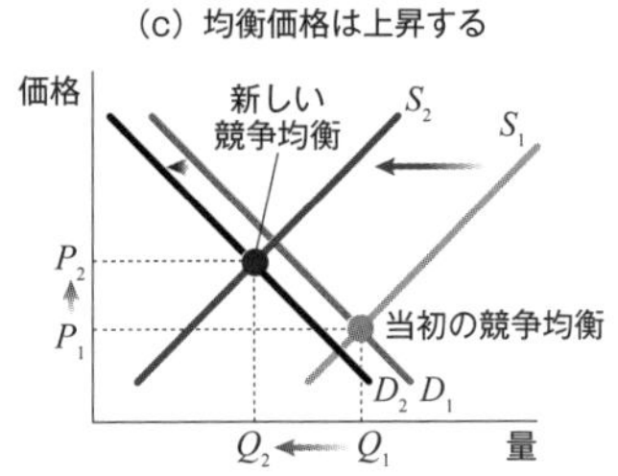

図表4.15 需要曲線と供給曲線の両方が左にシフトする場合

供給曲線と需要曲線の両方が左にシフトするときには、競争均衡量はつねに減少する（Q_2はつねにQ_1より少ない）。しかし、競争均衡価格は下落するかもしれない（P_2はP_1より低い）し、変化しないかもしれない（P_2はP_1と等しい）し、あるいは上昇するかもしれない（P_2はP_1より高い）。

シフトはたくさんの組み合わせが可能である。

図表4.15の3つの図ではそのすべてのケースにおいて、需要曲線も供給曲線も左にシフトする。3つの図はそれぞれ異なるケースを示している。当初の曲線は薄い色で、新しい曲線は濃い色で示されている。●点は、当初の需要曲線と当初の供給曲線が交わる当初の競争均衡である。●点は、新しい需要曲線と新しい供給曲線が交わる新しい競争均衡である。当初の競争均衡価格はP_1、新しい競争均衡価格はP_2である。当初の競争均衡量はQ_1、新しい競争均衡量はQ_2である。

3つのすべてのケースにおいて、均衡量は減少する（Q_2がQ_1より少ない）。しかしながら、均衡価格は、需要曲線と供給曲線のシフトの変化の大きさ次第でその反応は違ってくる。(a)では、需要曲線の左へのシフトの影響が優位であり、均衡価格はP_1からP_2へ下落する。(b)では、均衡価格は変化せず、P_1とP_2は等しい。(c)では、供給曲線の左へのシフトの影響が優位であり、均衡価格はP_1からP_2に上昇する。要するに、供給と需要の両方が左にシフトすると、競争均衡量はつねに減少するが、競争均衡価格は上下のどちらかの方向に移動するかもしれないし、そのまま変化しないかもしれない。

4.5 政府がガソリン価格を決めたらどうなるか？

ここまでの分析の結論は、競争市場では最終的には競争均衡に落ち着く——言い換えると、供給曲線と需要曲線の交点に収束する。しかし、これは価格が市場の圧力に反応できるときにのみ起きることである。

市場によっては、法律、規則、あるいは社会規範によって価格が決まる。経済学の興味の対象はあらゆる市場の動きであり、競争均衡に到達できない市場も含まれる。価格が伸縮的ではない市場を例にとって、このような状況について説明しよう。

図表4.12をもう一度見てみよう。ガソリンの市場価格が競争均衡価格の水準以下に意図的に抑えられているときには、ガソリンの需要量は供給量よりも多くなる。したがって、市場価格でガソリンを買いたいドライバーの多くは、ガソリンを買えなくなってしまう。

このような状況の下では、ガソリンの配分は、ガソリンへの支払意思以外の何かによって決定されている。1973〜74年の（第1次）オイルショックの時期に、アメリカ政府が実質上、ガソリン価格の上限を決めたことから、需要量は供給量を上回ることとなった。これを上限価格規制と言う。ドライバーたちは、この上限価格では超過需要が生まれることを即座に推測して、ガソリンを購入するために早朝から列を作った。そしてドライバーたちが行列に並びはじめる時間は日増しに早くなっていった。

『ニューヨーク・タイムズ』紙では以下のような記事を掲載している。「どこでも行列が当たり前になってきた。ニュージャージー州モントクレアのキャサリン・リーは朝の4時20分に起きて列の先頭に並ぶためにガソリンスタンドに車で向かった。しかし彼女は2番目で、一番手は3時15分から並んでいた。リーは持参した枕を膨らませ、掛布団をかけて、開店まで3時間の仮眠をとった」。巧妙な方法を考え出した人もいた。「マサチューセッツ州ベッドフォードでは、あるビジネスマンが、ハーツレンタカーの駐車場に自分の車を入れ、ガソリンが満タンの車をレンタルし、そのガソリンを自分の車に給油して、ハーツには1日のガソリン代込みのレンタル代金を支払う——もちろん走行費用はかからない——そしてガソリンが満タンになった自分の車で家に帰って行った」[1]。

1）Fred Ferretti, "The Way We Were: A Lock Back at the Late Great Gas Shortage," *New York Times*, April 15, 1974, p. 386.

行列は、超過需要があることがわかっている買い手にとっては最適な反応だ。供給量より需要量のほうが多いために、ガソリンスタンドは頻繁にガソリン在庫を切らせていた。このオイルショックの期間を通して、ガソリンスタンドの20%がガソリン在庫を切らせていた。したがって、行列に早い時間から並びはじめること――しかも、非常に早い時間から並ぶこと――は、確実に自分の車を満タンにする最適な方法だった。

長い行列で待ちたくない人もいる。特に、自分の順番が回ってくるまでにガソリンがなくなるという不安がある場合にはなおさらだ。「彼らはまともではない。互いに喧嘩をし、銃を持って脅している。みんな病んでいる」。まるで映画のような世界だが、実はこれは1973～74年のオイルショックに起きた出来事を語ったガソリンスタンド店員の言葉だ。別のガソリンスタンドのオーナーはこう言った。「開店前からもう暴動になっていた。路上で口論し、ナイフを振りかざしている客もいた」。

市場に均衡価格の実現を委ねるのではなく、財の価格を固定しようとする政策の例はほかにも数多くある。価格規制はうまくいかないことが多いのだが、政府は過去の教訓を忘れているようだ。

次のコラム「選択の結果」では、価格を固定したことによる失敗例についてより詳しく紹介する。問題の財をほかにどのような方法で配分することができたかを考えてほしい。

CHOICE&CONSEQUENCE
選択の結果

市場価格を固定することによる予期せぬ出来事

あなたの住んでいる街が、先着順でアップル社のノートパソコン1,000台を50ドルで販売すると発表したら何が起きるだろうか？　住民は、整然と列を作って、じっと順番を待っているだろうか？

これはバージニア州ヘンリコ郡で実際にあった話だ。住民は販売当日の午前1時半から行列を作りはじめた。午前7時に開店したときには5,000人以上が詰めかけ、いっせいに人を押しのけてパソコン売り場に向かった。高齢者は人波の下敷きになり、ベビーカーは押しつぶされた。70人の警察官が騒ぎを鎮静化させるために駆けつけたが、17人が負傷し、4人が病院に担ぎ込まれた。騒ぎが収まった後、4,000人以上は苦労もむなしくノートパソコンを買うことはできなかった。購入できた人の多くは、後にそれを転売したという[2]。

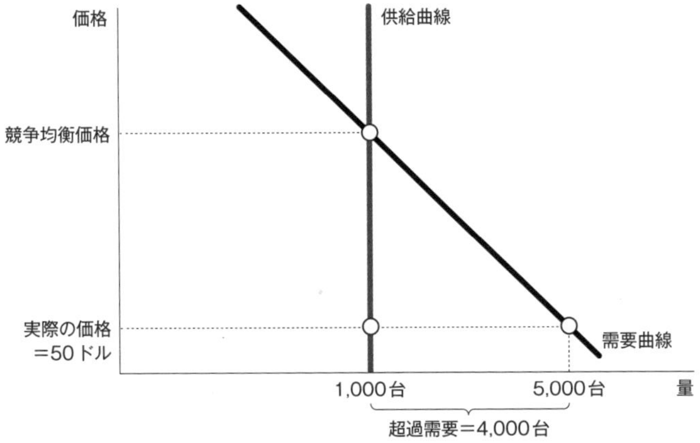

図表4.16　ヘンリコ郡のノートパソコンの超過需要

ヘンリコ郡は、ノートパソコンの価格を50ドルに固定することによって、超過需要の状況を作り出した。この価格では需要量（ノートパソコン5,000台）が供給量（ノートパソコン1,000台）を大きく上回る。需要量と供給量を一致させるには、価格をずっと高い競争均衡価格に設定する必要があった。垂直の供給曲線は、価格50ドルのノートパソコンの供給が1,000台に固定されていることを表している。

ヘンリコ郡で実施されたパソコンセールは、超過需要を引き起こした。1台当たり50ドルに固定された価格に対する需要量は5,000台で、供給量である1,000台をはるかに超えていた。市場に十分なノートパソコンがない状態を図表4.16に示した。ノートパソコンを買えた人々は必ずしも一番高い支払意思のある人々ではなかった。ノートパソコンを買えた消費者は、混雑の中を押しのけていくことができる人々だった。たとえ、そのノートパソコンが最終的にはもっと価値を見出す人に転売されたとしても、人々は将棋倒しになり多くのけが人が出た。将棋倒しを起こすようなやり方は、富の配分をするには悪い方法である。

経済学者は、うまく機能する市場を設計する方法についてアドバイスを求められることが多い。この場合には当然ながら、伸縮的な価格になっていればこの市場をよりうまく働かせることができたし、ヘンリコ郡にははるかに多くの収入がもたらされたことだろう。

ほかには、電話またはメールで入札を受け付けて競売を行うこともできただろう。この場合には、ヘンリコ郡は最も高い値を付けた上位1,000人に1,000台のノートパソコンを販売することができただろう。

ランダムなくじ引きでさえ、将棋倒しよりははるかにましだっただろう。将棋倒しになる中では一番腕力がある人が

2) Stephanie McCrummen and Aymar Jean, "17 Hurt as Computer Sale Turns into Stampede," *Washington Post*, August 17, 2005.

ノートパソコンを獲得し、数多くの負傷者が出た。ランダムなくじ引きにすれば、ノートパソコンは幸運な人の手に渡るにすぎない。幸運な勝者が自分たち以上に価値を見出す人に転売することも自由だ。

まとめ

◉市場とは、財やサービスを取引する経済主体の集合であり、取引のためのルールと取決めが定められている。完全競争市場では、(1)売り手はみな同じ財やサービスを売り、そして、(2)個人の買い手も個別の売り手も、自分だけでは財やサービスの市場価格に影響を及ぼすほどの力はない。

◉需要量とは、所与の価格(ある与えられた価格)において、買い手が購入したいと思う財やサービスの量である。需要表とは、その他すべてを一定として、様々な価格における需要量を示したものである。需要曲線とは、需要表をグラフで表したものである。需要の法則とは、(その他すべてを一定として)価格が下落するときには需要量は増加する、という関係であり、ほとんどすべての場合において当てはまる。

◉市場需要曲線とは、すべての潜在的な買い手である個人の需要曲線の合計である。その他すべてを一定として、総需要量と市場価格の関係をグラフにしたものである。

◉需要曲線のシフトは、同じ価格の下で需要量が変化するときにのみ起こる。財の価格が変化しても、需要曲線がシフトしないときには、その価格の変化は需要曲線に沿った移動を引き起こす。

◉供給量とは、所与の価格において、売り手が供給したいと思う財やサービスの量である。供給表とは、その他すべてを一定として、様々な価格における供給量を示したものである。供給曲線とは、供給表をグラフで表したものである。供給の法則とは、(その他すべてを一定として)価格が上昇するときには供給量は増加する、という関係であり、ほとんどすべての場合において当てはまる。

◉市場供給曲線とは、すべての潜在的な売り手の個別の供給曲線の合計である。その他すべてを一定として、総供給量と市場価格の関係をグラフにしたものである。

◉供給曲線のシフトは、同じ価格の下で供給量が変化するときにのみ起こる。財の価格が変化しても、供給曲線がシフトしないときには、その価格の変化は供給曲線に沿った移動を引き起こす。

◉競争均衡は、供給曲線と需要曲線の交点である。競争均衡価格では、供給量と需要量は一致する。競争均衡量とは、競争均衡価格に対応する量である。

◉価格が自由に変動しないときには、市場では需要量と供給量は一致しない。

キーワード

市場
市場価格
完全競争市場
価格受容者
需要量
需要表
その他すべてを一定とする
需要曲線
負の関係
需要の法則
支払意思額
限界便益逓減
集計
市場需要曲線
需要曲線のシフト
需要曲線に沿った移動
正常財
劣等財
代替財
補完財
供給量
供給表
供給曲線
正の関係
供給の法則
受入意思額
市場供給曲線
投入物
供給曲線のシフト
供給曲線に沿った移動
競争均衡
競争均衡価格
競争均衡量
超過供給
超過需要

復習問題

1.... その他すべてを一定とする、とはどういう意味だろうか？　需要曲線に沿った移動を議論するときには、この概念はどのように使われるのだろうか？　供給曲線に沿った移動を議論するときには、この概念はどのように使われるのだろうか？

2.... 限界便益逓減について説明しなさい。あなたは、好きな財に関して限界便益逓減を感じるだろうか？　限界便益逓減の法則には例外があるだろうか？（ヒント：2個の電池が必要な懐中電灯を想定して、あなたが使う電池について考えてみるとよい。）また、その理由も説明しなさい。

3.... 市場の需要表は、個人の需要表からどのように作られるだろうか？　市場需要曲線は、個人の需要曲線とどのように異なるのだろうか？

4.... 以下の項目は、どのようにしてジレット社のシェービングクリームの需要曲線をシフトさせるのだろうか？　説明しなさい。

a. 競争相手のシェービングクリームの価格が上がる。

b. 失業率の上昇により、所得の平均水準が下がる。

c. シェービングクリームより優れていると評判のシェービングジェルとシェービングフォームが市場で売り出される。

5.... 「安い原油」が不足しているとはどういう意味だろうか？　将来の原油価格にはどのような影響を及ぼすだろうか？

6.... 供給の法則とは何だろうか？　典型的な供給曲線の特徴は何だろうか？

7.... 受入意思額と支払意思額の違いは何だろうか？　取引を行うためには、受入意思額は支払意思額よりも低くなければならないだろうか、または高くなければならないだろうか、あるいは同程度でなければならないだろうか？

8.... 以下の要素は、スパークリングワインの供給曲線をどのようにシフトさせるだろうか？　それぞれ説明しなさい。

a. 新しい灌漑技術がぶどうの生産高を増やした。

b. 非熟練労働者の移住の増加で、ワイン用ぶどうを摘む作業の賃金が下がった。

c. 政府が季節労働者の最低賃金を設定した。

9.... 以下の内容は、どのように市場の均衡価格に影響を及ぼすのだろうか？　それぞれ説明しなさい。

a. 需要の左へのシフト

b. 供給の右へのシフト

c. 需要の右への大きなシフトと、供給の右への小さなシフト

d. 供給の左への大きなシフトと、需要の左への小さなシフト

10.. なぜ50ドルの固定価格が、ノートパソコンを配分する最適な方法ではなかった

のだろうか？　効率的にノートパソコンを配分するための、別の方法を提案しなさい。

ミクロ経済学の基礎

第Ⅱ部

PART Ⅱ
Foundations of Microeconomics

5 消費者とインセンティブ

Consumers and Incentives

月100ドルの報酬で禁煙できるだろうか？

禁煙するように人を説得することは、経済学とは何ら関係がないように思う人はいないだろうか。そもそも、喫煙は経済的意思決定でもない、と感じるかもしれない。本章では、インセンティブに焦点を当てて、経済学が私たちの生活のあらゆる場面に関わっていることを説明しよう。インセンティブとは、ある行動をとるように人々を動機づけする報酬や罰則である。たとえば、授業で良い成績をとる動機はいろいろある。親を喜ばせるためかもしれないし、有名大学院に進学するためかもしれないし、卒業後に高給を得られる仕事に就くためかもしれない。あるいは、ただ単に、自分の能力を確認するためかもしれない。

インセンティブの種類は、変化させたい行動の数だけある。たとえば売上げに対して歩合を得る営業職には金銭的インセンティブがあるだろう。親を喜ばせたいという道徳的・倫理的インセンティブもある。ほかには強

本章の構成

5.1	5.2	5.3	5.4
買い手の選択	3要素を合わせて考える	買い手の選択から需要曲線へ	消費者余剰

EBE	5.5
月100ドルの報酬で禁煙できるだろうか？	需要の弾力性

KEYIDEAS
キーアイデア

- ◉買い手の選択で考慮する３要素は、選好、価格、予算である。
- ◉最適化行動をとる買い手は、限界で判断する。
- ◉個人の需要曲線は、財やサービスに対する支払能力と支払意思額を反映したものである。
- ◉消費者余剰は、財やサービスに対する買い手の支払意思額と、実際に支払う金額との差である。
- ◉弾力性は、他の変数の変化に対する、ある経済変数の反応の程度を表す尺度である。

制的手段もある。たとえばアイスホッケーの試合で、スティックを正しく使わない（たとえば対戦相手をスティックで転倒させる）と、ペナルティボックスに入れられて一時的に退場処分になる。

様々な意味で、経済学はインセンティブの研究であると考えることができる。経済学者の重要な仕事の１つは、様々な動機を見つけ出し、報酬の設計にあたってその動機を考慮に入れることである。経済学者は、長年にわたって様々な課題に対応するインセンティブを設計してきた――長期失業者を労働市場に戻す方法、慈善寄付金の奨励、その他のあらゆることが経済学の研究対象になる。

では、禁煙に対して報酬を支払うという金銭的インセンティブには効果はあるのだろうか？　本章を読めば、その答えが見つかるだろう。また、人間の行動が予測可能である場合が多いのはなぜか、ということも説明する。本章では、私たちの社会について理解を深める経済学の考え方と、目指す方向に導くためのインセンティブを設計する経済学の手法を学ぶ。

5.1 買い手の選択

「消費者は、何を買うかを、どのようにして決めるのだろうか？」。ここではこれを、買い手の選択という問題ととらえる。みなさんは、「お金を使うことがなぜ問題になるのか？　それほど難しいことではないのに」と思わないだろうか。

経済学者も同じだ。しかし、ここで言う「買い手の選択」とは、消費者は何を購入するかをどのように決めるのか、というプロセスを問題にしている。そして、買い手の選択を構成するのは、具体的には以下の3要素である。

1. 好きなもの（選好）
2. 財とサービスの価格
3. 使える金額（予算）

これらの要素は、4章で導入した需要曲線の基礎になるものだ。6章では、これを市場の逆側から見て、「売り手の選択」として考える。これは4章で導入した供給曲線の基礎になるものだ。

第1に、買い手としては自分が好きな財やサービスを買いたい。誰もが、おいしいもの、良いと思えるもの、見栄えが良いものを購入するほうが良いからだ。とはいえ、その興味を引いたものの価格についても考慮しなければならない。スマートフォンに1ドルを余分に使えば、スターバックスで使える予算は1ドル減る。このため、価格は重要な第2の要素である。価格とともに考えるべき第3の要素は、使える金額（予算）である。お金を無制限に使えればいいのだが、使える金額には限りがある。この予算制約があるため、トレードオフを考慮することが必要になる。

一定の条件の下で、好きなもの、価格、使える金額、という3要素から、買い手の選択を決定するルールを導き出せる。この簡潔な経済モデルから導き出される内容が、新しい靴を買うか、あるいはそのお金でスケートボードを買うのか、といった単純な質問への答えになるのだ。では、これらの3つの重要な要素について詳しく見ていこう。

好きなもの、価格、使える金額、という3要素から、買い手の選択を決定するルールを導き出せる。

好きなもの

財やサービスを消費することから得られる便益は、あなたが何を好むか次第で変わってくる。たとえば、もしあなたがダイエットコーラが好きなら、それを飲むことから便益を得るだろう。「買い手の選択」を考えるうえで想定することは1つしかない。消費者は、消費から得られる便益を最大化する、という点だ。人が何かを購入するときには、自分が一番満足できると思うものを買うだろう、ということだ。

消費者が何かを購入するときは、予算を最大限に活用する買い方を考え、その過程では直面するトレードオフを考慮に入れる。たとえば、ゲーム機器を買ったとすると、そのお金はKindleや新しいパソコンを買うために使うこともできたはずだ。これが、ゲーム機器を購入するときにあなたがあきらめた機会費用である。

購入の判断を観察すると、消費者について、どんなことがわかるのだろうか？日常的な例で考えてみよう。たとえば、あなたが誕生祝いにもらったお金を持ってショッピングモールに行ったとしよう。そこで1本50ドルのブランドジーンズを購入すれば、あなたがそのジーンズが好きだということはわかるのだが、それ以外にどんなことがわかるだろうか？　あなたは、その新品のジーンズと、同じショッピングモールで販売している50ドルの靴を交換しようとは思わないだろう。あなたは、その時点では、50ドルで購入できるすべてのものの中で、ジーンズが最高の買い物だと判断して購入したのだ。

私たちは、自分の嗜好をはっきりわかっていないかもしれない。また嗜好は、そのときの気分次第で変わり、また年齢とともに変化するかもしれない。しかし、購入の時点での判断が私たちの嗜好を表している。買うことができるすべてのものの中で、買うと選択したものが、あなたが一番好きなものなのである。

財とサービスの価格

価格は、経済学が研究対象とする最も重要なインセンティブである。価格を使うことによって、財の相対的な費用を示すことができる。たとえば、ジーンズが1本50ドル、セーターが1枚25ドル、であるとしよう。この価格からは、ジーンズ1本を買う機会費用はセーター2枚だとわかる。つまり、あなたがジーンズを購入したのなら、あなたはセーター2枚よりもジーンズ1本に価値を見出していることがわかる。本章では、財の価格は固定されていて（価格交渉が

CHOICE&CONSEQUENCE
選択の結果

絶対水準 vs 割合

あなたが、大画面テレビの購入を考えたとしよう。調べてみると、あるメーカーのテレビが地元の大型店では500ドル、隣町では490ドルで売られていた。あなたは、隣町まで買いに行くだろうか？

500ドルに対して10ドルしか違わないのだから、おそらくは地元の店で買おうと思うだろう。

では、別の例を考えてみよう。地元の大型店では、欲しい計算機が20ドル、隣町では10ドルで売られていたとする。隣町まで車で買いに行くかと聞かれたら、もちろん、と答えるだろう。何しろ、半額なのだから。

これは典型的な判断ミスだ。最適な意思決定においては、限界便益と限界費用は絶対水準で見るべきであり、割合で判断してはいけない。限界便益を絶対水準で判断していれば、どちらの場合も、隣町に車で買いに行くことにより節約できるのは10ドルなのだから、まったく同じだと気がつくはずだ。

計算機を買うために隣町まで行く価値があると思うなら、大画面テレビの場合でも同じだろう。

10ドルの価値は変わらないはずだ。

できない）、消費者は十分なお金があれば、どの財でも欲しい量を定価で購入できる、と想定する。つまり消費者は価格受容者（プライステイカー）である（4章で説明したように、この想定は完全競争市場では一般的だ）。

この想定の論拠はこう考えるとよい。個人の消費は生産された財全体のほんの一部にすぎないので、個人の買い物が市場全体に影響を及ぼすことはない。たとえば、あなたがショッピングモールに行って買い物をするのは、1年間に何百万本も売られているジーンズのうちのたったの1本にすぎず、購入の意思決定がジーンズの価格に大きく影響を与えることはないだろう。

購入を決断するときには、相対価格が重要だ。価格を考慮するときには、購入したい財だけではなく、入手することが可能なすべての財の価格も考慮の対象となる。財の相対価格が、どの財の購入をあきらめるべきかを決定するのだ。

使える金額

買い手の選択の最後となる第3の要素は、何を買えるかである。消費者が自らの所得で購入できる財とサービスのすべての組み合わせを**予算集合**と言う。

● **予算集合**（budget set）とは、消費者が自らの所得で購入できる財とサービスのすべての組み合わせである。

経済学では通常、予算集合を、予算制約という別の概念で表す。予算制約とは、予算のすべてを完全に使い切って消費者が選ぶことができる、財やサービスのすべての組み合わせである。予算制約には2つの想定がある。第1に、消費者はお金を貯めることも借りることもしない。もちろん、現実には消費者は貯蓄もするしローンの借入れもするのだが、ここでは、買い手の選択を分析することに集中したいので、モデルを簡略化したい。経済学の重要な概念を学ぶために、予算制約を活用する方法について明確に的を絞るのだ。第2は、予算制約では直線を想定する（これは便宜上の理由によるものであり、本章の例では財を分割しない。直線を想定しても結果に影響はない）。

誕生日のお祝い金の使い道の例を続けて考えよう。あなたが、21歳の誕生日のお祝いに、両親と祖父母から300ドルをもらったとしよう。簡単化のため、買い物の対象はジーンズとセーターの2種類の財のみに限定する。もちろん、実際には別の商品も買えるのだが、2種類の財に限定することによって、経済学モデルにおいて最も重要な概念を導き出せる。2財の例を理解すれば、複数の財に分析を発展させることは容易だ。前の例と同じく、予算は300ドル、ジーンズ1本は50ドル、セーター1枚は25ドルだ。図表5.1は、この例の予算制約と予算集合を描いたものである。

図表5.1の横軸はジーンズの本数、縦軸はセーターの枚数である。縦軸と横軸が今までのグラフとは違うので、混同しないように注意しよう。4章で需要曲線と供給曲線について学んだときには、横軸（x軸）は量、縦軸（y軸）は価格だった。しかし、予算制約のグラフでは、それぞれの財の量を横軸と縦軸で示す。そして、両軸と予算制約との切片（交点）の値は、いずれか1財のみを購入する場合に最大でどのぐらいの量を購入できるかを示す。したがって、切片の数字は、消費できる総額を、その軸で表されている財の価格で割った値となる。たとえば横軸と予算制約の切片は、300ドルをジーンズ1本の価格50ドルで割った数、すなわち6本となる。

図表5.1の三角形は予算集合――購入できるすべての組み合わせ――を示している。紫色の線は予算制約――お祝い金をすべて使い切る場合の財の組み合わせ――である。購入数はジーンズとセーターの価格に影響しない想定なので、財の価格は固定されていて、予算制約は直線である。グラフからは、さらにいくつかのことがわかる。

1. 1章で学んだ希少性の原理は、ここでも働いている。より多くのセーター

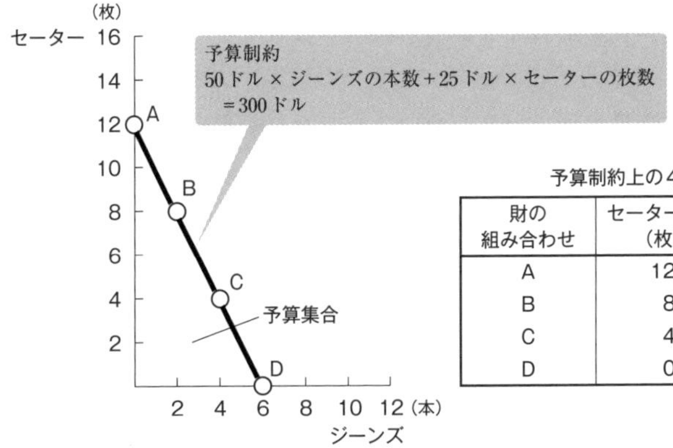

予算制約上の4つの選択肢

財の組み合わせ	セーターの量（枚）	ジーンズの量（本）
A	12	0
B	8	2
C	4	4
D	0	6

図表5.1　買い物予定の予算集合と予算制約

図の三角形は予算集合を表し、使える金額が300ドルであるときに、購入できるセーターとジーンズのすべての組み合わせを示している。また予算制約は、予算をちょうど使い切るすべての組み合わせであり、表は予算制約の組み合わせのいくつかを示している。図の横軸（x軸）はジーンズの本数、縦軸（y軸）はセーターの枚数である。

を選ぶと、購入できるジーンズの本数は少なくなる。また、その逆のケースもある。たとえば、Bは、ジーンズ2本とセーター8枚の組み合わせである。Aの組み合わせと比べると、ジーンズが2本増える代わりに、セーターは4枚少なくなっている。表を見れば、ジーンズとセーターの量の間にはトレードオフがあることがわかる。

2. 予算制約は直線なので、その傾きは一定である。これは、機会費用が一定であるという意味だ。

ジーンズを購入する機会費用は、以下の式で計算できる。

$$\text{機会費用}_{\text{ジーンズ}} = \frac{\text{セーターの減少分}}{\text{ジーンズの増加分}}$$

ジーンズの機会費用は、ジーンズを追加で1本購入するためにあきらめなければならないセーターの枚数である。ジーンズ1本の価格（50ドル）はセーター1枚の価格（25ドル）の2倍である。ジーンズ1本を増やすためには、セーターを2枚あきらめる必要があるので、ジーンズ1本の機会費用はセーター2枚である。したがって「$\text{機会費用}_{\text{ジーンズ}}$ = 2枚のセーター」となる。ジーンズの機会費用は、予算制約を使って考えることもできる。この例では予算制約は直線なので、ジーンズを買う機会費用を計算するには、縦軸（y軸）の切片12を、横軸（x軸）の切片6で割ればよい。

同様にセーターを購入する機会費用も計算できる。

$$\text{機会費用}_{\text{セーター}} = \frac{\text{ジーンズの減少分}}{\text{セーターの増加分}}$$

ジーンズ1本の価格（50ドル）がセーター1枚の価格（25ドル）の2倍なので、セーター2枚を買うためには、ジーンズ1本をあきらめなければならない。したがって「機会費用$_{\text{セーター}}$ = 1/2本のジーンズ」となる。ここでも同様に、x軸とy軸の切片から機会費用を計算することもできる（6/12 = 1/2 ジーンズ）。

5.2 3要素を合わせて考える

これで、買い手（消費者）が財を購入する際に考慮に入れるべき3つの要素が出揃った。ここからは、これらの3要素をどのように使って最適化できるのか、言い換えると、自分の選好（好きなもの）と（財とサービスの）価格と予算（使える金額）の下での最善の選択を考える。図表5.2を使って買い手の選択の一例を考えよう。ここには3要素のすべてが揃っている。あなたの好みによって、財を消費する便益が決まる。財の消費を増やしたときの便益の増加分を数値で表したものが、限界便益である。あなたの限界便益は図表5.2のとおりであると仮定する。また、便益を測定する単位は、ドル表示であってもその他の単位による表示であってもかまわないのだが、便益と費用を比較するには、単位は揃えたほうが理解しやすい。そこで、ここでは便益をドル表示にして、足したり引いたりして比較できる準備をしておく*。

予算である300ドルの使い方を考えるときには、限界での判断が必要になる。限界での判断とは、購入可能な財の中で、1ドル当たりの限界便益が最大になる財を選ぶことである。このとき、あなたは「最初の1ドルをどの財を購入するために使うべきか」を考えなければならない。図表5.2を使って考えてみよう。

最適化する買い手は限界で判断する。

* ここでドル表示された便益が費用と足したり引いたりできる、とするのは少し誤解を招きやすい。この後の131ページでジーンズとセーターの限界便益を見て最適な消費の組み合わせを考えている場合には、両方の便益がともに2倍の評価になったとしても、結論は変わらない。実は便益を他の倍率で変更しても、最適な消費の組み合わせは変わらないので、ここで説明されていることを満たす便益のドル換算方法はいくらでもある。その中で、費用と加減算できる値となっているのは、90ページで説明した「支払意思額」のみである。

	25ドルのセーター			50ドルのジーンズ		
量	総便益(A)	限界便益(B)	1ドル当たりの限界便益＝(B)/25ドル	総便益(C)	限界便益(D)	1ドル当たりの限界便益＝(D)/50ドル
0	0			0		
1	100	100	4	160	160	3.2
2	185	85	3.4	310	150	3
3	260	75	3	**410**	**100**	**2**
4	325	65	2.6	490	80	1.6
5	385	60	2.4	520	30	0.6
6	**435**	**50**	**2**	530	10	0.2
7	480	45	1.8	533	3	0.06
8	520	40	1.6	535	2	0.04
9	555	35	1.4	536	1	0.02
10	589	34	1.36	537	1	0.02
11	622	33	1.32	538	1	0.02
12	654.5	32.5	1.3	539	1	0.02

図表5.2 買い手の選択（予算が300ドルの場合）

表には、様々な量のセーターとジーンズを所有することから得られる便益を示している。総便益は、左端列の量だけセーターとジーンズを消費することから得られる便益である。限界便益は、1単位（セーターなら1枚、ジーンズなら1本）を追加して消費することから得られる便益である。太字の数字は、300ドルの予算制約で総便益を最大にするセーターとジーンズの組み合わせを示している。

(1) 1枚目のセーターの限界便益は100ドル、1本目のジーンズの限界便益は160ドルである。1枚目のセーターの限界便益は1本目のジーンズの限界便益より小さいが、セーターの価格はジーンズの半分なので、1ドル当たりの限界便益は、セーターのほうが大きい――1ドル当たりの限界便益は、セーターは4（＝100ドル÷25ドル）、ジーンズは3.2（＝160ドル÷50ドル）だ。したがって、1ドル当たりの限界便益で判断すると、最初はセーターを1枚買ったほうがいい。

(2) 引き続き限界で判断する。1本目のジーンズの限界便益は160ドル、2枚目のセーターの限界便益は85ドルになる。1ドル当たりの限界便益を同じように計算すると、2枚目のセーターの限界便益は3.4であり、1本目のジーンズの限界便益である3.2より大きいので、次もセーターをもう1枚買うべきである。

(3) この方法を続けていくと、総便益を最大にする量の組み合わせがわかる。図表5.2の場合には、セーター6枚とジーンズ3本を購入して予算の300ドルを使い切ると合計で845ドルの総便益が得られる。総便益をこれより大きくする組み合わせはないので、これ（図表5.2の太字部分）が最適な選択である。

この方法から、購入判断に関する2つの重要な特徴が明らかになる。第1の特徴は、買い手の選択は、1ドル当たりの限界便益を基準にして行われることである。そのような選択をすると、第2の特徴となる重要な結論が導かれる。最適化されているときには、それぞれの財の1ドル当たりの限界便益が同じになる。

この判断ルールは、以下の簡単な式にまとめられる。

$$\frac{MB_s}{P_s} = \frac{MB_j}{P_j}$$

MB_sはセーターの限界便益、MB_jはジーンズの限界便益、P_sはセーターの価格、P_jはジーンズの価格である。

これは「出費に見合う価値を同じにする」という考え方だ。この買い物の例で言うと、6枚目のセーターの限界便益は50ドル、3本目のジーンズの限界便益は100ドルなので、以下の式で表される。

$$\frac{50\text{ドル}}{25\text{ドル}} = \frac{100\text{ドル}}{50\text{ドル}}$$

なぜこのようなルールが成立するのだろうか？　その理由は、限界便益が等しくないときには、1ドル当たりの限界便益が大きいほうの財をより多く消費することによって、満足度が上がるからだ。

財の数が増えたとしても、このルールはそのまま適用できる。均衡では、限界便益と価格の比率がすべての財で等しくなる。等しくない場合には、財の組み合わせを変えることによって、もっと便益を増やすことができる。このように限界で判断する方法は、1章で議論した費用便益分析の原理に基づいたものである。

たしかに、セーターとジーンズの例ではうまくいったが、いつでもこの数式どおりになるわけではない。たとえば、高価な財の中には、少額の買い物に分割ができないものもある。大画面テレビ、自家用車、家、ヨットなどの高価な買い物などはたいてい、消費の頻度は極めて低い。

この場合には、たとえば1軒目の家を購入することから得られる1ドル当たりの限界便益は別の財を購入する場合よりも大きいかもしれない。しかし、2軒目の場合には他の財の場合よりも1ドル当たりの限界便益は小さくなるだろう。財を簡単に分割することができず、選択ルールが厳密には適用できない場合であっても、「つねに1ドル当たりの限界便益が最大になる財を次に購入する」という一般ルールは成立する。

それでは、限界便益以外にセーターとジーンズの購入に影響する要因はあるだろうか？ 2つの重要な要因が、以下で説明する価格の変化と所得の変化だ。

価格の変化

もしセーターの価格が2倍の50ドルになったときには、買い手の選択はどのような影響を受けるのだろうか？ このとき、ジーンズとセーターの価格が同じになる。この価格になったことで、予算制約が変化する。図表5.3に示されるとおり、予算の全部を使ってもセーターは6枚しか買えなくなるので、y軸との切片は6に変化する。一方、ジーンズの価格はそのままなので、x軸との切片は変わらない。

一方の価格が上がると、予算制約は内側に回転する。図表5.3からわかるように、他の財に対する相対的な財の価格が変わるときには、予算制約の傾きも変化する。価格が同じになったので、セーター1枚の購入に対して購入をあきらめなくてはならないジーンズは1本になり、「機会費用$_{\text{セーター}}$＝1本のジーンズ」となる。

どちらの財でも、価格が下がると、予算制約は外側に回転する。たとえば、ジーンズの1本当たりの価格が半分の25ドルになった場合には、予算制約は外側に回転して、x軸との切片は12に変わる。図表5.4は、ジーンズの価格が下がることによって、予算制約がどのように回転するかを示したものである。

図表5.3　価格が上昇すると予算制約は内側に回転する

セーターの価格が上昇すると、図表5.1に示された予算制約は内側に回転する（ここで「回転」と表現しているのは、もう一方の切片は変わらないからである）。予算制約が回転するのは、価格が上昇したことによって、予算の中から購入できる財の量が減るためである。1つの財の価格が変化すると、機会費用が変化するので、予算制約の傾きも変化する。

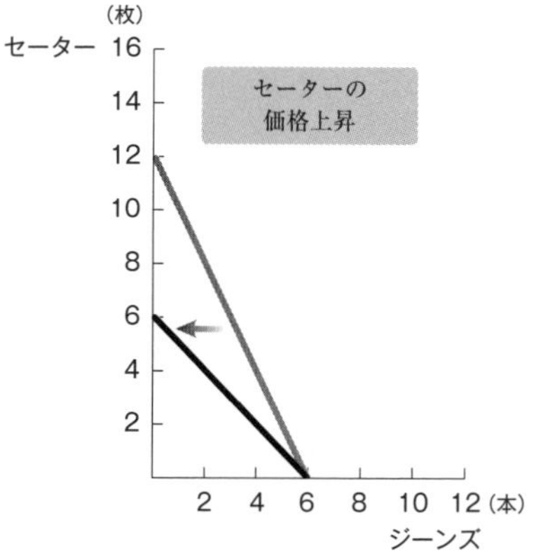

図表5.4　価格が下落すると予算制約は外側に回転する

一方の財の価格下落によって、予算制約は外側に回転する。これは、価格が下落したことによって、予算の中から購入できる財の量が増えるためである。1つの財の価格が変化すると、機会費用が変化するので、予算制約の傾きも変化する。

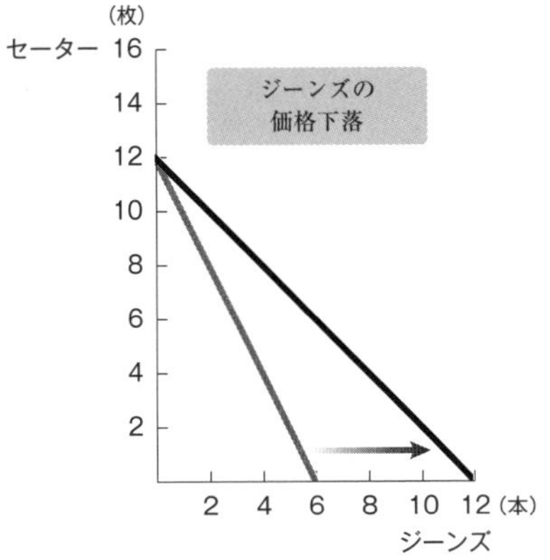

価格の変化によって、2財の価格が同じになるので、「機会費用$_{\text{ジーンズ}}$＝1枚のセーター」となる。

価格の変化は、購入の判断に対してどのような影響を及ぼすのだろうか？　価格が変化すると、機会費用が変化する。これによって、買い手は最適な消費量を変える。価格の変化が、ジーンズとセーターの購入量に対してどのように影響を及ぼすのかについては、5.3節で説明する。

所得の変化

ジーンズとセーターの購入量に影響を与えるもう1つの重要な要因が、あなたが使える金額だ。所得あるいは予算が変わると、使える金額も変わる。一例として、買い物のための予算が300ドルではなくて600ドルだったらどうなるだろうか？　所得が2倍になると、予算制約のy軸とx軸の切片は2倍の量になり、もっと多く購入できるようになる。図表5.5のように予算制約は外側にシフトする。

しかし、2財の相対価格は変わらないので、予算制約の傾きは変わらない。相対価格が同じということは、機会費用も同じままである。相変わらず、ジーンズをもう1本買うためには、セーターを2枚あきらめなければならない。

本章のコラム「根拠に基づく経済学」(EBE) と補論では、所得変化がジーンズとセーターの購入量にどのように影響を及ぼすのかについて考える。

図表5.5 所得が上昇すると予算制約は外側にシフトする

所得の上昇は、予算制約を外側にシフトさせる。このことを確かめるためには、予算が増加した場合に購入できるジーンズとセーターの量を考えればよい――この場合には、購入できる量が増加する。ただし、所得が変化しても、セーターやジーンズを購入することの機会費用は変わらないので、予算制約の傾きは変わらない。

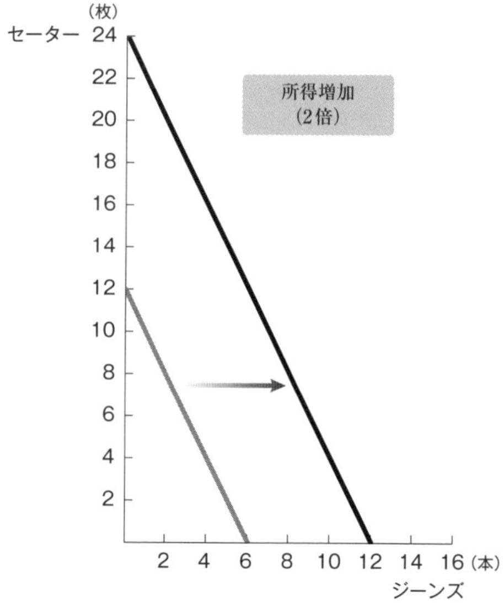

5.3 買い手の選択から需要曲線へ

消費を最適化する方法を理解できれば、需要曲線を導き出すことができる。4章で学んだように、支払意思額とは、買い手が1単位の財に対して支払う意思がある金額として、最も高いものである。1ガロンのオレンジジュースに対するあなたの支払意思額が10ドルなら、それがあなたが支払う意思がある最も高い金額ということになる。

ある財についての様々な量に対応する個人の支払意思額がわかれば、その個人の需要曲線を描くことができる。4章でも学んだとおり需要曲線は、その他すべてを一定として、一定期間において財の価格が需要量を決定することを示している。需要量とは、特定の価格で買い手が購入したいと思う財やサービスの量である。需要曲線は、その他すべてを一定として、需要量が価格の変化に対してどのように反応するかを描いたものだ。デートの夕食、映画、オレンジ、車、ヴァンパイヤ小説『トワイライト』シリーズなど、それぞれの財に需要曲線がある。

買い物の例に戻って需要曲線を考えてみよう。買い手の選択の3要素がわかれば、需要曲線を描くことができる。5.2節で学んだように、限界で判断すると、

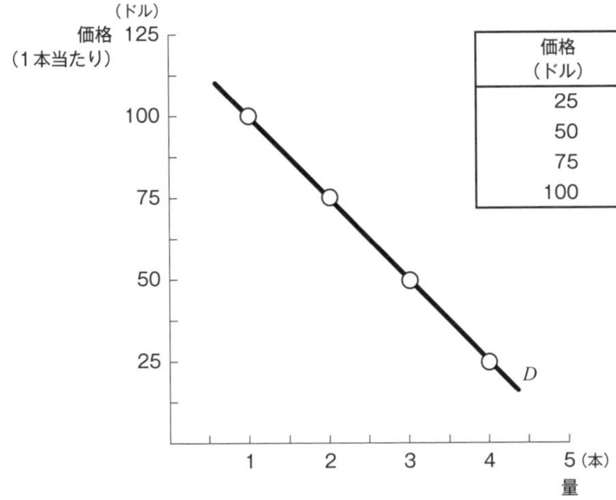

価格（ドル）	需要量（ジーンズの本数）
25	4
50	3
75	2
100	1

図表5.6　ジーンズの需要曲線

需要曲線は、需要量が財の価格によって決まることを示している。右上の表（需要表）は、様々な価格で需要されるジーンズの量である。グラフは、価格をy軸、需要量をx軸にとって需要表の数値を描いている。

ジーンズ1本の価格が50ドルのときには、あなたはジーンズを3本購入する。あなたのジーンズの需要曲線上には、価格が50ドル、需要量3本、となる点がある。

仮に、ジーンズが1本75ドルに値上がりするとどうなるだろうか？　上記と同様に限界分析を使って、図表5.2（130ページ参照）から計算すると、ジーンズの需要量は2本になる。さらに、100ドルに値上がりしたら、需要量は1本になる。反対に、もし価格が25ドルに値下がりしたら、需要量は4本になる。これらの組み合わせから需要曲線を描くことができる（図表5.6）。

図表5.6は、価格の変化に応じて最適化を行った結果である。需要曲線上の点は、価格と量の組み合わせを表している。需要曲線は、個々の価格水準においてあなたが購入したいと思うジーンズの量を示している。ただし、ジーンズを3.5本という中途半端な買い方はできないので、便宜上、図表5.6は一続きの線にしてある。というのも、個々の買い手ではなく市場全体の買い手を見るときには、需要量は極めて大きな数字になるので、需要はほぼなめらかな線のように見えるからである。

需要曲線の傾きは、右下がりになる。ジーンズ1本の価格が25ドルのときには需要量は4本だが、50ドルでは3本になる。ジーンズの価格が上がれば、ジーンズの機会費用が高くなるので、需要量は下がる。

ジーンズに対するあなたの嗜好や選好、またその価格以外に、購入するジーンズの量に影響を与える要因は何だろうか？　ここまで議論をしてきた買い手の選択の中にその答えがある。主要な要因は、関連する財の価格や予算制約だ。関連する財の価格や使える金額が変わると、需要曲線はシフトする。さらに、4章で学んだとおり、将来に対する買い手の予想が変わることによっても需要曲線はシフトする。

5.4 消費者余剰

ここまでは、最適化行動をとる買い手は、自分のインセンティブを考慮したうえで、限界で判断して消費を決定することを学んだ。つまり、購入を判断する際には、限界便益と限界費用を考慮する。市場では、消費者が最適な意思決定をすることで得られる総便益は財に支払う価格をはるかに上回ることが多い。経済学では、市場が作り出すこうした便益を、消費者余剰と呼ぶ。**消費者余剰**とは、ある財に対する買い手の支払意思額と実際に支払う金額の差である。

どうやって消費者余剰を計算するのかを理解するために、買い物の例に戻って、ジーンズの購入を掘り下げて考えてみよう。図表5.7には、5.3節で見た図表5.6の需要曲線上の点が示されている。図表5.7を見ると、ジーンズの最初の1本の購入に対するあなたの支払意思額は100ドルであることがわかる。ジーンズの市場価格は50ドルだから、最初の1本を購入することで得る消費者余剰は50ドル（＝100ドル－50ドル）である。2本目のジーンズに対するあなたの支払意思額は75ドルなので、消費者余剰は25ドルになる。3本目を購入する場合はどうなるだろうか？　あなたの支払意思額（50ドル）、支払額（50ドル）は同一金額なので、この場合には消費者余剰はゼロになる。ここまでの消費者余剰の合計は75ドル（＝50ドル＋25ドル）だ。

ここで、消費者余剰と総便益の違いに留意する必要がある。消費者余剰（75ドル）は、ジーンズ3本を購入することから得られる総便益と比較すると、かなり小さい。この点に、疑問を感じるかもしれない（130ページの図表5.2からは、ジーンズ3本を購入することから得られる総便益は410ドルであり、それに対し

消費者余剰とは、ある財に対する買い手の支払意思額と実際に支払う金額の差である。

●**消費者余剰**（consumer surplus）とは、ある財に対する買い手の支払意思額と実際に支払う金額の差である。

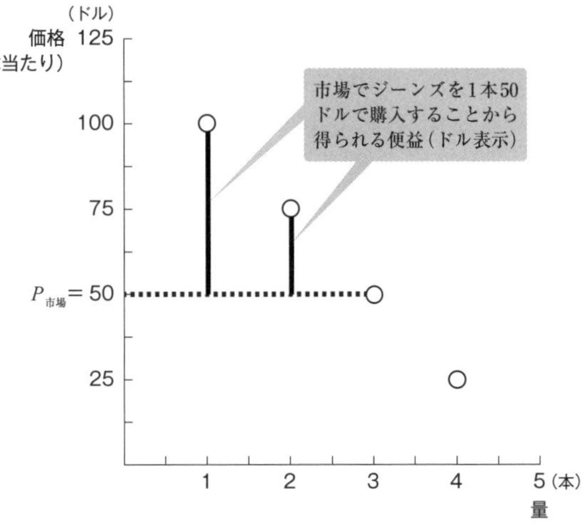

図表5.7　消費者余剰の計算

消費者余剰は、支払意思額と市場価格の差であり、図では紫色の縦線の長さで示される。

て150ドルを支払うのだから、純便益は260ドルである)。この2つの数値は違ったものを計測している。消費者余剰は、支払意思額（需要曲線の高さ）と実際に支払う金額の差である。それに対して、図表5.2に示されている総便益は、その財を消費することであなたが得る全体の満足度を表している。

市場全体の消費者余剰も同様に計算することができる。4章で学んだように、個人の需要曲線を水平方向に合計していくと、市場需要曲線になる。図表5.8のジーンズの市場需要曲線は、こうして導き出されたものである。

図表5.8の「消費者余剰」は、市場全体の消費者余剰を表している。需要曲線は直線としているので、消費者余剰は三角形の面積となり、三角形の底辺×三角形の高さ÷2、で計算することができる。

$$\text{消費者余剰} = \frac{\text{三角形の底辺} \times \text{三角形の高さ}}{2}$$

$$= \frac{6{,}000\text{万} \times 75\text{ドル}}{2} = 22.5\text{億ドル}$$

したがって、すべての消費者がジーンズ市場から得ている消費者余剰を合計すると、22.5億ドルである。図表5.8からわかるように、これは、実際に50ドルを支払ってジーンズを購入した消費者（ジーンズに50ドル以上を支払う意

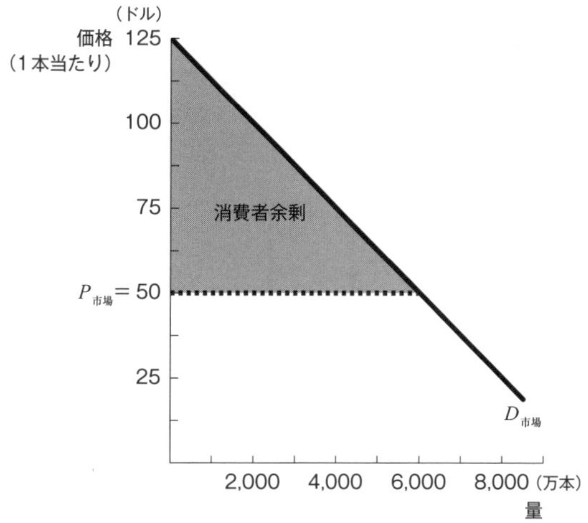

図表5.8 市場の消費者余剰

図はジーンズの市場需要曲線である(量はかなり大きくなっている)。市場全体の消費者余剰は、需要曲線の下側で、かつ市場価格より上にある、三角形の面積として表される。

思がある消費者グループ：需要曲線の50ドル以上の部分にいる消費者）の余剰である。

価格上昇による消費者余剰の減少

政策担当者は、しばしば消費者余剰の考え方を活用する。特定の市場から消費者が得る便益の価値をお金に換算したり、規制が変更されることによって消費者の便益がどのように変わるのかを予測するために使用する。実際にどのように活用されているのだろうか？　著者の1人がホワイトハウスで働いていたときに、地下水を浄化する手段を検討したことがある。対策の1つが、ジーンズ生産業者に対して、生地加工に使う特定の化学薬品の使用を禁止するというものだった。政府の予測によれば、この政策が実施され特定の化学薬品の使用が禁止されることによって、ジーンズの市場価格は50ドルから75ドルに上昇する。政策の変更以外にはその他すべてを一定とすると、ジーンズ市場の消費者余剰はどのように変化するだろうか？

図表5.9に示された濃い紫色の影の三角形の面積が、新しい消費者余剰である。このとき市場の消費者余剰は、4,000万 × 50ドル ÷ 2 = 10億ドル、に減少する。多くの値上げのケースと同様に消費者余剰が減少するのだから、消費者

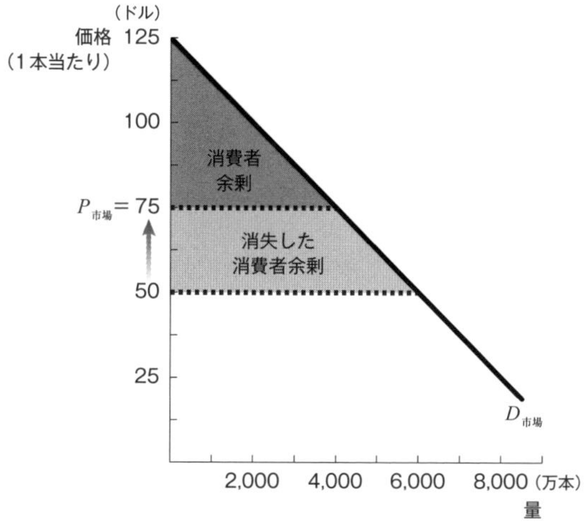

図表5.9　価格上昇による市場の消費者余剰の変化

価格が上昇すると、消費者余剰は減少する。図に描かれているとおり、価格が高くなるほど、支払意思額と市場価格の差が小さくなるからである。価格が高くなるほど、需要量は減少する。

はこの変化に不満だろう。この場合に市場から失われた消費者余剰は図の薄い紫色の影の台形の面積である12.5億ドル（＝22.5億ドル－10億ドル）だ。個人の消費者余剰で見ると、ジーンズ値上げ後の余剰は25ドルに下がり、消費者余剰が合計で50ドル失われる。新たな規制を実施するかどうかを政府が最終的に判断するときには、こうした消費者余剰の減少と、地下水の浄化から得られる便益を比較するのだ（この際に生産者余剰の変化も考慮するのだが、これについては6章で説明する）。

EBE　Evidence-Based Economics　根拠に基づく経済学

問い：月100ドルの報酬で禁煙できるだろうか？

本章の冒頭では「月100ドルの報酬で禁煙できるだろうか？」と問いかけた。経済学の研究で支持を得ている禁煙方法に、報酬を支払うというアプローチがある。このようなインセンティブを与えるという方法はうまくいくのだろうか？　また、なぜ、うまくいくのだろうか？　この問いを考えるときに、本章で学んだ考え方が役に立つ。

報酬について考えるうえではこれまで、所得の増加が消費者の予算制約に与える影響、そしてその結果として財やサービスの需要に与える影響について学んできた。実例として、買い物を例にとった。消費者が使える金額が増加したときの影響は、図表5.5のようにして示される。

この考え方に沿って、1カ月の禁煙問題についても考えてみよう。経済学的に考えると、禁煙問題に対しても、買い物の例で用いた原理を適用できる。禁煙によって100ドルが報酬として渡されるということは、喫煙から得られる便益と、所得が100ドル増えることから得られる便益のトレードオフの問題であると考えることができる。そのほかにも、禁煙によりタバコ代を節約できる（予算制約はさらに外側にシフトする）。単純化のため、その節約分を1カ月当たり100ドルとしよう。このとき限界で判断するには、毎月200ドルの所得増加から得られる便益が、喫煙から得る便益よりも大きいかどうかを比較すればよい。もしイエスなら禁煙をするし、ノーなら喫煙を続けて200ドルの報奨金（インセンティブ）を放棄することになる。

本章の冒頭でも紹介したように、インセンティブには様々な形態があり、金銭的なものだけとは限らない。禁煙を奨励する補完的なアプローチには、非金銭的インセンティブもある。たとえば、喫煙による歯と歯茎への悪影響を広告で示す、タバコ外箱の目立つ場所に健康に関する警告を印刷する、禁煙のためのカウンセリング、社会的な圧力、公共施設の禁煙化、喫煙場所の屋外への限定、などである。

金銭的インセンティブや非金銭的インセンティブが禁煙に対して有効かどうかを検証するために、研究者たちによって実験が行われてきた。実験ではまず、禁煙プログラムに自主的に参加してくれる喫煙者を募集し、対照群（コントロールグループ）と処置群（トリートメントグループ）に無作為に振り分けた。また、期間を通しての参加者の喫煙・禁煙については、（自己申告ではなく）生化学検査によって判断した。参加者たちは、検査で禁煙が証明されれば金銭的インセンティブを受け取ることができるが、喫煙が明らかになれば金銭的インセンティブは受け取れない。

フィラデルフィア退役軍人病院での10週間の禁煙プログラムの実験を

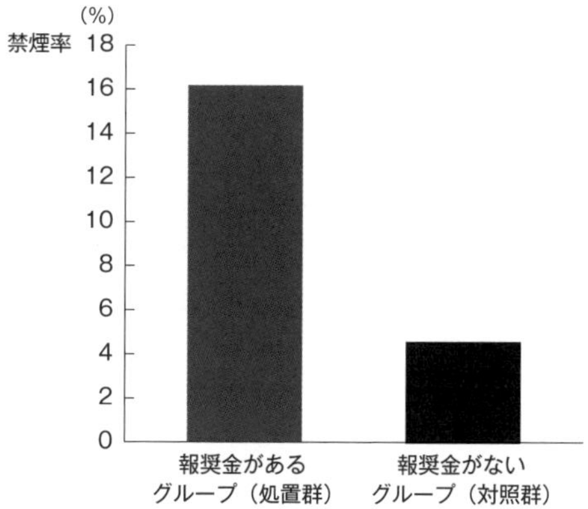

図表5.10　禁煙プログラムの成果

図は禁煙プログラムの成果であり、棒グラフは禁煙を継続した治験参加者の割合である。図から明らかなように、報奨金（インセンティブ）があるグループ（処置群）の禁煙率は、それがないグループ（対照群）の禁煙率を大きく上回っている。

紹介しよう。179名の参加者は、標準プログラムだけに参加する対照群と、標準プログラムに加えてインセンティブを受け取ることができる処置群に無作為に振り分けられた[1)]。標準プログラムでは、隔週で開催されるミーティングの場で2週間分のニコチンパッチが実験の参加者に配布された。処置群の参加者は、それらに加えて、ミーティングに出席するごとに20ドル、プログラム終了後に30日間の禁煙を達成すれば100ドルのインセンティブを受け取ることができた。

この成果は、図表5.10のとおりである。図は、禁煙プログラム終了後の30日を経た時点でなお禁煙を続けていた処置群と対照群の治験参加者の割合である。結果は、インセンティブの効果を如実に示すものだった。報奨金（インセンティブ）があるグループ（処置群）は16.3%がまだ禁煙を続けていて、この割合は、報奨金がないグループ（対照群）の禁煙率である4.6%のおよそ4倍にあたる。こうした研究の動向を調査した論文

1）Kevin G. Volpp, Andrea G. Levy, David A. Asch, Jesse A. Berlin, John J. Murphy, Angela Gomez, Harold Sox, Jingsan Zhu, and Caryn Lerman, "A Randomized Controlled Trial of Financial Incentives for Smoking Cessation," *Cancer Epidemiology, Biomakers & Prevention*, Vol. 15, No. 1, January 2006, pp. 8–12.

では、インセンティブの短期的な効果は他の多くの研究でも裏づけられている[2)]。

ここで注意が必要なのは、これらの治験参加者たちは、インセンティブがなくなった後でも禁煙を続けたかどうかということだ。この病院ではプログラムが終了してから6カ月後に、再び生化学検査を行った。

その結果は、興味深いものだった。研究報告によれば、報奨金があるグループ（処置群）の禁煙率は、実験終了後には16.3％から6.5％にまで低下した。この数字は、報奨金がないグループ（対照群）の禁煙率である4.6％をわずかに上回っているにすぎない。はっきりと言えるのは、報奨金という金銭的インセンティブは、それが与えられている期間は非常に効果があるということである。実際、インセンティブが与えられていた期間においては、禁煙の便益（インセンティブにプラスして、禁煙により節約されるタバコ代金である1カ月当たり100ドルが追加される）のほうが喫煙の便益より上回っているので、多くの人々が禁煙を続けているのだろう。ところが、ひとたび金銭的インセンティブがなくなると喫煙の習慣に戻ってしまう傾向があった。

金銭的インセンティブによって変わる行動は、ほかにも例があるだろうか？　本章を読んだ後なら、経済学者が行った実験結果にも納得がいくだろう。たとえば、2章補論では、学生の成績を上げるために金銭的インセンティブを使った実験を紹介した。1カ月当たり50ドルの報酬を受け取った高校生の成績と出席率はともに大きく改善された。別の経済実験では、スポーツ・ジムに通う学生に対して報酬を与えて、その効果を計測した。その結果はやはり、インセンティブが与えられたグループは、インセンティブが与えられていないグループに比べてジムで運動する回数がはるかに多いというものであり、金銭的インセンティブの効果を証明するものであった。このような結果を前提として、以下のことが規範的な問題として浮かび上がる。禁煙を促進したり、スポーツを奨励したり、高校卒業を支援するために、政府は税金を使うべきなのだろうか？　これは各自で考えてほしい。

2) Kate Cahill and Rafael Perera, "Competitions and Incentives for Smoking Cessation," *Cochrane Database of Systematic Reviews*, Vol. 3, 2008, pp. 1–36.

Q 問い 月100ドルの報酬で禁煙できるだろうか？

A 答え 成功する人もいる。

データ 実証分析の結果に基づく。

注意 報奨金（インセンティブ）が得られなくなると、喫煙の習慣を再開してしまう人が多いことには、留意が必要である。

5.5 需要の弾力性

ここまでは、需要曲線の基本となる考え方と、価格変化に反応して需要量がどのように増減するのかを学んできた。それでは、価格の変化に反応する需要量とは、正確にはどのくらいの量なのだろうか？　経済分析では、弾力性という概念を用いて、その答えを出す。**弾力性**とは、他の変数の変化に対する、ある経済変数の反応の程度を表す尺度である。言い換えると、弾力性は、他の変数が変化するときに、ある変数がどのぐらい変化するのかを示すものである。具体的には、変数の変化の程度をパーセントで表したものの比率である。

変化の程度をパーセントで表す弾力性を用いることによって、変数と変数の関係を傾きで比べるという簡単な方法から一歩進んだ分析ができる。それは、変化の方向だけではなく、変化の大きさがわかるようになることだ。弾力性の概念は様々な場面で活用されているが、本章では、需要曲線に関係する最も重要なものに焦点を当てることにしよう。

1. 需要の価格弾力性
2. 需要の交差価格弾力性
3. 需要の所得弾力性

需要の価格弾力性

需要の法則により、ある財の価格が上昇すると、その財の需要量は減少する。ただしこの法則からは、需要量がどれぐ

弾力性とは、他の変数の変化に対する、ある経済変数の反応の程度を表す尺度である。

● **弾力性**（elasticity）とは、他の変数の変化に対する、ある経済変数の反応の程度を表す尺度である。

らい減少するのかはわからない。**需要の価格弾力性**とは、ある財の価格の1%の変化に対して、その財の需要量が何%変化するのかを表す尺度である。

$$\text{需要の価格弾力性}\ (\varepsilon_{\mathrm{D}}) = \frac{\text{需要量の変化率}\ (\%)}{\text{価格の変化率}\ (\%)}$$

図表5.6に示されたジーンズの需要表を使って、弾力性の計算方法を説明しよう。あなたは、ジーンズの価格が1本25ドルのときには4本を購入するが、50ドルに上昇すると3本しか購入しない。価格が100%上昇するとき（25ドルから50ドルへの上昇）、あなたの需要量は25%減少する（4本から3本への減少）ので、需要の弾力性は以下の式から計算できる。

$$\frac{-25\%}{100\%} = -0.25$$

計算に関しては、2つの重要な特徴がある。第1の特徴は、需要の法則が当てはまる範囲は広いので、需要の価格弾力性は一般的にマイナスになることだ。ただし、経済学では、弾力性を示すときには、マイナス記号を省略することが多い（数学では絶対値と言う）。このやり方に従い本書でも、需要の価格弾力性の値（弾力性の値を**弾性値**とも言う）をたとえば0.25のように表記する。弾性値が大きいほど、消費者が価格変化に対して敏感であることを示している。

第2の特徴として、ある財の需要の価格弾力性の値が1よりも大きいか、あるいは小さいかという区別が非常に重要になる。あなたが大学生協で働いていて、上司がマグカップの売上げを増やしたいと考えたとしよう。現在は、1個当たり5ドルのマグカップが1週間に20個売れて、売上げは100ドル（＝20×5ドル）である。売上げを増やすために上司は最初、マグカップの価格を5ドルから6ドルに値上げすることを考えた。

需要の法則から考えれば、マグカップの20%の値上げは購買量を減らすのだが、売上げはどうなるだろうか？　値上げの影響を予測するためには、需要の価格弾力性を知る必要がある。マグカップの値上げ後の1週間では12個のマグカップが売れ、売上げは72ドル（＝12×6ドル）になったとする。マグカップを値上げしたにもかかわらず、売上げは減少している。これはどういうことだろうか？

需要の価格弾力性のことを考えれば、その理由がわかる。この例では、価格が20%値上がりしたことによって、需要量は40%減少している（－8個÷20

● **需要の価格弾力性**（price elasticity of demand）とは、ある財の価格の1%の変化に対して、その財の需要量が何%変化するのかを表す尺度である。その値のことを**弾性値**とも言う。

個＝－0.4＝－40％）。このとき、需要の価格弾性値は2（＝40％÷20％）となる。弾性値が1よりも大きいと、需要量の変化率は価格の変化率よりも大きくなる。このため値上げによって売上げは減少するのである。

反対に、弾性値が1よりも小さい場合には、需要量の変化率は価格の変化率よりも小さくなる。たとえば、20％の値上げによる需要量の変化率が10％なら、弾性値は0.5（＝10％÷20％）となる。この場合には、マグカップが5ドルから6ドルへ20％値上げされると、その販売数は2個減少（＝20個×[－10％]＝－2個）して18個になり、その売上げは108ドル（＝18×6ドル）に増加することだろう。

最後に、弾性値がちょうど1だった場合には、20％の値上げにより需要量はちょうど20％減少する。この場合には、価格の変化率がどのようなものであっても、売上高は変わらない。要するに、値上げによるお店の売上高がどのように変化をするかは、需要の価格弾力性によって決まるのである（ただし、これは厳密には後述のコラムにある弧弾力性の値が1のときに成立する）。

需要曲線上の位置と価格弾力性

弾力性は、需要曲線上の位置によって違うのだろうか？　例を使って考えてみよう。

多くの人が生態系保護が価値あるものであると考えていることが、経済学者の研究によってわかっている。図表5.11は、イエローストーン国立公園に生息するノドキリマス（カットスロートトラウト）を保護するために、いくらまでならお金を支払う意思があるかを調査したデータである。図の需要曲線には、

図表5.11　マスの保護に対するジェイコブの需要曲線

図は、マスの保護に対する直線の需要曲線である。価格弾力性は、直線の需要曲線上で異なった値となる。需要曲線を下がっていくほど需要は非弾力的になる。需要は、点Aでは弾力的であるが、点Bでは非弾力的である。

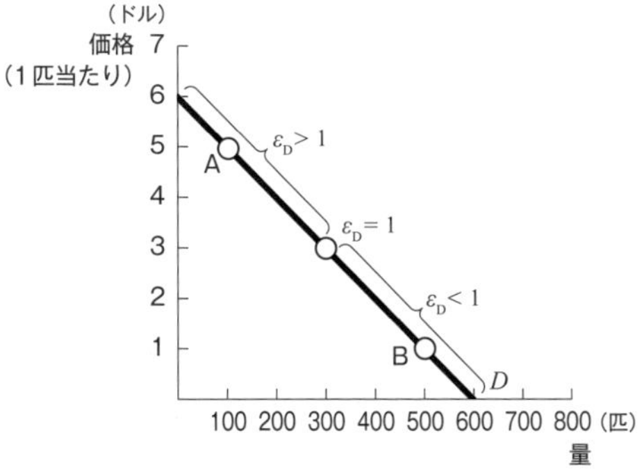

弧弾力性

始点と終点を入れ替えて計算すると弾力性の値が違うものになることについて、読者のみなさんは戸惑わないだろうか。これが、経済学の教科書で使われる例がごくわずかな価格の動きになっている理由の1つである。

経済学でよく利用されるもう1つの弾力性の計算方法が**弧弾力性**である。弧弾力性は、平均した価格と量を用いて計算するので、どの位置から計算しても、弾性値は変わらない。

$$弧弾力性\ \varepsilon_D = \frac{(Q_2 - Q_1)/[(Q_2 + Q_1)/2]}{(P_2 - P_1)/[(P_2 + P_1)/2]}$$

弧弾力性は、需要曲線の同じ範囲内の変化を計算する場合には、どの位置を起点にしても弾性値は同じ数字になる。これが、弾力性を計算するときに弧弾力性の概念が用いられる利点である。

マスの保護の例で確認してみよう。まず、価格5ドル、量100匹の点Aから、価格が1ドルの点Bに下がったときの需要の価格弾力性を計算してみよう。

$$弧弾力性\ \varepsilon_D = \frac{(500 - 100)/[(500 + 100)/2]}{(1 - 5)/[(1 + 5)/2]}$$

計算結果は1である。次に、価格1ドル、量500匹の点Bから、価格が5ドルの点Aに上昇した場合の弧弾力性を計算する。

$$弧弾力性\ \varepsilon_D = \frac{(100 - 500)/[(100 + 500)/2]}{(5 - 1)/[(5 + 1)/2]}$$

この計算結果も1になる。この計算方法を使うと、点Aから点Bへの移動と、点Bから点Aへの移動というそれぞれの弾力性はまったく同じ値になる。

この方法によって計算するほうが消費者の反応をより正確に表すことができるので、経済分析では弧弾力性を計算することが望ましい。

様々な数のマスに対して、ジェイコブがどのぐらい支払う意思があるかを示している。需要曲線を見ると、ジェイコブはマス100匹を保護できるならば1匹当たり5ドル（点A）、マス500匹を保護できるならば1匹当たり1ドル（点B）を支払ってもいいと考えていることがわかる。この2点間の価格弾力性を計算してみよう。

最初に需要曲線上で価格が高い点A（価格5ドル、量100匹）の価格弾力性を計算しよう。点Aから価格が1ドルまで下がり、需要曲線上の点Bまで移動したとする。この場合には、価格は80%下がり（4ドル÷5ドル）、需要量は400%増加した（400匹÷100匹）。このとき需要の価格弾性値は5（＝400%÷

● **弧弾力性**（arc elasticity）とは、需要が変化する範囲のちょうど中間点で計算した弾力性である。

80%）である。ジェイコブは、点Aにおいては、価格の変化に対して非常に敏感だと言える。

次に、点B（価格1ドル、量500匹）から、価格が5ドルに上昇した場合の、需要の価格弾力性を計算してみよう。これは、需要曲線上を点Bから点Aまで移動することになる。このとき、需要量の変化率は80%（400匹÷500匹）、価格の変化率は400%（4ドル÷1ドル）なので、価格弾性値は0.20（＝80%÷400%）だ。

ここまでで、弾力性に関して重要なことが3つ明らかになった。第1に、弾力性は直線の傾きとはまったく違った概念である。直線の需要曲線では、需要曲線の傾きはどこをとっても同じであるが、弾力性は同じにはならない。これは、量に対する価格の比率が需要曲線上で異なるからだ。たとえばこの比率は、点Aでは5/100だが、点Bでは1/500だ。この比率の値が大きいほど、需要がより弾力的になる（より大きく反応する）。

以上のことから、弾力性に関する重要な第2の性質が導かれる。需要曲線上の位置によって、弾力性は違った値をとる。図表5.11からもわかるとおり、直線で描かれた需要曲線の上半分の位置での弾性値は1より大きく、下半分の位置での弾性値は1より小さい。すなわち、点Aから点Bへ移動するときの弾力性は、点Bから点Aへ移動するときの弾力性とは異なる値になる。また、直線の需要曲線のちょうど真ん中の位置では、弾性値は1になる。

弾力性の判定：弾力的と非弾力的

需要の価格弾力性は重要な概念であり、経済学では、価格弾力性の値に応じて、以下のように財を分類する。

- 財の需要の価格弾性値が1より大きいときは、**弾力的な需要**と言う。この場合には、需要量の変化の割合は価格の変化の割合より大きくなる。たとえば、ピーナッツバターやオリーブオイルの需要は弾力的であることが研究によって明らかになっている。
- 理論的には、需要は完全に弾力的になりうる。この場合、需要は価格の変化に対して極めて敏感に反応する。**完全に弾力的な需要**では、消費者は、

● **弾力的な需要**（elastic demand）とは、需要の価格弾性値が1よりも大きいことである。
● **完全に弾力的な需要**（perfectly elastic demand）とは、消費者は、たとえほんのわずかな価格上昇であっても、その財の消費をやめることである。

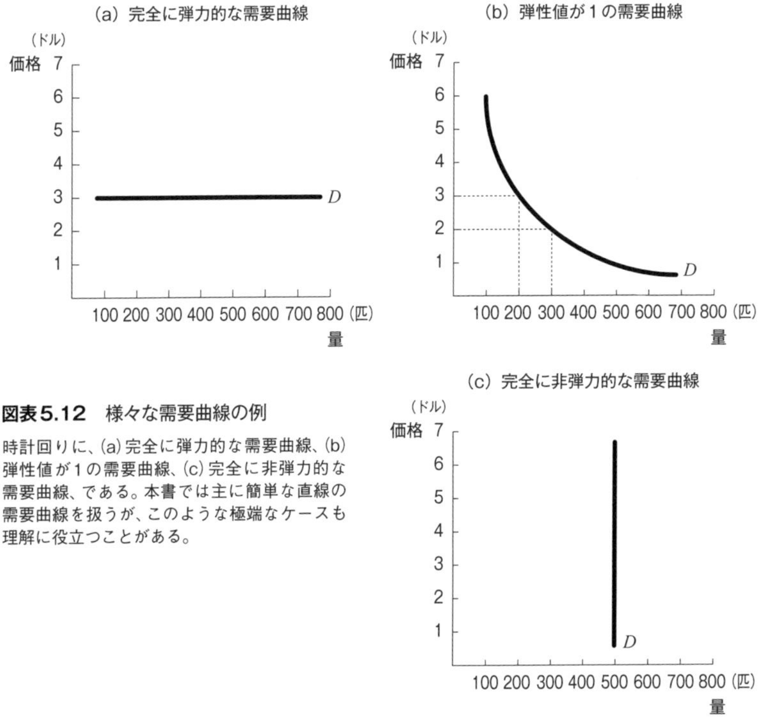

図表5.12 様々な需要曲線の例

時計回りに、(a) 完全に弾力的な需要曲線、(b) 弾性値が1の需要曲線、(c) 完全に非弾力的な需要曲線、である。本書では主に簡単な直線の需要曲線を扱うが、このような極端なケースも理解に役立つことがある。

たとえほんのわずかな価格上昇であっても、その財の消費をやめてしまう。図表5.12(a)は、完全に弾力的な需要曲線である。

・需要の価格弾性値が1となることもある。**弾性値が1の需要**では、財の価格が1%変化するときには、需要量もちょうど1%変化する。この場合には、価格上昇があっても、その財への支出の総額には変化はない。研究によれば、たとえばワインの需要は弾性値が1に近い需要と言われている。図表5.12(b)は、弾性値が1の需要曲線を示している(ここでの弾力性は、弧弾力性を使って測定されている)。

・財の需要の価格弾性値が1より小さいときは、**非弾力的な需要**と言う。こ

● **弾性値が1の需要***(unit elastic demand)の場合には、価格の変化率と需要の変化率は一致する。
● **非弾力的な需要**(inelastic demand)とは、需要の価格弾性値が1より小さいことである。

* 「弾性値が1の需要」は「単位弾力的」と翻訳されることもあるが、あまり適切な訳ではない。英語の“unit”は日本語の「単位」と「1」の意味を持っているが、日本語の「単位」は「1」とは違う。

の場合には、需要量の変化の割合は価格の変化の割合よりも小さくなる。研究によれば、たとえばタバコやポテトチップスのような財は価格の変化に対してそれほど敏感に反応することはなく、需要は非弾力的である。

・需要は完全に非弾力的にもなりうる。**完全に非弾力的な需要**では、需要が価格にまったく影響を受けない。図表5.12(c)は、完全に非弾力的な需要曲線である。「絶対に必要」と考えられる財であり、たとえば糖尿病患者にとってのインシュリン薬などである。

需要の価格弾力性を決定する要因

図表5.13は、過去数十年間の消費と物価のデータを用いて推計された、需要の価格弾性値の一例である。スーパーマーケットで見かける日用品を例にとっている。オリーブオイルは、価格が1%上がると、その需要量は1.92%下がる。このことから、オリーブオイルの需要は弾力的である。つまり、消費者はオリーブオイルの値段に非常に敏感に反応していることになる。ケチャップも同様に

図表5.13 商品別の需要の価格弾力性

表は、日用品の需要の価格弾力性である。需要の価格弾力性が大きいほど、その財の需要は弾力的である。表によれば、シャンプーの需要は非弾力的だが、オリーブオイルの需要は弾力的だ[3]。

財	価格弾力性
オリーブオイル	1.92
ピーナッツバター	1.73
ケチャップ	1.36
ワイン	1.00
洗濯洗剤	0.81
シャンプー	0.79
ポテトチップス	0.45
タバコ	0.40

● **完全に非弾力的な需要**(perfectly inelastic demand)とは、需要が価格にまったく影響を受けないことである。

3) George Baltas, “Modelling Category Demand in Retail Chains,” *Journal of the Operational Research Society*, Vol. 56, No. 11, 2005, pp. 1258–1264; Frank J. Chaloupka, Michael Grossman, and Henry Saffer, “The Effects of Price on Alcohol Consumption and Alcohol-Related Problems,” *Alcohol Research and Health*, Vol. 26, No. 1, 2002, pp. 22–34; Craig A. Gallet and John A. List, “Cigarette Demand: A Meta-Analysis of Elasticities,” *Health Economics*, Vol. 12, No. 10, 2003, pp. 821–835; Thomas F. Hogarty and Kenneth G. Elzinga, “The Demand for Beer,” *The Review of Economics and Statistics*, Vol. 54, No. 2, 1972, pp. 195–198; Fred Kuchler, Abebayehu Tegene, and J. Michael Harris, “Taxing Snack Foods: Manipulating Diet Quality or Financing Information Programs?” *Applied Economic Perspectives and Policy*, Vol. 27, No. 1, 2005, pp. 4–20; USDA Economic Research Service Commodity and Food Elasticities Database, July 5, 2012. http://www.ers.usda.gov/data-products/commodity-and-foodelasticities.aspx#.UsYKP_RDvW1

需要が弾力的な財であり、需要の価格弾力性は1.36である。一方で、ポテトチップスの需要の価格弾力性は0.45と推計されている。1%の価格上昇によって減少する需要量は0.45%であり、需要は非弾力的である。価格変化が需要量に与える影響は少ないことがわかる。

シャンプーやポテトチップスのように需要が非弾力的な財もあれば、オリーブオイルやケチャップのように需要が弾力的な財もあるのはなぜだろうか？弾力性の違いが生じる要因として、経済学で指摘されているのは以下の3点だ。

・代替財の存在
・予算の中でその財が占める割合
・調整するための時間

少し詳しく見ていこう。

(1)代替財の存在　たとえば、地元のチーズ工場でストライキが起こり、ピザの価格が急騰したとしよう。するとみなが、「ピザの代わりに食べられて、ピザと同じぐらい好きな他の食べ物はないだろうか？」と考えるだろう。もし代わりの食べ物が見つかれば、そちら（たとえばハンバーガー）を買って、値上がりしたピザを買うことはやめる人が出てくるだろう。このように、代替財があることは、価格の変化に対して消費者が反応する度合いに影響を及ぼす。言い換えると、利用できる代替財の種類が増えるほど、需要の価格弾力性は大きくなる。

(2)予算の中でその財が占める割合　予算の中である財が占める割合は、あなたの消費の中でその財がどのくらい重要かを表す。「重要な」財のウエイトは高く、重要ではない財のウエイトは低い。消費に占める割合が小さな財、たとえば5年ごとに買い替える価格0.5ドルのキーホルダーを考えてみよう。その製造工場がストライキに入り、値段が2倍の1ドルに上がったとしても、それほど気にはならないだろう。キーホルダーは、あなたの予算の全体にとってはさほど重要なものではないので、たとえ価格上昇が大きくても、価格変化に敏感にはならないだろう。一方で、予算の中で大きな割合を占める財、たとえば住宅や家具を購入しようというときには、価格変化に対して敏感に反応するだろう。一般に、予算に占める財の支出の割合が大きいほど、需要の価格弾力性は大きくなる。

(3) 調整するための時間　時間も重要な要素である。短期よりは長期のほうが価格変化に順応しやすいからだ。2008年夏に原油が1バレル当たり150ドルに高騰し、ガソリン価格が1ガロン4ドルになったが、このとき燃費の悪い車の保有者がハイブリッド車に買い替えたりすることはすぐには起きないだろう。自家用車の運転をやめて公共交通機関を利用するようになることもすぐには起きないだろう。すぐにできることは、せいぜいガソリンを節約するために、旅行に行くのをとりやめたり、スーパーに車で買い物に行く回数を減らしたり、おばあちゃんに会いに行く回数を減らすぐらいだ。

短期においてできることは限られていて、何かを大きく変えることは難しい。たとえば、燃費の悪い自家用車をハイブリッド車に買い替えるにしても、多額の資金が必要だ。だが時間が経つとともに、選択肢は増えていく。たとえば、カーシェアリングを利用することもできるし、職場の近くに引っ越すこともできる。一般に消費者は、長期においてはともかく、短期においては価格の変化に対応することは難しい、のである。

需要の交差価格弾力性

ここまではある財の価格と需要の変化を見てきたが、価格の変化の影響はその財の需要以外にも及ぶ。ある財の需要量が、代替財や補完財の価格の変化にどのように影響されるのかも考えたい。そのために、**需要の交差価格弾力性**を使う。需要の交差価格弾力性は、別の財の価格の1％の変化に対して、ある財の需要量が何％変化するのかを示す尺度である。

$$\text{交差価格弾力性} = \frac{\text{財xの需要量の変化率（\%）}}{\text{財yの価格の変化率（\%）}}$$

これは、財yの価格に反応する財xの需要の弾力性である。

交差価格弾力性がマイナスなら、その2財は補完財である。4章で学んだように、一方の財の価格の低下が、関連するもう一方の財の需要曲線を右にシフトさせるときには、その2財は補完財である。たとえば、iPodの価格が低下したときにはその需要は増えるだろうが、同時にヘッドホンの需要も増えるだろう。交差価格弾力性の大きさが、ヘッドホンの需要のシフトの程度を決めることになる。

● **需要の交差価格弾力性**（cross-price elasticity of demand）は、別の財の価格の1％の変化に対して、ある財の需要量が何％変化するのかを示す尺度である。

図表5.14 商品別の需要の交差価格弾力性

表には、需要の交差価格弾力性の例が示されている。表からは、肉と魚は代替財であり、食料品と娯楽は補完財であることがわかる[4]。

財	交差価格弾力性
肉と魚	1.6
衣類と娯楽	0.6
牛乳（全乳）と低脂肪乳	0.5
肉とじゃがいも	−0.2
食料品と娯楽	−0.7

反対に、交差価格弾力性がプラスなら、その2財は代替財である。一方の財の価格の上昇が、もう一方の財の需要曲線を右にシフトさせるときには、その2財は代替財である。iPhoneとiPod*はどちらもデジタルオーディオプレーヤーであり、代替財である。たとえば、iPodの価格が上昇するときには、iPodにお金を使う代わりに、iPhoneを買おうと思う人が現れるだろう。

図表5.14は、過去数十年間の消費と物価のデータを用いて推計された、需要の交差価格弾力性の一例である。表からは、肉と魚、衣類と娯楽、牛乳（全乳）と低脂肪乳はお互いに代替財だとわかる。また、肉とじゃがいも、食料品と娯楽は補完財である。図表5.14には、需要の交差価格弾力性の水準も示されている。たとえば牛乳（全乳）と低脂肪乳の交差価格弾力性は0.5なので、もしも牛乳（全乳）の価格が10%上昇すれば、低脂肪乳の需要量は5%増えると予想できる。経済のある部門の変化が他の部門の需要にどのように影響を及ぼすのかを、経済学ではこのようにして予測する。政策担当者も、ある財への課税が別の財の需要にどのように影響を及ぼすのかを、交差価格弾力性に基づいて予測しているのである。

需要の所得弾力性

第3の弾力性は、所得の変化が消費のパターンをどのように変えるのかを示すもので、需要の所得弾力性と呼ばれる。**需要の所得弾力性**とは、消費者の所

4) Angus Deaton, "Estimation of Own- and Cross-Price Elasticities from Household Survey Data," *Journal of Econometrics*, Vol. 36, No. 1, 1987, pp. 7–30; Edwin T. Fujii Mohammed Khaled, and James Mak, "An Almost Ideal Demand System for Visitor Expenditures," *Journal of Transport Economics and Policy*, Vol. 19, No. 2, 1985, pp. 161–171; Tatiana Andreyeva, Michael W. Long, and Kelly D. Brownell, "The Impact of Food Prices on Consumption: A Systematic Review of Research on the Price Elasticity of Demand for Food," *American Journal of Public Health*, Vol. 100, No. 2, 2010, pp. 216–222.

* デジタルオーディオプレーヤーの市場を作ったiPodは、2001年11月に発売された。その後も容量やデザインの異なる様々なタイプが発売され続けたが、現在iPhoneとiPadに統合される形となっており、2019年現在はiPod touchタイプのみが販売されている。

得が1%変化すると、その財の需要量が何%変化するのかを示す尺度である。

$$\text{所得弾力性} = \frac{\text{需要量の変化率（\%）}}{\text{所得の変化率（\%）}}$$

需要の所得弾力性の正負の符号とその大きさには、経済学では強い関心が持たれている。所得弾力性の値によって、財は2種類に分類される。

- **正常財**　需要量と所得が同じ方向に変化する財は、正常財である。所得が増えると、消費者は正常財の購入を増やす。
- **劣等財**　需要量と所得が逆の方向に変化する財は、劣等財である。所得が増えると、消費者は劣等財の購入を減らす*。

図表5.15は、経済学者が推計した所得弾力性の表である。表から、海外旅行、医療、電力などは、正常財であることがわかる。劣等財の場合には、所得が増えると消費が減ることから、数値がマイナスの財は劣等財に分類される。したがって、米や公共交通機関などは劣等財であることがわかる。

図表5.15　商品別の需要の所得弾力性

所得弾力性がプラスの数値は正常財（ガソリンなど）、マイナスの数値は劣等財（米や公共交通機関）である。正常財のうち、数値が1より大きい財を奢侈財（海外旅行など）と言う[5)]。

財	所得弾力性
海外旅行	2.10
国内旅行	1.70
別　荘	1.20
医　療	1.18
肉	1.15
住　宅	1.00
果物と野菜	0.61
ガソリン	0.48
シリアル食品	0.32
環　境	0.25
電　力	0.23
米	−0.44
公共交通機関	−0.75

- **需要の所得弾力性**（income elasticity of demand）とは、消費者の所得の1%の変化に対して、その財の需要量が何%変化するのかを示す尺度である。
- 所得が増えると、消費者が購入を増やす財は**正常財**（normal good）である。
- 所得が増えると、消費者が購入を減らす財は**劣等財**（inferior good）である。

* 正常財は上級財、劣等財は下級財と言うこともある。

図表5.15を見ると、所得が10％増えると、電力の消費は2.3％増える。ところが、同じ10％の所得上昇によって海外旅行は21％増加する。このように、正常財の所得弾力性には、著しい差があることがわかる。所得弾力性が1より大きい財は、特に区別して奢侈財と呼ばれる。

所得弾力性は、所得の変化が経済全体にどのように影響を及ぼすのかを予測するのに役立つ。所得税の改正案が財やサービスの消費にどのように影響するかを予測する際に使われ、政策立案には欠かせないものである。

LETTING THE **DATA SPEAK**

データは語る

マクドナルド社は、弾力性を考慮に入れるべきだろうか？

企業の目的は、利潤の追求である。ところで、利潤目標を達成するには、その前提として収入を増やさなければいけない。収入とは、簡単に言うと、財やサービスを売ることから生まれるお金の量だ。たとえば、マクドナルド社は2011年には概算で、価格約2.5ドルのハンバーガーを約156億個売った。ということは、マクドナルド社はハンバーガーを売ることで約390億ドルの収入を得

5) Oskar R. Harmon, “The Income Elasticity of Demand for Single-Family Owner-Occupied Housing: An Empirical Reconciliation,” *Journal of Urban Economics*, Vol. 24, No. 2, 1988, pp. 173–185; Livio Di Matteo, “The Income Elasticity of Health Care Spending,” *The European Journal of Health Economics*, Vol. 4, No. 1, 2003, pp. 20–29; Bengt Kristrom and Pere Riera, “Is the Income Elasticity of Environmental Improvements Less Than One?” *Environmental and Resource Economics*, Vol. 7, No. 1, 1996, pp. 45–55; E. Raphael Branch, “Short Run Income Elasticity of Demand for Residential Electricity Using Consumer Expenditure Survey Data,” *The Energy Journal*, Vol. 14, No. 4, 1993, pp. 111–122; Jonathan E. Hughes, Christopher R. Knittel, and Daniel Sperling, “Evidence of a Shift in the Short-Run Price Elasticity of Gasoline Demand,” NBER Working Paper, No. 12530, 2006; Laura Blanciforti and Richard Green, “An Almost Ideal Demand System Incorporating Habits: An Analysis of Expenditures on Food and Aggregate Commodity Groups,” *The Review of Economics and Statistics*, Vol. 65, No. 3, 1983, pp. 511–515; Howarth E. Bouis, “The Effect of Income on Demand for Food in Poor Countries: Are Our Food Consumption Databases Giving Us Reliable Estimates?” *Journal of Development Economics*, Vol. 44, No. 1, 1994, pp. 199–226; Neil Paulley, Richard Balcombe, Roger Mackett, Helena Titheridge, John Preston, Mark Wardman, Jeremy Shires, and Peter White, “The Demand for Public Transport: The Effects of Fares, Quality of Service, Income and Car Ownership,” *Transport Policy*, Vol. 13, No. 4, 2006, pp. 295–306; Arthur Van Soest and Peter Kooreman, “A Micro-Econometric Analysis of Vacation Behaviour,” *Journal of Applied Econometrics*, Vol. 2, No. 3, 1987, pp. 215–226; Bertrand Melenberg and Arthur Van Soest, “Parametric and Semi-parametric Modelling of Vacation Expenditures,” *Journal of Applied Econometrics*, Vol. 11, No. 1, 1996, pp. 59–76; Eric S. Belsky, Xiao Di Zhu, and Dan McCue, “Multiple-Home Ownership and the Income Elasticity of Housing Demand,” Joint Center for Housing Studies, Graduate School of Design (and) John F. Kennedy School of Government, Harvard University, 2006.

たことになる。

マクドナルド社としては、価格や所得の変化が、ハンバーガーの売上げに影響するかどうかが気になるところだ。本章で学んだように、価格が変わるときに売上げがどのように変わるのかを決めるのが、弾力性である。

需要が非弾力的なら、マクドナルド社がハンバーガーを値上げすると、収入は増加する。逆に需要が弾力的なら、値上げは収入の減少につながる。需要が非弾力的な場合には、価格上昇による需要量の減少は比較的小さいので、収入は増えるが、需要が弾力的な場合には、価格上昇によって需要量が大きく減少するので、収入は実際には減ってしまう。

このような理由から、価格弾力性は、企業にとっても政策担当者にとっても非常に重要な概念である。ファストフード店を対象にした研究によれば、ファストフード業界の需要の価格弾力性は0.8とされている[6]。

では、なぜマクドナルド社はハンバーガーを値上げしないのだろうか？（ヒントは、マクドナルド社の需要の価格弾力性が、ファストフード業界の需要の価格弾力性とは違うことである。マクドナルド社の直面している弾力性は、業界の弾力性よりも大きいだろうか、それとも小さいだろうか？　さらに、ハンバーガーの値上げが、他の商品の売上げに及ぼす影響も考えなくてはならない。）

それ以外にも考慮に入れるべき重要な弾力性がある。たとえば、図表5.14によれば、食料品と娯楽の交差価格弾力性はマイナス（−0.7）なので、この2つの財は補完財である。

マクドナルド社のハンバーガーと娯楽の間にこのような関係があるとすれば、娯楽の価格が10%上がると、マクドナルド社の商品の需要量は7%減ることが予想される。これは、価格決定や在庫管理の際の重要な考慮事項となる。

同様に、所得の変化も財の需要に影響を与えることを考慮に入れながら、マクドナルド社は、堅実に利益を上げ続けられるよう、広告、価格戦略、その他の戦略を策定しているのである。

まとめ

◉消費者が最適化を図るときは、金銭的インセンティブと非金銭的インセンティブの両方を考慮して、限界で判断する。これは、1ドル当たりの限界便益が大きいほうを選択することである。

6) Tatiana Andreyeva, Michael W. Long, and Kelly D. Brownell, "The Impact of Food Prices on Consumption: A Systematic Review of Research on the Price Elasticity of Demand for Food," *American Journal of Public Health*, Vol. 100, No. 2, 2010, pp. 216-222.

◉個人の需要曲線は、好きなもの、価格、使える金額、という3つの要素から作られる。

◉消費者余剰とは、ある財やサービスに対する買い手の支払意思額と実際に支払う金額の差である。消費者余剰は、政策が消費者に及ぼす影響を評価する際に、広く用いられる。

◉弾力性は、他の変数の変化に対する、ある経済変数の反応の程度を表す尺度である。重要な弾力性には、需要の価格弾力性、需要の交差価格弾力性、需要の所得弾力性がある。弾力性の測定は、消費者が価格や政策の変化にどのように反応するかを把握したい企業や政策担当者にとって、特に重要である。

◉「買い手の選択」で学んだ意思決定ルールに、弾力性の知識を加えることで、消費者がインセンティブにどのように反応するのかをより確実に把握できる。また、想定どおりに、行動を変化させるインセンティブを作ることにも役立つ。

キーワード

予算集合
弾力性
弧弾力性
完全に弾力的な需要
非弾力的な需要
需要の交差価格弾力性
正常財
消費者余剰
需要の価格弾力性または**弾性値**
弾力的な需要
弾性値が1の需要
完全に非弾力的な需要
需要の所得弾力性
劣等財

復習問題

1.... 競争市場において、消費者は価格受容者（プライステイカー）だと考えられている。その理由を説明しなさい。

2.... 消費者の予算制約と予算集合の違いは何か？　同じ所得水準の消費者の場合に

は、予算集合と予算制約では、財の組み合わせの量はどちらのほうが多いか？

3.... 以下の(a)から(c)の図の薄い紫色の直線は当初の予算制約で、濃い紫色の直線は新しい予算制約である。それぞれの図について、予算制約がなぜ変化したかを説明しなさい。

(a)

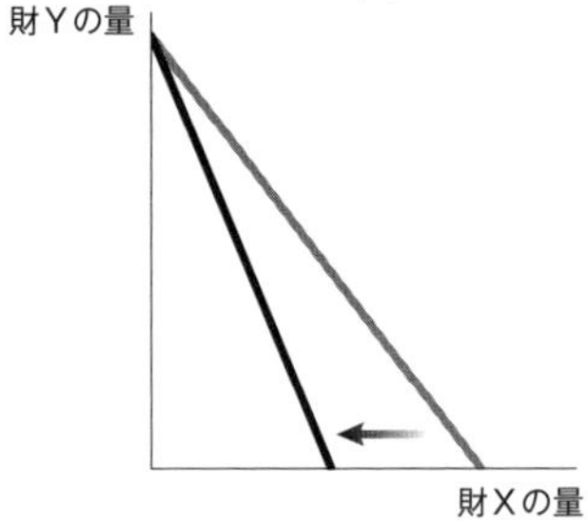

(b)

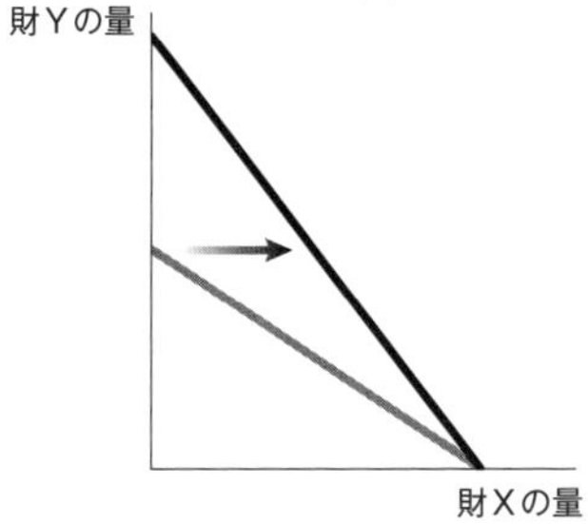

(c)

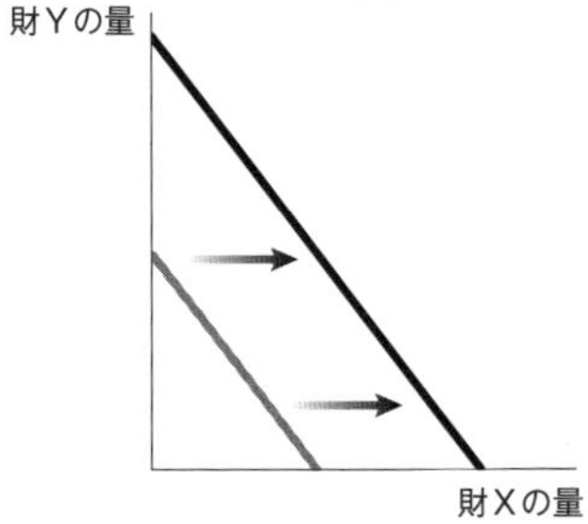

4.... ある財に使う最後の1ドルから得られる限界便益が、もう1つの財に使う最後の1ドルから得られる限界便益と等しくなるときに、消費者の満足度は最大になる。その理由を説明しなさい。

5.... 消費者余剰とは何か？　それはどのように計算されるのか？

6.... 以下の図は、ある市場の需要と供給を示したものである。この市場において消費者余剰を示しているのは、A、B、Cのどの範囲か？

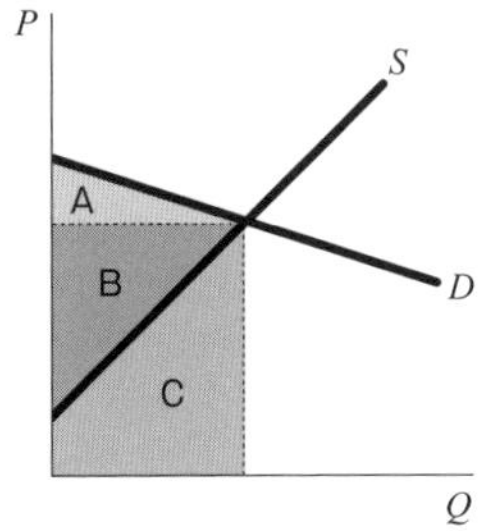

7.... すべての消費者は、同じ量の消費者余剰を得ているのだろうか？　例を使って説明しなさい。

8.... あなたは、かぶが嫌いで、まったく食べないとしよう。かぶの市場価格の下で、あなたの消費者余剰はいくらになるだろうか？

9.... 傾きが一定の需要曲線であっても、その弾力性は一定ではない。その理由を説明しなさい。

10.. 需要の価格弾力性とは、何を表す尺度だろうか？　セーターの市場では、消費者の1人であるグリーンの価格弾力性は0.2、スミスの価格弾力性は1.2で、その他のすべての消費者の価格弾力性は0.2より大きく1.2より小さいとしよう。このとき市場の価格弾力性が、0.2を下回る、あるいは1.2を上回ることはありうるだろうか？

11.. 弧弾力性の計算方法を説明しなさい。

12.. 2つの財が代替財であるのか補完財であるのかを判断するには、需要の交差価格弾力性を用いる。どのように判断するのかを説明しなさい。

13.. 需要の所得弾力性からは、その財の特質について、どのようなことがわかるだろうか？

14.. 以下の文章が正しいかどうかを説明しなさい。「ハンバーガーとフライドポテトは補完財である。このとき、フライドポテトの価格が上昇すると、両方の財の需要量が減少する」

15.. 仮に、ある財が奢侈財であると考えられているなら、その財には需要の法則は当てはまらないのだろうか？　理由も説明しなさい。

補論

無差別曲線で選好を表す：予算制約のもう1つの活用法

本章の目的は、消費者がどのように選択するかを学ぶことである。買い手の選択という視点から、選好と価格と予算制約が重要であることを学んだ。ここまで本章では、主に価格と予算制約に重点を置いて考えてきたが、選好も非常に重要な概念だ。図表5.2には、1本のジーンズと1枚のセーターの「便益」が示されていた。このような選好がどのように生み出されるのかというのは議論が複雑になるので、入門書レベルでは取り扱わない。本章補論では、経済学では選好と消費者の選択がどのように考えられているのかを少し説明しよう。

買い物の例で考えよう。あなたには、ジーンズとセーターを買うための300ドルの予算がある。予算制約と同じように、あなたの選好もグラフで表すことができる。そのために経済学で用いられるのが、**無差別曲線**と呼ばれる概念である。無差別曲線は、消費者が同じ水準の満足度を得られる財の組み合わせの集合である。満足度が同じ水準の選択肢では、どちらかが良いということはなく、消費者は選択肢のどちらでも良いと思う（つまり、選択肢の間の差はない）。経済学では、こうした満足度の水準を**効用**と呼ぶ。効用とは、単に満足度や幸福感を示す抽象的な尺度である。

図表5A.1 では、図表5.2のデータを使用して、300ドルの予算制約と2本の無差別曲線を描いている。無差別曲線上にある財の組み合わせであれば、どの組み合わせであっても、あなたの満足度（幸福度）は同じであり、効用が同じ水準であることを意味している。第1の無差別曲線（$U = U_1$）について考えてみよう。この無差別曲線上の点A（6枚のセーターと3本のジーンズ）と点B（4枚のセーターと5本のジーンズ）の満足度は同じだ。図表5.2で確かめると、実際にこの2つの組み合わせから得られる便益はともに845ドルだ。

無差別曲線が重宝するのは、同じ効用水準にあるセーターとジーンズのあらゆる組み合わせを教えてくれる点にある。この無差別曲線と予算制約を同時に描くと、買い手の選択に必要なすべての要素をそこに集約することができる。予算制約はあなたが買うことができるもの、無差別曲線はあなたが好きなもの、をそれぞれ示している。この2曲線の接点が、あなたが選択すべき組み合わせ

- **無差別曲線**（indifference curve）は、消費者が同じ水準の満足度を得られる財の組み合わせの集合である。
- **効用**（utility）とは、財やサービスを消費することから得られる満足度や幸福感を示す抽象的な尺度である。

図表5A.1 無差別曲線

図には、図表5.1の予算制約と、図表5.2の便益から描かれた2本の無差別曲線が加えられている。2本の無差別曲線上では、消費者はどの点も同じように好み、総便益は一定である。たとえば無差別曲線$U=U_1$の場合には、点Aと点Bでは総便益は等しくなる。

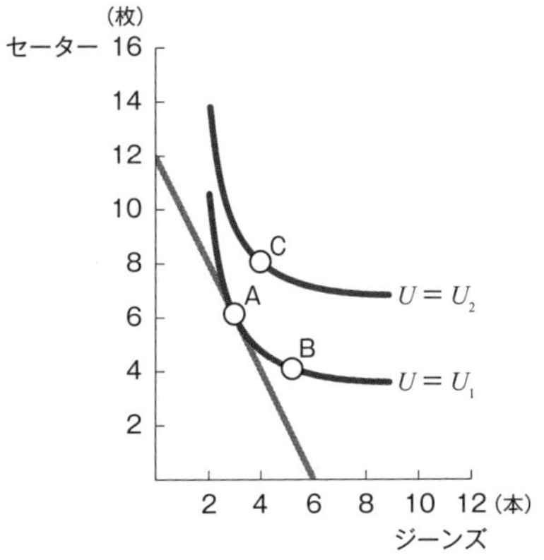

であり、予算制約上であなたの効用を最大にしている。

この考え方を図によって理解するために、図表5A.1の無差別曲線$U=U_1$と予算制約を見てみよう。この無差別曲線上では効用は一定であり、予算制約は購入できるセーターとジーンズのすべての組み合わせを示している。2曲線の接点である点Aは、あなたにとって購入可能であり、かつ満足度を最大化する財の組み合わせになる。図表5A.1の無差別曲線と予算制約の接点は、6枚のセーターと3本のジーンズの組み合わせであるが、これは限界分析の結果とまったく同じである。

無差別曲線は、価格や所得の変化に反応して、選択がどのように変わるかを考えるときにも役に立つ。図表5A.1に描かれているのは2本の無差別曲線だけだが、実際にはあらゆる水準の効用について、それに対応した無差別曲線がある。本章で学んだように、所得が増えると、予算制約は右にシフトする。また、価格の変化に応じて、予算制約は回転する。予算制約と無差別曲線の関係について理解できれば、所得や価格が変化したときには消費はどのように変化するのかがわかる。本書では詳しく扱わないが、中級レベルのミクロ経済学の教科書では、このメカニズムをより詳しく説明してくれるだろう。

ここでは、価格の変化に伴う最も重要な概念の1つを簡単に紹介することにしよう。ジーンズの価格が半額、つまり1本50ドルから25ドルに下がったとしよう。この大ニュースに対して、あなたの反応は以下のいずれかになるだろう。第1の反応は、「『お金持ち』になった気分だ、これでジーンズやセーターをもっと買える」と考えるかもしれない。こうした消費の変化は、あなたをより高い位置にある無差別曲線上に移動させることになり、経済学では**所得効果**と呼ぶ。第2の反応は、「ジーンズがセーターに比べて安くなったのだから、セーターの代わりにジーンズをもっと買おう」と考えるかもしれない。こうした消費の変化は、あなたを同じ無差別曲線上で移動させるものであり、経済学では**代替効果**と言う。

これら2つの効果が働くことの結果はどうなるだろうか？　限界分析と需要曲線によれば、ジーンズの価格が1本50ドルのときには3本、25ドルのときには4本を買うとされている（135ページの図表5.6を参照）ので、ジーンズの購入量が増えることは間違いない。同じように限界分析からは、セーターももっと買い増しされることがわかる（6枚から8枚に増加する）。しかし、この選択ではまだ最終的な最適化には至っていない。まず、ジーンズが買いやすくなったので、代替効果によってジーンズの需要量が増えるだろう。ところが図表5.2からは、ジーンズの限界便益が4本目以降は著しく低くなっているのに対して、セーターの限界便益はそれほど低下していない。このことから所得効果によって、セーターの需要量のほうがより大きく増える。結局、どういう変化が起こるかは実証研究で確かめなければいけない。

たとえば、この価格変化により、ジーンズの購入量は4本に増え、セーターの購入量は8枚に増える結果となったとしよう。図表5A.2には、その効果が示されている。当初の最適な組み合わせである点Aでは、6枚のセーターと3本のジーンズが購入される。ここでジーンズが25ドルに値下がりすると、予算制約は外側に回転する。点Cが、ジーンズの価格が25ドルに下落した後の新しい最適な組み合わせであり、ジーンズ4本とセーター8枚を買うことになる。これが、所得効果と代替効果を組み合わせた結果だ。

図によって、2つの効果を確認してみよう。点Aから出発する。「ジーンズが半額に値下がりしたことによって、当初の無差別曲線（$U_1 = 845$ドル）上にいるあなたは、何枚のセーターと何本のジーンズを買うことができるだろうか？」。その答えは、外側に回転した新しい予算制約（濃い紫色）と同じ傾きを持つ点線の予算制約と、当初の無差別曲線との接点になる。この点線の予算制約は、傾きが-1（ジーンズとセーターの価格の比率、25ドル÷25ドル＝1）、x軸とy軸との切片は8.5である。ジーンズの値下げによる代替効果により、少

● **所得効果**（income effect）とは、価格が変化したときに生じる消費の変化が、消費者を低い位置にある無差別曲線上、あるいはその逆に高い位置にある無差別曲線上に移動させることである。

● **代替効果**（substitution effect）とは、価格が変化したときに生じる消費の変化が、消費者を、同じ無差別曲線上の別の位置に移動させることである。

図表5A.2 所得効果と代替効果

価格の変化が消費に及ぼす影響には、所得効果と代替効果の2つがある。ジーンズの価格が半額になると、予算制約（予算線）は外側に回転して、当初の薄い紫色の直線から濃い紫色の直線に変わる。点Aは、当初の最適な財の組み合わせであり、点Cは新しい最適な財の組み合わせである。

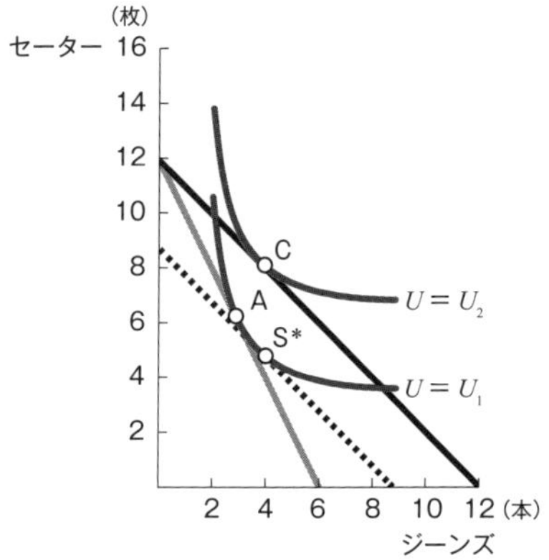

ない金額（25ドル×8.5＝212.50ドル＜300ドル）で、以前と同じ効用（845ドル）を得ることができるようになった。これはジーンズの価格が50ドルのときにはできなかったことだ。新しい接点はS^*であり、代替効果によって、ジーンズの消費は3本から4本になり、セーターの消費が6枚から4.5枚になっている（便宜上、ここではセーターを半分の単位でも購入できると仮定する）。

ところが、ジーンズの値下げによりお金は余り、「さらに」87.50ドルが使えることになる――ジーンズの価格低下が、あなたをお金持ちにしたわけである。価格が低下したことによる所得効果は、点S^*から点Cへの移動として示される。所得効果は大きく、ジーンズの消費は4本のままであるが、セーターの消費は4.5枚から8枚に増加した。ジーンズの消費については当初の直感とは異なる結果となっている。代替効果によって予算には余裕ができたにもかかわらず、ジーンズの消費量は増えなかったのである。ここで改めて、限界分析と所得弾力性について考えてみよう。

図表5A.3には、ジーンズの値下げ後に得られる1ドル当たりの限界便益が示されている。5本目のジーンズを買うときの1ドル当たりの限界便益は1.2（＝30ドル÷25ドル）であるのに対して、5枚目のセーターを買うときの1ドル当たり限界便益は2.4（＝60ドル÷25ドル）だ。表では、ジーンズを4本以上購入するときの限界便益が大きく低下する一方で、セーターを5枚以上購入しても限界便益はジーンズほど低下はしない。あなたは、ジーンズを4本持ってしまうと、それ以上ジーンズを持つことには興味を失うわけだ。このことは、あなたのジーンズの需要の所得弾力性にどういう意味があるのだろうか？　ジー

	25ドルのセーター			25ドルのジーンズ		
量	総便益(A)	限界便益(B)	1ドル当たりの限界便益＝(B)/25ドル	総便益(C)	限界便益(D)	1ドル当たりの限界便益＝(D)/25ドル
0	0			0		
1	100	100	4	160	160	6.4
2	185	85	3.4	310	150	6
3	260	75	3	410	100	4
4	325	65	2.6	490	80	3.2
5	385	60	2.4	520	30	1.2
6	435	50	2	530	10	0.4
7	480	45	1.8	533	3	0.12
8	520	40	1.6	535	2	0.08
9	555	35	1.4	536	1	0.04
10	589	34	1.36	537	1	0.04
11	622	33	1.32	538	1	0.04
12	654.5	32.5	1.3	539	1	0.04

図表5A.3　買い手の選択（予算300ドルで、ジーンズが25ドルに値下がりした場合）

図表5.2と同様に、表には様々な量のセーターとジーンズを所有することから得られる便益を示している。総便益は、左端列の量だけセーターとジーンズを消費することから得られる便益である。限界便益は、1単位（セーターならば1枚、ジーンズならば1本）を追加して消費することから得られる便益である。そして、1ドル当たりの限界便益が示されている。表からわかるとおり、4本目以降のジーンズについては、1ドル当たりの限界便益が著しく低下している。

ンズが正常財であるのかどうかは、あなたがすでに持っているジーンズの本数次第で変わるということである。

キーワード

無差別曲線　**効用**

所得効果　**代替効果**

練習問題

1.... 無差別曲線とは何か？　2本の無差別曲線が交差することはあるだろうか？　その理由も説明しなさい。

2.... 1つの財の価格の上昇が、買い手の消費の選択に与える所得効果と代替効果について説明しなさい。

3.... 財Xと財Yの無差別曲線を考えよう。縦軸に財Y、横軸に財Xをとるとする。

a. 無差別曲線は、なぜ右下がりの曲線になるのか？

b. 無差別曲線の傾きは、経済学的にどのように解釈されるかを説明しなさい。

c. 本章補論によれば、財Xの消費を増やして財Yの消費を減らすと、無差別曲線の傾きは緩やかになる。どうして無差別曲線が緩やかになるのかを説明しなさい。

6 生産者とインセンティブ

Sellers and Incentives

エタノールへの補助金は生産者にどう影響するか?

どの市場にも、売り手と買い手がいる。タコベル社はタコス、アップル社はiPod、GAP社オールドネイビーはカジュアル衣料、アマゾン社はKindleを売る。サービスの市場にも同様に、売り手と買い手がいる。私たちは整備工からは修理サービス、ギターの先生からは音楽レッスン、美容師からはヘアカットのサービスを買う。5章では、買い手が最適な結果を得るための判断ルールについて学んだ。本章では、生産者（売り手）が最適な結果を得るための判断ルールを学ぶ。

はじめに「売り手の選択」を考えるが、これは5章で議論した「買い手の選択」の考え方とほぼ同じだ。消費者は、自分たちの純便益を最大化するために、財やサービスの最適な組み合わせを選択した。それとほぼ同じ考え方に沿って、売り手は、自分たちの純便益（利潤）を最大化するために、何を、どのぐらい生産するかを選択する。

本章の構成

- **6.1** 完全競争市場における売り手
- **6.2** 売り手の選択
- **6.3** 売り手の選択から供給曲線へ
- **6.4** 生産者余剰
- **6.5** 短期から長期へ
- **6.6** 企業から市場へ：長期競争均衡
- **EBE** エタノールへの補助金は生産者にどう影響するか?

KEY IDEAS キーアイデア

- ◉売り手の選択が考慮する３要素は、生産、費用、利益である。
- ◉最適化行動をとる売り手は、限界で判断する。
- ◉供給曲線は、様々な価格水準に対する売り手の財やサービスの販売意思量を表したものである。
- ◉生産者余剰とは、市場価格と限界費用曲線の差である。
- ◉売り手は、利潤の見込みに基づいて市場への参入や退出を決める。

本章でも、完全競争市場を想定する。最適化行動をとる消費者と同じように、売り手も限界で判断する。市場価格と、財やサービスを生産する企業のコストを知ることができれば、売り手の選択の基準となる判断ルールを導き出せる。この考え方は、政策が企業の行動やその業績にどのように影響を与えるのかを理解して予測するときに役に立つ。あなたが起業家精神を発揮して、インターネットビジネスを起業したり、サンドイッチチェーンを開業したり、バイオエタノールの製造工場を創業したりする場合には、事業を経営するための基本的な手引きにもなるだろう。

6.1 完全競争市場における売り手

企業の意思決定を学ぶにあたっては、企業は完全競争市場において意思決定をしていると想定する。完全競争市場の特徴は、以下の3つである。

・個々の買い手や売り手の行動は、市場価格に影響を及ぼさない。
・市場では売り手はみな、同じ財を生産する。
・市場への参入と市場からの退出は、ともに自由である。

最初の2つは、完全競争市場では、売り手も買い手も価格受容者（プライステイカー）であることを規定する重要な特徴である（価格受容者は、4章と5章ですでに説明した）。完全競争市場では、消費者は価格受容者であり、十分な資金を持っていれば、市場価格で希望する量を購入することができる。同様に、完全競争市場での売り手も価格受容者として市場価格で希望する量を売ることができる。生産される財の総量と比べて、個々の売り手が販売する量がごくわずかなときには、このように仮定しても問題ない。市場の総生産量に対して、売り手の生産量の割合が小さいので、生産に関する個々の判断は市場の生産量にほぼ影響しない。もっとも、多くの売り手が同時に同じ選択をするときには、市場価格に影響が及ぶことがある。

農家を例にして説明しよう。仮に、ある農家が今年は大豆の代わりにトウモロコシを作付けすると決めたとしても、その選択が世界の穀物相場を変動させることはない。しかし、世界中の農家が今年は大豆ではなくトウモロコシを生産したら、トウモロコシの価格は暴落、大豆の価格は高騰するだろう。

第3の特徴――企業は参入や退出が自由にできること――は、市場全体で何が起こるかについて重要な意味を持つ。売り手の参入・退出が自由な市場の一例として、インターネット上のオークション市場であるeBayに出品することを考えてみよう。eBayのDVD市場では、誰もがいつでも参入して、DVDをネットオークションで売ることができる。そのほかにも、芝刈り、自動車修理、小売り、農業などの家族経営の市場も、売り手にとっては比較的自由に参入や退出ができる市場である。

6.2 売り手の選択

売り手にとって何よりも大切な目的は、純便益（利潤）の最大化である。その目的のために、「何を、どのぐらい生産するかを、売り手はどのように決めるのだろうか？」を考える。6章ではこの問いを、売り手の選択、として考える。5章で買い手の選択を考えたのとちょうど対をなしている。

近所のピザ屋を例に考えてみよう。ピザ屋の店長はまず材料を仕入れて、それらを生地、ソース、トッピングとして組み合わせておいしいピザを焼いて市場で売る。このとき、売り手の選択は3つの要素から成る。第1に売り手は、生産物を作り出すためにどう投入物を組み合わせるかを考えなければならない。た

売り手にとって何よりも大切な目的は、純便益（利潤）の最大化である。

とえば、おいしいソースを作るためにはトマトは何個必要か、といったことだ。第2に売り手は、ピザを作るのにかかる費用を計算する必要がある。たとえば、ピザ窯の価格、電気料金、従業員の賃金などの費用について知っておく必要がある。また、オーブンは繰り返して使用できる一方で、ピザの材料は焼き上げる枚数分を仕入れる必要がある。最後に、売り手は、焼き上げたピザが1枚いくらで売れるのかを知っていなければならない。したがって、売り手の選択で考慮に入れるべき3つの要素は、以下のように整理できる。

1. 財の生産
2. 生産のための費用
3. 生産から得られる利益

それぞれの要素について、詳しく見ていこう。

財の生産：投入物と生産物

企業は、財やサービスを生産して販売する主体である。従業員が数万人という巨大企業から、数人あるいは1人という零細企業に至るまで、すべての企業は、生産物を作り出すためにはどのように投入物を組み合わせればよいのかを考える。**生産**とは、投入物（労働や機械設備）が生産物（財やサービス）に転換される過程である。また、使用された投入物の量と作られた生産物の量との関係を、生産関数と言う。

生産関数を理解するために、ウィスコンシン州サン・プレーリーに実在するウィスコンシン・チーズマン社に登場してもらおう。通信販売を専業とする同社では、様々な種類の食品をセット詰めにして、世界中に送り出している。ここでは同社による、各種のチーズを箱詰めセットにして発送するというサービスを例にとって考えてみよう。チーズマン社の投入物は、チーズを箱詰めする労働――著者の1人は10代の夏休みにこのアルバイトを2回経験した――と物的資本の2つである。**物的資本**とは、機械（設備）や建物（構築物）のように、生産に使用されるあらゆる財である。

労働者を雇用したり解雇したりすることは短期間でできても、物的資本を更

● **企業**（firm）は、財やサービスを生産して販売する主体である。
● **生産**（production）とは、投入物（労働や機械設備）が生産物（財やサービス）に転換される過程である。
● **物的資本**（physical capital）とは、機械（設備）や建物（構築物）のように、生産に使用されるあらゆる財である。

新したり増設したりするためには長い期間が必要になる。経済学では、**短期**とは、チーズマン社が雇用する労働のように、投入物の一部だけが変更できる期間、と定義される。一方、**長期**とは、どんな投入物でも変更できる期間、と定義される。この定義を踏まえて、物的資本は**固定生産要素**（短期では変更できない投入物）、労働は**変動生産要素***（短期において変更できる投入物）とされる。

図表6.1は、チーズマン社の生産量と労働の関係を示している（現実の数値は公開されていないので、ここで用いる表中の数字は仮想例である）。表の(1)列と(2)列に示されているとおり、チーズマン社が雇用する労働者の人数（雇用者数）によって、1日当たりの生産量は変わる。1人目の労働者は1日当たり100箱を箱詰めできる。労働者が2人になると、1日当たり207箱を箱詰めできる。2人目の労働者の**限界生産力**は、2人目の労働者を追加することに伴う生産量の増加分なので、107箱（＝207箱－100箱）となる。このように、限界生産力とは、1単位の投入物（この例では労働者）を追加することから得られる生産量の増加分と定義される。

チーズマン社にとっては、短期において生産量を変えるための唯一の方法は、雇用する労働者の人数（雇用者数）を変えることである。図表6.2は、短期生産関数（労働者の人数とチーズの箱詰めの量の関係）のグラフである。図表6.1と図表6.2から、チーズマン社の生産に関する3つの重要な特徴がわかる。

(1)はじめのうちは労働者が増加すると、限界生産力は上昇する。たとえば労働者が2人で作業すると、それぞれの労働者が1人で作業した場合の生産量の合計よりも多くを生産できる。2人の労働者が、チーズの箱詰めの仕事の中で得意とする作業に特化した結果かもしれない。**特化**によって、労働者の特定の習熟度（スキル）を伸ばすことができるなら、全体としての生産性は上昇する。ここで**生産性**とは、労働者が(1時間)働くことにより生み出される財とサー

- **短期**(short run)とは、企業の投入物の一部だけが変更できる期間を指す。
- **長期**(long run)とは、企業のどんな投入物でも変更できる期間を指す。
- **固定生産要素**(fixed factor of production)とは、短期では変更できない投入物である。
- **変動生産要素**(variable factor of production)とは、短期において変更できる投入物である。
- **限界生産力**(marginal product)とは、1単位の投入物を追加することに伴う生産量の増加分である。
- **特化**(specialization)とは、全体の生産性を上昇させることを目的に、労働者の特定の習熟度(スキル)を伸ばすことである。
- **生産性**(productivity)とは、労働者が(1時間)働くことにより生み出される財とサービスの価値である。

* 変動生産要素は、「可変生産要素」と言われることもある。

図表6.1　ウィスコンシン・チーズマン社の生産に関する情報

チーズマン社は、1日にどのぐらいの量を生産するかを選択する。表には様々な生産量に対して必要な労働者の人数がまとめられている。(1)列は1日に生産できるチーズの箱詰めの量、(2)列は雇用される労働者の人数(雇用者数)、(3)列は限界生産力である。ここで限界生産力とは、1単位の投入物(この例では労働者)を追加することから得られる生産量の増加分である。

生産に関する情報

(1) 1日当たり生産量	(2) 雇用者数	(3) 限界生産力
0	0	
100	1	100
207	2	107
321	3	114
444	4	123
558	5	114
664	6	106
762	7	98
854	8	92
939	9	85
1,019	10	80
1,092	11	73
1,161	12	69
1,225	13	64
1,284	14	59
1,339	15	55
1,390	16	51
1,438	17	48
.	.	.
.	.	.
.	.	.
1,934	38	10
1,834	39	−100

ビスの価値である。実際に特化がどのように行われているかを見るには、サンドイッチチェーンのサブウェイの店舗を訪れてみるとよい。1人目の店員は、パンを用意して肉をのせるだけである。2人目は野菜をのせてソースをかけ、サンドイッチを食べやすい大きさにカットする。3人目がサンドイッチを完成させて、会計を行う。一連の流れ作業によって特化が自然に生み出されている。

(2)労働者がさらに増加し続けると、限界生産力は次第に減少していく。つまり、雇用されている労働者の人数（雇用者数）が増えるほど、生産量の増加分は減少する。たとえば、4人目の労働者の限界生産力は123箱だが、5人目の労働者の限界生産力は114箱しかない。経済学では、生産量の増加分が徐々に減ることを、**収穫逓減の法則**と言う。投入物を増やし続けていくと、ある時

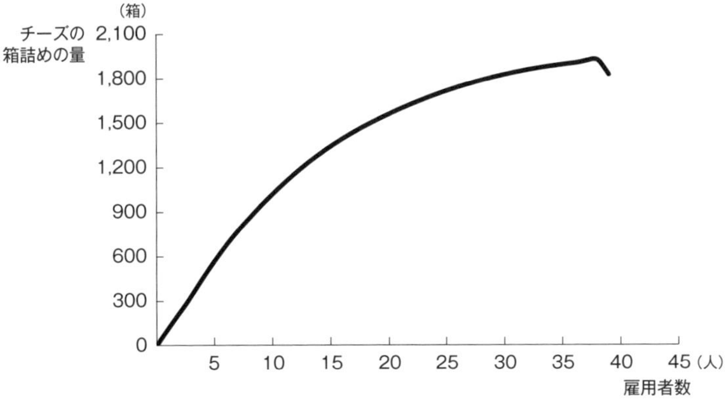

図表6.2　チーズマン社の短期生産関数

図は、横軸(x軸)に雇用されている労働者の人数(雇用者数)、縦軸(y軸)にチーズの箱詰めの量をとって描かれている。雇用者数が増えるに従って、チーズの箱詰めの量も増加する。しかし、労働者を10人から15人に増やしたときのほうが、25人から35人に増やしたときに比べ、生産の増加が大きい。最後(39人目)に労働者が追加されたときには、総生産量はむしろ減少している。

点を境にして、限界生産力は減少しはじめる。これには様々な理由が考えられる。たとえば物的資本が固定されているときには、雇用者数が増加し続けたとしても、結局は労働者1人当たりの生産量は減少する。機械・設備が限られているので、使いたいときに使えるとは限らず、待ち時間が発生するようになってしまうからである。

(3)労働者が増えすぎると、全体の生産量が減ってしまうことがある。労働者の過剰な追加は非生産的になりうる。このことは、図表6.1の表でも確認できる。39人目の労働者が追加されたことによる生産量の増加分は－100箱であり、限界生産力はマイナスになっている！　図表6.2の生産関数では、39人目で曲線が下降している。39人目の労働者はチーズの箱詰めの生産量を減少させているのであり、経営者はこの労働者を解雇するか、配置転換をするか、オーナーの犬の世話でもさせておいたほうがいい。労働者が増えすぎて職場が混雑したことによって、労働者たちがお互いに業務を妨げてしまうようになると、こうした現象が起こりうる。

● **収穫逓減の法則**(law of diminishing returns)とは、投入物の増加に伴う生産量の増加分は、投入物を増やし続けていくと、ある時点を境にして、減少しはじめる、という法則である。

生産のための費用：費用曲線

売り手の選択の第2の要素は、企業が投入物に対して支払う**生産費用**である。前述した2つの生産要素と同じように、生産のための総費用は2つに分けられる。

総費用＝変動費用＋固定費用

この式には3つの費用がある。**総費用**は、変動費用と固定費用の合計である。**変動費用***とは、変動生産要素の費用である。チーズマン社の場合には労働者に関する費用であり、短期においては企業の生産量の決定に伴って変化する。これに対し、**固定費用**は、機械設備や建物などの固定生産要素の費用であり、短期では企業の生産量が変動しても変わらない。チーズマン社の場合は、短期では工場や設備を売却できないので、何も生産していない場合でも、固定費用は発生する。

これらの費用を整理したのが図表6.3である。(4)列は変動費用（*VC*）である。チーズマン社の雇用者には日給72ドル（時給9ドルで1日8時間労働）が支払われるので、労働者が1人増えるごとに1日当たり変動費用は72ドル増加する。チーズマン社は、この賃金水準で労働者を希望の人数だけ雇用できると仮定する。機械設備と建物の費用は物的資本の費用であり、1日当たり200ドルの固定費用（*FC*）として(5)列に示されている。労働者を何人雇用しているのかには関係なく、固定費用は一定である。短期では、固定費用は変化しないが、変動費用は変化する。(6)列の総費用（*TC*）は、異なる生産量について変動費用と固定費用を合計したものである。

総費用の式の両辺を生産量Q（チーズマン社の生産量）で割ると、3種類の重要な費用の概念が導かれる。

$$\underset{\text{（平均総費用）}}{\frac{\text{総費用}}{Q}} = \underset{\text{（平均変動費用）}}{\frac{\text{変動費用}}{Q}} + \underset{\text{（平均固定費用）}}{\frac{\text{固定費用}}{Q}}$$

左辺は、総費用を総生産量で割った**平均総費用（*ATC*）**である。図表6.3(7)列は、チーズマン社の平均総費用である。たとえば、チーズマン社がチーズの

- **生産費用**（cost of production）とは、企業が投入物に対して支払う費用である。
- **総費用**（total cost）は、変動費用と固定費用の合計である。
- **変動費用**（variable cost）は、変動生産要素の費用であり、企業の生産量の決定に伴って変化する。
- **固定費用**（fixed cost）は、固定生産要素の費用であり、何も生産していない場合でも、固定費用は発生する。
- **平均総費用（*ATC*）**（average total cost）は、総費用を総生産量で割ったものである。

*　変動費用は、「可変費用」と言われることもある。

生産費用

(1) 1日当たりの生産量(*Q*)	(2) 雇用者数	(3) 限界生産力=(1)の増加分	(4) 変動費用(*VC*)=72ドル×(2)	(5) 固定費用(*FC*)	(6) 総費用(*TC*)=(4)+(5)	(7) 平均総費用(*ATC*)=(6)/(1)	(8) 平均変動費用(*AVC*)=(4)/(1)	(9) 平均固定費用(*AFC*)=(5)/(1)	(10) 限界費用(*MC*)=(6)の増加分/(1)の増加分
0	0		0	200	200				
100	1	100	72	200	272	2.72	0.72	2.00	0.72
207	2	107	144	200	344	1.66	0.70	0.97	0.67
321	3	114	216	200	416	1.29	0.67	0.62	0.63
444	4	123	288	200	488	1.10	0.65	0.45	0.59
558	5	114	360	200	560	1.00	0.65	0.36	0.63
664	6	106	432	200	632	0.95	0.65	0.30	0.68
762	7	98	504	200	704	0.92	0.66	0.26	0.73
854	8	92	576	200	776	0.91	0.67	0.23	0.78
939	9	85	648	200	848	0.90	0.69	0.21	0.85
1,019	10	80	720	200	920	0.90	0.71	0.20	0.90
1,092	11	73	792	200	992	0.91	0.73	0.18	0.99
1,161	12	69	864	200	1,064	0.92	0.74	0.17	1.04
1,225	13	64	936	200	1,136	0.93	0.76	0.16	1.13
1,284	14	59	1,008	200	1,208	0.94	0.79	0.16	1.22
1,339	15	55	1,080	200	1,280	0.96	0.81	0.15	1.31
1,390	16	51	1,152	200	1,352	0.97	0.83	0.14	1.41
1,438	17	48	1,224	200	1,424	0.99	0.85	0.14	1.50

図表6.3　チーズマン社の生産費用(追加的費用を含む)

チーズマン社が生産しているのは、チーズの箱詰めである。表には、様々な生産量について要する費用がまとめられている。総費用は、変動費用と固定費用の合計である。平均総費用は、平均変動費用と平均固定費用の合計である。限界費用は、生産量を1単位増加させることに伴う総費用の増加分である(数字は、セント未満を四捨五入している)。

箱詰め321箱を生産するときの*ATC*は、総費用（*TC*）の416ドルを総生産量の321箱で割った1.29ドルであり、これが、(7)列に示されている。これによって、チーズマン社が321箱を生産するときには、1箱当たりの平均総費用は1.29ドルであることがわかる。

右辺の第1項は、総変動費用を総生産量で割った**平均変動費用（*AVC*）**である。チーズマン社が321箱を生産するときの*AVC*は0.67ドルである。これは、1箱当たりで0.67ドルを変動生産要素（労働）に支払っているという意味になる。

● **平均変動費用(*AVC*)**(average variable cost)は、総変動費用を総生産量で割ったものである。

最後（右辺の第2項）は、総固定費用を総生産量で割った**平均固定費用（*AFC*）**である。チーズマン社が321箱を生産するときの*AFC*は0.62ドルである。これは、1箱当たり0.62ドルを固定生産要素（物的資本）に支払っているという意味になる。こうして、チーズマン社が321箱を生産するときの平均総費用である1.29ドルの内訳は、変動費用（労働）が0.67ドル、固定費用（物的資本）が0.62ドルとなる。

最後に**限界費用（*MC*）**が、図表6.3(10)列に示されている。限界費用は、生産量を1単位増加させることに伴う総費用の増加分である。

$$\text{限界費用} = \frac{\text{総費用の増加分}}{\text{生産量の増加分}}$$

図表6.1の例を使って説明しよう。チーズマン社の1日当たりの生産量が321箱であるときの限界費用（*MC*）が0.63ドルであるということは、321箱目の生産には0.63ドルの費用がかかることを意味する。さらに興味深いことに図表6.3からは、限界費用と限界生産力は、一方が増えるともう一方は減るという具合に、逆相関している。なぜそうなるかは、チーズマン社の生産と費用の関係を考えるとよい。チーズマン社が労働者を雇いはじめた当初の数人までは（4人まで）、総生産量と限界生産力はともに増加しているので、限界費用は減少する。ところが、それ以上に雇用者数が増えると、機械設備を使用する際の待ち時間などの無駄な時間ができるため、限界生産力が低下し、限界費用が増える。

図表6.4は、図表6.3に基づいて、チーズマン社の限界費用曲線、平均総費用曲線、平均変動費用曲線を描いて、費用と生産量の重要な関係をグラフにしたものである。横軸（x軸）は生産量、縦軸（y軸）は費用（価格として表示）である。興味深い特徴として、限界費用曲線が平均費用曲線より下にあるときは、それぞれの平均費用は次第に減り、平均費用曲線の傾きは右下がりになる。これは、平均総費用曲線と平均変動費用曲線のそれぞれについて当てはまる。反対に、限界費用曲線が平均費用曲線より上にあるときは、それぞれの平均費用は次第に増え、平均費用曲線の傾きは右上がりとなる。これも、平均総費用曲線と平均変動費用曲線のそれぞれについて当てはまる。

これは、限界費用の性質から導かれる。直観的に理解するために、アメリカの高校・大学の成績評価手法であるGPA*を例にして考えてみよう。全学年を

● **平均固定費用（*AFC*）**（average fixed cost）は、総固定費用を総生産量で割ったものである。
● **限界費用（*MC*）**（marginal cost）は、生産量を1単位増加させることに伴う総費用の増加分である。

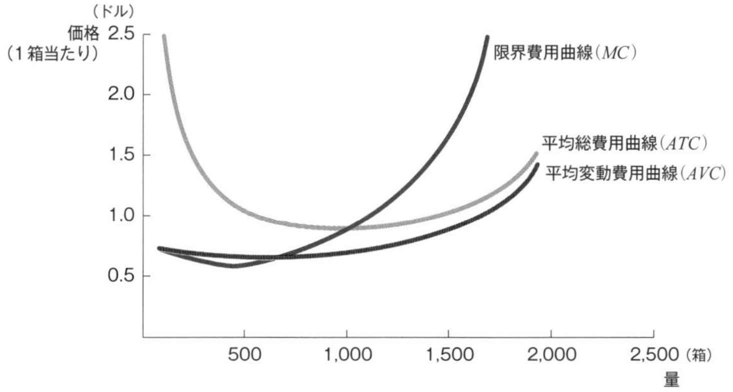

図表6.4　チーズマン社の限界費用曲線、平均総費用曲線、平均変動費用曲線

図には、縦軸(*y*軸)に費用(価格として表示)、横軸(*x*軸)に生産量をとって、3種類の費用曲線が描かれている。*MC*曲線は、*ATC*曲線と*AVC*曲線のそれぞれの最小値で交わる。

通算したGPAは平均総費用、各学期のGPAは限界費用に対応する。1年次の成績はオールBでGPAが3.0、2年次には成績がアップしてオールAでGPAは4.0になったとする。これで、通算GPAは上がる。もし、1年次と2年次の単位数が同じであれば、通算したGPAは3.5になる。ところが、3年次の成績がオールCでGPAが2.0に下がったときには、1年次から3年次までを通算したGPAは下がる。新しい成績が、最初の2年間のGPAよりも低いからである。

同じ理屈で、限界費用曲線（*MC*）は、平均変動費用曲線（*AVC*）と平均総費用曲線（*ATC*）のそれぞれの最小値で交わる。図表6.4に描かれているように、限界費用（*MC*）が平均総費用（*ATC*）と平均変動費用（*AVC*）より下にあると、2曲線はともに右下がりである。その逆に、限界費用（*MC*）が平均総費用（*ATC*）と平均変動費用（*AVC*）より上にあると、2曲線はともに右上がりになる。このような曲線の性質から大事なインプリケーション（含意）が導かれる。次に、そのことを説明しよう。

生産から得られる利益：収入曲線

売り手の選択の第3の要素は、企業がその財を売ることができる価格である。

* GPA(Grade Point Average)は、学生の成績を評価するための指標の1つである。履修科目の成績をA:4点、B:3点、C:2点、D:1点、F(不合格):0点、として評価し、受講授業の単位数をウエイトにした加重平均として計算されることが多い。

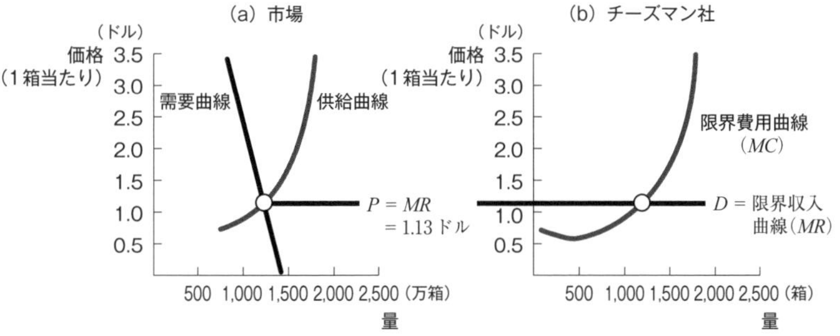

図表6.5 需要と供給：市場とチーズマン社

(a)にはチーズの箱詰めの市場需要曲線と市場供給曲線が描かれている。市場均衡で決まる価格は、チーズマン社が直面している価格であり、(b)に示される。この価格は、チーズマン社が直面している需要曲線であり、紫色の水平線で示される。また、需要曲線は、チーズの箱詰めを1箱販売することから得られる収入の変化分にもなっているので、限界収入と等しくなっている。

企業は財を売ることで利益を得る。チーズマン社も同じだ。企業の**収入**は、生産物の販売から得られるお金の総額である。収入は、販売した財の価格と販売量を掛けたものである。

総収入＝価格×販売量

完全競争市場では、売り手は市場価格で売りたい量を売ることができる。この意味で、売り手もまた価格受容者である。

では、チーズの箱詰めの1箱当たりの価格はどのように決まるのだろうか？4章では、市場需要曲線と市場供給曲線の交点で価格が決まることを学んだが、同じことはここでも当てはまる。

図表6.5を使って説明しよう。図表6.5(a)には、市場需要曲線と市場供給曲線が示されている。市場需要曲線の描き方は、すでに4章と5章で学んだ。そして、市場需要曲線とまったく同じ方法——個々の企業の供給曲線を水平方向に合計していくこと——によって、市場供給曲線を描くことができる。例を使って確認してみよう。均衡では、チーズの箱詰めを生産する同質の企業は1万社あり、また各企業が1日に1,225箱を生産すると仮定する。したがって、この市場では、毎日1,225万箱のチーズの箱詰めが生産される。均衡量での箱詰めの価格は1箱当たり1.13ドルとなる。

ここで、チーズマン社が直面する需要曲線と、完全競争市場における需要曲線の違いに注目しよう。図表6.5(b)にあるとおり、チーズマン社のような完全

● **収入**(revenue)とは、生産物の販売から企業が得られるお金の総額である。

競争企業が直面している需要曲線は水平になる（需要曲線は完全に弾力的である）。つまり、チーズマン社は、希望する量のチーズの箱詰めを生産することができるし、そのすべてを均衡価格（1.13ドル）で販売することができる。しかし、1箱当たり1.13ドルより少しでも高い価格を付けると、完全競争市場では買い手は他の製造業者からチーズの箱詰めを1.13ドルで購入するので、チーズマン社のチーズの箱詰めは1箱も売れなくなる。また、完全競争市場では1箱1.13ドルで希望する量のすべてが販売できるのだから、1.13ドルよりも価格を低くする理由はない。

図表6.5(b)が示すとおり、チーズマン社が直面している需要曲線は、限界収入曲線（*MR*）でもある。**限界収入**とは、生産量を1単位増やすことから得られる総収入の増加分である。完全競争市場では、限界収入は市場価格と同じになるので、限界収入曲線は、売り手が直面する需要曲線と同じになる。チーズマン社の直面している価格は1.13ドルなので、チーズの箱詰めの限界収入は1箱当たり1.13ドルである。続いてもっと面白いことを――お金儲けについて――勉強しよう。

すべてを合わせる：3つの要素を活用して最善の選択を行う

これで、売り手の選択において考慮に入れるべき3つの要素が出揃った。ここからは、これらの3要素を使って企業の利潤を最大化する方法を学ぼう。企業の**利潤**は、総収入から総費用を差し引いた値だ。

利潤＝総収入－総費用

チーズマン社の企業の利潤がいくらになるかを知るために考えることは、あと1つだけだ。「どれだけ生産するべきだろうか？」。利潤を最大化する生産量を見つけるには、生産量を変えることで利潤と費用がどう変化するのかを考えることが必要だ。つまり、利潤を最大化する鍵となるのは、企業の限界収入と限界費用である。これは3章で学んだ最適化の応用だ。

図表6.5(b)を拡大した図表6.6で考えてみよう。点Aでは、チーズマン社は9人の労働者を雇用して、939箱のチーズの箱詰めを生産している。図表6.3の(10)列から、939箱目の生産にかかる費用は0.85ドルである。一方で、チーズマン社は、1箱当たり1.13ドルの収入がある。

このときチーズマン社は、もっと利潤を増やすことができるだろうか？　答

● **限界収入**(marginal revenue)とは、生産量を1単位増やすことから得られる総収入の増加分である。
● 企業の**利潤**(profit)は、総収入から総費用を差し引いた値である。

えはイエスだ。チーズマン社が生産を1箱増やしたら、収入は1.13ドル増えるが、これは追加の1箱の生産費用である0.85ドルより高い。1箱多く売ることで、利潤は0.28ドル増える。ここから、一般的な法則が導き出せる——市場価格を下回る限界費用（$MC < P$）で生産1単位を追加することができる間は、増産によって利潤が増えるので、企業は生産を拡大すべきである。

逆の方向から見てみよう。チーズマン社の生産が点Bにあり、17人の労働者を雇用し、1,438箱のチーズの箱詰めを生産しているとしよう。この点Bでは、最後の1単位（1,438箱目）を生産する限界費用は市場価格より高い（1.50ドル＞1.13ドル）。この場合は、生産するとお金を失うことになるので、最後の1箱の生産はやめて、雇用者を減らしたほうがいい。

このように限界で判断すると、企業がどのように利潤を最大化するのかを知るのは実のところ簡単だ。企業は、以下の状態になるまで生産を増やすことで利潤最大化できる。

限界収入＝限界費用

完全競争市場では、限界収入は価格と等しいので、この式は、価格と限界費用が等しくなる量を生産することと同じ意味になる。

次に、この生産水準での利潤を計算する方法を考えよう。図表6.7は、図表6.6に平均総費用曲線（*ATC*）を書き加えたものだ。「総収入＝価格×生産量Q」であり、「総費用＝平均総費用ATC×生産量Q」なので、総利潤は以下のようになる。

$$\underbrace{価格 \times Q}_{（総収入）} - \underbrace{ATC \times Q}_{（総費用）} = (価格 - ATC) \times Q$$

すなわち、価格からその生産水準での平均総費用を差し引いて、それに生産量を掛ければ、総利潤が計算できる。$MR = MC$、の水準で生産している場合には、図表6.7の薄い紫色の網掛け部分が総利潤である。

価格をPとして式で表せば、以下のとおりである。

$$(P - ATC) \times Q = (1.13\text{ドル} - 0.93\text{ドル}) \times 1{,}225 = 245\text{ドル}$$

チーズマン社には、1,225箱の生産に対して、1箱当たり1.13ドルが支払われ、このとき平均総費用（*ATC*）は0.93ドルである（図表6.3を参照）。価格1.13ドルから平均総費用0.93ドルを差し引いた0.20ドルが1箱当たりの利潤となる。これに、生産量の1,225箱を掛けると1日の利潤は245ドルと計算される。この利潤は、図表6.7の薄い紫色の網掛け部分の「底辺×高さ」の面積に等しい。この生産水準のときに限界収入と限界費用が等しい（$MR = MC$）ので、チー

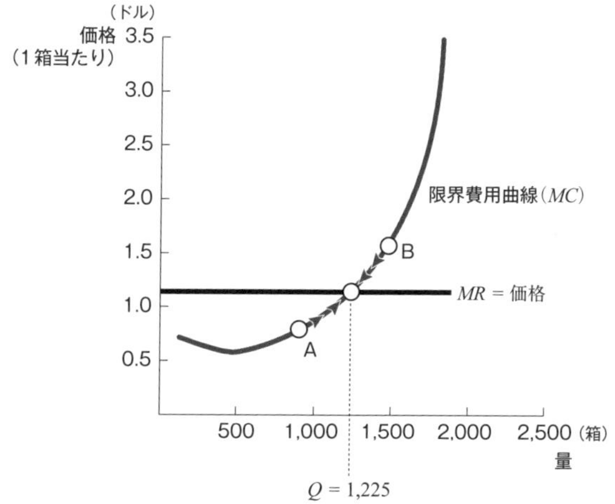

図表6.6　均衡に向かっての調整

図には、チーズマン社の限界費用曲線（*MC*）と限界収入曲線（*MR*）が描かれている。点Aでは、チーズマン社は収入を増やすためにもっと生産を拡大すべきだし、点Bでは、生産を縮小すべきだ。チーズマン社が利潤を最大化するのは、限界収入と限界費用が等しくなる点である。

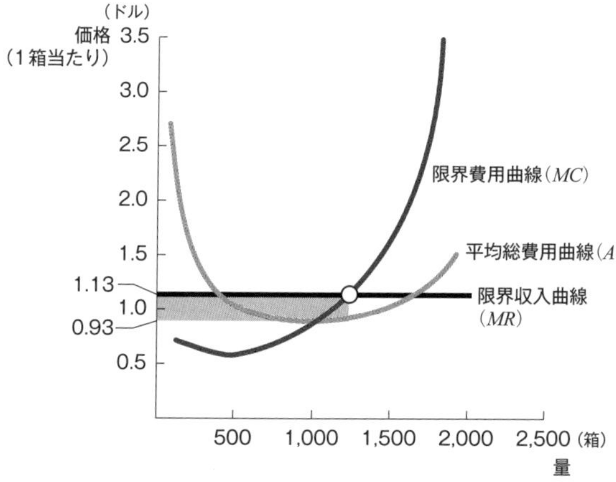

図表6.7　*MC*、*MR*、*ATC*曲線を使ってチーズマン社の利潤を見える化する

図表6.6に平均総費用曲線（*ATC*）を追加することによって、チーズマン社の利潤を見える化できる。薄い紫色の網掛け部分の面積がチーズマン社の利潤となる。総収入から総費用を差し引いた金額が利潤である。*MR*は価格、*ATC*は生産1単位当たりの費用を表しているので、両費用の差は生産量1単位当たりの利潤である。その差に生産量（販売量）を掛けると総利潤になる。利潤を最大化する生産量（限界収入（価格）と限界費用が等しい点）で計算すると、（1.13ドル－0.93ドル）×1,225＝245ドル、である。

CHOICE&CONSEQUENCE

選択の結果

1単位当たり利潤ではなく、総利潤を最大化する

生産物1単位当たりの利潤を最大化すれば、総利潤は最大化される、と思い込んでいる人は多い。本当にそうなのだろうか。1単位当たりの収入が10ドルであったなら、8ドルの場合よりも利益は大きくなると考えそうになる。しかし、それでは最適化を考えるために必要な条件の半分しか考慮に入れていないので、誤りだ。1単位当たりの利潤で見る考え方では、「価格－ATC」のみしか考慮に入れていないからだ。

総利潤は、生産物が市場でいくらで売れるのか、とともに、いくつ売れるのか、によって決まる。1箱10ドルで500箱を販売したときの総収入は5,000ドルであるが、1箱8ドルであっても1,000箱を販売したら総収入は8,000ドルになる。後者のほうが1箱当たりの売上げは小さくても、総収入は増加している。

図表6.3のチーズマン社の例でこのことを確認してみよう。限界収入は水平線なので、1箱当たりの利潤はATCが最低となる生産量939箱で最大化される。これは図表6.6の点Aである。しかし、このときのチーズマン社の利潤は、$MR=MC$、となる生産量まで生産を拡大したときの利潤よりも小さいことは、図より明白だ。点Aでの1日当たり利潤は215.97ドル［＝(1.13ドル－0.90ドル)×939］であり、利潤が最大化されたときの245ドル［＝(1.13ドル－0.93ドル)×1,225］を下回っている。これはわずかな差に見えるかもしれないが、複数の工場があり、生産活動が何年間にも及ぶ場合には、大きな利潤の差になって現れる。

ズマン社にとっては、利潤を最大化する選択である。チーズマン社はこの生産量に到達したら、市場でのその他の条件が変わらない限り、生産活動を変えることはないので、これがチーズマン社にとっての均衡である。

1日当たり245ドルの利潤というと少なすぎると思うかもしれないが、経済学で「利潤」と言うときには、その意味は新聞などの経済ニュースで取り上げられる利益とはかなり異なったものである。たとえば、大企業が「記録的利益」の達成を発表したときには、それは、経済学では会計上の利益を意味する。**会計上の利益**とは、総収入から明示的な費用を差し引いたものである。明示的な費用とは、労働者の賃金や設備に要する費用といった、会計士が精査して計上する経費項目を指す。その他に、企業には潜在的な費用もある。たとえばチーズマン社の所有者にとっては、同社の経営のために費やす時間の機会費用は潜

● **会計上の利益**(accounting profit)とは、総収入から明示的な費用を差し引いたものである。

企業の供給曲線は価格と生産量の関係を表す。

在的な費用である（図表6.3で言うと、企業の所有者の機会費用は固定費用に入ることになる）。経済的利潤を計算するには、収入からこれらの潜在的な費用も差し引いて考える。**経済的利潤**とは、総収入から明示的な費用と一緒に、潜在的な費用を差し引いたものである。経済的利潤が少しでもある事業（または経済的利潤がゼロの事業）は採算がとれている、と経済学では考える（この点については本章後半で触れる）。

6.3 売り手の選択から供給曲線へ

$MR = MC$ ルールは、とても役に立つ。なぜなら市場価格と限界費用曲線を見れば、市場価格が変わったときに、競争企業が短期の生産量をどう変えるかがわかるからだ。市場価格が企業の生産量を決めるので、ここから企業の供給曲線（価格と生産量の関係を表す曲線）を描くことができる。

たとえば図表6.8に示されているように、チーズの箱詰めの価格が1箱当たり1.41ドルに上がったら、チーズマン社はどうするだろうか？　チーズマン社は供給量を増やすだろうと予想できるが、その量はどれぐらいの大きさだろうか？　すでに学んだとおり、チーズマン社は、$MC = MR_3$ になるまで生産量を増やすので、1,390箱を生産する。

その逆に、チーズの箱詰めの市場価格が1箱当たり0.78ドルに下がったら（図表6.8参照）、チーズマン社は、$MC = MR_2$ になるまで生産を減らすので、生産は854箱になる。こうやって様々な価格に対して同じ計算をすることによって、チーズマン社の供給曲線を描くことができる。

供給の価格弾力性

価格の変化に対して企業がどれくらい敏感に反応するのかを経済学で考えるときには、弾力性を使う。これは、5章で学んだ需要の場合と同様だ。**供給の価格弾力性**とは、ある財の価格の1％の変化に対して、その財の供給量が何％変化するのかを示す尺度である。これは、以下の式で表される。

- **経済的利潤**（economic profit）とは、総収入から明示的な費用と一緒に、潜在的な費用を差し引いたものである。
- **供給の価格弾力性**（price elasticity of supply）とは、ある財の価格の1％の変化に対して、その財の供給量が何％変化するのかを示す尺度である。

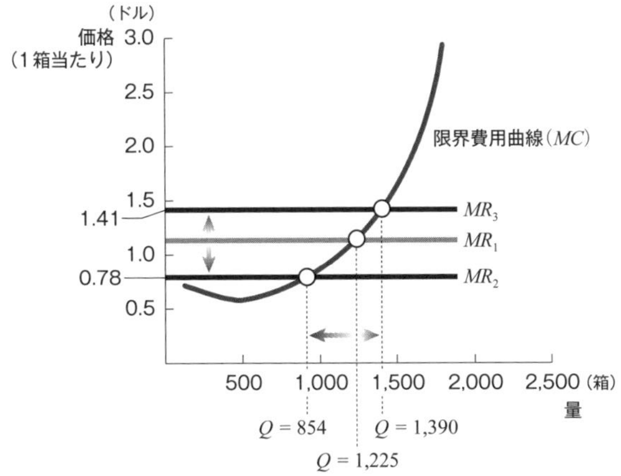

図表6.8　価格の変化がチーズマン社に与える影響

市場価格が変化すると、チーズマン社が直面している限界収入曲線(MR_1)も変化する。限界収入曲線がMR_3まで上にシフトすると、生産量は増える。逆に、限界収入曲線がMR_2まで下にシフトすると、生産量は減る。

$$供給の価格弾力性\ (\varepsilon_s) = \frac{供給量の変化率\ (\%)}{価格の変化率\ (\%)}$$

価格が上昇するときには、一般に企業は供給量を増やすだろうから、供給の価格弾力性はプラスになる。

供給曲線の特徴は、5章で学んだ需要曲線の場合とほとんど同じである。たとえば、**弾力的な供給**とは、価格の変化に対して供給量が非常に敏感に反応することを指し、供給量の変化の割合は価格が変化する割合よりも大きくなる。図表6.9(a)は、完全に弾力的な供給曲線を示した極端な例である。この場合には、価格が5ドルからわずかでも上昇した場合には供給量は無限大になり、価格が5ドルからわずかでも下落した場合には供給量はゼロになる。

逆に、**非弾力的な供給**とは、価格の変化率に対して、供給量の変化率が小さいことを指す。図表6.9(c)は、完全に非弾力的な供給曲線を示した極端な例である。この場合には、どのような価格水準であっても、供給量は同じだ。このような例としては、フル稼働している石油精製工場が挙げられる。ガソリン価格が上昇しても、短期においては工場は増産ができない。農産物も同様だ。トウモロコシ価格が7月に高騰したとしても、アイオワ州の農家は短期においてはトウモロコシを増産することはできない。翌年には作付面積を増やすことが

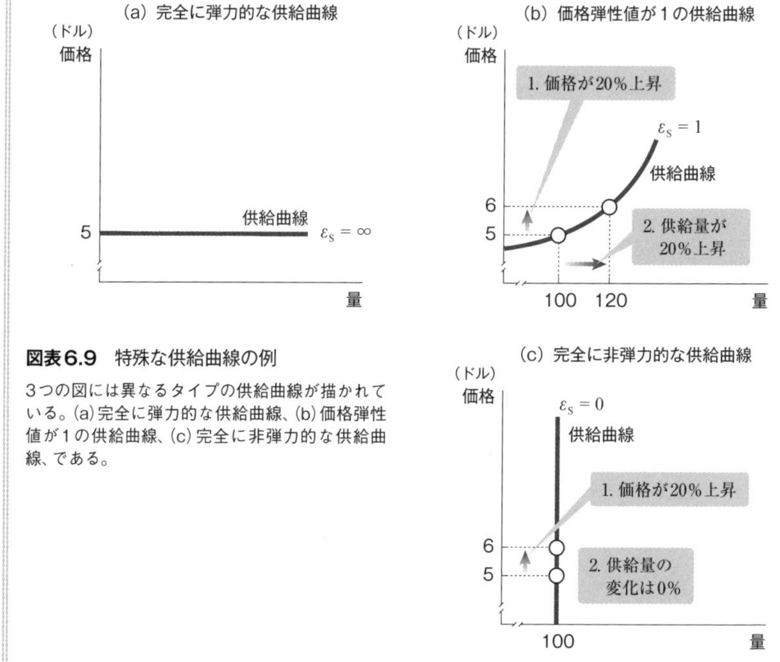

図表6.9 特殊な供給曲線の例

3つの図には異なるタイプの供給曲線が描かれている。(a)完全に弾力的な供給曲線、(b)価格弾性値が1の供給曲線、(c)完全に非弾力的な供給曲線、である。

できるかもしれないが、今年はもう無理である。

通常の供給曲線はこれら2つの極端な形の間にあって、右上がりの曲線となる。供給曲線の傾きが急であるほど、価格の変化に対する供給量の反応は敏感ではない。図表6.9(b)に示されているのは、価格弾力性の値（弾性値）が1となる特殊な供給曲線である。たとえば、価格が5ドルから6ドルに上がると(20%の上昇)、供給量も100箱から120箱へ20%増加する。同じように、価格が6ドルから5ドルに下落すると（17%の下落)、供給量も120箱から100箱へ17%減少する。価格弾性値が1の供給曲線の場合には、価格が1%上昇すると供給量が1%増加する。

需要の弾力性と同様に、供給の弾力値の大きさは、複数の要因によって決まる。主要な決定要因の1つが、原材料の在庫量である——たとえば、チーズマン社に十分なチーズの在庫があれば、生産量は簡単に増やすことができる。そのほかにも、価格の変化に対応する期間も重要になる。期間が長いほど、供給はより弾力的になる。最後は労働力だ。労働者をすぐに雇用することができるなら、価格上昇への素早い対応が可能なので、供給はより弾力的になる。

企業の操業停止

供給量が価格の変化にどのように反応するかがわかったので、次は極端な市場の状況を考えよう。企業が操業停止する（生産を見合わせる）場合だ。**操業停止**とは、一定期間は何も生産しないという短期での決定である。市場価格が1箱当たり0.59ドルに下がったときには、$MR = MC$のルールに基づいて、チーズマン社は図表6.10の点S（444箱）で生産する。この点Sで、利潤を最大化できるのだろうか？

答えはノーだ。点Sの価格0.59ドルは、1箱当たりの平均変動費用0.65ドルを下回っている（0.59＜0.65、図表6.3参照）。それでも生産を続けるなら、チーズマン社は1箱当たりの販売収入を上回る変動費用（労働者への賃金）を支払うことになる。

この場合には、チーズマン社は操業を停止したほうがいい。そうすれば、労働者に賃金を支払わないので、変動費用はゼロになる。固定費用（200ドル）と売上げで回収できない変動費用（0.65ドル－0.59ドル＝0.06ドル、または、444×0.06ドル＝26.64ドル）を失うよりは、固定費用だけ失うほうが損失は少なくすむ。

操業を停止しても固定費用はかかるのだから、生産して少しでも収入を得るほうがいいと思う読者もいるだろう。たしかに、チーズマン社は生産を続ければ収入が得られる。ただし、1箱を生産するごとに、限界収入よりも0.06ドル高い賃金を支払うことになる。収入で変動費用のすべてを回収できないなら、短期的には操業を停止することが望ましい。以上のことから、以下の最適化ルールが導かれる。

価格が平均変動費用より低い場合には、企業は操業を停止すべきである。

では、総費用が総収入を上回っていても、短期的には生産すべき状況はあるだろうか？　答えはイエスだ。たとえば図表6.10の点Cの価格は、平均変動費用よりも高く、平均総費用よりも低い。価格が平均変動費用より高ければ、すべての変動費用が収入によって回収できるので損をしても生産を続けることが望ましい。この点Cでは、すべての変動費用を賄ったうえで、さらに固定費用の一部を回収できるからである。

● **操業停止**（shutdown）とは、一定期間は何も生産しないという短期での決定である。

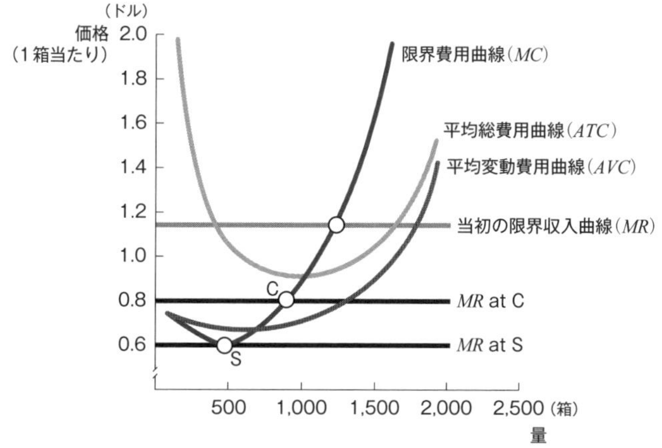

図表6.10 チーズマン社の操業停止の決断

図に描かれている様々な限界収入曲線(*MR*)は、チーズマン社が生産を続ける点と操業停止を決断する点を表している。当初の*MR*曲線より下に位置している2本の*MR*曲線は、それぞれ点Cと点Sで*MC*曲線と交わっている。

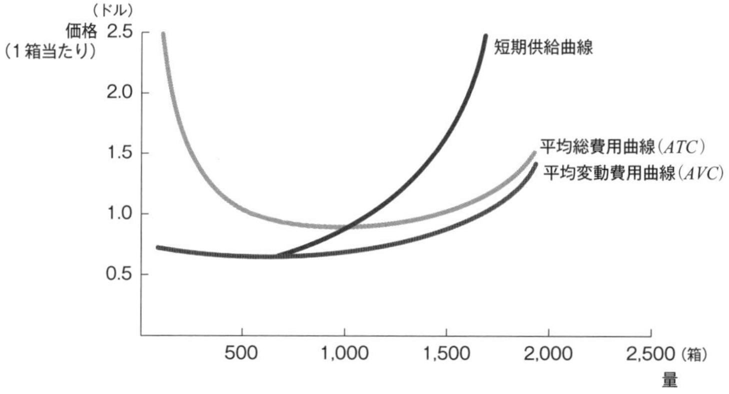

図表6.11 短期供給曲線：*MC*曲線が*AVC*曲線の上にある範囲

図表6.4と同じ図であるが、*MC*曲線には2つの修正が加えられている。第1に、*MC*曲線を短期供給曲線に名称を変更し、第2に*AVC*曲線より下にある部分の*MC*曲線を消去した。価格が*AVC*曲線の最小値より低いときには、企業は操業を停止するからである。

チーズマン社が点Cで生産を続ける意味はない、と考える人もいるかもしれない。チーズマン社は損失を出しているのに、なぜ操業を停止しないのだろうか？　それは、固定費用は**サンクコスト**（埋没費用）という特殊な費用であり、

CHOICE&CONSEQUENCE
選択の結果

限界で判断するとサンクコストは無視される

あなたが、大学の募金活動を手伝うように依頼されたとしよう[1)]。大学には古い電話設備（コールセンター）があるのだが、募金活動にはそれは使用されていなかった。その理由は、「勧誘電話のほうが効果的だったとしても、１本の電話をかけるのには１ドルがかかる。募金勧誘の書類の郵送費用は0.5ドルだから」というものだった。本当だろうか？　電話の費用がそんなに高くつくわけがない。

さらに問いただすと、どうやって１本の電話をかける費用を計算したかを教えてくれた。昔に購入した勧誘電話記録管理システムの購入額と、電話をかける学生に支払う謝礼を合計して、その合計金額を勧誘電話の本数で割って、勧誘電話１本当たりの平均費用を計算したとのことだった。既存のシステムの費用はすでに支払済みのもので、システムを使わなければ戻ってくるものではない。サンクコストは募金活動に電話を使うか、郵便を使うかの選択には影響しないのだ。

正しい計算では、電話設備の限界費用は極めて低いものとなり、学生のかける勧誘電話１本にかかる時間の謝礼がほぼ限界費用となる。しかも、寄付に応じてもらえる確率は、寄付勧誘書類を郵送した場合よりも、電話で説明と勧誘をした場合のほうが高いとされている。そのうえ、書類を郵送する限界費用のほうが電話勧誘の限界費用よりも高い。本章を学んだあなたは、大学当局に対し、電話による寄付勧誘に切り替えることをアドバイスすべきだ。最適化するには、限界で判断すべきで、すでに投下されているサンクコストは無視されるからだ。

支払った分を取り戻すことができない費用である、と考えているからだ（たとえば、チーズマン社が5年間の賃貸契約を結んでいたら、5年間は賃料を払い続けなければいけない）。つまり、短期にはサンクコストは回収できない。重要なことは、サンクコストは、いったん支払われてしまえば、現在と将来の生産を決定する際には、それは考慮に入れない、ということだ。その理由はいたって単純だ。これからどういう行動をとるかに関係なく、これは失われた費用であり、現在と将来の生産の決定に関係する費用と便益には影響を及ぼさないものであるからだ。チーズマン社は点Cで生産し続けることによって、少なくとも固定費用の一部を回収できているのである。

● **サンクコスト**（sunk cost）は、いったん支払われてしまえば、現在と将来の生産を決定する際には、それは考慮に入れない。

1）著者の１人が実際に経験したことだ。

生産者余剰とは、市場価格と限界費用曲線の差である。

この例から、チーズマン社の短期供給曲線を導き出すことができる。短期供給曲線は、平均変動費用曲線より上に位置する限界費用曲線の部分である。市場価格が、平均変動費用曲線の最小値を下回った場合には、企業は操業を停止するべきだし、そうでない場合には、チーズマン社は生産を継続するのが望ましい。図表6.11では、チーズマン社の短期供給曲線が平均変動費用曲線より上にある限界費用曲線として示されている。

6.4 生産者余剰

消費者余剰の概念と同じように、経済学では売り手（生産者）にとっての余剰を測る尺度がある。これは、生産者余剰と呼ばれる。**生産者余剰**とは、市場価格と限界費用曲線の差である。

図で表すと生産者余剰は、限界費用曲線の上側で、均衡価格より下の部分の面積である。図で見ると、生産者余剰と経済的利潤の違いがはっきりする。図表6.7で示された経済的利潤は総費用を考慮に入れているが、生産者余剰は限界費用のみを考慮しているのである。

チーズマン社の生産者余剰について、図表6.12で考えてみよう。市場価格は2ドルである。

チーズマン社は、限界費用が市場価格を下回っている限り生産を続ける。図表6.12では、限界費用曲線の上側で市場価格よりも下にある面積が生産者余剰となる。生産者余剰と消費者余剰は、市場価格に対して対照的な関係にある。消費者余剰は支払意思額が市場価格を上回っている場合に発生するのに対して、生産者余剰は限界費用が市場価格を下回っている場合に発生する。

消費者余剰と同じように、市場全体の生産者余剰を計算するには、個々の売り手の生産者余剰を足せばよい。そのためには、限界費用曲線の上側で、均衡価格より下にある面積を計算する。

供給曲線が直線のときは、生産者余剰は三角形の面積の式を使って計算できる。図表6.13(a)は、運送業者がウィスコンシン州マディソン市からミルウォーキー市へチーズを輸送するトラック便の供給曲線である。トラック1便当たりの均衡市場価格が100ドルのときには、以下のように生産者余剰を計算できる。

生産者余剰 ＝(三角形の底辺×三角形の高さ)÷2

●**生産者余剰**(producer surplus)とは、市場価格と限界費用曲線の差である。

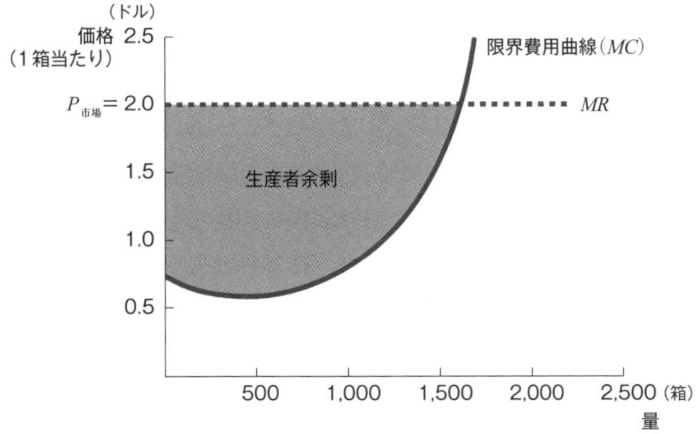

図表6.12 生産者余剰の計測

様々な生産水準における市場価格と限界費用曲線の差が生産者余剰である。

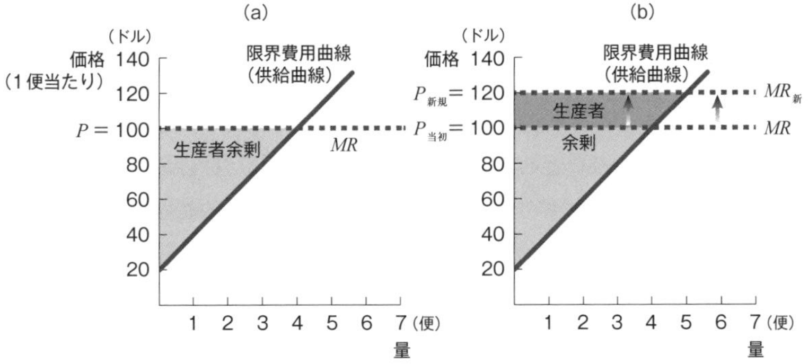

図表6.13 運送サービスの生産者余剰

2つの図は、運送サービス市場の供給曲線と市場価格を示している。グレーの点線は、生産者が直面する限界収入曲線(*MR*)である。(a)の生産者余剰は、*MR*曲線の下側で、限界費用曲線(供給曲線)の上側にくる面積である。(b)は、価格が上がると生産者余剰がどう変わるかを示したものである。

$$= (4 \times 80\text{ ドル}) \div 2 = 160\text{ ドル}$$

すなわち、運送サービス市場における1日当たりの総生産者余剰は、160ドルとなる。

生産者余剰は、様々な要因によって増減する。たとえば図表6.13(b)のように、市場需要曲線がシフトして均衡市場価格が上昇すると、供給曲線の上側で均衡価格の下側の面積が大きくなるので、生産者余剰は増加する。このとき生産者余剰は、250ドル（＝(5×100ドル)÷2）に増加する。

6.5 短期から長期へ

ここまでは、チーズマン社の日々の生産に関する意思決定だけを考えてきた。そのため、チーズマン社が使用する機械設備や工場（物的資本）を固定されたものとして扱ってきた。しかし、企業が考えるのは、毎日の生産量だけではない。たとえば多くの企業が、四半期報告書や年次報告書の中で長期展望を公表している。本節では、短期分析から長期分析に議論を進める。長期分析では、利潤を最大化するために、雇用量と物的資本を変えることができる。

長期とは、どのような意味なのだろうか？　すでに学んだとおり、長期とはすべての生産要素を変更できる期間と定義される。つまり、長期では、機械設備や建物でも改造、拡張、購入、売却が可能となるので、固定生産要素がない。このことから、企業の長期供給曲線は、短期供給曲線とは違った形状になる。

この短期と長期の相違について理解するために、チーズマン社の生産に関する意思決定を考えてみよう。短期的に生産量を変えたい場合には、労働者を雇用するか、解雇するか以外の選択肢はない。短期で変えることができるのは、労働だけだからである。ところが長期では、チーズマン社は雇用量に加えて設備（物的資本）も変更することができる。つまり、長期的にはチーズマン社は様々な生産量に対して平均総費用（*ATC*）が最小になるように、雇用量と物的資本を組み合わせることができる。この違いがあるので、短期費用曲線は長期費用曲線より上に位置する。

短期費用曲線と長期費用曲線の関係を理解するために、短期平均総費用曲線（*ATC*）を3つの規模（大、中、小）の工場を例にとって考えよう。図表6.14(a)には、3つのケースが描かれている。長期においては、チーズマン社は費用を最小化する規模の工場を選択できるので、長期*ATC*曲線は3つの短期*ATC*曲線より下に位置する。たとえば、生産増加に伴う平均費用の増加は、短期のほうが大きい。これは、短期ではチーズマン社が変更できるのは労働だけであるのに対して、長期では労働者を雇うと同時に物的資本を増やすという選択肢があるからである。

図表6.14では、長期*ATC*曲線はU字形をしている。(a)のU字形の長期*ATC*曲線では、はじめに生産量が増加しているときには平均総費用（*ATC*）は減少している。このときには**規模の経済**が存在する。チーズマン社にとって

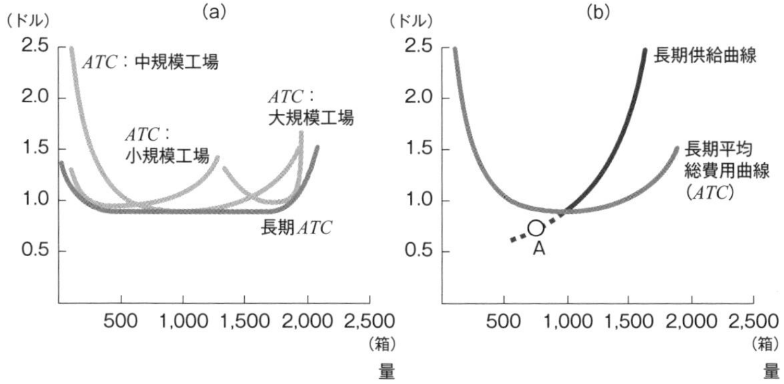

図表6.14　短期供給曲線と長期供給曲線

長期においては、チーズマン社は、機械設備や工場（物的資本）について制約を受けることはない。(a)の濃い色の曲線がチーズマン社の長期*ATC*曲線で、その他は3つの規模の工場での短期*ATC*曲線である。(b)は、長期平均総費用曲線（*ATC*）と長期供給曲線（限界費用曲線）である。

は、1日当たり生産量が444箱になるまでは規模の経済がある。工場の規模が大きくなり、労働者が作業に特化しやすくなってくると、規模の経済が起こることがある。生産量が増加していても、平均総費用が変化しない場合には、**収穫一定の法則**が成り立つ。チーズマン社の生産量が444箱から1,690箱の範囲が収穫一定の状態である。さらに生産量が増加して、平均総費用が増加する場合には、**規模の不経済**が存在する。チーズマン社の生産量が1,690箱を超えたときの状態である。たとえば、管理部門の眼が細部に行き届かなくなったり、業務に重複が発生しているなどといった場合に、規模の不経済が発生する。

長期供給曲線

図表6.14(b)には長期平均総費用曲線（*ATC*）に加えて長期供給曲線（限界費用曲線）が描かれている。チーズマン社の長期供給曲線は、限界費用曲線から導かれる。これは、短期供給曲線が限界費用曲線から導かれたのと同じ考え方による。

チーズマン社は、図表6.14(b)の点Aの価格で生産するだろうか？　答えはノーだ。この価格はチーズマン社の平均総費用よりも低いので、1箱を販売す

- 生産量が増加して、平均総費用が減少する場合には、**規模の経済**(economies of scale)が存在する。
- 生産量が増加していても、平均総費用が変化しない場合には、**収穫一定の法則**(constant returns to scale)が成り立つ。
- 生産量が増加して、平均総費用が増加する場合には、**規模の不経済**(diseconomies of scale)が存在する。

CHOICE&CONSEQUENCE

選択の結果

自動車製造工場：分業と規模の経済

自動車メーカーであるクライスラー社のミシガン州スターリングハイツ工場では、何千人もの労働者が年間数十万台の自動車を生産する。工場の製造ラインには、多数の熟練労働者とロボットが配置され、板金に何百もの部品を組み合わせて新車を完成させる。

ある製造ラインでは、溶接されたフレーム（車台）が巨大なベルトコンベアの上を動いている。コンベアの横には大勢の労働者が並び、フレームに自動車の部品を取り付けていく。

労働者はチームを組んでいる。まず最初のチームが、車台にエンジンを取り付ける。次のチームは前輪と後輪のサスペンション（懸架装置）、別のチームはトランスミッション（変速機）、ステアリング・ハンドル、ブレーキと順番に組み付けていく。3回の塗装仕上げの前に、部品取付作業を点検する責任者がいる。最後に、工場から出荷する前に、ブレーキ、フロントガラス、ワイパー、パワー・ウィンドウの動作などの品質基準が満たされているかどうか最終確認する検査役もいる。

この過程で目を引くのは、分業（特化）が生まれていることだ。個々の労働者は、特定の部品の取り付け、検査、塗装などの1つの作業だけを行う。一見すると単純な作業が組み合わされて複雑な仕事が達成されるのだが、複雑な仕事が完璧に提供されることによって初めて、工場の利潤を最大化できる。

労働者がチームを組むのではなく、1人ですべての作業をしていたのなら、1日に1台も生産できないだろう。分業をすることによって、工場では1日に何百台もの車を生産できる。こうやって大規模な組み立て工場は、小規模工場よりも1人当たりの生産台数は多くなる。これこそが、1908年にヘンリー・フォードが実現させた方法であり、この年彼は、手頃な価格の大衆車T型フォードを世に送り出した。

フォード・モーター社には、強度に優れたバナジウム鋼を他社に何年も先駆けて部品として採用するなど、T型フォードを成功に導いた様々な要因があった。その中でも、分業こそが成功の最も重要な要因であった。今ではどの自動車工場も、規模の経済を活用して利益を出している。チーズマン社も同様であり、生産量が増加するのに伴って*ATC*が減少するときには、規模の経済が働く。このように、近代経済を繁栄に導いた重要な特徴の1つは、分業によって労働者1人当たりの生産量が増加したことだ。

ることから受け取る金額よりも支払いのほうが大きくなる。総収入が総費用を下回れば、経済的利潤はマイナスになってしまう。

チーズマン社は、均衡価格では利潤が得られないのだから、この産業から退出するしかない*。**退出**とは、市場を去るという、長期の判断である。したがって、企業の長期の判断ルールは以下のようにまとめられる。

退出ルール：市場価格が*ATC*より低い、あるいは総収入が総費用より低い場合は、市場から退出する。

このルールから導き出される長期供給曲線は、おのずと短期供給曲線とは違うものになる。つまり、平均総費用曲線より上に位置する限界費用曲線が長期供給曲線である。それは、図表6.14(b)で長期供給曲線として示されている、実線部分である。平均総費用曲線（*ATC*）より下にある点線部分は、供給曲線として短期には存在するが、平均変動費用曲線（*AVC*）と平均総費用曲線（*ATC*）の間にあるため、長期では供給曲線ではない。

長期におけるチーズマン社の利潤は、短期とまったく同じように、総収入から総費用を差し引いて計算する。利潤は、価格と平均総費用の差額に販売量を掛けることによって計算できる。すなわち、$(P - ATC) \times Q$、である。また長期の生産者余剰は、市場価格と売り手の長期限界費用曲線の差から計算する。

ここまで短期供給曲線と長期供給曲線を導き出す方法を学んできたので、次の疑問に進もう。企業の供給曲線がグラフのどこに位置するのかを決める要因は何だろうか？　供給曲線は、短期の場合には平均変動費用曲線（*AVC*）より上に位置する限界費用曲線であり、長期の場合には平均総費用曲線（*ATC*）より上に位置する限界費用曲線だった。この問題のポイントは費用にありそうだ。個人の需要曲線と同じように、企業の供給曲線も左右にシフトするのだが、それには様々な要因が働いている。4章ですでに詳しく学んだものと、本章で取り上げた労働費用などの投入物の価格と技術進歩だ。

6.6　企業から市場へ：長期競争均衡

企業の短期分析と長期分析に違いがあるのと同じように、産業においても短

●**退出**(exit)とは、市場を去るという、長期の判断である。

* 新聞等では「撤退」が使われているが、経済学では「退出」と呼ばれる。

> **産業内の企業数は、短期では一定であるが、長期では収益性の変化に反応して企業の参入や退出が起こる。**

期と長期の間に明確な違いがある。産業内の企業数は、短期では一定であるが、長期では労働と物的資本は変えることができるので、収益性の変化に反応して企業の参入や退出が起こる。

企業の参入

企業は、どういうタイミングで市場への参入を判断すればいいのだろうか？ 例を使って考えてみよう。スティーブの経営するホールセールチーズ社（チーズマン社の近くに実在する企業だ）が、チーズを箱詰めする事業をはじめようと考えているとしよう。ホールセールチーズ社は、チーズマン社とうり二つ（同質）の企業であり、同様に同質な企業はこの産業には1万社あると仮定しよう。現在の市場価格は、図表6.15の点Eであり、ホールセールチーズ社の長期平均総費用の最小値（最小*ATC*）より大きい（本節では長期での費用のみを考えるので、単に平均総費用と呼ぶ）。

ホールセールチーズ社は、市場に参入すべきだろうか？　答えはイエスだ。市場価格1.13ドルは、ホールセールチーズ社の平均総費用0.93ドルより大きいので、チーズの箱詰め産業に参入することで、1箱当たり（$P - ATC$）の利潤を得られる。このときホールセールチーズ社の利潤は、紫色の網掛け部分の長方形の面積、$(P - ATC) \times Q$、である。したがって、ホールセールチーズ社は、チーズの箱詰め産業に参入すべきだ。

どの企業もこうした計算をして、利潤を得られることに気づき、参入を決定することは想像ができる。問題はその後だ。この産業への**自由参入**――参入が法的障壁または技術的障壁によって制約されない――が可能なときには、市場価格が平均総費用の最小値に下がるまで参入が続く。このことを、もう少し説明しよう。

第1に、新規企業の参入が市場供給曲線にどのように影響するかを考えよう。市場供給曲線とは、個々の企業の供給曲線の合計であり、新規企業が加われば、価格が同じでも供給される量は増加する。参入があれば、産業の総供給量に加算されるので、結果として、市場供給曲線は右にシフトする。

図表6.16(a)に示されるように、市場供給曲線の右へのシフトにより市場価格は下落する。完全競争が成立する産業の市場価格は、市場需要曲線と市場供

●産業への**自由参入**(free entry)とは、企業の新規参入が法的障壁または技術的障壁によって制約されないことである。

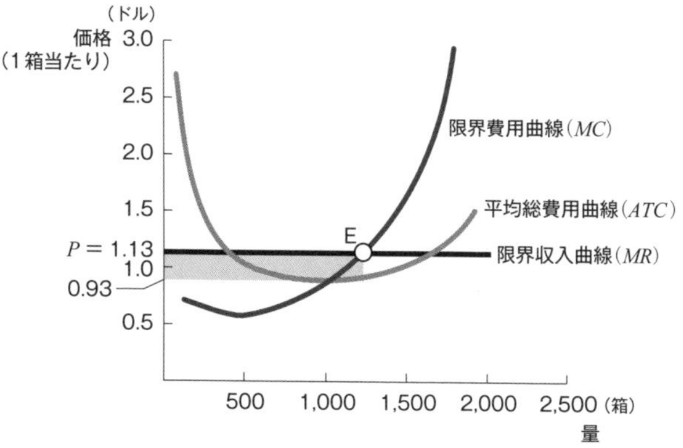

図表6.15　ホールセールチーズ社の参入

スティーブの経営するホールセールチーズ社(業務内容はチーズマン社と同質)は、市場に参入することで、利潤を得ることができる。市場価格が1.13ドルなら、紫色の網掛け部分の長方形の面積に相当する経済的利潤を獲得できる。

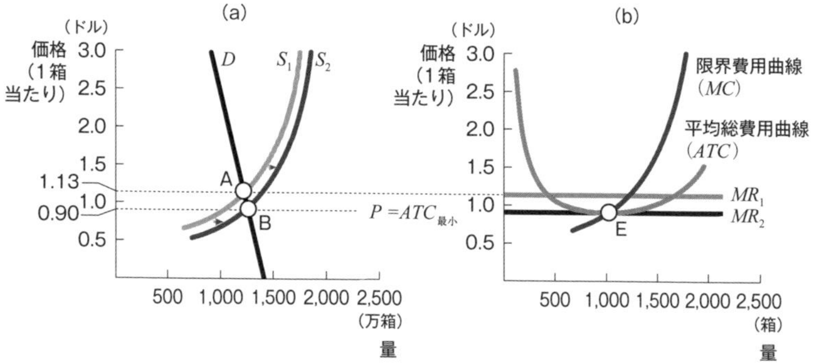

図表6.16　長期の企業参入

(a)に示されるとおり、企業の参入により市場供給曲線は右にシフトするので、均衡は点Aから点Bに移動する。これにより市場価格が下がる。この価格の変化により、チーズマン社は(b)の点Eで生産するようになる。

給曲線の交点で決まる（点A）。市場供給曲線がS_1からS_2へと右にシフトすると、市場価格は点Aの1.13ドルから点Bの0.90ドルに下落する。

さらに新規企業の参入が続くだろうか？　図表6.16(b)では、市場価格が平均総費用曲線の最小値である点Eまで下落しているので、これ以上の参入は起こらない。市場への参入がこれ以上は起こらない点Eで市場は均衡する。この例では、ホールセールチーズ社の参入によって価格が最小平均総費用まで下がったことで、経済的利潤はゼロになった。このようになれば、もう他の企業が参入するインセンティブはない。

仮に、参入が起こった後の新価格が最小平均総費用よりも高い場合には、参入するインセンティブはまだ残っているので別の企業が参入する余地がある。すると、さらに供給曲線が右にシフトして市場価格はさらに下がる。この参入プロセスは、市場価格がその産業の最小平均総費用と同じになるまで続く。

企業の退出

市場が均衡状態にあるときに、「幼児がチーズに触ると肌がかぶれる」という研究が発表されたとしよう。このニュースによって、チーズの箱詰めの市場需要曲線は左にシフトする。図表6.17(a)に描かれているように、この市場需要曲線のシフトによって均衡は点Aから点Bに移動するので、均衡価格は0.90ドルから0.71ドルに下落する。この価格は図表6.17(b)に示されているとおり、平均総費用曲線の最小値を下回っている（点Tを通る水平線で表される）。この価格では、産業に参入している企業の利潤はマイナスになる。市場からの**自由退出**――退出が法的障壁または技術的障壁によって制約されない――が可能なときには、長期には一部のチーズの箱詰め業者は工場を閉鎖して市場（産業）から退出するだろう。すべての企業は同質であると仮定しているので、市場にいるすべての企業は、採算が悪化し、市場からの退出を望むだろう。では、どの企業が最初に退出するだろうか？　採算が悪化していることに最初に気づいた企業が、退出するかもしれない。あるいは、現実には費用は企業によりばらつきがあるので、費用が高い企業が最初に退出するかもしれない。費用のばらつきがある場合については本章補論で詳しく議論するので、ここではすべての企業は同質であるという仮定のままで話を続けよう。

図表6.17(a)に示されているとおり、チーズの箱詰め産業からの退出が起こると、市場供給曲線が左にシフトし、市場価格は点Bから点Cに上昇する。市場価格が高いときには、価格が平均総費用の最小値（最小*ATC*）に下がるまで企業の参入が続くのと同じように、市場価格が低いときには、価格が最小*ATC*に上がるまで、企業の退出が続く。均衡価格が平均総費用の最小値（最小*ATC*）に達すると、長期均衡になる（図表6.17(b)の点E)。

当初に起こった需要曲線や供給曲線のシフト、およびそれに伴う市場価格の

● **自由退出**（free exit）とは、産業からの退出が法的障壁または技術的障壁によって制約を受けない退出である。

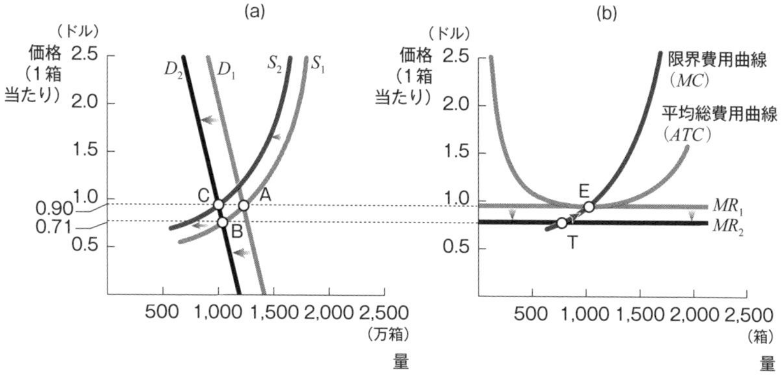

図表6.17 需要の左へのシフト後の企業の退出

(a)では、市場需要曲線が左にシフトすると、価格は点Aから点Bに下落する。新しい価格水準では、企業は退出するので、市場供給曲線は左にシフトする。このシフトにより、市場均衡は点Cに移動する。このとき(b)に示されるように、チーズマン社は再び点Eで操業する。

変化に関係なく、参入や退出によって、市場価格は長期平均総費用曲線の最小値へと導かれる。つまり、市場の均衡量は、市場の需要や供給のシフトで変わるかもしれないが、均衡価格はつねに長期平均総費用の最小値（最小*ATC*）に戻ってくる。

長期では利潤はゼロになる

自由参入と自由退出があることで、完全競争的な産業では、長期での価格は平均総費用の最小値（最小*ATC*）と等しくなる。このことから、完全競争市場の想定の下では、2つの重要な帰結が導かれる。

第1に、これまで学んできたとおり、産業の短期供給曲線は右上がりである一方で、その産業の長期供給曲線は平均総費用の最小値の水準で水平になる。なぜなら、価格はつねに平均総費用の最小値に戻ってくるが、平均総費用は変化しないので、価格は長期ではつねに同じになるからだ。長期では産業の生産量の変動は、企業の参入と退出によって調整されるので、長期の均衡生産量は変わるが、均衡価格は変わらない。

このことを図で確かめてみよう。図表6.18(a)のD_1は当初の市場需要曲線で、Sは供給曲線だ。当初の均衡量はQ_1で均衡価格はP_1である。またこの均衡価格P_1は平均総費用の最小値でもある。

ここで、図表6.18(a)のように、市場需要曲線が右にシフトしてD_2になると

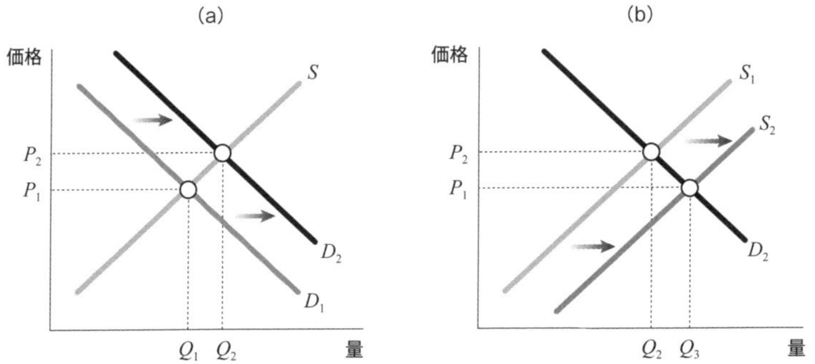

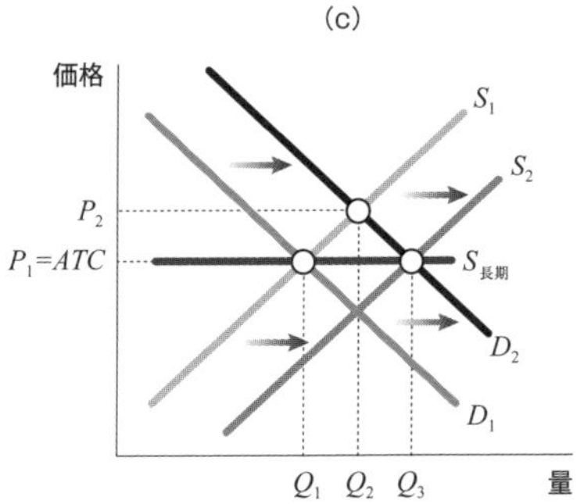

図表6.18　長期供給曲線は水平になる

(a)から(c)の図は、企業の参入と退出が繰り返されることで、長期的には供給曲線が水平になることを示している。需要が増え、D_1からD_2にシフトすると、価格はP_1からP_2に上がる。価格上昇に反応して供給がS_1からS_2に増えると、価格はまたP_2からP_1に下がる。長期では市場は長期平均総費用の最小値（最小ATC）であるP_1で均衡するため、長期供給曲線は水平となる。

仮定する。価格は短期的には上昇するが、長期では新規に企業が参入するので、(b)に示されるように、供給曲線が右にシフトする。この場合には、企業の参入が続いていくと、供給曲線は最終的にS_2までシフトし、価格は再び長期平均総費用の最小値P_1の水準まで下がる。最初と最後の2つの長期均衡点を結ぶと、市場の長期供給曲線（$S_{長期}$）を描くことができる。それは、(c)に描かれているとおり、価格P_1の水準で水平な線となる。

企業の参入や退出があるので、長期では、価格は平均総費用の最小値に等しくなる。したがって、産業への参入や退出がいつでも可能な同質の企業が多数あるという想定の下では、長期においては、平均総費用の最小値で必要なだけ生産される。

第2の帰結は、自由参入と自由退出ができる完全競争市場の下では、長期の均衡での企業の経済的利潤はゼロになることである。経済的利潤は、企業にとっては、その産業にとどまるか、または退出して別の産業に移るかの判断材料として重要だ。経済的利潤がプラスであれば、それがゼロに減少するまで企業の参入が続く。反対に、経済的利潤がマイナスであれば、それがゼロに増加するまで企業の退出が続く。自由参入と自由退出があることで、価格は平均総費用の最小値になるので、経済的利潤は長期均衡ではゼロになる。

以上の議論で重要な想定は、あらゆる企業は同質であり、投入される生産要素（労働と物的資本）の費用は一定であるという点だ（たとえば、あらゆる企業が、1人当たり72ドルで希望する人数の労働者を雇用できる)。企業の費用構造が違っていたら、経済的利潤がゼロになるという結果にはならない。このような場合には、安い費用で生産できる企業は、長期均衡でプラスの経済的利潤を得ることができる。この点は本章補論で学ぶ。

経済的利潤と会計上の利益

あなたが会社の経営者なら、企業の参入と退出によって利潤はゼロになると言われると、絶望的な気分になるのではないだろうか。最終的に利潤がゼロになるなら、そもそも参入しないほうがいいのではないだろうか？　実はそれが誤りである理由は、本章ですでに学んでいる。経済的利潤は会計上の利益とは違うものであることが、その理由だ。会社の経営者の立場から見ると、経済的利潤がゼロであるとは、あなたの能力を他の事業に活用しても現在以上のお金は稼げない、ということである。そのときには、少なくとも自分の時間の機会費用の分は稼げているのだ。

会計上の利益と経済的利潤の違いを、例を使って説明しよう。2011年1月20日（木曜日)、ウィスコンシン州サン・プレリーの新聞にチーズマン社の工場閉鎖の記事が掲載された。

> チーズマン社の工場閉鎖：従業員に対して工場閉鎖が通告されたのは、新聞発表の当日だった。1月20日に、チーズマン社の社長兼CEOのディブ・マックは、常勤労働者を中心に2カ月で従業員80人を解雇する内容のリストラを発表した。

チーズマン社は利益を出していると思っていた従業員は、この発表に当惑した。利益を出している工場が、なぜ閉鎖されるのだろうか？　ここで利潤の定義について考えてみよう。チーズマン社の会計上の利益がプラスであったとしても、経済的利潤はマイナスとなることがある。たとえば、チーズマン社が今の事業をしていなかったら、今いる経営陣と物的資本を活用した他の最善策はファストフード業界向けの倉庫の経営かもしれない。

実際にチーズマン社は、チーズの箱詰め事業を続けるよりは、ファストフード専門の倉庫業に事業転換するほうが利潤を高めることができたと仮定してみよう。その場合には、会計上の利益はプラスであったとしても、経済的利潤は、マイナスとなっている。チーズマン社の事業の潜在的な費用（経営管理層の時間の機会費用と工場の機会費用の合計）を考慮に入れる必要があるからだ。経済的利潤を計算するには、収入から労働の費用を差し引くだけでは不十分で、潜在的な費用も差し引かなければならないのだ[2]。

EBE Evidence-Based Economics
根拠に基づく経済学

問い：エタノールへの補助金は生産者にどう影響するか？

本章は、バイオエタノールへの**補助金**が生産者に及ぼす影響についての問いかけからはじまった。エタノールの生産はほぼ完全競争であり、本章の分析が役に立つ。

最初に、産業に補助金がある場合には、その産業の経済的利潤が増えるかどうかを考えてみよう。プラスの経済的利潤があれば、企業の参入が促されることは、すでに本章で説明した。それなら、アメリカ政府がエタノール産業に補助金を出したときに、エタノール工場が増えたかどうかを調べればよい。図表6.19は、濃い紫色でエタノール工場の総数、薄い紫色で建設中または増設中の新工場の数を示している。2006年には、エタノール燃料に対して1ガロン当たり0.51ドルを税額控除する（支払う税額を少なくする）という補助金が給付されていた。ブッシュ大統領が2006年の一般教書演説で、エタノール補助金の継続を発表すると、エタノール工場の建設は急増した。しかし、2009年には補助金が1ガロン当たり0.45ドルに減額されたことで、新工場の建設は2006年当時の水準まで減少した（もっとも、2007年から2009年にかけても、その水準は減少を続けていた）。

● **補助金**（subsidy）とは、経済主体に何らかの行動をさせることを目的に、インセンティブとして提供される金銭あるいは税制上の優遇措置である。

2) Adam Malecek, “Wisconsin Cheeseman Closing,” Sun Prairie Channel3000.com, January 20th, 2011. http://sunprairie.channel3000.com/content/wisconsin-cheeseman-closing

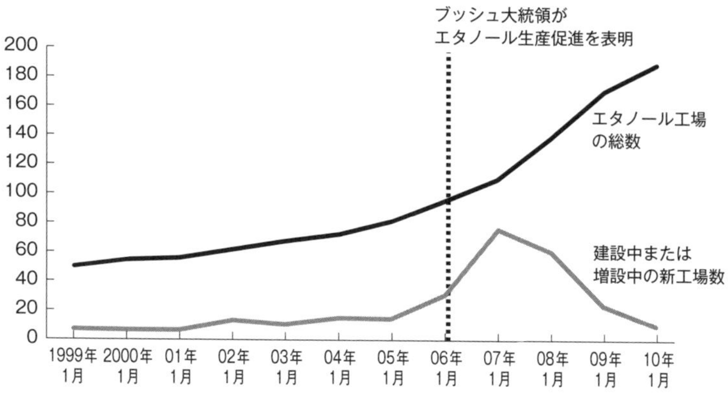

図表6.19　エタノールの既存工場と、建築中の工場

図は、エタノール生産の既存工場と建設中または増設中の工場数である。縦の点線は、ブッシュ大統領が2006年の一般教書演説でエタノール補助金の継続を発表した時期である。

出所：https://ethanolrfa.org/statistics/#C

補助金に反応してエタノール工場数が増減することは、経済的利潤が企業の参入や退出を決定する要因であることを示唆しているだろう。とはいえ、この時期には、エタノール産業はその他の多くの要因からも影響を受けており、補助金だけが工場数増加の原因であったとは言い難い。たとえば、トウモロコシ価格（アメリカでは、トウモロコシはバイオエタノール生産の主要な投入物である）は、2005年には過去最安値を記録したが、トウモロコシの安値が続くと予想した投資家がエタノール工場を建設したのかもしれない。あるいは、2008年に激変したアメリカのマクロ経済の状況が、工場の建設に影響を及ぼしたのかもしれない。

この興味深い問題をさらに検討する方法は、補助金がない仮想的な市場（その他の条件は補助金がある市場と同じ）を想定して、それを補助金がある市場と比べることである。著者の1人は、そのような設定で、学生にエタノール生産者の役割を演じてもらう実験を行った[3)]。

実験の目的は、エタノール生産に関する政府補助金がある場合とない

3) Alec Brandon, John List, and Michael Price, “The Effects of Ethanol Subsidies on Producers,” University of Chicago Working Paper.

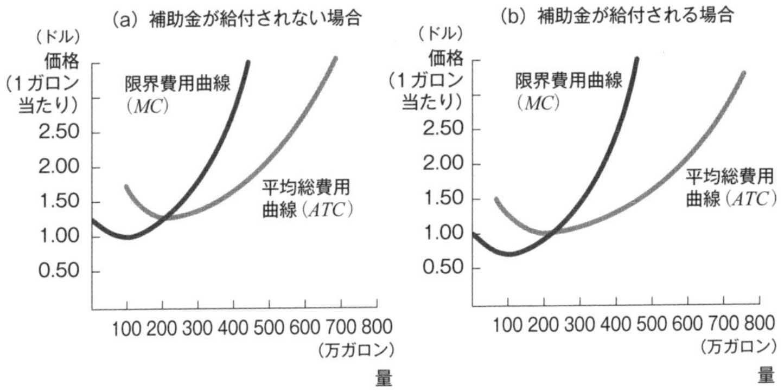

図表6.20 エタノール生産者の費用曲線

図は、エタノール生産者に補助金がある場合とない場合の、限界費用曲線と平均総費用曲線である。(a)は、エタノール生産者に補助金が給付されない場合、(b)は1ガロン当たり0.25ドルの補助金が給付される場合である。

場合を比較することだ。実験に参加したつもりで考えよう。実験では同一の費用曲線を持つ12の生産者が6期間参加する(参入と退出の決定が6回行われる)。参入した1工場当たりの生産能力は200万ガロンであり、収入と費用の差額が利潤である。図表6.20(a)には補助金が給付されない場合、(b)には補助金が給付される場合の限界費用曲線と平均総費用曲線がそれぞれ描かれている。給付される補助金は1ガロン当たり0.25ドルなので、企業の生産費用は1ガロン当たり0.25ドル低下する。

実験では、需要と供給に基づいて、エタノールの価格は図表6.21のように決まるとしよう。たとえば、企業の参入が1社であった場合には、エタノールは200万ガロンが生産され、1ガロン当たりの価格は1.40ドルになる。利潤は、$(P - ATC) \times Q$、であるから、補助金が給付された場合の利潤は、(1.40ドル − 1.00ドル) × 200万 = 80万ドル、になる。一方、補助金が給付されない場合の利潤は、(1.40ドル − 1.25ドル) × 200万 = 30万ドル、になる。

補助金給付の有無によって、結果はどのように変わるだろうか? 企業がどのように参入や退出を判断するかを考えてみてほしい。実験結果は図表6.22にまとめられている。(a)は補助金が給付されない場合であり、

1ガロン当たり価格（ドル）	総生産量（万ガロン）	生産社数（社）
1.40	200	1
1.35	400	2
1.30	600	3
1.25	800	4
1.20	1,000	5
1.15	1,200	6
1.10	1,400	7
1.05	1,600	8
1.00	1,800	9
0.95	2,000	10
0.90	2,200	11
0.85	2,400	12

図表6.21 実験におけるエタノールの価格と生産量

表は、実験で使われた仮想的な市場での、エタノールの価格、生産量、生産社数である。0.05ドル刻みの価格に対応した、エタノールの生産量と生産社数が示されている。

第1期には12社のうち11社が市場に参入し、エタノール生産は2,200万ガロン、均衡価格は1ガロン当たり0.90ドルになった。1ガロン当たりの利潤は、($P-ATC$)、であるので、このときには、1ガロン当たり0.35ドルの損失となる（0.90ドル－1.25ドル＝－0.35ドル）。損失が発生しているために、第2期には3社が退出し、生産を続ける企業は8社になる。エタノール生産は1,600万ガロン、均衡価格は1.05ドルになる。0.20ドルの損失が発生しているので、第2期では均衡にならない。図表6.22(a)からは、第4期で生産を続けている企業が4社、生産量は800万ガロン、市場価格が1.25ドルになる。これが均衡価格であり、この状況が実験が終わる第6期まで続く。このときのエタノール価格は、平均総費用の最小値と等しい1.25ドルであり、エタノールを生産するすべての企業の経済的利潤はゼロになる。

図表6.22(b)は、補助金が給付される場合だ。第1期では5社だけが市場に参入している。生産社数が5社の場合には、エタノール1,000万ガロンが生産され、価格は1ガロン当たり1.20ドルになる。この場合には、生

図表6.22 補助金給付の有無に関する実験結果

(a) は補助金が給付されない場合であり、(b) は1ガロン当たり0.25ドルの補助金が給付される場合だ。2つのグラフはともに、6期間の取引がある実験的市場の企業数の変化を表したものだ。

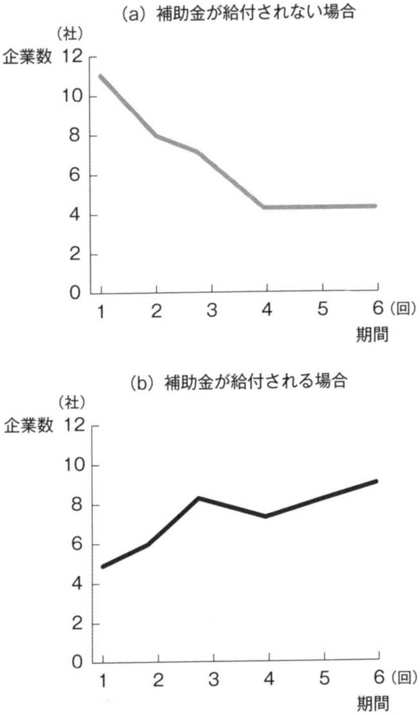

産者（売り手）は1ガロン当たり0.2ドルの利潤を得る（1.20ドル－1.00ドル＝0.2ドル）。利潤がプラスであるため、新規参入が起こる。実験が終わる第6期までには、9社が市場に参入し、生産量は1,800万ガロン、価格は1ガロン当たり1.00ドルになる。1ドルという価格は、平均総費用の最小値と同じだ。この場合には補助金があっても、理論どおり、生産量は経済的利潤がゼロになるまで増える。

この実験は、競争的産業で何が起こるかについて本章で学んだことを裏づけるものだ。補助金が給付されてもされなくても、2つの市場ではともに、企業の参入と退出が起こることによって、利潤がゼロになる均衡に最終的には落ち着く。つまり、補助金給付の有無にかかわらず、経済的利潤は長期ではゼロになる。完全競争市場では、生産者は短期では補助金の影響を受けるが、長期では参入や退出によって経済的利潤はゼロに向かうので、エタノール産業のような完全競争市場では企業はやはり、補助金からプラスの経済的利潤を得ることはできないのである。

Q 問い エタノールへの補助金は生産者にどう影響するか？

A 答え 補助金を受け取る期間が、短期であるか長期であるかにより、その影響は異なる。

データ 市場データと実験データ。

注意 実験結果から一般的な結論を導くことは難しい。エタノール産業のデータを分析することも、その期間中に様々な要因が同時に変化するために、原因や効果を明確にすることは難しい。

まとめ

◉売り手が最適化を図るときは、限界で判断する。これは、限界費用が限界収入と等しくなるところまで生産を拡大することである。

◉短期と長期の供給曲線は、様々な価格に対する売り手の販売意思量を表したものである。

◉生産者余剰とは、市場価格と限界費用曲線の差である。

◉自由参入と自由退出があるときには、完全競争市場での長期の経済的利潤はゼロになる。

◉「売り手の選択」から学んだ意思決定ルールと自由参入と自由退出が及ぼす影響を理解することで、事業の経営方法をより深く理解することができるとともに、売り手がインセンティブにどう反応するかをより良く予測できる。

キーワード

企業
物的資本
長期
変動生産要素
特化
収穫逓減の法則
総費用
固定費用
平均変動費用（*AVC*）
限界費用（*MC*）
限界収入
会計上の利益
供給の価格弾力性
サンクコスト
規模の経済
規模の不経済
自由参入
補助金
生産
短期
固定生産要素
限界生産力
生産性
生産費用
変動費用
平均総費用（*ATC*）
平均固定費用（*AFC*）
収入
利潤
経済的利潤
操業停止
生産者余剰
収穫一定の法則
退出
自由退出

復習問題

1.... ある製品の世界市場ではトップ企業1社のシェアが55％を占め、残り45％のシェアを147社が分けあっているとしよう。この市場には多数の企業があるが、競争的と言えるだろうか？　理由も説明しなさい。

2.... 完全競争市場における売り手は、生産する財に違う価格を付けることができるだろうか？　理由も説明しなさい。

3.... 企業の参入に対して法的障壁や技術的障壁を設けることは、完全競争市場での長期均衡にどのように影響を及ぼすだろうか？

4.... 競争的企業にとっての限界費用曲線と平均総費用曲線の関係を、図を使って説明しなさい。限界費用が平均総費用を下回っている場合には、平均総費用はどうなっているだろうか？

5.... 完全競争市場において、個々の企業が直面している需要曲線は水平であるが、その産業の需要曲線は右下がりになる。その理由を説明しなさい。

6.... 競争市場において利潤を最大化するためには、企業は生産量をどのように決定するだろうか？

7.... 会計上の利益がプラスでも、経済的利潤がマイナスになることはあるか？

8.... 図は、異なるタイプの価格弾力性を持つ3つの供給曲線である。それぞれの図は、完全に弾力的な供給曲線、完全に非弾力的な供給曲線、価格弾性値が1の供給曲線、のどれを示しているだろうか？

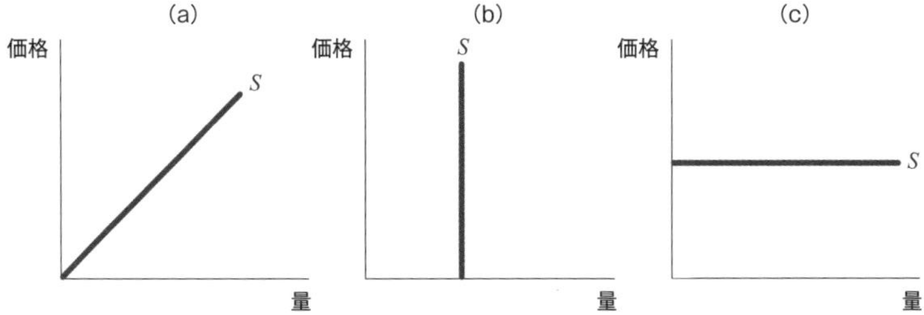

9.... 市場価格が短期において平均費用を下回った場合には、利潤を最大化する企業は操業を続けるだろうか？

10.. 生産者余剰とは何か？　競争市場における生産者余剰の計算方法も示しなさい。

11.. 競争市場において以下の場合には、企業の生産者余剰が、増加するか、減少するか、それとも変化しないか、についてそれぞれ答えなさい。

i. 製品の需要が増加する

ii. 企業の生産の限界費用が上昇する

iii. 製品の市場価格が下落する

12.. 図は、完全競争市場での企業の長期平均総費用曲線である。

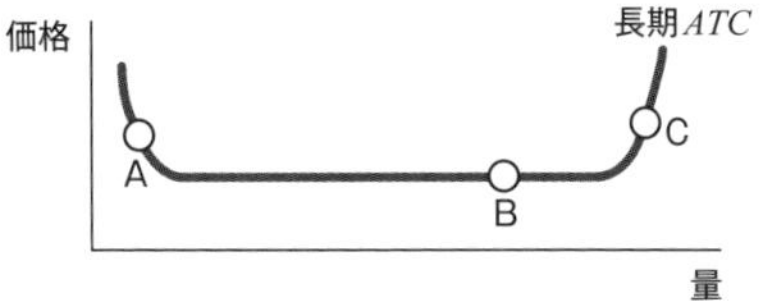

曲線上の点A、B、Cはそれぞれ、規模の経済、収穫一定（の法則）、規模の不経済、のどれに相当するか？

13.. 完全競争市場での企業の長期供給曲線と短期供給曲線は、どのように違っているかを説明しなさい。

14.. 競争市場において売り手が退出するときには、均衡はどのように変化するだろうか？

補論

企業の費用構造が異なるとき

本章では、多数の同質の企業が存在していると仮定していた。しかし、みなさんが思い浮かべる産業では、この仮定は現実的なものではない。他社よりも先進的な技術を所有している企業、経験が豊富な企業、産業の状況に精通している企業もある。特定の企業だけが、重要な投入物である天然資源を利用できるかもしれない。ある農家だけが、特定の農産物が生育するのに適した土地を持っているかもしれない。このような要因のすべてが、生産費用の違いにつながってくる。こうした場合には、その産業の供給曲線はどのような形をしているだろうか？　均衡はどう変化するのだろうか？

結論から言えば、ここまで本章で学んできたとおり、どの企業にも、操業停止か退出が最適である場合を除けば、$MC = MR = P$、の水準に達するまで生産を拡大するという原則が当てはまる。市場供給曲線は、個々の企業の供給曲線の合計であることも同じである。企業が同質的である場合と、同質的ではない場合には、どのような違いがあるだろうか？　両者の違いは、企業が同質的ではない場合には、そうした産業の均衡価格は、最後に参入した企業（限界的な企業）の長期平均総費用と等しくなるということである。この場合、長期の均衡状態においても、プラスの経済的利潤を獲得できる企業が存在する。

例を使って説明しよう。非常においしい果物ができる新品種の種子が開発されたとしよう。この果物の市場需要は非常に大きく、アメリカの典型的な牧草地ならどこでも育てることができる果物であるが、収穫の手間を考慮に入れると、緩やかな傾斜地のほうが栽培には有利である。このため、農家が所有している土地の形状次第で、新品種の果物を生産するための平均総費用は違ったものになる。

このシナリオでは、平均総費用が最も低い農家グループが最初に市場に参入して、最も大きな経済的利潤を得る。次に市場に参入するのは、果物の生育に次に適した土地を所有している農家グループになるので、その平均総費用は最初の農家グループのそれよりも高い水準になる。こうした過程が続いて、市場への最後の参入者は、経済的利潤がゼロの農家となる。最後の農家は、産業に参入してもしなくても、どちらでもいいと考えている。実際には、市場価格がほんの少しでも下がれば、市場には参入しないことだろう。

図表6A.1 企業が異なる費用構造を持つ場合の均衡

(a)に示されているように、需要が増加すると、需要曲線はD_1からD_2へと右にシフトする。この結果、価格はP_1からP_2に上昇するので、企業はプラスの経済的利潤を得る($P>ATC$)。
経済的利潤の増加に反応して、新規企業がこの産業に参入して、供給曲線はS_1からS_2へと右にシフト(供給が増加)する。この参入によって生産量が増加するので、市場価格はP_2から下落する。
新規の参入は、限界的な企業(この産業に最後に参入する企業)の経済的利潤がゼロになるまで続き、そのときの価格が新しい価格となる。しかし、生産費用は企業によって異なり、生産費用が最も低い企業はすでに参入しているので、価格が当初の水準であるP_1まで下落する前に、参入は止まる。(b)からわかるように、最終的な均衡価格P_3は、当初の均衡価格P_1よりも高い。
(c)は、需要の増加とそれが引き起こす参入の両方を描き、当初の市場均衡(P_1, Q_1)と最終的な市場均衡(P_3, Q_3)を示している。個々の企業の費用構造が違っているので、利潤がゼロになるという条件は、最後に参入した企業が直面している、価格＝平均総費用、という状況である。長期供給曲線とは、長期均衡に至るまでの市場均衡の軌跡であり、右上がりの曲線になる。

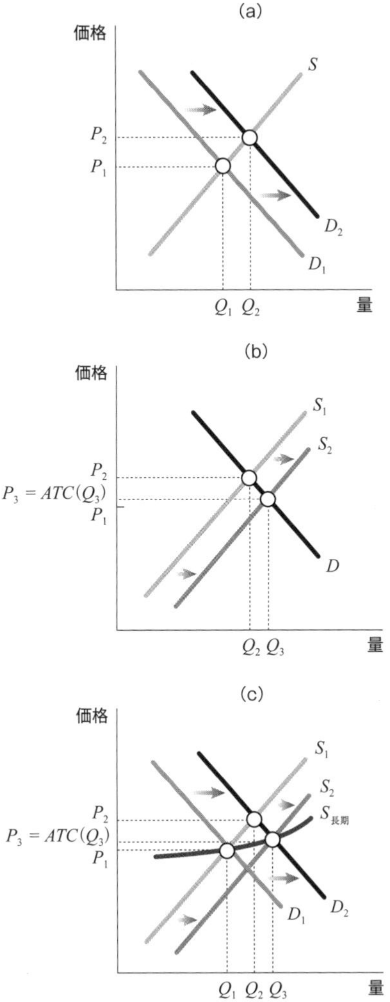

図表6A.1でこれを確認しよう。(a)に示されているとおり、需要曲線が右にシフトすると、価格は上昇する。この価格上昇により、企業の参入が起こるので、(b)に示されるように、供給曲線は右にシフトする。新しい参入者の費用は最初の参入者に比べて高いので、均衡価格は、最後の参入者の経済的利潤がゼロになる水準（価格が長期平均総費用の最小値に等しくなる水準）に決まる。この場合には、(c)に示されているように、長期供給曲線は右上がりになる。

短期と長期の利潤と供給曲線

企業の費用構造	短期	長期
費用曲線がすべての企業で同じ	経済的利潤がプラスになる場合がある	すべての企業の経済的利潤はゼロになる
	供給曲線は右上がり	供給曲線は水平
費用曲線が企業によって異なる	経済的利潤がプラスになる場合がある	限界的な企業（最後に参入した企業）を除く企業の経済的利潤はプラスになる
	供給曲線は右上がり	供給曲線は右上がり

図表6A.2　企業が同質的の場合と同質的ではない場合の違い

表には、異なる2つの市場の、短期利潤、長期利潤、長期供給曲線がまとめられている。表の上段は、市場に参入する企業が同質的な（費用構造が同じ）場合であり、下段は費用構造が同質的ではない（費用曲線が異なる）場合である。

長期供給曲線が右上がりになるときには、均衡価格は、果物の生育に最も適した土地を所有する農家の平均総費用（すなわち、*ATC*が最小になる）よりも高くなる。そのため、長期供給曲線が水平の場合とは異なり、生産費用が低い農家は利潤を得ることができる。この結果からわかるように、売り手（生産者）の生産費用が異なる場合には、長期でもプラスの経済的利潤が獲得できるのである。

図表6A.2には、競争市場で自由参入と自由退出が起こる場合に企業が同質的か否かによって、どのような違いがあるかがまとめられている。

7 完全競争と見えざる手

Perfect Competition and the Invisible Hand

利己的人間だけがいる市場は社会全体の幸福度を最大化できるか？

5章と6章では、市場の中心的な経済主体（買い手と売り手、言い換えると消費者と生産者）の意思決定を扱った。1人ひとりの経済主体が一定の行動ルールに従うときには、それぞれの幸福度（ウェルビーイング）が最大化される——誰もが自分の利益を増やしたいので、これは好ましいことである。しかし、競争市場に参加する人々すべてが自己利益を追求するのみだと、混乱が生じたりしないのか？

インターネット上のオークション市場であるeBayでの入札、ニューヨーク証券取引所（NYSE）における株式仲買人の場立ち、フリーマーケットでの価格交渉……。ちょっと考えるだけでも、市場は修羅場のように見えるし、明らかに誰の統制も受けていない。この混乱は、自己利益だけを考える市場の参加者が作り出すものだ。

経済学の父と言われるアダム・スミスはこうした混乱に対して、まった

本章の構成

7.1 完全競争と効率性 — 7.2 見えざる手の及ぶ範囲：個人から企業へ — 7.3 見えざる手の及ぶ範囲：産業間の資源配分 — 7.4 価格が見えざる手を動かす

7.5 公平性と効率性 — EBE 利己的人間だけがいる市場は社会全体の幸福度を最大化できるか？

KEYIDEAS
キーアイデア

- ◉見えざる手が市場の買い手と売り手に財とサービスを効率的に配分する。
- ◉見えざる手が産業内の生産を効率的にする。
- ◉見えざる手が産業間の資源を効率的に配分する。
- ◉価格が見えざる手を動かす。
- ◉我々が消費できるもの全体を最大にすることと、それを公平に分配することの間にはトレードオフの関係がある。

く違った見方を示した。スミスは、利己的であることは経済が効率的に機能するために必要な要素である、と考えていた。この見方は『国富論』（1776）で極めて簡潔に表現されている。

> われわれが食事ができるのは、肉屋や酒屋やパン屋の主人が博愛心を発揮するからではなく、自分の利益を追求するからである[1)]。

これは、「見えざる手」の力として知られている洞察である。完全競争の仮定がすべて満たされる場合には、個人による自己利益の追求が、あたかも見えざる手によって導かれるかのようにして、社会全体の幸福度を高める。これが、経済学の洞察力に富む考え方である。

本章では、見えざる手の重要なインプリケーション（含意）について学ぶ。完全競争を仮定すると、市場システムが個人の利益と社会の利益を調和させる。このとき、自由市場は、完全に効率的に、財とサービスの生産と消費を配分することを、本章で説明する。市場が希少資源を効率的に配

1）Adam Smith, *The Wealth of Nations*, 1776. 最新の翻訳は、山岡洋一訳『国富論――国の豊かさの本質と原因についての研究』（上・下）、日本経済新聞出版社、2007年。引用は、第1編第2章「分業の起源」（翻訳上巻、p.17）による。

分する秘訣は、買い手と売り手を導く役割を価格に委ねることである——この点は、ニューヨーク証券取引所の株式仲買人、フリーマーケットの買い手と売り手、ガレージセール*に集まる人々など、どのような市場であっても同じである。見えざる手の働きを理解することで、私たちの周囲の世界に対する理解を深められるだろう。

7.1 完全競争と効率性

最初に、4章から6章で学んだ完全競争市場をさらに詳しく考えていこう。単純化のために、市場には7人の買い手（消費者）と7人の売り手（供給者）のみが存在し、全員が価格受容者（プライステイカー）であるとする。それぞれが、中古で状態がいいアップル社の第5世代iPodを取引したいと仮定する。さらに、中古市場で取引されているiPodの状態はほぼ同じであると仮定し、同質の財であると考える。①マデリーン、②ケィティ、③シーン、④デイブ、⑤イアン、⑥キム、⑦ティという7人の買い手にとってのそれぞれの留保価値（支払意思額）は図表7.1に示されている。**留保価値**とは、買い手と売り手が、取引をするかしないかについて、どちらでもかまわないと判断する価格である。図表7.1では中古のiPodに対する①マデリーンの支払意思額は70ドル、②ケィティは60ドル、……、最も低い⑦ティは10ドルである。これらの支払意思額をもとに、図表7.2の市場需要曲線を描くことができる。

この市場の7人の売り手は、❶トム、❷メリー、❸ジェフ、❹フィル、❺アダム、❻マット、❼フィオーナであり、図表7.1に示されているように、それぞれ異なる留保価値を持つ。売り手にとっての留保価値は、受入意思額または限界費用である。図表7.1からは中古のiPodに対する❶トムの受入意思額は10ドル、❷メリーは20ドル、……、最も高い❼フィオーナは70ドルである。これらの受入意思額をもとに、図表7.2のような市場供給曲線を描くことができる。

この場合の均衡価格はいくらになるだろうか？　均衡価格は、市場需要曲線

● **留保価値**（reservation value）とは、買い手と売り手が、取引をするかしないかについて、どちらでもかまわないと判断する価格である。

* ガレージセールとは、家庭内で不要となったが、まだ使える物を近所の人に買ってもらえるように、自宅のガレージに陳列して売ることを指す。通り沿いの自宅の前庭に陳列することも多い。

買い手	留保価値（支払意思額）
①マデリーン	70ドル
②ケイティ	60ドル
③シーン	50ドル
④デイブ	40ドル
⑤イアン	30ドル
⑥キム	20ドル
⑦ティ	10ドル

売り手	留保価値（受入意思額＝限界費用）
❶トム	10ドル
❷メリー	20ドル
❸ジェフ	30ドル
❹フィル	40ドル
❺アダム	50ドル
❻マット	60ドル
❼フィオーナ	70ドル

図表7.1　中古iPodの市場における買い手と売り手の留保価値

中古iPodの市場には、7人の買い手と7人の売り手がいて、それぞれ留保価値を持っている。7人の買い手を合わせるとiPodの市場需要になり、7人の売り手を合わせるとiPodの市場供給になる。

図表7.2　中古iPodの市場の需要曲線と供給曲線

図表7.1に基づいて需要曲線と供給曲線を描くと、個人のiPodの需要と供給は1台ずつなので階段状の曲線になる。2本の曲線は40ドルの均衡価格で交わり、4台のiPodが売れるので、これが均衡量である。

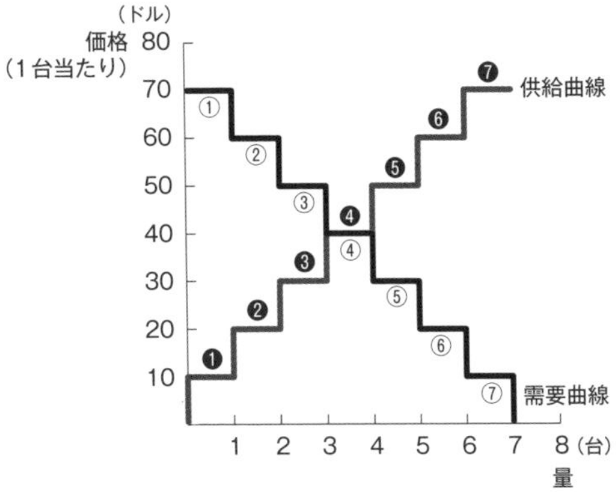

と市場供給曲線の交点で決まる。図表7.2から、交点は40ドルであることがわかる。これはたまたまデイブが買いたい価格で、フィルが売りたい価格でもある。

この均衡価格40ドルでの中古iPodの取引量は、何台になるだろうか？　均衡価格と同様に、均衡量も市場需要曲線と市場供給曲線の交点で決まる。すると、均衡量は4台になるとわかる。なぜなら、4人の買い手（①〜④：マデリーン、ケイティ、シーン、デイブ）はiPodに最低でも40ドルを支払う意思があり、4人の売り手（❶〜❹：トム、メリー、ジェフ、フィル）は40ドル以下で売る意思があるからだ。価格40ドルで留保価値が40ドルの場合には、取引の判断はどちらでもかまわない。どちらでもかまわない場合（この例ではデイブやフィルの場合）は、取引することを選ぶと仮定する。

社会的余剰

完全競争市場において売り手と買い手が最適化しているときには、その結果として社会的余剰が最大化される。**社会的余剰**とは、消費者余剰と生産者余剰の合計である。5章で学んだ消費者余剰は、買い手の留保価値（支払意思額）と実際の支払額の差であり、6章で学んだ生産者余剰は、市場価格と売り手の留保価値（限界費用）の差である。したがって、社会的余剰は、市場の取引から生み出される価値の合計になる。社会的余剰が最大になるのは、留保価値が最も高い買い手が、留保価値が最も低い売り手から購入するときである。こうして、買い手と売り手は別々に行動しながらも、それぞれができる最善のこと（つまり、最適化）をしているのである。

図表7.3(a)、(b)、(c)は、完全競争市場の均衡点で社会的余剰が最大化される理由を示している。これは、図表7.2をケース別に分解したものである。社会的余剰は紫色の影とグレーの影の面積の合計であり、取引量0から実際の取引量に至る間の市場需要曲線と市場供給曲線に挟まれた部分の面積である。(b)は、競争市場均衡での社会的余剰である。社会的余剰は、市場で取引する経済主体の消費者余剰と生産者余剰の合計として計算される。たとえば、支払意思額が70ドルの①マデリーンが実際に支払った金額が40ドルなら、消費者余剰は30ドルになる。同じように、受入意思額が10ドルの❶トムが実際に受け取った金額が40ドルなら、生産者余剰は30ドルになる。取引が成立した全員について同じように計算すると、消費者余剰の合計は60ドル、生産者余剰の合計は60ドルになる。すると、社会的余剰はその合計で120ドルになる。

なぜ競争均衡は、社会的余剰を最大化するのだろうか？　例を使って、その理由を説明しよう。仮に市場での販売量が、均衡量より低い水準に規制されたらどうなるだろうか？　たとえば、iPodの取引量が2台に制限されると、支払意思額の高い上位2名が受入意思額の低い下位2名から購入する。ここでは、①マデリーンと②ケィティが買って、❶トムと❷メリーが売る。この場合には、取引される価格は20ドルから60ドルの間になり、図表7.3(a)に示されているように、社会的余剰は(b)の競争市場均衡での社会的余剰より小さくなる。(b)の競争市場均衡で得られる社会的余剰の120ドルに対して、(a)の社会的余剰

● **社会的余剰**(social surplus)とは、消費者余剰と生産者余剰の合計である。

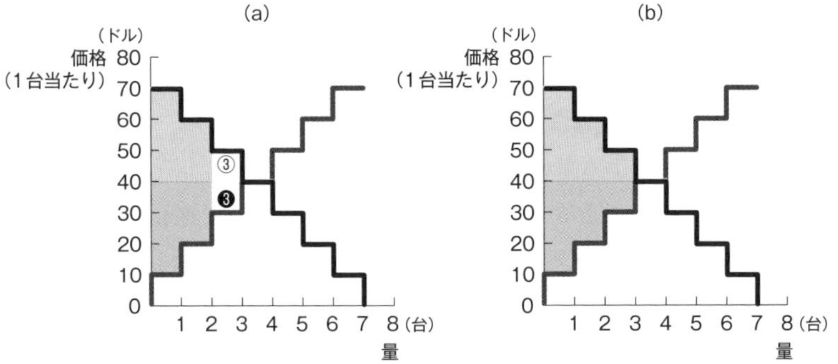

図表7.3　社会的余剰の最大化

(a)はiPodの取引量の上限が2台に制限された場合である。この場合には、取引に参加できなかった③シーンと❸ジェフは便益を得られないので、社会的余剰は最大化されない。一方、(c)は、iPodの取引量が強制的に5台に増やされた場合だ。このときには、❺アダムと⑤イアンも取引をすることになる。売り手(❺アダム)の費用は買い手(⑤イアン)の便益を上回っているので、社会的最適と比較すると社会的余剰は小さくなる。中古iPodの市場に外部からの規制がない場合には、(a)のように利益になる取引から締め出されることはなく、(c)のように利益にならない取引が強制されることもないので、(b)に示されるように社会的余剰は最大になる。

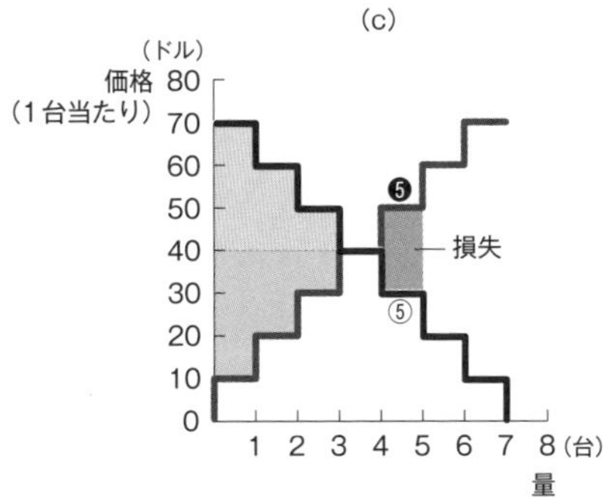

は100ドル（①マデリーンと②ケィティの留保価値の合計である130ドルと❶トムと❷メリーの留保価値の合計である30ドルの差額）にすぎない。

逆に、取引機会が増えて、iPodの取引量が5台に強制的に増やされたら何が起こるだろうか？　この場合には、支払意思額の高い上位5名が受入意思額の低い下位5名から購入する。すると(c)に示されているように、供給曲線で下から5段目の❺アダムまでがiPodを売り、需要曲線で上から5段目の⑤イアンまでがiPodを買う。このときの社会的余剰は、競争市場均衡での社会的余剰((b)に示されたiPod4台の取引による余剰）と、(c)の濃いグレーの影の部分の面積の合計になる。

ただし、(c)の濃いグレーの影の面積は、5台目のiPodの取引を強制することで生じる損失を示す。(c)からわかるとおり、5台目の売り手の留保価値は5台目の買い手の留保価値よりも高い。この場合の損失は、20ドルとなる。

30ドル	−	50ドル	= −20ドル
（イアンの留保価値）		（アダムの留保価値）	（損失）

イアンがiPodを受け取ることから得られる限界便益（30ドル）が、アダムがiPodを手放すことの限界費用（50ドル）より小さいために、損失が生じる。限界便益が限界費用より低いので、6章で学んだ意思決定ルールで考えればこの取引は最適な行動ではない。この場合の社会的余剰は、競争市場均衡で得られた120ドルから、100ドルに減る（120ドル − 20ドル = 100ドル）。

パレート効率性

競争市場均衡が効率的であるということは、相互の利益になるすべての取引が行われるという意味であり、それ以上でもそれ以下でもない。取引による利益はすべて取りつくされている。結果として、競争市場均衡は社会的余剰を最大にする。単に経済が創るパイ*を最も大きくしたいなら、これが社会全体にとって最善である。

しかし、様々な状況で「誰が何を得るのか」という余剰の配分も経済学の関心の対象だ。競争市場均衡で、他の誰かに損失を与えることなく、利益を得ることは可能であるのか、を考えてみよう。答えは「ノー」だ。これはパレート効率性と呼ばれ、社会的余剰に関連した概念である。他の誰かに損失を与えることなく、利益を得ることができない状態を**パレート効率的**と言う。社会的余剰が最大化されているという言い方のほかに、競争市場均衡はパレート効率的である、とも言う。

完全競争市場において、均衡価格が持つ第1の優れた機能は、均衡価格が財とサービスを買い手と売り手に効率的に配分することである。純粋に利己的な個人は、何か特別な指示がなくても——あたかも、そうするように命令されたかのように——見えざる手に導かれて、社会全体の幸福度を最大化する。この理論は、経済学における最も深い洞察の1つである。本章後半では、この理論的な予測に現実の社会が合致するかどうかを検証する実証的エビデンス（観測や測定によって得られる一連の事実）を紹介する。

競争市場均衡は社会的余剰を最大にする。単に経済が創るパイを最も大きくしたいなら、これが社会全体にとって最善である。

● **パレート効率的**（Pareto efficient）とは、他の誰かに損失を与えることなく、利益を得ることができない状態である。

* 経済学では、パイを社会的余剰のたとえとしてよく使う。本章の文脈では、社会的余剰と同義である。

7.2 見えざる手の及ぶ範囲：個人から企業へ

見えざる手は、個人に対して明確な影響を持つ洞察であると同時に、6章で学んだ知識を活用することによって、極めて広い範囲に適用できる。2つの工場で操業している企業を例に考えてみよう。両工場ともマイクロチップを生産し、完全競争市場で販売していると仮定する。工場のうちの1つは1970年代後半に建設された生産設備の古い工場（旧工場）、もう1つは2010年に建設された新鋭設備の新しい工場（新工場）である。新工場に比べて、旧工場は、生産技術が古いため製造コストが高い。図表7.4に描かれているように、どの生産水準でも、新工場は旧工場よりも低い限界費用でマイクロチップを生産できる。

この企業では、昔から2工場は独立して操業し、また2人の工場長の職務は、自分の管理する工場の利潤を最大化することだ。マイクロチップの価格が1個当たり10ドルなら、利潤を最大にするためには、2つの工場はマイクロチップを何個製造すべきだろうか？　6章で学んだ売り手（生産者）の選択ルールを適用して考えよう。短期においては、価格が平均変動費用（AVC）よりも大きいなら（$P>AVC$）、限界費用（MC）が価格と等しくなるまで生産を拡大させたほうがいい。ここでは、$P>AVC$、であると仮定する。

6章で学んだとおり、完全競争市場では、限界収入（MR）は価格と等しいので、旧工場の工場長は限界費用が価格と等しくなる（$MC=P=MR$）まで

図表7.4　2つの工場の限界費用

旧工場は生産技術が劣るため、新工場よりも生産の限界費用が高い。同じ生産水準で比較すると、旧工場の限界費用曲線は、新工場の限界費用曲線より上に位置している。

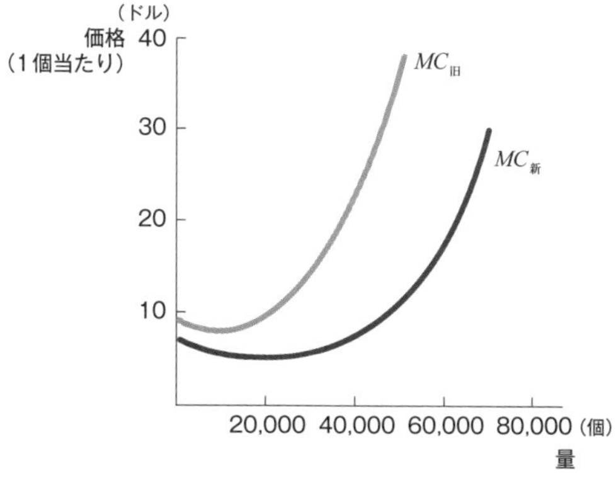

図表7.5 旧工場の最適生産量

旧工場では、追加の1単位を販売することから得られる便益（10ドル）と追加の1単位を生産する費用が等しくなる量を生産することによって、利潤を最大化する。旧工場の場合には、2万個が目標を達成する生産量である。このときの総費用はグレーの影の面積（20万ドル）で、経済的利潤は、$Q \times (P - ATC) = $ 2万×（10ドル−10ドル）＝0ドル、である。

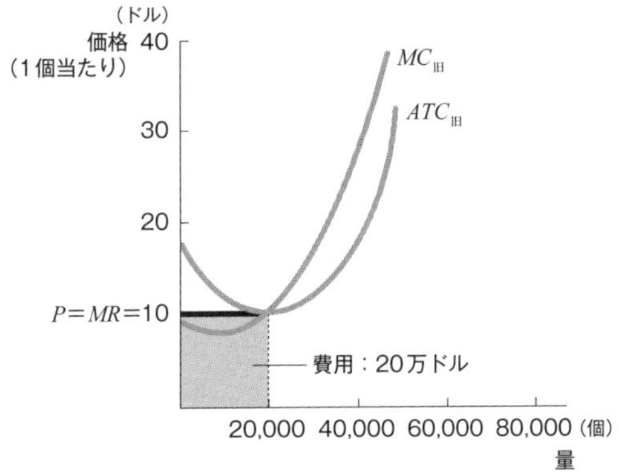

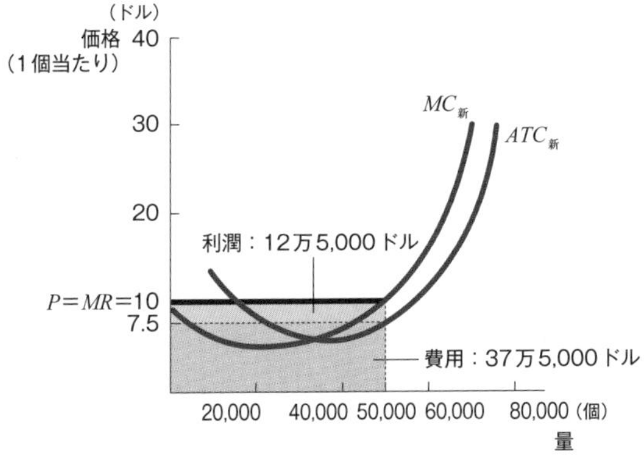

図表7.6 新工場の最適生産量

旧工場と同じように新工場も、10ドルの市場価格の下で、限界費用が市場価格と等しくなる水準で生産する。新工場は旧工場よりも限界費用が低いため、市場価格が10ドルのときには、新工場ではより多い5万個が生産される。このとき、価格は平均総費用より高く（$P>ATC$）、新工場は、5万×（10ドル−7.5ドル）＝12万5,000ドルの経済的利潤を得ることができる。

生産を増やす。図表7.5から、$MC = P = MR$になる生産量は2万個であることがわかる。新工場の工場長も同じように最適化を行い、図表7.6から、$MC = P = MR$になる生産量は、5万個であることがわかる。

生産の総費用は、平均総費用（ATC）に生産量を掛けることで計算できる（$ATC \times Q$）。新旧工場の総費用は、図表7.5と図表7.6に示されているとおり、生産量での平均費用より下方のグレーの影の付いた長方形の面積である。旧工場の総費用は10ドル×2万＝20万ドル、新工場の総費用は7.5ドル×5万＝37万

5,000ドルである。旧工場では$P = ATC$であるため、経済的利潤はゼロだが、新工場は5万×(10ドル－7.5ドル)＝12万5,000ドルの経済的利潤(紫色の影の面積)を得ている。

年次株主総会の場で、2人の工場長は新任のCEOに、生産量と費用を含めて業績を報告したところ、新しいCEOはその数字にショックを受けてこう言った。「技術と費用の違いを知っていながら、古い工場でまだ生産していたことが驚きだ」。そして古い慣習に縛られていると決めつけてこう言った。「こんなに設備が古くて非効率な工場で、昔から働いている社員を雇い続けるためだけに操業を続けるわけにはいかない」。

新しいCEOは就任第一声で宣言した。「今こそ21世紀のやり方に移行すべきだ。すべての生産を、技術的に優れた新工場に集約し、新工場だけで7万個のマイクロチップ(2万個＋5万個)のすべてを生産する。この発表は、わが社が株主価値の向上への取り組みを進めることを世界に宣言するものだ」。

工場長たちは、CEOの論理は経済学的に間違っており、生産は限界で考えるべきだ、と説得に努めたが、CEOは自らの直感を信じて疑わなかった。CEOの指示は実行され、2工場の生産は図表7.7の(a)から(b)へと変更された。この強制的な変更により、$ATC \times Q$の面積で示される生産の総費用は、図表7.7(b)の濃淡のグレーの面積全体となる。このようにして、新工場が7万個のマイクロチップのすべてを生産することとなり、CEOの望みは叶えられた。

1年後の年次株主総会では、新工場の工場長が再びCEOに業績を報告した。報告によると、半導体の市況は前年から変化はなく、市場価格も前年と同じでマイクロチップ1個当たり10ドルだった。CEOにとっては、ここまでは良いニュースだった――自分の指示が忠実に実行されたことによって、利潤は急増しているはずだった。ウォーレン・バフェット*にも比肩するビジネス感覚だとの賞賛を得られるものと期待した。

その期待は、利潤が前年から急減したことによって、打ち砕かれた。前年の生産計画では、経済的利潤が12万5,000ドルだったのに対して、新しい生産計画の下では、利潤が消えただけでなく、損失が87万5,000ドル発生していた(この損失の中には、稼働しなかった旧工場に関わる固定費用は含まれていない)。CEOは言葉を失い、計画がまったく裏目に出たことに意気消沈の様子だった。見えざる手の力を理解している工場長は、限界費用とCEOの指示による新し

* ウォーレン・バフェットは、アメリカの投資家。経営する投資会社が高い運用成績を上げ続け、世界の長者番付上位の常連である。

7.1
7.2
7.3
7.4
7.5

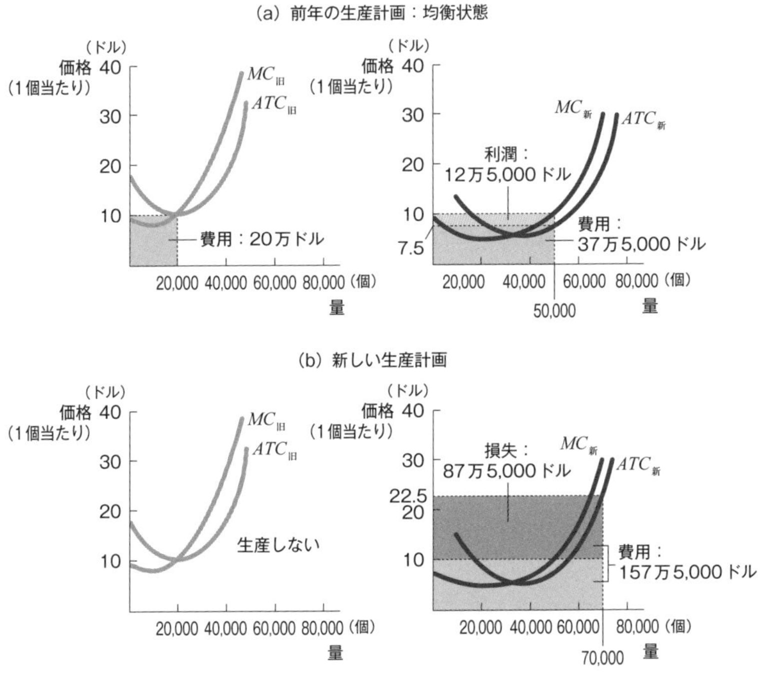

図表7.7　生産計画変更の影響

CEOの指示は完全な失敗に終わった。直感で生産計画を変更したことによって、生産費用は減るどころか増加し、経済的利潤が消えただけでなく、損失が87万5,000ドル発生した。

利潤＝Q×(P－ATC)＝7万×(10ドル－22.50ドル)＝－87万5,000ドル

い生産計画を示した図表7.8を見せた。(a)は旧工場の限界費用曲線、(b)は新工場の限界費用曲線である。

CEOの計画に基づいて新工場に生産を集約すると、(b)に示されるとおり、最後に生産される（7万個目の）マイクロチップの限界費用は30ドルになる。この限界費用は、旧工場で1個目のマイクロチップを作るときの限界費用よりもかなり高い（図より、限界費用は10ドルを下回っている）。図からもわかるように、マイクロチップの生産を1個だけ新工場から旧工場に移転するだけでも、費用は全体で20ドル（＝30ドル－10ドル）以上減り、利潤が20ドル以上改善する。

しかしCEOには、限界費用に基づく生産の決定をどのように行えばいいのかがわからなかった。そこで工場長は図表7.8に描かれた矢印の方向を示して、

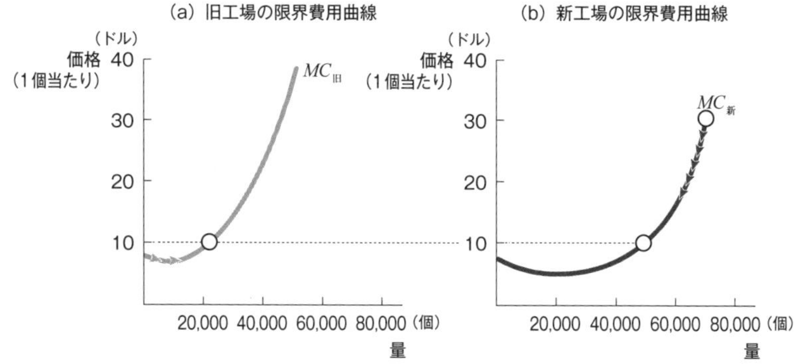

図表7.8 旧工場と新工場の限界費用曲線

CEOの指示により、旧工場の生産量はゼロ、新工場の生産量は7万個になった。しかし図に示されているとおり、CEOが新工場から旧工場に生産を移転することを決めれば、コストを削減できる。

限界費用が2工場間で同じになるまでは、つまり、$MC_{\text{旧}} = MC_{\text{新}}$の水準までは、費用が減って利潤が増えるという同じ理屈が成り立つことを説明した。さらに、この水準から生産量を変えても利潤を増やすことはできないので、この水準が2工場を合計した生産費用を最小にする生産水準でもあることを説明した。

説明を受けたCEOは、この最適な生産量は、前年まで2工場が生産していた水準（$MC_{\text{旧}} = MC_{\text{新}} =$ 価格 $= 10$ ドル）とまったく同じであることに気がついた。2工場が独自に自己の利益を追求した結果、工場長たちは総費用を最小化し、企業にとっての利潤を最大化していたのである。CEOは驚きを隠せなかった。回り道ではあったものの、CEOは結果として、アダム・スミスの『国富論』にある最も重要な洞察の1つを経験したのだ。すなわち、企業家は「自己の利益のみに集中する」が、「見えざる手に導かれて、自分がまったく意図していなかった目標に導かれる」ということを。

ここからどんな教訓が得られるだろうか？　完全競争市場の仮定の下では、「市場に委ねる」ときには、$MR = MC$の水準で生産を決定することによって、収益を最大化する。それだけではなく、その過程において、2人の工場長が意図していなかったにもかかわらず、生産費用の最小化が達成される。なぜなら、$MC_{\text{旧}} = MC_{\text{新}}$にすることが2工場を合計した総費用を最小にするための必要条件だからである。

さらに重要なことに、この方法によって、2工場の利潤を合計した総利潤も最大化される。市場の力が、社会的見地から望ましい――希少な資源の使用量が最小になるように財を生産する――形で2つの工場の生産量の分担を決めているとは驚きだ。CEOはこれを目指していたのに失敗したのだ。しかし、競争市場が効率よく機能していれば、社会をより良くするための目標を設定する中央の計画部門（またはCEO）は必要ない。工場長たちは自らの職務を果たしているだけであり、何らかの目標を意識しているわけではない。したがって、完全競争市場において、均衡価格が持つ第2の優れた機能は、産業内の財の生産を効率的に配分することである。その理由は、最適化を図る企業は$MC = P$の水準まで生産を増やすからである。すべての企業にとっての市場価格が同じなので、限界費用は企業の間で等しくなる。

7.3 見えざる手の及ぶ範囲：産業間の資源配分

7.2節では、見えざる手が希少資源の配分を最適化して、産業内の生産計画を調整することを学んだ。現実の経済は、小さい町に2つの工場があるという例よりもはるかに複雑だ。ある産業の生産量が多すぎるのか、それとも少なすぎるのかを、どうすれば判断できるのだろうか？ 例を変えて、見えざる手が産業間の希少資源の配分にどのように影響を及ぼすのかを考えてみよう。そのためには、6章で学んだ知識をもっと深める必要がある。

印刷用紙を配送している企業（配送業者）を例に考えてみよう。市場は完全競争市場であり、同質の複数の企業が短期では経済的利潤を得ていると仮定する。図表7.9には、用紙配送の市場が描かれている。1トン当たり配送料は25ドルであり、経済的利潤がある。こうした経済的利潤があると、次に何が起こるのだろうか？

6章で学んだように、プラスの経済的利潤があるときには、その利潤を求めて企業の参入が相次ぐ。図表7.10(a)(b)は、こうした参入の影響を描いたものだ。(a)に示されているとおり、企業の参入によって市場供給曲線が右にシフトする（S_1からS_2）。このシフトによって、均衡価格は25ドルから12ドルに下がり、均衡量は5億トンから6.2億トンに増える。

こうした企業の参入はいつまで続くのだろうか？ 6章で学んだように、市場価格が、限界費用曲線（MC）と平均総費用曲線（ATC）の交点まで下がると、新規の参入は止まる。この例の場合には図表7.10(b)に示されているように、均衡価格は1トン当たり12ドルだ。価格が1トン当たり12ドルを上回ると、プラスの経済的利潤があるので、他の配送業者の参入が続く。価格がATC曲

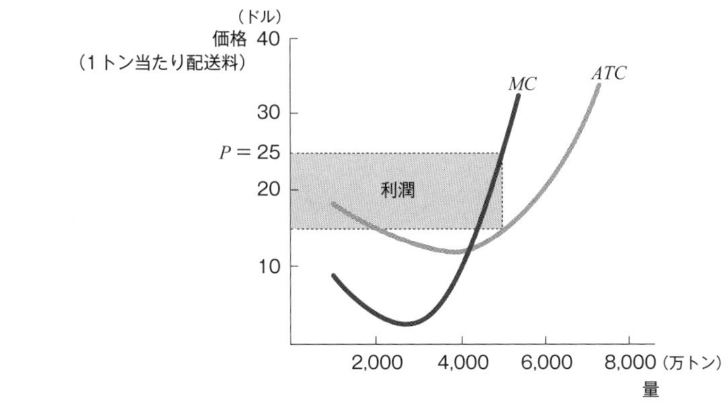

図表7.9　用紙配送の経済的利潤

用紙配送の市場価格は1トン当たり25ドルである。平均総費用は25ドルより低いので、経済的利潤が生まれる(紫色の影の面積)。この業界に自由参入ができるなら、他の企業は参入するだろう。

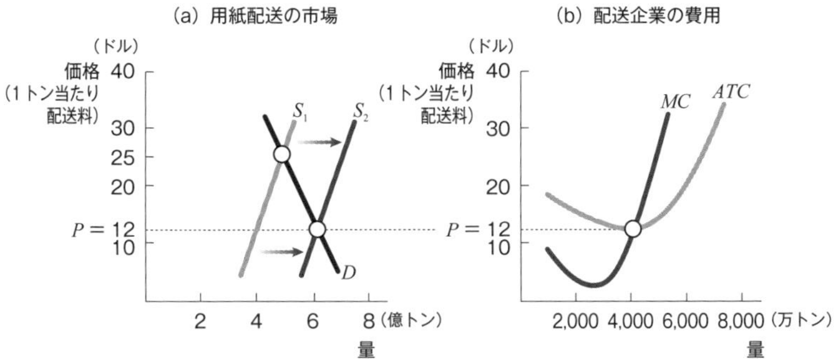

図表7.10　企業の参入と市場への影響

他の企業が用紙配送業界に参入すると、供給曲線は右にシフトし、市場価格は下がる。プラスの経済的利潤($P > ATC$)が得られる間は、企業の参入が続く。しかし、この市場から得られる経済的利潤がゼロになると、企業にとって参入するインセンティブが失われる。

線の最小値まで下落したときには、$P = MC = ATC$、の均衡状態になる。つまり経済的利潤はゼロになるので、企業には参入する理由がなくなる。

この例からわかるように、産業にプラスの経済的利潤がある場合には、その利潤を求めて資源が流れ込んでくる。こうして資源は、生産的でない用途からもっと生産的な用途に振り向けられる。企業は利潤を増やそうとして、社会が求める財やサービスを生産するように資源を振り替えるのである。

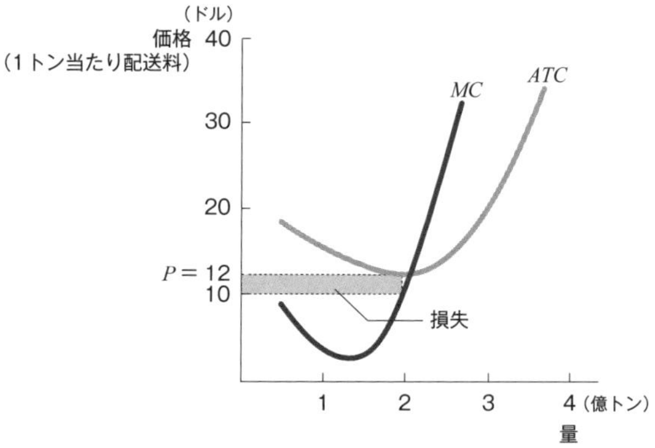

図表7.11　トウモロコシ配送市場の経済的損失

運輸産業においては、トウモロコシ配送市場の価格は、1トン当たり10ドルである。この価格よりも平均総費用が上回っているので、経済的損失を出している（グレーの影の面積）。参入と退出が自由なら、配送業者はこの市場から退出するだろう。

ここで、均衡価格が*ATC*曲線を下回っているときには何が起こるだろうか？　運輸産業の中でも、トウモロコシを配送している企業（配送業者）を例に考えてみよう。農場から製粉工場へのトウモロコシ1トン当たりの配送料を10ドルとする。図表7.11に示されているように、この市場の価格は平均総費用を下回っている（$P < ATC$）。このため、配送業者の経済的利潤はマイナスになる（損失を出している）ので、トウモロコシ配送市場からは退出するはずだ。

では、トウモロコシ配送市場から退出した配送業者はどうなるのか？　代わりに、印刷用紙を配送するようになるかもしれない。配送業者が運ぶものはたくさんあるので、これは選択肢の1つにすぎない。図表7.12(a)は、トウモロコシ配送市場から一部の業者が退出した影響を表している。供給曲線がS_1からS_2へと左にシフトした結果、均衡価格は10ドルから12ドルに上昇して、均衡量（輸送量）は32億トンから30億トンに減少する。

トウモロコシ配送市場からの退出が止まるのは、どういうタイミングだろうか？　参入のケースと同じように、*ATC*曲線の最小値まで価格が上昇した時点で、配送業者の退出は止まる（図表7.12(b)）。市場価格が*ATC*の最小値と等しくなるとき、$P = MC = ATC$が成り立つので、それ以上の企業の退出は起こらなくなる。すなわち、ここが均衡点となる。

この単純な例からも、見えざる手が持つ力が、市場で取引する個人やマイク

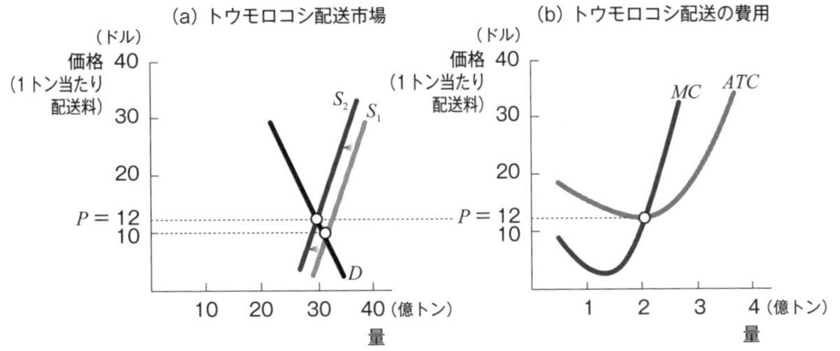

図表7.12　企業の市場からの退出とその影響

トウモロコシ配送市場では今、経済的損失が発生しているので、何社かの企業は退出する。結果として、経済的損失がゼロになる、$P = MC = ATC$の状態になるまで供給は減少する。

ロチップ工場の工場長の能力をはるかに超えていることがわかる。競争市場は、利潤を追求する企業家に対して、不採算事業から利益を生む事業に資源を移すことを促す強いインセンティブを提供する。この資源の移動は、それぞれの産業の生産量が適切になるまで続く。

図表7.10、図表7.12からわかるように、資源の移動は重要な帰結を導く——完全競争市場均衡では、生産量は平均総費用（*ATC*）が最小となる水準に決まる。資源は、市場価格が生産費用を下回っている市場から退出して、市場価格が生産費用を上回っている市場に参入するので、生産の総価値は均衡点で最大化される。このように市場価格は、（希少資源を最大限に活用することで）売り手が社会的便益を最大化するインセンティブとして機能する——売り手は単に自分たちの利益を最大化しているだけであったとしても。

これが、完全競争市場において均衡価格が持つ第3の優れた機能である——均衡価格は希少資源を異なる産業間で最適に配分する。ある産業の均衡は、$P = MC = ATC$が成立する点であり、これは、平均総費用（*ATC*）が最小になる水準である。この観点では、企業の参入と退出は、市場が正常に機能していることの証明であり、何かよからぬことが起こっているわけではない。

企業の参入と退出は、市場が正常に機能していることの証明であり、何かよからぬことが起こっているわけではない。

逆に、参入も退出もないなら、自由市場がうまく機能していないことを心配すべきだ。その場合には、経済的利潤という「アメ」と、経済的損失という「ムチ」によって、資源がうまく配分されなくなる。

7.4 価格が見えざる手を動かす

誰も市場を管理していなくても市場は機能するという事実は、まるで「宇宙は何からできているのだろう」「意識を生物学的に説明せよ」といった難問と同じぐらい刺激的な科学のミステリーのようだ。経済学は、この見えざる手のミステリーをどのくらい解明できているのだろうか？

これまでの学習でわかったことは、一定の条件が満たされれば――ただしその条件はかなり厳しいものだが――個人の利益（自己利益）と社会の利益は見事に一致する。アダム・スミスが言うように、市場がうまく機能しているときには、自己利益を追求する者は同時に、あたかも「見えざる手」によって導かれるように、より広範囲の社会的利益を向上させる。つまり、市場が個人の利益と社会の利益を調和させれば、非常に望ましい結果になるということだ。

だが、各経済主体の行動を望ましい方向に誘導しているものは何だろうか？一言で言うなら、それは価格だ。市場価格が最も重要な情報となり、支払意思額が高い買い手が買い、受入意思額が低い売り手が売るように、価格が誘導する。たとえば海辺の別荘地は、需要量が供給量と等しくなるまで価格は調整される。同じように、価格は企業に財の生産を効率的に配分させる。同じ産業内でも、世界中の異なる産業間でも同じことが言える。労働と物的資本が、利潤を生む産業に移動することで、競争市場均衡での生産は最適な水準へと導かれる。

無数の市場がどう関連しているのか見当もつかない中で、価格が唯一の調整役を果たしている、と言われてもとても信じられないだろう。たとえば、カナダの材木、アイオワ州のトウモロコシ、東海岸にあるケープコッドの漁業、中国のお茶、コスタリカの観光といった様々な市場のつながりを1人の人間がすべて知っていることはあり得ない。それでも価格システムによって、無数の市場や個人やグループの間の活動が調整されていることを見ると、価格が市場システムの中でインセンティブとして働いていることが理解できるだろう。

実験経済学に関する貢献によって、ノーベル経済学賞を受賞したバーノン・スミスは価格についてこう述べている[2]。

2) Vernon Smith, "Microeconomic Systems as an Experimental Science," *American Economic Review*, Vol. 72, No. 5, 1982, pp. 923-955.

> どのようにして、価格システムは、責任者が誰もいない状態で世界を動かしているのだろうか？……一度は計画経済によって打ち砕かれても、千の頭を持つ不死鳥のように蘇った。……法律や警察も止めることはできない。そもそも警察も問題の一部だ……価格システムは……科学のミステリーである。……それを理解することは、人類が狩猟社会から農耕社会へ発展し、産業革命を経て、豊かな社会を築き上げた道筋を理解することだ。

価格が見えざる手を導いた一例として、1990年代後半にフロリダ州で発生したハリケーン災害での出来事を紹介しよう。ちょうどこのとき、著者の1人はフロリダ州に住んでいた。ハリケーンの警戒警報が頻発し、そのたびに、窓に打ち付けるベニヤ板や、ボトル詰め飲料水、氷、自家発電機の需要が急増した。もうおわかりのように、需要増加により需要曲線が右にシフトして、これらの価格は高騰した。

例として、ボトル詰め飲料水市場を考えてみよう。もしも、フロリダ州でボトル詰め飲料水の需要が急増したらどうなるだろうか？　これを表したものが図表7.13である。新しい需要曲線D_2ではあらゆる価格水準において、当初の需要曲線D_1よりも、需要量が増加する。

この場合、見えざる手はどう働いているのだろうか？　価格上昇が全米中に知れ渡ると、ビジネスチャンスと見た配送業者はフロリダ州にボトル詰め飲料水を運び込んだ。実際この時期には、州外ナンバープレートのトラックがフロリダ州を走り回っていた。フロリダ州にボトル詰め飲料水を輸送するビジネス

図表7.13　ボトル詰め飲料水需要の右へのシフト

ハリケーン災害によって、ボトル詰め飲料水の需要はD_1からD_2にシフトする。これに反応して売り手は、市場が新しい均衡（D_2とSの交点）に達するまで、供給量を増加させる。

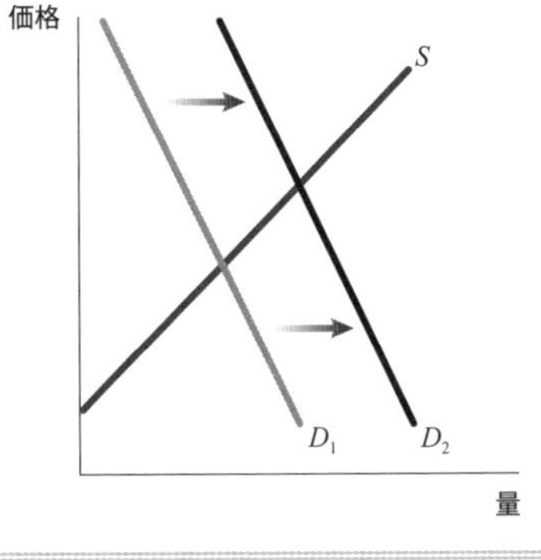

図表7.14 品薄状態：需要量が供給量を上回っている状態

価格をハリケーン災害前の均衡価格に固定すると、増加した飲料水需要に応えるインセンティブは供給者には生まれない。このため、商品が不足する。

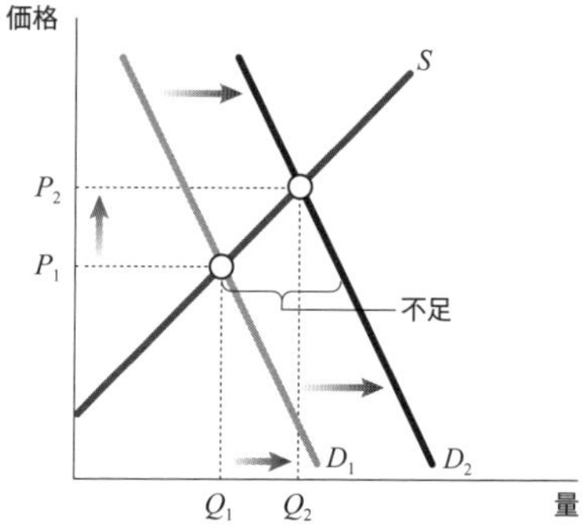

は、他の配送事業よりも利益が大きくなっていたので、見えざる手に導かれたかのように、州外の配送業者がフロリダ州への運送の需要に対応したのである。

州政府が、この間の価格つり上げ（便乗値上げ）に不快感を示したのは当然の反応であった。ハリケーン・シーズンの価格引上げを禁止する命令が出されることもあった。企業が決める財やサービスの価格を政府が規制することを**価格統制**と言う。4章で学んだとおり、価格統制による制約が課される（価格が均衡価格よりも低く設定される）と、需要量が供給量を上回るので、商品が不足する（図表7.14）。

興味深いことに、ハリケーン・シーズンに、便乗値上げが批判され、売り手が価格を低く抑えざるをえなくなると、州外ナンバープレートのトラックを見かけることはほとんどなくなった。市場システムのモデルで考えれば、当然の結果である。値上げが禁止されて、市場の参加者が利益を見込めないと、供給者の反応は、（あったとしても）鈍くなる。通常、価格を維持するように規制が課されると、商品（ボトル詰め飲料水）を新たに供給しようという企業のインセンティブは生まれない。ましてや災害の前にその土地で通常価格で販売していなかったとすれば、利潤最大化のみに関心がある企業なら、新たに飲料水を供給しようとは思わないだろう。政府による価格統制は、価格を通した供給のインセンティブを奪ってしまうので、住民が入手できるボトル詰め飲料水の量は、規制がない場合よりも確実に少なくなるだろう。

価格統制は、供給量を人為的に制限するため、新たな問題が生まれる。今あるボトル詰め飲料水（図表7.14のQ_1）をどう配分するかという問題だ。自由

● **価格統制**(price control)とは、財やサービスの価格を政府が規制することである。

市場なら価格が財を割り当てるので、市場価格を支払いさえすれば、誰もが水を買うことができる。支払意思額の高い者が財を得るので、市場は効率的に機能する。しかし、価格統制が課された市場は、効率的には機能しない。水を買うために長い行列に並ぶというのが典型的な光景だ。これは精神的にもよくないし、非効率である。貴重な時間は奪われるし、支払意思額が一番高い者の手に水が渡されるとも限らない。

死重損失

経済学では、市場の歪みによって生まれる社会的余剰の減少を**死重損失**（または**死荷重**）と呼ぶ。図表7.15は、価格統制から生じる死重損失を表している。(a)は、市場で自由に取引できるときの社会的余剰を示し、均衡価格はP_2、均衡取引量はQ_2となる。消費者余剰は三角形A、生産者余剰は三角形B、社会的余剰は三角形A＋三角形Bとなる。

図表7.15(b)は、価格がP_1に規制されたときの市場への影響を示している。価格統制があると、買い手も売り手も取引の利益のすべてを得ることはできなくなる。価格統制があるとき、消費者はボトル詰め飲料水に1本当たりP_1を支払い、Q_1を消費する。このとき消費者余剰はC、生産者余剰は三角形Eになる。価格を強制的に低く抑えることで、政府は消費者に利益を与えている（(b)のCは(a)の三角形Aより面積が大きい）ものの、生産者に負担を強いている（(b)の三角形Eは(a)の三角形Bより面積が小さい)。結果として、余剰の一部は失われる。このとき余剰の損失は、(b)の三角形Dである。この面積が、価格統制で生まれた死重損失である。このトレードオフを受け入れるかどうかは、価値判断が必要になる問題である。

要約すると、価格統制が及ぼす影響は以下の3点だ。(1)社会的余剰が減少する。また、自由市場の場合と比較して、取引量が減少する。(2)余剰は、一方から他方に再分配される。たとえば上限価格があると、4章（113ページ）で示したように、余剰は生産者から消費者に移転する。(3)余剰が分配された側の中で誰が利益を得るかは、非価格メカニズムで決まる。上記の上限価格規制によって利益を得られる消費者は、長い行列に並ぶ意思のある人、強いコネを持っている人、または単に力が強い人である。結果として、得をする消費者もい

市場の歪みによって生まれる社会的余剰の減少が死重損失である。

● **死重損失**(deadweight loss)とは、市場の歪みによって生まれる社会的余剰の減少である。**死荷重**とも言う。

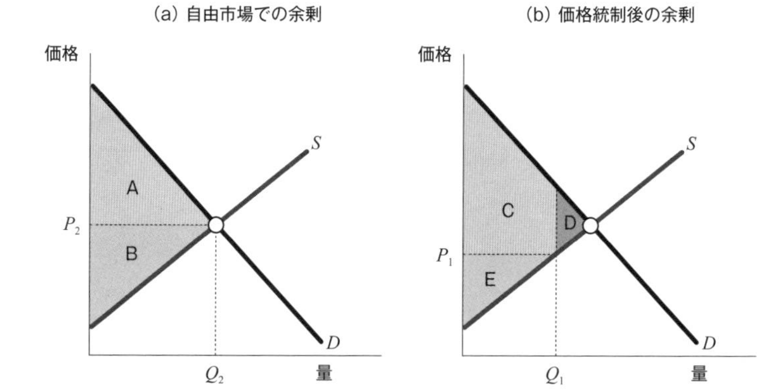

図表7.15 価格統制と死重損失

(a) は自由市場である。均衡価格はP_2、均衡取引量はQ_2であり、消費者余剰は三角形A、生産者余剰は三角形Bとなる。社会的余剰は最大化されている。(b) では、上限価格規制が課されていて、均衡価格を下回る水準に規制されている。このとき死重損失は三角形Dになる。新しい消費者余剰はC、生産者余剰は三角形Eである。社会的余剰は、価格統制によって、死重損失分だけ減少している。

れば、損をする消費者もいる。

おそらくあなたは、この状況がiPodの中古市場の例とよく似ていることに気が付いただろう。取引量がiPod2台に制限されたときには、競争市場均衡と比べると社会的余剰が減少した。図表7.3に示したiPodの例では、台数制限による死重損失は20ドルになる（③シーンと❸ジェフの取引から得られる余剰である）。

計画経済

見えざる手が成し遂げている複雑な働きを理解するには、統制によって同じことを実現しようとした例を見るとよい。朝鮮半島では1945年の第2次世界大戦後、ソビエト連邦（ソビエト社会主義共和国連邦）とアメリカは、朝鮮半島での日本軍の降伏と武装解除の方法を取り決めた。その結果、北緯38度線を境として、北側はソビエト連邦、南側はアメリカが占領した。その後の両国は、独自のイデオロギーに適合するように政府と市場システムを構築して、朝鮮半島は北朝鮮（朝鮮民主主義人民共和国）と韓国（大韓民国）という2つの異なる政治体制に分割されることになった。

ソビエト連邦が北朝鮮に導入した経済体制は、中央政府が財やサービスの生産を決定する計画経済であり、現在ではほとんど存在していない経済体制の一

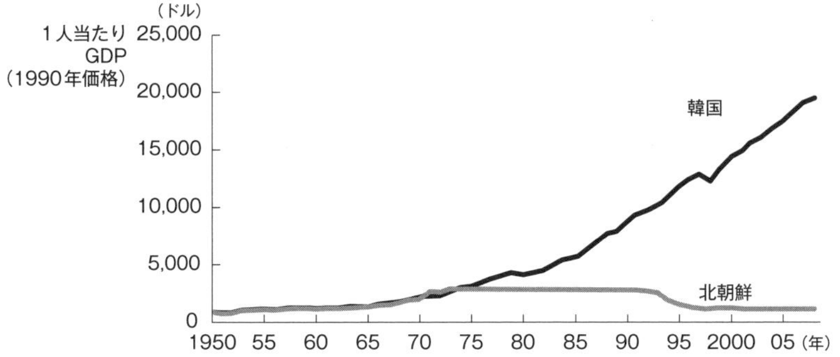

図表7.16　北朝鮮と韓国の1人当たりGDP：1950～2008年

韓国の1人当たりGDPは1970年代半ばから上昇し、北朝鮮を引き離した。2008年時点で比較すると、韓国が目覚ましい経済成長を遂げたのに対して、北朝鮮は停滞したままだ。

出所：Statistics on World Population, GDP and GDP per Capita, 1-2008 AD（Horizontal file, copyright Angus Maddison）. http://www.ggdc.net/maddison/

例として続いている。対照的に、アメリカの支援を受けた韓国では、価格とインセンティブに基づく市場経済が構築され、活気にあふれた経済体制が続いている。朝鮮半島は、同質の環境下にあった地域に対して、一方には計画経済を構築し、もう一方には市場経済を構築した結果を観察できるという、極めてまれな状況下で実現した自然実験の場となった。

2国を詳しく検証していこう。最初に比較するのは、**国内総生産（GDP）**である。GDPとは、特定の期間内に、一国内で生産された最終財とサービスの市場価値である。図表7.16は、1950～2008年の北朝鮮と韓国の1人当たり実質GDPを示している。両国間には顕著な違いがある。この期間の1人当たりGDPを比較すると、北朝鮮では850ドルから1,133ドルに増えただけだが、韓国は850ドルから1万8,356ドルに成長した。スーダンやニカラグアのような貧困国の1人当たりGDPが約1,015ドルなので、北朝鮮もほぼ同じ水準だ。実は、今はビル・ゲイツ1人の資産が、北朝鮮の1年間のGDPを上回る。

図表7.17では、2008年の北朝鮮と韓国が比較されている。輸出、輸入、製造業、サービス業、農業のすべての部門で大きな違いが見られる。目を引くのは、この数字を見る限り、計画経済下にある北朝鮮では、農業以外の産業（部門）は発展していないことだ。

● **国内総生産（GDP）**（gross domestic product）とは、特定の期間内に、一国内で生産された最終財とサービスの市場価値である。

CHOICE&CONSEQUENCE

選択の結果

ハリケーン・カトリーナの災害：FEMAの対応とウォルマートの対応

2005年夏、ハリケーン・カトリーナが猛威を振るい、メキシコ湾岸地域は暴風雨にさらされた。至る所が浸水し、飲料水は不足した。必需品である飲料水の供給不足に対して、FEMA《フィーマ》（連邦緊急事態管理庁）は迅速に対応できなかった。

ハリケーンや地震などによって壊滅的被害が生じたときには、便乗した企業が消費者から搾取することもある。しかし、カトリーナの猛威に対しては、そのようなことは起こらず、民間企業であるウォルマート社が消費者を救ったのである。（ルイジアナ州）ニューオリンズ市の郊外に位置するケナー市の市長は語った。「ケナー市の唯一の生命線はウォルマート社でした。大規模な略奪騒ぎが起きなかったのは、ウォルマート社が生活に必要な食料と飲料水を運び入れてくれたおかげです」。

実際、カトリーナ発生後の3週間で、ウォルマート社はトラック約2,500台分もの商品を被災地に運んだ。ウォルマート社による物資の供給は、FEMAの供給よりも素早いものだった。これに対してFEMAの災害対応はお粗末なものだった。ルイジアナ州に隣接するミシシッピ州に輸送するはずの3万ポンド（約13.6トン）もの氷を、遠く離れたメイン州に輸送するミスを犯したこともあった。民間企業とFEMAのカトリーナ災害への対応の差については、ホーヴィッツが詳しくまとめている[3)]。

ウォルマート社は、どうやってこれほど見事に対応できたのだろうか？　ウォルマート社は、自社内にFEMAに匹敵するハリケーン対策センターを持っていた。同センターは、ハリケーン上陸前から、自家発電機、飲料水、食料が必要になることを予想していたので、様々な物資を効率的に被災地に届けることができた。ハリケーン上陸前から、ウォルマート社の本社内では、50人態勢の対策本部がフル稼働していた。

このような活動は、本来ならFEMAが負うべき職務だった。では、FEMAの職務を、ウォルマート社がなぜ見事に実行できたのだろうか？　その理由は、簡単な経済の法則で説明できる。ウォルマート社では、ハリケーン上陸によって自家発電機、飲料水、食料の需要が増えることを予想していた。需要のシフトには供給量の増加で対応できることは、すでに本書でも学んだ。幸運なことに、運送の手配にかけては、アメリカでウォルマート社に勝る組織はない。

ウォルマート社には、FEMAより有利な点がもう1つあった。食料市場について熟知していることだ。ウォルマート社では毎日、何百万人もの消費者の需要を

3) Steven Horwitz, “Wal-Mart to the Rescue: Private Enterprise’s Response to Hurricane Katrina,” *The Independent Review*, Vol. 13, No. 4, 2009, pp. 511–528.

考えて、利潤を最大化するように商品を提供する。それに引き換えFEMAには利潤を最大化するインセンティブはないので、カトリーナのようなハリケーンによる壊滅的な被害に即座に対応することができない。FEMAが、何が必要かを想定して対策を立てて実行に移す頃には、ウォルマート社のような民間企業がすでに食料不足を解決してしまっていた。

図表7.18の衛星写真を見ると、北朝鮮と韓国の違いがより際立っている。2002年12月23日の記者会見で、ドナルド・ラムズフェルド国防長官はこうコメントした。「朝鮮半島を夜間に上空から撮影すると、南の韓国は明るく、エネルギーと活気に満ち、経済も発展している。一方の北朝鮮は暗闇に包まれて

	韓　国	北朝鮮
GDP	1兆3,440億ドル	400億ドル
GDP順位（世界）	13位	95位
輸出額	3,551億ドル	20億ドル
輸入額	3,134億ドル	35億7,400万ドル
製造業がGDPに占める割合	39.5%	43.1%
サービス業がGDPに占める割合	57.6%	33.6%
農業がGDPに占める割合	3%	23.3%

図表7.17　北朝鮮と韓国の比較：2008年

表は、図表7.16で比較したGDPについて、2008年のデータをより詳しく見たものである。韓国では貿易が大きな割合を占めているのに対して、北朝鮮では農業への依存度が高いことがわかる。

図表7.18　2つの異なる経済の帰結

夜間に撮影された衛星写真が、北朝鮮と韓国の経済の明暗を際立たせている。

写真：ユニフォトプレス

いる」。最も活気があふれて明るいのは韓国の首都ソウルだが、ソウル以外の韓国の多くの地域も、北朝鮮で最も明るい首都平壌よりも明るく写っている。

中央集権国家

計画経済はなぜ効率的に機能せず、持続的な経済成長を達成するのが難しいのだろうか？　中央集権国家で働かなければならなくなったと想像してみよう。あなたは、市民の幸福度を最大化する使命を担って政府で働くとしよう。ただしその経済体制は、市場経済ではなく、計画経済だ。あなたなら、どうするだろうか？　多数の消費者、企業、資源の供給者や売り手にどのような指示を与えるのだろうか？　ウィスコンシン州にあるトラクター製造工場が、生産に必要とする鉄、ゴム、ガラスをはじめとする重要な原材料を確実に入手できるようにするには、どうすればいいだろうか？　イリノイ州ベルベディアに立地するクライスラー社の自動車工場では何台の車を生産するべきだろうか？　ユタ州の銅鉱山で採掘された銅を使って、電線を生産するべきなのか、それともポットやフライパンを生産するべきなのか？　テキサス州で採掘された天然ガスはどう流通させればいいだろうか？　ボストンやデンバーの住宅暖房に使用するべきだろうか、それともミシシッピ州の化学工場の電力燃料に使用するべきだろうか？

こういった問題を考えることによって、産業のつながりに関する理解が深まるだろう。たとえば、ガラスの原料である珪砂《けいさ》の生産が十分でなければ、ガラス製造工場は生産計画を達成できなくなる。ガラスの生産が不足すると電球や鏡、調理台の天板、液晶ディスプレー、車用窓ガラスなどに使用されるガラスの供給が減る。イリノイ州で車を製造するクライスラー社が車用窓ガラスをタイミングよく入手できなければ、労働時間に無駄が生じて、クライスラー社は生産計画を達成できない。その影響は連鎖的に広がり、車の製造台数が減少すれば、車を輸送する企業は輸送目標を達成できなくなる。車の販売代理店に提供される車の台数が減るので、新車販売台数が減り、営業利益も減る。販売店の利益が減れば、社員の所得も減るので、休暇で使える金額も減る。すると連鎖的に観光業にも影響が出る、という具合にドミノ倒しのように影響が広がっていく。

このような、経済主体間の取引を円滑にまとめるという**協調の問題**は、中央

● 経済主体間の利害が一致するときには、それらの経済主体間の取引を円滑にまとめるという**協調の問題**（coordination problem）が発生する。

政府の政策立案者にとって難しい問題の1つだ。さらに、この協調の問題を解決した後には、**インセンティブの問題**に取り組む必要がある。これは経済主体の利害を一致させることである。市場経済では、（中央政府ではなく）価格が生産者にインセンティブを与える。そして、企業の最終損益が、企業経営者の評価の基準になっている。

ところが、計画経済では、目標を達成したことに対して報酬が与えられる。たとえば、庭に設置されるウッドデッキ材料の木材加工工場で雇用されている工場長を例に考えてみよう。仮に、目標が重量で決められていたら、工場長は、長く、太く、厚い木材だけを生産して重量を最大にすることを目指し、輸送費用や消費者の希望が考慮に入れられることはないだろう。仮に、目標が数量で決められていれば、短く、細く、薄い木材を生産するだろう。バーベキューで人が集まったときにウッドデッキが壊れたとしても、工場長には関係ないことだ。彼が評価される基準は、品質ではなく、生産量だからである。こうした事例は、計画経済においてはめずらしくない。

計画経済のほとんどが崩壊した理由は（キューバと北朝鮮は最後の砦だ）、中央政府が消費者の欲求とニーズを理解することがなく、また経済の様々な部門の生産能力を理解していなかったことにある。加えて、価格システムが働かないところで、労働者にインセンティブを与えることは難しかった。一個人が知っているのは、社会が全体として持っている知識のほんの一部分であり、見えざる手と同じ役割を担うことは不可能だ。この事実は、ノーベル経済学賞を受賞したフリードリッヒ・ハイエクが指摘したものだ[4)]。

> 驚くべきことに、ある原材料が不足するときには、誰かが命令することもなく、その原因を知る人間がたくさんいるわけでもないのに、名前も知られていない無数の人々が不足した原材料やそれらから作られる製品の使用を減らすようになる。つまり彼らは、正しい行動をとることになるのである。

● 2つの経済主体の最適化行動が一致しない場合には、それらの経済主体は**インセンティブの問題**（incentive problem）に直面する。

4）Friedrich A. Hayek, “The Use of Knowledge in Society,” *American Economic Review*, Vol. 35, No. 4, 1945, pp. 519–530.

CHOICE&CONSEQUENCE
選択の結果

Kマートの計画と統制

「お買い物中のみなさま、ただいまより3番通路売り場のバッグが50%引きになります。……売り切れないうちにお早めにどうぞ」。

アメリカの小売りスーパーのKマートでは、こういった店内放送がしばしば流される。そして、買い物客が殺到した売り場に並べられた商品は青色照明に照らし出されている。

これはブルーライト・セールと呼ばれ、1965年にインディアナ州の一店舗ではじまった。機転の利いた店長が、売れ残り商品に注目を集めるためにパトカーの警告灯のイメージ*を利用したものだ。ウォルマートの創業者サム・ウォルトンは、ブルーライト・セールを最高の販売促進アイデアだと賞賛した。

このすばらしいアイデアも、中央集権方式で統制されるやり方に変わったことで利益が減ったことは、実はあまり知られていない。ブルーライト・セールがはじまった当初は、店舗が地域性や天候に応じてセール品を選ぶことができた。

しかし現在では、ブルーライト・セールの対象商品はすべて、各地の支店ではなく、イリノイ州ホフマン・エステーツの本社が数カ月も前から決めている。また、大都市に立地している店舗だろうが、地方店舗だろうが関係なく、アメリカ全土で対象商品はまったく同じだ。

これでは中央集権と同じであり、市場価格に委ねることから得られる利益が失われたことに加えて、各店舗の支店長が持っている地域特有の情報を活用する機会も失われることとなった。

12月の冬の嵐に襲われた地域の店舗は、何千マイルも離れた本社が7月に下した決定に従っている場合ではない。セールに提供する商品を決めるのは、時と場所と場合によるべきだ。

真夏の首都ワシントンが猛暑で、ワシントン州シアトル**が雨続きのときに、ブルーライト・セールでまったく同じ商品を売るのはバカげている。

見えざる手の効力の及ぶ範囲は、我々が日常的に接している市場だけではない。友人、家族、地域のコミュニティ、企業、国、……これらの間のどこにでも見えざる手は存在する。Kマートの例で言えば、決定を下すのは本社ではなく、見えざる手にしたほうが良かっただろう。見えざる手は、人間にはとうてい真似することができない配分装置なのである[5]。

5)このコラムは以下の記事に基づく。Mark Albright, "Kmart's Blue Light Back On," *Tampa Bay Times*, May 16, 2007. http://www.sptimes.com/2007/05/16/Business/Kmart_s_blue_light_ba.shtml

* 日本ではパトカーの警告灯は赤色であるが、アメリカでは青色を使う州が多い。

** ワシントン州は西海岸にあり、東海岸にある首都ワシントンからは遠く離れている。シアトルは天候の悪い日が多い都市として有名である。

7.5 公平性と効率性

市場経済は、社会的余剰を最大化し、経済が効率的になるように価格をシグナルとして使い、資源を配分する。市場の力が、正しい方向に資源を誘導することで無駄を省き、すべての市場参加者に自己利益を増やすインセンティブを提供する。結果としてそれが、社会全体の幅広い利益の向上につながる。このようにして、最大限に効率化を図ることは、社会のパイを可能な限り大きくするのである。

しかし、社会的余剰を最大化しているかどうかは、経済の発展を測定する方法の1つにすぎない。さらに、パイをどのように経済主体間で分配するかを考える必要がある。たとえば、すべての市民は食料や住宅や基本的な医療へのアクセスが保証されるべきだ、と考える人は多いだろう。このように考えると、**公平性**も考慮する必要がある。公平性とは、様々な経済主体にどうパイを分配するかに関する問題である。公平性は、財を社会全体に平等に分配することを意味する、という考え方もある。公平性と効率性に関しては、様々な重要な論点がある。

路上のホームレスを助けるべきだろうか？　失業者を支援すべきだろうか？　アフリカで飢餓に苦しむ子どもたちに手を差し伸べるべきだろうか？　彼らにはほとんど収入がなく、支払意思額は多くの財を買えるほど高くはないので、ほぼすべての市場から排除されている。実際、基本的な生活必需品のほとんどを市場価格で買う余裕さえない。競争市場均衡が社会的余剰を最大化し、効率的であるからといっても、その結果として生じる分配が倫理的にも正しい、というわけではない。

公平性と効率性に関しては、様々な重要な論点がある。これは、規範的経済学の領域であり、政策担当者や経済学者の議論の対象である。競争市場均衡がパレート効率的になることはすでに学んだ。ということは、他の誰かに犠牲を強いることなく、アフリカの飢餓に苦しむ子どもたちを救うことはできないことになる。飢餓に苦しんでいる子どもの幸福度を引き上げるためには、他の人々からいくばくかの財産を取り上げることも必要になる。

もちろん、富の再分配は現代社会では重要な課題であり、本書後半では、まさしくこの理由から、政府や民間団体が市場の機能に介入していることを学ぶ。

● **公平性**（equity）は、社会の中での資源の分配に関する判断である。

このような介入が必要になるということは、効率性と公平性には重要なトレードオフが存在することを示している。社会全体で見ると、私たちはつねに効率性と公平性に関する選択を迫られる。このことが税の主要な目的だ。ここからは、経済における税と政府の役割を考えるときに発生する様々な興味深い問題を学ぶ。

EBE Evidence-Based Economics 根拠に基づく経済学

問い：利己的人間だけがいる市場は社会全体の幸福度を最大化できるか？

本章の議論に触れることで、見えざる手の働きについて興味が湧いただろうか。見えざる手の理論が現実に本当に当てはまるのかどうか、もっと具体的に示してほしいと思われたかもしれない。ここまでの議論では、競争市場均衡の様々な特徴を概念的に示しただけであり、現実社会においても本当に正しい――あるいは、少なくともほぼ正しい――と言える実証的エビデンスが示されているわけではない。

しかし、実証的エビデンスを示すことは難しい。というのも、計画経済の下で中央政府が抱える問題と同じく、市場の需要曲線も供給曲線も目に見えるわけではない。そのため、価格や量が均衡に向かっているかどうかは容易に検証できない。議論を概念的なものから一歩進めて、経済学が想定しているように、見えざる手は機能しているという実証的エビデンスを示すにはどうすればいいだろうか？

このやっかいな問題に経済学者がどう取り組んできたかの具体例として、ニューヨーク証券取引所（NYSE）の株式仲買人の行動を体験する実験を考えてみよう。あなたが教室に行くと、机の上にカードが置かれ、2つのことが書かれている――あなたが「売り手か、買い手か」と「留保価値」だ。つまり、あなたが買い手なら支払ってもいい価格の上限（支払意思額＝留保価値）、売り手なら、売ってもいい価格の下限（受入意思額＝逆側から見た留保価値）がカードに書かれている。本章の図表7.1で言うと、あなたが①マデリーンの役割なら「70ドル、買い手」というカード、❺アダムの役割なら「50ドル、売り手」というカードになる。

実験では、買い手が買うことができるのは1取引期間ごとに1個であり、売り手が売ることができるのは同じく1取引期間ごとに1個である。実験は、5期間にわたって行われる。また、取引は以下の手順に従って進行する。買い手にとっても、売り手にとっても、取引価格と留保価値の差が市場から得られる利益になる。あなたが留保価値25ドルの買い手で、20ドルで買うことができれば、市場から得た利益は5ドルであり、この5ドルが消費者余剰である。あなたが留保価値5ドルの売り手で、20ドルで売ることができれば、15ドルの生産者余剰を得たことになる。取引価格は取引が成立するたびに発表されるので、すべての買い手と売り手が成立した取引の最新情報を得る。

取引期間は1期間10分とし、各期間内で買い手は挙手によって支払意思額を表明し、実験の記録係がその価格をホワイトボードに書き込む。売り手も同じだ。金融専門用語では、買い手の希望価格を買い値（あるいはビッド、ペイ)、売り手の希望価格を売り値（あるいは売り呼び値、アスク、オファー）と言う。もちろん、買い手は最も低い売り値で買いたいし、売り手は最も高い買い値で売りたい。取引が成立すると、その買い値と売り値はホワイトボードから消され、また新しい取引が開始されて、新しい買い値と売り値が提示される。買い値と売り値が口頭で提示され、両者が一致したときに取引が成立する。簡単なルールではあるが、基本構造はニューヨーク証券取引所の実際の株式取引と同様だ。

これで実験の準備は整った。

最初の取引の開幕だ。まずは、買い値と売り値が集められる。あなたの右隣の買い手が「10ドル」と言うと、記録係がその価格をホワイトボードに書き込む。あなたの背後の買い手も続いて「10ドル」と言った。これに対して、売り手も売り値を示すのだが、それは取引期間が終了する直前だ。最後まで待って、一番高い買い値を示した買い手と取引をしたいからである。あなたは留保価値25ドルの買い手の役割が与えられている。あなたが「20ドル」と言うと、ある売り手が同額を示して取引は成立した。あなたの留保価値は25ドルだから第1期の利益は5ドルでまずまずだ。第2期がはじまるまでは、満足して過ごせる。

ダブル・オーラル・オークション

これは、バーノン・スミスが最初に行ったダブル・オーラル・オークションとして知られる実験だ。**ダブル・オーラル・オークション**では、本書の実験と同じように、口頭で買い値と売り値が公表される。スミスは、需要と供給の弾力性、買い手と売り手の人数などをいろいろと変えて実験をしたが、結果は同じであった。様々に変数を変更しても、ほぼ正確に、市場は均衡価格と均衡量に到達したのである。

図表7.19は実験の一例だ。(a)は、バーノン・スミスが行ったダブル・オーラル・オークションの実験参加者による需要曲線と供給曲線を示している。縦軸（y軸）に価格、横軸（x軸）に量が取られている。需要曲線と供給曲線は、図表7.2と同じく実験の最初に売り手と買い手に与えられた留保価値をもとに作られている。(b)は、それぞれの取引期間で成立した取引価格が取引の成立順に並んでいる。言い換えれば、横軸は取引期間の番号、縦軸が支払った金額、水平の点線は (a)の需要曲線と供給曲線から予測される均衡価格を示している。最初の取引期間で、市場価格は市場均衡を下回っていたが、第3期までにはほぼ予測された均衡水準になっている。

ニューヨーク証券取引所のような市場に似せて作られたダブル・オーラル・オークションの実験結果は、見えざる手の信じがたい働きの成果を示しているように見える。スミスによる実験の結果は、均衡価格は需要曲線と供給曲線の交点に近づく、という理論の有効性を示すものだ。実験データをさらに詳細に検討すると、実行された取引では、支払意思額の高い買い手が買い、受入意思額が低い売り手が売っており、それ以外の実験参加者は取引に参加していないこともわかった。

たしかに、これはわかりやすい実験だ。しかし、あなたが実際によく経験する市場とはだいぶ違うのではないだろうか？　ダブル・オーラル・オークションのような市場を実際に見たことはあるだろうか？　証券取引所の株式仲買人でもない限り見たことはないだろう。自分に関係のある市場と言えば、値札が付けられた商品を販売する地元の小売店や、中古車ディーラーやフリーマーケットのように、売り手とあなたが値下げ交渉をしているような市場だろう。

● **ダブル·オーラル·オークション**(double oral auction)では、口頭で買い値と売り値が公表される。

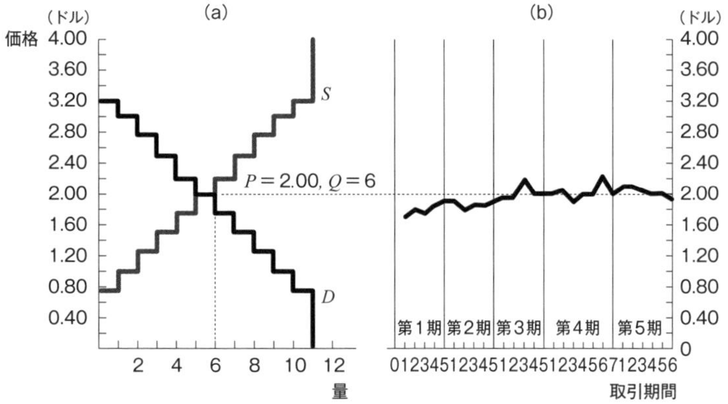

図表7.19 バーノン・スミスによる実験の例

(a)は、ダブル・オーラル・オークション市場の需要曲線と供給曲線を描いている。需要曲線と供給曲線の交点は、均衡価格と均衡量を示している。この均衡値は理論的な予測によるものである。一方で、(b)では、スミスが行った買い手と売り手の実験結果が示されていて、均衡価格は理論的にはこの予測とほぼ同じ水準の値になっている。実験によって、予測は証明された。

出所：Vernon L. Smith, "An Experimental Study of Competitive Market Behavior," *Journal of Political Economy*, Vol. 70, No. 2, 1962, pp. 111–135.

二者間交渉

買い手と売り手が1対1（相対《あいたい》）で財を売買する取引をするときにも、その結果は、ダブル・オーラル・オークションの実験結果と同じようになるのだろうか？　実はこれは、本書の著者の1人であるリストが取り組んだフィールド実験の課題だ。リストは、様々なフリーマーケットでフィールド実験を行った。スポーツ選手のトレーディング・カード（トレカ）を取引するイベントから、子どもや大人がバッジを交換しているディズニー・ワールド*まで、実験の対象は多岐に及ぶ。バーノン・スミスと同じように、リストも買い手と売り手に留保価値を提示し、取引が成立した価格を記録した。スミスの実験とは違って、リストの実験では、実際の買い手と売り手だけによる**二者間交渉**の機会が与えられた。二者間交

● **二者間交渉**（bilateral negotiation）では、1人の買い手と1人の売り手が、相対《あいたい》で買い値と売り値を提示して交渉する。

* フロリダ州にあるウォルト・ディズニー・カンパニーが経営するテーマパーク。

渉では、不特定の集団に向けて買い値や売り値を公表するのではなく、1人の買い手と1人の売り手が相対《あいたい》で買い値と売り値を提示して交渉する。

リストは、設定を様々に変更して実験を行った。変更された変数は、株式仲買人のタイプ、市場需要曲線と市場供給曲線の形状、買い手と売り手の数などだ。その結果、変数の設定が様々に変更されても価格は競争均衡に近づいていく強い傾向があることが観察された。結果は、子どもを対象にした実験でも同じだった。図表7.20はその一例だ。図の縦軸は取引が成立した価格で、横軸は取引期間だ。この結果からも、市場は需要と供給の交点に収束していく（向かっていく）ことがわかる（交点は13ドルと14ドルの水平の点線の間の金額である）。

この実験では、たとえ分権化された現実の市場であっても、価格と量は需要と供給の交点である水準に収束していった。実際、リストの実験によると、買い手や売り手が少数であっても（たとえば6人ずつであっても）、価格と量は需要と供給の交点に収束した。このように、見えざる手の力は、みなが最初に想像するよりはるかに強く、市場はほぼ効率的に働いている。社会的余剰は、多くの市場でほぼ最大化されている。したがっ

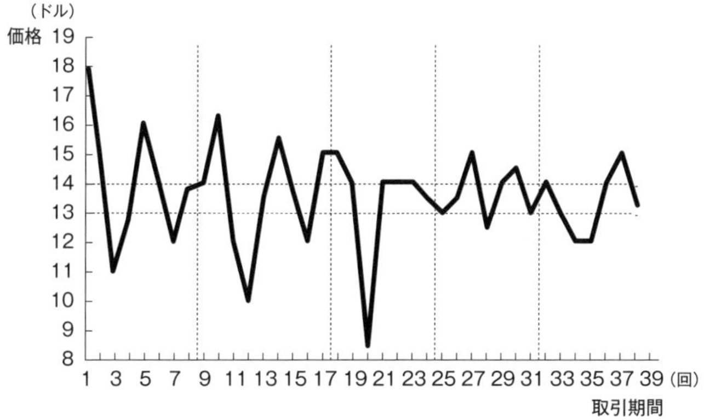

図表7.20 リストによる実験の例

リストの実験への参加者は、買い値と売り値を記録係に伝えることはしない。しかし、取引が成立した価格は均衡価格の理論値に近づくことがわかった。

出所：John A. List, "Testing Neoclassical Competitive Theory in Multilateral Decentralized Markets," *Journal of Political Economy*, Vol. 112, No. 5, 2004, pp. 1131-1156.

て、本章の冒頭の問い「利己的人間だけがいる市場は社会全体の幸福度を最大化できるか？」への答えは、「そのとおり」となる。

Q 問い　利己的人間だけがいる市場は社会全体の幸福度を最大化できるか？

A 答え　できる。

データ　実験の結果から。

注意　実験では、支払意思額が高い買い手が買うのか、受入意思額が低い売り手が売るのか、適切な取引量なのかどうかを検討した。実験は、様々な産業間や同一産業内の様々な企業間の取引に関するデータではない。したがって、完全競争均衡の3つの基本的な結論の中の、1つの結論を示唆しているにすぎない。

まとめ

◉完全競争市場という強い条件が満たされるとき、市場が、利己的な個人の利益と社会全体の利益を一致させる。そして、利己的な個人による自己利益の追求が、社会全体の幸福度を高めることになるように、市場が個人と社会を調和させる。

◉個人の自己利益の追求が社会全体の幸福度を高めるのは、見えざる手の働きによるものである。

◉見えざる手は、買い手と売り手の間で財とサービスを効率的に配分するだけではない。見えざる手は、産業内の生産を効率的にし、産業間で資源を効率的に配分する。

◉価格が見えざる手を動かす。価格が、買い手と売り手にインセンティブを与える。買い手と売り手は単に自己利益を追求することによって、社会的余剰（消費者余剰と生産者余剰の合計）を最大化する。

◉社会的余剰——社会が創るパイがどれぐらい大きいか——を経済の発展の尺度とすることができる。しかし、公平性の問題——そのパイが経済主体にどのように配分されるか——も同時に考えなけれぱいけない。

キーワード

留保価値
パレート効率的
死重損失または**死荷重**
協調の問題
公平性
二者間交渉
社会的余剰
価格統制
国内総生産（GDP）
インセンティブの問題
ダブル・オーラル・オークション

復習問題

1.... その他すべてを一定とすると、弾力的な需要と非弾力的な需要のどちらが社会的余剰が大きいだろうか、非弾力的な需要の場合だろうか？　供給が弾力的であるときには、社会的余剰にどのように影響を与えるだろうか？

2.... 経済的利潤や経済的損失が生じると、経済の資源はどのように配分されるだろうか？

3.... 以下の状況において、見えざる手は、トウモロコシ価格をどう動かすだろうか？説明しなさい。

a. 洪水でトウモロコシ農場が被害を受け、収穫がほとんど見込めなくなった。

b. 小麦（トウモロコシの代替財）の価格が上昇した。

c. 消費者の嗜好が、アメリカンドッグ（アメリカではコーンドッグと言い、小麦粉ではなくトウモロコシ粉が使われる）から、ホットドッグに変わった。

d. トウモロコシ市場で需要者が増加した。

4.... 大雪のあとに、雪かき用シャベルの店頭価格が値上がりした。雪かき用シャベル市場では、価格はどのような役割を果たすのだろうか？

5.... 経済学の教科書の市場は、均衡していたと仮定する。政府が印刷用紙の輸出規制を緩和する決定をしたので、用紙需要が増加した。教科書市場の社会的余剰は、どう変化するだろうか？　図を使って説明しなさい。

6.... 1970年代以降、韓国の1人当たりGDPは、北朝鮮の1人当たりGDPと比較して急成長した。その理由を説明しなさい。

7.... 計画経済の下では、計画当局が様々な投入物と最終財の価格を決める。一方、市場経済では、供給と需要が様々な財の価格を決める。どちらの経済制度においても、経済を動かす価格体系がある。市場経済のほうが、計画経済よりも効率的になる理由を説明しなさい。

8. 大学のある科目で、教授が学生全員の成績をＡ評価にすると決めた。これは、学生たちが勉強するインセンティブに影響を与えるだろうか？

9. 政治学専攻のソフィアは、ビデオ店や新聞などの衰退産業を活性化させるためには、政府が介入すべきだと考えている。彼女は、市場における経済主体間の取引をまとめるという協調の問題は政府が解決できると考えている。あなたは彼女の意見に賛成か、それとも反対か？　その理由も説明しなさい。

10. 効率的な資源配分は、すべて公平なのだろうか？　その理由も説明しなさい。

11. 実際の市場で、ダブル・オーラル・オークションに似ているものはあるだろうか？完全に弾力的な需要を持つ財に関して、ダブル・オーラル・オークションを実施すると仮定しよう。このとき、その価格は完全競争均衡に向かうだろうか？

12. あなたは、ダブル・オーラル・オークションの買い手で、留保価値が10ドルであるとする。売り手は8ドルを要求している。以下の質問に答えなさい。

a. 売り手の言い値で取引すると、あなたにはいくらの利益があるだろうか？

b. もしも買い手があなた1人で、売り手の受入意思額が2ドルであることを知っていたら、あなたはこの取引を行うだろうか？

8 貿易

Trade

自由貿易は仕事を奪うのか？

1999年、シアトルで開催が予定されていたWTO（世界貿易機関）閣僚会議の開会式は、街を占拠した4万人もの反対派市民団体によるデモに取り囲まれて中止に追い込まれた。街中に流れる放火による煙やシアトル警察が投じた催涙ガスを防ぐために、デモ参加者たちは一様に、マスクで口を覆っていた。のちに「シアトルの戦い」と呼ばれるこの反対運動の数カ月前には「資本主義に抵抗するカーニバル」が世界中で大規模なデモを繰り広げており、自由貿易に対する反対運動が広がっていた。

本章では、**自由貿易は取引を行う両国にとってつねに利益をもたらすこと**、また、世界中が相互依存の関係にあることを学ぶ。自由貿易への激しい反対運動があることを知った後に、本章の内容を学ぶと驚くかもしれない。だが、もしもあなたが学んだことが本当なら、反自由貿易・反グローバリズムを主張する人々は何に対して怒っているのだろうか？　反対派は合理的ではない、ということなのか？　4万人のデモ参加者が経済学を学

本章の構成

8.1 生産可能性曲線 — 8.2 貿易の基本：比較優位 — 8.3 州際交易 — 8.4 国際貿易

8.5 反自由貿易の根拠 — EBE 自由貿易は仕事を奪うのか？

KEYIDEAS
キーアイデア

- ◉生産可能性曲線は、今ある資源と技術を使って生産できる量を示すものである。
- ◉貿易の基本は比較優位である。
- ◉特化とは、比較優位の考えに基づくものであり、絶対優位に基づくものではない。
- ◉貿易する国と国、および州と州の中には勝者と敗者が生まれる。
- ◉貿易から勝者が得る利益は、敗者が被る損失を上回る。
- ◉自由貿易に反対する意見もある。

んでいたなら、シアトルの街が占拠されるようなことは起こらなかったのだろうか？

実際には、デモ参加者は非合理的であると一概に決めつけられないし、優れた経済学の講義を受けたからといっても彼らがそれによって納得することもないだろう。これは本章で学ぶ第2の教訓となるが、どんな貿易でも、貿易によって損失を被る人々はいる。損失は、消費者余剰か生産者余剰の減少、失業、あるいは所得の減少として表面化する。ここで大事なことは、勝者が貿易から得る利益は敗者の損失を補償しても余りある、ということである。すべての人々が貿易から利益を得られるような政策を実施することができるかどうかが重要だ。

8.1 生産可能性曲線

あなたのテニスシューズはどこで生産されたのだろうか？　おそらくは中国だろう。中国は世界最大の靴の輸出国である。では、散髪はどうだろうか。自分で髪をカットする人は少ないだろう。人であれ国であれ、財やサービスの提供を他者に依存している。こうした相互依存から得られるものは何だろうか？

取引*が行われる基本的な動機は、それが理髪店と精肉店との取引でも、アメリカと中国との貿易（取引）でも、1つの単純な原則に基づいている——取引は総生産を最大にする。そのため、すべての人々が取引を行うことによって得をする。その仕組みを理解するために、読者に身近な例で説明しよう。

あなたが週末にアルバイトをはじめたとしよう。ウェブサイトの作成と、その上で動くプログラムを書くという仕事だ。最初の仕事は、240のウェブサイトの作成と、その上でアプリケーションを動かすためのプログラム240本を書くものだった。ウェブサイトもプログラムもそれぞれ独自の仕様であり、すべてを一から作らなければならない。この仕事をどうやって仕上げるか。経済学的には、この仕事は2財のみ（ウェブサイトとプログラム）を生産する経済として考えることができる。1日8時間働いて、いくつ完成できるか、つまり自分の生産可能性を知りたい。

図表8.1は、あなたの実績に基づいて作業時間を整理し、2財のそれぞれについて、費やした時間と作成した数を示している。たとえば、8時間のすべてをプログラム作成だけに使えば16本のプログラムを書くことができる。また、8時間のすべてをウェブサイトの作成だけに使えば8サイトを作成できる。両方の作業を行うとすれば、この間の数になる。

この情報に基づいて生産可能性曲線を描くことができる。**生産可能性曲線**とは、（2財が生産される場合）ある財の生産水準に対して、生産できるもう1つの財の最大生産量を示した曲線である。図表8.2は、図表8.1のデータに基づいて、1日8時間の労働で生産できるウェブサイトとプログラムの組み合わせを示した、あなた1人の「経済」の生産可能性曲線である。生産可能性曲線は5章で学んだ予算制約——今ある資源と技術を使用して生産できる数量を示したもの——と非常に似ている。

グラフは、横軸（x軸）にウェブサイトの数、縦軸（y軸）にプログラムの数を取っている。グラフは、何を作るかを決めるときに、あなたが直面するトレードオフを示している。すべての時間（8時間）をウェブサイトの作成に使えば1日で8サイトを完成できるし、プログラムなら16本を完成できる。これ

● **生産可能性曲線**（production possibilities curve）とは、ある財の生産水準に対して、生産できるもう1つの財の最大生産量を示した曲線である。

* 英語のtradeは貿易、交易、取引と訳される。貿易は、国際間の取引にしか使われないが、国際間の取引を交易、取引と呼んでもかまわない。交易は、取引よりも大がかりな印象を持つ。アメリカの州間の取引は、本書では州際交易と訳すが、州間取引とも呼ばれる。

ウェブサイトの作成に費やした時間	作成したウェブサイトの数	プログラムの作成に費やした時間	作成したプログラムの本数
8（時間）	8（サイト）	0（時間）	0（本）
7	7	1	2
6	6	2	4
5	5	3	6
4	4	4	8
3	3	5	10
2	2	6	12
1	1	7	14
0	0	8	16

図表8.1　生産可能性の一覧表

表は、ウェブサイトとプログラムの数、それぞれの作成に費やした時間を一覧表にしたものである。たとえば1日8時間を、ウェブサイトに6時間、プログラムに2時間費やすと、ウェブサイトは6サイト、プログラムは4本を作成できる。

は極端なケースで、紫色の生産可能性曲線の横軸と縦軸の交点である。

極端なケースの間の選択肢を示しているのが生産可能性曲線であり、そこには以下のルール（特徴）がある。

- 生産可能性曲線上にある点、たとえば図表8.2の点B（ウェブサイト6とプログラム4を生産）は、実現可能であり、効率的である。
- 生産可能性曲線の内側にある点、たとえば点A（ウェブサイト4とプログラム4）は、実現可能であるが、非効率である。
- 生産可能性曲線の外側にある点、たとえば点C（ウェブサイト8とプログラム8）は、実現不可能である。

1日8時間働くときに実現可能な生産水準は、生産可能性曲線上か、生産可能性曲線の内側のすべての組み合わせである。生産可能性曲線上にある点は実現可能かつ効率的である。この生産水準はあなたが持っている資源（ここでは労働時間）のすべてを使うことによって実現される水準である。また、点Cのように生産可能性曲線の外側にある点は実現不可能である。1日8時間働いても、ウェブサイト8とプログラム8を同時に作成することはできない。あなたの持っている現在のスキルと利用できる資源（労働時間）の下では、技術的に実現不可能な組み合わせである。

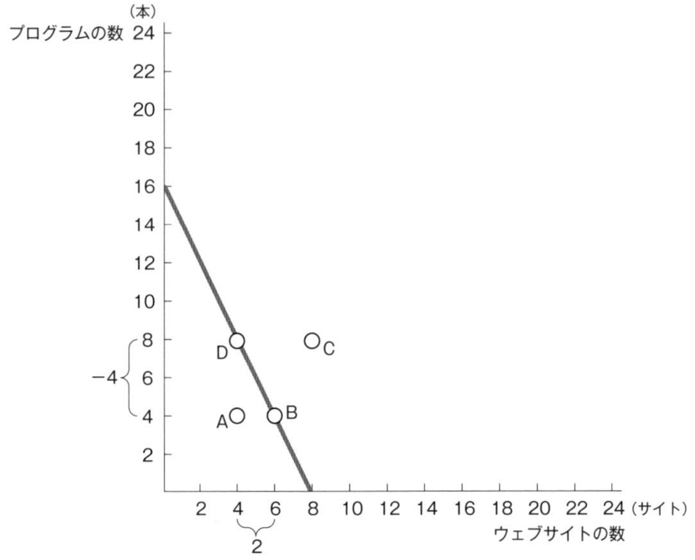

図表8.2　生産可能性曲線

生産可能性曲線は生産可能性の一覧表(図表8.1)を図にしたものである。5章で学んだ予算制約と同じく、曲線の傾きは、ウェブサイトを1サイト多く生産するときに(生産を)あきらめなくてはならないプログラムの数を示す。生産可能性曲線上の点(点Bや点D)は実現可能で効率的、生産可能性曲線の内側にある点(点A)は実現可能だが非効率、生産可能性曲線の外側にある点(点C)は実現不可能である。

生産可能性曲線の内側の選択肢は実現可能だが非効率であるというのは、同じ労働時間でもっと生産できるからである。たとえば、点A（ウェブサイト4とプログラム4）からは、もっと効率的に時間を使って、さらに2サイトを作成できるし（点Aから点Bへの移動）、またはプログラムをさらに4本書くこともできる（点Aから点Dへの移動）。または、ウェブサイトとプログラムの両方を少しずつ多く作成すること（点Aから右上への移動）もできる。人や企業が非効率な生産をしているときは、生産可能性曲線の内側にいることになる。たとえば、クライスラー社のような自動車メーカーが労働者と機械設備を最適な比率で組み合わせて利用していないときには、生産可能性曲線の内側で生産していることになる。一般的には、点Bや点Dのような生産可能性曲線上の実現可能で効率的な生産の組み合わせを見つけ出すことによって最適化が実現される。

機会費用の計算

図表8.2からわかるように、ウェブサイトの作成数を増やせば、作成できるプログラムの数は減る。ウェブサイトを作っている間は、同時にプログラムを書くことはできない。これが、ウェブサイトを1サイト作成するためにあなたがあきらめなければならないもの、つまり機会費用である。5章では財の購入にあたってのトレードオフを機会費用の式で表した。同じ式を使ってウェブサイトの機会費用を計算できる。

$$\text{機会費用}_{\text{ウェブサイト}} = \frac{\text{プログラムの減少数}}{\text{ウェブサイトの増加数}}$$

ここでプログラムの減少数は、ウェブサイトの作成数を増やすために作成をあきらめなければならないプログラムの数である。どのように計算すればいいだろうか？

これは、図表8.2の生産可能性曲線の傾きの絶対値を計算すればよい。傾きは、2つの点の間の縦軸の差を、横軸の差で割って計算する。縦軸の差はプログラムの作成数の差であり、横軸の差はウェブサイトの作成数の差である。図表8.2で見ると、点Dから点Bに移動するときには、縦軸では8から4に減少し、横軸では4から6に増加しているので、以下の式で計算できる。

$$\text{機会費用}_{\text{ウェブサイト}} = -\frac{4}{2} = -2$$

−2の絶対値は2であり、ウェブサイトを1サイト作成する機会費用はプログラム2本である。同じく、プログラムの機会費用を計算しよう。

$$\text{機会費用}_{\text{プログラム}} = \frac{\text{ウェブサイトの減少数}}{\text{プログラムの増加数}}$$

となるので、絶対値の計算は、以下の式になる。

$$\text{機会費用}_{\text{プログラム}} = -\frac{2}{4} = -\frac{1}{2}$$

絶対値は1/2である。したがって、プログラムを1本作成する機会費用はウェブサイト1/2サイトである。これはプログラムを1本作成するためには、ウェブサイト1/2サイト分の作成をあきらめていることを意味する（機会費用はお互いの逆数になっている。生産可能性曲線が直線の場合にはつねに、お互いの機会費用は逆数になる）。

ここまで計算してくると、あなたは、大学の成績や友人との付き合いを維持

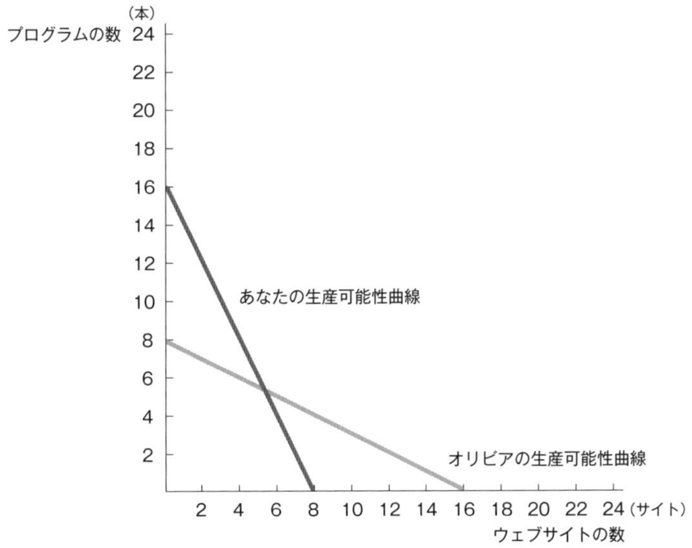

図表8.3　２人の生産可能性曲線

あなたの生産可能性曲線にオリビアの生産可能性曲線を書き加えた図である。あなたはウェブサイトを1サイト作成するためには2本のプログラムの作成をあきらめるが、オリビアがウェブサイトを1サイト作成するためにあきらめるプログラムは1/2本だ。オリビアと取引して、あなたが働く日数を減らすことができるだろうか？

しながら、引き受けた仕事（240本のプログラムと240サイトのウェブサイトの作成）を完成できるのかと、不安になってきた。というのは、プログラムの作成には15日間（1日当たり16本×15日間＝240本）、ウェブサイトの作成にはさらに30日間（1日当たり8サイト×30日間＝240サイト）が必要だ。仕事を完成させるには、合わせて45日間もかかる！

このとき、あなたと同じく経済学を専攻している友人が、あなたと同じような仕事をアルバイトにしている学生を紹介するから心配はいらない、と言った。オリビアという人物だそうだ。そのときには友人の助言が何の助けになるのかまったくわからなかった。同じようなハードなアルバイトなら、オリビアには他人を手助けする余裕なんてないだろう。

切羽詰まっていたので、とりあえずオリビアに連絡してみた。すると、オリビアもあなたと同じく、240本のプログラムと240サイトのウェブサイトを作る仕事を引き受けているという。大学の成績も友人との付き合いも維持したいというのは彼女も同じだった。

だが、良い考えが浮かんだ。オリビアには、あなたとは別の才能がある。彼女はウェブサイトの作成のほうが得意だった。図表8.3には、オリビアの生産可能性曲線とあなたの生産可能性曲線の両方が描かれている。見てのとおり、オリビアの機会費用とあなたの機会費用は違っている。また、オリビアも仕事を完成するのに45日間かかることもわかった（プログラムの作成に30日間、ウェブサイトの作成に15日間）。

どうすれば、あなたとオリビアは働く日数を最短にすることができるだろうか？　2人は協力しあうべきだろうか？　それとも自分だけで仕事をするべきだろうか？　協力しあうなら、仕事はどのように分担すればいいのだろうか？

8.2 貿易の基本：比較優位

この問題に答えるためにはまず、比較優位の原理について知る必要がある。これは、あなたが比較的得意なものは何かを知ることだ。正式に定義すると、**比較優位**とは、ある財を他の生産者よりも低い機会費用で生産する、個人・企業・国の能力である。あなたは、ウェブサイトとプログラムのどちらかの財を生産するのに比較優位があるだろうか？　オリビアはどうか？　彼女は比較優位があるだろうか？　答えはイエスであり、2人にはともに比較優位がある。

何に比較優位があるかは、それぞれの機会費用を比べてみればわかる。プログラムを1本書くために作成をあきらめなくてはならないウェブサイトの数を比較すると、オリビアが2であるのに対して、あなたはたったの1/2である。1/2は2より少ないので、この2人だけで作られた経済圏で考えると、プログラムを書く機会費用はあなたのほうが小さい。つまり、プログラム作成に関しては、あなたに比較優位がある。

同じようにウェブサイトの作成について計算すると、ウェブサイトを1サイト作成するためにあきらめなければならないプログラムの数は、あなたが2であるのに対して、オリビアは1/2だけだ。したがって、ウェブサイト作成に関しては、オリビアに比較優位がある。以下の表は、ウェブサイトとプログラムの機会費用をまとめたものである。

何に比較優位があるかは、それぞれの機会費用を比べてみればわかる。

● **比較優位**（comparative advantage）とは、ある財を他の生産者よりも低い機会費用で生産する、個人・企業・国の能力である。

機会費用

	ウェブサイトの機会費用（1サイト当たり）	プログラムの機会費用（1本当たり）
あなた	プログラム2本	ウェブサイト1/2サイト
オリビア	プログラム1/2本	ウェブサイト2サイト

特化

これはどういう意味なのかを説明しよう。あなたが得意な財（プログラム）の生産に特化し、オリビアもまた得意な財（ウェブサイト）の生産に特化したら、2人が取引することで得をする。完全な特化とは、個人・企業・国が、比較優位がある財だけを生産して、その他の必要な財やサービスは取引や貿易に依存している状況である。

図表8.4に示されているように、この場合には取引から得られるものは極めて大きい。図表8.4の図の作り方を説明しよう。あなたとオリビアの2人がともにプログラムの作成だけに時間を使うとすると、24本のプログラムができる。2人ともプログラムだけを作成している状態から1時間だけをウェブサイトの作成に振り替える場合には、2人のうちのどちらの労働時間を振り替えればいいだろうか？　ウェブサイトを作成する機会費用は、オリビアがプログラム1/2本、あなたが2本だった。オリビアの機会費用のほうが小さいので、オリビアの労働時間をウェブサイトの作成に1時間振り替えればよい。もっとウェブサイトを作成したければ、オリビアがウェブサイトの作成に完全に特化するまで、労働時間をシフトさせ続ければよい（図表8.4の点T）。ウェブサイトを1日に16サイト以上作成したいのなら、あなたもウェブサイトを作成することになるので、2人は1サイトを作成するためにプログラム2本の作成をあきらめるというトレードオフ（機会費用）に直面することになる。

図表8.4の点Tでは、あなたとオリビアは2人で1日当たり16サイトのウェブサイトと16本のプログラムを作成できる。あなたが自分の得意分野（プログラムの作成）に特化し、オリビアも彼女の得意分野（ウェブサイトの作成）に特化したことによって可能になった生産水準である。

完全な特化を行い30日間働くことによって、あなたが480本のプログラム、オリビアが480サイトのウェブサイトを作ることができる。あなたは作成した480本のプログラムから240本をあなたが引き受けた仕事の成果物として、残りの240本をオリビアに渡せばいい。同様に、オリビアも作成したウェブサイトから240サイトをあなたに渡せばいい。2人の間で取引することができれば、

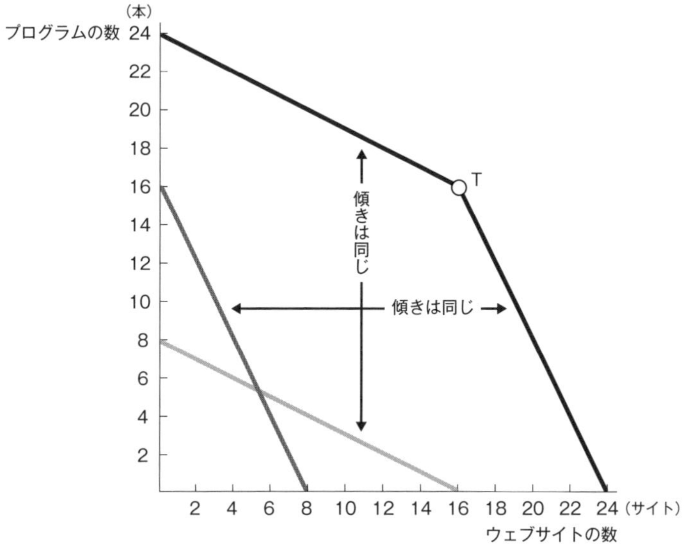

図表8.4 特化による利益

完全に特化した場合には、あなたは16本のプログラムを作り、オリビアは16サイトのウェブサイトを作る(点T)。プログラムとウェブサイトの生産量を表した曲線の傾きは、点Tより左側はオリビアの生産可能性曲線の傾き、点Tより右側はあなたの生産可能性曲線の傾き、と同じになる。

2人がそれぞれ得意な仕事に特化することによって、2人の仕事時間はともに45日間から30日間に短縮される！

絶対優位

ここまで読み進めてきて、こんな例はそうなるように作っただけだと思う人もいるかもしれない。あなたとオリビアの才能が都合よく異なる分野にあって、しかも鏡の裏表のような状況にある、つまり機会費用がちょうど逆数になっているなんて！　比較優位がもっと一般的に有効であることを示すために、この単純な例の条件を少し変更してみよう。あなたが、ウェブサイトの作成とデザインについて学ぶ1週間の短期集中講義（以下、講義）を受けたとしよう。この講義で新しい知識を得たあなたは、ウェブサイトを3倍のスピードで作成できるようになった。これによって、生産可能性曲線は縦軸（y軸）との切片を起点として回転する。図表8.5はあなたの新しい生産可能性曲線とオリビアの生産可能性曲線だ。

CHOICE&CONSEQUENCE

選択の結果

比較優位の実験

あなたが、経済学の実験に参加したとしよう。実験の担当者は、あなたともう1人の学生をペアにして、鍵（キー）と錠前（ロック）の組み合わせを作るように指示した。あなたとパートナーの学生は、それぞれの生産可能性が表のとおりに決められており、図にはそれぞれの生産可能性曲線が描かれている。あなたもパートナーも、それぞれの生産可能性曲線上で生産の組み合わせを自由に選択できる。

あなたとパートナーは、それぞれの選択に従って鍵と錠前を作ることになる。2人がそれぞれの生産を持ち寄って、鍵と錠前の組み合わせがセットになった場合に初めて、1組当たり10ドルずつが支払われるが、セットを組めない余分な鍵や錠前を作っても、それらには報酬は支払われない。

あなたは、どういう組み合わせで鍵と錠前を作ればいいだろうか？

このとき、あなたとパートナーの比較優位は何か、を考えることが重要だ。表には、2人の生産可能性と機会費用がまとめられている。

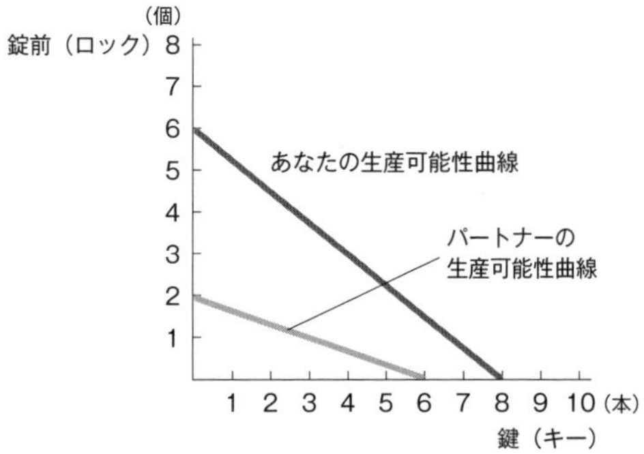

生産可能性

		鍵（キー）	錠前（ロック）
ペア	あなた	8本	6個
	パートナー	6本	2個

機会費用

		鍵の機会費用（鍵を生産するためにあきらめた錠前の個数）	錠前の機会費用（錠前を生産するためにあきらめた鍵の本数）
ペア	あなた	錠前3/4個	鍵4/3本
	パートナー	錠前1/3個	鍵3本

2人は、それぞれ、比較優位がある財（機会費用が低い財）の生産に特化する。パートナーは鍵作りに特化して6本の鍵を作り、あなたは錠前作りに特化して6個の錠前を作る。

この種の実験ではありがちなことだが、被験者たちの多くが、自分が1人で作ることができる量を最大化するか、単に数字が大きいほうを選んでしまう。たとえば、この実験の場合には2人とも数の大きいほうを選び、あなたが鍵を8本、パートナーも同じく鍵を6本を作ってしまうことがよくある。すると、鍵と錠前はセットになっていないのだから、2人とも報酬ゼロだ！

それはなぜだろうか？　あなたが錠前よりも鍵のほうを多く作れたとしても、錠前を作ることに比較優位があるので、錠前だけを作るほうがいい。同様にパートナーは、鍵だけを作るほうがいい。それぞれが6単位を生産することになるので、それぞれ60ドルずつ報酬が得られる。比較優位で考えることで、生産を調整できる。

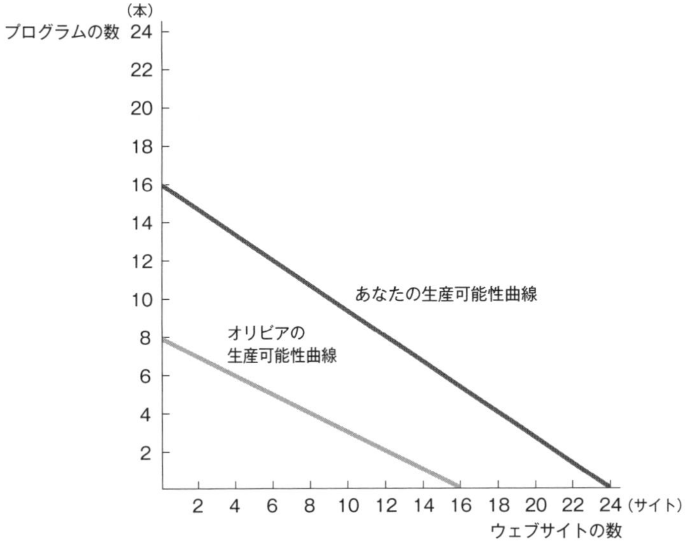

図表8.5　絶対優位

ウェブサイトを作成する講義を受けたあなたは、オリビアよりも多くのプログラムを作成できるし（1日当たり16本対8本）、ウェブサイトも多く作成できる（1日当たり24サイト対16サイト）。このとき、あなたは、両財の生産に対して絶対優位があると言う。

講義を受けたことによって、あなたが作成できるウェブサイトは、1日当たり8サイトから24サイトに増加した。今やあなたは、1人で仕事をしても1日にプログラム16本か、24サイトのウェブサイトを作成できる。引き受けた仕事の目標を達成するためには、プログラムの作成に15日間（1日当たり16本

×15日間＝240本)、ウェブサイトの作成に10日間（1日当たり24サイト×10日間＝240サイト)、合計して25日間働くだけでよくなった。講義を受ける前は45日間働く必要があったことを考えるとずいぶん短くなったし、オリビアと取引した場合の30日間よりもさらに短くなっている。この場合には、取引は必要なくなったのだろうか？

答えはノーだ。ただし、取引からの利益はわかりにくくなっている。あなたの能力は今や、どちらの仕事をしてもオリビアを上回っているので、彼女の手助けは必要ないと考えてしまいそうだ。両方の作業が速いということは、ウェブサイトの作成にもプログラムの作成にも絶対優位があるという意味だ。一般化して言うと、**絶対優位**とは、個人・企業・国が、同じ資源（この例では、1日当たり8時間の労働時間）を活用して、他の生産者よりも、ある財を多く生産できる能力である。

驚くことに、あなたが優れた技術を新たに習得したとしてもなお、取引することで利益が生まれる。同じ日数を働いた場合には、ウェブサイトにしてもプログラムにしてもどちらの財もあなたのほうがオリビアよりも多く生産できるとしても、あなたが両方の財に対して比較優位があるわけではない。生産可能性曲線が直線で、2人の機会費用がまったく同じでない限り、1人はどちらかの財の生産に比較優位があり、もう1人は別の財の生産に比較優位がある。なぜなら、どんな人（企業・国）でも、複数の作業があればどちらかが相対的に得意だからだ。そして、当然その逆もある。

この場合には、特化と取引から得られる利益は何だろうか？　この質問に答えるには、最初にそれぞれの財の生産に対して誰に比較優位があるかを考える。以下の表は、あなたが講義を受けた後の新しい機会費用だ。

機会費用

	ウェブサイトの機会費用（1サイト当たり）	プログラムの機会費用（1本当たり）
あなた	プログラム2/3本	ウェブサイト3/2サイト
オリビア	プログラム1/2本	ウェブサイト2サイト

ウェブサイトを作成する機会費用は、オリビアがプログラム1/2本、あなたがプログラム2/3本なので、オリビアの機会費用のほうが小さい。だから、あなたがウェブサイト作成の講義を受けた後でも、オリビアはウェブサイトの作

● **絶対優位**（absolute advantage）とは、個人・企業・国が、同じ資源を活用して、他の生産者よりも、ある財を多く生産できる能力である。

成に比較優位がある。一方でプログラムを作成する機会費用は、あなたがウェブサイト3/2サイトで、オリビアの2サイトより小さい。だから、あなたはプログラムの作成に比較優位がある。

こうして、上記の例と同様に完全な特化を行うと、あなたが480本のプログラム、オリビアは480サイトのウェブサイトを作り、両者が30日間働くことで仕事が完了する。

これは理にかなった取引なのだろうか？　講義を受けても、何の得にもなっていないのではないか？　オリビアの手助けは本当に必要なのだろうか？　彼女と仕事を分担しなければ、あなたはプログラムの作成に15日間、ウェブサイトの作成に10日間、合計で25日間働くだけでよくなっていたはずである。もうオリビアと取引しなくてもいいのではないだろうか？

取引の価格

この例では、プログラム1本とウェブサイト1サイトを取引するという交易条件が最初に設定されているために、あなたにとってはあまり有利な結果にならない。**交易条件**とは、財と財を交換するレート（比率）である。比較優位の原理はとても重宝するのだが、交易条件を正確に決めるものではなく、取引が起こる範囲を示すだけのものだ。それなら、取引から得られた利益は2人の間でどのように分配すればいいのだろうか？

プログラム1本とウェブサイト1サイトを取引するという交換は、あなたにとっては得にならない。オリビアと取引しなければ、あなたは25日間働くだけですんでいたものが、取引したことによって30日間働くことになるからである。交換レートが1対1の場合には、取引しないほうがいい。それなら、取引したほうが得になる交換レートはあるだろうか？

答えはイエスだ。あなたとオリビアの双方の利益になる交易条件は存在するし、その範囲は機会費用から見つけることができる。ウェブサイトとプログラムのトレードオフを計算して、それを交易条件と比較すればよい。取引による利益があるなら取引すればいいし、利益が得られないなら取引しなければいい。

プログラム作成の機会費用を出発点にして考えてみよう。あなたは、プログラムを1本作るのにウェブサイト3/2サイトの作成をあきらめる。オリビアにプログラム1本を提供するなら、オリビアはウェブサイトを少なくとも3/2サイトあなたに提供すべきだ。オリビアの立場で考えてみよう。彼女の機会費用

● **交易条件**（terms of trade）とは、財と財を交換するレート（比率）である。

> **取引する相手が似ているほど、取引からの利益は小さくなる。**

なら、1本のプログラムに対してウェブサイト2サイトまでなら喜んで提供することがわかる。こう考えると、ルールはいたって簡単だ。2人の間の取引価格は、2人の機会費用の範囲で決めればよい。

$\frac{3}{2}$サイト……………………2サイト

交易条件
（プログラム1本と交換するウェブサイトの数）

1対1の取引がうまくいかない理由は明白だろう。上の交易条件の範囲外にあるからであり、それならあなたは、1人で作業したほうがいい。同じ理由で、あなたが1本のプログラムを提供する対価としてウェブサイトを2サイトより多く要求した場合は、オリビアは1人で作業したほうがいいので、取引には応じないだろう。

交易条件を理解していれば、どちらの側が取引からの利益を得るかがわかる。1プログラムの交換レートが3/2サイトに近いほどオリビアに有利だし、2サイトに近いほどあなたに有利だ。オリビアがウェブサイトを作成するなら、1プログラムと引き換えに提供するサイト数が少ないほど得をするからだ。同じように、あなたがプログラムを作成するなら、1プログラムと引き換えに受け取るサイト数が多いほど得をする。それなら、交換比率をちょうど真ん中に決めればよい。プログラム1本とウェブサイト1.75サイトで取引すれば、取引から得られる利益は両者ともに同じになる。

この例からもわかるように、取引する相手が似ているほど、取引からの利益は小さくなる。

ウェブサイト作成を学ぶ講義を受ける前は、あなたはプログラムの作成、オリビアはウェブサイトの作成、と得意分野が違うので取引から得られる利益は大きかった。あなたがオリビアの得意分野もこなせるようになると、取引から得られる利益は縮小したのである。

8.3 州際交易

あなたとオリビアで才能に違いがあるように、アメリカでは州によって優位な産業が異なる。ミネソタ州に住む大学生の生活を想像してみよう。朝起きて冷えたオレンジジュースを飲み、革のブーツをはいて、クライスラー社のジープを運転して大学に行く。いつもどおりの朝の3つの習慣であるが、そこで使用されているのは、フロリダ州、カリフォルニア州、ミシガン州で生産された財である。普段は意識することもないだろうが、日用品の多くはあなたが暮らしている州とは違う州で生産されている。そうなるのはなぜだろうか？

こう考えてみよう。アラスカ州ではパイナップルは育てにくいし、ハワイ州はトウモロコシを育てるのに相応しい土地ではない。もし州間の取引（州際交易）が可能でなければ――たとえば法律で許可されないとか、輸送費が高すぎるなど（100年以上前の生活を考えてみるといい）――生活必需品にさえ事欠くようになるだろう。北部諸州では綿製品の衣料品は知られていないだろうし、iPadなどの生活を快適にする技術はカリフォルニア州には普及しても、東部諸州にはまだ広まらなかったかもしれない。多くの州でサーモンは手に入らないだろうし、ニューヨーク州やネブラスカ州では、グレープフルーツジュースなしで生活することになるだろう。ワイオミング州の市民の移動手段はまだ馬に頼っているかもしれないし、北部諸州の住民はビタミンC不足に悩んでいるかもしれない。

もちろん、各州は孤立しているわけではない。あなたとオリビアの場合と同様に、比較優位に違いがあれば、取引から利益を得ることができる。アメリカ各州の生産者は、財を他の州に出荷している。そして、どの州にも他の州で作られた財を消費する住民がいる。カリフォルニア州で生産され、ウィスコンシン州に出荷された財は、カリフォルニア州にとっては**移出**、ウィスコンシン州にとっては**移入**だ。国家間の取引について議論する場合には、移出と移入は、輸出と輸入に言葉を変える[*]。**輸出**とは、国内で生産し、外国で販売される財である。**輸入**とは、外国で生産し、国内で販売される財である。輸出と輸入は、貿易活動を測定するうえで便利な指標だ。

図表8.6を見ると、アメリカにおける州際交易の重要性がわかる。アメリカ各州の州際交易額と外国への輸出額は、ともに米運輸統計局（BTS）の「商品流通調査」として統計データが整備されている。図表8.6を見ると、アメリ

● **輸出**（export）とは、国内で生産し、外国で販売される財である。また、生産した財を国内の他の地域に送り出すことを**移出**（export）と言う。

● **輸入**（import）とは、外国で生産し、国内で販売される財である。また、国内の他の地域で生産された財を受け入れることを**移入**（import）と言う。

* 英語では、移出と輸出、移入と輸入は同じ単語になる。

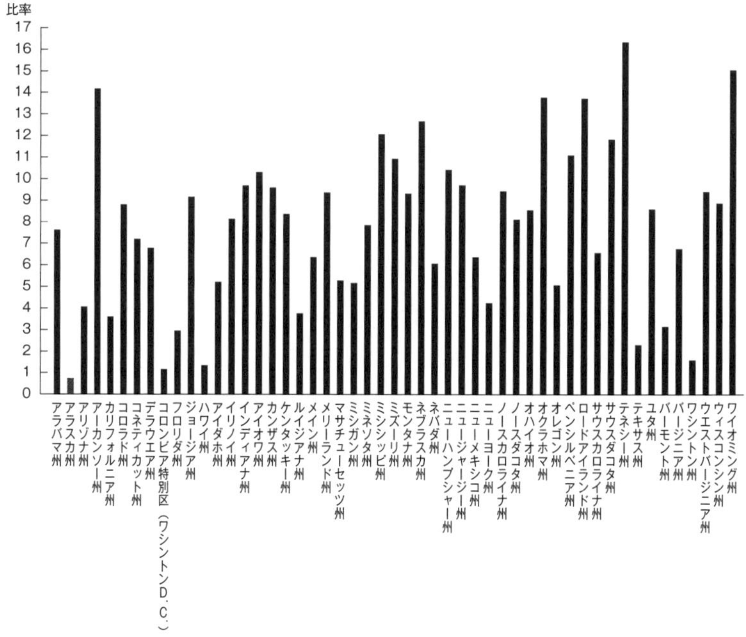

図表8.6　全米各州の州際交易と国際貿易

縦軸は、各州ごとに、他の州への移出額を輸出額で割った比率を示している。比率が1より大きいときは、他の州への移出額が外国への輸出額より大きいことを示す。比率が1より小さいときには（アラスカ州のみ）、他の州への移出額が外国への輸出額より小さいことを示す。

出所：米運輸統計局（BTS）「商品流通調査2007」。

カでは州際交易が極めて活発であることがわかる。グラフは各州ごとに、他の州への移出額の輸出額に対する比率を示している。アメリカ全体の交易の中で、州際交易が大きな位置を占めていることがわかる。

グラフによると、テネシー州の比率が最も高い。これはテネシー州が、海外への輸出額との比較で、他の州への移出額が最も大きいということだ。テネシー州は、全米各州に農産品、化学製品、輸送機器を出荷している。アーカンソー州、オクラホマ州、ロードアイランド州、ワイオミング州も、輸出額よりも移出額のほうが大きい。全州平均で、移出額と輸出額の比率は7.86である。このことから、州際交易が、国際貿易よりもはるかに大きいと考えられる。

またグラフからは、比率が低いのは沿岸州と国境州であり、比率が高いのは内陸州が多いことが見て取れる。輸送費が交易のパターンを決めるうえで重要

CHOICE&CONSEQUENCE
選択の結果

レブロン・ジェームズは自宅のペンキ塗りをすべきだろうか？

NBA（ナショナル・バスケットボール・アソシエーション）ロサンゼルス・レイカーズに所属するレブロン・ジェームズは、これまでシーズンMVPを４回受賞、所属チームを３度の優勝に導いた最高のプロ・バスケットボール選手だ。しかし、彼の才能はバスケットボールにとどまらない。両手を広げれば2メートル以上に達する彼は、他の分野でも才能を発揮することだろう。

たとえば、室内のペンキ塗りなどはどうだろう。2メートルの身長を活かせば脚立がなくても壁のすべての場所に手が届くから、どんなプロの塗装工よりも効率がいいだろう。ということは、バスケットボールだけでなくペンキ塗りにも絶対優位がある。

才能を活かすならレブロン・ジェームズは、部屋の模様替えをするときには自分でペンキ塗りをしたほうがいいだろうか？

本章を学んだ後ならば、もうわかるだろう。答えはノーだ。レブロンは自分に比較優位がある仕事（バスケットボール）に専念したほうが、（レブロンを含めて）みんなが得をするだろう――ただし、例外はあって、ライバルチームはそうは思わないだろう。

であることがわかる。

経済全体の生産可能性曲線

あなたとオリビアの取引は比較優位で決まり、2人の生産可能性曲線を合成した新しい生産可能性曲線を使って示すことができた（図表8.4）。それでは、何百万人もの生産可能性曲線を合成したらどうなるだろうか？　おそらく図表8.7に示されるような、原点から見てふくらんだなめらかな曲線になるだろう。図の縦軸がリンゴ、横軸がオレンジの生産量を示している。点Aは実現可能だが非効率、点Bは実現可能で効率的、点Cは今ある資源と技術では実現不可能である。

曲線は、機会費用逓増の一般法則を表す。リンゴの生産に適した生産要素もあれば、オレンジの生産に適した生産要素もあるので、生産可能性曲線上でどちらかを極端に多く生産すると、機会費用が大きくなっていく。このため、1種類の財の生産に費やす資源が増加するにつれて、その生産の機会費用は逓増する。

図表8.7 生産可能性曲線

これまで学んだ生産可能性曲線では、財の機会費用は一定だった(生産可能性曲線の傾きが一定の直線)。しかし、生産可能性曲線が曲線になると、オレンジの生産が0個から1個になったときにはリンゴの生産は少ししか変わらないが、オレンジの生産が6個から7個に変わったときにはリンゴの生産は2個以上減り、機会費用が増える。

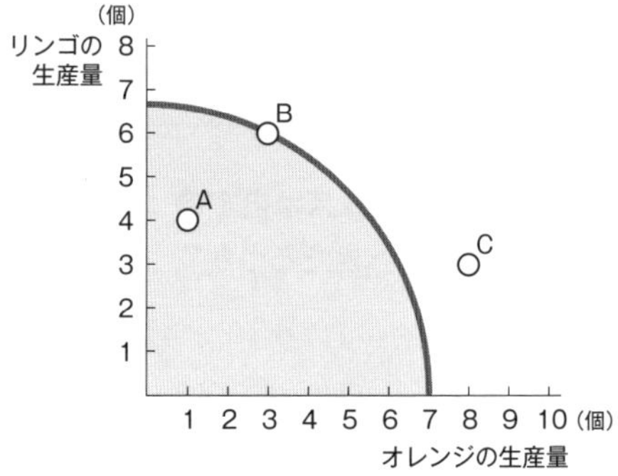

図表8.8 生産技術の進歩による生産可能性曲線のシフト

新しい肥料が開発されたことによって、生産可能性曲線は外側にシフトする。このとき、オレンジとリンゴの生産はどちらも増加する。どのオレンジの生産水準に対しても、より多くのリンゴを生産できる。逆の言い方(どのリンゴの生産水準に対しても、より多くのオレンジを生産できる)も可能である。

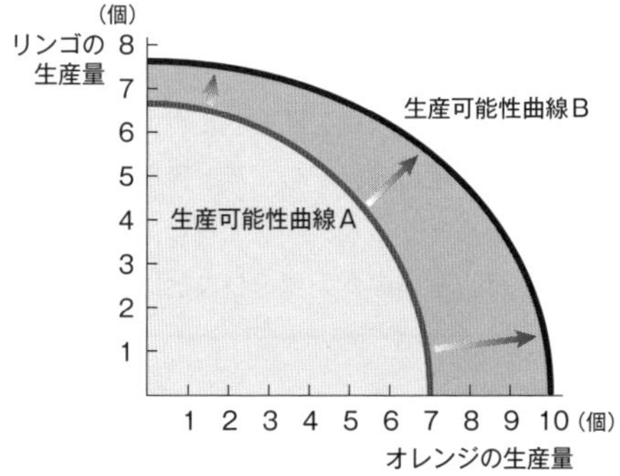

それでは、州の生産可能性曲線はどのように決まるのだろうか？ 短期では生産可能性曲線は固定されている。しかし、長期では資源は固定されないので、天然資源の増加、人口増加に伴う生産性の変化、技術進歩、労働者の教育水準の上昇などによって、生産可能性曲線は外側にシフトする。全米各州の生産可能性曲線を押し上げる要因は、教育水準、労働慣行、労働者の熟練、労働資本と物的資本の豊富さ、気象条件のほかに、その州で利用できる天然資源と人工資源（技術）がある。

図表8.8は、生産性を決定する要因の1つ（技術進歩）が私たちの生活水準を向上させ、生産可能性曲線が外側にシフトすることを示している。たとえば、新しい肥料が開発されて、オレンジの生産量が3単位、リンゴの生産量が1単位増えたとする。この増加で、生産可能性曲線は曲線Aから曲線Bへと外側にシフトし、同じ資源を使ったときでもリンゴとオレンジをより多く生産でき

るようになる。

各州の比較優位と特化

ここまで学んできたとおり、あなたとオリビアが取引を行い得意な財の生産に特化することによって、2人とも得をする。個人に対して働いた比較優位と特化の力は、それが州レベルになってもやはり同じように働く。

違う例で考えよう。カリフォルニア州とフロリダ州では、どちらもアプリコットとバナナが生産され、消費されている。ただし、カリフォルニア州はアプリコットの生産に、フロリダ州はバナナの生産に比較優位があるときには、どのように生産を配分すべきだろうか？

あなたとオリビアの例と同じように、カリフォルニア州はアプリコットの生産に集中し、フロリダ州はバナナの生産に集中すべきである。このような比較優位は、州際交易の基本的な考え方である。さらに、取引価格は機会費用に基づいて決定される。両州のバナナとアプリコットの機会費用が表に示されたものだとしよう。

		機会費用	
		アプリコットの機会費用（1個当たり）	バナナの機会費用（1本当たり）
州	カリフォルニア州	バナナ1/5本	アプリコット5個
	フロリダ州	バナナ8本	アプリコット1/8個

両州が受け入れる取引価格は、以下の範囲に収まる必要がある。

$\frac{1}{8}$個……………………………………5個

交易条件
（バナナ1本と交換する
アプリコットの個数）

これは、8.2節のあなたとオリビアの例で取引価格を決定したときと同じ考え方だ。交易条件（この例では、バナナとアプリコットの交換レート）をうまく決定できれば、特化と州際交易によってどちらの州も利益を得る。

8.4 国際貿易

家族のクローゼットをのぞいてみよう。あなたの祖母が1970年代に着ていた洋服のタグを確認すると、そのほとんどがアメリカ製だろう。あなたの祖父が結婚式で着た1963年のスーツは、たぶんシカゴかフィラデルフィアで縫製されたものだ。次に、あなたの両親のクローゼットの中を見ると、外国製品が多くなっているだろう。最後に自分の洋服のタグを見てみよう。ほとんどが外国製品で、しかも1960年代や70年代には洋服を作ってもいなかった国々の製品かもしれない。

洋服の生産地がこれほど違うのは、国際貿易のためだ。図表8.9からもわかるとおり、1960年以降、アメリカの貿易額は急増している。2015年を見ると、アメリカに輸入された財・サービスは総額で2.6兆ドルだ。1年間で2.6兆ドルという驚異的な金額は、1960年の輸入額の21倍にもなる。貿易が増えたのは、生産が増えたからだけではない。輸入と国内生産との比率は、1980年には5.2%だったが、今では16%以上ある。相互依存が世界的に進んでいるのは間違いない。

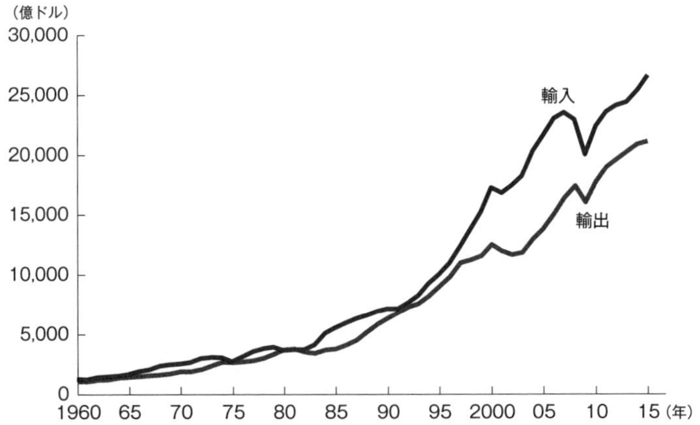

図表8.9　アメリカの輸出と輸入：1960年以降

グラフは、1960年から2015年のアメリカの輸出と輸入の総額(実質値)の推移を示している。1960年代を通して輸入と輸出はほぼ同額だったが、1970年代半ばから両者には差がつきだした。以降は、輸出を上回るペースで輸入が拡大を続けている。

出所：米商務省経済分析局(BEA)「国民所得生産勘定」。

輸出も、金額ベースで見ると、1960年の20倍に急増している。ただし輸出は輸入を下回っているので、アメリカは**純輸入国**である。純輸入国とは、一定期間の輸入額が輸出額を上回っている国である。実はアメリカは、1970年代半ばからすでに純輸入国だった（図表8.9）。この貿易のパターンについてはコラム「根拠に基づく経済学」（EBE）で再び取り上げて、近年の巨額な純輸入の水準を憂慮すべきなのかどうかについて議論する。

しかし、こうした貿易のパターンが、すべての財の輸出入に当てはまるわけではない。たとえば、アメリカは歴史的に見て原油をほとんど輸出しておらず、毎月何百万バレルもの原油を輸入していた。実際に図表8.10に示されているように、1960年以降の原油輸入量は急増していた*。

では、図表8.9で描かれているアメリカの輸出と輸入の動きの大きな変化をもたらした要因は何だろうか？　これには工業製品が大きく関わっている。図表8.11からわかるように、アメリカでは工業製品の生産は増え続けているが、同時に発展途上国からの輸入がそれ以上に増え続けているのである。

つい最近まで、世界市場では、ほとんどの工業製品はアメリカ、日本、ドイツ、イギリスなどの先進国で生産されていた。図表8.11(b)に示されているよ

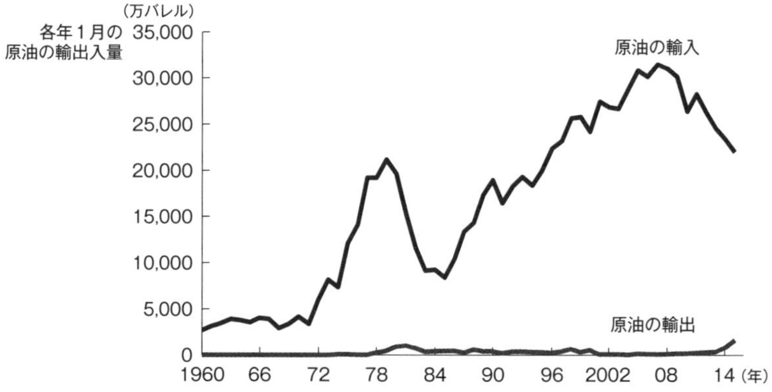

図表8.10　アメリカの原油の輸出と輸入：1960年以降

図表8.9のアメリカの輸出と輸入の総額（実質値）の差の推移と、原油の輸出と輸入の差の推移には大きな違いがある。輸出の動きは多様で、総額を見ているだけではわからない。

出所：米エネルギー情報局（EIA）。

● **純輸入国**（net importer）とは、一定期間の輸入額が輸出額を上回っている国である。

* シェールオイルが増産され、2018年12月にはアメリカは原油の純輸出国になった。

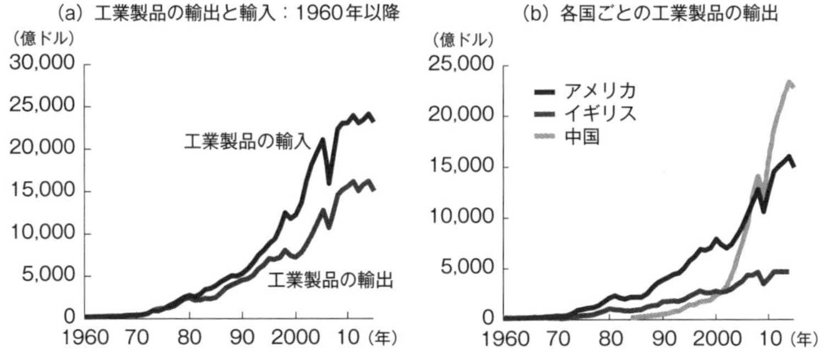

図表8.11　工業製品の貿易パターンの変化

アメリカの総輸出と総輸入についてさらに詳しく見るために、図表8.9からサービス分野（コンサルティングや医療サービスなど）を除いた推移を示している。ここから、国際貿易のパターンの変化は、その大部分が、中国をはじめとする発展途上国が輸出を増やしたことに関係していることがわかる。

注：中国の工業製品輸出の貿易データは、1984年以降の数値である。中国経済の自由化と改革の結果、同年より公表されるようになった。

うに、最近では中国の工業製品の輸出額がアメリカを追い抜いた。現在では、中国の工業製品の輸出額は、アメリカをはじめとする先進諸国の輸出額をはるかに上回る。中国の経済成長は、発展途上国の貿易パターンの典型だ。この貿易パターンの決定要因を理解することは非常に重要であり、現代経済学の最新の研究課題の1つである。この点については、コラム「根拠に基づく経済学」（EBE）でさらに議論することにしよう。

国際貿易を決定する要因

本章をここまで学んでくれば、図表8.9や図表8.11に示されている貿易パターンは比較優位が作り出したものであることは、容易に想像ができるだろう。次は、デンマークのテニスシューズ市場を例にとって、この重要な概念を簡潔に説明し、経済学的な背景に触れることにしよう。

ポイントがどこにあるのかをつかむために、テニスシューズはどれも同質で、デンマークの生産者と消費者は、ともに価格受容者であると仮定する。外国との貿易は行われていない。このことから、デンマークのテニスシューズ市場は、デンマークに住む買い手と売り手のみによって構成されているとしよう。

図表8.12のように、この仮定の下では、デンマーク国内の価格はデンマーク国内の需要曲線と供給曲線の交点で決まる。テニスシューズ1足の均衡価格は

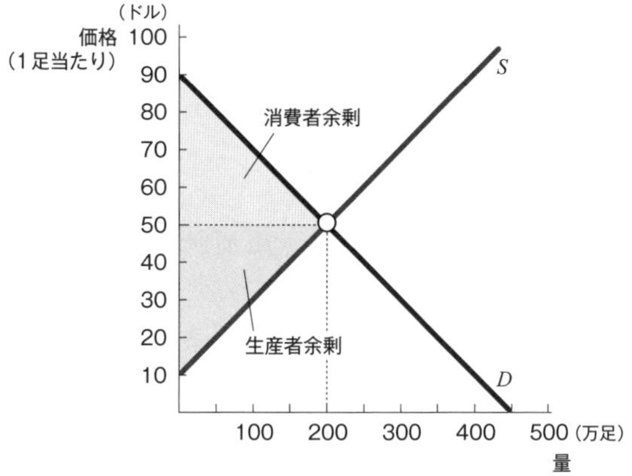

図表8.12　デンマークのテニスシューズ市場の均衡

完全競争市場の仮定の下では、デンマークのテニスシューズの均衡価格と均衡量は見慣れたプロセスを経て決まる――国内の需要曲線と供給曲線の交点で決まる。

50ドル、均衡量は200万足である。5章で学んだとおり、消費者余剰は需要曲線の下側で、市場価格より上側の三角形の面積として表される。同様に6章で学んだとおり、生産者余剰は供給曲線の上側で、市場価格より下の三角形の面積として表される。

デンマーク政府が**自由貿易**――政府による規制も助成もない貿易――を解禁したら、デンマークはテニスシューズの輸出国になるのだろうか？　それとも輸入国になるのだろうか？　言い換えると、デンマークは外国からテニスシューズを買うようになるのだろうか？　それとも外国に売るようになるのだろうか？　この質問には、国外でのテニスシューズの価格を知らなければ答えられない。つまり、テニスシューズの**世界価格**――世界の市場で売られるテニスシューズの価格――を知る必要がある。

それがわかれば、デンマークが輸入国になるか、輸出国になるかを答えるのは簡単だ。デンマークの国内価格が世界価格より高いか、安いかがわかればいい。

・デンマークの国内価格が世界価格より安ければ、デンマークはテニスシュー

● **自由貿易**(free trade)とは、政府による規制も助成もない貿易である。
● **世界価格**(world price)とは、世界の市場で売られる財の価格である。

LETTING THE **DATA SPEAK**
データは語る

フェアトレード：ブームの裏側

自由貿易の無軌道な拡大は発展途上国からの搾取につながる、という考え方が広まった結果、環境問題、公正な労働慣行、児童労働問題などの、広い意味で発展途上国の生産に関連する問題に関心を持っている消費者を対象にした新しい市場が誕生した。発展途上国からの輸入品について、公正に貿易された製品であることを第三者機関（国際フェアトレードラベル機構）が認証して、「フェアトレード」製品というラベルを付けた。

フェアトレード製品と認証されるためには、その財の生産にあたって特定の基準を満たす必要がある。たとえば、生産者が労働組合の結成を認めない、児童労働、奴隷労働による生産を行っている、人権に関する国連憲章を順守していない、といった場合には、その製品はフェアトレード製品と認証されない。

フェアトレード製品の売上げは過去10年間で2桁以上の成長を続けているのだが、それでも増加する消費者の需要を満たしきれていないようだ。驚くことに2008年の景気後退の時期でさえもフェアトレード製品の販売額は伸び続けて、2009年には15%増加した[1)]。

フェアトレード製品に対する近年の需要増加は、喜ばしいことばかりではない。何百万ドル相当のフェアトレード製品の生産現場を監視するのは、容易なことではない。また、労働基準の順守を監視するための認証機関の能力が、フェアトレード製品の需要増加に追いついていないという状況にも陥っている[2)]。

ズの輸出国になる。

・デンマークの国内価格が世界価格より高ければ、デンマークはテニスシューズの輸入国になる。

この2つのシナリオの下で、デンマークが貿易を解禁したときに生まれる、勝者と敗者について考えてみよう。

輸出国での勝者と敗者

テニスシューズの国内価格が世界価格よりも安いので、デンマークが輸出国になるケースを考えてみよう。テニスシューズの世界価格は、1足当たり75ド

1）国際フェアトレードラベル機構「アニュアルレポート 2009-10」。
2）Hal Weitzman, “The Bitter Cost of ‘Fair Trade’ Coffee,” *Financial Times*, September 8, 2006.

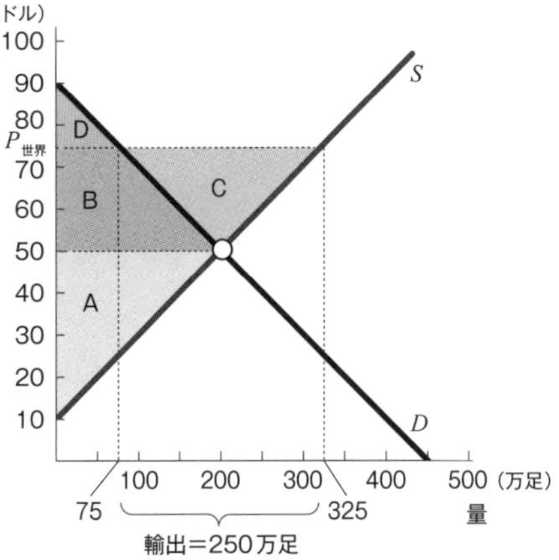

図表8.13　輸出国での勝者と敗者

デンマークで貿易が開始されると、生産者は、50ドルという国内均衡価格を大きく上回る75ドルの世界価格に対応して、供給を325万足に増やす。この価格では国内の需要量は減少するが、テニスシューズは世界市場で販売される。この場合には、生産者は50ドルを上回る価格(75ドル)を付けることができるので、(貿易がはじまる前の生産者余剰である)Aに加えてBとCの生産者余剰も得られ、貿易による勝者になる。一方で消費者は、テニスシューズにより高い価格を支払うことになるので、消費者余剰は減少する。テニスシューズの価格が上昇したことによってデンマークの消費者が失った消費者余剰Bは、そのまま生産者余剰になる。

ルだと仮定する——デンマーク国内の均衡価格である50ドルよりもかなり高い。デンマークの生産者は、このまま50ドルで供給し続けるだろうか？　答えはノーだ。今なら75ドルという世界価格で、世界市場で好きなだけテニスシューズを売ってお金を稼ぐことができるからだ。

この場合には図表8.13に示されているとおり、デンマークの生産者は、テニスシューズの生産を200万足から325万足に増やして、1足当たり75ドルの世界価格で売るだろう。同時に、デンマークの消費者の需要も変わる。テニスシューズの価格が上昇したので、需要量は、価格が75ドルのところまで需要曲線に沿って移動する——75ドルの価格に対応した75万足になる。

この状況は、デンマーク国内では250万足（＝325万足－75万足）の超過供給を作り出すが、そのすべてが世界市場に輸出される。デンマークは世界的に見れば小規模な生産者にすぎないので、250万足の供給が追加されたからといっても世界価格にはほぼ影響がない。

では、貿易をはじめて輸出国になったデンマークでは、誰が勝者になり、誰が敗者になるのだろうか？　生産者余剰と消費者余剰に起きた変化を比べれば、答えが見えてくる。まず言えることは、テニスシューズの売上げが増えたうえに、価格も上がったから、デンマークの生産者は明らかに得をする。生産者の利益は、生産者余剰の変化として示される。図表8.13を見てみよう。貿易がはじまる前の生産者余剰は、三角形Ａの部分である。これは供給曲線の上側で、市場価格より下の三角形の面積だ。貿易がはじまった後の生産者余剰はＡ＋Ｂ＋Ｃになる。したがって、デンマークの生産者は貿易によって、Ｂ＋Ｃの面積分だけ生産者余剰が増加した。

ところが、デンマークの消費者にとっては、話はまったく違う。貿易が開始されなければ、テニスシューズを1足当たり50ドルという価格で1年間にトータル200万足も買えたし、消費者余剰は、図表8.13のＢ＋Ｄの面積だった。貿易がはじまった後は、1足当たりの価格は75ドルに上昇し、1年間に75万足しか買えなくなったので、消費者余剰はＤの面積しかない。つまり、貿易によってデンマークの消費者はＢの面積分の消費者余剰を失ったことになる。

このことから、ある国が貿易を開始して財とサービスの輸出国になった場合には、以下の現象が起きる。

1. 生産者は得をする。
2. 消費者は損をする。

とはいっても、全体を見ることも必要だ――デンマーク全体としては、貿易からは利益が生じている。図表8.13を見るとわかるとおり、デンマーク全体で見ると、貿易が行われることで新たにＣの部分の利益が生じる。基本的には、このＣの部分の利益があることで、デンマークは貿易から利益を受けていると言える。また、勝者の利益は敗者の損失より大きいので、勝者が敗者の損失を補償できる余地がある。その気にさえなれば、テニスシューズの生産者に課税して、その税収を消費者に移転する、という方法をとることもできる（もっとも、後述するように、勝者が敗者の損失を完全に補償する状況はめったに生まれない）。

輸入国での勝者と敗者

次に、逆の場合を考えてみよう。テニスシューズの国内価格が世界価格よりも高ければ、デンマークは輸入国になる。テニスシューズの世界価格は、1足当たり25ドルだと仮定する――デンマーク国内の均衡価格である50ドルよりもかなり安い。この場合には図表8.14に示されているとおり、デンマークの生産者は、価格が25ドルのところまで供給曲線に沿って移動し、生産量を75万足に減らすだろう。この価格では、デンマークの消費者は325万足を需要するようになる。すなわち価格の下落によって、需要は、価格25ドルのところまで需要曲線に沿って移動し、需要量は325万足まで増加する。

この移動は、デンマーク国内のテニスシューズ市場で250万足（＝325万足－75万足）の超過需要を作り出すが、世界市場からテニスシューズが購入されることで需要は満たされて、デンマークはテニスシューズの輸入国になる。ただしデンマークのテニスシューズの需要量は世界的に見れば小規模なものにすぎないので、250万足の需要が追加されたからといっても世界価格にはほぼ影響がない。

では、貿易をはじめて輸入国になったデンマークでは、誰が勝者になり、誰が敗者になるのだろうか？　この場合も、生産者余剰と消費者余剰に起きた変化を比べれば、答えは明らかだ。生産者にとっては、販売量が減り価格が下がったので、生産者余剰は減少する。図表8.14を見ると、貿易がはじまる前の生産者余剰は、A＋Cの面積だったが、貿易がはじまった後はAだけになる。つま

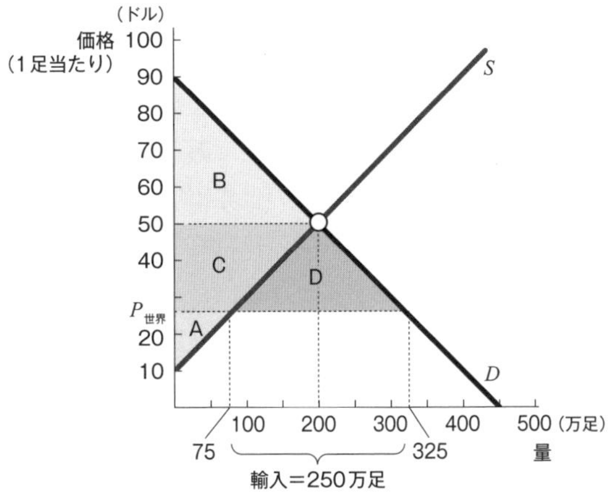

図表8.14　輸入国での勝者と敗者

デンマークで貿易が開始されると、消費者は、世界価格である25ドルしか支払わなくなる。これは、貿易が開始される以前の国内均衡価格である50ドルよりも安いので、供給量は75万足まで減少する。価格下落による国内需要の増加によって発生したテニスシューズの超過需要は、世界市場からの供給で満たされる。この場合には、価格が50ドルよりも安くなるために消費者は得をし、（貿易がはじまる前の消費者余剰である）Bに加えて、CとDの面積だけ消費者余剰が増える。一方、テニスシューズの価格が下落したことによってデンマークの生産者が失った生産者余剰Cは、そのまま消費者余剰になる。

り生産者は、Cの面積分だけ生産者余剰を失ったのである。

消費者の立場は逆になり、この場合、テニスシューズが安く買えるので得をする。図表8.14からわかるように、デンマークに住む消費者にとっては、貿易がはじまる前の消費者余剰は、三角形Bの部分であったのが、貿易がはじまった後の消費者余剰はB＋C＋Dになる。貿易をすることで消費者余剰はC＋Dの面積分だけ増加したことになる。

このことから、ある国が貿易を開始して財とサービスの輸入国になった場合には、以下の現象が起きる。

1. 生産者は損をする。
2. 消費者は得をする。

ここでも同じように、デンマーク全体としては、図表8.14のDの面積分は貿易からの利益が生じている。純輸入国であっても、貿易から利益を得ているのだ。そして勝者が敗者の損失を補償すれば、デンマーク全体の状況は改善される。補償の1つのやり方としては、消費者に課税して、税収を靴の生産者に渡すことが考えられる。

世界市場での価格はどう決まるのか？

ここまで、自由貿易がデンマークのテニスシューズ市場に及ぼす影響を示すときには、テニスシューズの世界価格は一定であると仮定して、自由貿易の勝者と敗者を特定した。だが、その他の財の世界市場での価格はどのように決まるのだろうか？　ここでも、需要と供給の枠組みで考えればよい。国が貿易を開始して比較優位に基づいて行動するときには、一連の行動は、その財に対する世界全体の需要と供給に影響する。そして、世界の需要曲線と供給曲線の交点で、世界価格は決定される。

国の比較優位を決めるもの

一国の比較優位はどのようにして決まるのだろうか？　貿易が開始される前に貿易の流れを予測できるものだろうか？　アメリカの州際交易を分析したときと同じように、一国の比較優位に最も影響する要因としては以下の項目が挙げられる。

1. 天然資源（ほとんどの場合、枯渇させないこと以外は国が管理できるものではない）
2. 人工資源（生産可能性曲線による制約を満たす範囲内で、天然資源に比べれば管理は可能である）
3. 技術
4. 教育水準、労働慣行、労働者の熟練
5. 労働資本と物的資本の豊富さ
6. 気象条件

これらの決定要因は多岐にわたり、そして変化するので、比較優位も時とともに変化する。先述した、ウェブサイト作成の1週間の短期集中講義が機会費用を変化させたことも、その一例である。国レベルの例には、労働力の習熟度や技術水準の向上につながる人的資本への投資が考えられる。日本は労働者の技能と技術水準を向上させて、自動車産業をリードする勝利の方程式を生み出した。これと同様に、管理ができない例として挙げた天然資源であっても、採掘技術が大きく進歩すれば、比較優位の姿も変わっていくだろう。

8.5 反自由貿易の根拠

各国の間で自由貿易が行われた場合には、大きな利益が生じることはここまでで確認できた。それでも貿易に反対する国があるのはなぜだろうか？　本章の冒頭で紹介した、反自由貿易・反グローバリズム運動は、何を根拠にしているのだろうか？　典型的主張は、以下のようなものだ。

1. 国家安全保障に関する懸念
2. グローバル化が自国の文化に与える影響に対する不安
3. 環境問題と資源問題に関する懸念
4. 幼稚産業保護論
5. 国内の賃金や雇用に及ぼす潜在的な負の影響

最初の4項目については、以下、簡単に説明する。5番目の賃金と雇用をめぐる議論については、コラム「根拠に基づく経済学」（EBE）で解説する。

国家安全保障に関する懸念

7章で学んだとおり、資源の自由な移動が認められているときには、同じ産業内や、異なる産業間で資源が効率的に配分されることが期待される。とはいえ、それでは「バナナ共和国」(バナナ生産などの1種類の財の生産だけに特化する国)を生み出すことになる。経済的には効率的かもしれないが、国家の安全保障が重視される状況では最適とは言えないだろう。外国からの武力攻撃のおそれがあるなら、オレンジだけを生産しているわけにはいかない。鉄鋼製品の生産や防衛技術に資源を振り向けるだけではなく、戦時下の国民生活のためには農業も維持する必要がある。平時であったとしても、外国への過度な依存を避けるという点からすれば、完全な特化は避けたいだろう。たとえば、多くの先進国で原油を輸入に頼っているが、安全保障の観点からこういった依存を懸念する意見も多い。

グローバル化が自国の文化に与える影響に対する不安

保護主義はしばしば、反グローバリズムの運動と結びつけられる。**グローバル化**とは、外国と貿易や投資を行うことを通して、一国の経済が、より開かれ、統合された経済へとシフトすることである。ところが、国によっては自分たちの文化の独自性を維持することを望み、グローバル化に危機感を抱いている。たとえば、世界が相互依存をより深めるにつれて、国々の違いが薄れていく。スターバックスは60カ国以上に進出している。グローバル化によって自分たちの文化のアイデンティティが失われることを懸念する人々の言動は、指導者にとっては無視することができないものになっている。

環境問題と資源問題に関する懸念

国と国の間で貿易(取引)されるのは、洋服や食べ物のような具体的な財だけではない。環境といった抽象的な財も、同じように取引される。環境規制が緩やかな国は、環境規制が強い国に比べて、企業による環境汚染に寛容になりがちだ。自由貿易への批判の1つに、規制の違いが貧困国を「公害天国」に追いやる、という指摘がある。こうした国々では、経済成長や雇用促進を目的とする工業の発展が優先され、環境汚染に対して厳しい規制が課されていないこ

● **グローバル化**(globalization)とは、外国と貿易や投資を行うことを通して、一国の経済が、より開かれ、統合された経済へとシフトすることである。

ともある。象の牙《きば》などの天然資源なども同じ問題を抱えている。貿易を解禁すると、象やセイウチやイッカクなどの牙への需要が高まるので、自由貿易がこれらの動物を減らし、絶滅の危険性が生じることが議論されている。

幼稚産業保護論

自由貿易に反対する論拠として、「幼稚産業保護」論もしばしば主張される。これは、未成熟な国内産業を、外国の先進産業との競争から保護する政策である。一般的に、規模の経済が働く産業や、試行錯誤で知識が蓄積されることが多い産業では、政策当局が、発達の初期段階にある国内産業を保護することが重要である、と幼稚産業保護論では考えられている。さらに、産業が発達していれば、近くで同業者が操業していて、「技術のスピルオーバー」でお互いが恩恵を受けられるが、産業が未成熟な国で孤立して起業すると、そうした恩恵が受けられず、同業者の隠れた知恵は伝わりにくい。

要するに、幼稚産業保護論は基本的には、自国の企業が現在は未発達で弱体であるために、先進国の企業との競争に耐えることができない、という状況を前提にしている。企業の存続のためには政府の保護が必要である、という考え方である。そして、**保護主義**とは、自由貿易は有害であり、政府が介入して貿易を制限する必要がある、という考え方である。

保護主義には様々なスタイルがあるが、いずれの方法も、世界の相互依存性が高まることを妨げる手段として使われてきた。その一例である関税について、以下で説明しよう。

関税の効果

本章の冒頭で述べたように、外国との貿易が増えると、多くの人々は仕事を失うことを心配する。歴史的にも、政府が保護主義を実行するときに最も活用されている方法は、関税を課すことだ。**関税**とは、外国から輸入される財とサービスに課される税である。しかし、関税は費用をかけずに実行できる政策ではない。実際、関税はそもそも、均衡価格と均衡量が実現することを妨げ、国の社会的余剰を減少させる。

デンマークがテニスシューズを輸入する例で考えてみよう。デンマーク政府

- **保護主義**(protectionism)とは、自由貿易は有害であり、政府が介入して貿易を制限する必要がある、という考え方である。
- **関税**(tariff)とは、外国から輸入される財とサービスに課される税である。

関税はそもそも、均衡価格と均衡量が実現することを妨げ、国の社会的余剰を減少させる。

は、自国内のテニスシューズ生産者を守るという幼稚産業保護政策をとり、テニスシューズ1足当たり15ドルの関税を発動したとしよう。つまり、デンマーク政府は、外国で生産されデンマークに輸入されたテニスシューズに対して1足当たり15ドルを徴収する。関税の影響を示したのが、図表8.15だ。

関税が課される以前の消費者余剰は、B＋F＋E＋G＋H＋I＋Jの面積だった。これは、世界価格より上側で、需要曲線の下側の面積である。三角形Aの面積がデンマーク国内の生産者余剰である。これは、世界価格より下で、供給曲線の上側の面積である。

このとき、テニスシューズ1足当たり15ドルの関税が課されると、デンマーク国内の市場価格は25ドルから40ドルに上昇する。関税が課されたことによってデンマークの消費者余剰は減少し、新しい価格より上側で、需要曲線の下側

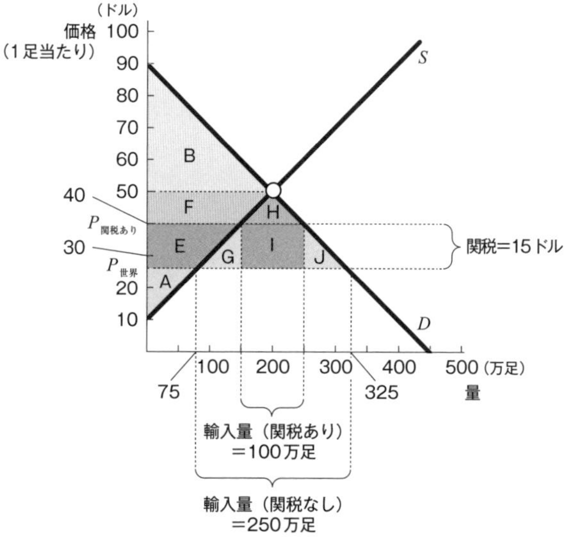

図表8.15　関税の影響

デンマークがテニスシューズの輸入国である例で考えてみよう。デンマーク政府が関税を課すと、価格に関税が上乗せされる。この課税によって、政府は税収を得る（Iの面積）。生産者余剰はEの面積だけ増加する。その一方で、消費者余剰は減少（E＋G＋I＋Jの面積）し、その中のG＋Jの面積が関税によって死重損失となる。

に相当する部分の面積である、B＋F＋H、まで減少する。つまり関税が課されたことによって、E＋G＋I＋Jの面積の消費者余剰が失われる。それでは、失われた余剰はどうなったのだろうか？

Eは生産者余剰となって、新しい生産者余剰はA＋Eに増える。デンマーク国内の生産者は、テニスシューズを25ドルではなくて、40ドルで市場に販売できるようになったので、その分は利益になる。政府の税収は、政府の利益となる。政府の税収は、輸入財の量に関税額を掛けた1,500万ドル（＝15ドル×100万）であり、図のIの部分の面積である。

では、三角形GとJはどうなるのだろうか？　この部分が、関税による死重損失である。7章で学んだように、市場の歪みは死重損失を作り出す。この場合には、デンマーク経済はGとJの2つの三角形の面積分の余剰を失う。この面積が、関税を課すことによって国内のテニスシューズ産業を保護するために、デンマークの人々が支払う費用なのである。

この分析から、一般的に経済学者が保護主義政策を好まない理由がわかる——保護主義政策は、消費者物価を上昇させ、社会的余剰を減少させるからである。これが、多くの国々の政策が関税を撤廃する方向に変わりつつある理由の1つでもある。図表8.16は、1891年から2008年の課税された輸入品の関税率を示している。グラフにも示されているとおり、大恐慌期には、アメリカの関税率を大幅に引き上げたスムート・ホーリー法が施行された。しかし、関税を引き上げ、自由貿易を制限すると何が起こるのかを、アメリカはすぐに学ぶ

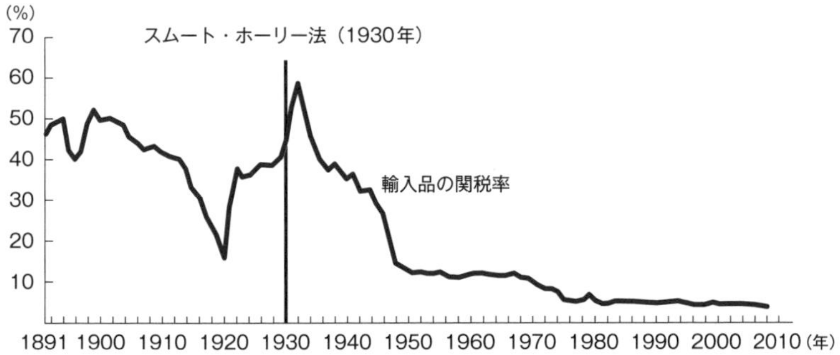

図表8.16　アメリカの輸入品の関税率の変化：1891～2008年

横軸は時期、縦軸は関税率を示す。関税率は、課税された輸入品の総額に対する関税収入の総額の比率であり、通常はパーセントで示される。1920年代から30年代にかけて関税率は急上昇したが、その後は関税率は下がり続けている。

ことになった——他の国々もアメリカの関税引上げに追随して、アメリカ企業の輸出品に対して新しく関税をかけはじめた。その後、アメリカは関税を引き下げて、消費者余剰と生産者余剰の増加を通して、巨額の社会的余剰を得た。

EBE Evidence-Based Economics
根拠に基づく経済学

問い：自由貿易は仕事を奪うのか？

貿易は、輸入国の雇用や賃金に悪影響を及ぼすのだろうか？　本章で学んだように、たしかに貿易によって損失を被る人々もいる。デンマークがテニスシューズの輸入国になったとすると、国内生産者のテニスシューズの生産量は減る。おそらくデンマークでのテニスシューズ産業で働く労働者の賃金は下がるだろうし、閉店する靴販売店もあるだろう。

しかし本章を学んだあなたなら、こう考えるだろう。「いやいや、輸入国であろうが、輸出国であろうが、問題はない。理論上は、勝者の利益は敗者の損失を上回っているはずだ。だから、賃金の下落や失業を心配するのではなく、誰もが貿易から利益を得られる方法を考えればよい」。

鋭い指摘であり、理論的にも正しい。だが現実問題として、国際貿易から生じる損失を完全に補償することは難しい。第1に、政府はそうした政策を効果的に実行できないだろう。第2に、勝者は誰でその利益はいくらか、また敗者は誰で損失はいくらかを正確に特定することは難しい。敗者は国全体に広く散らばっているだろうし、政府が接触する方法も限られる。結論としては、自由貿易によって国全体では社会的余剰が増加することは明らかだが、それでもなお生産者余剰か消費者余剰が減少してしまう。

自由貿易は雇用や賃金にマイナスの影響を及ぼすのか？　その答えのヒントは、アメリカの過去の経験にある。それは、特定の産業に比較優位がある国と貿易をはじめた頃のことだ。この50年で、繊維製品やその他の工業製品を生産する国々が登場した（図表8.11から中国が台頭していることがわかる）。

本章では、純輸入国では、国内の消費者は得をして、国内の生産者は損をすることを学んだ——工業製品分野では、アメリカは純輸入国である。

たとえば、20世紀前半にはニューイングランド州は繊維製品と工業製品の主要産地だったが、繊維製品の輸入がはじまると、何千人もの織物工が仕事を失った。つまり、国際貿易の影響によって失われる仕事はある、と言えるだろう。一方では、ハイテク産業やインターネット関連産業などの従来とは異なる産業が発展した結果、ニューイングランド州の失業率はアメリカの中では最低水準だった。この例でわかるように、国際貿易の影響で身に付けていた熟練技能が時代遅れになった人々でも、教育と訓練に時間と資源を投資することによって、別の仕事に就く機会を得ることができる。さらに、**北米自由貿易協定（NAFTA）**の成立により転職せざるをえなくなった労働者の多くが、すぐにいい雇用先を見つけることができた、というデータもある。

このように、アメリカの労働者には窮地を脱する機会が与えられていた。しかし、職を失うことにはもう1つの大きな問題がある。それは、自由貿易は賃金にどう影響を及ぼすのかという問題だ。経済学は長年にわたってこの問題に取り組んでいる。検証の典型的な例として、様々な産業の数十万人分もの労働者の賃金を数年間にわたって収集した大規模データ・セットを分析して、一国が自由貿易をはじめたときに、輸出分野や輸入分野で外国企業と競争状態にある産業の労働者の賃金がどのように変化したのかが調査・分析されている。

1990年代の初期の研究によれば、輸入財と競争する財を生産する労働者の賃金に貿易が与える影響は、非常に小さいかわずかだった[3]。貿易反対派の主張を裏づけるに足る十分な証拠は、データからは得られなかった。

とはいえ、自由貿易によって純輸入国になっても、賃金にマイナスの影響はないと結論づける前に、図表8.11に示されている最近の重要な動きを押さえておく必要がある。膨大な数の労働力人口を有し、労働に比

● **北米自由貿易協定（NAFTA）**（North American Free Trade Agreement）は、貿易圏を作り、貿易障壁を減らすことを目的に、アメリカ、メキシコ、カナダの３国が調印した協定である。2018年に３国はNAFTAを**アメリカ・メキシコ・カナダ協定（USMCA）**に移行することに合意した。

3) Paul Krugman, “Growing World Trade: Causes and Consequences,” *Brookings Papers on Economic Activity*, Economic Studies Program, The Brookings Institute, Vol. 26, 1995, pp. 327–377; Robert Z. Lawrence, Matthew J. Slaughter, Robert E. Hall, Steven J. Davis, and Robert H. Topel “International Trade and American Wages in the 1980s: Giant Sucking Sound or Small Hiccup?” *Brookings Papers on Economic Activity*, Microeconomics, Issue 2, 1993, pp. 161–226.

較優位がある中国を筆頭に、発展途上国からの工業製品の輸入は1990年以降急増している。アメリカのGDPに対する発展途上国からの輸入の比率を見ると、1990年には約2.5%だったものが、2006年には6%にまで上昇している。この動きは、重要な意味を持っている。発展途上国には、アメリカの従来の貿易相手国の製造業の労働者よりも、はるかに安い賃金で働く労働者がたくさんいるのだ。

つまり、最近の貿易の傾向は、過去に観察したデータとは違い、国内の労働者の賃金に従来よりも大きな影響を与えている可能性がある。このことについて、より最新のデータで分析した研究があるが、決定的な結論はまだ得られていない。たとえば、経済学者のロバート・ローレンスは、最新のデータを使っても、1990年代に出版された研究の結論と変わらない――賃金にマイナスの影響を与えるというエビデンスはほとんどない――と結論づけている[4]。一方、2008年にノーベル経済学賞を受賞したポール・クルーグマンは、信頼できる実証結果を導き出すにはデータがまだ不十分だと主張する[5]。現時点の結論としては、自由貿易が仕事を奪い、賃金を低下させることを示す実証的エビデンスは得られていない。しかし、今後の実証研究が必要とされる課題であり、新しい分析方法が試されるかもしれない。

Q 問い　自由貿易は仕事を奪うのか？

A 答え　仕事を失う労働者もいるだろうが、自由貿易が広範囲にわたって労働者に害を与えるという体系的なエビデンスはない。

データ　輸入と輸出のデータ、アメリカ国内の賃金と雇用データに基づく。

注意　近年のアメリカの貿易相手国は、労働に比較優位がある国々に変わってきた。これによって、新しい貿易相手国は、以前よりも労働者に影響を及ぼす可能性がある。

---

4) Robert Z. Lawrence, “Slow Real Wage Growth and U.S. Income Inequality: Is Trade to Blame?”（Is Free Trade Still Optimal in the 21st Century? International Business School at Brandeis University, 2007）
5) Paul Krugman, “Trade and Wages, Reconsidered,” *Brookings Papers on Economic Activity*, 2008, pp. 103-154.

まとめ

◉個人も国も、財とサービスの提供に関して相互に依存している。この相互依存関係には潜在的なコストが伴うが、財とサービスの生産に特化することから得られる利益は極めて大きい。

◉比較優位に基づいて特化と取引を行うと、生産可能性曲線を上回る消費ができ、より多様な財やサービスを享受できるようになる。

◉比較優位は、生産量当たりの人々の機会費用に着目するものである。絶対優位は、投入量当たりの生産量に着目するものである。

◉国が貿易を開始するときには、勝者と敗者が生まれる。ただし、貿易から得られる利益は、損失よりも大きい。1999年にシアトルで発生したような、自由貿易への反対運動を避けるために大切なことは、すべての人々が貿易から利益を得られるような政策をとることである。

◉アメリカの労働者が膨大な数の仕事を失ったという、自由貿易反対派の主張を立証することは難しい。貿易が原因となった労働者の離職はたしかにあるだろうが、多くの労働者は別の仕事をすぐに見つけている。同じように、貿易による賃金へのマイナスの影響をデータで確認するのも難しい。しかし、反自由貿易派は、雇用問題以外にも、国家安全保障や、文化の独自性の喪失、環境問題や資源問題、幼稚産業保護を根拠とする。

キーワード

生産可能性曲線
比較優位
絶対優位
交易条件
輸出または**移出**
輸入または**移入**
純輸入国
自由貿易
世界価格
グローバル化
保護主義
関税
北米自由貿易協定（NAFTA）

復習問題

1.... 以下の図を見て質問に答えなさい。薄い紫色の線は台湾の労働者が生産できる財Ａと財Ｂの組み合わせを示した生産可能性曲線、濃い紫色の線は、韓国の労働者が生産できる財Ａと財Ｂの組み合わせを示した生産可能性曲線である。この図から、どちらかの労働者が、どちらかの財に関して、比較優位または絶対優位があると言えるだろうか？

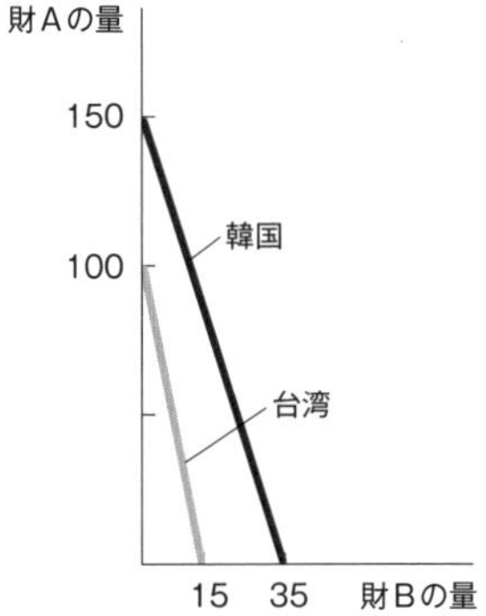

2.... 一国が財の貿易から利益を得るためには、その財の生産に絶対優位がある必要がある。この意見は正しいだろうか？　その理由も説明しなさい。

3.... 交易条件とは何か？　また、どのように決まるのか？

4.... 生産可能性曲線は何を表しているのだろうか？　また、直線の生産可能性曲線と、曲線の生産可能性曲線の違いは何によって生じているのだろうか？

5.... 以下のようなことが起こるとき、生産可能性曲線は、（影響を受けるとすれば）どのような影響を受けるだろうか？　それぞれ説明しなさい。

a. 14世紀のヨーロッパでは、黒死病として知られるペストの大流行によって全人口の30〜60%が減少した。

b. 今後20年の間に、アメリカの労働力人口において65歳以上が占める割合が大きくなる。

c. カナダでは最近、巨大な埋蔵量のシェールガス油井が発見された（シェールガスとは、頁岩［シェール］に含まれる天然ガスである）。

6.... 1960年以降、アメリカの貿易パターンはどのように変化したのだろうか？　アメリカの輸出と輸入の差額の変化を引き起こしたのは、どのような財だったのだろうか？

7.... アメリカ国内にあったサービス部門の業務の多くが、費用の安い外国に移転されている。こうした外国へのアウトソーシングをめぐって、政治家、政策当局、経済学者たちの間で激しい議論が交わされてきた。貿易から得られる利益と損失に関するあなたの理解に基づいて、アウトソーシングが国内経済の社会的余剰にどのような影響を及ぼすのかを説明しなさい。

8....一国の比較優位の源泉は何だろうか？

9....自由貿易に反対する典型的な議論をいくつか述べなさい。

10..「幼稚産業は海外企業との競争から守る必要がある」。この議論のどこに問題があるのだろうか？

11..貿易をはじめて経済を開放することで、貿易当事国はつねに利益を得ることができる。それなら、なぜ自由貿易をめぐる論争は、絶えることがないのだろうか？

12..16世紀から18世紀のヨーロッパでは、重商主義の経済理論が広く受け入れられていた。重商主義者は、貿易を制限するために関税を課すべきだと主張した。輸出が輸入を上回ることによって、国は富を蓄積できると考えられていたからである。重商主義に基づく経済政策は、どこに問題があるだろうか？

13..自由貿易から得られる「勝者」の利益は、「敗者」の損失を補償しても余りあるほど大きい。それでは、一国が自由貿易をはじめたときに賃金や雇用が減少することが、どうして問題視されるのだろうか？

第Ⅲ部 マクロ経済学の基礎

PART Ⅲ
Introduction to Macroeconomics

9 国の富：マクロ経済全体を定義して測定する

The Wealth of Nations: Defining and Measuring Macroeconomic Aggregates

アメリカの経済生産の1年間の総市場価値はどれほどの規模になるのか？

本章からは経済全体を見ていくことになる。経済学では、経済における活動を集計して経済全体を見る。マクロ経済学とは、経済全体の活動を研究する学問である。

マクロ経済学は、この100年間で大きく変貌した。第1次世界大戦以前には、経済全体の活動量を測定する統計システムはなかった。当時の経済学者は、大きな世界の中の小さな一部分だけを見て、世界で何が起きているのかを推測するしかなかった。たとえば、鉄の生産量や、鉄道輸送された貨物の量などを調べて、それを根拠に、経済全体の活動量を推測した。貨物の輸送量が増えていれば、経済全体の活動量も増えている、と想像できるが、誰にも正確なことは言えなかった。

しかし今日では、経済で何が起きているかについて、想像で語られるこ

本章の構成

- **9.1** マクロ経済学の問題
- **9.2** 国民経済計算：生産＝支出＝所得
- **EBE** アメリカの経済生産の1年間の総市場価値はどれほどの規模になるのか？
- **9.3** GDPでは測定されないもの
- **9.4** 実質と名目

KEYIDEAS キーアイデア

◉マクロ経済学とは、経済全体の活動を研究する学問である。

◉国民経済計算とは、経済の総産出量である国内総生産(GDP)を算出するためのフレームワークである。

◉GDPは3通りのアプローチにより測定できる。原則として、3つのアプローチはすべて同じ値となり、生産＝支出＝所得、となる。

◉GDPは、経済活動や経済的幸福度(ウェルビーイング)を測定する手法としては、限界もある。

◉経済学では、インフレ率を測定したり、名目GDPと実質GDP(価格を固定して測定する)を区別したりするために、物価指数を活用する。

とはない。経済全体の活動水準を測定する洗練された統計システムがあるからだ。詳細に規定された測定方法を利用することによって、経済全体を研究することができるし、経済を安定化させる政策を考えることができる。

本章では、経済全体の活動量をどのように集計するのか、また経済全体の生産の総市場価値をどのように集計するのか、といった基本的な問題を考えることを通して、マクロ経済学の土台作りをする。

9.1 マクロ経済学の問題

8章までは、いわゆるミクロ経済学の内容を学んできた。個人、家計、企業、政府はどのように選択するのだろうか？　そしてその選択は、資源の配分や、他の経済主体の厚生や、特定の財とサービスの価格にどのように影響を及ぼすのか、などの課題について学んできた。本章からは、マクロ経済学について学ぶ。マクロ経済学では、経済全体の総産出量の成長率や、生活に必要な生計費の年間上昇率といった、経済全体の活動とそこで起こる現象について研究すると1章では説明した。ここからはマクロ（マクロ経済学を略してマクロと言う）について学ぶことになる。

マクロ経済学では、経済全体の活動の過去の傾向を分析し、将来の動きを予測しようとする。またマクロ経済学者は、国によって所得格差があることや、低所得国が先進国にキャッチアップする（追いつく）ための政策にも関心を持っている。

アメリカの**1人当たり所得**は、ポルトガルの2倍、中国の7倍、ジンバブエの100倍以上に相当している。この差は、どのように測定されるのだろうか？この差の原因は何なのだろうか？　このような差は、どのくらい長く続くのだろうか？

中国経済は、アメリカ経済に急速にキャッチアップしている。中国は、過去30年間では、アメリカよりも4倍も速いスピードで成長してきた。中国はいつかは、アメリカの1人当たりの所得水準に追いつくのだろうか？　アメリカを超えるのだろうか？　あるいは、別の何かが起きるのだろうか？　たとえば日本は、1990年当時には1人当たり所得でアメリカを超えそうな勢いであったが、その後は長期停滞に陥っている。20年以上を経た現在でも、アメリカの1人当たり所得は日本を上回っている。また、1人当たり所得が上昇するのに伴って経済成長率は低下する傾向がある。この理由は何だろうか？

ジンバブエのような貧しい国々の生活環境を改善するためには、何ができるだろうか？　2010年のジンバブエの1人当たり年間所得369ドルは、人間がかろうじて生きていられるという水準だ。低所得国の成長を促進させる方法を見つけ出すことは、人類の幸福にとって極めて重要な課題である。栄養失調や医療不足は、世界中で年間何千万もの人々を死に至らしめている。低所得国の年間成長率を5ポイント上げることができれば、20年間に5,000万人もの生命が救えるとも言われている。

経済の長期的繁栄を実現する方法を知るには、政策の違いが経済の成長を促進させたり、停滞させたりすることを理解する必要がある。腐敗と混乱が政策担当者を間違った方向へと導くこともある。それでは、悪い政策とはどのようなものなのだろうか？　将来には、それを回避することができるようになるのだろうか。

マクロ経済学では、経済活動の1年間、あるいは「短期的な」変動の研究も行う。経済成長が、時には失速したり、マイナスに陥ったりするのはなぜだろ

● **1人当たり所得**（income per capita）は、国全体の所得をその国の人口で割って算出する。

うか？　最低2四半期を連続して経済が縮小することを**景気後退**と言う。1四半期とは1年の4分の1、すなわち3カ月ごとに区切られた期間である。

景気後退期には、最も重要なマクロ経済の指標の1つである失業率が上昇する。**失業者**であることの条件は、以下の3つである。(1)仕事がない、(2)それ以前の4週間（1カ月）は積極的に仕事を探している、(3)現在は仕事に就ける状態にある。**失業率**（労働力人口の中の失業者の割合）も変動するが、その理由については12章で詳しく扱う。

2007～09年の間の経済変動を例に考えてみよう。この時期、アメリカ経済は4.3％縮小し、失業率は5％から10％に上昇した。また、同時期に世界経済は金融危機に陥った。株式市場の暴落、住宅市場の崩壊、住宅ローンの破綻、そして銀行の倒産などが続いた。なぜこのようなことが起きたのだろうか？政府は危機に対応して何かをすべきだったのだろうか？　1年間で世界の株式市場の価値（時価総額）は半分以下になった。その原因は何だったのだろうか？数多くの主要銀行が突然、破綻してしまったのはなぜだろうか？

2007～09年の金融危機も破滅的なものではあったが、1929～39年の大恐慌は、それとは比べ物にならないほど悲惨な規模であった。1929～33年にかけて、生産量は約30％減少し、失業者の比率は労働力人口の3％から25％にまで上昇した。1932年7月には、アメリカの株式市場は、1929年9月のピークに比して87％も急降下した。これほどの大惨事が今後は起こらないようにする政策はあるのだろうか？　それとも、危機が実際に起こってからしか対応はできないのだろうか？　2007～09年に起こった金融危機が、第2の大恐慌の引き金を引く可能性はあったのだろうか？

どれも重要な問題であるが、それに答えるためには、特別なツールと新しいモデルが必要である。最初にしなければならないのは、研究対象の測定である。すなわち、経済全体を測定することであるが、これは不可能な作業のように見える。極めて多数の経済主体のすべての行動を測定することなどできないのではないだろうか？　100年前には方法はなかったが、幸いにも経済をめぐる科学は進歩を続けてきた。今では経済全体の活動を測定する**国民経済計算**と呼ばれるフレームワークがある。アメリカではこの国民経済計算の公式名称は、**国**

- **景気後退**（recession）とは、（最低2四半期を連続して）経済全体の産出量が減少している期間である。
- **失業者**（unemployed）であることの条件は、以下の3つである。（1）仕事がない、（2）それ以前の4週間（1カ月）は積極的に仕事を探している、（3）現在は仕事に就ける状態にある。
- **失業率**（unemployment rate）とは、労働力人口の中の失業者の割合である。

民所得生産勘定(NIPA)である*。国民経済計算の仕組みを理解することによって、本章で問いかけてきた興味深くかつ重要な課題に答えるための準備を整えることができる。

9.2 国民経済計算:生産=支出=所得

経済全体の活動を測定するには、数量と価格の両方を考慮に入れる必要がある。ここでフォルディカという仮想の国があるとしよう。フォルディカ国には、年間500万台の車を生産するフォード・モーター社(以下、フォード社)という企業が1社だけある。すなわち雇用主が1人の小さい国である。フォルディカ国の20万人の国民は全員がフォード社の従業員であり、同社の株を持っているとする。このフォルディカ国の経済を、生産アプローチ、支出アプローチ、所得アプローチという3通りの方法によって見てみよう。

生産アプローチ

まず、フォルディカ国の年間生産量の市場価値の総額を測定する。簡単化のため、フォード社は所有している機械とフォルディカ国の国民の労働力だけで車が作れると想定する。鉄やプラスチックなどのその他の投入物は考慮に入れず、ここでは、ほかの投入物はないものとする。

フォルディカ国の生産の市場価値を計算するには、生産する車の台数と車の市場価格を掛ける。たとえば、フォード車1台の市場価格が3万ドルだとすると、フォルディカ国の年間生産額は以下のように計算できる。

500万台× 3万ドル =1,500億ドル
(1台当たり価格)

生産量と市場価格を掛けることによって、特定の期間内(この例の場合は1年間)に経済で生産された財の市場価値を示す尺度を求めることができる。こ

- **国民経済計算**(national income accounts)とは、一国の経済全体の活動を測定するものである。
- **国民所得生産勘定(NIPA)**(National Income and Product Accounts)とは、国民経済計算のアメリカにおける公式名称である。

* 日本では国民経済計算(SNA)と言う。原書のnational income accountsをここでは同じ「国民経済計算」と訳しているが、直訳すれば「国民所得勘定」となるだろう。しかしこれは、現在のGDP等を測定する統計の国際基準である「国民経済計算」(System of National Accounts)のマニュアルでは用いられていない用語である。そこで本書では、統計体系を指すnational income accountsを国民経済計算と意訳している。一方、9.2節の後半に出てくるnational income accounting identityは、経済分析に用いる理論的概念であるので、従来から使われている「国民所得勘定式」と訳している。

こでは、フォルディカ国の経済は市場価値で年間1,500億ドルの財を生産している。

経済学では、一国の経済全体の活動量を**国内総生産**、または**GDP**と言う。GDPは、ある特定の期間内に、一国内で生産された最終財とサービスの市場価値である、と定義される。GDPでは期間は特定されており、通常は1年か四半期である。たとえば、「2015年のGDP」とは、2015年に生産された最終財とサービスの市場価値であり、「2015年Q1のGDP」とは、2015年の第1四半期に生産された最終財とサービスの市場価値である。ここで第1四半期とは1月にはじまる3カ月（1月から3月まで）、第2四半期とは4月にはじまる3カ月（4月から6月まで）、第3四半期とは7月にはじまる3カ月（7月から9月まで）、第4四半期とは10月にはじまる3カ月（10月から12月まで）、である。

GDPの定義には最終という言葉が含まれているが、これは生産過程における最終生産物の価値を測定するからである。最終生産物を作るための部品——たとえば、車のエンジン——は、最終財の集計には入らない。最終財（完成した自動車）を測定する際には、エンジンは自動車の中に組み込まれているので、集計に加えると二重に計上してしまうことになるからだ。

GDPは生産を測定するものであり、消費者への売上げを測るものではない。このため生産されたものは、仮に消費者には売られていなくてもGDPの計算には加えられる。たとえば2015年にフォード社によって生産はされたが販売はされなかった車は、（販売していない）車の在庫が増えたことになる。GDPの生産アプローチにおいて、在庫はGDPの一部に加えられるのである。

支出アプローチ

次に、フォルディカ国の経済全体の活動を測定する第2の方法について説明しよう。ここでも、上記の生産アプローチとまったく同じ数字になる。家計と企業は（フォルディカ国に住む人も、国外に住む人も）、経済で生産された車をすべて買うと想定する。この車の購入を合計すると、フォルディカ国の生産の支出総額は、（生産アプローチの計算結果と同じく）ちょうど1,500億ドルとなる。

では、車が売れ残った場合はどうなるのだろうか？　経済学では、売れ残った財は企業の所有とされる、すなわち企業の在庫の一部として計算されると考

● **国内総生産（GDP）**（gross domestic product）とは、特定の期間内に、一国内で生産された最終財とサービスの市場価値である。

9.1
9.2
9.3
9.4

える。GDPの計算では、在庫とは企業による「購入」である。したがって、家計の車への支出と企業の在庫への支出の両者を集計して、総支出は1,500億ドルになる。

所得アプローチ

ここでちょっと考えてみよう。どうして、フォルディカ国で生産され、フォルディカ国の生産者から購入される財やサービスに注目したのだろうか？　それに代わって、フォルディカ国に住む家計と企業が稼いだもの、つまり、所得に焦点を当てることもできるのではないだろうか？　本当に重要なのはこの点ではないのだろうか？　このアプローチが、経済全体の活動を測定するための第3の方法である。

フォード社が1,500億ドルの収入を生み出したことは、すでに計算されている。労働者にXドルを支払い、企業の所有者には［1,500億ドル－Xドル］が残る。したがって、フォルディカ国のすべての労働者と所有者の総収入は、以下の式となる。

$$X\text{ドル} + (1{,}500\text{億ドル} - X\text{ドル}) = 1{,}500\text{億ドル}$$

結果の数字は、上記の2つのアプローチで経済全体の生産として集計した1,500億ドルとまったく同じであるが、これは、フォルディカ国で生産された財とサービスに対する支出の価値でもある。

計算結果がまったく同じ1,500億ドルになったことは偶然ではない。国民経済計算では、収入は労働者に渡されるか、企業が受け取らなければならない。そのため、収入総額は、労働者と企業の所有者が受け取る所得の総額と同じでなければならない。このように、必ず等しくなる（同値）ことを恒等と言う。また2つの変数が数学的に同値になるように定義されているとき、この2つの変数を結びつける式を**恒等式**と言う。生産額と支出額と所得額が同じになるという等式は、一見したところでは明白ではないかもしれないが、3つの概念は同じ値になるものとして定義されている。

「生産＝支出＝所得」は本章の重要な概念であり、マクロ経済学の分析では、この恒等式を基盤としている。

これで、以下の国民経済計算の恒等式を理解できるだろう。

生産＝支出＝所得

● 2つの変数が数学的に同値になるように定義されているとき、この2つの変数を結びつける式を**恒等式**（identity）と言う。

この恒等式は本章の重要な概念であり、マクロ経済学の分析では、この恒等式を基盤としている。ここからは、国民経済計算についてさらに深く掘り下げていこう。

経済循環

生産要素とは、生産過程での投入物である。生産要素は、資本と労働という、2つの重要な項目からなる。資本については後でもう少し詳しく説明するが、ここでは便宜上、資本とはたとえば、土地、工場、機械などの物的資本と考えて、分析を簡単化しよう。物的資本と労働はともに、家計が「所有」している。企業は株主が所有し、ほとんどの株主は（アメリカでは）家計である。すなわち、家計は、直接的あるいは間接的に経済における物的資本のほとんどを所有しているのである。

国民経済計算の3つの側面——生産、支出、所得——が相互にどのように関連しているかを理解するためには、家計と企業の関係について考える必要がある。航空機製造のボーイング社のような企業は、物的資本と労働を需要し、飛行機のような財とサービスを供給する。家計は、飛行機による旅行などの財とサービスを需要し、物的資本と労働を供給する。

こうした家計と企業の関係は、図表9.1に描かれている経済循環図から説明することができる。図には、家計と企業を結びつける4つの経済フローが示されている。そこにはフォルディカ国の例で説明した3種類の経済フロー（生産＝支出＝所得）とともに、生産要素という第4の経済フローが加えられている。

1. 生産
2. 支出
3. 所得
4. 生産要素

図表9.1は、政府、市場、銀行、外国などの経済における重要な部分が省略された、簡単化されたものになっている。しかし、この経済循環図は、現代経済の基本構造を理解するうえで便利なものだ。経済循環図には、企業と家計という2つの主要な意思決定者がいて、4種類の経済フローがある。

「生産」は、企業によって生産された財とサービスを表す。これらの財とサー

● **生産要素**（factors of production）とは、生産過程での投入物である。

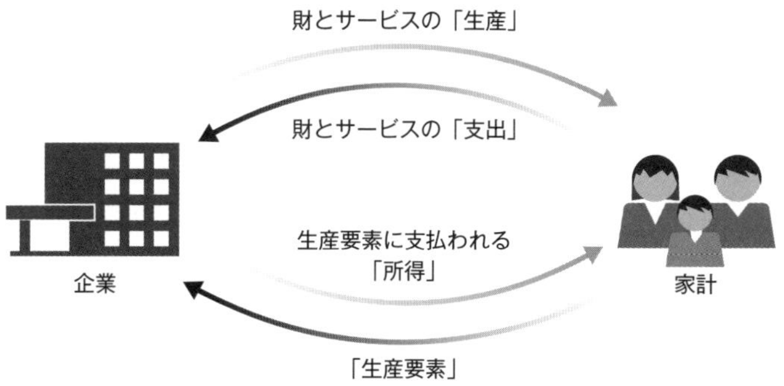

図表9.1 経済循環図

国民経済計算では、GDPを生産、支出、所得、生産要素の4つの側面から測定するが、それらは等価である。経済循環図には、この4つの同等の経済フローが視覚的に表されている。左側の企業は、財とサービスを生産する(生産)。右側の家計は、その財とサービスを購入するためにお金を支払う(支出)。家計が所有している物的資本と労働を使用することに対して、企業はお金を支払う(所得)。物的資本と労働は生産の構成要素であり、企業に提供される(生産要素)。国民経済計算体系では、この4つの経済フローのすべてが市場価値において等しくなるように構成されている。

ビスは最終的には家計に売られる。したがって生産の流れを描くときには、企業部門から家計部門に向かう矢印を引く。たとえば、フォード社製の自動車マスタングは、工場から出荷されて、誰かの車庫に納車される。

「支出」は、財とサービスへの支払いを表す。支払いは、家計から企業に対して行われる。したがって支出の流れを描くときには、家計部門から企業部門に向かう矢印を引く。家計はマスタングを手に入れるために、フォード社に3万ドルを支払う。生産と支出はともに財やサービスに関係したものであり、2つの経済フローは1つのグループにまとめられて描かれ、財とサービスの市場を表すことになる。

「所得」は、企業から家計への支払いであり、企業による物的資本と労働の使用に対して(言い換えれば、家計の所有している生産要素を使用することに対して)、家計に補償されるものである。この支払いには、賃金、給料、利息、配当などがある。したがって所得の流れを描くときには、企業部門から家計部門に向かう矢印を引く。たとえば、フォード社の従業員が受け取る平均労働報酬は年間6万5,000ドルである。

「生産要素」とは、家計によって所有されているが、企業が生産の過程で使用する生産資源である。生産要素(物的資本と労働)は家計によって直接的または間接的に所有されているものであり、生産要素の流れを示す矢印は、家計部門から企業部門へ向かうように引かれる。

これらの4つの取引、言い換えると「経済フロー」について注目すべき点は、市場価値が、すべてまったく同じになるということだ。国民経済計算では、そのように体系が作られている。経済で計算が正しく行われているならば、支出の市場価値は生産の市場価値と等しくならなければならない。同様に支出の市場価値は家計の所得の市場価値と等しくならなければならない。同様に、所得の市場価値は、物的資本や労働という生産要素の使用に対して受け取る所得である生産要素の市場価値と等しくならなければならない。これらの関係は、国民経済計算体系の定義から、数学的に導かれるものである。

経済循環図は、まったく同じ市場価値を持つ4つの経済フローから成り立っているが、この後の解説では、国民経済計算について最初に学んだ3つのアプローチに議論は戻る。すなわち、生産＝支出＝所得、である。実際に、政府統計部門で測定されている国民経済計算では、この3つの側面に焦点を当てている。

国民経済計算：生産アプローチ

ここからは国民所得を計算するそれぞれの方法について、もう少し詳しく見ていく。最初に、国民経済計算の生産アプローチについて考える。生産アプローチで測定されるのは、生産過程で国内企業が生み出す市場価値の合計である。正式に言うならば、生産アプローチでは、それぞれの企業の**付加価値**が測定される。ここで付加価値とは、企業の売上げの総額から、他の企業から購入した中間財の金額を差し引いたものである。

コンピューター・メーカーであるデル社を例に考えてみよう。20年前には、デル社ではほとんどすべてのコンピューターをアメリカ国内で組み立てていた。しかし今日では、ほとんどすべてのデル製コンピューターは、外国の製造委託会社から購入されている。顧客からの注文を受けると、デル社は外国の——通常は、アジア、メキシコ、またはアイルランドに設立されている——製造委託会社にコンピューターの組立てを指示する。完成後にはデル社は外国からそれらを輸入し、アメリカの顧客に販売する。デル社が外国の製造委託会社から購入するノートパソコンは、デル社の生産における中間財である。

さらにデル社では経営戦略を、（顧客への直接販売戦略から）小売店販売網も利用する戦略へと拡大させた。現在は、自社直販だけではなく、一部のコン

● 生産アプローチでは、それぞれの企業の**付加価値**（value added）が測定される。付加価値とは、企業の売上げの総額から、他の企業から購入した中間財の金額を差し引いたものである。

ピューター製品は他の企業を通して市場に出荷している。デル製コンピューターは、たとえばベスト・バイ、ステープル、ウォルマートなどの小売店で買うこともできる。

図表9.2には、その流れがまとめられている。図に示されるように、顧客は毎年アメリカ国内でデル製コンピューター約500億ドル相当を購入する。デル製コンピューターの売上げのうち、約150億ドルは顧客が小売業者から購入したものであり、約350億ドルは顧客がデル社から直接購入したものである。

ウォルマートのような小売業者は、コンピューターの仕入れ代金として売上げの3分の2相当をデル社に支払う。したがって、デル社は100億ドルを小売店から、350億ドルを直販により顧客から受け取り、総額は450億ドルになる。デル社は外国の製造委託会社には300億ドルを支払っている。したがって、デル社は、アメリカでの事業から150億ドルの収入を得る。この収入の中から、デル社は従業員の賃金や倉庫の建築費などの国内費用を支払っている。

ここで、デル社が（国内の従業員を含めて）生産過程で生み出した価値について考えてみよう。この価値の量が、アメリカの国内総生産（GDP）へのデル社の貢献となる。答えは150億ドルである。アメリカの消費者がデル製コンピューターに支払った500億ドルよりはかなり少ない。デル社が受け取った450億ドルの中から、外国の製造委託会社に中間財の代金として支払った300億ドルを差し引いた金額だ。

デル製コンピューターに対する顧客からの総売上げは、

150億ドル（小売業者からの売上げ） ＋ 350億ドル（直販による売上げ） ＝ 500億ドル

デル社の収入は、

100億ドル（小売業者からの収入） ＋ 350億ドル（直販による収入） ＝ 450億ドル

デル社が受け取る売上げから中間財の購入額を差し引いた金額が、デル社が生み出した付加価値になる。

450億ドル（デル社の収入） － 300億ドル（中間財購入への支払い） ＝ 150億ドル

この経済活動を、アメリカのGDPとして計上するためには、ほかに何を組み入れればよいのだろうか（デル社による貢献部分ではないものも含める）。外国にある工場は、アメリカのGDPには計上されない。工場は国境の外側にあるため、外国にある製造工場での生産分はその国のGDPの一部に組み入れ

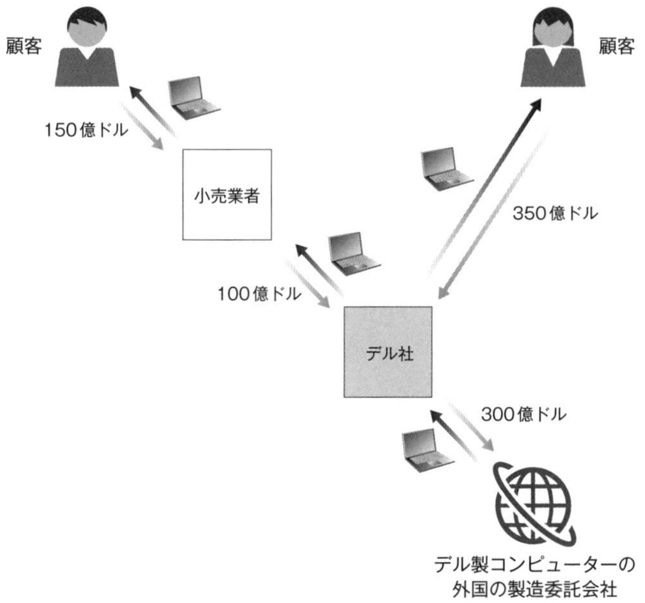

図表9.2　デル社をめぐる付加価値の流れ

アメリカの消費者は、デル製コンピューターの購入に500億ドルを支払っているが、デル社が生み出している付加価値は150億ドルにすぎない。デル社の収入は、小売業者からの収入100億ドルと直販による収入350億ドルを合わせた450億ドルである。その中からデル社は、外国の製造委託会社に300億ドルを支払う。その差である、450億ドル－300億ドル＝150億ドル、がデル社とその従業員が生み出した付加価値である。

られる。

生産アプローチにおいては、外国から財を輸入して、まったく同じ輸入価格でアメリカの消費者にそれを売る場合にはGDPは変化しない。しかし、何かを1ドルで輸入して、1.5ドルで販売すると、0.5ドルの付加価値が生み出されたことになり、生産に追加される。デル社がコンピューターの輸入価格に価格を上乗せできるのは、マーケティング、企業の評価、顧客の利便性、そしてコールセンターへのアクセスのような追加サービスを提供しているからである。

同様に、ウォルマート社がデル製コンピューターを販売すると、アメリカにおける付加価値が増加する。ウォルマート社は工場で何かを生産しているわけではないが、卸売価格で財を購入し、それより高い小売価格で販売することで付加価値を生み出し、結果的にGDPは増加する。ウォルマート社の付加価値は、顧客から受け取った収入（売上げ）ではない。デル製コンピューターの販売から得られる収入と、デル社からの仕入れに支払う金額との差が、ウォルマート社が生み出す付加価値になる。デル製ノートパソコンは、ウォルマート社にとっては中間財なのである。この例では、すべての小売業者を合わせて、デル製コンピューターの販売から150億ドルの収入を得て、そのコンピューターの仕入れに対してデル社に100億ドルを支払っている。この取引の流れによって、小売業者は50億ドル（＝150億ドル－100億ドル）の付加価値を生み出し、この50億ドルがアメリカの生産面でのGDPの一部に計上される。

国民経済計算：支出アプローチ

次に、数学的に同値となるGDP測定方法の第2の方法について説明しよう。国民経済計算の支出アプローチでは、国内で生産される財とサービスの購入について測定する。この購入は、以下の5項目に分類される。

(1)消費　消費とは、国内の家計によって購入された、消費財と消費サービスの市場価値である。そうした消費の支出項目には、フリスビーの購入から足のマッサージの料金まであらゆるものが入る。消費支出には、住宅建築に関する支出を除いた、すべての消費支出が含まれる（住宅建築は、次の投資に入る）。

(2)投資　投資とは、国内の家計と国内の企業によって購入された、新しい物的資本の市場価値である。厳密に言うと、民間投資であるが、通常は単に投資と表現する。このような新しい物的資本には新築住宅、企業在庫（生産はされたがまだ売れていない製品など）、会社の建物（オフィスビルや工場など）、企業設備（コンピューターや貨物列車など）が含まれる。マクロ経済学で投資と言う場合には、新しい物的資本の購入のみを指し、株や債券の購入などの金融資産への投資は含まれない。この点は混同しやすいので注意が必要である。普通、「投資をする」（たとえば、投資信託を購入する、個人年金を積み立てるなど）と言うときには、日常では金融的な意味のほうがなじみ深いが、これはマクロ経済学で考える投資ではない。マクロ経済学で扱う投資には、新しいスーパータンカーや新しい工場や新築住宅などの、新しい物的資本の購入のみが含まれる。

(3)政府支出　政府支出とは、政府によって購入された、財とサービスの市場価値である。戦車や橋などが政府支出の例である。国民経済計算では、移転

- **消費**（consumption）とは、国内の家計によって購入された、消費財と消費サービスの市場価値である。
- **投資**（investment）とは、国内の家計と国内の企業によって購入された、新しい物的資本の市場価値である。

支払い（たとえば、退職者への公的年金の支払いなど）は、政府支出からは除外される。加えて、政府債務にかかる利子も除外される。これらの項目は、他の経済主体への支払いであり、受け取った経済主体が財とサービスを購入するために使用される。したがって、二重計算を避けるために、政府が他の経済主体へ支払う金額は、財やサービスの政府支出には計上されない。

(4)輸出　輸出とは、国内で生産され、外国の家計や企業や政府に販売された、すべての財とサービスの市場価値である。

以上の4項目には重複がない。言い換えるならば、二重計算はない。支出はそれぞれ上記の4項目のいずれかの項目に必ず分類される。

(5)輸入　輸入とは、外国で生産され、国内の家計や企業やその国の政府に販売された、すべての財とサービスの市場価値である。ただし輸入はすでに、消費、投資、政府支出の一部に組み入れられているため、(1)～(3)の3項目と重複している。この重複部分をどのように扱うかについては後に説明する。

これで、この5項目の分類を使って国内総生産（GDP）を計算するための準備は整った。Yは、国内経済で生産される財とサービスの市場価値の総額、つまりGDPを表す。Cは消費を表す。消費とは財とサービスに対する家計の消費支出であり、国内および国外で生産された財およびサービスへの消費支出を合わせたものである。Iは投資を表す。投資とは民間部門（政府部門は除外される）による投資財への支出であり、その投資財が国内および国外のどこで生産されたのかは問われない。Gは政府支出である。国内および国外で生産された政府による財とサービスの購入である。

輸出（アメリカ国内で生産され、外国の家計、企業、および政府に販売された財）は、アメリカのGDPとして計算される。一方、輸入（外国で生産された財とサービスに対するアメリカ国内での支出）はアメリカのGDPには含まれないため、少しの調整が必要だ。

輸出はXで表す。輸出とは、国内で生産され、外国の経済主体によって購入

- **政府支出**(government expenditure)とは、政府によって購入された、財とサービスの市場価値である。
- **輸出**(export)とは、国内で生産され、外国の家計や企業や政府に販売された、すべての財とサービスの市場価値である。
- **輸入**(import)とは、外国で生産され、国内の家計や企業やその国の政府に販売された、すべての財とサービスの市場価値である。

国内生産の市場価値であるGDPは、国内の経済主体の総支出、すなわち$C+I+G$に、外国の経済主体の輸出に関する支出Xを加えて、国内の経済主体の輸入への支出Mを差し引いたもの、と等しくなることがわかる。

された財とサービスの価値である。輸入はMで表す。輸入とは、外国で生産され、国内の経済主体によって購入された財とサービスの価値である。輸出から輸入を差し引いたもの、すなわち、$X-M$、が貿易収支である。輸出が輸入よりも大きい（XがMより大きい）ときには貿易黒字、輸出が輸入よりも少ない（XがMより小さい）ときには貿易赤字となる。

国内経済で生産された財とサービスの支出の総価値は、以下のように計算することができる。

$$Y=C+I+G+X-M \quad \text{（国民所得勘定式）}$$

国内生産の市場価値であるGDPは、国内の経済主体の総支出、すなわち$C+I+G$に、外国の経済主体の輸出に関する支出Xを加えて、国内の経済主体の輸入への支出Mを差し引いたもの、と等しくなることがわかる。外国での生産に対する支出は、C、I、Gにすでに含まれているために、そこから輸入Mを差し引いて、外国の生産に関するこの支出を控除するのである。

GDPを（$C+I+G+X-M$）に分解したこの恒等式は非常に重要なものであり、**国民所得勘定式**と呼ばれる。マクロ経済学では頻繁に利用される恒等式である。

EBE Evidence-Based Economics 根拠に基づく経済学

問い：アメリカの経済生産の1年間の総市場価値はどれほどの規模になるのか？

政府の統計部門は、経済の産出量の市場価値の総額、すなわち国内総生産（GDP）を測定する。アメリカでは商務省経済分析局（BEA）が行う。2013年のアメリカのGDPは16兆8,000億ドルであることが発表された。同年のアメリカの人口は、3億1,640万人であったので、1人当たりGDP

● **国民所得勘定式**（national income accounting identity）、$Y=C+I+G+X-M$、は、GDPを「消費＋投資＋政府支出＋輸出－輸入」に分解したものである。

	支出	GDPシェア
国内総生産（GDP）	16.8兆ドル	100.0%
消費	11.5兆ドル	68.5%
+投資	2.7兆ドル	15.9%
+政府支出	3.1兆ドル	18.6%
+輸出	2.3兆ドル	13.5%
−輸入	−2.8兆ドル	−16.4%

図表9.3　2013年のアメリカのGDPとGDPシェア（支出アプローチ）

2013年のアメリカのGDPは16兆8,000億ドルだった。またGDPを構成する各項目がGDPに占める割合、つまりGDPシェア（項目/GDP）で示されている。四捨五入の影響で各項目の合計はGDPとは一致しない。同様に、ドル表示の支出とGDPシェアには多少の誤差も生じている。

出所：米商務省経済分析局（BEA）「国民所得生産勘定」。

	支出	GDPシェア
国内総生産（GDP）	547兆円	100.0%
消費	304兆円	55.7%
+投資	105兆円	18.6%
+政府支出	136兆円	24.7%
+輸出	101兆円	16.4%
−輸入	−100兆円	−15.4%

図表9.3J　2018年の日本のGDPとGDPシェア（支出アプローチ）

日本のGDPでは、アメリカより消費のシェアが小さく、政府支出のシェアが大きい。ただしアメリカでは2013年には現役世代には公的医療保険がなく、保険から支払われる医療費が民間消費になるが、日本では政府支出に含まれるため、見かけの差が大きくなっている。消費は民間最終消費支出、投資は民間固定資本形成＋民間在庫変動、政府支出は政府最終消費支出＋公的固定資本形成＋公的在庫変動、輸出は財貨・サービスの輸出、輸入は財貨・サービスの輸入である。

出所：内閣府「国民経済計算」主要系列表。

は5万3,100ドルである。

本章で学んだ国民所得勘定式は、GDPの構成要素を分析するのにも役に立つ。図表9.3には2013年のアメリカのデータが示されているが、いくつかの重要な特徴が読み取れる。第1に消費はGDPの69%もある。政府支出ははるかに少なく、GDPの19%でしかない。次に多い項目は投資の16%だ。輸出はGDPの14%で、輸入はGDPの16%である。輸入にマイナス符号が付いているのは、GDPを表す式では、すべての項目を足し合わせて、そこから輸入を差し引いているからである。図表9.3の項目をすべて合計するとGDPになる（多少の誤差はある）。

GDPにおける各項目の割合（GDPシェア）は、過去80年間では比較的安定している。図表9.4には、1929〜2013年のGDPシェアの推移が示されており、各項目の支出の割合がわかる。これらの割合の合計から、輸入の割合を差し引くと100%になるはずである。図表9.4を見ると、消費はつねに経済活動の約3分の2を占めていることがわかる。

政府支出は経済活動の20%前後を推移してきたが、例外となった時期が2回ある。第1に、このデータの分析開始当初の時期には、政府支出はGDPの10%程度であった。大きな政府になったのは、第2次世界大戦以降である。

第2の例外の時期は第2次世界大戦中であり、政府支出のGDPシェアは非常に高まり、最も高いときには、GDPの50%近くを占めるに至った。戦争という行為は政府が独占的に行うものであり、一国の経済の産出量に占める政府支出が極めて大きくなるのは当然である。第2次世界大戦中に政府支出の割合が増大したのは、（民間部門の）投資と消費が減少したことも影響している。

図表9.4からはもう1つ重要な特徴が読み取れる。輸入と輸出のGDPシェアは両方とも、過去80年間を通して絶対値で拡大をし続けていることである。運輸技術の発達は、世界中のあらゆる場所に財を輸送する費用を安くした。ITは、一国の住民を対象にしたサービスを外国から提供することを簡単にした（たとえば、コールセンターはインドに立地している）。最適化行動をとる人ならば、欲しい財とサービスを購入するうえでもはや国境にはこだわりはないだろうから、輸送費用と通信費用が下がれば、取引の増加がとどまることはないだろう。輸出が増加していることは、輸出のGDPシェアが右上がりに増えていることから確認できる。一方、輸入は国民所得勘定式で負の数字として計算されるため、輸入がゼロの線から右下がりになっているということは、輸入が増加し続けていることを示している。

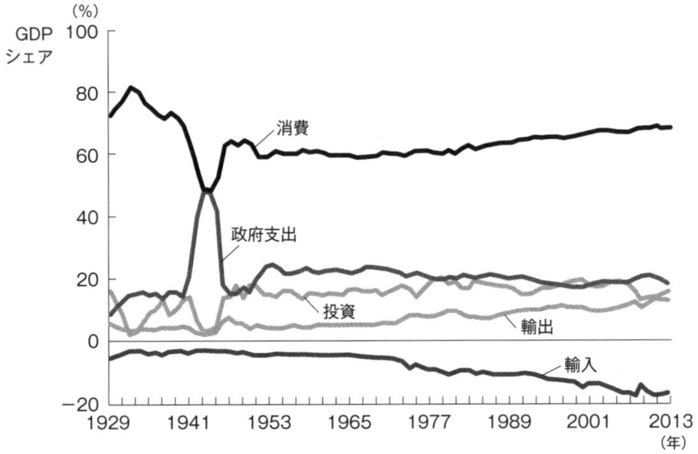

図表9.4 アメリカのGDPシェアの寄与度:1929〜2013年

アメリカのGDPシェアは、第2次世界大戦中という一時期を除けば、過去80年間を通して比較的安定している。

出所:米商務省経済分析局(BEA)「国民所得生産勘定」。

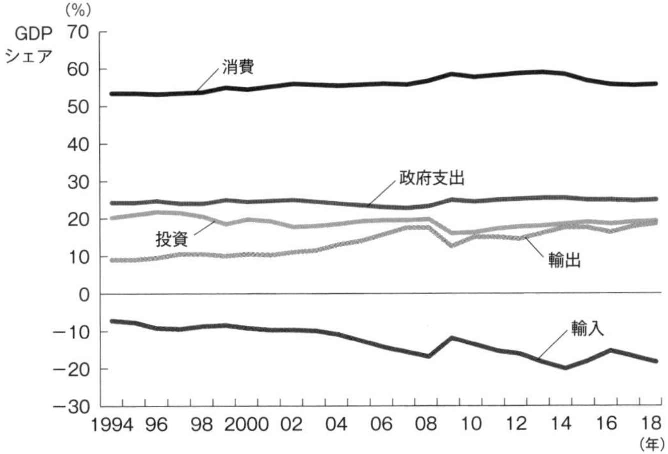

図表9.4J 日本のGDPシェアの寄与度:1994〜2018年

アメリカと同様に、日本のGDPシェアもほぼ安定している。

出所:内閣府「国民経済計算」。

Q 問い アメリカの経済生産の1年間の総市場価値はどれほどの規模になるのか？

A 答え 2013年の米商務省経済分析局(BEA)の発表によると、アメリカのGDPは16兆8,000億ドル、1人当たりGDPは5万3,100ドルであった[1]。

データ 米商務省経済分析局(BEA)集計の「国民所得生産勘定」による。

注意 国民経済計算からは、経済における様々な生産が除外されている。この点については本章後半で学ぶ。

国民経済計算：所得アプローチ

ここまでは、生産面と支出面からGDPを検討することで経済を詳しく見てきた。生産面では付加価値に着目し、支出面では国民所得勘定式（$Y = C + I + G + X - M$）を用いた。本章の最初に説明したように、GDPは所得面から分析することもできる。国民経済計算における所得アプローチは、様々な経済主体の所得を把握しようとするものである。そして、総所得は、総生産に等しく、総支出とも一致する。2013年のアメリカの総支出が16兆8,000億ドルとすれば、2013年の総生産と総所得も16兆8,000億ドルになる。

所得の支払いは、2つの重要なカテゴリーに分けられる。第1の項目は、人々の労働に対して支払われる所得であり、これを**労働所得**と呼ぶ。これには、賃金、給料、従業員の健康保険、従業員の年金のような一般的な項目が含まれる。それに加えて、入社時の契約金、職場の無料駐車場、会社幹部が週末に社用機を使用するコストなども含まれている。つまり、労働に対して直接的または間接的に支払われる費用のすべてが労働所得には含まれる。

所得の支払いの第2の項目は、物的資本（住宅など）や金融資本（株や債券など）の所有者が獲得する所得（あるいは便益）だ。これを**資本所得**と呼ぶ。これには、株主に支払われる配当、貸し手に支払われる利息、企業の内部留保、

● **労働所得**(labor income)とは、労働に対して人々に支払われる様々な形態の所得である。
● **資本所得**(capital income)とは、物的資本または金融資本を所有することから獲得する所得である。
1) 2013年のアメリカの人口3億1,640万人は商務省国勢調査局による。http://www.census.gov/population/international/data/countryrank/rank.php

LETTING THE **DATA SPEAK**

データは語る

貯蓄か投資か

経済学者は、貯蓄と投資を研究するためにも、国民所得勘定式を使用する。貯蓄を示す式を導出するためには、GDPから開始する。GDPは国民所得と同じであり、ここから家計と政府が消費する分を差し引く。言い換えるならば、GDPから消費支出と政府支出を差し引く。式は以下のようになる。

$$
\begin{aligned}
\text{貯蓄} &= Y - C - G \\
&= (C + I + G + X - M) - C - G \\
&= I + X - M
\end{aligned}
$$

式の1段目から2段目にかけては、国民所得勘定式に従ってYを$C+I+G+X-M$に置き換えている。最終的な式を言葉で表すと以下のようになる。

貯蓄＝投資＋輸出－輸入

ほとんどの国では、輸出と輸入の総額はほぼ同じである。その場合には、輸出から輸入を差し引くとほぼゼロとなり、以下のように簡単化することができる。

貯蓄＝投資

ただし、外国との貿易がある開放経済の場合には、輸出と輸入がまったく同じになることはないため、この等式は単に近似である。当然ではあるが、他国といっさい貿易をせず、輸出と輸入は両方ともゼロになる閉鎖経済では、この等式は正しいものとなる。

上式の両辺をGDPで割ってみよう。

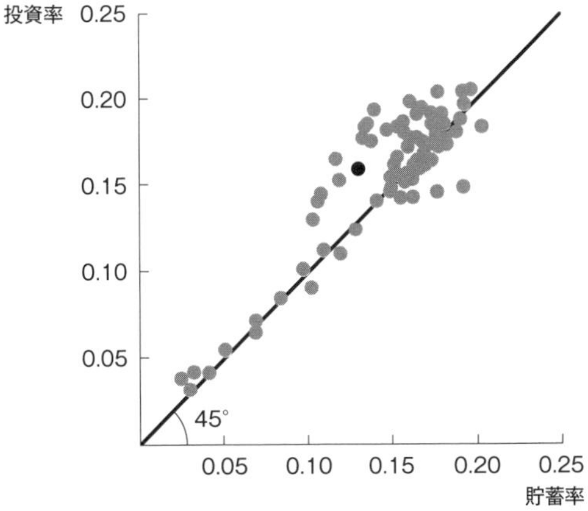

図表9.5 アメリカにおける貯蓄率と投資率の関係：1929～2013年

図の点は、各年のデータを示している。横軸は貯蓄率、縦軸は投資率を測っている。点の散らばりから、貯蓄率と投資率が毎年ほぼ同じ方向に動いていることがわかる。また、各点は45度線の近傍に集中している。濃い紫色の点は、散布図の最終年にあたる2013年のデータである。

出所：米商務省経済分析局（BEA）「国民所得生産勘定」。

貯蓄率（貯蓄をGDPで割ったもの）は、投資率（投資をGDPで割ったもの）と等しくなる。

$$\frac{\text{貯蓄}}{\text{GDP}} = \frac{\text{投資}}{\text{GDP}}$$

1929～2013年のアメリカのデータを使用して、毎年の貯蓄率と投資率を比較することができる。図表9.5には、各年の貯蓄率と投資率が示されている。横軸に貯蓄率、縦軸に投資率を測って各年が点で示されている。貯蓄率と投資率が連動していることが見てとれる。また、ほとんどが45度線の近傍に集中している。

図表9.5は、貯蓄が、投資とほぼ等しくなることを示している。10章では、これを応用して、物的資本への投資などの、経済成長の決定要因について考えることになる。

地主に支払われる地代、持ち家で生活することから得られる便益など、多くの費用が含まれる。

労働所得と資本所得という分け方は、労働所得を得る人々と資本所得を得る人々は違うという間違った印象を与えかねない。実際には、ほとんどの人々が両方の所得を受け取っている。たとえば、仕事と持ち家と個人年金の積立金がある50歳の労働者は、仕事からは労働所得を得て、持ち家からは資本所得（住む家があることの潜在的な価値）を得て、積立金からは資本所得（配当金）を得ているのである。

同様に重要なことは、家計が企業を所有しているという考え方である。企業は自分自身を所有することはできない。企業が所得を得た場合には、最終的な受益者はその企業の所有者だ。ほとんどの大企業は株式市場で取引される株を発行している。この場合には、企業は世界中の何百万人もの株主によって所有されていることになる。資本所得を受け取る者はこれらの株主たちである。

最後に、所得の支払いの何割が労働に対して支払われ、何割が資本に対して支払われているのかについて考えることも興味深い課題である。アメリカをはじめとする先進諸国ではおおよそ、所得の約3分の2は労働に、そして約3分の1は資本に対して支払われているようである。

9.3 GDPでは測定されないもの

多くの人は、家を出る前にはインターネットでその日の天気を調べることだろう。ただしネット上の天気予報には、気温と簡単な天気図ぐらいしか示されていないことも多い。

天気予報では多くの情報が省略されている。たとえば湿度、霧、風速などは、どれもが通勤に影響があると言える。とはいえ、通勤者にとっては、居住地域の天気予報に関して、知っておくべきことを教えてくれる簡単な情報があればよい。

天気予報と同様に、GDPと国民経済計算は経済の活動を測定する便利なシステムではある。完全なものというわけではなく、それに含まれていない詳細な情報はたくさんある。しかしながら、GDPは、経済活動の水準や変動、および長期トレンドについて、必要なことのほとんどを教えてくれる。GDPというツールがあれば、経済全体の行動を測定し、予測する準備を整えることができる。

しかし、GDPではとらえられていないものが何であるのかについて議論し、それによって、GDPで測定できるものと測定できないものについて知ることが大切だ。GDPは、社会的幸福度（ウェルビーイング）を測る尺度として、または、経済活動全体を測る尺度としてさえも、たくさんの限界がある。

しかし経済学者たちは、恐れを知らない人々の集まりだ。経済全体の生産を測定することなど、完璧かつ正確にできるはずもないのだが、とにかく取り組もうとはする。完璧な測定方法が開発されるのを待っていても何も出てはこない。難題に立ち向かうことなく、あきらめるよりも、不完全ではあっても今できる方法で測定することを経済学者は選ぶのである。

物的資本の減耗

GDPでは、物的資本の減耗は無視されている。資本減耗とは、老朽化や使用により損傷することによって、物的資本の価値が下がることである。ほとんどの物的資本は、生産過程において、時間の経過とともに価値は失われていく。大型トレーラーを運転すれば、ブレーキやタイヤは消耗する。地中から石油を採掘すれば、残された原油埋蔵量は枯渇していく。

経済の生産量を完璧に把握するためには、生産に伴う物的資本の減耗を考慮に入れて、総生産額から資本減耗分を差し引くのがよい。

多くの政府で、国民経済計算では資本減耗を計算しているが、GDPを計算するときには資本減耗を差し引いてはいない。この資本減耗分はGDPの約10～15%に相当するという分析もある。たとえば、アメリカの国民経済計算で資本減耗分を差し引くならば、GDPの13%を相殺する規模になると推計されている。

これで問題は解決したように思えるが、実際には状況はもっと複雑である。第1に、国民経済計算における資本減耗とは、厳密に測定されたものというよりは、複雑な手法に基づいた「推測」であるにすぎない。第2に、資本減耗の推定では、原油埋蔵量の減少のような分析が難しい分野の多くに関しては、推定の試みさえなされていない。第3に、物的資本の減耗を考えることによって、関連してその他の疑問が新たに生まれてくる。たとえば、健康状態の変化も、GDPの生産からは完全に除外されている項目だ。労働者の健康を損なうような生産現場もある——たとえば、炭鉱での過酷な作業や、製造業で発生する有害な化学物質への曝露などが挙げられる。物的資本の減耗を考慮に入れるならば、健康と人的資本の減耗についても計算すべきではないだろうか（人的資本の概念は10章で説明する）。

すなわち、資本減耗を測定することは複雑な概念上の課題であり、GDPの標準的な測定の中では取り扱わないことになっているのである。

家庭における生産

GDPは、家庭における生産の面からも問題がある。家庭における生産（すなわち家事労働）は、国民経済計算には含まれていない。仮に、（お店から種子やシャベルを購入しないで）自分で花を育てて作った花束はGDPには入らないが、近所の花屋から国内で育てられた花を購入した場合には、すべての金額がGDPに含まれる。自分の農場で育てた羊から刈り取った羊毛を使って毛糸の帽子を編んでもGDPには含まれないが、その帽子を隣人に売った場合には、その売上げはGDPに入る。このような会計上の決まりは、時にばかばかしく見えることだろう。たとえばあなたが、自宅の庭の手入れを任せている庭師と結婚すると、GDPは減少することになる。

家庭における生産（家事労働）を排除していることが国民経済計算の欠陥であることに関しては、すべての経済学者が合意している。しかし、家庭における生産を測定する方法がない。家庭における生産に関しては、それに伴う市場取引も市場価格もなく測定可能な量もない。家庭料理の市場価値とは何だろうか？　長きにわたって議論されてきた哲学的問題なのである。

仮に、自家製ミートローフだけの問題であったならば、それが含まれていなくてもそれほどの問題ではないだろう。しかし、経済活動の大きな部分が、家庭の中で発生している。ほとんどの家庭では、家のほこりをとり、掃除機をかけ、床を拭き、磨きあげることによって、住宅を維持している。草を刈り、落ち葉を拾い、花壇の雑草をとるといった作業は自分で行うことが多い。多くの家庭では、食事の多くを自宅でとっている。

最後に、子育て（育児）という非常に重要な分野がある。例を使って説明してみよう。2組の異なる家族、アベリー家とマイカ家について考えてみよう。両家にはともに子どもがいる。アベリーとマイカは自分で子どもの世話をする専業主婦であったとすると、市場取引がない育児はGDPには含まれない。ここで、アベリーがマイカの子どもの世話をして給料が4万ドル支払われ、マイカがアベリーの子どもの世話をして同じく4万ドルが支払われるとすると、GDPは合計で年間8万ドル分増加する。育児がGDPに加算されるかどうかには関係なく、子どもが誰かに世話をされる場合である。それぞれの親が自分の子どもの世話をしている場合には、その育児についての市場取引は発生していないので、育児はGDPから除外される。それぞれの親がお互いの家族の子どもの世話をするときには、育児の市場取引が作り出されるので、GDPは8万ドル分増加する。

このようなことがらのすべてが経済学者の悩みの種である。これには2つの理由がある。第1に、成人人口のうち一定の割合の人々は家庭でも労働をしている。正式には雇用されていない人であっても、昼間にテレビドラマの再放送を見るよりもはるかに多くの家事をしていることは時間の使い方に関する調査からわかっている。第2に、収入を伴う仕事（以下、単に「仕事」と呼ぶ）がある人であっても、家庭でも労働を行っている。日中は仕事をしていたとしても、帰宅後には掃除、料理、育児といった家事をしていることも多い*。

これらの影響を数量化してみよう。アメリカの2013年の人口は3億1,640万人であり、仕事をしている18歳以上の生産年齢人口（18–65歳）は1億4,400万人、仕事がない18歳以上の生産年齢人口は5,200万人である。

仕事に就いていない人々の多くは、食事の準備、家の維持、育児などの家庭内の様々な家事労働を行っている。仕事に就いていない18歳以上の生産年齢人口は、年間1人当たり平均2万ドルに相当する生産を家庭内で行っていると仮定しよう。2万ドルという数字は、内容は様々であるが家事労働の平均的なものであろう。なかには、三つ子の新生児の世話をするために労働力人口には加われない人もいれば、1日中テレビを見て過ごす人もいることだろう。

* ここで言う収入を伴う仕事とは、市場において賃金を得ている仕事という意味である。正規労働だけではなく、非正規労働も含まれる。

加えて、家庭外に仕事を持つ人々であっても、年間1万ドル相当の家事労働を行っている。

このような様々な家事労働を合計すると、アメリカの1年間の家事労働の生産は2兆5,000億ドルになる。

5,200万人 × 2万ドル + 1億4,400万人 × 1万ドル = 2兆5,000億ドル

（仕事に就いていない人の家事労働）　（仕事に就いている人の家事労働）

16兆8,000億ドルのGDPの規模を持つ経済の中で、2兆5,000億ドルを占めるということは、経済の生産の約15%がGDPの計算からは抜け落ちているということになる。さらに、家庭における生産（家事労働）はもっと高い水準であるとする推計も多い。

地下経済

地下経済――政府の統計から意図的に隠された取引――は国民経済計算のもう1つの抜け穴である。これには、工事現場での現金払いを要求する配管工や、メーターを止めることに同意すれば料金割引の交渉に応じるタクシー運転手なども含まれる。配管工事やタクシー業務は合法であるが、課税を逃れるために所得を隠す労働者もいる。法律の専門家の所得も別の理由で隠されているかもしれない。たとえば、離婚の問題や就労ビザがないケースが依頼案件であった場合などだ。

地下経済には、非合法市場も含まれる。違法薬物の取引や売春が最たるものである（ただしこれを合法化している州・国もある）。違法薬物の売上げだけでも、GDPの1%に相当すると推計されている。アメリカの経済で言えば、全農産物の価値に相当する規模である。

たとえば、スイス、日本、香港、そしてアメリカのような、法制度が整備された先進諸国であっても、地下経済の規模はGDPの約10%に達するとされている。発展途上国では、一般的には地下経済活動の割合はずっと高い。たとえばメキシコでは、地下経済の規模は公表されているGDPの規模の半分には達しているとされている。

アイルランド、イタリア、およびイギリスなどでは最近、GDPの推計に、違法薬物の取引や売春などの地下経済活動を含めるようにさえなった。

負の外部性

ある経済活動が、それに直接は従事していない人々にマイナスの影響を与えるという、費用のスピルオーバーがあるときには、負の外部性が発生している。また、経済活動がそれに直接は従事していない人々にプラスの影響を与えるという、便益のスピルオーバーがあるときには、正の外部性が発生している。外部性は、正であっても負であっても、通常はGDPには考慮されていない。石炭発電所が、何千もの家庭に電力を供給する一方で、同時に人体に有害な大気汚染物質を排出している場合について考えてみよう。GDPには発電量は計上されているが、大気汚染の費用は控除されていない。

時には負の外部性が、経済の産出量に対する正の貢献として加算されることさえある。たとえば、防犯のためにカギや防犯装置が購入される。お金持ちは、自分の財産を守るために警備員を雇うこともある。このような防犯対策は、GDPには正の貢献として計上される。

国内総生産（GDP）と国民総生産（GNP）*

すでに説明したように、GDP（国内総生産）は特定の期間内に、一国内で生産された最終財とサービスの市場価値である。したがってGDPには、アメリカ国民の生産物と、アメリカにいる外国人の生産物の両方が組み入れられている。たとえば、アメリカの労働者がシンガポールで2カ月間働いた場合には、その生産はシンガポールのGDPに加算されるが、アメリカのGDPには組み入れられない。同様に、もしも日本の自動車メーカー――たとえばホンダ（本田技研工業）――がアラバマ州に工場を建設した場合には、この工場から生み出される付加価値は、日本のGDPではなくアメリカのGDPに計上される。たとえ工場の操業がロボットによって自動化されており、アメリカ人従業員が1人もいなかった場合であっても同じである。アラバマ州の工場はアメリカ国境の内側で操業をしている限り、そこで生み出された付加価値はアメリカのGDPに計上される。

国境を越える生産活動がそれほどあるのかと疑問を持たれるかもしれないが、実際にもそうした活動は活発に行われている。たとえば、アメリカで販売され

* 国民総生産（GNP）は、所得に注目している場面（国民がどれだけの所得を得ているか等）で使われることが多いので、国民総所得（GNI）と呼ばれることが多い。国内総生産と同様に三面等価が成立しており、国民総生産と国民総所得は等価になる。

ている「日本」車の約70%は、今ではカナダやメキシコ、そしてアメリカの工場で生産されている。

こうした現状に対応して、経済学では、その国の居住者によって所有されている生産要素によって作り出される産出のみから構成される経済全体の生産の測定方法を定めた。これが**国民総生産(GNP)**である。アメリカの場合には、通常その労働者がアメリカに居住しているのであれば、一時的に外国で働いている時期に生み出された生産であっても、GNPに含まれる。たとえば、アメリカ人教授がシンガポール国立大学の夏期講座で教える場合には、シンガポール国立大学から支払われる2カ月分の給料は、アメリカのGNPに含まれるが、シンガポールのGNPには組み入れられない。

同様に、日本の自動車メーカーが所有する機械から生み出された付加価値は、たとえその機械がアラバマ州の工場で操業されていたとしても、アメリカのGNPには含まれない。その一方で、アラバマ州の日本メーカーの自動車工場で雇われているアメリカ人労働者の生み出した付加価値はアメリカのGNPに含まれる。アメリカのGNPには、生産要素が世界のどこで使用されているかに関係なく、アメリカの居住者が所有する生産要素が生み出す付加価値のみを算入するように注意深く構成されている。

GNPは国民による生産を測定したものである。「国民による」とは、その国の居住者が所有する資本や労働などの生産要素を表す。たとえばGNPを計算するには、GDPからスタートして、そこにまず自国の居住者が所有して、外国で操業をしている生産要素から生み出された生産を計上する。そこから、外国の居住者が所有して、アメリカ国内で操業をしている生産要素から生み出された生産を除外するのである。

国民総生産(GNP)
　＝国内総生産(GDP)
　　＋(自国の居住者が所有する生産要素[資本と労働]を用いた、外国での生産)
　　－(外国の居住者が所有する生産要素[資本と労働]を用いた、自国内での生産)

2013年の概算数字によると、アメリカのGNP(17兆1,000億ドル)は、アメリカのGDP(16兆8,000億ドル)を上回っている。特に、アメリカの資本と

● **国民総生産(GNP)**(gross national product)とは、その国の居住者によって所有されている生産要素(資本および労働)によって作り出される生産の市場価値である。

労働による外国での生産の市場価値（8,000億ドル）は、外国の資本と労働によるアメリカ国内での生産の市場価値（6,000億ドル）を上回っている。2013年にはアメリカのGNPはGDPを1.5%上回っていた。

GNPとGDPが非常に大きく乖離している国もある。たとえば、中東の豊かな石油輸出国であるクウェートは、外国に資産を多く持っているが、外国人がクウェート国内に所有している資産は比較的少ない。クウェートが所有している外国資産から生み出される所得はクウェートのGNPに算入されるが、クウェートのGDPには含まれない。したがって、クウェートのGNPはGDPよりもかなり大きなものとなり、その差は約10%となっている。しかしクウェートのような国は例外的であり、ほとんどの国ではGNPとGDPはほぼ同じ水準になっている。

余暇

GDPを測定する際のもう1つの問題が余暇の取り扱いだ。国民経済計算では、余暇についてはまったく評価されていない。しかし、余暇は人間の幸福においては重要な要素だ。たとえば、生活時間調査では、人々は人と接しているときに最も満足度が高いと答えている[2]。一方で、人々は仕事や通勤時間は満足度が最も低いと答えている。GDPの国際比較で見ても、国によって仕事の重荷の程度には大きな違いがある。もちろん、人生の目標はできる限り多くの時間働いて所得を最大化することではない。もしもそれが目標であるならば、誰も引退をしたり休暇をとったりはしないだろう。もっと妥当な目標は、幸福を最大化することである――これは別の意味での最適化である。GDPは、どのぐらい多くの物的な財が経済で生産されたのかは教えてくれる。しかし、その物質的な成果のすべてが人間の幸福を最適化するために使用されているかどうかまでは教えてくれない。

GDPで幸福が買えるだろうか？

余暇が考慮されていないとはいえ、1人当たりGDPは、社会における幸福度の簡易的指標としてしばしば用いられる。1人当たりGDPは、実際にも人の幸福を判断する指標になるのだろうか？　社会科学には幸福を測定するうえで信頼に足る方法はないが、その人が人生に満足しているかどうかを評価する

2) Daniel Kahneman and Alan B. Krueger, “Developments in the Measurement of Subjective Well-Being,” *The Journal of Economic Perspectives*, Vol. 20, No. 1, 2006, pp. 3–24.

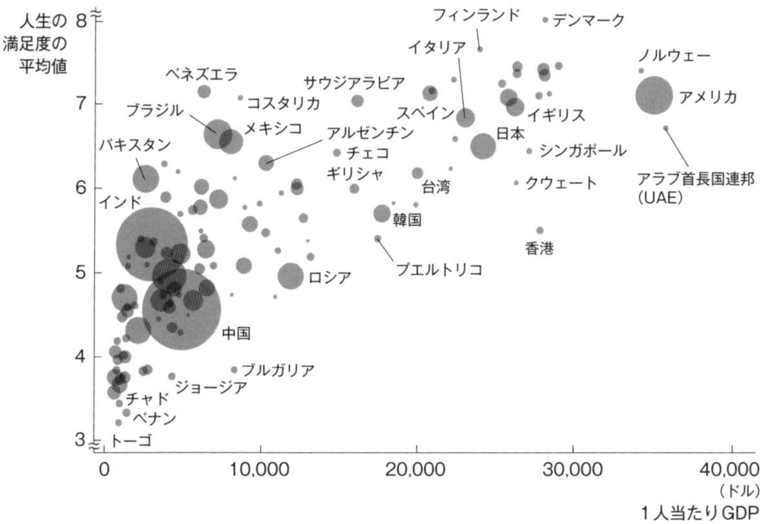

図表9.6　1人当たりGDPと人生の満足度：2003年

様々な国において、1人当たりGDPと人生の満足度の平均値（10点満点で計測）を比べてみると、両者の間には強い正の関係があることが確認される。

出所：Angus Deaton, "Income, Health and Well-Being around the World: Evidence from the Gallup World Poll," *Journal of Economic Perspectives*, Vol. 22, No. 2, 2008, pp. 53–72.

ためのやや粗い方法はある。それは、直接本人に聞くことだ。理想的な方法ではないにせよ――たとえば、本当のことは言わないで「私は幸せよ、あなたは？」という回答が返ってくるかもしれない――これは、出発点にはなる。世界中の何百万もの人々を対象に行った幸福についての調査の結果は、驚くべきものだった。

1人当たりGDPは、人生における満足度を示す優れた指標になっていることがわかったのだ。図表9.6には、数多くの国々で人生の満足度についての自己評価と1人当たりGDPには正の関係があることが示されている。1人当たりGDP水準が高い国は、人生の満足度も高い。横軸には1人当たりGDP、縦軸には人生の満足度の平均値が10点満点で示されている。それぞれの円は国を示し、円の大きさは人口の大きさを示している。右上の大きな円はアメリカ、左下の大きな円はインドと中国を示している。

1人当たりGDPは、人生における満足度を示す優れた指標になっている。

同様の関係は、一国内にもある。言い換えると、世帯ごとの所得と人生の満足度を調査した研究によると、低所得世帯の人生の満足度は高所得世帯の満足度よりもはるかに低いものであった[3)]。

9.4 実質と名目

GDPは、経済全体がどのように成長しているかを示すツールとしては特に便利なものである。成長を分析するためには、全体的な価格上昇（インフレーションのことである。この概念についてはこの後に説明する）から生じるGDPの上昇と、財とサービスの量と質の上昇から生じるGDPの上昇については区別する。

たとえば、フォルディカ国では同じ車が2012年には10台、2013年には10台、生産されると仮定しよう。簡単化のため、車の品質は年月を経ても変わらないものとする。経済学には、品質の改善の問題を処理するための複雑なツールもあるが、ここでは分析をできるだけ単純にするために、品質については考えないこととする。品質は変化しないものとし、車の価格が、2012～13年にかけて3万ドルから4万ドルに上昇したとしよう。この場合に、2012年のGDPは30万ドル（＝10台×3万ドル/台）であり、2013年のGDPは40万ドル（＝10台×4万ドル/台）となる。一見すると、経済は33％成長したように見える。数式では以下のとおりである。

$$\frac{[\text{2013年のGDP}]-[\text{2012年のGDP}]}{[\text{2012年のGDP}]}=\frac{\text{40万ドル}-\text{30万ドル}}{\text{30万ドル}}$$

$$=\frac{1}{3}=0.33=33\%$$

しかし、生産された車の実際の台数はまったく増えてはおらず、10台のままだ。もし市場価値ではなく、車の生産台数を数えていたら、2012～13年にかけての経済成長率は0％となっただろう。価格が上昇したといって喜んではいられない（この例では品質は固定されている）。

当然ながら、単に値上がりしたことによる成長と、財やサービスの生産が増えたことによる成長とは区別しなければならない。そこで、名目GDPと実質GDPという概念を使うことにしよう。**名目GDP**は、本章で議論してきた標

3) Betsey Stevenson and Justin Wolfers, "Economic Growth and Subjective Well-Being: Reassessing the Easterlin Paradox," Brookings Papers on Economic Activity, Spring 2008.

準的なGDPの尺度で、生産物の市場価値の合計である。ただし、生産された単位当たりを測定するための価値としては現在（生産された年）の市場価格を使用する。

実質GDPは、最終財とサービスの市場価値を合計するという点では名目GDPと概念は同じだが、実質GDPでは生産された年ではなく、特定の基準年の市場価格を使用する。上の例にしたがって説明しよう。基準年は2012年とする。フォード車の価格は2012年には3万ドルだった。2012年には10台のフォード車が生産され、2013年にも（同じ）10台のフォード車が生産された。実質GDPを計算するにあたっては、基準年である2012年の価格を使って2012年と2013年の両方の産出量の価値を測定する。したがって実質GDPは、2012年は30万ドルで、2013年も同じ30万ドルである。実質GDPで見ると、2012〜13年にかけての経済成長はゼロである。車の生産量がまったく変わっていないのだから、納得できる結果である。

経済学では名目と実質という言葉によって、どちらの概念を使用して分析をしているのかがわかるようにする。新聞記事などでは一般的には、実質GDPの成長率が使用されている。記事の見出しに「アメリカの経済成長率が2.2%に後退」とあれば、何も書かれていなくても、実質GDPのことだと読者にはわかるだろうと想定されている。

ここまでは、1種類の財のみを生産する経済という単純な例で実質GDPについて学んできた。当然この考え方は、いくつもの財とサービスを生産する経済にも応用することができる。この概念を使って演習をしてみよう。フォード車とシボレー車という2種類の車を製造する経済で考えてみよう。図表9.7には、この仮想例のデータを示す。

最初に名目GDPを計算しよう。生産された年の価格を使用して、生産された年に販売された財の総市場価格を合計すればいい。

2012年の名目GDPは以下の計算になる。

10台	×	3万ドル	+	5台	×	2万ドル	=	40万ドル
（フォード車の2012年の生産台数）		（フォード車1台の2012年の市場価格）		（シボレー車の2012年の生産台数）		（シボレー車1台の2012年の市場価格）		

同様に2013年の名目GDPは、以下のとおりである。

- **名目GDP**（nominal GDP）は、（最終財とサービスの）総生産価値である。ただし、生産された各単位を測定するための価値としては、現在（生産された年）の市場価格を使用する。
- **実質GDP**（real GDP）は、（最終財とサービスの）総生産価値である。ただし、生産された各単位を測定するための価値としては、特定の基準年の市場価格を使用する。

	フォード車		シボレー車		名目GDP	実質GDP（2012年価格）
	数量（Q）	価格（P）	数量（Q）	価格（P）		
2012年	10台	3万ドル	5台	2万ドル	40万ドル	40万ドル
2013年	10台	4万ドル	20台	2万5,000ドル	90万ドル	70万ドル

図表9.7　2財のみを生産する経済の数量（Q）と価格（P）

表には2012年と2013年に生産されたフォード車とシボレー車の数量（Q）と価格（P）が入っている。名目GDPは、生産されたのと同じ年の価格と数量を使用して生産の総額を求める。2012年の価格を使用した2012年の実質GDPは、2012年の名目GDPと同じである。2012年の価格を使用して計算された2013年の実質GDPとは、すなわち2012年の価格を使用して計算された2013年の産出量の市場価値の総額になる。

10台（フォード車の2013年の生産台数）× 4万ドル（フォード車1台の2013年の市場価格）＋ 20台（シボレー車の2013年の生産台数）× 2万5,000ドル（シボレー車1台の2013年の市場価格）＝90万ドル

この数字は、図表9.7に示されている名目GDPの値で確認することができる。

実質GDPを計算するためには、2012年を基準年とする。すなわち、2012年と2013年の両方の実質GDPを計算するためには、2012年の価格を使用する。2012年の実質GDPを計算する際には何の問題もない。2012年の実質GDPは、2012年の数量と2012年の価格を使用して計算される（2012年の名目GDPの計算とまったく同じになる）。

10台（フォード車の2012年の生産台数）× 3万ドル（フォード車1台の2012年の市場価格）＋ 5台（シボレー車の2012年の生産台数）× 2万ドル（シボレー車1台の2012年の市場価格）＝40万ドル

問題は、2013年の実質GDPを、2012年を基準年として計算するときである。ここでは、2012年の価格と2013年の数量を使用することになる。2013年の実質GDPは以下のとおりである。

10台（フォード車の2013年の生産台数）× 3万ドル（フォード車1台の2012年の市場価格）＋ 20台（シボレー車の2013年の生産台数）× 2万ドル（シボレー車1台の2012年の市場価格）＝70万ドル

同じ市場価格を用いることで、違う年との比較が意味のあるものになる。経済学ではこのような方法を、基準年を使用する、と言う。この例の場合には、2012年の価格を基準にしている。基準となる年を示すにあたっては、「2012年価格を基準とする」と表現する。

実質GDPの計算方法がわかったところで、実質GDPの成長率に話を進めよ

う。これは一般的には**実質GDP成長**と言われる。たとえば、2013年の実質GDP成長は以下のように計算される。

$$[\text{2013年の実質GDP成長}] = \frac{[\text{2013年の実質GDP}] - [\text{2012年の実質GDP}]}{[\text{2012年の実質GDP}]}$$

実質GDP成長に焦点を当てることによって（異なる年の価格を基準年として同じものに固定することによって）、2012年の実質GDPの価値（40万ドル）と、2013年の実質GDPの価値（70万ドル）を比較することができる。ここでは、実質GDPは75%増加している。

$$\frac{\text{70万ドル} - \text{40万ドル}}{\text{40万ドル}} = \frac{3}{4} = 0.75 = 75\%$$

実質GDP成長の概念で最も重要なことは、物価の変動に惑わされることなく、異なる年の経済の産出量を比べることができる、という点にある。

念のためではあるが、誤解を与えないように指摘しておきたいことがある。残念ながら、実質GDPの実際の成長率は、例で示した数字よりもはるかに低い。アメリカの実質GDP成長率は、信頼に値する国民経済計算が最初に作られた1929年以降では、年率で平均3.3%である。急速な成長を続けている発展途上国であっても、実質GDP成長の平均は年率で5%から10%の範囲に収まっている。11章では長期における実質GDP成長について分析し、15章では実質GDP成長の短期における変動について分析することとなる。

GDPデフレーター

経済全体の価格水準を調べるために、実質GDPを利用することもできる。特に、名目GDPを同じ年の実質GDPで割った数字に100を掛けると、基準年から見たときに、その国で生産された財とサービスの価格がどのくらい上昇したのかを推測することができる。この比率を**GDPデフレーター**と言う。

$$\text{GDPデフレーター} = \frac{\text{名目GDP}}{\text{実質GDP}} \times 100$$

この比率から価格上昇が推測できる理由を理解するためには、式に書くとわかりやすい。同じく図表9.7の例で考えてみよう。実質GDPを計算するために

● **実質GDP成長**（real GDP growth）とは、実質GDPの成長率のことである。
● **GDPデフレーター**（GDP deflator）とは、名目GDPを同じ年の実質GDPで割った数字に100を掛けたものである。一国の財とサービスの価格が基準年から見てどのくらい上昇したのかを示す指標である。

は、2012年を基準年とした。最初に2012年のGDPデフレーターを計算しよう。名目GDPを分子に、実質GDPを分母に書き、それぞれを数量と価格から計算する。以下の式を図表9.7の数字で確認してみよう。

$$\text{GDPデフレーター[2012年]}$$

$$= \frac{\text{名目GDP[2012年]}}{\text{実質GDP[2012年]}} \times 100$$

$$= \frac{\begin{array}{c}\text{2012年の価格で、2012年に国内で生産された}\\ \text{すべての財を購入するためにかかる費用}\end{array}}{\begin{array}{c}\text{基準年の価格で、2012年に国内で生産された}\\ \text{すべての財を購入するためにかかる費用}\end{array}} \times 100$$

$$= \frac{\text{10台} \times \text{3万ドル} + \text{5台} \times \text{2万ドル}}{\text{10台} \times \text{3万ドル} + \text{5台} \times \text{2万ドル}} \times 100$$

$$= 100$$

最初の計算からわかることは、基準年では（この場合には2012年）、名目GDPは実質GDPと同じになる。つまり基準年では、GDPデフレーターは100になる。

では、基準年（2012年）の翌年である2013年について考えてみよう。同様に、図表9.7の数字を見て、以下の式を確認しよう。

$$\text{GDPデフレーター[2013年]}$$

$$= \frac{\text{名目GDP[2013年]}}{\text{実質GDP[2013年]}} \times 100$$

$$= \frac{\begin{array}{c}\text{2013年の価格で、2013年に国内で生産された}\\ \text{すべての財を購入するためにかかる費用}\end{array}}{\begin{array}{c}\text{基準年の価格で、2013年に国内で生産された}\\ \text{すべての財を購入するためにかかる費用}\end{array}} \times 100$$

$$= \frac{\text{10台} \times \text{4万ドル} + \text{20台} \times \text{2万5,000ドル}}{\text{10台} \times \text{3万ドル} + \text{20台} \times \text{2万ドル}} \times 100$$

$$= \frac{\text{90万ドル}}{\text{70万ドル}} \times 100$$

$$= 128.6$$

2013年のGDPデフレーターの式でも、分子と分母における数量は同じであり（10台のフォード車と20台のシボレー車）、2013年に販売された数量である。分子と分母で異なっているのは価格である。分子（上の段）には、2013年の名目GDPを計算するために使用される2013年の価格が入っている。分母（下の段）には、2013年の実質GDPを計算するために使用される2012年の価格が入っている――2012年の価格は基準年の価格である。

分子には、2013年の価格を使用して、2013年に国内で生産されたすべての財を購入するためにかかる費用が示されている。分母には、2012年（基準年）の価格を使用して、2013年に国内で生産されたすべての財を購入するためにかかる費用が示されている。GDPデフレーターは、2013年に生産されたすべてのものを購入する費用の上昇を反映させる比率であり、2013年に生産された財とサービスを固定して、価格だけを、2013年の価格（分子）から2012年の価格（分母）に変える。

2013年のGDPデフレーターは、分子と分母の数量を固定したままで、2013年の価格（分子）が、2012年の価格（分母）とどのように比べられるかを示している。数量はウエイトと考えることができる。2013年の数量が多ければ多いほど、全体の割合を決定する財とサービスのウエイトは高くなる。これは当然のことと思われる。全般的な価格水準（物価）の指標を構成するときに、数量が多い財とサービスのウエイトは高くなるからである。

経済学では、毎年のGDPデフレーターの変化率を見る。たとえば、2013年のGDPデフレーターの変化率は以下の式で計算できる。

$$[\text{2013年のGDPデフレーターの変化率}] = \frac{[\text{2013年のGDPデフレーター}] - [\text{2012年のGDPデフレーター}]}{[\text{2012年のGDPデフレーター}]}$$

GDPデフレーターの変化率は、全般的な価格水準（物価）の変化率を示す。ここでは、2012年のGDPデフレーターは100、2013年は128.6であったので、価格は以下のとおり28.6%上昇したと結論づけられる。

$$\frac{128.6 - 100}{100} = \frac{28.6}{100} = 0.286 = 28.6\%$$

この全般的な価格水準のインフレ率は、フォード車の価格のインフレ率（3万ドルから4万ドルへの33%の上昇）と、シボレー車の価格のインフレ率（2万ドルから2万5,000ドルへの25%の上昇）の間の数字となっている。フォード車とシボレー車の相対的ウエイトは、それぞれの数量のウエイトによって決まる。

図表9.8は、2009年を基準年としたときの、1929〜2013年のアメリカの実際のGDPデフレーターの推移を示したグラフである。基準年である2009年の

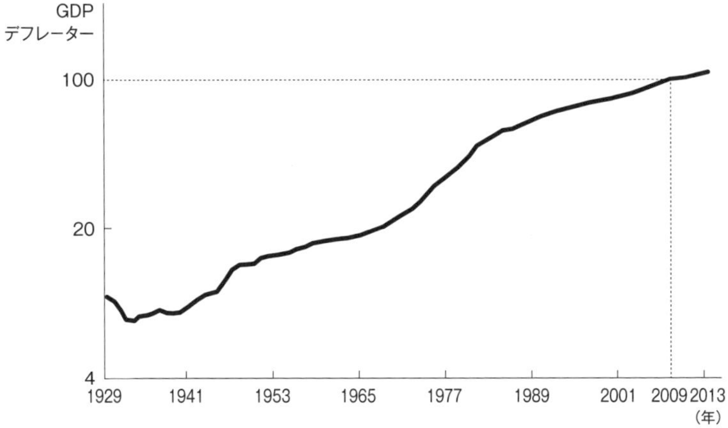

図表9.8 2009年を基準年としたアメリカのGDPデフレーターの推移：1929～2013年

基準年である2009年では、GDPデフレーターはちょうど100になる。GDPデフレーターは2009年以前は100より小さく、2009年以降は100より大きくなっている。GDPデフレーターは、全般的な価格水準（物価）の指標である。価格水準が上昇している経済では、GDPデフレーターは上昇する。唯一、GDPデフレーターが急激に下がったのは1929～33年の大恐慌の時期であった。グラフの縦軸は対数目盛で示されている。対数目盛*では、その長さが同じであれば、変化率は同じである。たとえば、4から20への変化（5倍）は、同じく20から100への変化（5倍）と同じ長さの移動で示されている。

出所：米商務省経済分析局（BEA）「国民所得生産勘定」。

GDPデフレーターはちょうど100になる。GDPデフレーターは2009年以前は100より小さく、2009年以降は100より大きくなっている。1929～2013年の間、GDPデフレーターは年平均で2.9%の上昇であった。この2.9%という数字は、この期間に平均して価格（物価）がどのぐらいの速さで上昇したかを示す尺度である。

全般的な価格水準（物価）の変動を測定するには様々な方法があり、混同されることもある。実際、一般的にはGDPデフレーターは価格変動を表す尺度としては極めて有用性が高いものであるが、一般的にはあまり知られていない。最もよく知られている価格変動を表す尺度は消費者物価指数である。以下では、消費者物価指数について説明する。

消費者物価指数

すでにおわかりいただいているだろうが、GDPデフレーターは比率を表している。

* 数学で言う常用対数で縦軸が表示される。

$$\text{GDPデフレーター[2013年]} = \frac{\text{名目GDP[2013年]}}{\text{実質GDP[2013年]}} \times 100$$

$$= \frac{\text{2013年の価格で、2013年に国内で生産された すべての財を購入するためにかかる費用}}{\text{基準年の価格で、2013年に国内で生産された すべての財を購入するためにかかる費用}} \times 100$$

たとえば、基準年が2009年であるならば、分母で使用される価格は、2009年にその経済で使われていた価格である。

消費者物価指数（CPI）は、アメリカの労働省労働統計局（BLS）によって計算されている。計算方法は以下の式のとおりであるが、そこからわかるように、CPIはGDPデフレーターとほとんど同一の式によって計算される。

$$\text{CPI[2013年]} = \frac{\text{2013年の価格で、特定の消費財バスケットを 購入するためにかかる費用}}{\text{基準年の価格で、特定の消費財バスケットを 購入するためにかかる費用}} \times 100$$

一見して、GDPデフレーターとCPIの式は、ほとんど区別がつかないだろう。

1. どちらの式も、分子には2013年の価格を使用し、分母には基準年の価格を使用している。
2. どちらの式も、2013年に「あるモノ（消費財バスケット）」を購入する費用（分子）と、基準年の価格で「同じモノ（同じ消費財バスケット）」を購入する費用（分母）の比率を表している。
3. どちらの式も同じ解釈ができる。比率が高いほど、基準年から2013年にかけての価格上昇が大きい。

この式の重要な違いは、購入される財のバスケットが異なることである。GDPデフレーターで用いられているのは、国内で生産されるすべての財のバスケットである。言い換えると、GDPデフレーターでは、国内の経済の総生産を表す財のバスケットについて測定している。これは、GDPバスケットと呼ばれる。

● **消費者物価指数（CPI）**（Consumer Price Index）とは、比較する年の価格で特定の消費財バスケットを購入するためにかかる費用を、基準年の価格で同じ消費財バスケットを購入できる費用で割って、100を掛けたものである。

一方のCPIが測定しているのは、特定の消費財のバスケットである。この消費財バスケットは、典型的なアメリカの家計が購入する特定の財とその数量によって構成される。これは、消費財バスケットと呼ばれる。

この2つのバスケットには、以下に示す重要な違いがある。

(1)GDPバスケットには、家計が購入しない財が含まれている。たとえば、石炭火力発電所、機関車、地下鉄の駅、市バス、空母、原子力潜水艦を購入する消費者はいないだろう。消費者は、これらの財を購入した政府や企業が提供するサービスは利用するが、これらの財を直接購入することはない。このため、これらの財は（購入された年の）GDPバスケットには組み入れられるが、消費財バスケットに組み入れられることはない。

(2)消費財バスケットには、家計が購入した財であっても、GDPには集計されない財が含まれている。たとえば、GDPでは国内における生産のみが集計されるので、外国で生産されたノートパソコンなどの輸入品はGDPには含まれない。アメリカの消費者が購入した中国製ノートパソコンは、アメリカのGDPバスケットには計上されないが、アメリカの消費財バスケットには計上されることになる。

(3)たとえ、ある製品がGDPバスケットと消費財バスケットの両方に含まれている場合であっても、2つのバスケットではそのウエイトが異なっている可能性が高い。たとえば、住宅関連の支出はGDPバスケットにも消費財バスケットにも組み入れられているが、住宅は消費財バスケットではウエイトが高い。住居費用、公共料金、家具代金を含めると、住宅関連支出は消費財バスケットの40%を占めている。しかし同じ項目であっても、GDPバスケットに占める割合は20%以下になる。

以上の違いのすべてを踏まえたうえでも、GDPデフレーターとCPIが経済全体の物価の成長について異なった内容を示しているものであるのかどうかについては疑問が残ることだろう。現実的には、両指標の間にはほとんど違いはない*。そのことについて説明しよう。

* 実際にはGDPデフレーターでは比較年の数量を用いているのに対して、CPIでは基準年の数量を用いている、という違いがある。本書では、この違いは上級の教科書で取り扱うべき課題であるものとして説明をしていない。アメリカとは違って、日本ではGDPデフレーターとCPIの動きが異なっていることから、両指標の違いに対する注意が集まり、この違いが本書のようなレベルの教科書で言及されることがある。

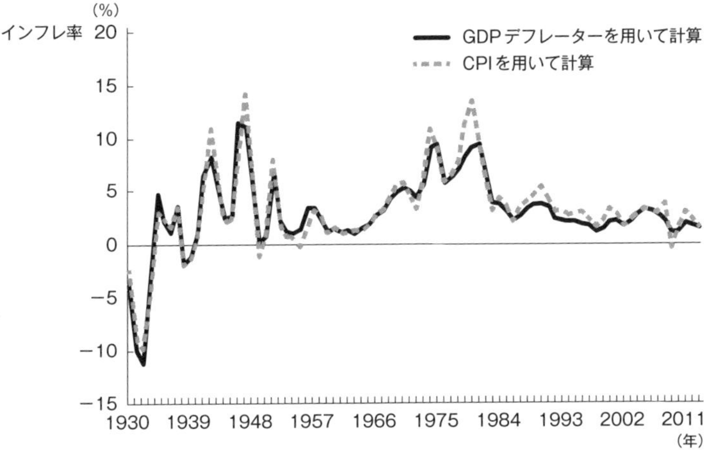

図表9.9 アメリカのインフレ率の推移：1930〜2013年

1930〜2013年の間のインフレ率の推移が、GDPデフレーターを用いて計算されたインフレ率(実線)と、CPIを用いて計算されたインフレ率(点線)という2本の曲線によって示されている。2つの計算方法に基づいて描かれたインフレ率の曲線であるが、2本の曲線は非常に似た推移を見せている。

出所：米商務省経済分析局(BEA)「国民所得生産勘定」、米労働省労働統計局(BLS)。

インフレーション

物価の上昇率が**インフレ率**である。これは、1年間の物価指数の上昇率を計算したものである。たとえば、2013年のアメリカの全般的なインフレ率を計算するには、GDPデフレーターか、あるいはCPIを「物価指数」として用いて、以下の計算を行う。

$$[2013年のインフレ率] = \frac{[2013年の物価指数] - [2012年の物価指数]}{[2012年の物価指数]}$$

GDPデフレーターとCPIのどちらを物価指数として選択するかは、インフレ率の計算には大きな影響を及ぼさない。図表9.9では、GDPデフレーターを物価指数として計算に用いたインフレ率（実線）と、CPIを物価指数として計算に用いたインフレ率（点線）を比較している。一見してわかるように、2本のインフレ率の曲線はほとんど重なっている。

GDPデフレーターについて目にする機会が少ないのは、この両指数の類似性も関係している。CPIについてわかっていれば、GDPデフレーターからは

● 物価の上昇率が**インフレ率**(inflation rate)である。これは、1年間の物価指数の上昇率を計算したものである。

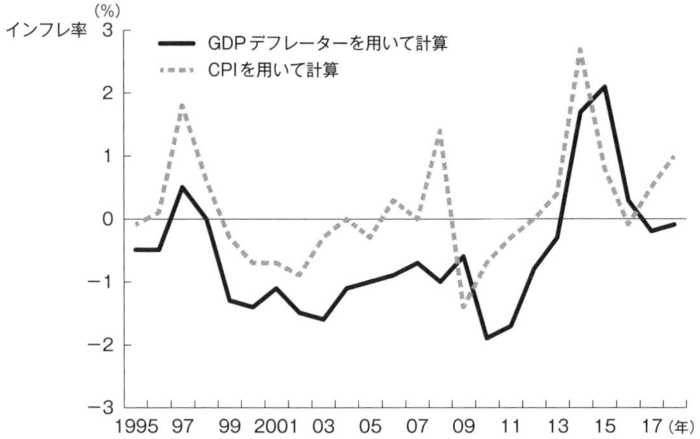

図表9.9J　日本のインフレ率の推移：1995～2018年

GDPデフレーターには含まれるがCPIには含まれない投資財や輸出財の価格が大きく下落したことや、CPIには含まれるがGDPデフレーターには含まれない輸入財の価格が相対的に上昇したことで、最近までGDPデフレーターによるインフレ率がCPIによるものよりも、1ポイント前後低い傾向が続いていた。

注：1997年と2014年の増加率には、消費税が増税された影響が含まれている。
出所：内閣府「国民経済計算」、総務省統計局「消費者物価指数」。

ほとんど新しい情報は得られない。さらに、GDPデフレーターが四半期ごとにしか発表されないのに対して、CPIは毎月発表されるよりタイムリーな指標である。加えて、家計に最も関係するインフレーションを示すCPIのほうが、一般の消費者にはよりなじみ深い。

名目変数の調整

異時点間で意味のある比較をするためには、名目値の変数を調整する必要がある。たとえば、1909年に米大統領に就任したウイリアム・ハワード・タフトには、年間7万5,000ドルの給料が支払われていた。2013年にはオバマ大統領に40万ドルの給料が支払われている。より多く支払われたのは、どちらの大統領だろうか？

この質問の意味は、「どちらの大統領がより多くのドルを受け取ったのか？」というものではない。「どちらの大統領に支払われた給料のほうが価値が高かったのか？」という意味であり、経済学の用語を用いて述べるならば「2人の大統領に支払われた金額のうち、より購買力が高かったのはどちらだろうか？」という質問である。1909～2013年の間にはインフレが進んでいるので、1909

年に支払われた金額は2013年の同じ金額よりも、はるかに多くの財やサービスを購入することができた。タフト大統領の給料を現代の大統領の給料と比較するためには、彼の給料を現在のドル価値に変換する必要がある。

この計算は、以下のように行う。

$$[2013年のドル価値] = \frac{[2013年の物価指数]}{[1909年の物価指数]} \times [1909年のドル価値]$$

式の右辺の分数は、1909〜2013年の間に物価がどのくらい上昇したかを表す比率であり、この比率を掛けることで、1909年のドル価値で表された金額を、2013年のドル価値に変換することができる。この計算式に、2013年のCPIと、1909年のCPIの推定値（政府による公式のCPI計測が開始されたのは1913年である。そこから1909年のCPIを推定した）を当てはめる。

$$[2013年のドル価値] = \frac{[2013年の物価指数]}{[1909年の物価指数]} \times [1909年のドル価値]$$

$$= \frac{233}{9} \times 7万5{,}000ドル$$

$$= 190万ドル$$

物価指数の比率からは、平均すればこの期間に物価は、233/9 = 25.89倍上昇し、1909年の1ドルは、2013年の25.89ドルと価値が等しいことがわかる。タフト大統領の1909年の7万5,000ドルの給料にこの物価指数の比率を掛けると、2013年では190万ドルの購買力に等しくなる。タフト大統領の給料はオバマ大統領の給料40万ドルの4倍以上の価値があったのだ。

過去の物価を変換する作業は、この公式を利用すれば最近の物価（たとえば2013年）についても適用できる。誰もが2013年の物価であれば直観的にわかるだろうが、1909年の購買力に対しては感覚的にはわからないだろう。こうした物価を変換する作業はとても役に立つのだ。

まとめ

◉マクロ経済学では、経済をひとまとまりとして、その集計量を研究する。集計量とは、経済全体の和のことである。マクロ経済学とは、経済全体の活動を研究する学問である。

◉国内総生産（GDP）は、特定の期間内（たとえば1年）に一国内で生産された最終財とサービスの市場価値である。GDPは3つのアプローチで示され、どれも等しくなる：生産＝支出＝所得。経済循環図が3つの側面を説明し、経済活動を測定する4つ目の方法として生産要素を加えることができる。

◉「気温32℃、ところによって曇り」といった簡単な天気予報のように、GDPは、経済活動や経済的幸福度の全体的尺度にすぎない。価値の下落（資本減耗）、家庭における生産（家事）、地下経済、外部性、余暇、資本と労働の国際移動などをめぐる詳細な情報はGDPには含まれない。だが、1人当たりGDP水準が相対的に高い国の住民は、人生の満足度も相対的に高い、という研究がある。

◉経済学では、名目価値と実質価値を区別して考える。実質GDPは、生産の市場価値を特定の基準年の価格で計算することによって測定するものである。GDPデフレーターと消費者物価指数（CPI）はともに、経済全体の物価水準の尺度であるが、両指標の間にはそれぞれを構成する財のバスケットに相違がある。GDPデフレーターとCPIは、全般的な物価上昇の比率（インフレ率）を示すために用いられる。

キーワード

1人当たり所得
失業者
国民経済計算
国内総生産（GDP）
生産要素
消費
政府支出
輸入
労働所得
国民総生産（GNP）
実質GDP
GDPデフレーター
景気後退
失業率
国民所得生産勘定（NIPA）
恒等式
付加価値
投資
輸出
国民所得勘定式
資本所得
名目GDP
実質GDP成長
消費者物価指数（CPI）

インフレ率

復習問題

1.... 様々なニュースで、マクロ経済学の典型的な研究対象になるものを3つ挙げなさい（選んだ記事の日付と出所も明記すること）。また、なぜそれがマクロ経済学の主題となるのかについて議論しなさい。

2.... 国内総生産（GDP）について定義しなさい。

3.... 会計上の恒等式とは何だろうか？　恒等式：生産＝支出＝所得、について説明しなさい。

4.... 経済循環図を用いて、生産、支出、所得がお互いに関連していることを示しなさい。

5.... 生産アプローチは、GDPの推計においてどのように用いられているのだろうか？付加価値の役割についても説明しなさい。

6.... 支出アプローチを用いてGDPを計算しなさい。

7.... アメリカのGDPで最も高い割合を占めているのは、支出の中のどの項目だろうか？

8.... 所得アプローチを使うと、経済活動の量はどのように計算することができるだろうか？

9.... 2013年のアメリカの総支出水準は16兆8,000億ドルであったとしよう。このとき、総所得水準はいくらになるだろうか？　理由についても説明しなさい。

10.. 資本減耗とはどういう意味だろうか？

11.. GDPには含まれない3つの重要な項目について説明しなさい。

12.. あなたは、レストランで食事をする代わりに自分で料理することにしたとしよう。これは、GDPにはどのような影響を及ぼすのだろうか？

13.. 国内総生産（GDP）が国民総生産（GNP）を超えるのは、どのような場合だろうか？

14.. 1930年代に国民経済計算の研究で偉大な業績をあげたサイモン・クズネッツは、ノーベル経済学賞を受賞した。彼は、「国の厚生は、国民所得の測定からはほとんど推測できない」と述べている。あなたは彼に同意できるだろうか？　その理由とともに述べなさい。

15.. GDPの実質成長率と名目成長率とを区別する根本的な理由は何だろうか？

16.. 消費者物価指数（CPI）とGDPデフレーターの主要な違いは何だろうか？

17.. CPIとGDPデフレーターは、どこが似ているのだろうか？

10 総所得

Aggregate Incomes

平均的アメリカ人が平均的インド人よりずっと豊かな理由は何か?

格差は世界中の至るところにある。生活水準、教育の機会、医療サービス、インフラストラクチャーの充実度は国によって大きな差がある。世界の多くの地域では、貧困が根づいてしまっている。特にサハラ以南のアフリカ、南アジア、南アメリカ大陸の一部の状況は深刻だ。その一方でアメリカ、カナダ、西ヨーロッパやその他の豊かな国々に住む多くの人々はあまり不自由を感じることなく、豊かな生活を営んでいる。格差はあまりにも大きく、世界を旅行すると、生活環境があまりにも違っていることに衝撃を受けることがある。あなたが経済学に興味を持った動機も、こういった経済格差のあまりの大きさに気づいたからかもしれない。多くの人々が、より豊かで生活水準が高い国へと移住するのもこのためだ。

マクロ経済学は、以上のような課題の研究を通して、格差が存在する理由を説明するための有益な概念の枠組みを与える。10章と11章では、各

本章の構成

10.1	10.2	10.3	EBE
世界の経済格差	生産性と集計的生産関数	技術の役割と決定要因	平均的アメリカ人が平均的インド人よりずっと豊かな理由は何か?

KEYIDEAS
キーアイデア

- ◉1人当たり所得とGDPは国によって大きな差がある。
- ◉現在の為替レートで換算した1人当たりGDP、または購買力平価で換算した1人当たりGDPを基準に用いることによって、各国の所得の違いを比較することができる。
- ◉集計的生産関数は、一国のGDPを資本ストック、労働の総効率単位、技術と関係づける。
- ◉1人当たりGDPの格差については、労働者1人当たりの物的資本および人的資本の違いによって生み出される格差もあるが、技術の違いと生産の効率性の違いがもたらす格差のほうがより重要である。

国ごとの経済格差と経済成長（いわゆる「長期マクロ経済学」）に関連した課題を学ぶ。それに続く章では、経済変動（いわゆる「短期マクロ経済学」）に課題を移す。まず本章では、各国ごとの生活水準の違いを測定する方法と、経済格差が存在する理由を説明する。11章では、経済成長について分析する。経済はどのように成長し、時とともにどのようにしてより繁栄するようになるのだろうか？　その理由を学ぶ。

10.1 世界の経済格差

世界各国の所得に差がある理由を考える前に、まずそれらを測定する方法について学ぼう。各国ごとの生活水準と経済状況の違いを定量化することは難しいが、1人当たり所得はその中では頑健な（十分に強い）尺度であると考えられている。

10.1
10.2
10.3

1人当たり所得の違いを測定する

9章では総所得（GDP）を測定する方法を学んだ。GDPは、生産アプローチ、支出アプローチ、所得アプローチによって測定することができる。国民所得勘定式からは、3つのアプローチによる測定の結果はまったく同じ（同値）になり、これを国内総生産（GDP）と言う。GDPをその国の総人口で割ると、**1人当たり所得**、または**1人当たりGDP**が算出できる。

1人当たり所得と1人当たりGDPは同じ値であるので、本書ではこの2つの用語を同義として扱う（一国の市民の平均所得であることを強調したいときには、1人当たり所得を使用する。1人当たりの経済の産出量であることを強調したいときには、1人当たりGDPと言う）。

式は以下になる。

$$1人当たり所得 = 1人当たりGDP = \frac{GDP}{総人口}$$

たとえば、2010年にはアメリカのGDPは約14兆4,500億ドル、総人口は約3億1,000万人であった。この時、1人当たり所得は約4万6,613ドルとなる。

この数字は、他国の1人当たり所得と比較できるだろうか？　メキシコと比べてみよう。同じ方法で計算すると、2010年のメキシコの1人当たり所得は約11万6,036ペソだ（メキシコでの所得は、米ドルではなく自国通貨であるペソで計算される）。アメリカの4万6,613ドルとは単位（通貨）が違うために、直接メキシコの数字とは比較できないので、為替レートを使用して単位をそろえる。たとえば、2010年1月1日時点では、1ドル = 12.9ペソ、または、1ペソ = 1/12.9 = 0.078ドル、だった。この為替レートを使うと、メキシコの平均所得をドルに換算できる。

$$\underset{（ドル表示）}{メキシコの1人当たり所得} = \underset{（ペソ表示）}{メキシコの1人当たり所得} \times \underset{（ドル/ペソ）}{為替レート}$$

$$= 11万6,036ペソ \times 0.078$$

$$= 9,051ドル$$

平均的メキシコ人の1人当たり所得は約9,051ドルになる。メキシコで雇用されているメキシコ人の平均賃金でアメリカではどれくらいの消費ができるのか知りたい、という場合にはこの数字は役に立つだろう。

- **1人当たり所得**（income per capita）、または**1人当たりGDP**（GDP per capita）は、GDPをその国の総人口で割ることによって算出される。

為替レートを使って換算すれば、GDPと人口のデータがそろっている各国ごとの1人当たり所得を計算できる。たとえば、2010年のスウェーデンの1人当たり所得は5万549ドル、スイスは6万9,167ドルであり、アメリカの所得と近い。しかし、その差が大きい国も多く、アメリカの1人当たり所得はメキシコの約5倍、インドの30倍、セネガルの43倍、エチオピアの155倍だ。

為替レートを使うことで同じ単位にそろえて各国のGDPを比較することができるが、1人当たり所得を国別に比較するもっといいツールが購買力平価(PPP)だ。為替レートを使えば同じ単位に換算はできるが、財とサービスの価格が国によって違うことは考慮に入れられていない。メキシコよりアメリカのほうが安いものもある(たとえば携帯電話の通話料金はアメリカのほうが安い。アメリカのほうが進んだ技術が採用されていること、そしてメキシコの通信料金が独占価格であるために高いことが原因だ)。しかし、メキシコのほうが安いものもある(たとえばアボカドディップなどの食品や理髪料金はメキシコのほうが安い。これは労働やその他の投入物の価格が安いことが原因だ)。

9章では、時間の経過とともに価格水準(物価)が変化したときには、GDPのような経済変数をどのように調整すればよいのかについて学んだ(そこで学んだのが実質GDPの考え方である)。GDPの国際比較をするときにも、同様の調整が必要となる。しかし、ドルとペソの為替レートでは、その役目は果たせない。たとえば、計算に用いた2010年1月1日時点の為替レートは1ドル=12.9ペソであったが、もしも2009年1月1日時点の為替レート(1ドル=13.8ペソ)で計算していたら、メキシコの平均所得は、9,051ドルではなく、8,355ドルになる。しかしこの違いは、メキシコやアメリカの家計が生活のうえで感じている物価の変化とはほとんど関係がなく、単にメキシコの平均所得を現在の為替レートでドルに換算したにすぎない。為替レートは、生活水準(生計費)の変化とは関係なく、様々な理由で変動している。

自国通貨の単位で測定されているGDPを共通単位に換算するもっといい方法が、購買力平価(PPP)だ。この考え方は、9章で学んだ名目GDPを実質GDPに変換する方法によく似ている。具体的には、**購買力平価(PPP)**は、代表的な製品を組み合わせたもの(バスケット)の価格を集計して、それぞれの国で、1米ドルでその代表的製品を購入できるようにGDPを調整する。こうすることで、購買力平価換算による米ドル価格表示の各国のGDPを計算す

● **購買力平価(PPP)**(purchasing power parity)は、それぞれの国の代表的な製品を組み合わせたもの(バスケット)の価格を集計したものである。その相対的な価格は、国ごとの所得を比較するために使用される。

LETTING THE **DATA SPEAK**
データは語る

ビッグマック指数

1986年にイギリスの『エコノミスト』誌は、為替レートを代替するビッグマック指数なるものを考案した。指数といっても、単に2国間のビッグマックの価格の比率である。当時はすでに世界各国にマクドナルドの店舗があり、ビッグマックの価格を調査できたので、それを2国間の為替レートを代替する指標として使うこともできた。もともと冗談半分の提案であったのだが、ビッグマック指数は注目を集め、今では広く利用されている。ビッグマック指数は購買力平価換算の1つの簡単な例である。その弱点は、代表的な様々な種類の財を取り上げているわけではないこと、すなわち多様な消費財の中からビッグマックという1つの消費財だけを取り上げた指標にすぎないという点だ。ビッグマックの価格だけから、各国の生計費の違いが本当にわかるわけではない。

ることができる。たとえば、2010年の代表的製品の組み合わせが、アメリカでは1ドル、メキシコでは8.64ペソであるとしよう。この基準で見ると、米ドルとペソの購買力平価の換算係数は、1ドル＝8.64ペソ、あるいは、1ペソ＝0.116ドル（＝1/8.64）となる。

これを使って計算すると、購買力平価（PPP）で見たメキシコの1人当たり所得は以下のとおりになる。

$$\underset{\text{(PPP)}}{\text{メキシコの1人当たり所得}} = \underset{\text{(ペソ表示)}}{\text{メキシコの1人当たり所得}} \times \underset{\text{(ドル/ペソ)}}{\text{PPP}}$$

$$= 11\text{万}6{,}036\text{ペソ} \times 0.116$$

$$= 1\text{万}3{,}460\text{ドル}$$

為替レート換算と購買力平価換算では、その結果にはかなりの違いがある。実際、ペソ/ドルの為替レートで計算したメキシコの1人当たり所得は9,051ドルであった。一般的には、購買力平価を使用したときのほうが、アメリカと貧しい国々の間の差は小さくなる。1人当たり所得が低い国では生計費も安くなるからである。為替レート換算のGDPでは、貧しい国々では多くの製品が安いという事実は考慮されていない。

1人当たり所得の格差

ただし、購買力平価換算の所得で見ても、各国間には大きな格差がある。図

表10.1では、様々な国の2010年の1人当たり所得を購買力平価換算した結果が示されている（2005年価格。基準年の定義は9章を参照）。1人当たり所得が1,000ドル未満の国は、コンゴ民主共和国、エチオピア、リベリア、マダガスカル、トーゴなどの19カ国である。1,000ドルから2,000ドルの所得の国は、アフガニスタン、ハイチ、ケニア、タジキスタン、ウガンダ、ザンビアなどの23カ国である。これらの国々と比べると、アメリカ（4万1,365ドル）、フランス（3万1,299ドル）、ドイツ（3万4,089ドル）の1人当たり所得は際立って高い数字である。

図表10.2は、図表10.1の内容を世界地図上に示したものである。1人当たり所得の違いが色分けして示されている。グレー系の色で示された国々は1人当たり所得が低く、紫色系で示された国々は1人当たり所得が高い国々だ。全体像は図表10.1で示されているものと同じだが、図表10.2で見ると豊かな国と貧しい国がどこに位置しているのかがわかる。たとえば、アフリカ大陸は一部の例外を除いて全体的に貧しい地域である。南アジアやラテンアメリカのほとんどの国々も同様だ。対照的に、北アメリカ、西ヨーロッパに位置する国々は比較的豊かである。地図を見ると、世界には実際に大きな経済格差があることがわかる。本章の目的の1つは、この原因を解明することである。

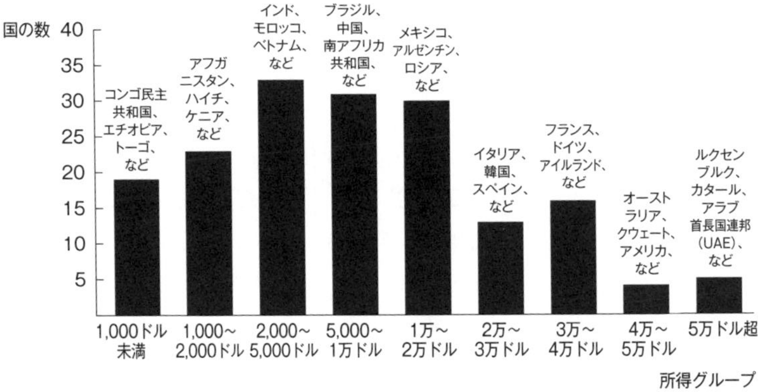

図表10.1　世界各国の1人当たり所得：2010年（購買力平価換算、2005年価格）

1人当たり所得は各国間で大きな格差がある。2010年の1人当たり所得が1,000ドル未満の国は19カ国あった（購買力平価換算、2005年価格）。その一方で、1人当たり所得が4万ドル超の国はほんの少しである。

出所：Penn World Table; Alan Heston, Robert Summers, and Bettina Aten, Penn World Table Version 7.1, Center for International Comparisons of Production, Income and Prices at the University of Pennsylvania（Nov 2012）.

図表10.2 各国の1人当たり所得を示した世界地図：2010年（購買力平価換算、2005年価格）

地図を見ると、1人当たり所得が国によって大きく違うことがひと目でわかる。貧しい国々はアフリカ、アジアの一部、そして中央アメリカ、カリブ海沿岸に集中している。

出所：Penn World Table; Alan Heston, Robert Summers, and Bettina Aten, Penn World Table Version 7.1, Center for International Comparisons of Production, Income and Prices at the University of Pennsylvania (Nov 2012).

労働者1人当たり所得

ここまでは、1人当たり所得——総所得（GDP）を総人口で割ることによって算出した——について説明してきた。しかし総人口には、子どもや高齢者や就業していない人など、生産に参加していない人が含まれている（ただし、多くの発展途上国には児童労働問題がある）。つまり、各国間の1人当たり所得の違いは、働いている人の割合によっても変化する。この問題を回避するためには、**労働者1人当たり所得（GDP）**、すなわち、GDPを「労働者」（就業者）数で割ることによって算出した数字を見ればよい。

$$労働者1人当たり所得 = \frac{GDP}{就業者数}$$

この尺度ならば、働いていない人々は含まれていないので、労働者1人が平均でどのぐらい生産しているのかがわかりやすい。

図表10.3は図表10.1と一見して似ているが、ここでは労働者1人当たりの所得（購買力平価換算）が示されている。総人口に対する労働者の割合が大きく

● **労働者1人当たり所得（GDP）**（income per worker, GDP per worker）は、GDPを労働者（就業者）数で割ることによって算出される。

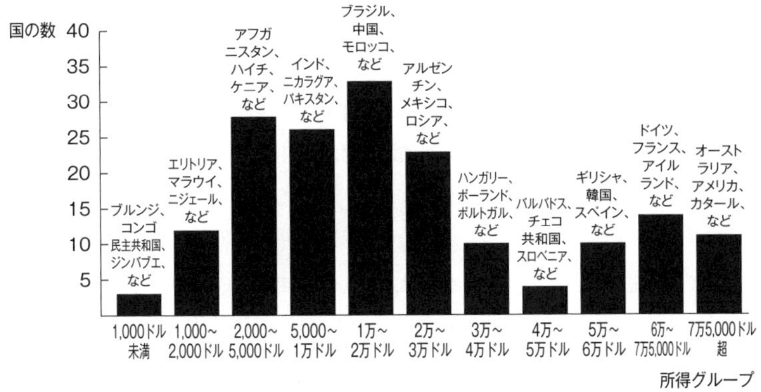

図表10.3　世界各国の労働者1人当たり所得：2010年（購買力平価換算、2005年価格）

労働者1人当たり所得の各国ごとの分布は、図表10.1の1人当たり所得の各国ごとの分布と似たグラフになっている。一見してわかる違いは、図表10.1と比べて山の高い棒グラフが全体的に右寄りへとシフトしていることである。いずれの国をとっても、1人当たり所得（GDPを総人口で割ることによって算出する）よりも、労働者1人当たり所得（GDPを就業者数で割ることによって算出する）のほうが高いためである。

出所：Penn World Table; Alan Heston, Robert Summers, and Bettina Aten, Penn World Table Version 7.1, Center for International Comparisons of Production, Income and Prices at the University of Pennsylvania (Nov 2012).

違っていれば、図表10.1とはかなり違うグラフになるはずである。2つのグラフの印象は全体的には似通ったものになっている。ただし、いずれの国をとっても、分母に入る数字を比べると、就業者数は人口よりもつねに小さくなるため、労働者1人当たり所得のほうが、1人当たり所得よりも高くなる。たとえば、購買力平価換算したメキシコの2010年の1人当たり所得は1万1,939ドル（2005年価格、2010年価格では1万3,460ドル）である一方で、労働者1人当たりの所得（購買力平価換算、2005年価格）は2万7,625ドルである。インドの場合にはこの数字は、3,477ドルと9,010ドルとなる。この方法で示される、労働者1人当たり所得が最も高い国々の所得表示は、図表10.1では5万ドル超であったものが、図表10.3では7万5,000ドル超になっている。

生産性

1人当たり所得や労働者1人当たり所得が各国ごとに異なっている主な原因は、生産性が国によって違うからだ。ここでの**生産性**とは、労働者が1時間働くことにより生み出される財とサービスの価値である。9章で学んだ国民所得

● **生産性**（productivity）とは、労働者が（1時間）働くことにより生み出される財とサービスの価値である。

勘定式からわかるように、GDP（特定の期間内に、一国で生産された最終財とサービスの市場価値の総額）はその国の総所得と同じ（同値）である。したがって生産性は、1時間の労働当たりの所得でもある。労働者1人当たりの所得と生産性は非常に密接な関係があり、同じ理由から各国ごとにばらつきがある（2つの概念が異なっている唯一の理由は、労働者1人当たりの総労働時間が国によって違うからである。しかし実際には、両者の違いは小さなものである）。

国によって1人当たり所得に大きな差がある理由を理解するためには、各国間の生産性の違いに焦点を当てることになる。すなわち、生産の側面を見なければならない。特に、ある国の労働の生産性を他の国よりも高めているものが何であるかについて考えていこう。

所得と生活水準

私たちが重点を置くべきなのは1人当たり所得なのか、それとも労働者1人当たり所得なのか？　何を知りたいかによって、その答えは変わる。各国間の生産性にばらつきがある理由を解明したいならば、労働者1人当たり所得の違いを見るべきである。労働者1人当たり所得とは、GDPを雇用されている労働者（就業者）数で割った数字だからだ。

別の理由から、各国間の所得格差に注目するときには、各国間の生活水準の違いを測定することになる。そのためには、子どもや高齢者を含めたすべての人口をこの尺度に組み入れることになるので、おのずと1人当たり所得の違いを見ることになる。

ただし、1人当たり所得からは、わからないことがたくさんある。9章で示したように、1人当たり所得が一国の人生の平均的満足度を示す極めて優れた指標であるとしても、1つの数字を見るだけでは、すべての国民の幸福度と生活水準の多様性を把握することはできない。たとえば、平均所得にばらつきがあるのは、国と国の間だけではなく、一国の中でも同じである。アメリカでは沿岸部は内陸部よりも豊かだが、メキシコでは北部と南部の所得格差が大きい。一般的に所得格差が大きいときには、平均所得からは、多くの人々が実際にどのぐらい快適に暮らしているのかという全体像はつかめない。最後に、9章でも触れたが、人々の生活は、所得と消費だけではなく、公害、医療の質、治安なども関係する。このような要因の国ごとの

国によって1人当たり所得に大きな差がある理由を理解するためには、各国間の生産性の違いを見なければならない。

CHOICE&CONSEQUENCE
選択の結果

1人当たり所得を見ているだけではわからないこと

生活水準を国際比較するときのよくある間違いは、1人当たり所得にのみ焦点を当てて、その構成については考慮しないことだ。わかりやすい例に、南アフリカのケースがある。1994年以前の南アフリカは、アパルトヘイト（分離を意味している）と呼ばれた弾圧的な人種差別制度の下で、少数の白人により支配されていた。アパルトヘイトは、黒人の政治参加を禁止しただけでなく、その経済活動も制限した。さらに、黒人労働者の賃金を低く抑えるために様々な弾圧的な取決めも定められていた。経済史学者チャールズ・ファインスタインによれば、20世紀を通じて、南アフリカ経済は全体では繁栄していたにもかかわらず、この間の黒人市民の所得は増えていなかった[1)]。南アフリカの1人当たり所得の推移を見るだけでは、黒人の大半が低所得で低い生活水準に苦しんでいたことはわからない。

違いは、1人当たり所得からは把握することはできない（9章の後半で学んだとおりである）。

以上に述べたように、国民の厚生について1人当たり所得を見てすべてがわかったと考えることはできないが、生活水準に関しては1人当たり所得からわかることはたくさんある。9章では、1人当たり所得と人生の満足度の平均値の関係を見た。本章での私たちの関心の1つは、ある国において極度の貧困状態で暮らす人がたくさんいるのかどうかという点である。世界銀行の研究では、絶対的貧困の概念を1日当たり1.08ドル（1993年価格）以下で暮らすことと設定している。この基準は**1人1日1ドルの貧困線**として広く普及することとなった（今でも1日1ドルと言われることがあるが、本書の原書出版時点では、1人1日1.25ドル［2005年価格］に改定された）*。これだけの金額で生命を維持できるとは想像しがたいが、実際に2005年には14億人以上の人々が1日1.25ドル以下で生活を送っていた。図表10.4は、各国ごとに、（この定義に基づく）貧困者の割合を縦軸に、1人当たり所得を横軸にとって描いた散布図である。図に見られるとおり、2つの変数の間には強い負の関係があり、1人当たり所

● **1人1日1ドルの貧困線**（one dollar a day per person poverty line）は、経済学者や社会学者が国際的な貧困の程度を比較するために使用する絶対的貧困の尺度である。

* 2015年にはさらに、1日1.90ドル（2011年価格）へと、2005年価格から大きく上方に改定された。これは、購買力平価の算出方法が改善され、貧困国の購買力平価換算の所得が大きく上方修正されたことに合わせたためである。

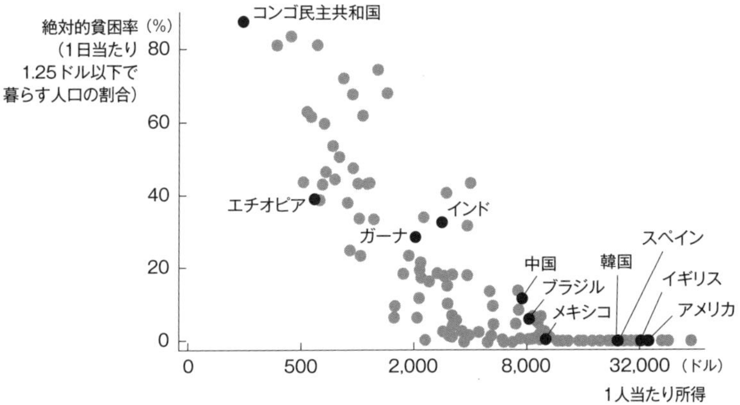

図表10.4 貧困と1人当たり所得の関係：2010年（購買力平価換算、2005年価格）

絶対的貧困率（1日当たり1.25ドル以下で暮らす人口の割合）は、1人当たり所得が低い国のほうが高い。1人当たり所得が1万ドル超の比較的繁栄した国では、1日1.25ドル以下で実際に暮らす人はほとんどいなくなる。

出所：Penn World Table and World Bank DataBank; Alan Heston, Robert Summers, and Bettina Aten, Penn World Table Version 7.1, Center for International Comparisons of Production, Income and Prices at the University of Pennsylvania（Nov 2012）.

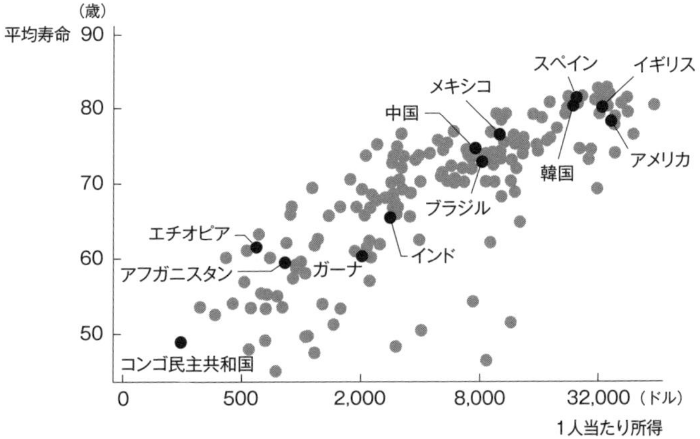

図表10.5 平均寿命と1人当たり所得の関係：2010年（購買力平価換算、2005年価格）

図からは、1人当たり所得が高い国の人々は、平均寿命（出生時平均余命）も長いことが見てとれる。平均すると、より豊かな国の人々は、概して長命な傾向がある。

出所：Penn World Table and World Bank DataBank; Alan Heston, Robert Summers, and Bettina Aten, Penn World Table Version 7.1, Center for International Comparisons of Production, Income and Prices at the University of Pennsylvania（Nov 2012）.

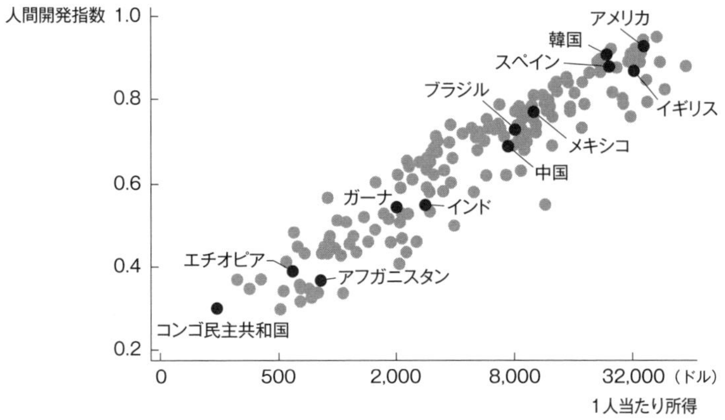

図表10.6　人間開発指数と1人当たり所得の関係：2010年（購買力平価換算、2005年価格）

人間開発指数とは、1人当たり所得、平均寿命（出生時平均余命）、25歳以上の平均教育年数、子どもの学校への入学者数などの情報を組み合わせた指標である。図からは、1人当たり所得が高い国は、人間開発指数も高い傾向にあることが見てとれる。

出所：Penn World Table (Alan Heston, Robert Summers, and Bettina Aten, Penn World Table Version 7.1)；United Nations Development Programme.

得は、極貧に苦しむ人口を抱えている国を知る手助けになることがわかる。

図表10.4と以降の同様の図では、横軸の尺度を変えて、所得が500ドルの水準であっても、8,000ドルの水準であっても、1人当たり所得の10％の変化は、横軸で測って同じ長さになるように描かれている。たとえば、500ドルという低所得水準での10％の増加を表す水平距離と、8,000ドルという高所得水準での10％の増加を表す水平距離は同じ長さにしてある。9章の図表9.8の縦軸では対数目盛を使用したが、それと同じ方法である。11章では経済成長について議論するが、そのときにも、1人当たり所得やGDPのような変数を表すには対数目盛を用いてグラフを描くほうが都合がいいことがわかるだろう。

1人当たり所得に着目するもう1つの理由は、貧困は不健康をもたらしがちなことである。国民の健康を測るのに、平均寿命（出生時平均余命）を見ることがある。図表10.5では、縦軸に平均寿命、横軸に1人当たり所得をとって描かれた散布図であり、やはりここでも2つの間には強い関係が見られる。つまり、所得から導かれたものではない生活水準の指標であっても、1人当たり所得と強い関係を持っているのである。

各国ごとの生活水準を測定する際に考慮に入れるべき要因は、ほかにも多数ある。そうした要因を考慮した指数の1つに、国連が定義した人間開発指数がある。この指標は、1人当たり所得、平均寿命（出生時平均余命）、教育年数に関する情報を統合したものであり、生活水準をより総合的に測定することを目的としている。図表10.6は、人間開発指数を縦軸に、1人当たり所得を横軸にとって描かれた散布図である。図からは、1人当たり所得と人間開発指数の間にも強い関係があることがわかる。

ここまでの議論の全体の流れを見ると、1人当たり所得と、貧困や平均寿命や人間開発指数などの生活水準に関するいくつかの指標との関係から、1つのシンプルな道筋が見えてくる。はじめに、1人当たり所得に焦点を当てて調べ、その後に、健康、教育、貧困、国家間の格差や国内の格差に関する問題をさらに詳しく見ていく、という順番だ。本章ではこの方法で議論を進めることにする。

10.2 生産性と集計的生産関数

すでに学んできたように、1人当たり所得や労働者1人当たり所得が各国間で異なっている理由を知るためには、生産性の違いについて理解する必要がある。最初に、国ごとに生産性のばらつきが生じる主たる要因の概略について学ぶ。続いて、集計的生産関数を用いて、これらの要因についてより体系的に分析を行うことにしよう。

生産性の違い

国によって生産性に差が生じるのは、主に3つの要因がある。順番に説明していこう。

(1) 人的資本　労働者は、**人的資本**（生産物あるいは経済的価値を生み出す労働者の技能の蓄積）で見ると、個人個人がみな違う。たとえば、コンピューターサイエンス（計算機科学）の学位を持つ大卒労働者がプログラミングやウェブページ制作をするならば、高卒労働者よりもはるかに生産性は高いだろう。そこで、コンピューターサイエンスの知識を持つ労働者は、1日当たりで高卒労働者2人分の仕事ができるとしよう。この場合には、大卒労働者は高卒労働者の2倍の人的資本を持つ、あるいは生産性が2倍だ、と言う。

● **人的資本**（human capital）とは、生産物あるいは経済的価値を生み出す労働者の技能の蓄積である。

1）Charles H. Feinstein, *An Economic History of South Africa: Conquest, Discrimination and Development*, Cambridge University Press, 2005.

(2)物的資本　**物的資本**とは、機械（設備）や建物（構築物）のように、生産に使用されるあらゆる財である。たとえば農業生産のためには、農業機械、投入物と産出物を運搬するための設備、そして産出物を貯蔵するための建物が必要になる。これらの投入物はすべて異なったものであるが、ひとまとめにして、経済の**物的資本ストック**（ドル価格表示）として扱われる。経済がより大きな物的資本ストックを持っているときには、それぞれの労働者はより多くの（より良い）設備と構築物を使って働けるので、労働者の生産性はより高いものになる。

(3)技術　良い**技術**を持っている経済は、労働と資本を効率よく使用し、高い生産性を実現する。経済がより良い技術を持つとはすなわち、生産における優れた知識（たとえば、他国にない新しい製造技術）を持っているか、生産活動がより効率的に組織されているか、のいずれかの場合である。

集計的生産関数

人的資本、物的資本、そして技術は、経済の中で労働者がどれくらい生産的であるかを決定する重要な要因である。集計的生産関数は、経済の中でこの3つの要因がどのようにGDPを作り出しているかを理解するうえで用いられるツールである。

9章では、何万もの製品をGDPという1つの尺度にまとめる方法を学んだ。本章では分析をさらに一歩深めて、すべてを集計してGDPとして簡単化し、GDPを1つの製品と見る。この簡単化によってGDPの構成を無視したとしても、何がGDPの水準を決めるのかをもっとはっきり理解することができる。これが本章の主な目的である。

GDPをこのように見ることの利点は、1つの製品として扱うことによって、集計的生産関数を分析するように、GDPと様々な投入物との関係を分析することができるようになることにある。これは、企業の産出量と投入物の関係を分析する方法と似ている。たとえば、トウモロコシの生産量を知りたいならば、最初に行うことは、トウモロコシの総生産

人的資本、物的資本、そして技術は、経済の中で労働者がどれくらい生産的であるかを決定する重要な要因である。

● **物的資本**（physical capital）とは、機械（設備）や建物（構築物）のように、生産に使用されるあらゆる財である。
● **物的資本ストック**（physical capital stock）とは、生産に使用される機械（設備）や建物（構築物）、その他の労働以外の投入物の価値の合計である。
● 良い**技術**（technology）を持っている経済は、労働と資本を効率よく使用し、高い生産性を実現する。

量と、農場で働く労働者の人数や使用する機械などの主な投入物との関係を明確にすることである。

集計的生産関数の分析で重要な概念が生産要素だ。生産要素とは生産過程での投入物——生産要素以外の財（ここではGDP）を生産するために市場で購入される財とサービス——である。これについては9章で学んでいる。一国の産出量について理解するためには、生産関数を使って分析する。生産関数とは、GDPを生産するために生産要素がどのように組み合わされているのかを示すものである。しかし、1社を分析する場合とは違って、私たちが注目するのはTシャツやiPhoneのような特定の製品ではなく、GDP全体である。このような関数を**集計的生産関数**と言う。

集計的生産関数は、GDPがどのように決定されるのかを理解するためだけでなく、国によって生産性にばらつきがあるのはなぜかを理解するうえでも役に立つ。

労働

生産において最も重要な第1の要素は労働だ。雇用される労働者が多くなれば、一国の産出量は増加する。たとえば、土地を耕してトウモロコシを収穫するためには、より多くの労働者が雇用されることが必要である。

だが、すべての労働者が同じというわけではない。優れた人的資本を持ち、より多くの産出量、すなわちより多くの経済価値を生み出す労働者もいる（人的資本が生産性の重要な決定要因である理由はここにある）。労働者の人的資本は国によって異なるので、一国の労働者の総数を指標として見ているだけでは、その国の経済の総産出量はわからない。その代わりに、労働者の総数と、労働者（雇用されている個人）の平均人的資本（効率性）を掛け合わせた**労働の総効率単位**を知る必要がある。たとえば、コンピューターサイエンスの学位を持っている大卒労働者は、高卒労働者2人分の仕事ができる場合には、その大卒人材の労働は高卒労働者の2倍に計上することが自然である。この考え方を拡張すると、労働の総効率単位（H）は、その国の全労働者数（L）と、効率性あるいは労働者の人的資本の平均（h）の積、として計算できる。

$$H = L \times h$$

- **集計的生産関数**（aggregate production function）とは、一国のGDPと生産要素との関係を示すものである。
- **労働の総効率単位**（total efficiency units of labor）とは、経済における労働者の総数と、労働者（雇用されている個人）の平均人的資本（効率性）を掛け合わせた指標である。労働の効率単位とも言う。

この式からわかるとおり、一国の労働の総効率単位が増加するときには、より多くの労働者が生産過程に参加する（雇用が増加する）か、あるいは労働者の生産性がより上昇するか、のいずれかが実現した場合である。正式な教育を受けることにより高い技能を身に付けさせることは、労働者の生産性を上げる方法の1つになる。

物的資本と土地

第2の主要な生産要素は物的資本であり、*K*で表される（ドイツ語の資本［Kapital］の頭文字からとられている）。一国に物的資本がたくさんある、つまり優れた物的資本ストックがあると、労働者はより多量の、あるいはより高品質の機械と建物を使って労働できるので、その国のGDPをより大きくすることができる。

第3の生産要素は土地である。18世紀の経済を考えてみれば、土地やその他の天然資源は生産の重要な要素であっただろう。土地以外の生産要素には、天然資源やその経済における起業家能力（起業家や経営者の技能と能力）がある。議論を簡単化するために、ここでは物的資本と労働（特に労働の総効率単位）のみに関心を払う。土地と天然資源の価値は、物的資本ストックに含められる（建物の価値が物的資本に入るのと同じことである）。起業家能力の役割については、技術に関する議論で再び触れる。

集計的生産関数を式で表す

集計的生産関数は、以下の式で表される。

$$Y = A \times F(K, H)$$

この式は、「*Y*は、*K*と*H*の関数である」と読む。以下は記号の定義である。

1. *Y*はGDPを意味する。
2. *K*は一国の物的資本ストックである。
3. *H*は一国が生産で使用する労働の総効率単位である。
4. *F*は、物的資本と労働とGDPの間には関係があることを意味している。GDPは物的資本と労働の総効率単位を組み合わせて作り出される。
5. *A*は技術を表す指数である。*A*が大きければ、その国は同じ水準の物的資本ストックと労働の総効率単位で、より多くのGDPを作り出すことができる。技術の役割については、後に詳しく議論する。

この集計的生産関数は、個々の企業が特定の製品を生産するときの生産関数と似たものである。特に、以下の点が挙げられる。

(1)特定の企業の生産関数と同じように、集計的生産関数は、物的資本と労働が増えるときにはGDPが増加することを示している――ここでは、量が増えることは良いことである、と想定する。労働を一定とすると、物的資本ストックを増やせば、より多くのGDPを生産できる。物的資本ストックを一定とすると、労働を増やせば、より多くのGDPを生産することができる。

(2)集計的生産関数はまた、限界生産力逓減の法則に従う（4章で学んだ限界便益逓減の議論と似ている）。**限界生産力逓減の法則**とは、他の生産要素投入を一定として、ある生産要素の投入を増やすと、その生産要素のGDPへの限界的な寄与は小さくなることである。図表10.7は、労働の総効率単位を一定とした、集計的生産関数の図が描かれている。また図表10.8には、物的資本ストックを一定とした、集計的生産関数の図が描かれている。まず、図表10.7から説明しよう。

図表10.7には、物的資本ストックと産出量（GDP）の間には正の関係があることと限界生産力逓減の法則が示されている。特に、物的資本ストックの1単位の追加が産出量に与える限界的な寄与（物的資本ストックが1単位増える結果として、産出量はどのぐらい増加するのか）には、総物的資本ストックが大きくなると減少するという負の関係がある。これを確認するには、1単位の物的資本ストックの増加に対する産出量の増加を、集計的生産関数の2つの異なる点で比較すればよい。原点に近い場所（点A）での物的資本ストックの1単位の増加量を見てみよう。経済で物的資本ストックが少ないときには、対応する産出量の増加量は大きくなる。さらに右へ移動して、物的資本ストックが多くなった場所（点B）で1単位の物的資本ストックを増加させるときには、点Aと比べて点Bのほうが縦軸の増加量は少ない。すなわち、点Aよりも点Bのほうが結果として生み出される産出量の増加分は少なくなっていて、限界生産力逓減の法則を視覚的に確認することができる。

図表10.7では、労働の総効率単位（H）を一定として、その経済における物的資本ストックとGDPの関係を見ている。図表10.8では逆に、物的資本ストック（K）を一定として、その経済における労働の総効率単位とGDPの関係を

●**限界生産力逓減の法則**(law of diminishing marginal product)とは、他の生産要素投入を一定として、ある生産要素の投入を増やすと、その生産要素のGDPへの限界的な寄与は小さくなることである。

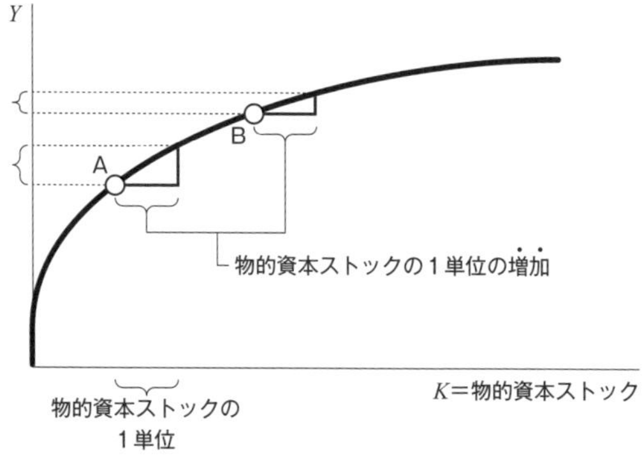

図表 10.7　横軸に物的資本ストックをとった集計的生産関数（労働の総効率単位は一定）

図に描かれた集計的生産関数は、労働の総効率単位を一定としたときの、一国の物的資本ストックとGDPの関係を示している。物的資本ストックが増えるときには、GDPも増加する。しかし、限界生産力逓減の法則により、物的資本ストックが増えるにしたがって、両者の関係を表す曲線の傾きは次第に緩やかになる。物的資本ストックの同じ１単位の増加に対するGDPの増加を比べると、点B（物的資本ストックが多い点）よりも、点A（物的資本ストックが少ない点）においてのほうが、GDPの増加量は大きくなる。

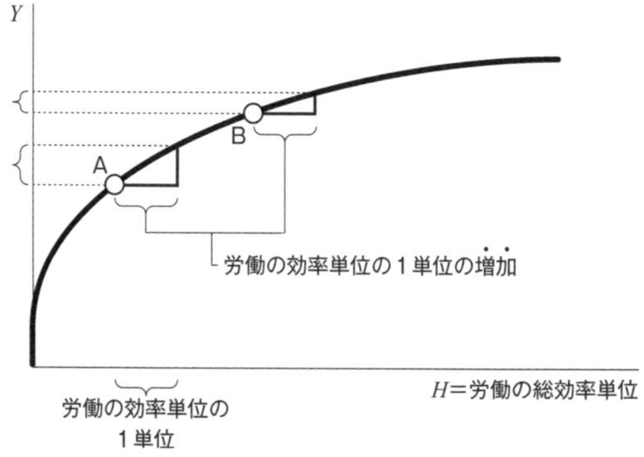

図表 10.8　横軸に労働の総効率単位をとった集計的生産関数（物的資本ストックは一定）

図に描かれた集計的生産関数は、物的資本ストックを一定としたときの、一国の労働の総効率単位とGDPの関係を示している。この場合にも同様に、労働の総効率単位が増えるときには、GDPも増加する。しかし、限界生産力逓減の法則により、労働の総効率単位が増えるにしたがって、両者の関係を表す曲線の傾きは次第に緩やかになる。

見ている。どちらの関係においても、限界生産力逓減の法則は成り立っている。

10.3 技術の役割と決定要因

次に、技術がどのように集計的生産関数に影響を与えるのか、そして、一国の技術水準に影響を及ぼす要因について考えてみよう。

技術

GDPを決定する第3の生産要素は技術である。集計的生産関数においては、生産要素とGDPの関係を決めるのは技術であると考える。技術がより優れたものであるならば、その経済は同じ投入物からより多くの産出物を作り出す。図表10.9は、より高度な技術が集計的生産関数に及ぼす意味を示している。労働の総効率単位（H）を一定とすると、技術が進歩するとGDPと物的資本ストックの関係を示す線は上にシフトする。したがって、労働の総効率単位の水準が同じであるときには、より優れた技術があれば、経済はより多くのGDPを作り出す。

集計的生産関数の分析を通して、生産性が人的資本や物的資本および技術に依存する理由が明らかになった。総就業者数を一定としたときには、より優れた人的資本、より多くの物的資本ストック、より優れた技術は、どれもが

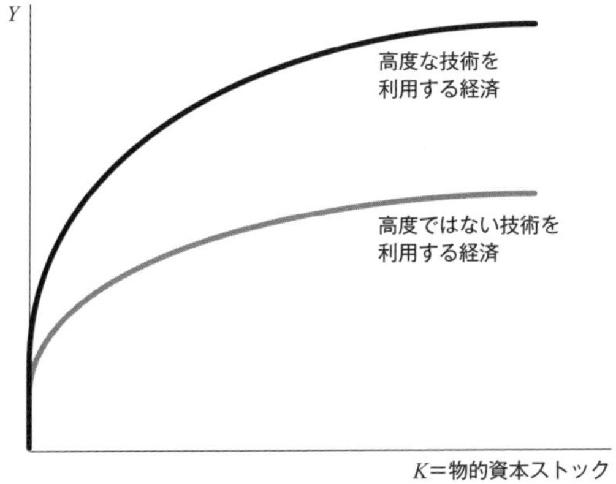

図表10.9　技術進歩の結果が引き起こす生産関数のシフト

技術が進歩するにつれて、集計的生産関数は上にシフトする。つまり、物的資本ストックと労働の総効率単位が同じであるときには、技術進歩があれば、より多くのGDPが生み出される。図は、労働の総効率単位が一定のときには、様々な物的資本ストックの水準において、より技術が進歩した経済ではより高水準のGDPが生み出されていることが示されている。

LETTING THE **DATA SPEAK**

データは語る

ムーアの法則

1965年以降、コンピューターのマイクロプロセッサー開発をめぐっては、驚くべき規則性が長期間にわたって続いている。これはムーアの法則と呼ばれる(この方法を発見したインテル社の共同創始者ゴードン・ムーアの名前にちなんだものである)。ムーアは、マイクロプロセッサーのチップ上に集積されるトランジスタの数はおおよそ2年ごとに2倍になると予想した[2]。トランジスタの数は、コンピューター・プロセッサーの演算処理速度を決定する重要な要素である。ムーアの法則では、大まかに言うと、コンピューターの演算処理能力は2年ごとに2倍になると言っているのである。図表10.10に描かれているように、これまでのところは、コンピューター技術の発展の歴史はムーアの法則で予想された道筋をたどってきた。コンピューターの技術進歩をめぐるその他の指標も、ムーアの法則どおりに進歩してきたことを示している。たとえば、デジタルカメラの画素数や、RAMの記憶容量もおおよそ2年ごとに倍増してきた。その一方で、コンピューター・ノードの消費電力やハードディスクの記憶容量当たりの価格は、2年ごとに半分になっている。

もちろん、時間と技術進歩の関係は、「法則」になるようにあらかじめ決まっ

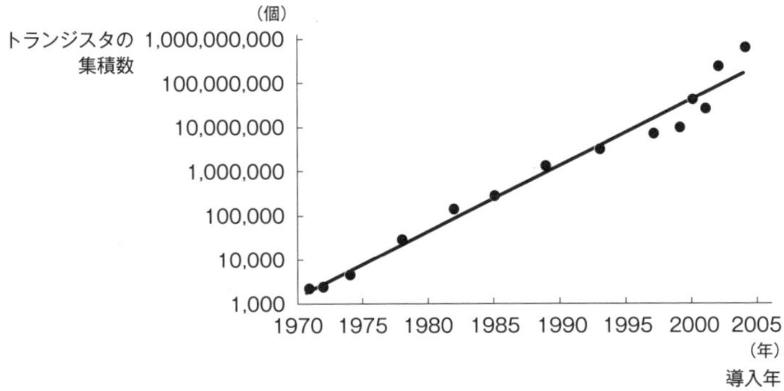

図表10.10　ムーアの法則

1965年、ゴードン・ムーアが、コンピューター・プロセッサーの演算処理速度は着実に改善されていくことを予想した。この予想は、結果的には非常に正確なものであった。コンピューターチップ上に集積されるトランジスタの数はおおよそ2年ごとに倍増した。この驚くべき規則性はムーアの法則と呼ばれるものであり、現代の持続的技術進歩を象徴する法則となった。

出所：Intel, "Moore's Law: Raising the Bar," *Backgrounder*, 2005. http://www.bandwidthco.com/whitepapers/hardware/cpu/moore/Moores%20Law%20-%20Raising%20the%20Bar.pdf

2) Gordon E. Moore, "Cramming more Components onto Integrated Circuits," *Electronics Magazine*, 19 April, 1965.

ていたわけではない。この技術進歩は、新しいコンピューター技術に対する多くの企業の投資の結果として生み出されたものであり、それらの投資の収益が、再び投資を呼ぶのである。大学や民間研究所への政府の研究助成の成果でもあり、またアメリカやその他の先進諸国そして発展途上諸国の大勢の若く優秀な学生が理工系とその関連分野に参入した結果でもある。将来はどうなるかはわからないし、急速な技術進歩も止まってしまうかもしれない。理工系に進学する学生が減るかもしれないし、政府が民間や大学への研究助成を減らすか完全に止めてしまうかもしれない。それにより、将来の技術進歩へのインセンティブが弱められてしまうかもしれない。また、たとえ研究助成金の削減やこの分野の研究の収益性に変化がなかったとしても、今までのような急成長から比べれば進歩の速度は落ちるかもしれない。それでもなお、ムーアの法則が示した規則性は今までのところ極めて正確なものであり、今後も将来にわたってそれが続くとするならば、生活への影響ははかりしれないものとなるだろう。

GDPの増加に寄与する。総就業者数（そして労働者1人当たりの労働時間）が一定であるときには、これらの生産要素は生産性を向上させる。

技術に関するいくつかの側面

経済学で定義されている技術は、実際には2つの非常に異なった構成要素からなっている。まず知識である。現在、私たちは、スマートフォンやタブレットなどの、かつては存在すらしなかった様々な新しい財を生産する方法を知っている。これらの知識を利用することによって、より効率的に仕事を行うことができるようにもなった。たとえばあなたが、小論文を書いたりするとき、あるいは授業で計算したりするときには、コンピューターの力を利用する。このコンピューターは、社会が獲得し、生産過程に適用した知識によって生産されている。こうした知識の一部は、労働者の人的資本にも含まれている。現代の労働者たちは、50年前よりもより生産的に仕事をこなすことができる。しかし、この知識の重要な部分は、企業の物的資本ストックに体化されている（埋め込まれている）。すなわち、企業が使用するコンピューターは、経済の物的資本ストックの一部となっている。

しかし、技術は、物的資本ストックとは違うものである。100年前には、いくら支払ってもいいと思ったとしても、コンピューターを買うことはできなかった。そもそもコンピューターはまだ発明されていなかった。50年前は、あなたが今使っているよりも性能が劣るコンピューターであっても、購入するには莫大な金額を支払わなければならなかった。入手できたとしても、おなじみのノートタイプはなく、巨大な装置であった。技術進歩――この場合にはコンピューター技術の進歩――は、こなせる仕事の量を増やし、そのスピードも速くしたのである。

技術進歩は偶然に起こることもあるが、多くの場合に、経済主体による目的を持った最適化行動の結果である。たとえば、社会は**研究開発（R&D）**によって進歩を実現する。研究開発には、大学や民間研究所における新しい科学のアイデアに関する研究や、工場の現場で生産過程に適用される新しい生産方法の研究、既存の知識や製品を商品化するための開発、などの幅広い活動が含まれている。R&Dは、アメリカ経済にとって重要な活動だ。2007年（データの得られる最新年）には、約141万人が研究職として働き、4,300億ドル（GDPの2.77%）が研究開発に投じられた。このうち、約2,700億ドルは企業による支出で、残りがアメリカ政府、大学、そしてその他の機関により支出された。

経済学で言う技術とは、生産過程に関する知識の進歩を表現するよりももっと広い意味で使用される用語である。2国の経済で考えてみよう。1つの国では、資源の配分は市場で決められる。もう1つの国では、資源は個人と企業の間にランダムに配分される、としよう。少々特殊な想定ではあるのだが、どちらの国にも、経済学者とバスケットボール選手の2種類の労働者と、教育とバスケットボールという2種類の仕事しかないと仮定する。

最初の国では、労働者への仕事の配分は市場に委ねられている。教えることよりもバスケットボールのほうが上手な人はバスケットボール選手になり、経済学者は教育者になるだろう。もう1つの国では、この資源配分はランダムに行われる。経済学者がバスケットボール選手に選ばれることもあるし、バスケットボール選手が大学で教えることもある。2国間で生産についての知識には差はなく、また同じ人的資本を持っているとする。それでも、最初の国のほうがはるかに成功するであろうし（特にバスケットボール分野）、より多くの生産が生み出されるだろう（バスケットボール分野の成功は当然であるにしても、おそらくは教育分野でも大きな成果を収めるだろう）。

技術進歩は偶然に起こることもあるが、多くの場合に、経済主体による目的を持った最適化行動の結果である。

この2国間の違いは**生産の効率性**であ

● **研究開発（R&D）**（research and development）とは、企業または経済において技術進歩を目的とする、科学的知識の向上、新しいイノベーションの創出、または生産過程における既存の知識の改善、などを目指す活動。

LETTING THE **DATA SPEAK**

データは語る

企業レベルでの生産の効率性と生産性

経済学者のジェームズ・シュミッツは、アメリカとカナダの鉄鉱業がブラジルの生産者と競争した事例を研究した[3]。彼は、企業の組織構造の進歩が、生産の効率性、つまり「技術」の向上をもたらし、そして生産性を著しく向上させることを明確に示した。

シュミッツの研究によると、カナダやアメリカの鉄鉱業は従来は外国との競争がほとんどなく、生産性（たとえば1時間当たりの鉄鉱石の産出量）は、少なくとも1970年以降は一定であった。ところが、1980年代初頭にブラジルの生産者がアメリカ市場に参入し、シカゴやその他の主要市場で鉄鉱石の販売を開始した。すると、その後の10年間では、それまでは横ばいであったアメリカとカナダの鉄鉱業の生産性が2倍になった。シュミッツの分析によれば、これは資本や資材の集中的な投入や、新しい生産技術の導入を原因としたものではなく、生産過程の大幅な再編成による結果だった。

シュミッツの指摘によれば、鉄鉱石の採掘現場には強力な労働組合があった。そのために、現場では労働者に業務を効率よく再配分することができなかった。たとえば、様々な設備ごとに配置されている修理工の数が多すぎると業界内では報告されていたのだが、労働組合の契約があったために、修理工の人数を減らすことはできなかった。ところが、外国との競争が激化したことにより、業務ルールが変更され、労働力をより生産的に配置することができるようになった。労働者の業務が適切に配分され、設備が効率的に活用できるようになった結果、生産性は劇的に向上した。

る。生産の効率性とは、所与の（ある与えられた）費用、または、所与の生産要素と知識から、最大の産出量を生み出す社会（経済）の能力である。経済が生産の効率性を引き上げることができれば、図表10.9に示されていたのと同様に、集計的生産関数は上にシフトする。生産の効率性とは、所与の投入物を用いて作り出される産出量に差異をもたらすものである。したがって経済学では、生産の効率性は技術の一部であると定義される。

GDPにおける技術の重要性が、以下の式に示されるように、集計的生産関

● **生産の効率性**（efficiency of production）とは、所与の生産要素と知識から、最大の産出量を生み出す社会（経済）の能力。

3) James A. Schmitz, "What Determines Productivity? Lessons from the Dramatic Recovery of the U.S. and Canadian Iron Ore Industries Following Their Early 1980s Crisis," *Journal of Political Economy*, Vol. 113, No. 3, 2005, pp. 582–625.

数に技術（A）が含まれている理由である。

$$A \times F(K, H)$$

Aが大きい場合には、技術が優れていることを意味し、所与の労働の総効率単位と物的資本ストックにおいてGDPを増加させる。したがって、図表10.9に示されているように、集計的生産関数は上にシフトする。しかし、Aは生産要素ではないことに注意が必要だ。Aはその国で利用可能な技術の水準ではあるのだが、生産者が市場で購入できる投入物ではない。

企業家精神

生産の効率性と生産性が国によって異なっている点に関する特に重要な理由が、企業家精神である。様々な要因が、企業家として比較優位がある個人が実際に起業をするかどうかに影響を及ぼしている。彼らが起業できない場合には、一国の生産の効率性は低下する――これは、バスケットボール選手と経済学者の間の仕事の配分のミスマッチの例と同じケースであるが、おそらくはもっと重要な問題を含んでいる。

LETTING THE **DATA SPEAK**
データは語る

独占とGDP

メキシコは、1994年にアメリカとともに北米自由貿易協定（NAFTA）に加盟した。その時、多くの経済学者は、メキシコの経済は急速に成長するだろうと予測した。しかし、NAFTA加盟以降の15年間を通して、メキシコの経済成長率は、ほとんどの予測をはるかに下回るものだった。メキシコ経済が躍進を遂げられなかった理由の1つが独占と新規参入への障壁だ。

メキシコの電気通信産業は、長期にわたった国営企業による独占を経て民営化されたものの、実際には、カルロス・スリムが支配する民間企業による私的独占状態にあった。おかげで、カルロス・スリムは今では世界的な大富豪の1人だ。対照的に、アメリカの電気通信産業は非常に競争が激しく、多くの企業が、無線通信（ワイヤレス通信）とブロードバンドインターネット接続の両分野で競争している。メキシコの電気通信産業では、国際的に見ても高額な通信料金が課されているというだけでなく、図表10.11に示されるように、経済状況がほぼ同等水準にある各国と比較して投資額も少ない。

効率的な資源配分を妨げている独占と参入障壁を取り除くことは、GDPを増加させるための1つの重要な方法である。

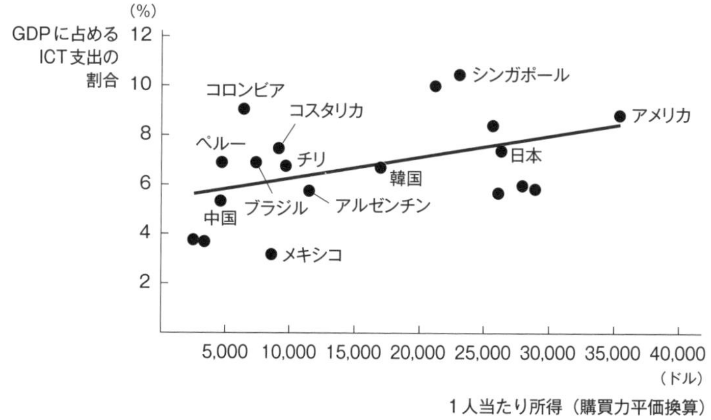

図表10.11　同等水準所得の各国と比較してメキシコの情報通信技術への投資水準は低い

独占と新しい企業に対する参入障壁は、投資を妨げ、技術進歩を遅らせることが多い。たとえば、電気通信産業が独占状態にあるメキシコでは、1人当たり所得の水準が近い各国と比較して、情報通信技術（ICT）への投資額が少なくなっている。

出所：世界銀行。

EBE Evidence-Based Economics
根拠に基づく経済学

問い：平均的アメリカ人が平均的インド人よりずっと豊かな理由は何か？

アメリカとインド（そして他の国々）の間で、労働者1人当たり所得と生産性に格差がある理由を理解するためには、人的資本、物的資本、技術の3つの要素に焦点を当てるとわかりやすい。各国間の労働者1人当たり所得（GDP）に違いがある理由を説明するためには、これらの3つの要素のそれぞれの重要性を理解しなければならない。そこで、ある国の実際の労働者1人当たり所得と、比較をしたい国と同じ水準の人的資本、物的資本ストック、技術をその国が保有しているとした場合の労働者1人当たり所得と比較してみよう。図表10.12では、この作業を技術に関して行っている。

教育の達成度（人的資本の重要な側面である）と雇用に関するデータ

を使用して、労働の総効率単位を計算する。表の(3)列は、各国の労働者1人当たりの平均教育年数である。アメリカと比較すると、ほとんどの国で平均教育年数は極めて短い。

次に、過去数十年間分の投資のデータを使用して、各国ごとの物的資本ストックを計算した。(4)列は、各国ごとの労働者1人当たりの物的資本ストックをアメリカの水準と比較して示した割合である。ほとんどの国の労働者1人当たりの物的資本ストックはアメリカを大きく下回っている（表には示されていないが、ノルウェーはアメリカよりも高い水準である)。

集計的生産関数の形式をとった推定値を用いると（推定値の詳細については本章補論を参照)、労働の総効率単位と物的資本ストックが労働者1人当たり所得とどのように関係しているのかを見ることができる。人的資本と物的資本の寄与と、実際の労働者1人当たり所得（図表10.12の(2)列）を比較することで、技術が労働者1人当たり所得にどの程度の寄与をしているのかを推測できる。特に、物的資本と労働の寄与として説明できないGDPについては、技術が寄与しているものと仮定する。

集計的生産関数の推定値に基づいて、次に、各国の実際の所得水準（2列）と、これらの各国がアメリカと同等水準の技術を持っていたとした場合の所得水準（5列）とを比較する（労働の総効率単位と物的資本ストックについては各国の実際の数値を使用する)。実際の所得と、このような推定値との差が技術の寄与分を表している。

表からは、明確なパターンが示されている。アメリカにおける労働者1人当たり所得は、インドの約9倍（8万2,359ドル/9,010ドル≈9）であり、図表10.1から図表10.3で説明したパターンと一致する。インドの平均教育年数は5.1年であり、アメリカは13.1年である。インドの労働者1人当たりの物的資本ストックは、アメリカの約9%しかない。

それならば、インドがアメリカと同等の技術水準を持っていたと想定すると、人的資本と物的資本が従来の水準のままであった場合に、典型的なインドの労働者はどれくらい生産をするのだろうか？

その答えは(5)列に示されている2万4,071ドルである。すなわち、インドの技術がアメリカの水準と同等になると、インドの労働者1人当たり所

国 (1)	労働者 1人当たり所得 (2010年) (2)	平均 教育年数 (3)	労働者1人当たりの物的資本ストックの比率(アメリカの2010年の水準との比較) (4)	アメリカと同等水準の技術を持っていた場合の労働者1人当たり所得 (5)
アメリカ	82,359ドル	13.1年	100.0	82,359ドル
イギリス	67,025ドル	9.8年	65.8	61,548ドル
韓　国	54,315ドル	11.8年	87.7	74,496ドル
スペイン	54,539ドル	10.4年	83.9	68,684ドル
メキシコ	27,625ドル	9.1年	33.5	47,725ドル
ブラジル	15,975ドル	7.5年	16.9	35,045ドル
中　国	12,961ドル	8.2年	14.9	34,881ドル
インド	9,010ドル	5.1年	8.9	24,071ドル
ガーナ	4,928ドル	7.1年	4.2	21,502ドル
アフガニスタン	3,980ドル	4.2年	3.7	16,818ドル
コンゴ民主共和国	628ドル	3.5年	0.8	9,625ドル

図表10.12 人的資本、物的資本、技術の3つの要素が、労働者1人当たり所得の違いに及ぼす影響

出所：Penn World Table (Alan Heston, Robert Summers, and Bettina Aten, Penn World Table Version 7.1).

得は今の約3倍になる（2万4,071ドル/9,010ドル≒2.7）。技術水準の違いが大きな差につながっていることがわかる。さらに、もしもインドが人的資本と1人当たり物的資本をアメリカと同等の水準まで増加させれば、労働者1人当たり所得はアメリカと同等の水準まで上昇するだろう（生産関数から導き出される当然の結論である：インドの人的資本、労働者1人当たりの物的資本、技術の3つの要素がアメリカと同等の水準なら、インドの労働者1人当たり所得はアメリカのそれと同じ水準になる）。インドの場合には、所得はさらに3.5倍に増加する（8万2,359ドル/2万4,071ドル≒3.5）。

このように、技術の違いは非常に重要なものに見える（労働の総効率単位と物的資本とを合わせたものとほぼ同じぐらい重要なものに見える）が、その違いは一国の経済や企業で生産のために利用できる知識の違いというだけではない。そこには生産の効率性の違いも反映される（経済学者とバスケットボール選手の例を思い出そう）。さらに、生産要素の計測誤差があった場合にも、技術の違いとして扱われてしまう。たとえば、

現実に、人的資本が各国ごとに異なっているのは、平均教育年数が違うからだけではなく、教育の質に大きな差があるからでもある。豊かな国で教育の質が高い傾向にあるならば、ここで示した計算方法では技術の影響を過大評価してしまっているのかもしれない。

Q 問い　平均的アメリカ人が平均的インド人よりずっと豊かな理由は何か？

A 答え　労働の総効率単位と物的資本の違いは重要である。インドがアメリカと同等水準の技術を持っていたならば（生産の効率性の違いも含まれる）、労働者１人当たり所得（GDP）は9,010ドルではなく、約3倍の2万4,071ドルになっていただろう。労働の総効率単位と物的資本をアメリカと同等の水準まで増やすことができれば、労働者１人当たり所得はさらに3.5倍に増加させることができる。

データ　各国ごとの労働者１人当たり所得（購買力平価換算）、教育、そして投資。

注意　データで示されている技術の違いには、生産の効率性の違いが反映されるとともに、一方では計測誤差もあるかもしれない。

まとめ

◉１人当たり所得は、総所得あるいは国内総生産（GDP）をその国の総人口で割ることによって算出される。１人当たり所得はまた、各国によって異なった水準にある。アメリカやノルウェーなどの先進国の１人当たり所得は、アフガニスタン、ニジェール、コンゴ民主共和国などの40倍以上ある。

◉各国ごとの１人当たり所得（GDP）は、現在の為替レートを使って換算するか、あるいは購買力平価（それぞれの国の経済の代表的な製品を組み合わせたもの［バスケット］の価格を集計した基準）を使って換算して単位をそろえることによって比較できるようになる。購買力平価は各国ごとの相対的な価格の違いを適切にとらえたものであり、為替レートの変化による変動にも左右されないため、より信頼に足る基準である。１人当たり所得は、国の経済に関する多くの重要な情報（医療、教育、格差、貧困など）を省略しているが、経済的繁栄をうまく表している指標である。一般的に1人当たり所得は、長い平均寿命(出生時平均余命)、高い教育水準、貧困率の低さと相関している。

◉集計的生産関数とは、一国のGDPと、労働の総効率単位、物的資本ストック、技術、生産の効率性などの生産要素との関係を示すものである。技術や生産の効率性の向上、そして労働の総効率単位や物的資本の増加は、GDPを成長させる。

◉労働の総効率単位と物的資本ストックは、GDP全体にとっては非常に重要だが、各国間の労働者1人当たり所得の違いを決定する最も重要な要因は、技術の違いと生産の効率性の違いである。

キーワード

1人当たり所得または1人当たりGDP
購買力平価（PPP）
生産性
人的資本
物的資本ストック
集計的生産関数
限界生産力逓減の法則
生産の効率性
労働者1人当たり所得（GDP）
1人1日1ドルの貧困線
物的資本
技術
労働の総効率単位
研究開発（R&D）

復習問題

1.... アメリカとガーナの1人当たり所得を比較しよう。第1の方法では、米ドルとガーナセディ（セディはガーナの通貨単位）の現在の為替レートを用いて、米ドルに換算する。第2の方法では、購買力平価換算の為替レートを用いて、米ドルに換算する。両国の生活水準をより正確に示すことができるのはどちらの計算方法だろうか？　理由も説明しなさい。

2.... 購買力平価を測定するにあたって、ビッグマック指数を使用することにしよう。その欠点は何だろうか？

3.... A国の1人当たり所得は、B国よりも高いとする。この時に、A国のほとんどの国民の所得がB国のほとんどの国民の所得よりも高いということにはならない。その理由を説明しなさい。両国の市民をそれぞれ10人として、上記の結論に至るような例を作りなさい。

4.... 1人当たり所得は、生活水準の各国間の違いを理解するうえでは、労働者1人当たり所得よりも役に立つ指標だろうか？

5.... 1人当たり所得と、絶対的貧困や平均寿命（出生時平均余命）のような厚生指標の間には相関はあるのだろうか？　1人当たり所得を厚生指標とみなすことはできるだろうか？

6.... 人間開発指数では何が測定されるのだろうか？　人間開発指数とその国の1人当たり所得の相関はどうなっているのだろうか？

7.... 生産性について説明しなさい。また、国によって生産性が異なる理由について説明しなさい。

8.... 技術の2つの構成要素とは何だろうか？

9.... 生産要素とは何だろうか？　また、集計的生産関数は何を表しているのだろうか？

10.. 労働の総効率単位とは何だろうか？　労働の総効率単位と人的資本の関係についても説明しなさい。

11.. 以下の図を使って、一国の物的資本ストックとGDPの関係について説明しなさい。

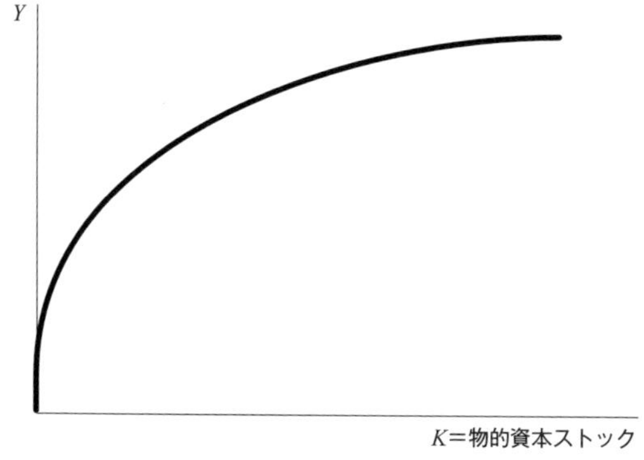

12..「物的資本」と「人的資本」の違いについて説明しなさい。

13.. 物的資本と天然資源はどのように異なるのだろうか？　説明しなさい。

14.. 技術の向上は、集計的生産関数にどのように影響を及ぼすだろうか？

15.. ムーアの法則とは何だろうか？　ムーアの法則は歴史的データにより実証されているのだろうか？

16.. 平均的アメリカ人は平均的インド人よりずっと豊かである。その理由は何だろうか？

17.. 一国のGDPを成長させるためには、どのような政策を実行すればよいだろうか？

補論

集計的生産関数の数学的説明

図表10.12では、インドがアメリカと同等水準の技術を持っていた場合のインドの労働者1人当たりの平均所得を示した。補論では、その計算方法について説明しよう。

集計的生産関数、$Y = A \times F(K, H)$、を用いて、実際のデータを当てはめる際には、しばしば次の式を用いる。

$$Y = A \times F(K,\ H) = A \times K^{1/3} \times H^{2/3}$$

一般に、コブ・ダグラス関数と呼ばれるものであるが、この式にはいくつかの便利な特徴がある。第1に、KやHのべき指数（1/3と2/3）は、合計すると1になる（$1/3 + 2/3 = 1$）。これは、生産関数は規模に関して収穫一定であることを表している。すなわち、KおよびHが1%上昇すると、Yも1%上昇する。さらに、ここで示された関数は、国民所得のだいたい3分の2は労働に、3分の1は物的資本に振り分けられる、という経験的事実とも整合的である。

式の両辺を経済の労働者の総数（L）で割ると、以下の式を得る。

$$Y \times \frac{1}{L} = A \times K^{1/3} \times H^{2/3} \times \frac{1}{L}$$

これは以下のように書き直すことができる。

$$y = \frac{Y}{L} = A \times K^{1/3} \times \mathrm{H}^{2/3} \times \frac{1}{L^{1/3} \times L^{2/3}}$$

ここでyは労働者1人当たり所得、言い換えると、GDPを一国の労働者数で割った値である。右辺の右端は、単に、便宜上のために$1/L$を分割したものだ。

この式を整理すると、以下を得る。

$$y = A \times \left(\frac{K}{L}\right)^{1/3} \times \left(\frac{H}{L}\right)^{2/3}$$

労働の総効率単位（H）は、$H = L \times h$、である。これを使って式を書き換える。

$$y = A \times \left(\frac{K}{L}\right)^{1/3} \times h^{2/3}$$

これをさらに書き換えると、以下のように表すことができる。

$$\begin{bmatrix}\text{労働者1人当たり}\\ \text{GDP}\end{bmatrix}=[\text{技術}]\times\begin{bmatrix}\text{労働者1人当たり}\\ \text{物的資本}\end{bmatrix}^{1/3}\times\begin{bmatrix}\text{労働者1人当たり}\\ \text{人的資本}\end{bmatrix}^{2/3}$$

導出された式には、1人当たりGDPの各国ごとの違いと、生産性の各国ごとの違いには密接な関係がある理由が示されている。簡単化のため各国の労働者は同じ時間を働くと仮定すると、等式の左辺は、1時間の労働に対するGDPを示すことになり、一国の生産性となる。生産性とは、本章で強調した3つの要素――技術、物的資本、人的資本――により決定されることが、この式では表されている。

次に労働者1人当たりGDPに関するデータを、物的資本ストック（K）、または労働者1人当たりの物的資本に関するデータ、そして、労働者1人当たりの人的資本（h）に関するデータとともに使う。GDPに関するデータは、様々なデータソースから入手できる（いずれも国民経済計算に基づいている）。これらのデータソースからは投資に関する情報も入手できるので、物的資本ストックの計算に使うことができる。最後に、平均教育年数の違いから人的資本の各国ごとの差を計算する。特に、教育年数が1年間長くなることによって労働者の給料がいくら上昇するかという点についてはすでに学んでいる。この情報を活用すれば、平均教育年数の差に基づいて、人的資本の各国ごとの違いを表す指標（h）を作り出すことができる。たとえば、大卒であれば通常は教育年数は16年であり、教育年数が6年の労働者の2倍の賃金を得ている。そこで、平均教育年数が6年の国を$h=1$と設定し、平均教育年数が16年の国を$h=2$と設定する。

アメリカの技術（$A_{\text{アメリカ}}$と表記する）をまず計算しよう。前述の式を使えば以下を得る。

$$A_{\text{アメリカ}}=\frac{y_{\text{アメリカ}}}{\left(\dfrac{K_{\text{アメリカ}}}{L_{\text{アメリカ}}}\right)^{1/3}\times h^{2/3}_{\text{アメリカ}}}$$

アメリカの労働者1人当たりGDPは、以下のように表される。

$$y_{\text{アメリカ}}=A_{\text{アメリカ}}\times\left(\frac{K_{\text{アメリカ}}}{L_{\text{アメリカ}}}\right)^{1/3}\times h^{2/3}_{\text{アメリカ}}$$

上式は下式を整理することによっても求めることができる。

同様に、インドのGDPへの技術の寄与（$A_{\text{インド}}$と表記する）は以下の式のとおりである。

$$A_{\text{インド}} = \frac{y_{\text{インド}}}{\left(\frac{K_{\text{インド}}}{L_{\text{インド}}}\right)^{1/3} \times h_{\text{インド}}^{2/3}}$$

上式において、$A_{\text{インド}}$の代わりに$A_{\text{アメリカ}}$を使うと、インドのGDPがどのように変化するかを見ることができる。インドがアメリカと同等の技術水準である$A_{\text{アメリカ}}$を持ったときには、インドの労働者1人当たりの仮想的GDPは以下のように計算される。

$$y_{\text{アメリカの技術を持つインド}} = A_{\text{アメリカ}} \times \left(\frac{K_{\text{インド}}}{L_{\text{インド}}}\right)^{1/3} \times h_{\text{インド}}^{2/3}$$

$A_{\text{アメリカ}}$、$K_{\text{インド}}$、$L_{\text{インド}}$、$h_{\text{インド}}$の推計値を使うことによって、たとえばインドがアメリカと同等水準の技術を使用できたときには、インドの労働者1人当たりの仮想的なGDPは2万4,071ドルと計算される。同様の計算を行えば、どの国に対しても集計的生産関数にアメリカの技術水準を代入することができる。図表10.12は、以上のような計算を行った結果を示したものである。

11 経済成長

Economic Growth

アメリカ経済は、過去200年間にわたって、なぜ経済成長を続けることができたのか?

アメリカはつねに繁栄し続けていたわけではない。現在の1人当たり（実質）GDPは、200年前の1820年と比較しておよそ25倍だ。当時はほんの一部の人々だけが町に住み、ほとんどの人々は農業に従事していた。ラジオ、テレビ、水道、ショッピングモール、車、飛行機や電車などの今では当たり前に使用されている財やサービスや技術の多くは、当時は想像することすらできなかった。

アメリカをはじめとする一部の国々では、過去200年の間に新しい財やサービスおよび技術を開発して、1人当たりのGDP（所得）を劇的に増加させてきた。このプロセスこそ経済成長である。アメリカをはじめとする国々が過去200年の間にこれほどの経済成長を達成できた理由は何だろうか？　それはどのように達成されたのだろうか？　本章ではその答えを考えていこう。

本章の構成

11.1 経済成長の力

11.2 経済はどのように成長するのか?

EBE アメリカ経済は、過去200年間にわたって、なぜ経済成長を続けることができたのか?

11.3 経済成長と技術の歴史

11.4 経済成長、不平等、そして貧困

KEYIDEAS
キーアイデア

- ◉経済成長は、1人当たり(実質)GDPがどれだけ成長したかによって決まる。
- ◉多くの国々で1人当たりGDPが高くなっているのは、過去200年間にわたって続いた急速な経済成長の結果である。
- ◉持続的成長は、技術進歩によってもたらされる。
- ◉各国ごとに長期的な成長率は著しく異なっている。それが、1人当たりGDPの水準に大きな違いがある理由である。
- ◉経済成長は、貧困を減らす有効な手段である。

11.1 経済成長の力

10章では、総所得（GDP）がどのようにして決定されるのかを学んだ。次に、この考え方を使って、なぜ、アメリカをはじめとする一部の国々が、ほんの200年の間にこれほど豊かになったのか、その理由を考えてみよう。その過程では、10章で説明した各国ごとの違いについて、新しい視点から眺めることになる。9章で説明したように、基準年の価格を使用して生産の価値を表したものが実質GDPであり、本章で単にGDPと言うときには、実質GDPを意味している（本章での基準年は、断りのない限り2005年である）。

ひと目でわかるアメリカの経済成長

最初のステップとして、過去200年間のアメリカの1人当たりGDPの推移について見てみよう（図表11.1）。10章では、異なる国の所得を比較するために、代表的な製品を組み合わせたバスケットの価格を基準にして、所得を調整した。同様に、9章では、異なる年の所得を比較するために、インフレを調整した実質GDP（実質所得）の計算方法を学んだ。このとき、基準年の価格を使って、GDP（所得）を調整したことを思い出そう（これを、基準年価格と呼ぶ）。同じことを本章でも行う。図表11.1には、2005年を基準年として、アメリカの1人当たりGDPの推移が描かれている。たとえば1967年の所得は、2005年のド

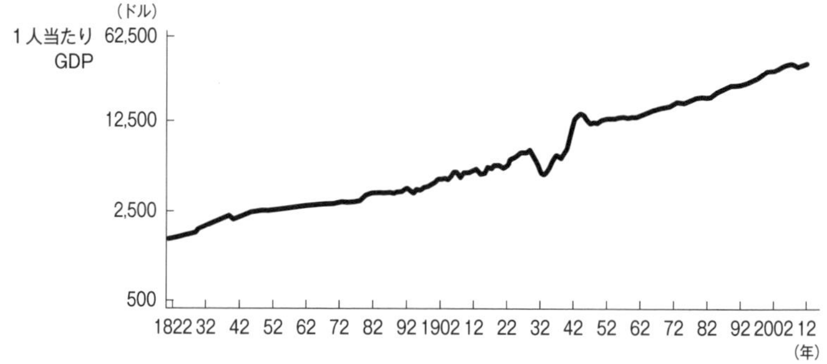

図表11.1　アメリカの1人当たりGDPの推移(2005年価格)

アメリカの1人当たりGDPの成長は、大恐慌とその後の一時期を除いて、比較的安定して持続してきた。縦軸は、同じ比率が同じ長さになるように数値をとる(これを対数表示と言う)。たとえば、500ドルと2,500ドルの間の長さは、2,500ドルと1万2,500ドルの間の長さと同じである。

出所：Maddison Project (1820–1959) and World Bank DataBank: World Development Indicators (1960–2012); J. Bolt and J. L. van Zanden, "The First Update of the Maddison Project: Re-Estimating Growth Before 1820," Maddison-Project Working Paper WP-4 (2013).

ル価格表示になるように換算されている。

図表11.1には、1820～2012年のアメリカの経済成長が描かれている。**経済成長**、または**成長**は、一国の1人当たりGDPの増加で表す。図には、過去200年間のアメリカの経済成長と1人当たりGDPの明らかな上昇が示されている。ただし、つねに上昇し続けたわけではなく、景気変動による上下の動きもある。特に目立つのは、1929年にはじまった大恐慌だ。大恐慌でアメリカの1人当たりGDPが最も低下し、多くの人々の生活にも重大な影響を及ぼしたものの、その影響は一時的なものだった——大恐慌をはさんだ前後の時期の、1人当たりGDPの安定した持続的成長がアメリカの経済を特徴づけている。本章では、このような長期的な動きに焦点を当てる。大恐慌のような経済変動については、12章以降で取り扱う。

図表11.1に描かれている持続的成長の結果、現在のアメリカの1人当たりGDPと生活水準は1820年当時と比べてはるかに向上した。たとえば、1人当たりGDPは1820年の1,858ドルから、1950年には1万3,056ドルに、そして2012年には4万5,336ドルに上昇した(すべて2005年価格)。(図の縦軸は対数表示になっている。9章と10章の図表と同様に、500ドルと2,500ドルの間の長さは、2,500ドルと1万2,500ドルの間の長さと同じである。その理由につい

● **経済成長**(economic growth)、または**成長**(growth)は、一国の1人当たりGDPの増加で表す。

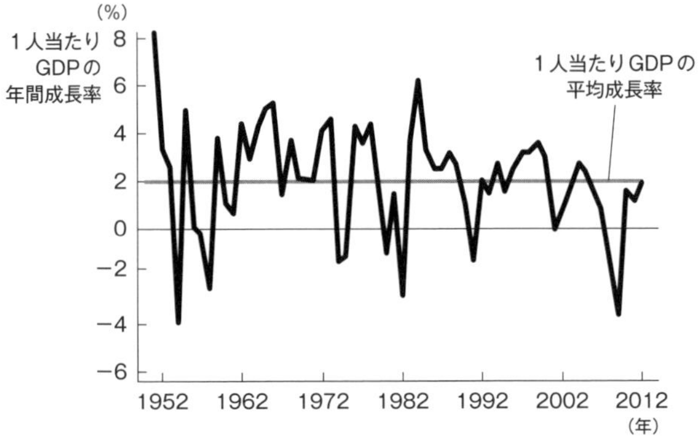

図表11.2　アメリカの1人当たりGDP成長率：1950〜2012年(2005年価格)

アメリカの1人当たりGDPの(年間)成長率は、平均成長率の周囲で上下に短期的変動を示している。

出所：Penn World Table (1950–1959) and World Bank DataBank: World Development Indicators (1960–2012); Alan Heston, Robert Summers, and Bettina Aten, Penn World Table Version 7.1, Center for International Comparisons of Production, Income and Prices at the University of Pennsylvania (Nov 2012).

ては次節で触れる。)

最初に、成長を測定する方法についてもう少し詳しく説明しよう。**成長率**は、2つの時点間で基準となる（2期間の当初の時点の）数量と比較した、2時点間の数量の変化（本章では、1人当たりGDP)、と定義される。2つの時点を、tと$t+1$としよう。そして、その時点に対応する1人当たりGDPを、それぞれ、y_tとy_{t+1}とする。この2つの時点間での1人当たりのGDP成長は、以下の式になる。

$$\text{成長率}_{t,\,t+1} = \frac{y_{t+1} - y_t}{y_t}$$

1年間の変化に焦点を当ててみよう。たとえば、tと$t+1$は2005年と2006年だとすると、アメリカの1人当たりGDPは、2005年には4万2,482ドル、2006年は4万3,215ドルであったので、2005〜06年の成長率は以下の式になる。

$$\text{成長率}_{2005,\,2006} = \frac{\text{4万3,215ドル} - \text{4万2,482ドル}}{\text{4万2,482ドル}} = 0.017$$

または、0.017 × 100 = 1.7%、となる。この式を用いれば、どの国のGDP成長率であっても計算できる。

● **成長率**(growth rate)とは、2つの時点間で基準となる(2期間の当初の時点の)数量と比較した、2時点間の数量の変化である(本章で扱う数量は、1人当たりGDP)。

図表11.2は、この式を使って計算した1950～2012年のアメリカの1人当たりGDPの年間成長率である。平均成長率は正で約2.03％だったが、景気変動も目立っている。経済成長がマイナスに陥った時期の1つに2008年にはじまった「金融危機（Great Recession）」がある。金融危機については、15章で詳しく説明する。

指数的成長

経済成長において議論の中心となるのは、**指数的成長**の概念である（指数関数的成長とも言う）。これは、数量がほぼ一定の成長率で増加するプロセスである。変数の価値の増加（前記の式では$y_{t+1} - y_t$）は、現在の価値（前記の式ではy_t）に対して、比例的に増加する。後ほど説明するが、指数的成長*では、過去の成長に新しい成長が積み上げられて、その効果が増幅される。このため、成長率のわずかな違いであっても、何年も成長が続く間には、大きな量の違いとなって現れる。

10章で見たように、国によって1人当たりGDPの水準が大きく異なっている理由の1つに、この経済成長の指数的特徴がある。

指数的成長とその意味を理解するために、簡単な例で考えてみよう。2000年の変数Y_tの価値は1で、その後は5％（0.05）の率で一定の成長を持続したとする。2015年の値はいくつになるだろうか？　最初に、$1 \times 0.05 = 0.05$、を基準年の値に対して15倍してみよう（2000～15年まで毎年1回ずつ足していくと15回になる）。すると、$15 \times 0.05 = 0.75$、で2015年は1.75となる（$Y_{2015} = 1.75$）。

しかし、ここには蓄積の効果が組み込まれていないため、成長率の正しい計算ではない。2001年から計算をはじめてみよう。5％の成長率では、2001年は1.05である（$Y_{2001} = 1.05$）。では、2002年はいくつになるだろうか？　ここでのポイントは、2001～02年の追加的な5％の成長は1.05からの成長であり、当初の1.00の水準からではない、という点だ。したがって、$Y_{2002} = 1.05 \times 1.05 =$

指数的成長では、過去の成長に新しい成長が積み上げられて、その効果が増幅される。

● **指数的成長**（exponential growth）とは、数量（たとえばGDP、または1人当たりGDP）がほぼ一定の成長率で増加するプロセスである。

* ここで、雪だるま式に増える成長を意味する「指数」的成長は、英語ではexponential growthである。indexも「指数」と訳され、物価「指数」の英語はprice indexである。単語も意味も異なる英語に対して、同じ訳語が慣習的に使用されているので、混乱しないように注意しよう。

1.1025、となる。同様に、2003年については、$Y_{2003} = 1.1025 \times 1.05 = 1.1576$、となる。繰り返して計算していくと、2015年については2.0789となる（$Y_{2015} = 2.0789$）。

この数字が最初の直感的計算の1.75より大きくなるのは、成長の効果が雪だるま式に積み上げられた結果である。これが、指数的成長の特徴を示す根本的理由だ。現在の成長は過去の成長の上に積み上げられるので、その結果、指数的成長となる。2003年の水準を計算するためには、2002年の水準（$Y_{2002} = 1.1025$）の上に加算されるので、2002〜03年の成長の増加分は0.05より大きい。

指数的成長がある（おおむね一定の成長率の）変数をグラフで描くには、図表11.1のように、縦軸を対数表示にするほうがわかりやすい。1,000ドルからはじめて10%の成長ならば1,100ドルであるが、10万ドルからはじめた場合は11万ドルになる。2つの増加量は大きく異なっているが（100ドルと1万ドル）、基準値との比率としては同じく10%である。結果的に、10%の成長をグラフに描くにあたっては、1,000ドルからはじめても10万ドルからはじめても縦軸が同じ長さになるように、対数表示でこの変化を示すほうがわかりやすい。参考のため、図表11.3は、対数目盛ではなくて通常の目盛を使用すると、図表11.1はどのように描き直されるかを示している。図からは、アメリカの1人当たりGDPは急激に上昇しているという誤った印象が作り出されてしまうだろう。しかし、図表11.1のように対数目盛で示すと、1人当たりGDPはほぼ一定の比率で成長していることが明確にわかる。

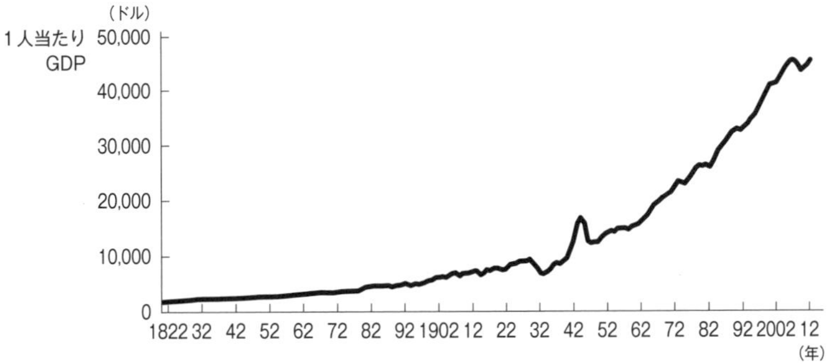

図表11.3 アメリカの1人当たりGDP(対数表示しない場合、2005年価格)

出所：Maddison Project (1820-1959) and World Bank DataBank: World Development Indicators (1960-2012); J. Bolt and J. L. van Zanden, "The First Update of the Maddison Project: Re-Estimating Growth Before 1820," Maddison-Project Working Paper WP-4 (2013).

CHOICE&CONSEQUENCE
選択の結果

指数的成長がもたらす結果

あなたに2つの給与プランが提示されたとしよう。第1のプランでは、初任給が1カ月1,000ドルで、毎月6%ずつ昇給する。第2のプランでは、初任給は2,000ドルだが昇給がない。あなたなら、どちらの給与プランを選ぶだろうか？

当然であるが、答えは人によって違う。お金がすぐに必要ならば、2,000ドルの給与に魅力を感じるだろう。しかし、慌てて毎月2,000ドルの給与の仕事に就く前に、毎月6%昇給するとどうなるかを考えたほうがよい。1,000ドルの給与が毎月6%ずつ昇給を続けると、1年後の月給は2,000ドル以上になる。4年後には、1カ月およそ1万6,400ドルだ。この仕事を1年以上続けるつもりならば、低い給与からはじめるほうがはるかに得だ。

第1の給与プランは、かなり厚待遇だ。少なくとも、しばらくの間この仕事を続けるつもりの人にとっては魅力的なプランである。これこそが、指数的成長の力なのである。毎月6%の昇給は、初任給に対して適用されるのではない（もしそうであるならば、毎月60ドルずつ増加するだけだ）。初任給からはじまり毎月複利で積み上がっていくものであり、その時点までの累積額に対して、6%が加算される。つまり、1カ月後の給与は1,060ドル、2カ月後は、1,060ドル×1.06＝1,123.60ドル、になる。3カ月後は、1,123.60ドル×1.06＝1,191.02ドル、と累積されていく。この2つの給与プランの違いの例からもわかるように、指数的成長は、一国の成長の道筋にも同じ効果をもたらすのである。

指数的成長の影響を理解するために、1810年の時点で1人当たりGDPが1,000ドル（2005年価格）と同等水準だった2国間で比べてみよう。その成長は、一方の国は1人当たりGDPが年率2%で増加し、他方の国は1%で増加する、という指数的成長であると仮定する。一見して、違いは小さいように思える。たしかに、成長率の小さな違いは、1、2年という期間ではほんのわずかな影響しか及ぼさない。

しかし200年後には、この2国間の成長率の違いは、際立った差となって現れる。年率1%で成長した国の2010年の1人当たりGDPはおよそ7,316ドルだ。指数的成長の性質から、年率2%で指数的成長を続けた国の2010年の1人当たりGDPは5万2,485ドルになる。このように、「ほんの」1%の成長率の違いが、2国の間に7倍以上の差をもたらす。

もし、1%の成長ではなく、まったく成長しなかった場合（つまり成長率が0%

の場合)、1人当たりGDPは2010年でも1,000ドルのままだ。そうなると、2国間の差はなんと52倍にもなる。この例から指数的成長の重要性(この場合には、指数的成長がないことの重要性であるが)がよくわかる。

経済成長のパターン

(10章で触れたように)今日、目の当たりにしている各国間の1人当たりGDPの大きな格差が時間の経過とともにもたらされたのには、指数的成長が大きく影響している。今日の比較的豊かな国々は過去200年間にわたって持続的に成長していたのに対して、貧しい国々ではそれができなかった。

経済成長が現実の各国経済に及ぼした影響を見てみよう。図表11.4には、1960〜2010年の各国の1人当たりGDPの成長パターンが示されている(購買力平価換算、2005年価格)。(4)列には、1960〜2010年の年間平均成長率が示されている。これは、上記で示した式を使用して2期間の成長率を計算したものではない。(4)列に示されているのは、1960年の水準からはじまって2010年の水準に到達するまでには、各国は平均して毎年どのぐらい成長する必要があったのかを示した数字である(数字を計算する方法については、本節の最後「平均成長率の計算」で説明する)。

まず、1人当たりGDPが著しく成長したのは、アメリカ、イギリス、フランスであることがわかる。たとえば、アメリカとイギリスの年間平均成長率は2%以上だった。

さらに、スペイン、シンガポール、韓国、中国、そしてボツワナのほうが1人当たりGDPの増加は大きく、したがって成長率も高いことが見てとれる。1960年にはこの5カ国はアメリカよりはるかに貧しい国であったが、2010年までにはアメリカとの差の一部を、あるいはほとんどを縮めるに至った。このような成功は、各国の高い成長率を反映した結果である。たとえば、シンガポール、韓国、ボツワナのこの期間の1人当たりGDPの年間平均成長率は5%超であり、中国は4.72%だった。

さらに表からは、豊かな国々との格差を縮めることがあまりできなかった国々があることもわかる。メキシコ、ブラジル、インドの成長率はアメリカと同等水準かまたは少し高いだけであった。グアテマラ、ハイチ、ガーナ、ケニア、ルワンダの成長率はアメリカを下回っていたために、いっそう貧しくなっている。実際、表からは、ケニアの1人当たりGDPは約50年間でほとんど変わらず、ハイチの1人当たりGDPは毎年0.14%の割合で減り続けていた。ハイチは、

	1人当たりGDP		年間平均成長率
	1960年	2010年	
(1)	(2)	(3)	(4)
アメリカ	15,398ドル	41,365ドル	2.00%
イギリス	11,204ドル	34,268ドル	2.26%
フランス	10,212ドル	31,299ドル	2.27%
スペイン	6,316ドル	27,332ドル	2.97%
メキシコ	4,914ドル	11,939ドル	1.79%
シンガポール	4,383ドル	55,862ドル	5.22%
グアテマラ	2,930ドル	6,091ドル	1.47%
ブラジル	2,483ドル	8,324ドル	2.45%
韓　国	1,656ドル	26,609ドル	5.71%
ハイチ	1,513ドル	1,410ドル	−0.14%
ガーナ	1,286ドル	2,094ドル	0.98%
ケニア	1,020ドル	1,247ドル	0.40%
中　国	772ドル	7,746ドル	4.72%
ルワンダ	760ドル	1,025ドル	0.60%
インド	720ドル	3,477ドル	3.20%
コンゴ民主共和国	696ドル	241ドル	−2.10%
ボツワナ	674ドル	9,675ドル	5.47%

図表11.4　各国の1人当たりGDPと成長率(購買力平価換算、2005年価格)

2010年の1人当たりGDPの水準は、1960年の1人当たりGDPの水準との、2期間の1人当たりGDPの年間平均成長率によって決まる。1960年には貧しかったボツワナは、現在ではガーナやケニアよりもはるかに豊かな国になっている。これは、ガーナの年間平均成長率が0.98%、ケニアが0.40%であったのに対して、ボツワナは5.47%の成長を続けたためである。同じ理由で、今日では韓国はブラジルより豊かになり、シンガポールはスペインよりも豊かな国になっている。

出所：Penn World Table; Alan Heston, Robert Summers, and Bettina Aten, Penn World Table Version 7.1, Center for International Comparisons of Production, Income and Prices at the University of Pennsylvania (Nov 2012).

1960年よりも2010年のほうが貧しくなったのである。2010年の地震以降、ハイチの状況は悪化が続いている。地震では20万人以上の死者が出たうえに、インフラも壊滅状態になってしまった。

アメリカと比較して、各国の1人当たりGDPはどのように推移しているのだろうか。図表11.5には、図表11.4に示された中から数カ国を取り出し、各国の1人当たりGDPをアメリカの1人当たりGDPで割った水準の推移が示されている。すべて購買力平価換算で、基準年は2005年である。

図表11.5に示されている全体的な印象は、図表11.4と同じであるが、各国の成長率にはいくつかの興味深い点がある。たとえば、イギリスの1人当たり

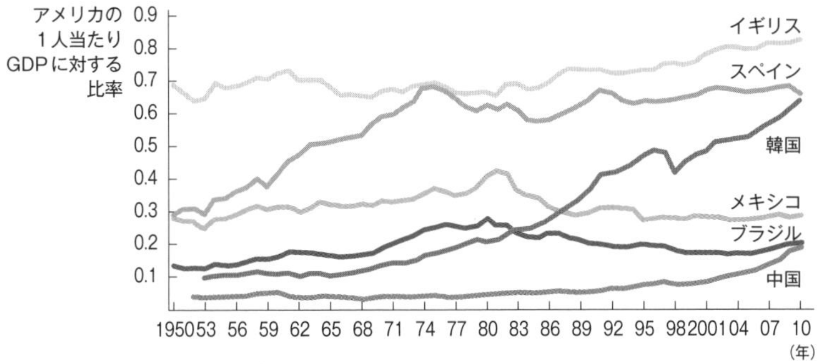

図表11.5 各国の1人当たりGDPをアメリカの1人当たりGDPで割った比率（購買力平価換算、2005年価格）

アメリカの1人当たりGDPと比較した、各国の1人当たりGDPの成長を示したグラフである。韓国や中国がアメリカに次第に追いついて（キャッチアップして）いく過程が見てとれる。一方、メキシコとブラジルは、経済のキャッチアップは適わなかった。

GDPは、1950年代から現在に至るまで、アメリカの1人当たりGDPの70%から80%の間で推移している。スペインと韓国は、当初の所得水準には差があったが、ともに急成長を遂げた1980年代までは、2国間で見ると例外的な一時期を除けば、両国間の格差は縮小する傾向にあり、またアメリカとの差も縮まっている。ブラジルも1950年代から1960年代にかけては順調に成長を続けてアメリカとの差を縮めたが、1980年頃にこの傾向は反転し、2010年には、ブラジルの1人当たりGDPはアメリカの約20%に下がった。これは1950年代と比べてもほとんど増えていない。最後に中国だが、毛沢東（マオ・ツォートン）による共産党独裁の時代には、アメリカとの間には極めて大きな差があった。しかしこの差は、1976年の毛沢東の死去とそれに続く1978年の中国経済の開放以降、急速に縮まりつつある。

過去50年間の経済成長のパターンのより完全な姿を見るために、図表11.7では、1960〜2010年の間のデータがあるすべての国の成長率をグラフで示した。グラフからは、各国の成長率には非常にばらつきがあることがわかる。ハイチやコンゴ民主共和国などのように、この期間の成長率がマイナスだった国がある一方で、シンガポールや韓国のように、非常に高い成長率を記録した国もある。

過去のデータを使用して、各国の1960年以前の成長率を比較することもできる。簡単な方法でこの成長のパターンを示すため、図表11.8では、1820年、

LETTING THE **DATA SPEAK**

データは語る

GDPは水準で比較すべきか? 成長率で比較すべきか?

中国は、アメリカと比較して、1980年当時より現在のほうが貧しくなっているのだろうか? 図表11.5からは、アメリカに対する中国の1人当たりGDPは過去30年間で著しく増加しているように見える。ここで、1950年以降の中国の1人当たりGDPとアメリカの1人当たりGDPをグラフにした図表11.6で考えてみよう。このグラフを見ると、アメリカと中国の差はむしろ開いて、中国はアメリカに対して相対的により貧しくなったように見える。しかし、その見方は正しくない。実際、図表11.6のようなグラフから、アメリカと比較して中国がより貧しくなったのか豊かになったのかを判断しようとするのは、しばしば陥りがちな間違いである。指数的成長を実現している変数を絶対値で比較することは誤りである。図表11.5には、このような誤りを避けるための工夫が施されている。図は、各国の1人当たりGDPの値を単にグラフに描いたものではない。各国の1人当たりGDPをアメリカの1人当たりGDPで割った結果を示すことによって、その国のGDPとアメリカのGDPの比率をグラフに描いた。

この方法の利点を理解するために、2カ国の例で考えてみよう。1人当たりGDPが2万ドルの国と、1万ドルの国がある。第1の国は第2の国の2倍豊かだ。両国の経済が10%で成長すると、翌年の1人当たりGDPは、第1の国は2万2,000ドル、第2の国が1万1,000ドルになる。2つの国のGDPの比率は2倍で変わらないが、絶対的な所得の差は1,000ドル分増加した。このように、

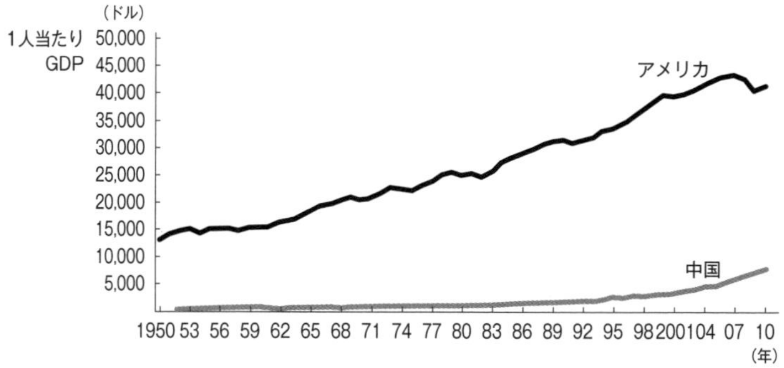

図表11.6 アメリカと中国の1人当たりGDPの推移(購買力平価換算、2005年価格)

出所:Penn World Table; Alan Heston, Robert Summers, and Bettina Aten, Penn World Table Version 7.1, Center for International Comparisons of Production, Income and Prices at the University of Pennsylvania (Nov 2012).

指数的成長があるときには、GDPの値をそのまま比較することは賢明ではない。指数的成長があるときには、両国のGDPの間の関係が相対的に安定的であっても、絶対的な差は増加する。このため、図表11.5のように比率を見ることが必要となる。しばしば陥りがちな間違いは、GDPや投資などの指数的成長を示す変数については、比率を見なければならないにもかかわらず、水準を比較してしまっていることである。

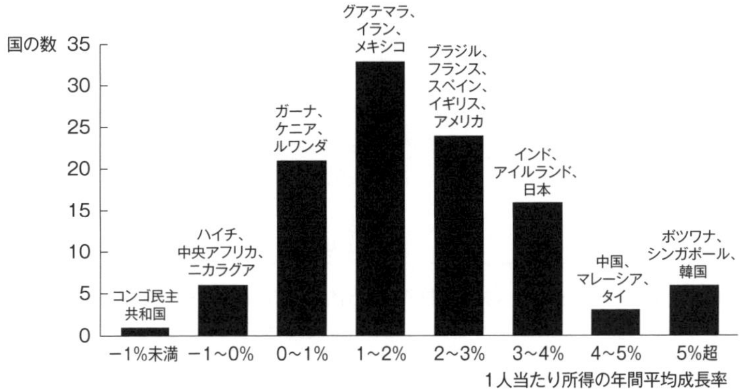

図表11.7 各国の1人当たりGDPの年間平均成長率：1960〜2010年（購買力平価換算、2005年価格）

ボツワナ、シンガポール、韓国などは急速に成長し、年間平均成長率は5%超だった。その一方で、コンゴ民主共和国、ハイチ、ニカラグアのように1960年以降ではマイナス成長に陥った国もある。

出所：Penn World Table; Alan Heston, Robert Summers, and Bettina Aten, Penn World Table Version 7.1, Center for International Comparisons of Production, Income and Prices at the University of Pennsylvania (Nov 2012).

1870年、1920年、1970年、2010年の各国の1人当たりGDPと、1820〜2010年、そして1920〜2010年の年間平均成長率を比較した（購買力平価換算、2005年価格）。

図表11.8からは、1820年当時は、各国の所得水準の格差はそれほど大きなものではなかったことがわかる。たとえば、アメリカはメキシコのおおよそ2倍程度であったが（1人当たりGDPが、アメリカは1,873ドルでメキシコは863ドル）、2010年には非常に大きな差となった。この差は、成長率の違いによって生じたものだ。1820〜2010年のアメリカの年間平均成長率は1.65%、メキシコは1.33%であった。アメリカとインドの違いはさらに際立っている。1820年当時のインドの1人当たりGDPはアメリカの半分以下にすぎなかったが、

	1820年	1870年	1920年	1970年	2010年	年間平均成長率（1820～2010年）	年間平均成長率（1920～2010年）
イギリス	2,854ドル	4,390ドル	6,259ドル	14,817ドル	32,722ドル	1.29%	1.85%
アメリカ	1,873ドル	3,365ドル	7,641ドル	20,684ドル	41,961ドル	1.65%	1.91%
フランス	1,562ドル	2,582ドル	4,441ドル	15,702ドル	29,556ドル	1.56%	2.13%
スペイン	1,387ドル	1,661ドル	2,996ドル	8,696ドル	23,116ドル	1.49%	2.30%
ブラジル	940ドル	981ドル	1,325ドル	4,207ドル	9,467ドル	1.22%	2.21%
メキシコ	863ドル	896ドル	2,509ドル	5,945ドル	10,619ドル	1.33%	1.62%
中　国	826ドル	729ドル	760ドル	1,071ドル	11,054ドル	1.37%	3.02%
インド	734ドル	734ドル	874ドル	1,195ドル	4,640ドル	0.98%	1.87%
モロッコ	592ドル	775ドル	977ドル	2,224ドル	5,542ドル	1.18%	1.95%
韓　国	461ドル	464ドル	839ドル	2,982ドル	29,865ドル	2.22%	4.05%
ガーナ	—	604ドル	1,075ドル	1,960ドル	2,645ドル	—	1.01%
ハイチ	—	—	—	1,265ドル	944ドル	—	—
ケニア	—	—	—	1,259ドル	1,570ドル	—	—

図表11.8　各国の1人当たりGDPの成長：1820年以降（購買力平価換算、2005年価格）

1820年当時は、各国の1人当たりGDPにはそれほど大きな差はなかった。しかし、イギリスやアメリカなどが持続的な成長を続けた一方で、成長できなかった国もあり、1人当たりGDPの格差は広がった。

出所：Maddison Project and Bureau of Economic Analysis, National Income and Product Accounts Table 1.1.9; J. Bolt and J. L. van Zanden, "The First Update of the Maddison Project: Re-Estimating Growth Before 1820," Maddison-Project Working Paper WP-4 (2013).

2010年までにはその差は約10倍に達した。ここでも、2国間の1人当たりGDPの成長率の違いが直接的に影響している。

表からはまた、1820年当時は、イギリスはアメリカよりはるかに豊かだったことがわかる。だが2010年までには、アメリカのほうがイギリスよりもおよそ30%も豊かになっている。この変化も成長率の違いによるものである。アメリカが年間1.65%の成長を続けていた間、イギリスの成長率は1.29%であった。成長率におけるこのほんの少しの差は、アメリカがイギリスを追い越し、2010年までにはおよそ30%豊かになるという結果をもたらすには十分な差だった。さらに、スペイン、中国、韓国、などの国々は1970年当時はアメリカと比べて貧しかったが、その後の40年間ではアメリカより速く成長し、その格差を縮めてきたことがわかる。

こうした経済成長は、リーダー国（この場合にはアメリカ）に他の国々が所得面や技術面で追いつくという意味から**キャッチアップ成長**と呼ばれる。キャッチアップ成長を遂げた国々は、既存の技術から便益を受け取り、同時に貯蓄、労働の総効率単位、そして生産の効率性を増加させることによって成長した。実際、キャッチアップ成長は非常に重要な要因ではあるが、図表11.8からも成長の遅さや停滞の例が見られるように、自然に起きる現象ではない。

図表11.8には、もう1つ重要なことが示されている。イギリス、アメリカ、フランス、そしてスペインなどの国々は、1820年から2010年にかけて**持続的成長**を示している。表中の各50年間ごとの区切り年の1人当たりGDPを見ても、すべての時期でプラスであり安定した成長が続いている。全期間を通して成長率はプラスである。この持続的成長は、どのようにして実現されるのだろうか？　そして、どのような要因が、一国の成長率を決めるのだろうか？　こうした疑問について次節以降で考えていこう。

平均成長率の計算

最後に、図表11.4の平均成長率の計算方法について説明しよう。アメリカを例に考える。1人当たりGDPは1960年には1万5,398ドル、2010年には4万1,365ドルだった（購買力平価換算、2005年価格）。1960〜2010年の50年間の成長率を説明するには、本文で示した式を用いる。

$$\frac{\text{4万1,365ドル} - \text{1万5,398ドル}}{\text{1万5,398ドル}} = 1.6864$$

成長率は168.64％と計算される。

平均成長率を計算する1つの方法に算術平均がある。上の数値を50で割れば、年間平均成長率が求められる。計算すると3.4％となるが、図表11.4の数字である2.00％とは異なっている。この数字はどのようにして計算されたのだろうか？　また、なぜ違うのだろうか？

その答えは、本章のはじめに説明したように、指数的成長の性質と関係している。経済が毎年$g = 0.034$（3.4％）の割合で成長すると50年後には1人当たりGDPはいくらになっているだろうか？　これを計算するためには、1人当たりGDPが1年後には（$1 + g$）倍になっていることに注意が必要だ。2年目から3年目にかけては、さらに（$1 + g$）倍の増加をするので、1年目から3年目には（$1 + g$）^{2}となる。続けると50年後には、1人当たりGDPは（$1 + g$）^{50}倍増加する。仮に、$g = 0.034$として計算すると、1人当たりGDPは50年後に

- **キャッチアップ成長**（catch-up growth）とは、比較的貧しい国が、より発展した国で発明された知識や技術を活用することによって、自国の1人当たりGDPを増加させていく成長プロセスである。
- **持続的成長**（sustained growth）とは、長期にわたって1人当たりGDPが正で比較的安定して成長するプロセスである。

は5.32倍になり、アメリカの実際の数字からはかなり大きくなってしまう。しかし、実際の数値では、50年後のアメリカの1人当たりGDPは約2.6864倍だ。2010年の1人当たりGDPを1960年の1人当たりGDPで割ると、

$$\frac{\text{4万1,365ドル}}{\text{1万5,398ドル}} = 2.6864$$

となる。これは、

$$1 + 1.6864$$

と書くことができる。168.64%が、1960〜2010年のアメリカ経済の成長率となる。

1960〜2010年の成長率を50で割ると、成長率の増幅の効果（累積効果）を無視してしまうことになり、1人当たりGDPの成長につながる年間成長率を過大に見積もってしまう。

年間平均成長率を算出するためのより洗練された計算をするには、幾何平均を利用するのがよい。この場合には、成長率は以下の式で計算できる。

$$(1 + g)^{50} = 2.6864$$

この式を使えば、正確な年間平均成長率（g）を算出することができる（この式をgについて解くと、$g = 2.6864^{1/50} - 1$となる）。したがって、（平均）年間成長率は、$g = 0.020$となり、これが表に示された数字である。ほとんどの場合に、短い期間であれば、平均成長率を求めるにあたって、算術平均と幾何平均は似たような数字になる。この場合に大きな違いが生まれたのは、期間が50年間と非常に長かったためである。

11.2 経済はどのように成長するのか？

10章で学習した集計的生産関数に、この問題の最初の答えがある。集計的生産関数、$Y = A \times F(K, H)$、は、物的資本（K）と労働の総効率単位（H）という2つの生産要素をGDPに関連させたものだ。集計的生産関数は、技術水準（A）にも依存するが、これには、経済で利用できる知識と生産の効率性が含まれる。Aが変わるときには、集計的生産関数はシフトする。

一国経済では、物的資本ストック（K）の増加、労働の総効率単位（H）の増加（たとえば労働者の人的資本の向上）、技術（A）の進歩を通してGDPを増加させることができる。以下では、3つの生産要素について、もう少し詳しく見ていこう。

まず、物的資本ストック（K）について考えてみよう。Kは、その経済にあるすべての設備（機械、車、飛行機、パソコンなど）と、すべての構築物（建物など）の価値を表す。物的資本ストック（そしてGDP）は、投資によって増加する。投資とは、物的資本の蓄積であると考えられる。

9章で学んだことを思い出そう。国民所得勘定式、$Y = C + I + G + X - M$、においてCは消費（財とサービスへの家計の消費支出）、Iは投資（民間部門による投資財への支出）、Gは政府による財とサービスの購入、Xは輸出、Mは輸入である。閉鎖経済で輸出と輸入はなく、さらに政府支出もないものとすると、$G = X = M = 0$となる（ここでの議論ではこの想定を採用する）。この場合の国民所得勘定式は、以下の式となる。

$$Y = C + I$$

言い換えると、GDPは集計的消費と投資の合計に等しい。これは、集計的貯蓄が投資になることも意味している。政府支出のない閉鎖経済が想定されているために、すべての所得は、消費されるか、あるいは貯蓄に回される。したがって、GDPは集計的消費に集計的貯蓄を足したものとなり、$Y = C + S$、となる。したがって、以下の式が成立する。

$$I = S$$

別の解釈をするならば、この関係は以下の流れを表している。すなわち、家計が貯蓄した資源はすべて企業に配分され、企業は投資のためにそれを利用する（たとえば、家計は銀行にお金を貯蓄し、銀行がそのお金を企業に融資し、企業はそのお金で投資をする）。このことから、貯蓄率が高い経済においては物的資本が急速に蓄積される――すなわち、物的資本ストックが急速に増加する。そして、集計的生産関数が示すとおり、GDPは増加する。したがって、経済が物的資本ストックを増加させるのかどうか、そして増加させるのであればそのスピードはどの程度のものであるのかを知るためには、家計の貯蓄行動について理解する必要がある。次に、この点について考えよう。

最適化：貯蓄と消費の間の分割の選択

2008年のアメリカ経済のGDP（総所得）は、14兆4,400億ドルであった。当然この産出量のすべてが消費されたわけではない。企業と政府は、その一部を投資に回して、一国の物的資本ストックとした。たとえば、新しい機械、道路、橋などである。しかし、この投資のための資源は、家計の貯蓄から回される。前述のとおり、政府支出がない閉鎖経済においては、$I = S$、である。

したがって、一国のGDPがどのようにして消費と投資に分割されているかを理解するためには、所得のうちのどれぐらいを貯蓄に配分するかを決める、消費者の選好について分析する必要がある。これは、家計が現在の消費と将来の消費の間でどのように折り合いをつけているのかを分析することだ。というのも、貯蓄とは、今日持っている資源の一部を明日の消費（より一般的には、将来の消費）のために配分する行為だからだ。これは、個人ないし家計の最適化行動の一例でもある。典型的な家計のほとんどは、所得を今使うか、将来のために貯蓄をするかの決定に影響を及ぼすいろいろな優先順位やニーズを抱えている。たとえば、子どもの大学入学準備のために今は貯蓄を、というのもその一例だ。

あらゆる最適化問題と同様に、選択は価格によって影響を受ける。この場合の価格とは、金利である。金利とは、家計が貯蓄から得られる収益率である（金利がどのように決定されるかについては、13章で詳しく学ぶ）。一般的には、高い金利は貯蓄を促進する。さらには、将来の所得増加への期待、そして税金に対する予測が、貯蓄の判断に影響を及ぼす。たとえば、将来急速に所得が増加することを予想している家計にとっては、将来の消費のために貯蓄を増やす理由は小さいかもしれない（将来の所得の増加で、将来の消費は賄えるからだ）。あるいは、「不測の事態」（将来の困難な状況）に備えて貯蓄をする理由も小さい。反対に、将来の増税が予測されるときには、家計は将来の消費を減らすことなく増税分を支払うことができるように、現在の貯蓄を増やそうとするかもしれない。

このようなトレードオフが経済の**貯蓄率**を決定し、所得の中から貯蓄に回される割合に影響する（実際には、家計に加えて、企業と政府も貯蓄をしている。そして経済の総貯蓄にはこれらも含まれる）。貯蓄率は、総貯蓄をGDP（総所得）で割ることによって求められる。2013年のアメリカ経済の総貯蓄は2兆1,800億ドル、GDPは16兆8,000億ドルであった（現在のドル価格表示）。このとき、貯蓄率は以下となる。

$$\text{貯蓄率} = \frac{\text{総貯蓄}}{\text{GDP}} = \frac{\text{2兆1,800億ドル}}{\text{16兆8,000億ドル}} = 12.98\%$$

持続的成長は、どのように実現されるのか？

物的資本の蓄積だけで持続的成長は実現できるのだろうか？　1人当たり

●**貯蓄率**（saving rate）とは、所得の中から貯蓄に回される割合である。

GDPを、正の方向に、長期間にわたって一定した割合で増加させることはできるのだろうか？　この質問に対する答えは「否」であり、理由は単に、物的資本の限界生産力逓減の法則があるからである。

この理由について、もう少し詳しく説明しよう。10章の図表10.7に示したように、物的資本の限界生産力逓減により、物的資本が多くなればなるほど、物的資本の増加によって生まれるGDPの増加量は少なくなる。このことから、単に物的資本が蓄積されるだけでは、持続的成長が実現される可能性は排除される。

では、一国の労働の総効率単位の持続的上昇はどうだろうか？　一国の労働者（就業者）数を増やすだけでは、労働の総効率単位を増やすことはできないのだろうか？　人的資本を増やすことによって、GDPを持続的に成長させることはできないのだろうか？

最初に、生産過程に参加する人の数である労働力人口の増加について考えてみよう。その他すべての生産要素と技術を一定とすると、労働の限界生産力逓減（または、労働の総効率単位の限界生産力逓減）の法則から、労働者を1人追加することからもたらされるGDPの増加量は、労働者が増えるほど小さくなる。したがって、労働力を増やすだけでは、1人当たりGDPを持続的に増加させることは実現されない。

労働者の人的資本を向上させることによって、同一労働力であっても、労働の総効率単位を増やすことはできる――たとえば、教育年数を長くする、または技能の水準を向上させるといったような変化は、実際にGDPを上昇させるが、それだけでは持続的成長の実現は望めない。人には寿命があるし、教育年数の長期化にも限界がある。当然ながら、教育年数を長くすれば、生産に労働力として参加できる年数は減少する。したがって、労働力の教育年数を持続的に延ばし続けることで労働の総効率単位の水準を持続的に引き上げようという考え方は現実的ではない。

「それならば、教育の質を持続的に向上させてはどうだろうか？　労働の効率単位の向上に効果があるのではないか？」と思うかもしれない。だが、そうではない。過去の分析からも、こういった改善が持続的成長を実現する影響力には限界がある（この点については、EBEのコラム「アメリカ経済は、過去200年間にわたって、なぜ経済成長を続けることができたのか？」で詳しく説明する）。教育と技能への投資が1人当たりGDPの上昇に主要な役割を担っているとしても、労働者の教育年数を持続的に延ばし続けるだけでは、毎年約1.5%

CHOICE&CONSEQUENCE

選択の結果

貯蓄率が上昇するのは、どんな場合にもいいことなのか?

あなたは、一国の貯蓄率をコントロールできる最高権力者であったとしよう。あなたの目的は、市民の生活水準の向上だ。貯蓄率が上昇するのは、どんな場合にもいいことなのだろうか？　貯蓄率が高まれば、一国の物的資本ストックは増え、GDPも増加することは、学んできたとおりである。しかし、貯蓄は社会にとってつねに望ましい、というわけではない。極端な例で考えてみよう。一国の最高権力者が、一国の所得のすべてを貯蓄に回すように奨励することができるとしよう。たしかにGDPは増加するだろう。しかしそのときには、市民は消費がほとんどできないか、あるいはまったくできなくなっているので、それでは水準を向上させることにはならない。貯蓄率が100％という極端な例では、消費はゼロになってしまう。社会にとって最適な貯蓄水準というものがあるはずだ。貯蓄がその最適水準を超えているならば、消費を著しく減少させるため、社会の厚生は低下してしまう。

から2%の持続的成長を実現することはできない。

したがって、持続的成長を達成するためには、何か別のものが必要である。その、何か別のものこそが技術である――特に、生産で使用される技術上の知識における進歩が重要である。

知識・技術進歩・経済成長

10章で紹介したムーアの法則について思い出してみよう（図表10.10)。マイクロプロセッサーのチップ上に集積されるトランジスタの数は2年ごとに2倍になり、コンピューターの演算処理能力を向上させている。この傾向は少なくとも過去50年間にわたって続いており、今後も続くことが期待されている。たとえば、マイクロプロセッサーやその他の機械装置ができる以前の1900年頃には、非常に単純な計算以外は何をするにも膨大な費用がかかった。1950年当時には、真空管技術を用いて、1秒当たり1回の演算をできるようになったが、（現在のドル価格に換算して）1,000ドルの費用が必要だった。1970年代には、トランジスタの出現により、同じ1,000ドルの費用で1秒当たり100回の演算ができるようになった。そして1990年代末には、集積回路（IC）の普及により、同じ費用で1秒当たり1,000万回の演算ができた。ムーアの法則はこうした技術進歩の1つの断面である。

技術進歩とは、新しい技術、新しい財およびサービスが経済で発明・導入され使用されるようになる過程のことである。それによって経済は、物的資本ストックと労働の総効率単位などの生産要素が同じでも、より高い水準のGDPを達成できる。

技術進歩について別の例で考えてみよう。図表11.9には、過去200年間の照明費用の変化が示されている[1)]。企業や家計にとって照明の価格がどんどん安くなっていった。これは、電球の発明と、電球の質、照明技術、送電技術が改善され続けてきた結果である。

結局のところ、技術進歩こそが指数的に進化するものなのである。本章のはじめで指数的成長の特徴を説明したが、技術が改善されるということは、何かが一定量だけ増加するというのではなく、技術進歩の後にはほぼ一定の比率で向上することを意味している。技術進歩に指数的特徴がある理由は、考えてみれば単純だ。1人当たりGDP成長が指数的であるのは、成長が増幅されるからだ。つまり、経済成長とは現在のGDPをベースにして増加するものであるのだが、現在のGDPは過去の成長が積み上げられた結果だからである。同じ理屈は、技術進歩についても言える。新しいイノベーションや技術は、過去のイノベーションの結果として蓄積された知識の上に成り立っている――すなわち、「巨人の肩の上に」積み上げられた成果である。イノベーションがGDPに及ぼす改善により、生産能力が一定の量の増大をするのではなく、生産能力が一定の比率で持続的に向上する。数値例で考えてみよう。イノベーションは10%生産性を向上させるとする。1人当たり1,000ドルのGDP水準から技術進歩が起きると、1人当たりGDPは1,000ドルから1,100ドルに上昇する。1人当たり10万ドルのGDP水準にこの技術進歩が適用されると、10万ドルから11万ドルに上昇する。そしてこの成長は、持続

新しいイノベーションや技術は、過去のイノベーションの結果として蓄積された知識の上に成り立っている―すなわち、「巨人の肩の上に」積み上げられた成果である。

● **技術進歩**（technological change）とは、新しい技術、新しい財およびサービスが経済で発明・導入され使用されるようになる過程のことである。それによって経済は、物的資本ストックと労働の総効率単位などの生産要素が同じでも、より高い水準のGDPを達成できる。

1）William D. Nordhaus, “Do Real-Output and Real-Wage Measures Capture Reality? The History of Light Suggests Not,” Cowles Foundation Discussion Papers 1078, Cowles Foundation for Research in Economics, 1994.

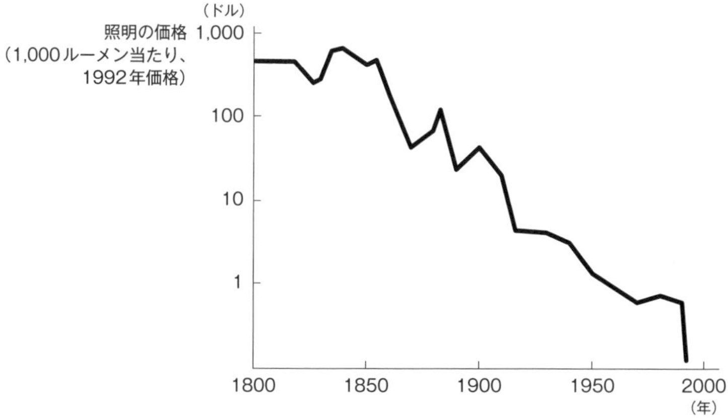

図表11.9 照明の価格の変遷

持続的成長の源泉は技術進歩であり、これが、経済の生産量を持続的に増加させる。図では、電球の質、照明技術、送電技術が改善され続けた結果、年月が経過するにしたがって照明費用は減少を続けている。これは、技術進歩の1つの断面であると見ることができる。

出所：William D. Nordhaus, "Do Real-Output and Real-Wage Measures Capture Reality? The History of Light Suggests Not," Cowles Foundation Discussion Papers 1078, Cowles Foundation for Research in Economics (1994).

して毎年続いていく。

上の2つの例からわかるように、技術進歩における指数的性質こそが、技術進歩が限界生産力逓減の法則には必ずしも従わない理由である（すでに学んできたように、生産要素の増加では、限界生産力逓減の法則が成り立つ）。技術進歩が、持続的成長を実現するうえで最も妥当な原動力である。

すでにお気づきのように、（10章で学んだ）1人当たりGDPの各国間の格差と成長率との関係、および、（本章で学んだ）1人当たりGDPの時代別の違いと成長率との関係、の間には類似性がある。どちらの場合にも、物的資本ストックと労働の総効率単位が重要な役割を果たしているが、それだけでは大きな違いを説明するには不十分である。各国ごとであっても、時代別であっても、技術は重要な役割を担っているのである。

EBE

Evidence-Based Economics
根拠に基づく経済学

問い：アメリカ経済は、過去200年間にわたって、なぜ経済成長を続けることができたのか？

ここまでの議論は、持続的成長においては技術が中心的な役割を果たしていることを裏づけるものである。次に、実証データによっても同じことが言えることを確認しよう。

アメリカの経済成長の要因を分析するに際しては、10章と同じアプローチをとる。10章では、集計的生産関数、各国ごとの物的資本ストックと労働の総効率単位の推定値を用いて、GDPを計算し、それらの違いが各国ごとのGDPの格差をもたらしていることについて分析した。ここでの主な違いは、労働投入を正確に計測できる詳細なデータを用いて、労働者1人当たりGDPではなく、労働1時間当たりGDPを分析に用いたことである。分析は1950年以降を対象にした。

図表11.10には、1950年以降10年区切りの、労働1時間当たりの平均GDP（2005年価格）、労働1時間当たりの物的資本ストックの平均価値、そして労働者の人的資本の最も重要な部分である平均教育年数が示されている（ここでは、長期的成長の計算が目的なので、直近の景気後退の短期的な影響を除くために、最後の期間は2000～07年とした）。表には、1950～2007年にかけては、労働1時間当たりのGDP、労働1時間当たりの物的資本ストック、平均教育年数は安定して上昇していたことが示されている。

次に、10章と同様の方法で、アメリカのGDP成長に対する物的資本（K）と人的資本（H、労働の総効率単位）と技術（A）の寄与度を計算する。結果は表の(4)、(5)、(6)列である。(7)列は、労働1時間当たりのGDPの年間成長率であり、物的資本（K）、人的資本（H）、そして技術（A）の寄与度の合計となる。

表からは、アメリカの経済成長において技術が最も重要な役割を果たしていたことがわかる。1960年代の数字を見てみよう。人的資本の寄与度は0.17％だった。仮にアメリカの労働者の人的資本が1960年代を通して成長していなかったとすれば、1960年代の労働1時間当たりのGDPの

期間	労働1時間当たりのGDP(2005年価格) (1)	労働1時間当たりの物的資本ストック(2005年価格) (2)	平均教育年数 (3)	物的資本(K)によるGDP成長への寄与度 (4)	人的資本(H)によるGDP成長への寄与度 (5)	技術(A)によるGDP成長への寄与度 (6)	労働1時間当たりのGDPの年間成長率 (7)
1950–59年	8.30ドル	102,548ドル	9.38年	0.89%	0.28%	2.37%	3.54%
1960–69年	11.50ドル	119,593ドル	10.16年	0.89%	0.17%	2.20%	3.26%
1970–79年	14.96ドル	128,591ドル	11.15年	0.88%	0.01%	1.22%	2.11%
1980–89年	17.46ドル	137,637ドル	12.07年	0.86%	0.30%	0.45%	1.61%
1990–99年	20.95ドル	144,354ドル	12.77年	0.84%	0.36%	0.87%	2.07%
2000–07年	27.06ドル	158,755ドル	13.22年	0.99%	0.19%	1.29%	2.47%

図表11.10 アメリカにおける労働1時間当たりのGDP成長への物的資本、人的資本、技術の寄与度：1950～2007年

(6)列[技術(A)の寄与度]は、(7)列[労働1時間当たりのGDPの年間成長率]から、(4)列[物的資本(K)の寄与度]と(5)列[人的資本(H)の寄与度]を差し引いて計算される。

出所：米労働省労働統計局(BLS)、米商務省経済分析局(BEA)、米商務省国勢調査局。

年間成長率は0.17ポイント低くなる(3.26%ではなく、3.09%になる)。また仮に技術が一定であったとすると、労働1時間当たりのGDPの年間成長率は2.20ポイント低くなる。別の期間の結果についても同様のことが言える。10章の分析では、各国ごとにGDPが違う要因には技術が関係していることを確認した。アメリカ一国の場合でも同様に、ほとんどの期間を通して、労働1時間当たりのGDP成長に対して、技術が大きな役割を果たしている。

図表11.11は、図表11.10の最後の4列分の情報［(4)列から(7)列］を棒グラフにしたものである。物的資本と人的資本の2つの生産要素と技術の寄与度の内訳がさらにわかりやすく示されており、技術の役割の重要性はより明らかになっている。棒グラフの高さは、その期間の労働1時間当たりのGDPの年間成長率であり、そのうちの紫色が技術の寄与度である。1980～89年の一時期を除いて、アメリカの成長に最も寄与したのは

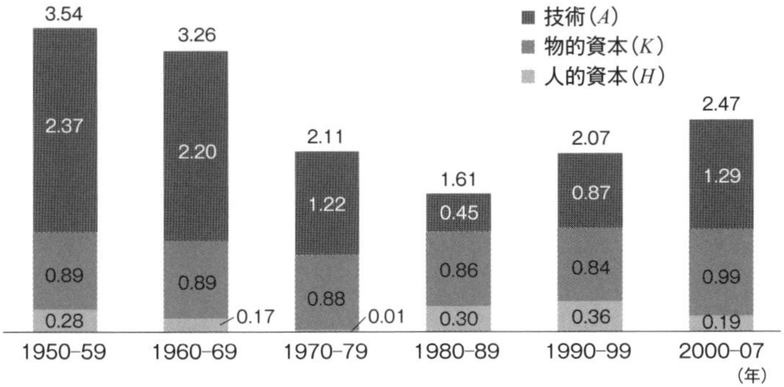

図表11.11 アメリカの労働1時間当たりのGDP成長に占める技術、物的資本、人的資本の割合：1950〜2007年

アメリカにおける労働1時間当たりのGDP成長に対する、物的資本(*K*)、人的資本(*H*)、技術(*A*)の寄与度を示したグラフである。棒グラフの上にある数字は3つの要素の数字の合計であり、労働1時間当たりのGDP成長率である。アメリカの経済成長に対して最も大きく寄与したのは技術(*A*)であったことは、図からも明らかである。

出所：米労働省労働統計局（BLS）、米商務省経済分析局（BEA）、米商務省国勢調査局。

技術だったことがわかる。

技術の寄与度は1970年代から1980年代にかけてはいくぶん低下した。この期間は、労働1時間当たりのGDP成長率も低かったのだが、物的資本ストックは上昇している（図表11.10の(2)列）。おそらく、この期間にIT資本への膨大な投資がされていたことを反映しているのだろう。

ただし、図表11.10と図表11.11を根拠に結論を導き出す際には注意が必要だ。10章と図表11.10でも指摘したように、技術の寄与度は、GDP成長のうち物的資本と人的資本によっては説明されない部分として計算される。もし物的資本と人的資本のGDP成長への寄与度を過小評価していた場合などには（たとえば物的資本ストックの品質の向上が十分に考慮に入れられていない場合などが考えられる）、技術の寄与度はその分だけ過大評価されることになるだろう。

Q 問い アメリカ経済は、過去200年間にわたって、なぜ経済成長を続けることができたのか？

A 答え 技術進歩による貢献が大きい。ただし、物的資本と労働者の人的資本の向上も貢献している。

データ　1950～2007年の期間における、アメリカの労働1時間当たりのGDP、労働1時間当たりの物的資本ストック、平均教育年数、労働者の平均職業経験年数、の推計による。

注意　仮に物的資本と人的資本によるGDPへの寄与度を過小評価していた場合には、技術の寄与度は過大評価されてしまうかもしれない。

11.3 経済成長と技術の歴史

図表11.8は、1820年以降の各国の経済発展を示している。この200年間は「近代」と呼ばれることもある。しかし、それ以前の時代はどうだったのだろうか？　19世紀より前の成長パターンは、本章の分析とは似つかないものだったのだろうか？　仮にそうであったとすると、何が変わったのだろうか。

近代以前の経済成長

もちろん人類には、19世紀より前にも長い歴史があり、その間にも科学、技術そして芸術分野で偉大な進歩を遂げている。しかし、経済的視点で見ると1800年より前の時代はある1つの言葉で表すことができる。持続的成長の欠如だ。図表11.1と図表11.2をもう一度見てみよう。アメリカ経済には低迷期があり、大恐慌もあった。しかし、全体として見れば1人当たりGDPの成長を持続させていた。

1800年より前の世界は完全に停滞していたというわけではないが、図表11.1に見られるような持続的成長はなかった。経済成長期は何回かあり、技術進歩さえあった。そうした状態が100年以上続いたこともあった。最もよく知られている時代や国々は、古代ギリシャ、古代ローマ、そしてベネチアだ。これらの文明の全盛期には、生活水準は向上し、経済活動は飛躍した。しかし、この成長は永続的なものではなかった。古代ローマの経済成長は、ゆっくりとしたものではあったが、300年以上続いた後に、最後を迎えた。ベネチアの歴史も同様であった。

どの時代にもある程度の経済成長はあったが、持続的な経済成長はまれであったか、まったくなかった。古代文明の成長が持続的ではなかった理由を知る簡単な方法がある。10章で説明したように、世界銀行が2015年には、絶対的貧困を1人1日1.90ドル（2011年価格）での生活と定義しているのは、まったく根拠がないわけではない。生命を維持するために必要な栄養量（カロリーベース）を摂取する必要があるし、住居と衣類も必要だ。推計値には幅があるが、1人当たりの年間所得（GDP）が500ドルよりはるかに低いということは、人口の大部分の1人当たり年間所得が500ドルよりはるかに低いということになる。これは国家を維持していくことは実質上不可能な水準である。これを下回ると人間が生存することが困難な1人当たりの所得を、**生存水準**と呼ぶ（1つの数字ですべての環境に当てはまるわけではないが）。考え方は単純であり、正確な水準が決まっているわけではないが、人間の生存には必要な1人当たりの所得の最低水準がある、という考え方である。所得がこの水準を下回ると、人口のほとんどが飢餓に苦しむことになる。

もちろん、1万年前や1000年前には、いや200年前でさえ、国民経済計算の概念はなかった。それでも、人間の文明が存在していた国々の1人当たり所得が、今日のドル価格で換算して1人当たり500ドルを下回っていたことはなかったことはわかっている。さらに図表11.8に示されているように、19世紀初頭でも、世界の大部分の国々の所得は1人当たり500ドルを上回る水準だった。たとえば、アメリカの1人当たり所得は約1,873ドル、イギリスはこれより高かった。数千年の間で所得が3倍強にしかならなかったということは、1800年より前には持続的成長はなかったと言えるだろう。

近代以前に持続的成長が欠如していたことには、2つの大きな理由がある。第1に重要な理由として挙げられるのが、持続的成長を説明する重要な要因である技術の不足であった。1800年より前にも、何回かの重要な技術的ブレイクスルーはあったのだが、技術進歩のペースは今よりもずっと遅く、近代以降と比べるとほとんど停滞していたようにしか見えない。第2に、総所得（GDP）の成長が、1人当たりの所得の増加には結びつかなかった。これは、トーマス・マルサスの理論（マルサス・モデルと呼ばれることもある）の根拠とされている。次に、このマルサス・モデルについて議論し、世界がどのようにしてそこから脱出できたのかについて説明しよう。

● **生存水準**（subsistence level）とは、生命を維持するために必要な栄養量（カロリーベース）の摂取、住居、衣類を得るために一般的に必要とされる1人当たりの最低所得水準である。

マルサスが考えた経済成長の限界

トーマス・マルサスは、経済がどのように動くかに関しては、ひときわ悲観的な見方を示していた。おそらく、彼が著書『人口論』を執筆した1798年時点では、その後の19世紀のヨーロッパのような持続的成長を経験したことがなかったからだろう[2]。マルサスの考え方によれば、**出生率**――大人1人当たりの子どもの数、または出産適齢期の女性1人当たりの子どもの数――は、所得がつねに生存水準（前述した年間約500ドル）に近くなるように調整される。マルサス・モデルでは、生活水準が生存水準以上になると夫婦は子どもの数を増やす。したがって、総所得（GDP）は人口増加のペース以上には成長できないと想定しており、人口増加は、1人当たり所得を生存水準まで――そしておそらくそれ以下の水準に――押し下げる、とマルサスは主張した。この1人当たり所得の下落は、大多数の人口を失うことになる飢餓や戦争を引き起こした。そして、一定の総所得の下では、人口が減少することにより、再び1人当たり所得は増加する。**マルサス・サイクル**とも呼ばれるこのパターンの下では、総所得の増加が1人当たり所得を生存水準以上に引き上げ、それが人口を増やし、資源への圧力となって、再び1人当たり所得を最初の水準かそれ以下の水準にまで低下させてしまう。このパターンが、出生率を下落させ、死亡率の上昇をもたらし、時には飢餓を引き起こしさえすることによって、人口の増加を「修正」するのである。

陰鬱にも思える考え方であるが、マルサス・モデルは、実際には1800年より前の世界の姿をうまく描写しているようである。

この同時期、あるいは直後の時期には、出生率は低下を示している。経済的かつ社会的な原因から起こるこのプロセスは、**人口転換**と呼ばれる。経済学では通常、人口転換が起こる主たる原因は、農業と農村地域から工業と都市地域への転換であると主張する。都市部の家族では、農村部の家族ほど子どもの労働に頼る必要はなく、一方で、農場で働くのではなく、学校で教育を受けるよ

- **出生率**（fertility）とは、大人1人当たりの子どもの数、または出産適齢期の女性1人当たりの子どもの数である。
- **マルサス・サイクル**（Malthusian cycle）では、総所得の増加が人口の増加を引き起こし、それが1人当たりの所得を減らしてしまうので、結果として人口を減少させてしまう。これは、産業革命以前の世界の姿を描写したパターンであった。
- **人口転換**（demographic transition）とは、農業から工業に転換するときに多くの社会が経験する、出生率の低下と1家族当たりの子どもの数の減少である。

2) Thomas R. Malthus, *An Essay on the Principle of Population*, 1798. 最新の翻訳は、斉藤悦則訳『人口論』（初版の翻訳）、光文社、2011年。

うになるので、子育て費用は高くなる。これが、子どもの数を少なくするインセンティブをもたらしている。

多くの歴史家や経済学者は、人口転換を近代経済の成長の中心的要素と考えている。人口転換によって出生率が低下した国は、マルサス・サイクルから抜け出すことができるからである。19世紀に人口転換が起こるまでは、マルサス・サイクルは続いていた。そしてこの後、特に西ヨーロッパの多くの国々では、1人当たり所得の持続的成長がはじまったのである。

産業革命

しかし、人口転換だけでは経済成長を促進するには不十分であった。出生率が低下し、その低い水準で安定するというだけでは、1人当たりGDPの成長パターンには質的変化は必ずしももたらされない。持続的成長は、この時代に起きたもう1つの重要な変化である産業革命を原因としていたのである。産業革命は、近代経済成長を支えた、持続的で急速な技術進歩に道を開くことになった。

産業革命は、革命という名称とは裏腹に、急激で破壊的な変化が短期間に起きたのではなく、徐々に進行した変化だった。産業革命は、イギリスにおいてたくさんの新しい機械や生産方法が導入されたことを示す用語であり、織物工業からはじまり、その後にほかの工業部門に広まっていった動きである。産業革命は（科学技術がまとまって広範なかたちで生産過程に利用された初めての出来事として、それ自体としても重要なものであるが）、世界中の多くの国々に広まった工業化の波の出発点として重要な意味を持つ。現在の豊かな国々は、過去200年間に持続的成長を達成していたことはすでに指摘した。それらの国々はまた、産業革命によってもたらされた技術の恩恵を活かすことに成功してきた国でもある。

たしかに新しい技術と新しい知識はそれ以前にも生まれていたが、イノベーションと、財とサービスの生産過程への新技術の適用が体系的かつ広範囲に広まったのは、産業革命以降のことである。今日へと続く持続的成長の原動力である技術進歩は、18世紀終わりにイギリスからはじまった産業革命を出発点としていた。

● **産業革命**（industrial revolution）とは、18世紀終わりにイギリスからはじまった、生産過程における一連のイノベーションと改善を総称する言葉である。

産業革命以降の経済成長と技術

今日では当たり前になっている技術のほとんどは、過去250年間に発明されて、利用可能になったものだ。それらの技術進歩の流れは、鉄道からはじまり自動車そして飛行機へ。ラジオやテレビから電気通信技術、コンピューター、インターネット、SNSへ。そして電力は、毎日の生活で使われている財を動かすために、またそれらを生産する工場で使用されている技術のほとんどすべてに使われている。世界中で数億人もの生命を救う医薬品から、水道を含めた基本的な衛生設備にまで至っている。このような技術進歩は、産業革命以降の知識と技術の指数的成長がもたらした成果だ。こうした経済成長の重要な基盤が、研究開発（R&D）だった。企業、大学、政府は、知識の基盤を向上させるために研究開発を行っている。現在アメリカは、毎年R&DにGDPの2.79%に相当する3,650億ドルを費やしている。この比率がもっと高い国もある。たとえば、イスラエルは4.66%、スイスは3%、スウェーデンは3.7%である。現在の高い生活水準は、このR&Dの投資の果実なのである。

11.4 経済成長、不平等、そして貧困

経済が成長していても、必ずしもすべての市民がその成長からの便益を平等に得ているというわけではない。実際、ここ数十年のアメリカ経済の急速な成長は、同時に、不平等の拡大を伴うものであった。平均所得をはるかに上回る高所得の家計や個人はつねに存在しているし、平均所得をはるかに下回る低所得の家計や個人もつねに存在している。この経済成長を生み出している新しい技術の恩恵を受けるのは一部の労働者や企業だけにとどまっており、経済成長はしばしば不平等の拡大を伴う。

経済成長と不平等

社会が不平等を問題にするのは、いくつかの理由がある。市民の生活水準に大きな不均衡がない社会が望ましい。格差の拡大は社会の二極化につながり、さらには社会の犯罪の増加にさえつながるとも考えられている。

経済が成長していても、必ずしもすべての市民がその成長からの便益を平等に得ているというわけではない。

ここまでは、一国の生産性と生活水

LETTING THE **DATA SPEAK**

データは語る

アメリカにおける所得格差

図表11.12を見ると、アメリカの所得格差の変化がわかる。図に示されているのは、アメリカの所得上位10%の人口の所得合計が、一国全体の所得に占める割合である（残りが、その他の90%のアメリカ人の所得の合計となる）。データは経済学者のトマ・ピケティとエマニュエル・サエズによりまとめられた[3]。図からわかるとおり、1940年頃までは、上位10%の所得合計は全体の約45%から50%だった。その後には所得格差の著しい改善が進み、35%まで低下して、その水準のまま1970年代半ばまで推移した。しかし、1970年代後半から格差が拡大しはじめ、1990年代終わりには、上位10%の所得合計は再び50%近くにまで上昇した。ピケティとサエズは、さらに興味深いパターンを発見した。1970年代より前には、富裕層の所得のほとんどは資本所得だった——つまり、株式の配当、資産の譲渡益、利子所得や不動産収入などの賃金や給与以外の資源からの収入であった。しかし、過去30年間では、富裕層の所得に占める賃金の割合が劇的に増加し、2000年には60%になった（ただしその後、2007年には38%に低下した）。金持ちであってもますます働くようになったのだろうか。

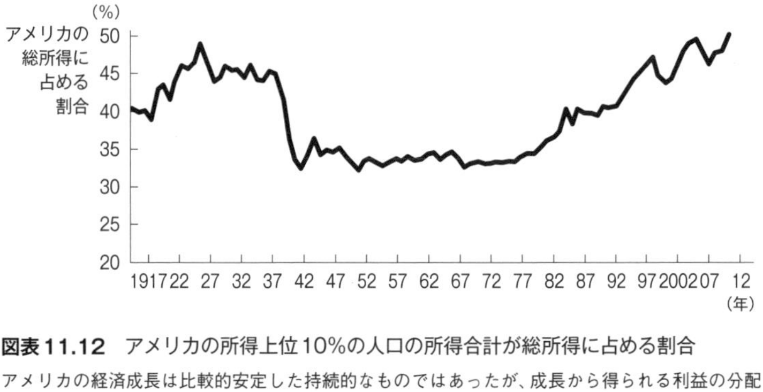

図表11.12 アメリカの所得上位10%の人口の所得合計が総所得に占める割合

アメリカの経済成長は比較的安定した持続的なものではあったが、成長から得られる利益の分配については時代とともに大きく変化している。20世紀初頭には、富裕層（所得上位10%）が総所得の約50%を得ていた。この所得分配は1940年代に入ると平等なものへと変化し、この傾向は1970年代半ばまで続いた。その後に再び格差は拡大し、所得上位10%の富裕層の所得が総所得に占める割合は、今日では50%まで上昇している。

出所：http://eml.berkeley.edu/~saez/TabFig2012prel.xls

3) Emmanuel Saez and Thomas Piketty, "Income Inequality in the United States, 1913-1998," *Quarterly Journal of Economics*, Vol. 118, No. 1, 2003, pp. 1-39.

CHOICE&CONSEQUENCE

選択の結果

格差と貧困

富裕層と貧困層が人口をちょうど二分している社会を想像してみよう。ここで2つのシナリオを想定する。シナリオ1の社会では1人当たり所得は、富裕層は5万ドル、貧困層は1,000ドルとする。シナリオ2の社会では1人当たり所得は、富裕層は5,000ドルで、貧困層は500ドルとする。あなたならば、どちらの社会で暮らしたいだろうか。

この質問への答えには、当然ながら様々な要因が関係する。格差や貧困に対する考え方は人それぞれに違う。あなたが気にするのは平均所得であり、公平性はまったく気にしないとしよう。その場合には比較をするのは簡単だ。平均所得を計算すると、シナリオ1は2万5,500ドル、シナリオ2ではわずかに2,750ドルであり、シナリオ1のほうが明らかに高い。

次に、あなたが気にするのは公平性だとする。その場合には、格差の尺度のみを見て、その他のことは考えないこととする。この場合には、富裕層と貧困層の所得の比率はシナリオ1では50倍で、シナリオ2では10倍なので、シナリオ1のほうが格差の度合いは大きい。したがって、あなたが格差のみを気にしてほかを考慮に入れない場合には、シナリオ2が望ましいと言いたくなるだろう。

しかし、ここには誤りがある。格差の問題は、それが貧困と人々の生活水準の低さに関係することにある。シナリオ1では、貧しい人でも1,000ドルの所得があるので、格差が大きいとしても貧困の程度は低い。シナリオ2では、たとえ格差の度合いは小さいとしても、貧しい人には500ドルの所得しかない。したがって、たとえ他者の厚生や社会における貧困水準を重視するにしても、格差にだけ焦点を当てるのは間違いである。実際にこの場合には、シナリオ1のほうが平均所得は高く貧困度も軽度である。この点を考慮せずに、格差の水準のみを見て、より平等な配分は貧困の減少につながると考えると、間違った判断を下してしまうことにもなりかねない。

準を見るための主な尺度として1人当たり所得（GDP）に焦点を当ててきた。しかし、ある特定の時点での一国の1人当たり所得の平均が、その国のすべての個人の所得と同じになるわけではない。10章でも指摘したように、この区別をしっかりとつけ、社会の所得分配を考慮に入れないで1人当たり所得のみに焦点を当てることのないようにしなければならない。

格差自体を問題にすることもたしかに重要であるが、多くの政策立案者や市民が懸念するのは、格差が貧困に関係しているからである。世界銀行が2015

年に定義した1人1日1.90ドル相当（2011年価格）という絶対的貧困は、深刻な経済問題や、健康問題、そして社会問題につながる。高い乳児死亡率、子どもの栄養失調、低い教育水準、主たる経済活動への参加から排除されていることなどは、極端な水準の貧困に伴う典型的な問題である。しかしながら、コラム「選択の結果」でも指摘したように、格差と貧困を区別して取り扱うことが重要だ。

経済成長と貧困

経済成長と貧困の関係は、どうなっているのだろうか？　10章で学んだとおり、1人当たり所得（GDP）が高い国では、世界銀行が定義する1人1日1.25ドル水準の貧困状態で生活している人々は少ない。図表11.13からは、平均的には、1人当たり所得の成長は貧困の減少を伴っていることが読み取れるので、この仮説を裏づけている。図は1993年から2000年代後半にかけての各国の変化を示したものであり（年度は入手可能なデータに基づく）、縦軸は貧困率の上昇または下落を示し、横軸は平均の経済成長率を示している。

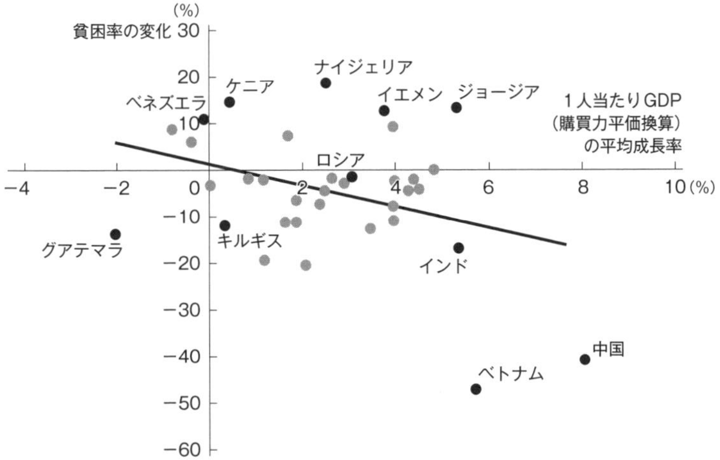

図表11.13　経済成長率と貧困率の変化との関係：1993年～2000年代後半

経済成長には貧困を減少させる傾向がある。ただしその関連は完璧なものではない。個々の点は各国の経済成長率と貧困率の変化との関係を示したデータである。

出所：Penn World Table and World Bank DataBank: World Development Indicators; Alan Heston, Robert Summers, and Bettina Aten, Penn World Table Version 7.1, Center for International Comparisons of Production, Income and Prices at the University of Pennsylvania (Nov 2012).

図の右下に位置するのは、正の経済成長と貧困率の低下を示した国々であり、中国、インド、ベトナムなどが含まれる。左上に位置するのは、負の経済成長と貧困率の上昇を示した国々であり、ベネズエラを含む3カ国のみがここに入る。さらに図には、全体の傾向を示す右下がりの直線が描かれている。なかには、成長率と貧困率がともに上昇した国もある（ナイジェリア、イエメン、ジョージアなど）が、全体としては、最近の数十年間の経済成長と、貧困者の割合には負の関係がある。ただし、図からもわかるように各国を示す点は、右下がりの傾向線からはかなり散らばって分布している。

この関係からは、1人当たり所得の成長は貧困の減少の直接的な原因だと言うことはできないにしても、経済成長が貧困率を引き下げる最も有効な手段の1つであるという、多くの経済学者の信念を支えるエビデンスになっている。ただし、経済成長が自動的に貧困を減少させることを保証するわけではないことも認識しておく必要がある（ナイジェリア、イエメン、ジョージアの例がある）。格差の著しい拡大が伴わない場合に限って、この関係は成立するのかもしれない。

どうすれば貧困を減らすことができるのか？

世界的にも貧困を減少させるために様々な政策が実行されてきたが、その多くは失敗だった。世界の貧困を減らす政策には特効薬はない。

とはいっても、経済分析からは、いくつかの手段が有効であることはわかっている。解決策の1つが国際貿易で、参加するすべての国々にとって有益なものとなる。国際貿易は、勝者と敗者の両方を生み出すが、国際貿易から得られる便益は一般的にはプラスであり、その規模も大きい。特にプラスが大きくなるのは、EUやアメリカに輸出できる天然資源を保有していたり、農作物を生産している多くの貧しい国々だが、こうした国々は、高率関税や輸入割当てに阻まれて、事実上輸入を禁止されている。先進国が後進国に課している関税や輸入割当てを減らすことは、GDPの上昇をもたらす方法の1つであり、おそらくは、貧しい国々の成長も促進するだろう。実際、貿易はそれ以上の便益をもたらす。国際貿易により先進国との交流が増加すると、その国際的な交流は技術の移転も促進する。

世界の生活水準を向上させるためのもう1つの重要な要素は、世界で活用されている知識と技術を改善し続けることである。アメリカではGDPのかなりの割合をR&Dに投入しており、労働力の中の大きな割合が科学と工学の分野

LETTING THE **DATA SPEAK**

データは語る

平均寿命とイノベーション

70年前の世界の平均寿命（出生時平均余命）は、今日よりもはるかに低いものであった[4]。1940年当時は、乳幼児の死亡率は非常に高く、成人できたとしても肺炎や結核などの治療法はなく、これらの病気は命取りとなった。このため平均寿命は、多くの国々で40歳以下だった。たとえば、平均的なインド人の寿命は非常に低く、30歳。また、ベネズエラは33歳、インドネシアは34歳、ブラジルは36歳だった。多くの西洋諸国の平均寿命も低かったが、貧困国よりは高かった。当時のアメリカの平均寿命は64歳だった。

その後の30年から40年を経て、平均寿命をめぐる様相は劇的に変わった。10章で見たように、先進国と後進国の平均寿命の差は今でもある。しかし全般的には、1980年代にサハラ以南のアフリカでAIDSが拡大するまでは、健康状態は世界中で著しく改善された。1999年のインドの平均寿命は60歳になり、1940年と比較して2倍になっている。これは、1820年当時のイギリスの平均寿命（40歳）よりも50%長い。ちなみに当時のイギリスの1人当たりGDPは1999年のインドと同水準だった。貧しい国々の健康状態の著しい改善は、どのようにして起きたのだろうか？

その答えは、20世紀のアメリカや西ヨーロッパ諸国で起きた科学分野のブレイクスルーとイノベーションにある。第1に、世界的な医薬品のイノベーションの波があった。なかでも最も重要なのが、抗生物質の開発である。抗生物質は、発展途上国における重大な死因であった細菌感染に、極めて有効な医薬品を生み出した。細菌感染に対する効果的な治療を提供するペニシリンは、1950年代初めから広く利用されるようになった。同時期の重要な出来事に、黄熱病や天然痘などに対する新しいワクチンの開発がある。

第2の要因は、DDT（ジクロロジフェニルトリクロロエタン）の発見である。最終的に農業用の殺虫剤としてのDDTの過剰使用は、環境に有害であると指定されるに至ったが、疾病予防のための初期の使用では画期的な効果をもたらした。DDTによって、貧困層の子どもの主要な死因の1つであるマラリアに対抗できるようになった。最後に、世界保健機関（WHO）が設立され、その支援の下に、コレラを予防するための水分補給や水の煮沸消毒などの、簡単だが効果的な医療活動・公衆衛生活動が貧困国に広まっていったことの影響は大きなものであった。

4) Daron Acemoglu and Simon Johnson, "Disease and Development: The Effect of Life Expectancy on Economic Growth," *Journal of Political Economy*, Vol. 115, No. 6, 2007, pp. 925-985.

に従事している。アメリカ、カナダ、イギリス、フランスおよびドイツなどの国々におけるこのような努力から生まれる技術進歩は、それらの国々の生活水準を向上させるだけではなく、世界中の生活水準も向上させる。たとえば、アメリカと西ヨーロッパからはじまった電気通信技術の発展によって、今では携帯電話が世界中で利用されるようになっており、あらゆる場所に住む何十億もの人々の生活の向上に役立ち、仕事の機会を与えてきた。無線通信が利用できるようになる前には、多くの国の人々は、通信を有線電話に頼らなければならなかった。

しかし、有線電話の分野は多くの場合に国営かまたは民間企業による独占であったために、価格が高く広範囲で利用することができなかった。無線技術の進歩は、消費者を独占企業による囲い込みから一部解放した。技術が進歩するにしたがって、無線通信はより良い医療の提供に活用されるようになり、そして企業間の通信も改善されることとなり、ビジネスの重要な場面で活用されるようになっている。同様に、医薬品のイノベーションによって、アメリカやドイツ、フランスだけでなく、世界中で生命が救われている。

したがって、豊かな国々とその他の国々との差を縮めることに直接的には役立たないとしても、アメリカや西ヨーロッパにおけるイノベーション政策の継続は、世界規模の貧困に対応する有効な手段となっている。

まとめ

◉アメリカを含めて多くの国々では過去200年間で経済が急成長し、1人当たりGDPは何倍にも増えた。たとえば、現在のアメリカの1人当たりGDPは、1820年のおよそ25倍になった。アメリカの成長は持続的であり、1人当たりGDPは、大恐慌とその後の一時期を除いて、比較的安定した比率で成長を続けてきた。

◉経済成長は、キャッチアップ成長によって急激に成長することもある。キャッチアップ成長とは、比較的貧しい国が、より発展した国で発明された知識や技術を活用することによって、自国の1人当たりGDPを増加させていく成長プロセスである。

◉経済成長は、経済が物的資本を増やしたり、労働者の人的資本を引き上げたり(つまり同じ労働力人口で労働の総効率単位を引き上げたり)、技術を改善したりする結果として生まれる。物的資本の場合には、限界生産力が逓減し、人的資本の場合には、労働者が働きはじめる前に人的資本にどれだけ投資できるかには限界があるので、持続的成長は一般的には、物的資本や人的資本を増やすだけでは達成できない。持続的成長をもたらすのは、技術進歩である。技術進歩がアメリカの1人当たりGDP(または労働1時間当たりGDP)の上昇に最も寄与しているという実証的研究によるエビデンスがある。

◉過去200年間は、世界の多くの国々において持続的成長が実現した。しかしそれより前の数世紀には持続的成長ではなく、マルサス・サイクルを経験していた。すなわち、GDPの上昇による人口増加が、生活水準を引き下げ、出生率を下落させるので、人口増加を抑制する。世界は、産業革命によってこのマルサス・サイクルから脱出することができた。産業革命により、急速な技術進歩がはじまり、次の200年の持続的成長の土台が築かれた。

◉経済成長は、より大きな格差を生まない限り、貧困を大幅に減少させることができる。

キーワード

経済成長または**成長**
指数的成長
持続的成長
技術進歩
出生率
人口転換
成長率
キャッチアップ成長
貯蓄率
生存水準
マルサス・サイクル
産業革命

復習問題

1.... 経済成長とは何だろうか？　過去200年間に、アメリカ経済はどのように成長したのだろうか？

2.... キャッチアップ成長と持続的成長とは、それぞれどのような成長だろうか？ 例を用いて説明しなさい。

3.... 集計的生産関数によれば、GDPはどのように増加するのだろうか？

4.... 本章では、経済成長における貯蓄の重要性を強調している。

a. 経済における貯蓄率は、どのように定義されるだろうか？

b. 家計が消費をするか、貯蓄をするかを決定するにあたって、どのような要因が影響を及ぼすのだろうか？

c. 家計の貯蓄行動は、投資にどのように影響を及ぼすだろうか？

5.... その他すべてを一定として、労働の総効率単位の増加は持続的成長をもたらすだろうか？　理由についても説明しなさい。

6.... 過去数十年間のアメリカの経済成長は、どのように説明されるだろうか？

7.... 1800年より前には持続的成長はなかった。その理由は何だろうか？

8.... マルサスの経済成長に関する予言とは何だろうか？　彼の予言は正しかったのだろうか？　理由についても説明しなさい。

9.... 産業革命は、経済成長にどのような影響をもたらしたのだろうか？

10.. 一国の1人当たりGDPの増加は、すべての国民が豊かになることを意味するのだろうか？　説明しなさい。

11.. 本章の学習に基づいて、貧困を減少させるための最善の方法について論じなさい。

12.. 20世紀には、ほとんどの国で平均寿命（出生時平均余命）は著しく増加した。その背景にあった要因は何だろうか？

12 雇用と失業

Employment and Unemployment

企業が工場を閉鎖すると、地域の雇用と失業にはどのような影響が及ぶのか?

不景気は地域経済を直撃する。自動車業界が不振に陥れば、フォード・モーター社は工場閉鎖に追い込まれる。地域経済が停滞すれば、その地域の量販店も店舗の1つを閉めるだろう。石炭価格が下落すれば、炭鉱会社は採鉱の操業停止に追い込まれる。新しい供給者（サプライヤー）との競争が激化すれば、工場閉鎖に追い込まれる衣料品メーカーも出てくる。そこでの仕事を失った労働者は、即座に新しい仕事を探し出せるだろうか？　地域の労働市場は、すばやく回復するだろうか？　それとも、地域の失業は、しばらく続くのだろうか？

本章では、雇用と失業を決定する要因について分析し、様々な経済ショックが労働市場における均衡にどのような影響を及ぼすのかを考える。

本章の構成

12.1	雇用と失業の測定
12.2	労働市場の均衡
12.3	失業はなぜ起きるのか?
12.4	ジョブ・サーチと摩擦的失業
12.5	賃金の硬直性と構造的失業
EBE	企業が工場を閉鎖すると、地域の雇用と失業にはどのような影響が及ぶのか?

KEY IDEAS キーアイデア

- ◉潜在的労働力である16歳以上人口は、就業者、失業者、非労働力人口の３グループに分類される。
- ◉雇用水準と賃金水準は、企業の労働需要と労働者の労働供給と様々な賃金の硬直性で決まる。
- ◉失業中の労働者が労働市場の状況を学び、新しい仕事を見つけるには時間がかかるので、摩擦的失業が生まれる。
- ◉賃金の硬直性があるため、労働需要量と労働供給量が一致しないことで構造的失業が生まれる。
- ◉循環的失業とは、失業率とその長期間平均である自然失業率との差を指す。

12.1 雇用と失業の測定

1年半も仕事を見つけることができなかった失業者が、新聞に投稿した。「孤独、無気力、絶望の感情にさいなまれている」[1]。ほとんどの人々にとって、失業が長期に及ぶことは、個人の健康や幸福度（ウェルビーイング）に多大な影響を及ぼす。長期的な失業は、所得の喪失、仕事のスキルの喪失、自尊心の喪失という、3つのトラウマを同時にもたらしてしまう。

失業はその経済的費用と社会的費用が大きいため、政府は経済における失業者数を減らそうと努力する。そのためには、失業率の推計とその変化をまとめる方法がなくてはならない。失業の測定をする際にも、実は様々な問題が含まれている。たとえば、積極的に職探しをしている無職の30歳が失業者に分類されることに問題はない。では、仕事は失ったが職探しはしないと決めた30歳を、どのように分類すればいいのだろうか？　フルタイムの大学生や、専業主婦（夫）はどうだろうか？　一生懸命に忙

失業はその経済的費用と社会的費用が大きいため、政府は経済における失業者数を減らそうと努力する。

1) Anna Richey-Allen, “The Pain of Unemployment,” *New York Times*, October 31, 2010.

しく働いていても、その労働の対価をもらっていない人はどうなるのだろうか？

経済学には、雇用と失業の標準的な定義がある（議論の余地はあるのだが）。アメリカの標準は、労働省労働統計局（BLS）が設定した定義である。

16歳以上人口の分類

誰が働いていて、誰が失業しているかを判断するためには、まず、分析対象となる労働者を定義する。BLSは、総人口から、16歳未満の子ども、軍役中の者、福祉施設や刑務所などに収容されている者、を除いたすべての一般市民を、16歳以上で施設に入っていない文民人口と言う。ここでは簡単化のため、**16歳以上人口**と呼ぶ*。2014年1月時点では、アメリカの16歳以上人口は2億4,690万人だった。

16歳以上人口は、「就業者」「失業者」「非労働力人口」の3グループに分類される。フルタイムでもパートタイムでも、賃金が支払われている労働者は、公式には**就業者**に分類される。言い換えると、パートタイムでも賃金が支払われている限り、就業者に分類される。この正式な定義によれば、2014年1月時点でのアメリカの就業者は1億4,520万人である。

16歳以上人口のうち、賃金が支払われる仕事がなく、直近の4週間に積極的に職探しを行い、現在働ける状態にある労働者は、**失業者**に分類される。この失業の定義に基づくならば分類は容易であり、上述の失業の測定に際しての疑問も解消する。解雇された労働者は、新しい仕事を積極的に探している場合に限り失業者として分類される。同様に、学生や親で賃金が支払われる仕事に就いておらず、かつ仕事を探していなければ、失業者には分類されない。2014年1月時点でのアメリカの失業者は1,020万人である。

労働力人口とは、就業者と失業者の合計である。

- **16歳以上人口**（potential workers）は、総人口から、16歳未満の子ども、軍役中の者、福祉施設や刑務所などに収容されている者、を除いたすべての一般市民を言う。
- フルタイムでもパートタイムでも、賃金が支払われている労働者は**就業者**（employed）である。
- **失業者**（unemployed）とは、賃金が支払われる仕事がなく、直近の4週間に積極的に職探しを行い、現在働ける状態にある労働者を指す。
- **労働力人口**（labor force）とは、就業者と失業者の合計である。

* 日本でこれに対応する定義は「15歳以上人口」である。『労働力調査』では、日本の居住者で施設、刑務所等への入所者や自衛隊員も含まれるが、外国政府の外交使節団、領事機関の構成員（随員を含む）およびその家族、外国軍隊の軍人・軍属（その家族を含む）は含まれない。英語のpotential workersの直訳は「潜在的労働者」であるが、これは日本の統計調査では非労働力人口の中で実際には就業意欲のある者を指し、はるかに狭い概念として使われているので、本書では「16歳以上人口」と訳している。

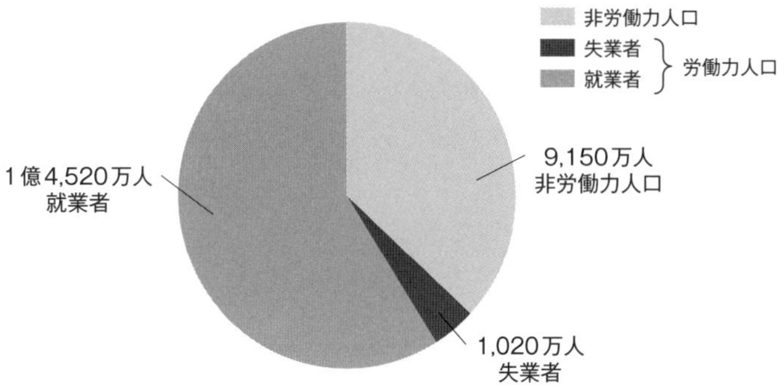

図表12.1　アメリカの16歳以上人口：2014年1月時点

アメリカにおける16歳以上人口は、2億4,690万人である。16歳以上人口は、就業者（1億4,520万人）、失業者（1,020万人）、非労働力人口（9,150万人）の3グループに分類される。就業者と失業者の合計を労働力人口と言う（約1億5,550万人、端数は四捨五入）。

出所：米労働省労働統計局（BLS）。

労働力人口＝就業者＋失業者

最後に、就業者もしくは失業者という分類に当てはまらない16歳以上人口はすべて「非労働力人口」に分類される。このグループに含まれるのは、退職者、専業主婦（夫）や学生など、賃金を支払われる仕事に就いていない、かつ職探しもしていない16歳以上人口である。2014年1月時点で、16歳以上人口で労働力人口に含まれない非労働力人口は、9,150万人である。図表12.1は、アメリカにおける16歳以上人口の内訳を、就業者、失業者、非労働力人口に分類して示した。

失業率の計算

経済学には、以上の分類に基づく労働市場を表すたくさんの統計がある。**失業率**とは、労働力人口の中の失業者の割合である。

$$\text{失業率} = 100\% \times \frac{\text{失業者}}{\text{労働力人口}}$$

$$= 100\% \times \frac{\text{失業者}}{\text{就業者} + \text{失業者}}$$

同様に、**労働力率**とは、16歳以上人口の中の労働力人口の割合である。

- **失業率**（unemployment rate）とは、労働力人口の中の失業者の割合である。
- **労働力率**（labor force participation rate）とは、16歳以上人口の中の労働力人口の割合である。

$$\text{労働力率} = 100\% \times \frac{\text{労働力人口}}{\text{16歳以上人口}}$$

式に数字を当てはめると、労働力人口、失業率、労働力率を計算できる（以下は2014年1月時点のアメリカの値である。端数は四捨五入をしているため、合計数字には多少の誤差がある）。

$$\begin{aligned}\text{労働力人口} &= \text{就業者} + \text{失業者}\\ &= \text{1億4,520万人} + \text{1,020万人} = \text{1億5,550万人}\end{aligned}$$

$$\begin{aligned}\text{失業率} &= 100\% \times \frac{\text{失業者}}{\text{労働力人口}}\\ &= 100\% \times \frac{\text{1,020万人}}{\text{1億5,550万人}} = 6.6\%\end{aligned}$$

$$\begin{aligned}\text{労働力率} &= 100\% \times \frac{\text{労働力人口}}{\text{16歳以上人口}}\\ &= 100\% \times \frac{\text{1億5,550万人}}{\text{2億4,690万人}} = 63.0\%\end{aligned}$$

これらは一般的な統計で使用される式だが、全体の概要をとらえた数字にすぎず、重要なことがたくさん省略されていることを認識する必要がある。たとえば、失業者の計算には、求職意欲喪失者と不完全就業者という、職不足で不満を抱える人々は含まれない。

求職意欲喪失者とは、仕事に就くことを希望しているにもかかわらず、職探しをあきらめた16歳以上人口である。仕事を積極的に探していないので、上記の定義により失業者には含まれない。アメリカの求職意欲喪失者は2014年1月時点で83万7,000人、これは、労働力人口の0.5%に当たる。

一方で、希望する時間働くことができない労働者であっても、賃金を得ている限りは就業者に分類される。景気低迷期には、多くの労働者が自分と家族のためにもっと長時間働きたいと考えていたとしても希望の時間だけ働くことはできない。このような例が**不完全就業者**であるが、失業統計には含まれない。2014年1月時点ではアメリカの不完全就業者は730万人であり、労働力人口の4.7%に当たる。

失業率の傾向

景気の変動を反映して、失業率も変動する。**景気後退期**（GDPが下がるとき）には、失業率は上昇する傾向がある。一般的にアメリカの景気後退期の失業率は、6〜9％の水準に達する。経済が健全で順調に拡大している時期には、失業率は5％近くまで低下する。

ある程度の水準の失業率（通常は4〜5％）は、現代の健全な経済にとって必要。

深刻な景気後退期には、失業率は大きく上昇する。たとえば、2007年初頭——2007年後半からはじまる景気後退の直前——の時期には、アメリカの失業率は4.5％前後で推移していた。2007〜09年の景気後退は失業率の急激な上昇を招き、2009年10月の失業率のピーク時には10.0％に達した。20世紀を通してアメリカ経済が最も収縮した1930年代の大恐慌時の失業率は、25％にも達していた。

図表12.2には、1948年以降のアメリカ経済の毎月の失業率の推移が示されている。景気後退期の失業率は、相対的に高い（網掛けされた期間は景気後退期である）。たとえば、失業率は1970年代半ばのオイルショック後に上昇し、1981〜82年の景気後退期に再び上昇した。第2次世界大戦以降で失業率が最も高かったのは1981〜82年の景気後退期の10.8％であり、2007〜09年の景気後退期の失業率10.0％を上回っていた。

失業率はゼロにはけっしてならない点にも注意が必要である。1948年以降で失業率が3％以下になったのは、1950年代初頭の一時期だけだ。1990年代の好況期でさえ、失業率は約4％だった。ある程度の水準の失業率（通常は4〜5％）は、現代の健全な経済にとって必要だが、失業率が10％に高まった状

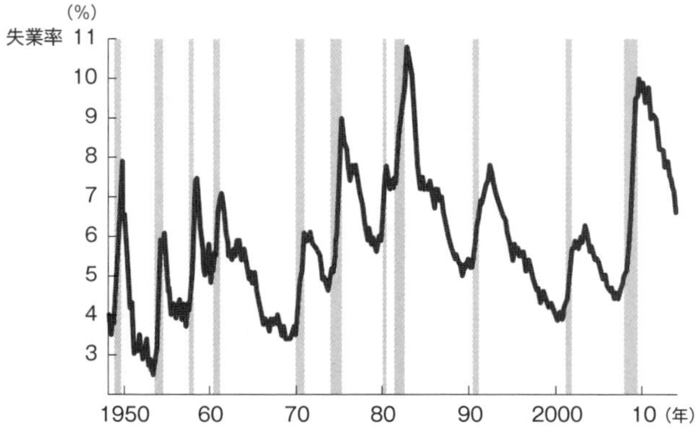

図表12.2 アメリカの失業率の推移：1948〜2014年

グラフは、1948年1月から2014年1月までのアメリカの失業率の毎月の推移を示している。網掛けされた期間は景気後退期である。失業率は景気後退期には上昇する。

出所：米労働省労働統計局（BLS）、セントルイス連銀「FRED（Federal Reserve Economic Data）」。

態は政府が積極的に回避に努めるべき国家的危機である。その理由については、本章後半で説明する。

失業者の内訳

失業者の分布は、労働力人口の中でもグループによって大きく異なる。一番大きな違いは、教育水準が低いグループの失業率が極めて高いことだ。たとえば、2013年時点で比較すると、高校を卒業していない労働者の失業率は11.0%だったが、大卒労働者の失業率はわずか3.7%だった（図表12.3）。

高学歴労働者のほうが失業率が低くなる背景には、様々な要因が考えられる。最適化の原理を用いれば、その一部は説明できる。失業した労働者は、新しい仕事を探すことに時間を使ったり、家庭内での生産活動に時間を費やしたりする。屋根裏の掃除や家のペンキ塗りなどの「家庭内」活動はたくさんあるが、ほとんどが高い教育水準が必要なわけではない。また、教育水準の高い人々は、必ずしも家庭内活動の技術が高いわけではない。

しかしながら家庭の外で働く場合には、より高学歴の労働者は低学歴労働者より賃金が高いという傾向がある（10章で学んだとおり、高い人的資本には高い労働需要があることと関係している）。したがって、より高学歴の労働者は、時間の機会費用が高い。失業中の未熟練労働者は、低賃金の単純な仕事に就くか、あるいは部屋のリフォームのために数週間家にいるかについては無差別であり、どちらを選択してもかまわないかもしれない。失業中の技術者も、未熟

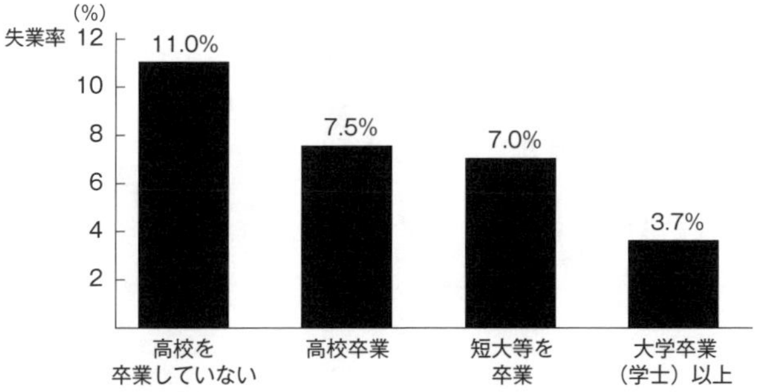

図表12.3 学歴別失業率

高学歴化するに伴って、失業率は低下する。グラフに示されている学歴別失業率は、25歳以上の成人で、施設に収容されていないすべての市民を対象にした2013年の調査である。

出所：米労働省労働統計局（BLS）。

練労働者と同じぐらい上手に家のリフォームができるかもしれない。しかし技術者であれば、機械化された組立ラインを設計するなどの仕事に就くことによって、より高収入を得ることができるだろう。その収入によって自分以外の誰かを雇って、自宅のリフォームをしてもらうほうがはるかにいいかもしれない。高学歴労働者は高賃金であり、失業の費用も高くなる。同様に、中高年労働者は、若年労働者よりも、経験とスキルを持っている（したがって、賃金が高い）ので、失業率が低くなる。

12.2 労働市場の均衡

雇用と失業がどのように決定されるのかを知るには、まず労働市場の動きを理解する必要がある。ほかの市場と同様に、需要と供給が重要な役割を果たしている。労働の需要曲線と労働の供給曲線を別々に考えてから、2つの曲線を一緒に描いて労働市場の均衡について考えよう。

労働需要

4章で最初に需要曲線を学んだとき、家計が財とサービスを需要することを説明した。本章では、労働市場について同じことを学習しよう。家計の役割は逆になっている。労働市場では、家計が労働を供給し、企業が労働を需要する。生産のために労働者を雇用する必要があるため、企業は需要する側に立っている。

最適化を行う企業は利潤を最大化しようとするので、生産者に最大の利潤（「収入－費用」と定義される）をもたらす労働量を需要する。では、企業はどのようにして利潤を最大化する労働量を決定するのだろうか？　それは、労働者が生み出す収入とその労働者を雇用する費用を比較することによって決まる。

理容室を例に考えてみよう。ある理容室に1人の理容師がいる。その理容師はいつも散髪をするのに忙しく、1時間当たり25ドルの収入を生み出していると仮定しよう。理容師の市場賃金は1時間当たり15ドルである。理容室は1時間当たり10ドルの利潤を得ている（25ドル－15ドル＝10ドル）。この理容室で、2人目の理容師が追加して雇われる場合には、さらに多くの散髪を行うことはできるが、2人の理容師が絶えず忙しく働き続けることができるだけの顧客がつねにいるとは限らないので、2人目の理容師が追加して雇われたからといっても理容室の売上げが2倍になるわけではない。2人目の理容師による売上げは、

1時間当たり20ドルしか増えなかったとしよう。理容師の市場賃金は1時間当たり15ドルであるため、2人目の理容師を雇うことによる利潤は、1時間当たり5ドル（＝20ドル－15ドル）増加する。したがって、最適化する理容室ならば、2人目の理容師も雇うだろう。

この理容室が、3人目の理容師を追加して雇うとどうなるかを考えてみよう。3人目の理容師も売上げを少しは増やすだろう。しかし、この理容室では3人の理容師がいつも忙しく働かなければならないほどにはたくさんの顧客が来ることはほとんどないので、2人目の理容師が追加して雇われたときよりも売上げの増加額はさらに低下するだろう。3人目の理容師は1時間当たり10ドルだけ売上げを増やすと仮定しよう。市場賃金は1時間当たり15ドルなので、3人目の理容師を雇うと実際には理容室の利潤を減らしてしまう（10ドル－15ドル＝－5ドル）ので、この理容室では3人目の理容師は雇わないだろう。理容室は理容師を2人だけ雇うことで最適化される――すなわち、利潤を最大化できる。

理容室の例からは、労働需要についての2つの重要な点が見えてくる。第1に、10章と11章ですでに説明したように、一般に企業においては、労働の限界生産力は逓減する。限界生産力とは、1人の労働者が追加されることによって生み出される生産物の増加量である。労働の限界生産力が逓減するということは、追加される労働者が生み出す限界生産力は、それ以前に雇われている労働者が生み出している量よりも少ないことを意味している。たとえば、理容師の数が増えれば、その理容室が提供する散髪サービスの量は増えるが、すべての理容師が忙しく働かなければならないほどには顧客は多くないので、追加される理容師は、以前から雇われている理容師が追加されたときほどは生産を増やせない。経済学では、この労働者の限界生産力の市場価値を、労働の価値限界生産力と呼ぶ。理容室の例では、最初の理容師がもたらす追加収入は25ドルだったが、2人目の理容師は20ドル、3人目の理容師は10ドルの追加収入しかもたらさなかった。理容師が追加されるごとに価値限界生産力は逓減し、理容師を追加して雇い入れることにより企業が得られる総収入の増加幅は徐々に小さくなっていく。

理容室の例からわかる第2の重要な点は、企業は労働者を追加しても利益が増加しなくなる時点までは労働者の雇用を増やし続ける、ということである。企業は追加される労働者が企業にもたらす収入（労働の価値限界生産力）が、その労働者を雇う費用（市場賃金）と最低でも同じである限り労働者の雇用を

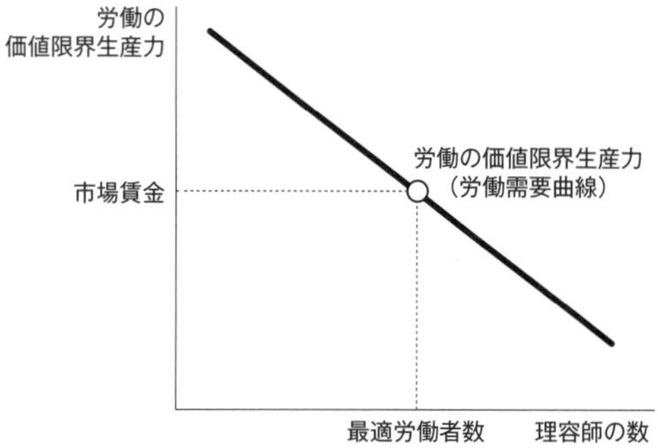

図表12.4　労働の価値限界生産力が労働需要曲線となる

労働量が増加するのに伴って労働の価値限界生産力は減少するため、労働の価値限界生産力を示す曲線は右下がりになる。企業が利潤を最大化するためには、労働の価値限界生産力と市場賃金が等しくなるところまで労働者の雇用を増やし続ける。労働の価値限界生産力曲線は、労働需要曲線でもある。

増やし続ける。どうしてそうなるかを見るために、雇用される労働者の数と対応する労働の価値限界生産力の関係を示した図表12.4で考えてみよう。雇用される労働者数が増加するのに伴って、価値限界生産力は減少するので、曲線は右下がりになる。

企業が雇っている労働者が図表12.4に示される最適労働者数よりも少ない人数の場合には、その企業は労働者をより多く雇うことによって利益を増やすことができる。その理由は、追加される労働者がもたらす収入（価値限界生産力）が彼らを雇う費用（市場賃金）より大きいからだ。逆に、企業が最適労働者数よりも多く雇っているならば、労働者を解雇することで利益を増やすことができる。労働者がもたらす収入（価値限界生産力）が彼らを雇う費用（市場賃金）より小さいからだ。

したがって、利潤を最大化する企業は、労働の価値限界生産力と市場賃金が等しくなるところまで労働者を雇うべきである。市場賃金が変化するときには、労働需要量は、価値限界生産力を表した曲線に沿って移動する。すなわち企業は、価値限界生産力が市場賃金に等しくなるように、雇用する労働者の数を調整する。したがって、図表12.4の右下がりの曲線（労働の価値限界生産力）は、様々な賃金水準で需要される労働量がどのように変化するかを示す**労働需要曲線**にもなっている。

● **労働需要曲線**（labor demand curve）は、需要される労働量と賃金の関係を表している。労働の価値限界生産力は、様々な賃金水準で需要される労働量がどのように変化するかを示す労働需要曲線にもなっている。

労働需要曲線のシフト

労働需要曲線は、需要される労働量と賃金の関係を表す。賃金が変化し、需要される労働量以外の経済変数がどれも変化しない場合には、労働需要曲線に沿った移動になる。一方で、図表12.5に示されているような労働需要曲線全体を左や右にシフトさせる要因はたくさんある。

労働量と労働の価値限界生産力に関連する変化が、この曲線に影響を及ぼし、労働需要曲線をシフトさせる。以下では、労働需要曲線のシフトを起こす4つの要因について説明する。

・**生産物価格の変化**　散髪の価格が下がると、理容師の価値限界生産力も下落する。このとき、賃金が一定であった場合には、企業が雇う理容師の数は減少し、労働需要曲線は左にシフトする。

・**生産物やサービスの需要の変化**　散髪の需要が減少すると、それが直接には散髪の価格を変化させないとしても、理容師の価値限界生産力に影響を与える。散髪需要の減少は、理容室の来客数を減少させ、理容師たちが散髪をしないで待機している時間を増加させる。このような生産物に対する需要の減少は、労働需要曲線を左にシフトさせる。

・**技術の変化**　労働の価値限界生産力が上昇するときには、労働需要曲線は

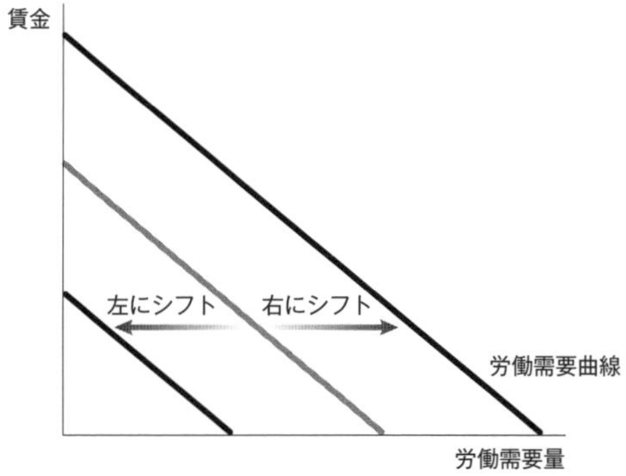

図表12.5　労働需要曲線は右下がりになる

労働需要量と賃金の関係を表す労働需要曲線は右下がりになる。図には、労働需要曲線の左へのシフトと右へのシフトが描かれている。ある賃金の下で、労働需要量が変化するときには、労働需要曲線はシフトする。

右にシフトする。たとえば、19世紀後半に開発された技術によって、美容師は髪の毛をストレートにしたり、もしくはカールさせる（「パーマ」をかける）ことができるようになった。パーマをかける能力は、美容師の価値限界生産力を上昇させ、美容師の労働需要曲線を右にシフトさせた。技術進歩と生産性の上昇は一般的には労働需要曲線を右にシフトさせるのだが、時にはその逆が起きることもある。たとえば、機械が労働を代替するときには、労働需要曲線が左にシフトすることもある。本章後半では、このような例を取り上げる。

- **投入価格の変化**　企業は、財とサービスを生産するためには、労働だけでなく、機械や道具などのその他の生産要素も使用する。その他の生産要素の価格が下落すれば、企業はそれらの生産要素をより多く購入するだろう。このときには一般に労働の価値限界生産力は上昇し、労働需要曲線を右にシフトさせる。たとえば、バリカンを使うと理容師はより速く散髪ができる。（バリカンの価格が下がれば）理容室がもっと多くのバリカンを購入できるので、同じ時間で対応できる顧客数は増加する。

ここまでは、1軒の理容室、もしくは1人の理容師の労働需要曲線を用いてほとんどの考え方を説明してきた。経済全体の雇用と失業の水準を研究するには、経済全体の労働需要曲線を導き出す必要がある。経済全体、もしくは「総」労働需要曲線を導出するには、2つのステップを踏む。第1段階では、産業別に労働需要曲線を導く。前述の例の場合には、すべての理容室の労働需要曲線を合計することによって計算できる。一国の経済に10万軒の理容室があり、理容師の賃金が1時間当たり15ドルのときには各店で2人が雇われているという場合には、その賃金で需要される労働者の総数は20万人となる。理容師の労働需要曲線の残りの部分を導き出すためには、様々な賃金水準で需要される労働者総数を求めればよい。

分野あるいは産業ごとの労働需要曲線を導出できたら、次は、その労働需要曲線を合計して、総労働需要曲線を求める。ただしこの際には、異なる業界内のスピルオーバーや、また労働者と企業の間のスピルオーバーも考慮する必要がある。たとえば、ある分野の拡大が別の分野の製品の需要を増やすかもしれない。さらに、全体的な賃金と雇用水準の変化は、製品の需要に影響を及ぼす。たとえば、雇用が増えれば所得が増え、他の労働者が生産している製品の購入が増える（この点に関しては15章で再び触れることにする）。

モデルでは、一国の経済には1つの総労働需要曲線だけあるものとして、簡単化してきた。現実には、労働者が持つスキルは様々であり、受け取る賃金も異なる。モデルでは細かい部分の相違は無視しているとしても、仮定を簡単化することで得られるメリットは大きい。労働市場の機能の様々な側面にとらわれすぎることなく、経済全体がどのように機能しているのかについて重要な洞察を導き出すことができるからだ。

労働供給

労働供給曲線は、労働供給量と賃金の関係を表す。労働需要曲線と同様に、労働供給曲線も最適化の原理から導出される。この場合には、労働者は、賃金が支払われる労働、余暇、その他の活動（育児、家屋の維持、料理、掃除などの家庭内での生産活動など）に対して、自らの限られた時間を最適に配分しようとする。市場賃金が高いときには、労働者は家庭の外で仕事をすることに、より多くの時間を使おうとするだろう。たとえば、あなたが時間給の仕事に就いていて、所定時間以上に仕事をするならば、通常の時給の1.5倍の金額をもらうことができる*。これは多くの労働者にとって魅力的な条件であり、働く時間をもっと長くしようと考えるだろう。その結果、家庭内での活動や余暇に使う時間は短くなる。

これからわかるとおり、賃金が上昇すると労働供給量は増加する。したがって、労働供給曲線は、図表12.6に示されているように右上がりになる。

労働供給曲線のシフト

すでに説明したとおり、労働供給曲線は、労働供給量と賃金の関係を表す。賃金が変化し、（労働供給量以外の）経済変数がどれも変化しない場合には、労働供給は労働供給曲線に沿った移動になる。

一方で、労働供給曲線全体を左や右にシフトさせる要因はたくさんある（図表12.6）。労働供給量と賃金に関連する変化が、供給曲線全体に影響を及ぼし、労働供給曲線をシフトさせる。考えられる3つの要因について説明しよう。

- **嗜好の変化**　嗜好や社会規範の変化は、働く意思に影響を及ぼす。たとえば、第2次世界大戦以前には、既婚女性が家庭の外で働き賃金を得ること

● **労働供給曲線**（labor supply curve）は、労働供給量と賃金の関係を表す。

* 日本での所定時間外労働の割増率は先進国相場に比べて低いため、1.5倍の割増賃金はもらえない。

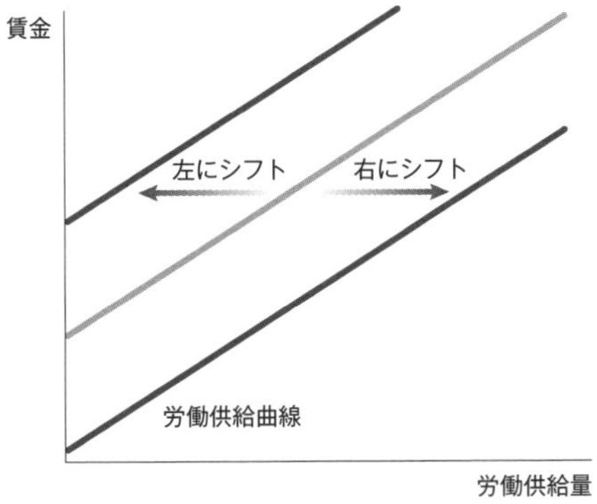

図表12.6　労働供給曲線は右上がりになる

労働供給量と賃金の関係を表す労働供給曲線は右上がりになる。（その他すべてを一定として）賃金が上昇するときには、人々の労働意欲も上昇する。図には、労働供給曲線の左へのシフトと右へのシフトが描かれている。ある賃金の下で、労働供給量が変化するときには、労働供給曲線はシフトする。

は歓迎されていなかったが、大戦中、政府は愛国心を発揮して軍需工場で働くことを女性たちに奨励した。戦時下の工場での労働は、世界的にも女性の労働参加の第一歩となった。社会規範が変化した結果、アメリカにおいて女性の労働力率は、1940年の25%から、1990年代には約60%に上昇し、労働供給曲線を大きく右にシフトさせることになった。

・**時間の機会費用の変化**　掃除機、食洗機、洗濯機、芝刈り機などの製品の登場が、それまで家庭内の生産活動に必要とされていた時間を減らしたので、家庭の外で働くことの機会費用を低下させた。このことが、より多くの時間を、家庭内の生産活動から、賃金を得る仕事に移行させ、労働供給曲線を右にシフトさせた。家事に関する技術進歩が時間の機会費用を下げたことが、女性の労働力率の上昇に貢献したのである。

・**人口の変化**　人口の増加は、経済における16歳以上人口の上昇につながり、労働供給曲線を右にシフトさせる。アメリカにおける人口が増加している1つの要因は、移民である。毎年、約100万人の移民の純流入があり、人口を年率で約0.3%ずつ増加させている。移民の流入が、アメリカ国内の労働供給曲線を右にシフトさせる。

労働需要曲線も同様であるが、経済全体の労働供給曲線（「総」労働供給曲線）は、経済における16歳以上人口による労働供給の合計として求められる。

競争的労働市場の均衡

1章では、均衡は、そこから行動を変えることで便益を得る人は誰もいない状態、と定義した。また4章で学んだとおり、競争均衡とは、供給曲線と需要曲線の交点である。同様に、競争的労働市場での均衡とは、労働供給曲線と労働需要曲線の交点である（図表12.7)。競争均衡賃金（w^*）では、労働供給量は労働需要量に等しい。賃金がw^*よりも上回る点では、労働供給量が労働需要量を上回り、賃金を押し下げる。一方、賃金がw^*よりも下回る点では、労働需要量が労働供給量を上回り、賃金を押し上げる。したがって、w^*は、労働供給量と労働需要量が等しくなる唯一の賃金水準となる。図表12.7のL^*で表されている均衡点における労働量を、均衡雇用量とも言う。

競争均衡での賃金を、**市場均衡賃金**と言う。市場均衡では、労働需要量と労働供給量が一致するように賃金が調整されるので、仕事が欲しいすべての労働者は（最終的には）仕事に就くことができる。市場均衡賃金は、賃金の硬直性の影響によって決まる賃金とは異なったものである。硬直性があるときには、賃金は労働需要量と労働供給量が等しくなるようには調整されない。この点については本章後半で触れるが、このような硬直性が失業を生み出す。

図表12.7で描かれた労働市場均衡を使用して、一国のすべての雇用水準をモ

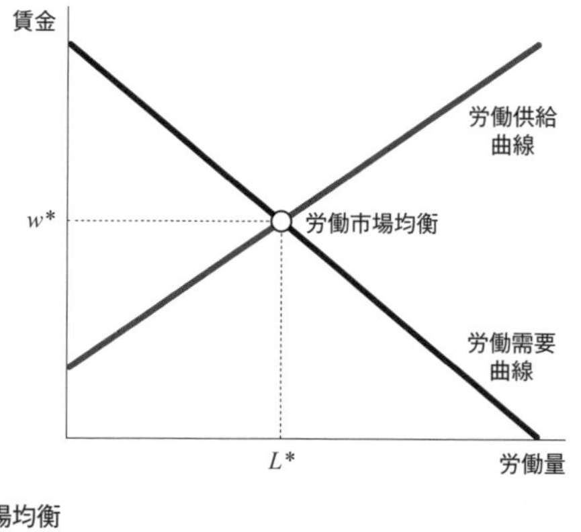

図表12.7 労働市場均衡

右上がりの労働供給曲線と右下がりの労働需要曲線は、市場均衡賃金(w^*)で交わり、労働量はL^*となる。市場均衡賃金では、労働供給量と労働需要量は等しい。

● 競争均衡での賃金を、**市場均衡賃金**(market-clearing wage)と言う。この賃金水準で、労働需要量と労働供給量が一致し、仕事が欲しいすべての労働者が仕事に就くことができる。

デル化してみよう。前述の分析と同じく、1種類の労働にだけ焦点を当てて、分析を簡単化する。とは言っても、図表12.7に示されている労働市場均衡のモデルを応用すれば、特定の分野の市場や地域の労働市場であっても同じように均衡を簡単に分析できる。たとえば、コンピューターのプログラミングができる労働者の供給と需要を想定することによって（医師であっても、庭師であっても同様であるが）、その労働市場における賃金と雇用水準の均衡を導き出すことができる。

ここで注意してほしい点は、図表12.7で示した労働市場では、摩擦は考えられていないことだ。摩擦がない市場では、企業は労働者を即座に雇用したり解雇したりできる。また、労働者も企業もお互いについて完全な情報を持ち、賃金は市場が均衡するように即座に調整される（労働供給量と労働需要量が等しくなる）。次は、議論を摩擦のない労働市場から離れて、現実世界の労働市場と失業の問題へと進めよう。

12.3 失業はなぜ起きるのか？

図表12.7では、労働供給曲線と労働需要曲線は、市場均衡賃金（w^*）で交わる。したがって労働需要量と労働供給量は等しく、賃金（w^*）で仕事が欲しいすべての労働者は仕事に就くことができる。働いていない人々は、労働供給曲線の市場均衡賃金より上の部分で表される。労働供給曲線のこの部分にいる人々は、市場均衡賃金（w^*）以上の賃金を得られる場合にのみ働く意思がある。

図表12.7で表された経済には、雇用されている労働者と、市場均衡賃金（w^*）では働く意思がないために雇用されていない労働者がいる。競争均衡では、仕事を探している労働者は1人もいないはずである（労働者はすでに雇用されているか、もしくは市場均衡賃金では働く意思がないかのどちらかである）。すなわち競争均衡では、雇用はされていないが仕事を探している人々は想定されていないことを意味する。しかしそれならば、2014年1月時点では、公式統計ではアメリカには1,020万人の失業者が存在しているという事実を説明できない。彼らは、雇用はされていないが仕事を探しているのである。

第1の可能性は、公式の失業統計にはおそらく、市場均衡賃金（w^*）より高い賃金でしか働きたくない労働者が一部に含まれている、という点だ。失業に関する調査の質問項目では、現在の市場賃金の相場で仕事を探しているのかどうかは明確にはされていない。一部の人々は、賃金相場を上回る水準の仕事を探しているのであるから失業者には含めるべきではないのだが、実際には失業者として計上されてしまっているのかもしれない。

しかし、ほとんどの失業者は、市場賃金の相場で喜んで働く意思があるにもかかわらず、その賃金水準で雇ってくれる雇用主を見つけ出すことができないでいる、ということがデータからはわかっている[2]。したがって、2014年1月時点で仕事を見つけられないアメリカ人が1,020万人いることを説明するには、別の理由を探さなければならない。

現実世界で観察することを経済モデルが予測できないときには、このモデルで使用した仮定が正しいかどうかを問い直さなければならない。たしかに、この労働市場モデルでは、現実には成り立たないかもしれないことが仮定されてしまったようである。

前述のモデルでは、労働者と企業は雇用市場に関して完全な情報を有していると仮定されていた。たとえば、均衡賃金がどのくらいであるのか、雇用主はどのような資格を持つ人を求人しているのか、仕事はどこにあるのか、を労働者も企業も知っていると想定されている。すなわちここでは、労働者は希望する求人を即座に見つけることができるし、企業にとっては求人を埋めることができない仕事は存在しない、ということが想定されている。一方で、企業と労働者が労働市場についての重要な情報を十分に有していない場合には、労働者は求人情報とのマッチングがいつもできるわけではない。このミスマッチが失業の原因となる。

このような失業は摩擦的失業と呼ばれる。次節では、摩擦的失業について説明しよう。さらに、失業の発生と失業の変化に影響を及ぼす、2つの経済的要因について説明しよう。

12.4 ジョブ・サーチと摩擦的失業

図表12.7で示された経済では、市場均衡賃金（w^*）で働く意思がある者は誰でも仕事を得ることができる。ここまでの労働市場の分析では、労働市場には摩擦がないと想定し、労働者は自分を雇う意思がある雇用主を即座に見つけ出すことができると想定していた。しかし現実に、もしあなたがこれまで仕事

2) Alan Krueger and Andreas Mueller, "Job Search and Job Finding in a Period of Mass Unemployment: Evidence from High-Frequency Longitudinal Data," Princeton University, Industrial Relations Section Working Paper 562, 2011.

を探したことがあるならば、希望どおりの仕事を見つけ出すことは簡単ではなく、大変な努力と時間を伴うものであることはおそらく経験したことがあるだろう。マクドナルドで夏のアルバイトの募集を見つけることは簡単かもしれないが、自分のスキルや能力に適した仕事にめぐり合うことは難しい。

自分に適した仕事を見つけ出すためには、求人を出している企業を探し、給与や福利厚生、その他の特徴を調べて比較する必要がある。推薦状を集めて、履歴書を送らなければならない。応募する職場でたまたま働く知人や、知人の知人を見つけるためには、家族や友人と情報交換をするのもいいだろう。面接の予約をして、数々の面接に勝ち残る必要がある。最後にあなたは、面接官が他の有力候補者への面接を終えるのを待つことになる。ほとんどの場合に、あなた以外の誰か別の人が選ばれて、あなたは振り出しに戻って同じことを繰り返すことになる。

経済学では、この仕事を探す活動を**ジョブ・サーチ（職探し）**と言う。能力や経験、仕事への期待は様々なので、失業者と企業の適切な組み合わせを見つけ出すには時間がかかる。

仕事を探して応募し面接を受ける、というすべてのプロセスを計画するためには時間がかかる。また、企業と労働者が持っている相互の情報と景気動向についての情報は完全なものではない。それらの2つの理由のために、ジョブ・サーチからは摩擦が生じる。2007〜09年の景気後退期に、時給40ドルの仕事を失ったミシガン州デトロイトの自動車メーカーの労働者について想像してみよう。失業の直後に時給20ドルのサービス業の仕事があることを知るのだが、彼はその仕事に就くのではなく、自動車産業で時給の高い仕事を探し続ける。数カ月を費やした自動車産業での仕事探しはうまくいかず、そこで初めて、自分にとって今の最善の選択は、サービス業で時給20ドルの仕事に就くことであると理解するに至る。このような例を見るにつけ、情報を集めて自分に適した仕事を探すのは時間がかかる作業であることがわかる。

求人に関する完全な情報を得ることができないために、ジョブ・サーチに時間がかかることに起因する失業が**摩擦的失業**である。

奇異な喩えに感じられるかもしれないが、仕事を見つけるジョブ・サーチは恋人探しに似ている。理想の恋人を見つ

能力や経験、仕事への期待は様々なので、失業者と企業の適切な組み合わせを見つけ出すには時間がかかる。

● **ジョブ・サーチ**（**職探し**、job search）とは、労働者が自分に適した仕事を見つけるために行う活動である。

市場賃金が市場均衡賃金より高い水準で維持されることにより、市場賃金で仕事に就きたい労働者を失業させてしまう。

け出すには時間がかかる。この場合、パートナーがいなくて恋人探しをしている人は、恋愛面で失業中だと言える。パートナーがいない人は、新しい恋人を一晩で見つけられるとは期待していないだろう。同様に、失業者が仕事を即座に見つけられると期待すべきではない。

12.5 賃金の硬直性と構造的失業

ジョブ・サーチから生じる摩擦的失業は、どのような労働市場においても自然で、かつ必要な特性である。しかし、賃金が市場の需給均衡水準（w^*）よりも上回る（このときには、労働供給量が労働需要量を上回る）という理由からも、失業率は上昇する。労働市場における競争均衡を上回る水準で賃金が固定されているとき、この状態を**賃金の硬直性**と呼ぶ。**構造的失業**は、労働供給量が労働需要量を継続的に上回っているときに起きる。賃金の硬直性は、このような継続的なギャップにつながる重要な要因である。賃金の硬直性は、様々な原因で起きる。この点に関してはこれから説明するが、経済的な影響は同じである。すなわち、市場賃金が市場均衡賃金より高い水準で維持されることにより、市場賃金で仕事に就きたい労働者を失業させてしまう。賃金の硬直性がいかに労働市場に影響を及ぼすかについては、最低賃金法について需要供給分析を用いて説明することからはじめる。しかし、アメリカの労働市場に関しては、賃金の硬直性以外にも重要な要因があるのだが、それについては後に学習する。

最低賃金法

ほとんどの国では、時間給の最低水準が法律に明記されている。最低賃金法と呼ばれるものであるが、こうした法定の最低賃金があることで、労働供給量が労働需要量と等しくなる市場均衡賃金の水準まで、市場賃金が引き下げられ

- **摩擦的失業**（frictional unemployment）とは、労働者が求人に関する完全な情報を得ることができないために、ジョブ・サーチに時間がかかることに起因する失業のことである。
- **賃金の硬直性**（wage rigidity）とは、市場賃金が、労働市場が均衡する競争均衡を上回る水準で固定されている状態を指す。
- **構造的失業**（structural unemployment）は、労働供給量が労働需要量を継続的に上回っているときに起きる。

ることはない。アメリカでは、連邦政府が国内の最低賃金を設定しているが、州政府は州内の仕事に対して連邦政府による設定を上回る最低賃金を独自に定めることができる。たとえば2014年1月で比較すると、連邦政府が定めた最低賃金が7.25ドルであったのに対して、最も高額の州政府の最低賃金はワシントン州が定めた9.32ドルだった。

図表12.8に示されるように、最低賃金があるときには、労働供給量は労働需要量と等しくはならない。グラフでは、賃金の最低基準である最低賃金には下線が引かれている（$\underline{w}$）。また、最低賃金（$\underline{w}$）は市場均衡賃金（w^*）よりも高い。最低賃金が$\underline{w}$であるときには、雇用主が需要する労働量は、労働者が供給する労働量よりも少なくなる。結果的に、$\underline{w}$での供給量と需要量のギャップとして示されているように、一部の労働者は仕事に就くことができない。このような失業者は、$\underline{w}$の賃金水準で喜んで働くであろうし、$\underline{w}$よりも低い賃金水準であっても喜んで働くかもしれない。最低賃金が定められることにより、雇用主は、労働供給量と労働需要量が等しくなるような賃金水準では労働者を雇用することができなくなっている。

最低賃金法は、勝者と敗者を作り出す政策の一例だ。勝者は、供給量と需要量を等しくする以上の水準の賃金で仕事を得ている労働者たちだ。敗者は、高い賃金を支払わなければならない企業と、働きたいにもかかわらず市場賃金（$\underline{w}$）では仕事を見つけられない失業者たちだ。最低賃金の費用と便益については活

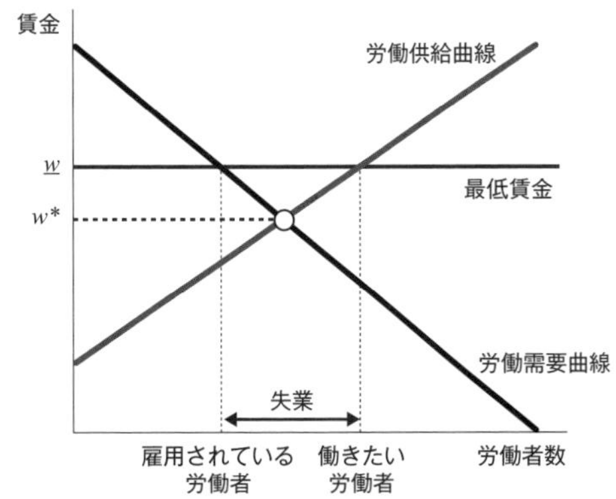

図表12.8　最低賃金がある市場における労働供給と労働需要

最低賃金（$\underline{w}$）が市場均衡賃金（w^*）より高いときには、労働供給量は労働需要量を上回り、失業を生み出す（失業＝労働供給－労働需要）。

CHOICE&CONSEQUENCE

選択の結果

ラッダイト運動

技術進歩は失業につながるのだろうか？ フィリップス社の中国工場では、何百人もの従業員が電気シェーバーを製造する組立ラインで働いている。一方、オランダ本社では、同じ電気シェーバーを128台のロボットによって組み立てている。ビデオカメラの目を備え、コンピューター制御された油圧駆動ロボットは疲れ知らずだ。ロボットでいっぱいの工場を見ると、技術進歩は企業の労働需要を減少させるかもしれないと思えてくる。実際、労働者が自分たちから仕事を取り上げる技術革新に反対してきた歴史がある。

最も有名な例が、1811年に起こったものである。この年、イギリスの織物工場の労働者たちは工場を燃やし、新発明の織機を破壊して回った。暴徒たちは発明家や工場の所有者も標的にし、彼らの家に放火したり、暗殺を企てたりもした。ラッダイトと呼ばれる、生産の機械化に反対した運動である（その数十年前に織機を叩き壊して回ったネッド・ラッドという労働者にちなんだ名称である）。暴動は頻発し暴力的であったために、事態収拾のために軍隊まで駆り出された。多数の暴徒が絞首刑に処され、1813年に運動は収束した。結局、ラッダイト運動が紡織業の機械化を止めることはできなかった。

では、新しい機械は本当に1811年の織物工場の労働者の生活を破壊するものだったのだろうか？ その答えは、おそらくはイエスだ。新しい機械の導入によって、それまでは何時間もかかっていた仕事が数分で完了できるようになった結果、工場で雇用される労働者は減らされることとなった。たくさんの熟練職人が仕事を失い、その家族は影響を受けた。このため、ラッダイト運動の参加者たちが、機械が自分たちの仕事を奪ったと信じていたのは間違いではなかった。

技術進歩が、紡織業などの1つの産業の仕事をまるごと崩壊させることもある。しかし、一国全体で見るならば、技術進歩が失業を増加させるわけではないことは歴史からも明らかである。技術進歩は、生産性を向上させ、経済全体の所得を増加させる。この増加した所得は財の需要を押し上げるので、労働需要も増加する。結果的には、ある産業で仕事を失った労働者は別の産業で仕事を見つけることができる。ただし、労働者の多くにとっては、そのためには時間がかかることがある。また一部の者にとっては、ラッダイト運動に参加した労働者たちのように、新しい仕事に就いたとしても結局は安い賃金で働かざるをえなくなることもある。

今日では、ラッダイトという言葉は、新技術への反対運動と同義語になっている。1811年のイギリスの紡織業労働者たちは不運であり、技術進歩の犠牲者だった。しかし、ほとんどの人々にとって持続的な技術進歩は、生産性を向上させ、財やサービスを購入する費用を引き下げることを通して、生活水準を向上させるものである。

発に議論されているが、アメリカが最低賃金を引き上げるべきか否かについての経済学者の意見は分かれている。

最低賃金は構造的失業を生み出すが、これが失業の唯一の原因というわけではない。たとえば、2014年1月には160万人の新卒の大学生が失業状態にあった。大卒の平均時給は、2013年には29.85ドルであり、最低賃金の4倍の水準だった。大卒者のほとんどには最低賃金よりもはるかに高い金額が支払われており、大卒者の労働市場の需給が均衡しないのは最低賃金が原因だったわけではない。

最低賃金で働く労働者は、すべての学歴レベルを含めた労働力人口全体の1.0%にすぎない。すなわち、労働市場における最低賃金の影響はそれほど大きいわけではない。最低賃金は、一部の非熟練労働者にとっての労働市場が均衡することを妨げはするが、一般的な労働市場への影響はごくわずかな程度にとどまっている。

労働組合と団体交渉

賃金の硬直性のもう1つの要因は**団体交渉**という、企業と労働組合の間で行われる契約の交渉である。労働組合は、その構成メンバー（組合員）のためにより良い就業環境、賃金、福利厚生について交渉する労働者の組織である。労働組合は、交渉の手段として、ストライキ（仕事をいっせいに止めること）の実行をほのめかす。多くの場合に、団体交渉の結果として決まる賃金や福利厚生の水準は、市場均衡賃金として得られる水準よりも高くなる。団体交渉は、失業に関しては、図表12.8で見た最低賃金法と同じ影響を及ぼす。市場均衡賃金を上回る賃金水準を維持することによって、労働組合は、労働供給量が労働需要量を上回る原因を作り出し、したがって構造的失業をもたらす。このような団体交渉を通して、組合員が労働組合から恩恵を受ける一方で、非組合員が仕事を探すことを困難にしてしまう。

しかし最低賃金の場合と同様に、団体交渉はアメリカの労働市場における賃金の硬直性を生み出す重要な要因とはなりにくい。アメリカでは労働組合員は

● **団体交渉**(collective bargaining)とは、企業と労働組合の間で行われる契約の交渉である。

比較的少ないからだ。たとえば2011年には、アメリカの労働組合員は労働者の10.6%だった。労働組合がもっと重要な役割を担っている国もあり、たとえば同年のイタリアでは35.2%の労働者が組合員であった。

効率賃金と失業

1914年、フォード・モーター社の創業者であるヘンリー・フォードは突拍子もない行動に出た。フォードは突然、ほとんどの従業員の日給を2.34ドルから5.00ドルに引き上げたのだ。利潤最大化を求める雇用主が、外部からの圧力を受けたわけでもないのに、従業員の給与を2倍にするとはどういうことなのだろうか？

フォードは、日給を5ドルに引き上げることは自分の利益に適う行動だと説明した。「慈善活動なんてとんでもない。事業を軌道に乗せるためには、これぐらいの金額を支払う必要があった。これは、未来のための投資だ」。

摩擦のない競争的労働市場では、市場賃金以上に支払うことは（もしくは労働者が受け入れている以上の水準の賃金を支払うことは）、企業にとっては最適な選択ではない——言い換えると、企業の利潤を最大化しない。「完全」市場では、企業は労働者に関するすべての情報を持ち、仕事のすべてを観察している。このような理想的環境の下では、労働を得るために市場賃金の水準以上の賃金を支払う必要はない。しかし、労働者が仕事を怠ける（仕事の手を抜く）ことができるような現実の市場では、現行賃金の水準以上の賃金を支払うことが企業に利益をもたらす。フォードが行ったような賃上げを、経済学では**効率賃金**と言う。労働者が受け入れる賃金の水準以上（実際には市場賃金の水準以上）の賃金を支払うことによって、フォードは労働者の生産性の向上と企業の利潤率の改善を実現したのだった。

効率賃金は生産性と企業の利潤率を向上させるが、それにはいくつかの理由が考えられる。第1に、効率賃金は労働者の離職率を低下させる。組立ラインでの労働は単調なものであり、比較的離職率が高い。新しく労働者を求人して訓練をするのは、企業にとっては費用がかかる。もし労働者が一般的な市場賃金の水準以上の賃金をもらっていたら、別の仕事に就いたときには賃金が下がるので、今の仕事を維持したいと思うだろう。第2に、高賃金の仕事を失いたくない労働者は通常よりも一生懸命に働くインセンティブが生まれて、1時間

● **効率賃金**（efficiency wage）とは、労働者が受け入れる賃金の水準を上回る賃金であり、その高い部分が労働者の生産性を向上させ、その企業の利潤率を改善させる。

当たりの生産量は増加するだろう。第3に、市場賃金の水準以上の賃金支払いに対して、従業員はより一生懸命に働くことを通して感謝を示すので、1時間当たりの生産量をさらに増加させることになる。最後に、効率賃金は、その仕事に応募してくる労働者自体の質を向上させる。

もし効率賃金が生産性を上昇させるのならば、ヘンリー・フォードのような雇用主たちは、市場均衡賃金を上回る水準の高い賃金を支払うほうが利益につながることに気がつくだろう。最低賃金法や団体交渉と同様に、結果的には賃金の硬直性につながる。そうなると、労働供給量が労働需要量を上回る原因となり、図表12.8でも見たとおり、構造的失業をもたらす。ただし違いが1つあることに注意しよう。最低賃金と団体交渉は、雇用主に、市場均衡賃金を上回る水準の高い賃金を無理に支払わせるものであった。一方でこの効率賃金は、利潤最大化を目的とする企業が自ら進んで高い賃金を支払うことにより、賃金が市場均衡水準より高くなるものである。

賃金の下方硬直性と失業の変動

賃金の硬直性には、もう1つのタイプがある。労働者は自分たちの賃金が下がることを嫌がるというものであり、経済学ではこれを**賃金の下方硬直性**と言う。賃金カットは、労働者のやる気をそぎ、生産性を低下させる。結果として、たいていの企業は賃金をカットせずにむしろ労働者を解雇する。賃金カットを受け入れるように従業員を説得しようとするのは、倒産の危機に瀕している企業ぐらいだろう。

賃金の下方硬直性は、前述の賃金の硬直性のように、賃金を市場均衡よりも高い水準で維持させ、構造的失業をもたらす。図表12.9にそのシナリオを示してみよう。労働市場は、失業がまったくない完全均衡の状態（点E_1）からはじまると想定する。次に、経済が停滞して労働需要曲線が左にシフトする（経済の変動については15章で詳しく扱う）。

賃金が伸縮的であるときには、労働需要曲線の左へのシフトは、市場を新しい均衡点Fに移動させる。このとき、図表12.9に示されるように、均衡賃金はw_Fに下落し、労働需要量はL_Fまで減少する。図からわかるとおり、この新しい均衡では、労働供給量は労働需要量に等しく、したがって失業もゼロである。

しかし、賃金が硬直的であるときには、市場均衡の水準まで下がることはなく、当初の水準で賃金は維持される。これも図表12.9に示されている。この賃

●**賃金の下方硬直性**（downward wage rigidity）とは、労働者が賃金カットを受け入れないことから生まれる。

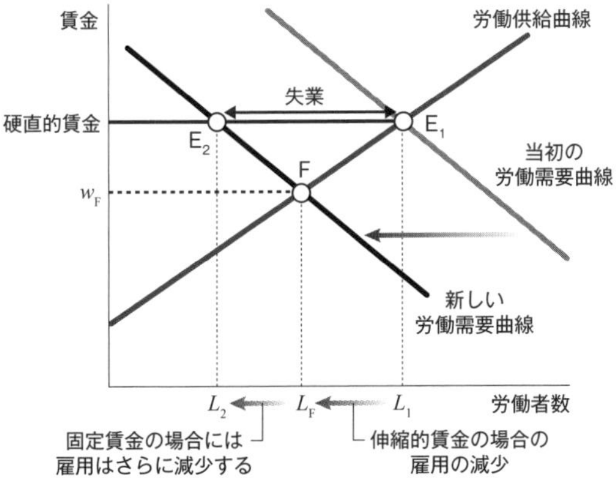

図表12.9 労働需要のシフトは労働市場の均衡に影響を及ぼす

賃金が伸縮的に変動する場合には、労働需要曲線の左へのシフトは、均衡賃金と雇用を減少させる（経済は点E_1から点Fに移動する）。同じ労働需要曲線の左へのシフトであっても、賃金の下方硬直性がある場合には、雇用への影響はより大きなものになる（経済は点E_1から点E_2に移動する）。雇用はL_FではなくL_2まで大きく減少する。なぜならば、労働需要曲線の左へのシフトの影響は賃金水準ではまったく調整されず、当初の（硬直的）水準から動かないからである。さらに、賃金の下方硬直性が失業の原因となる。なぜならば賃金水準は変化しないので、労働供給量は同じままで、労働需要量がL_2まで減少するからである。労働供給量と（硬直的賃金の下での）労働需要量の差が失業者数となる。

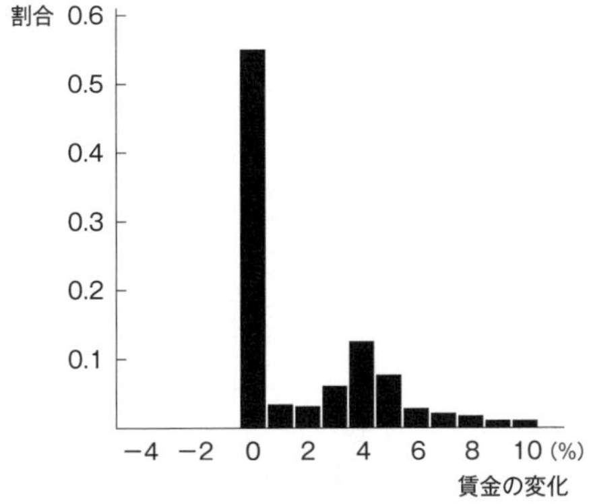

図表12.10 ある大企業の賃金上昇の分布：2008年

横軸には賃金の上昇率を、縦軸では棒の高さが賃金が上昇した労働者の全従業員に占める割合を示している。この企業では、2008年に賃金カットを経験したのは全従業員1万5,000人のうち46人だけであった（46人の従業員は0%より左側に位置する棒グラフとして描かれているが、肉眼ではわからない）。図からもわかるとおり、この企業では50%以上の従業員の賃金が変動しなかった。

出所：Nathan Hipsman, "Downward Nominal Wage Rigidity: A Double-Density Model," Harvard University Working Paper, 2012.

金の下方硬直性により、労働供給量はL_1の水準にとどまり、L_2まで減少した労働需要量を大きく上回る。これによって（構造的）失業が生じるのである。

15章ではさらに詳しく学ぶが、図表12.9に示される賃金の下方硬直性は、失業率が変動する原因の1つでもある。景気後退期には労働需要は左へ（逆向きに）シフトする。このとき、賃金の下方硬直性があると失業率は上昇する。

賃金の下方硬直性の影響は、図表12.10にも見ることができる。図には、2008年時点である大企業に勤めている労働者の賃金の成長率が示されている（2007〜09年の景気後退期のちょうど真ん中の2008年を選んでいる）[3]。横軸には賃金の上昇率を、縦軸では棒の高さが賃金が上昇した労働者の割合を示している。賃金の上昇率が0％の労働者の割合が突出して大きく、賃金はカットされる代わりに変動しなかったことがわかる。賃金カットされた人数は極めて少ないために、グラフからはわからない（1万5,000人の従業員のうちわずか46人である）。賃金の下方硬直性の程度は企業によってもまた産業分野によっても異なっているが、このような賃金の硬直性は労働市場全体に幅広く浸透しており、失業にも重大な影響を及ぼしている。15章で改めて説明するが、景気後退期には特にその傾向が強くなる。

自然失業率と循環的失業

すでに指摘したように、アメリカ経済にはある程度の失業がつねに存在している。加えて、失業率は、図表12.2に示したように大きく変動している。「平常の」失業率と、その平常の失業率の周辺での変動を区別するため、経済学では自然失業率という概念を使用する。**自然失業率**とは、その周囲を現実の失業率が変動する率である。具体的には、自然失業率は、長期間の失業率を平準化することによって求められる。たとえば、スペインでは1977〜2013年の失業率は平均で16.1％だった。アメリカでは同期間の失業率は平均して6.5％であった。

循環的失業とは、現実の失業率と自然失業率との差である。循環的失業率は通常、景気後退期（労働需要曲線が左にシフトする時期）には上昇し、好況期（労働需要曲線が右にシフトする時期）には下落する。15章では、失業と経済変動の関係を詳しく議論することになる。

2013年のスペインの失業率は26.1％で、循環的失業率は10.0％であった（自

●**自然失業率**（natural rate of unemployment）とは、その周囲を現実の失業率が変動する率である。

●**循環的失業**（cyclical unemployment）とは、現実の失業率と自然失業率との差である。

3）Nathan Hipsman, "Downward Nominal Wage Rigidity: A Double-Density Model," Harvard University Working Paper, 2012.

然失業率は16.1%)。2013年のアメリカの失業率は7.4%で、循環的失業率は0.9%であった(自然失業率は6.5%)。

自然失業率には摩擦的失業が含まれているが、摩擦的失業はどんなにうまく機能している労働市場にも必ず存在する。一方の自然失業率には、長期にわたる構造的失業が含まれるが、これは経済的には非効率であると一般的には考えられている。したがって自然失業率について、それが社会的に最適な失業率である、あるいは望ましい失業率であると勘違いしてはならない——この点に関して言うならば、まったく「自然」ではない。この点を理解するために、極めて強い賃金の下方硬直性がある経済について考えてみよう。図表12.9に示されるとおり、この経済にはかなり高い水準の構造的失業があり、これが平均失業率を長期にわたって上昇させることになるだろう。これは望ましい経済状態ではない。というのも就業できたはずの多くの労働者が無職の状態にとどまっており、彼らの労働生産性を活用できていないからだ。この例は、長期にわたる平均失業率(自然失業率)には、失業に関して非効率な要素が含まれていることを示唆している。

自然失業率には摩擦的要素と構造的要素が含まれているが、循環的失業にも同じくこの2つの要素が含まれている。景気後退期には、新しい労働者を雇用しようとする企業は少なくなる。このため、労働者が自分に適した仕事に就くことはますます困難になり、摩擦的失業が増加する。加えて、図表12.9からもわかるように、賃金の下方硬直性があるときには、硬直的賃金が市場均衡賃金を上回る水準で維持されるために、景気後退期に労働需要曲線が左にシフトすると、構造的失業を増加させることになる。

EBE Evidence-Based Economics
根拠に基づく経済学

問い:企業が工場を閉鎖すると、地域の雇用と失業にはどのような影響が及ぶのか?

1990〜2007年の間に、ペンシルベニア州ピッツバーグの失業率は1.8ポイント改善した。この期間、ピッツバーグ経済には良いときも悪いときもあったが、1つ、特に運が良かった要因は、ピッツバーグの経済活動が、中国からの輸入品と競合しない分野に重点を置いていた点である。ピッツバーグ経済は、製紙、印刷、金属製品などの産業に特化しており、これらは中国からの輸入品との競争に「さらされるリスクが低い」。アメリカ経済全体を通しても、このような産業では中国からの輸入品の増加率が比較的低くとどまっていた。

図表12.11のアメリカ東部の地図を見ると、ピッツバーグに隣接してノースカロライナ州ローリー・ダーラム地域がある。1990～2007年のローリー・ダーラム地域の経済はまったく対照的な状況にあった。ローリー・ダーラム地域では失業率が1.9ポイント上昇した。加えてこの地域の多くの労働者が職探しを完全にやめてしまったため、今では労働力人口にさえも入っていない。ローリー・ダーラムの労働市場が弱体化した要因の1つは、同地域の経済が繊維、衣類、電気製品、コンピューターなどの産業に特化していたことだ。これらは中国からの輸入品との競争に「さらされるリスクが高い」産業である。

中国からの様々な輸入品との競争にさらされている何百もの地域を比較することを通して（ピッツバーグとローリー・ダーラムはこのうちの2つの事例にすぎない）、経済学者のデイビッド・オーター、デイビッド・ドーン、ゴードン・ハンソンらは、中国からの輸入品との競争にさらされたことにより労働需要曲線が左にシフトすることを発見した。これはまさしく図表12.9で示したシフトである[4]。彼らの分析によれば、高レベルの競争にさらされた地域は、競争レベルが低かった地域よりも、製造業での雇用は大きく減少し、失業率も高かった。

この研究によって、図表12.9で示した労働市場の分析モデルの内容が立証された。つまり、労働需要曲線の左へのシフトは、賃金の下方硬直性があるときには、仕事の数の減少と失業率の上昇をもたらす。労働需要曲線が左にシフトしたにもかかわらず、製造業の賃金の下落が見られなかったことは、賃金の硬直性に関するモデルの予測と整合的だ。したがって、競争リスクが高い地域の失業率の高さは、図表12.9に示したように、その理由の一部は、賃金の硬直性が関係している可能性がある。この研究は同時に、競争リスクが高い地域においては非製造業の賃金も大きく

4) David H. Autor, David Dorn, and Gordon H. Hanson, "The China Syndrome: Local Labor Market Effects of Import Competition in the United States," *American Economic Review*, Vol. 103, No. 6, 2013.

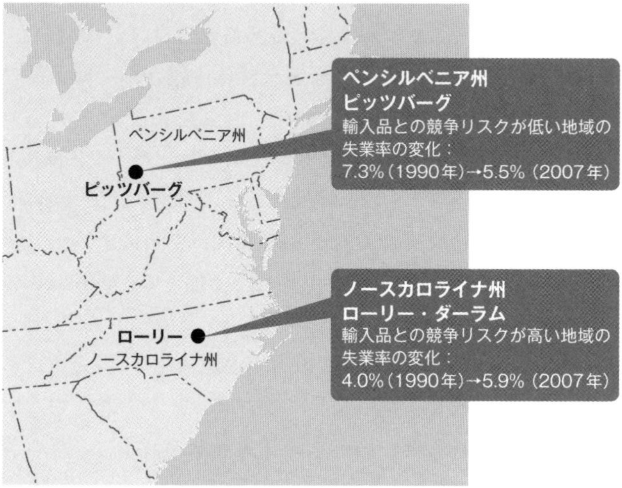

図表12.11 2つの町の物語

ピッツバーグとローリー・ダーラム地域では、1990～2007年の失業率を比較すると非常に異なった動きを見せている。ピッツバーグの失業率は7.3%から5.5%に減少したが、一方でローリー・ダーラムの失業率は4.0%から5.9%に上昇した。この違いの要因として、ローリー・ダーラムが、中国からの輸入品との高いレベルの競争リスクにさらされていた点が挙げられる。ローリー・ダーラムは製造業に特化しており、中国からの輸入品との競争は厳しいものであった。対照的に、ピッツバーグでは、中国からの輸入品との競争にさらされるリスクは低かった。

下落したことも見出した。すなわち、賃金の硬直性は、就業中の労働者に適用されるものであり、失業中の労働者が探す新しい仕事には適用されない。解雇された製造業労働者は、新しい仕事を探すときには低い賃金を提示され、職に就くためには自らの意思で低い賃金を受け入れることになる。

この分析からは、アメリカの雇用を増やすためには中国からの輸入を禁止すべきだという意見が出てくるかもしれないが、それは問題の解決策ではない。中国からの輸入品は多くのアメリカの家計にとって有益であり、家計は低価格の輸入品を享受している。とはいえその一方で、国際貿易のために、一部の国内労働者が仕事を失っているという事実がある。そして、貿易に関する議論の多くは、雇用の喪失に起因する個人的かつ経済的な転換に関する課題や、関連する損失を軽減する政策をめぐるものである。

Q 問い 企業が工場を閉鎖すると、地域の雇用と失業にはどのような影響が及ぶのか？

A 答え 1990～2007年に中国からの輸入品との競争に高いレベルでさらされた地域の失業率は、競争リスクが低かった地域に比べて、高い水準であった。

データ 雇用、失業、産業構造に関する地域レベルのデータ。中国からの輸入品の産業別成長率に関する全国レベルのデータ。1990～2007年の分析。

注意 中国企業との競争以外にも、多くの要因が失業率の変動に影響を及ぼしている。

まとめ

◉アメリカでは、労働者について考えるときには16歳以上人口について考える。フルタイムでもパートタイムでも、賃金が支払われている労働者は就業者に分類される。その一方で、賃金が支払われる仕事がなく、直近の4週間に積極的に職探しを行い、現在働ける状態にある労働者は失業者に分類される。就業者と、失業中の16歳以上人口の合計を労働力人口と言う。それ以外の16歳以上人口は、非労働力人口である。失業率とは、労働力人口の中の失業者の割合である。

◉失業率は時期によって大きく変動する。景気後退期とその直後は、失業率は上昇する傾向にある。

◉失業率の分布は、労働力人口の中でもグループによって大きく異なったものになる。教育水準が高い労働者のグループは失業率が低いという傾向がある。

◉雇用量は労働需要と労働供給によって決定される。労働需要曲線は、労働の限界生産力逓減の法則と企業の利潤最大化行動により、右下がりの曲線となる。一方で高い賃金は、一般に労働者がもっと長時間働こうとするインセンティブとなるので、労働供給曲線は右上がりの曲線となる。

◉競争的労働市場における均衡は、労働需要曲線と労働供給曲線の交点である。競争均衡での賃金は、市場均衡賃金とも呼ばれる。

◉競争的労働市場モデルにおける均衡では、すべての労働者が市場均衡賃金を知っている。市場均衡賃金で働く意思がある労働者はみな仕事に就くことができるため、失業は存在しない。市場均衡賃金で働く意思がない労働者は、仕事を探すことをやめた労働者であり、失業者には含まれない。

◉労働者は労働市場の状況について調べたり、自分に適した仕事を探すジョブ・サーチ（職探し）活動を行う必要があるために、摩擦的失業が発生する。たとえ健全な労働市場であっても、転職期間中の失業者、前職を失ってから新しい仕事を探している者、あるいは労働市場に入ってから最初の仕事を探す者など、ある程度の失業はつねに存在する。構造的失業は、市場賃金が市場均衡水準を上回っているときに、労働供給量が労働需要量を上回ることにより発生する。これは賃金の硬直性とも関連している。賃金の硬直性は、最低賃金法や団体交渉などの労働市場の制度的理由によって生じるものである。賃金の硬直性を引き起こすさらに重要な理由には、効率賃金や賃金の下方硬直性がある。

◉効率賃金とは、雇用主が労働者の生産性を上昇させるために支払う、市場均衡賃金よりも高い水準の賃金である。賃金の下方硬直性は、労働者が賃金カットを受け入れないために、労働需要曲線が左へシフトしても、それに対応して賃金が速やかには下落しないことを指す。

◉失業率が変動する最も重要な原因は、労働需要曲線のシフトである。賃金が伸縮的であれば、労働需要曲線の左へのシフトは雇用と賃金の両方を減少させるが、労働市場は均衡しているため失業は増加しない。賃金に硬直性がある場合には、賃金が下落をしないので、同じ労働需要曲線の左へのシフトであっても、雇用はさらに大きく減少し、失業が増加する。

◉自然失業率とは、長期間の失業率を平準化したものである。循環的失業とは、現実の失業率と自然失業率との差である。循環的失業は景気後退期には上昇し、好況期には下落する。

キーワード

16歳以上人口	**就業者**
失業者	**労働力人口**
失業率	**労働力率**
労働需要曲線	**労働供給曲線**
市場均衡賃金	**ジョブ・サーチ（職探し）**
摩擦的失業	**賃金の硬直性**
構造的失業	**団体交渉**
効率賃金	**賃金の下方硬直性**
自然失業率	**循環的失業**

復習問題

1.... 失業に関する統計は、アメリカでは労働省労働統計局（BLS）が集計して発表する。以下の質問に答えなさい。

a. 労働省労働統計局による就業者の公式な定義はどのようなものだろうか？　また、16歳以上人口における失業の定義はどのようなものだろうか？

b. 以下の用語の意味と計算方法を示しなさい。

i. 失業率

ii. 労働力率

2.... 以下の人々は、労働力人口に含まれるだろうか？　あるいは労働力人口には含まれないのだろうか？　説明しなさい。

a. ジェーンは哲学の博士号取得を目指しながらフルタイムで働いている。週末には高齢者施設でボランティアとして活動している。

b. クリスティンは、子どもと一緒に過ごす時間を増やすために、ジャーナリストの仕事をやめた。今は子ども向けの雑誌でパートタイムとして働き、収入を得ている。

c. 過去4週間で、ハリーは求人面接をしたいという会社の申し出に応じなかった。最近になって、彼は自分に合っていると感じた別の仕事に応募した。

3.... 図表12.2を見て、以下の質問に答えなさい。1948年以降に失業率が高かった時期が2回あるが、それぞれ何％だっただろうか？　その時期には何が起こっていたのだろうか？

4.... 比較的教育水準の高い労働者の失業率は低い傾向がある。その理由を説明しなさい。

5.... 労働の価値限界生産力とは何だろうか？　例を用いて、どのように計算するのかを説明しなさい。

6.... 労働需要曲線をシフトさせる要因を2つ挙げなさい。また、それぞれの要因の変化が、なぜ曲線のシフトにつながるのかについて説明しなさい。

7.... 労働供給曲線の傾きが右上がりであるのはなぜだろうか？　労働供給曲線をシフトさせる要因は何だろうか？

8.... 経済が健全である国では失業率は0%になるだろうか？

9.... ジョブ・サーチ（職探し）とはどういう意味だろうか？　摩擦的失業とはどのように関係しているのだろうか？

10.. 摩擦的失業と構造的失業の違いについて説明しなさい。

11.. 生産過程への新技術の導入は、労働者が業務を遂行するために必要とする時間を短縮させる。技術革新が、工場の労働者に完全に取って代わることもある。技術進歩は、大量の失業につながるのだろうか？　あなたの考えを述べなさい。

12.. 賃金の硬直性とは何だろうか？　労働市場において賃金の硬直性を上昇させる2つの要因について説明しなさい。

13 クレジット市場

Credit Markets

銀行の破綻はどのぐらい頻繁に起こっているのか?

銀行、保険会社、投資会社などの金融機関は、利用者に堅固なイメージを持ってもらうために、工夫をこらしている。入口に石柱を立てたり、ロビーを大理石張りにしたりして、イメージ作りに努めている。ノーザン・ロック、ブラックロック、ブラックストーンなどといった、崩壊しそうにない言葉を社名にすることもある。大手保険会社のプルデンシャルは、自らを「ザ・ロック(岩山)」と名乗り、山の要塞であるジブラルタルの岩山を会社のシンボルにしている。名前は頼もしいが、金融機関は絶対に倒産しないと言えるのだろうか?

本章の構成

13.1	13.2	13.3	EBE
クレジット市場とはどういう市場か?	銀行と金融仲介機関:供給と需要をあわせて考える	銀行はどのような業務を行っているのか?	銀行の破綻はどのぐらい頻繁に起こっているのか?

KEYIDEAS
キーアイデア

- ◉クレジット市場は借り手（信用需要者）と預金者（信用供給者）をマッチングさせる。
- ◉クレジット市場均衡で実質金利が決まる。
- ◉銀行とその他の金融仲介機関は、（1）利益につながる融資機会を見つけ出す、（2）短期の資金を活用して長期投資を行う、（3）リスクの量と分散を管理する、という３つの重要な機能を持つ。
- ◉銀行は、負債の価値が資産の価値を上回ると、債務超過になる。

13.1 クレジット市場とはどういう市場か？

あなたは他に前例のないビジネス・プランを思いつき、それだけを考えている。会社を創業し、CEO（最高経営責任者）になるのだ。まず、呼吸を整えて段取りを考えよう。ほとんどの新規企業は5年以内に倒産してしまうということだが、そうならないための努力は惜しまないつもりだ。

アイデアは、100％電気自動車だけで運用するタクシー＆リムジン会社だ。ニューヨーク市民も興味を持ってくれるだろう。会社名はバッテリーパークにしよう。知り合いたちもみなこのアイデアを気に入り、実現したらあなたの会社の車を使うと約束してくれている。地元企業も説得して、従業員や顧客にサービスを使ってもらえるようにも頼み込んだ。

次に、必要な設備と建物を買うかまたは借りるための資金を集める必要がある。事業免許、電気自動車、バッテリー充電システム、コンピューター予約センター。ほかにもタクシーがバッテリー切れになったときにすぐに充電できる設備が市街の複数カ所に必要だ。さらに、スタッフを雇って訓練し、広告も出さなければならない。新規事業をスタートし、効率的な営業規模を実現するまでには、計算すると50万ドルは必要だ。少ない金額ではないが、新規事業の利益を考えれば、リスクをとる価値はあるはずだ。

しかし、どうやって50万ドルの資金を集めたらいいのだろうか？　自分の銀行口座にそれほどの大金はないし、友人たちも同様だ。両親や祖父母に出資を頼むことも考えたが、もしも事業が失敗して家族が老後の蓄えを失うことになったら困る。では、どうすればいいのだろうか？

借り手と融資の需要

資金が必要なのは、あなただけではない。毎年、多数のアメリカ人起業家や世界中の何百万人もの人々が、新規事業をはじめるためにお金を借り入れている。さらに多くの既存企業も、事業の拡大や支払いのために融資を受けている。

車や住宅などの高額な品物を買うためにお金を借りることもあるし、失業中の生活を維持するために一時的にお金を借りる家計もある。自分自身や子どもの大学進学のための学費を借りる人も多い。ビジネス、法学、医学の大学院に進学する学生のほとんどが学資ローンを組んで授業料を支払っている。このように、起業家、住宅購入者、医学生などといった資金を借りる経済主体のことを、**債務者（借り手）**と言う。彼らが借り入れる資金は、**信用（クレジット）**と呼ばれる。

ほとんどの企業や個人は、銀行から信用を得ているが、クレジット市場は、銀行だけではなくもっと広範囲のものである。大企業が巨額な融資を調達する社債・CP（コマーシャルペーパー）に加えて、ノンバンクも含まれる。

もちろん、借りたお金は無料で貸し出されたわけではなく、利子が支払われる。最初に借りた金額を元金《がんきん》と言う。**金利（利子率）**は、元金の返済分に上乗せして、借り手が（1年の最後に）ローン1ドル当たりに対して支払う必要がある追加的な金額である。金利は、1ドルのローンの1年間の費用と言うこともできる。

次に、1ドルのローンをLドルのローンに拡大して考えてみよう。借り手がLドルのローンに対して支払う必要がある利子は、ローンの金額に金利を掛けたものである。たとえば、金利iの1年ローンでLドルを借りると、1年の最後には、元金Lドルに加えて、利子として、$i \times L$ドル、を支払わなければならない。次で説明する実質金利と区別するために、この金利iを**名目金利（名目利子率）**と呼ぶ。

さて、あなたのすばらしい事業計画に話を戻そう。自分の計画に自信があるあなたは、ローンに対して10%の金利を支払ってもかまわない、と考えている。

- **債務者**（debtor）または**借り手**とは、資金を借りる経済主体のことである。
- **信用**（credit）または**クレジット**とは、債務者が受け取るローンを指す。
- **金利**または**利子率**（interest rate）と**名目金利**または**名目利子率**（nominal interest rate）。ここで金利iは、1ドルのローンの1年間の費用であり、Lドルのローンの年間費用は、$i \times L$、で表される。

つまり、50万ドルのローンに対して、年間5万ドルを利子として支払う（50万ドル × 0.10 = 5万ドル）。あなたは、アイデアに格別の自信があるので、金利が20％であったとしてもローンを組むつもりかもしれない。

しかし、金利が50％だったらどうだろうか？　50万ドルの元金に対して年間25万ドルの利子というのは法外だ。この金利では、ほとんど利益は残らないだろう。事業計画を縮小して、ローンの金額を減らしたほうがいいだろうし、20人雇う代わりに2〜3人からはじめたほうがいいかもしれない。

では、もし金利が100％だったらどうだろうか？　1年後に元金と利子を加えた金額は、50万ドルのローンに対して、50万ドル + 50万ドル = 100万ドル、となる。つまり、借りた金額の2倍を支払う必要がある。この場合には、事業のことは完全に忘れてしまったほうがいいだろう。このような条件で資金を調達しても利益が得られる事業があるとは考えがたい。

現実には、ほとんどの企業はローンの金利として50％や100％を支払うことはない。金利の上昇が信用需要量を引き下げる原因になることを説明するために、ここまでは極端な例で考えてみたのだが、実際には金利が上昇すると、高い金利を支払ってでも借入れをしようとする企業や個人はほとんどいなくなる。

実質金利と名目金利

ここまでは、経済全体の物価上昇率を示すインフレ率には言及してこなかった。実は、インフレ率は、家計や企業がお金を借りる行動に影響を与える重要な要素だ。インフレ率がどれだけ重要であるかを理解するために、例を使って説明しよう。たとえば、あなたが、冒頭の電気自動車によるタクシー&リムジン会社を起業する資金を得るために、名目金利10％で、50万ドル借り入れたとしよう。名目金利10％ということは、1年後には、借り入れた元金50万ドルに5万ドルを上乗せして合計55万ドルを返済しなければならない。1回のリムジンの乗車であなたの会社には利潤が50ドル入り、インフレ率はゼロであるとする。この場合には、借り入れたお金と利子を返済するには、次の1年間に1万1,000件の予約をとる必要がある。

$$\underset{\text{（予約1件当たり）}}{(50\text{ドル})} \times \underset{\text{（予約数）}}{(1\text{万}1{,}000\text{件})} = 55\text{万ドル}$$

ここでインフレが起きて、予約1件当たりの価格が2倍になると、会社の利潤も同じく50ドルから2倍の100ドルになる。すると、借入金を返済するのに必要な予約件数は、5,500件だけになる。

(100ドル)×(5,500件)＝55万ドル
(予約1件当たり)　(予約数)

この場合にはインフレが起こって価格が2倍になることで、借り入れた金額を返済するのは楽になった。この例から、次のことがわかる。「インフレ率が高ければ高いほど（その他すべてを一定とすると）、財やサービスの価格が高くなり、名目金利でのローンの返済は楽になる」。

この例からわかるように、ローンを返済できるかどうかを判断するには、インフレを考えることが大切だ。実は、名目金利にインフレの影響を考慮に入れた公式は次の手順で計算できる。名目金利とは、あなたが借り入れた金額（元金）の名目金額での年間成長率だ。たとえば、名目金利が10%なら、1年後には、借入金には名目金額で10%が追加される。インフレ率は、全般的な物価の1年間の上昇率である。実質金額での（インフレ調整後の）借入金の上昇率を計算するためには、名目の借入金額の成長率からインフレ率を差し引く必要がある。したがって、実質の借入金の成長率は以下の式となる。

$$名目金利 - インフレ率 = i - \pi$$

ここで、iは名目金利、πはインフレ率を表している。インフレ調整済みの実質金利はrである。したがって、以下の式となる。

$$r = i - \pi = 実質金利$$

この、r（$= i - \pi$）は、インフレの影響を調整しているので、**実質金利（実質利子率）**と呼ばれる。

この公式は、名目金利と実質金利の違いを研究した経済学者アーヴィング・フィッシャー（1867–1947）の名前に由来して、フィッシャー方程式と呼ばれる[1]。

具体的な数字を用いてフィッシャー方程式を考えてみよう。仮に名目金利が5%で、インフレ率が2%ならば、実質金利は以下のように計算できる。

$$3\% = 5\% - 2\%$$

最適化行動をとる経済主体は、借入金がどれだけ実質的に増えるかを考えるので、借入金の経済コストを考えるときには、実質金利（r）を用いる。14章ではフィッシャー方程式を使って、実質金利を考えるときのインフレ期待の役割について説明する。

● **実質金利**または**実質利子率**(real interest rate)とは、名目金利からインフレ率を差し引いたものである。

1) Irving Fisher, “Appreciation and Interest: A Study of the Influence of Monetary Appreciation and Depreciation on the Rate of Interest with Applications to the Bimetallic Controversy and the Theory of Interest,” *Publications of the American Economic Association*, Vol. 11, No. 4, 1896, pp. 331–442.

名目金利と実質金利（r）の関係は、9章で学んだ名目GDPと実質GDPの関係と非常によく似ている。名目GDP成長率から実質GDP成長率を計算する際は、名目GDP成長率からインフレ率を差し引いた。同じように、名目金利から実質金利を計算するにも、名目金利からインフレ率を差し引けばよい。どちらの計算も経済学的な考え方は同じであり、名目金額の上昇ではなく、実質の購買力の成長に焦点を当てている。名目GDP成長率の場合も、借入金の名目金額の上昇率の場合も、名目上の成長率から物価の上昇率を差し引くことによって、インフレを調整する。

信用需要曲線

企業や個人の意思決定に関係するのは実質金利（r）であり、信用の需要も、実質金利の関数として表される。**信用需要曲線**は、信用需要量と実質金利の関係を表している。

図表13.1には、横軸に信用需要量、縦軸に実質金利をとって、信用需要曲線が描かれている。実質金利が高いほど、信用需要量は低くなるために、信用需要曲線の傾きは右下がりとなる。バッテリーパーク社の信用需要が示すように、企業が支払う金利が高くなればなるほど、借り手の利潤は低下する。高い金利で進んでローンを組もうとする借り手はほとんどいないだろう。これは様々な需要曲線の場合と、概念的には同じである。ニンジンやキャビアなどでは、財の価格が上がると、消費者は購入量を減らす。信用も同じように働く。信用の実質的な「価格」は、実質金利である。信用需要曲線の傾きは、実質金利と信用需要量の関係の感応度を示している。

1. 信用需要曲線の傾きが急な場合には、信用需要量は実質金利の変動に対して、あまり反応しない。
2. 信用需要曲線の傾きが緩やかな場合には、信用需要量は実質金利の変動に対して、比較的敏感に反応する。

図表13.1の縦軸で示されている価格は実質金利――お金を借りる価格と考えればいい――だが、ほとんどすべてのローンは、名目金利で組まれていることに注意が必要だ。たとえば、あなたが住宅ローンの申請をしたときには、銀行からは名目金利が提示される。企業への融資も、名目金利が提示される。し

●**信用需要曲線**（credit demand curve）は、信用需要量と実質金利の関係を表している。

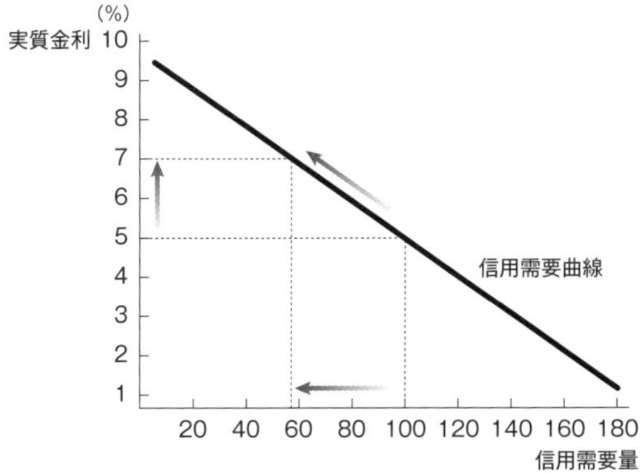

図表13.1　信用需要曲線

グラフでは、横軸に信用需要量、縦軸に実質金利がとられている。実質金利が上昇すると、信用需要量は減少する。これは、信用需要曲線に沿った移動である。

かし、最適行動者の意思決定に関係しているのは実質金利である。本章以降で学ぶマクロ経済分析では、実質金利が中心的な役割を果たす。特に長期融資（30年間の住宅ローンや10年間の企業融資など）では、実質金利が重要となる。本章では、実質金利と信用需要の関係に焦点を当てる。14章では、名目金利と実質金利との関係について扱う。信用需要曲線を使うときには、図表13.1のような信用需要曲線に沿った移動と、信用需要曲線のシフトについてをよく注意して区別することが重要である。このような区別については4章で紹介したが、同じ区別がここでも適用される。図表13.2には、信用需要曲線のシフトが描かれている。以下に示す多くの要因が、信用需要曲線をシフトさせる。

- **企業が想定するビジネス・チャンスの変化**　企業は、事業を拡大する資金を調達するためにお金を借り入れる。たとえば、ユナイテッド航空などの航空会社は、航空券を買おうとしている旅行者が増加していることを認識すると、自社の飛行機の需要は増加すると予想する。ユナイテッド航空は、飛行機をもっと購入するかリースするためにはお金を借りなければならなくなるので、ユナイテッド航空の信用需要曲線は右にシフトする。仮に別の航空会社も同じ傾向に直面し、同じ実質金利の下で信用需要が増えるならば、市場信用需要曲線は右にシフトする。
- **家計の選好や期待の変化**　家計は、家や車や大型テレビの購入、大学の学

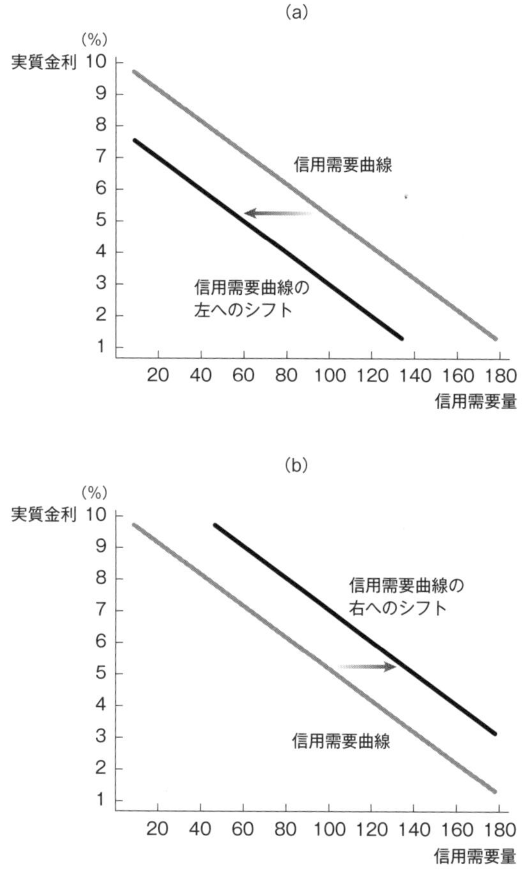

図表13.2 信用需要曲線のシフト

(a)に示されるとおり、実質金利が同じであっても、企業が想定するビジネス・チャンスの変化、家計の選好や期待の変化、そして政府の政策が変化することによって信用需要量が減少すると、信用需要曲線は左にシフトする。(b)に示されるとおり、逆に、同じ実質金利であっても、家計や企業の信用需要量が増加すると、信用需要曲線は右にシフトする。

費の支払いなど様々な理由でお金を借りる。仮に家計の選好が変化して、こうした財とサービスの購入をもっと増やしたくなったときには、家計はローンを増やそうとするだろう。同じように、たとえば将来について楽観的になり、大きなローンを組んでも返済できる地位に昇進できると考えた場合には、より多くの資金を借り入れるだろう。こうした家計の選好や期待の変化は、クレジット市場の需要曲線を右にシフトさせる。

対照的に、家計が将来についてより悲観的になったときには、同じ金利の下であっても希望する借入れ額を減少させるので、クレジット市場の需要曲線は左にシフトする。

- **政府の政策の変化** クレジット市場における政府の借入れは、年によって大きく変化する。たとえば、2007年にはアメリカ連邦政府は0.4兆ドルの赤字であった。つまりクレジット市場から政府は0.4兆ドルを借り入れていた。2007〜09年に景気後退が深刻になると、家計と企業の所得が下落し、結果として税収も減少した。その時には政府は、政府支出を増加させて、家計の窮状を救い、収縮する経済への刺激を図った。このため2009年には、財政赤字は1.5兆ドルにまで膨れ上がった。その他すべてを一定として、政府の借金の増加は、クレジット市場の需要曲線を右にシフトさせる（2009年以降は、連邦政府の赤字は継続して減少し続け、2013年までには0.8兆ドルに縮小した）。また、政府の租税政策も信用需要曲線をシフトさせる。政府は時には、利潤に対して減税することによって物的資本への投資を刺激したり、投資への優遇措置を導入したりすることなどによって、クレジット市場の需要曲線を右にシフトさせる。

貯蓄の決定

銀行は、お金を借りたい企業や家計に信用を提供する。しかし、銀行は貸し出すお金をどこから調達しているのだろうか？

余分な現金を持つ経済主体は、そのお金を銀行に預金する。このようにして、銀行は、預金者と借り手をマッチングさせる仲介者の役割を担うことになる。クレジット市場の仲介者は銀行だけではない。様々な種類の金融仲介機関——13.2節ではその一部を紹介する——が、お金を借りたい企業や個人と、貯蓄を持っている企業や個人とを結びつける重要な役割を担っている。

ここからしばらくは、仲介者として機能する機関のことは考えずに、借り手が最終的に受け取る資金の源泉を提供する預金者（貯蓄主体とも言う）について考える。貯蓄主体には、進んで貸したいお金がある。今持っているお金を、現在ではなく、将来に使いたいからだ。もちろん、そのお金をタンスの中にしまっておいたり、無人島に自生するヤシの木の下に埋めておいたりすることもできるのだが、埋めたお宝に利子は付かない。

> **銀行は、預金者と借り手をマッチングさせる仲介者の役割を担っている。**

CHOICE&CONSEQUENCE
選択の結果

なぜ貯蓄をするのか?

将来のために貯蓄をするべき5つの理由：

1. 第1に、最も重要な理由は、退職後に備えるための貯蓄である。退職後の所得は、働いていた時期の所得よりも低いものになる。アメリカでは、家計に給付される平均的な公的年金給付は、退職前所得の半分以下である。退職後の消費水準を急低下させたくないならば、退職前所得の一部を貯蓄しておく必要がある。多くのフィナンシャル・アドバイザーは、アメリカの現役家計に対して、所得の1割から2割を税制上の優遇措置がある年金として貯蓄していくことを勧めている。
2. 「子どものため」に貯蓄する。たとえば、子どもの結婚や、大学や大学院への進学などの将来の教育に備える投資である。遺言によって子どもに大金を残す親もいる（死後の贈与は遺産と呼ばれる）。
3. 住宅、耐久消費財（洗濯機や自動車など）、休暇などの、予定している大きな出費に備えて貯蓄する。
4. 事業に投資するために貯蓄する。中小企業は、銀行ローンを組めないこともある。銀行のローン担当者は、あなたの最先端のすばらしい事業計画を信じないかもしれない（あなたが銀行のローン担当者であったならば、バッテリーパーク社のようなタクシーとリムジンのサービス会社の設立を計画している大学新卒者に融資をしただろうか？）。外部からの資金が調達できない場合、個人事業主は自分のアイデアを実現するためには自分の貯蓄を使わなければならない。
5. 経済的な苦況に備えて貯蓄する。自宅の屋根から雨漏りがして、高額な修繕費が必要になるかもしれない。失業するかもしれない。保険ではカバーできない高額な医療費が必要になるかもしれない。こうした苦境を乗りきるためには、支えになる資金が必要になる。

信用供給曲線

預金するお金を持っている人々や企業は、銀行やその他の金融機関にお金を貸すことによって利子を得る。この場合には、銀行にお金を預金し、預金口座に利子が付く、というかたちが「貸す」ことである。この方法で預金者が進んで貸すのは、いくらぐらいだろうか？　この質問に答えるためには、預金者の最適化行動について理解する必要がある。

預金は自然なトレードオフの結果だ。人々は、所得を現在の消費に使うこと

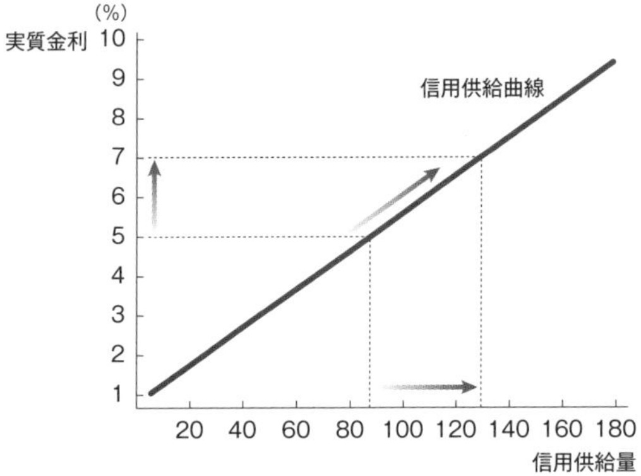

図表13.3 信用供給曲線

グラフでは、横軸に信用供給量、縦軸に実質金利がとられている。実質金利が上昇すると、信用供給量は増加する。これは、信用供給曲線に沿った移動である。

もできるが、将来の消費のために預金することもできる。預金するためには何かを——たとえば現在の消費を——あきらめることが必要であり、その見返りに何か価値のあるものを得ることができるならば、預金することを選ぶだろう。実質金利をrとするとき、今日預金した1ドルは、1年後には（$1+r$）ドルの購買力を持つ。すなわち実質金利が、預金から得られる報酬である。言い換えると、実質金利は現在の消費の機会費用だ——つまり、現在の消費をあきらめることができる水準を将来の購買力で測っている。実質金利が高いときには、現在の消費の機会費用が上昇するので、預金量は増加することになる。

もっとも、実質金利が高いときには、実際には預金率が下がる可能性もある。たとえば、実質金利が高く預金が急速に増えるのであれば、若い労働者の中には、退職後に備える預金という長期的な目標がある程度の水準に到達したならば、預金を減らしてもいいと思う人も出てくるかもしれない。ただしほとんどの場合には、このような預金への負の影響は、（正の）機会費用が持つ効果よりも弱いと考えられている。したがって、ほとんどの場合に、高い実質金利は預金率を上昇させる。

このことから、信用供給量と実質金利の関係を表す**信用供給曲線**は右上がりになることがわかる。実質金利が高いときには、預金が増加して、銀行が貸し出せる資金も増加するので、信用供給量も増加する。図表13.3は、信用供給曲

● **信用供給曲線**（credit supply curve）は、信用供給量と実質金利の関係を表している。

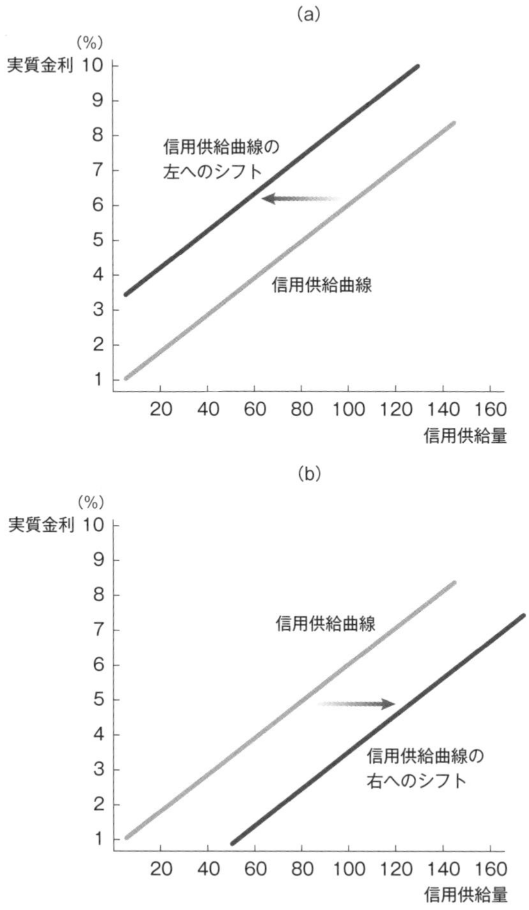

図表 13.4 信用供給曲線のシフト

(a)に示されるとおり、実質金利が同じであっても、家計や企業の貯蓄する動機が変化することによって信用供給量が減少すると、信用供給曲線は左にシフトする。(b)に示されるとおり、逆に、同じ実質金利であっても、家計や企業の信用供給量が増加すると、信用供給曲線は右にシフトする。

線を示したグラフである。

これまで学んできたことと同様に、図表13.3に示される信用供給曲線に沿った移動と、図表13.4に示される信用供給曲線のシフトをよく注意して区別することが重要である。信用供給曲線に沿った移動は、実質金利の変化にのみ反応する預金者の行動である。信用供給曲線のシフトは、同じ実質金利水準の下で、最適化行動をとる経済主体の貯蓄動機の変化に誘発されて起きる。

・**家計の貯蓄動機の変化**　家計は退職に備えるなどの様々な出来事に対応するために貯蓄をするが、このような動機は時間とともに変化するために、信用供給曲線をシフトさせる。たとえば家計が、将来の経済状況は厳しい時期を迎えると予想するときには、それに対応して財産を蓄えておくために、貯蓄を増やそうとするだろう。これは信用供給曲線を右にシフトさせる。また、年齢によっても貯蓄行動は変わる。たとえば、退職時期が近づくと貯蓄率が上昇する傾向がある。

・**企業の貯蓄動機の変化**　企業の支出（従業員の給与も含まれる）が収入より少ないときには、企業の利益はプラスである。こうした場合に、配当を支払うことを通して利益を株主に還元する企業がある。その一方で、利益を配当することなく銀行口座に預金して、将来の投資に備える企業もある。このような利益（内部留保と言う）の大きさは、時とともに変化する。企業が将来の事業資金の調達に不安がある場合には、配当ではなく内部留保を選択するだろう。こうした決定は、信用供給曲線を右にシフトさせる。企業によるこうした決定も経営状況の悪いときに備えた貯蓄である。

クレジット市場における均衡

図表13.5には、信用供給曲線と信用需要曲線の2つが描かれている。これが**クレジット市場**の全体像であり、市場では借り手が預金者から資金を調達する。またクレジット市場は貸付資金市場と呼ばれることもある。

グラフでは、様々な借り手のローンの債務不履行のリスクは同一であると仮定して、クレジット市場を簡単化している。言い換えると、ローンを返済しないリスクは、すべての借り手について同じである。この簡単化によって、クレジット市場における均衡実質金利は1つに決まる（実際には、異なる債務不履行のリスクに対応して貸し手に補償するために、異なるリスクの借り手には異なる実質金利が付く）。

供給曲線と需要曲線によって表されるほかの市場と同様に、クレジット市場における均衡は、2つの曲線が交わる点である。この交点により、市場の信用の総額（Q^*）と均衡実質金利（r^*）の両方が決まる。均衡実質金利では、信用需要量と信用供給量が等しくなる。実質金利が均衡金利より高いと、信用の超過供給が起こり、実質金利を押し下げる圧力が生じる。実質金利が均衡金利

● **クレジット市場**（credit market）は、借り手が預金者から資金を調達する場所である。

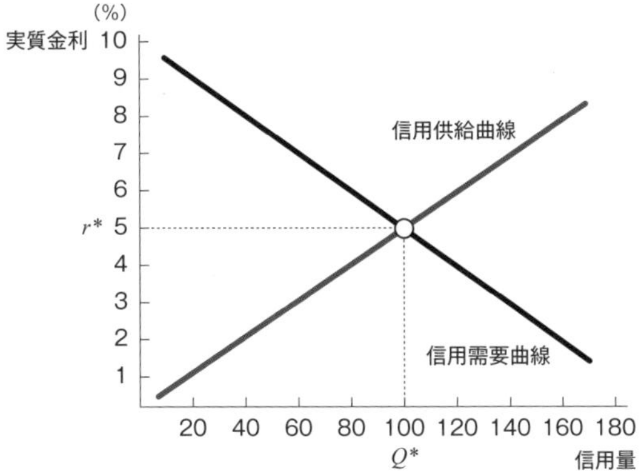

図表 13.5　クレジット市場における均衡

クレジット市場均衡は、信用供給曲線と信用需要曲線が交わる点である。この交点で実質金利と信用量が決まる。

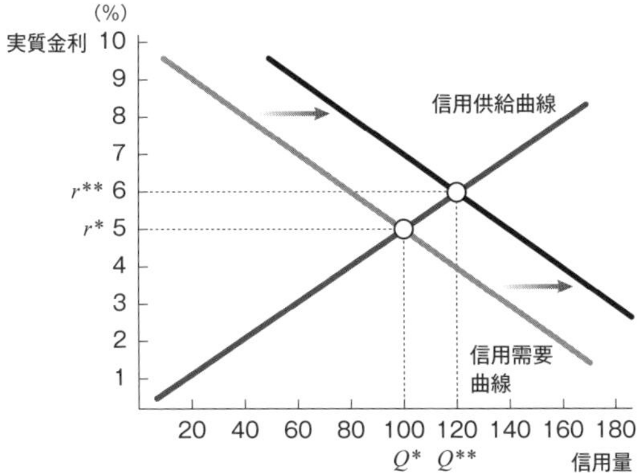

図表 13.6　信用需要曲線のシフトが実質金利と信用に及ぼす影響

信用需要曲線が右へシフトすることにより、均衡実質金利は上昇し、均衡信用量は増加する。

より低いと、信用の超過需要が起こり、実質金利を押し上げる圧力が生じる。

このことを確認するために、信用需要曲線のシフトがクレジット市場における均衡にどのような影響を及ぼすかを考えてみよう（図表13.6）。たとえば、政府が投資減税を実施し、企業が工場建設や設備購入に1ドルを投資するごとに30セントが減税されるとする。このような減税は企業の投資費用を減少させるので、投資の純便益（＝便益－費用）を増加させる。その結果、クレジット市場において最適化行動をとる企業の（工場や設備への投資資金を調達するための）借入れ意欲は上昇する。結果として、信用需要曲線は右にシフトする。新しい均衡点では、実質金利（r^{**}）は上昇し、信用供給量と信用需要量（Q^{**}）は増加する。

クレジット市場と資源の効率的配分

クレジット市場は、極めて価値のある社会的役割を担っている。預金者が余らせている現金を借り手に貸すことで、クレジット市場は経済の資源配分を改善する。

以下のように考えると理解しやすいだろう。クレジット市場がまったく存在しないと仮定してみよう。あなたは、来年になったら使うつもりの1,000ドルを持っていたとしよう。このお金をどうすればいいだろうか？　自宅の金庫に入れておくこともできる。いわゆる「タンス預金」の場合は、翌年も手元のお金は1,000ドルのままだ。インフレがなければ実質金利は0%だが、5%のインフレが起こったときには、実質金利は悪化して、－5%である。インフレが5%分の購買力を失わせることになるからだ。

この例は、フィッシャー方程式を使って考えることもできる。実質金利の式は以下のとおりである。

$$r = i - \pi$$

名目金利が0%（$i = 0$）のときには、実質金利は、$r = 0 - \pi$%、となる。インフレ率が0%（$\pi = 0$%）のときには、実質金利は、$r = 0 - 0 = 0$%、である。インフレ率が5%（$\pi = 5$%）のときには、実質金利は、$r = 0 - 5 = -5$%、となる。

起業する計画がある叔父さんにあなたのお金を貸せば、0%の名目金利を上回る成果が得られるかもしれない。しかしその叔父さんが成功しなければ、この選択肢はタンス預金よりも悪い結果をもたらす。

1,000ドルの投資を必要としているあなたが知らない借り手が、ほかにもいるかもしれない（叔父さんよりも、その借り手のほうが信用できるかもしれない）。クレジット市場がなければ、そのような人たちは必要な資金を調達することができずに苦労することだろう。

預金者が余らせている現金を借り手に貸すことで、クレジット市場は経済の資源配分を改善する。

クレジット市場の社会的役割の価値は、あなたのような預金者と借り手をマッチングすることである。クレジット市場が機能しているならば、あなたは1,000ドルの預金から報酬を得ることができる（一般的にはその水準は平均して1～5%の実質利益であり、どれだけのリスクをとるかによって異なる）。こうして資金を借りるに値する借り手は、必要な資金を調達できることになる。

13.2　銀行と金融仲介機関：供給と需要をあわせて考える

銀行などの金融機関は、クレジット市場において供給と需要を結びつける経済主体である。すなわち、以下のとおりに活動する。銀行口座に預金をするときには、最終的に誰がそれを使うのかはわからない。銀行はすべての預金をプールして、そのプールした資金を使って様々な種類のローンを組成する――家計のためのクレジットカード・ローン、住宅購入者のための住宅ローン、起業家のための小規模ローン、GE、ナイキ、フォード・モーター社といった大企業のための大規模ローンなどである。銀行はまた、現金を必要とするほかの銀行へ資金を融通することもある。

銀行経営は複雑な業務であるが、普段の私たちはこれが当たり前に行われているものだと思っている。前節でクレジット市場について説明したときには、貸し手と借り手はお互いにその相手を簡単に探し出せると仮定していた。しかし現実の世界では、貸し手と借り手をマッチングさせる業務は複雑だ。貸し手と借り手をつなぐ役割を担っている組織が銀行であり、この役割を果たしているがゆえに銀行は金融仲介機関と呼ばれる。より一般的に言うと、**金融仲介機関**は、金融資本の供給者（貯蓄主体など）から金融資本の使用者（借り手など）へと、資金が流れるようにする役割を果たしている。

金融資本は、信用（負債*または債務と言うこともある）や株式など、様々な形態をとる。貯蓄主体が信用を選ぶときには、貯蓄主体には利子が付けられてローンが返済されるという条件の下に、第三者に貯蓄が貸し出される。貯蓄主体が株式を選ぶときには、貯蓄を使って会社の株主となることによって、その会社の将来の利益に対する所有権と請求権を獲得する。その利益は、配当として会社から株主に支払われる。

● **金融仲介機関**（financial intermediary）は、金融資本の供給者（貯蓄主体など）から金融資本の使用者（借り手など）へと、資金が流れるようにする役割を果たす。

* 負債は債務とも言う。

銀行は金融仲介機関の1つの形態であるにすぎない

様々な種類の金融機関が、金融仲介機関として機能し、金融資本の供給者（すなわち預金者）から金融資本の使用者へと資金を流通させている。銀行以外にも金融仲介機関と言うときには、投資信託運用会社、ヘッジファンド、プライベート・エクイティ・ファンド、ベンチャーキャピタル・ファンド、「影の銀行システム」と言われる銀行類似企業、さらには質屋から消費者金融に至るまで様々な形態がある。

投資信託運用会社は、投資家が預金を活用して株式や債券などの金融**証券**を購入する際に手助けをする。ある会社の株式を買うということは、その会社の所有権の一部を買ったということである。また債券を買うということは、実質的にはその債券を発行した企業にお金を貸していることと同じである。このような株式や債券への投資の多くは、大規模で多銘柄の証券をプールした投資信託によって行われる。2012年のアメリカの投資信託の総資産は約13兆ドルである。

ヘッジファンドは、一部の富裕層や財団、大学基金などの機関から資金を集めて運用する基金（ファンド）である。ヘッジファンドでは、リスクが高く非伝統的な投資戦略が用いられる。たとえば、森林を育てるための広範囲の土地を購入したり、財務上の問題を抱えて株価が暴落している企業の株式を購入したりもする。ヘッジファンドが課す手数料は、上述の資産運用会社よりもはるかに高い。2012年のアメリカのヘッジファンドの総資産は約2兆ドルである。

プライベート・エクイティ・ファンドも通常は、限定された富裕層の投資資金を運用する。プライベート・エクイティ・ファンドは、非公開で、証券取引所では購入できない種類の証券を保有している。たとえば、個人経営や同族経営の企業（ファミリー・ビジネス）の株式を購入することもある。あるいは、上場企業の株式をすべて購入して、その企業を非公開会社（株式を上場していない会社）にすることもある。2012年のアメリカのプライベート・エクイティ・ファンドの総資産は約3兆ドルである。

ベンチャーキャピタル・ファンドは、プライベート・エクイティ・ファンドの中の特別な形態である。通常は新規事業を開始したばかりで実績がない新しい企業（スタートアップ企業）に投資する。たとえば1999年に、クライナー・パーキンスとセコイア・キャピタルという2社のベンチャーキャピタルが、その1年前に創業されたばかりの奇妙な社名の会社「グーグル」に2,500万ドルを投資した。その投資は、現在では250億ドルの価値を持つに至り、投資価値は1,000倍になっている。しかしベンチャーキャピタルは、極めてリスクが高い金融仲介機関であり、典型的なベンチャーキャピタルは、2000年のITバブル崩壊以降の10年間ではほとんど利益を獲得していない。2012年のアメリカのベンチャーキャピタル・ファンドの総資産は約2,000

● **証券**（security）とは、金融上の契約である。証券には株式と債券がある。株式は会社の所有権を配分する契約である。また債券は、貸し手への返済を約束する契約である。

億ドルである。

影の銀行システムは、公式には銀行とは言えないような何千もの金融機関である。預金は集めていないが、資金を集めてファンドを組成してローンを貸し付けるという意味では、銀行のような機能を果たしている。リーマン・ブラザーズ証券は影の銀行の一例であったが、同社の破綻は2008年の金融危機の引き金となった。リーマンでは、通常の預金を受け入れるのではなく、保険会社のような大手機関投資家から融資を受けて、株式や債券を取引したり、企業に融資を行ったりした。また新しい金融商品を作り出して、別の金融機関や機関投資家に売りさばいていた。

銀行の貸借対照表上における資産と負債

銀行の業務を理解するためには、銀行の貸借対照表（バランスシート）を見ればいい。貸借対照表には、銀行の資産と負債についての情報がまとめられている。資産の欄には、銀行が行った投資、銀行が保有する公債、そして銀行が借り手に貸したお金が含まれる（ここで借り手とは、銀行でローンを組んだ家計や企業が相当する）。銀行の負債の欄には、預金者などの貸し手が銀行に対して持っている請求権が載っている。たとえば、家計が銀行に1万ドル預金するときには、その預金は銀行にとっては負債、すなわち銀行が預金者から借りているお金、となる。

会計上は、この資産と負債を1つの表にまとめて示したものを貸借対照表（バランスシート）と言う。資産と負債の金額がちょうどバランスしている（釣り合う）ようになっているためである。貸借対照表では、そこに示された銀行や企業の取引相手側から見た呼び方がなされる――資産（銀行の場合には、銀行から借りているもの）を「借方」、負債（銀行に貸しているもの）を「貸方」と言う。

図表13.7には、2013年のシティバンクの貸借対照表の主な特徴がまとめられている。左側の欄には借方（「資産」）、右側の欄には貸方（「負債」）を入れるのが慣習である。また右側の欄には自己資本も入る。自己資本は、総資産から総負債を差し引いたものであり、会社の所有者（株主）の資産価値を表している。以下、もう少し詳しく貸借対照表における資産と負債の項目について見てみることにしよう。

資産　シティバンクの資産は、準備預金、現金同等物、長期投資の3つに大別される。

1. **銀行準備**とは、現金（シティバンクの金庫にある紙幣と硬貨）と、連邦準備銀行の預金口座残高の合計である。連邦準備銀行は通称をFRBと言い、政府の銀行でもあり、銀行制度全体を規制・監督する役割を担う連邦準備制度（Fed）の一部である*。Fedについては14章でさらに詳しく説明する。図表13.7に示されているとおり、シティバンクの準備預金は、総資産のうち2,940億ドルを占めている。
2. 現金同等物とは、シティバンクが即座に使用することができる、リスクのない流動資産である。たとえば、他の銀行への預金などがある。その価値が日々変動しない資産は、リスクがないと言われる。流動資産は、ほとんど価値を変えないか、あるいはまったく価値を変えることなく、即座にかつ簡単に現金に換金することができる。シティバンクの現金同等物は、総資産のうち1,920億ドルを占めている。
3. 長期投資とは、そのほとんどが家計や企業に対するローンであるが、銀行の支店や本社などの不動産の価値なども含まれている。長期投資は、シティバンクの総資産のうち1兆3,980億ドルを占めている。

負債と自己資本　図表13.7では、シティバンクの負債と自己資本は、要求払い預金、短期借入金、長期負債、そして自己資本の4つに分類されている。

1. **要求払い預金**とは、預金者が銀行に「貸した」資金である。ほとんどの預金者はこれを銀行に貸し付けたローンではなく、当座預金口座への預金であると考えている。預金者は、ATMや銀行窓口でお金を引き出したり、小切手を振り出したり、お店での買い物にデビットカードを使用することで必要なときにいつでも引き出すことができる。このような預金は、要求払い預金と呼ばれる。要求払い預金は通常は「当座預金」と呼ばれているが、銀行側から見るならばこのお金は預金者から預かっているものであり、シティバンク側にとっては負債である。シティバンクは、要求払い預金として9,380億ドルのお金を預金者から預かっている。次節で

- **銀行準備**（bank reserve）とは、銀行が保有する現金とその銀行が連邦準備銀行（Fed）に保有している預金口座残高の合計である。
- **要求払い預金**（demand deposit）とは、銀行からお金を引き出したり、小切手を振り出したり、お店での買い物にデビットカードを使用することで、預金者が必要なときにいつでも引き出すことができる資金である。

* 日本では連邦準備銀行の略称としてFRBが用いられるが、アメリカではFedと呼ばれ、連邦準備制度と明確な区別はしていない。

資　産		負債と自己資本	
準備預金	2,940億ドル	要求払い預金	9,380億ドル
現金同等物	1,920億ドル	短期借入金	5,270億ドル
長期投資	1兆3,980億ドル	長期負債	2,210億ドル
		総負債	1兆6,860億ドル
		自己資本	1,980億ドル
総資産	1兆8,840億ドル	**総負債＋自己資本**	1兆8,840億ドル

図表13.7　シティバンクの貸借対照表：2013年6月

シティバンクの貸借対照表（2013年6月）は、銀行が保有する資産と、預金者や他の金融仲介機関が所有する債権（銀行にとっては負債）の両方がまとめて示されたものである。自己資本とは、総資産と総負債の差額と定義される。したがって、総負債と自己資本の合計は総資産と同一金額になる。

出所：Citigroup Inc., 2013 Second Quarter Form 10-Q.

はさらに詳しく説明する。

2. 短期借入金とは、シティバンクが他の金融機関から調達した短期ローンである。このようなローンは、すべて翌年までには返済する必要がある。また、その多くが、翌日に返済する必要があるオーバーナイト物である。通常はこのようなオーバーナイト・ローンは、次の日にも繰り返される。つまりシティバンクは、オーバーナイト・ローンを一度返済して、即座に同じ貸し手と新しいオーバーナイト・ローンを契約する。短期借入れへの過度の依存は、銀行システムを脆弱なものにする。もしも貸し手が、シティバンクの短期負債の返済に突如として懸念を覚えたならば、シティバンクは新しい資金を借り入れることはできなくなり、日常業務に必要な資金が不足するだろう。このようなリスクを抱える一方で、シティバンクは、5,270億ドルの短期借入金を借り入れることによって営業資金を調達している。
3. 長期負債とは、返済までに1年またはそれ以上の期間がある債務と定義される。シティバンクには2,210億ドルの長期負債があるが、これは負債総額の13%を占めるにすぎない。この割合は、貸借対照表の資産の欄とは対照的であり、資産のうち長期投資が占める割合は約75%である。長期負債と長期資産との違いが、銀行にとってはリスクとなる――この点については本章後半で詳しく触れる。
4. **自己資本***とは、銀行の総資産と総負債の差額と定義される。

● **自己資本**（stockholders' equity）とは、銀行の総資産と総負債の差額と定義される。

自己資本＝総資産－総負債

この差額は、企業の価値の推定値に等しい。言い換えると、会計上のすべての情報が正しく組み込まれているならば、自己資本はシティバンクの株式の価値の総額に等しくなる。

この自己資本の式を書き換えると、以下の式が成り立つ。

総資産＝総負債＋自己資本

この式を見ると、右辺と左辺がそれぞれ貸借対照表の右側と左側に一致していることがわかるだろう。自己資本の会計上の定義により、貸借対照表の負債側と資産側は、つねに完全に釣り合う（バランスしている）ものとなっている。

13.3 銀行はどのような業務を行っているのか？

銀行の貸借対照表に基づいて、銀行が金融仲介機関として果たしている相互に関係した3つの機能について見ていこう。

1. 銀行は、利益につながる融資機会を見つけ出す。
2. 銀行は、預金のような短期債務を、満期変換と呼ばれるプロセスを通じて、長期投資に変換する。
3. 銀行は、リスクを分散する戦略をとったり、あるいはリスクを預金者から銀行の株主に移転したり、別のケースではアメリカ政府に移転することによってリスクを管理する。

以上の3点について、順番に説明しよう。

利益につながる融資機会を見つけ出す

銀行の主要な役割の1つが、融資に値する借り手を見つけ出して、預金者の預金を活用することである。すなわち銀行は、クレジット市場の需要と供給を結びつける。銀行がこうした役割を担うのに適している理由は、銀行には貸し

* 現在の日本の会計基準では、貸借対照表での貸方は「負債」と「純資産」から構成される。純資産から「新株予約権」と「被支配株主持ち分」を除いたものが「自己資本」である。除かれた項目は、現在の株主の資産ではないものである。自己資本から「その他の包括利益累計額」を除いたものが「株主資本」である。株主資本は、「資本金」、「資本剰余金」、「利益剰余金」の合計から「自己株式」を差し引いたものである。
以前の会計基準には、純資産、自己資本、株主資本の区別はなかった。この区別は入門レベルの経済学の教科書ではさほど重要ではないので、本書ではこれらの区別を捨象して「自己資本」と呼ぶことにする。

手の希望者が集まってくる一方で、大勢の融資希望者が集まった中から信用力の高い対象を選択することができるからである。また銀行は、大勢の投資業務の専門家や、最良の融資申請書を分析する訓練を受けた融資担当者を雇っている。

満期変換*

図表13.7のシティバンクの貸借対照表に示されるように、右側の負債の87%が短期（要求払い預金と短期借入金の合計）である一方で、左側の資産の約75%が長期投資であった。シティバンクは、短期負債を長期資産に転換しているのである。

満期とは、負債を返済すべき期日である。要求払い預金の場合には、預金者はいつでも自分のお金を引き出せるので、満期はゼロ年である。対照的に、銀行が借り手に貸し付けるときには、そのローンの満期には、通常は数年間から30年間の幅がある。要求払い預金のような短期負債を長期投資に変換するプロセスを**満期変換**と言う。

満期変換により、社会は極めて長期の投資を行うことが可能になる。しかし一方で銀行は、満期が短い預金と満期が長いローンの間で起こる食い違い（ミスマッチ）を抱えることにもなる。満期のミスマッチが存在するので、多くの預金者が同時にお金を引き出すという行動をとった場合には、銀行にとって大きな問題を引き起こすこととなる。もしも短期預金者が急にお金が必要になり、お金を引き出そうとしても、銀行は簡単には長期ローンを引き揚げて資金を回収することはできない。したがって、預金引出しの要求を確実に実現するためには、銀行は預金のすべてを貸し出すことはできない。銀行は、預金プールの一部を準備、あるいは現金に近い証券のかたちで保有している。

銀行には多数の預金者がいるが、通常は1日の間にお金を引き出すのはそのうちのごく一部である。ほとんどの場合に銀行は、1日という単位では、既存の預金からの引出しは、新規の預金によってほぼ埋め合わされている（相殺されている）。すなわち銀行は、預金の引出し要求を満たすためには、少額の準備をプールしておくだけで足りる。このために銀行は、要求払い預金のほとんどを長期投資に向けることができるのである。

- **満期**（maturity）とは、負債を返済すべき期日である。
- **満期変換**（maturity transformation）とは、銀行が短期負債を長期資産である投資（長期投資）に変換するプロセスである。

* 「期間変換」とも言う。

リスクの管理

銀行は、預金者には1ドルたりとも損をさせないことを約束している。銀行が預金者のお金でリスクがあるローンを組んでいるにしては、ずいぶんと大胆な約束だ。たとえば、銀行は多くの場合に、リスクのある住宅ローンに資金を投じる。2007年にはじまり2009年に終結した金融危機の期間を通じて、銀行が保有する住宅ローンのうち約12%は、返済が遅れるか債務不履行に陥った。

銀行は2通りの方法でリスクを管理する。第1は、分散したポートフォリオを保有することである。銀行は通常は、住宅ローンだけではなく、企業融資、別の金融機関への資金の融通、そして政府債などの様々な資産に投資している。銀行の多様な資産のすべてが同時に悪化するということは考えにくいことであり、分散したポートフォリオを保有することはリスクを管理するうえでは有効な手段である。

しかし、時には様々な資産の大部分が同時に悪化することもある。こうした場合には、分散させるだけではリスク管理としては不十分である。2007〜09年の金融危機の時期には、ほとんどの種類の資産が価値を失った。しかし、そのような時期でさえ、リスク管理のための銀行の第2の戦略のおかげで預金者は保護されていた。それは、株主にリスクを移転するやり方だ。そしてさらに深刻な金融危機に際しては、最終的にはアメリカ政府にリスクが転嫁される。

リスクがどのように転嫁されていくかを理解するために、長期投資の資産価値が10%下落したときに貸借対照表に何が起こるかを考えてみよう。数字と項目は簡単化されたものであり、準備預金と現金同等物が10億ドル、長期投資が100億ドルで、合計110億ドルの資産を有する銀行について分析する。

図表13.8(a)は、長期投資の資産価値が10%下落する前の貸借対照表であり、(b)には、資産が下落した結果として貸借対照表上に2つの変化が起きたことが示されている。第1に長期投資が10%下落、つまり10億ドル分減少した。第2に、自己資本が10億ドル分減少した。自己資本の定義は、総資産と総負債の差額であった。その一方で、要求払い預金の金額は変わらない（これは銀行と預金者との契約上の約束である）。すなわち、資産が10億ドル分減少したため、自己資本も10億ドル分減少したのである。

この例からもわかるとおり、自己資本がプラスである限り銀行が直面するリスクはすべて株主の負担となる。言い換えると、銀行の資産が負債を上回っている限りは、資産価値のあらゆる変化はそのまま株主によって吸収される。

(a) 投資損失前の貸借対照表　(単位：億ドル)

資　産		負債と自己資本	
準備預金と現金同等物	10	要求払い預金	90
長期投資	100		
		総負債	**90**
		自己資本	20
総資産	**110**	**総負債＋自己資本**	**110**

(b) 10億ドルの投資損失後の貸借対照表　(単位：億ドル)

資　産		負債と自己資本	
準備預金と現金同等物	10	要求払い預金	90
長期投資	100－10＝90		
		総負債	**90**
		自己資本	20－10＝10
総資産	**110－10＝100**	**総負債＋自己資本**	**110－10＝100**

図表13.8　貸借対照表上の変化

(a)では、銀行は総資産110億ドルであり、自己資本20億ドルを保有している。自己資本は、総資産から総負債を差し引いたものとして定義される。(b)では、銀行の資産価値が10億ドル分の下落をすると、自己資本が10億ドル分の減少をする。

銀行の資産価値が負債価値を下回ると、自己資本はゼロになる。この場合には、銀行は所有している価値以上に借金をしていることになる。このような状況に陥った銀行に対して、政府は営業の停止を命じる。そして、政府の銀行規制当局である連邦預金保険公社（FDIC）が介入して、その銀行を管理する。FDICは、(1)銀行業務を停止して預金者への支払いをする（ペイオフと呼ばれる）、あるいは（2)その銀行を新しい所有者に譲渡する。

ペイオフが選択された場合には、FDICはその銀行の資産を継承し、銀行に預金をしていたすべての個人に、1人当たり最高25万ドルまで払い戻しをする。25万ドルまでは「FDICにより保証された」預金金額である。もしその銀行に十分な資金があったときには、FDICは25万ドルを超えて預金を払い戻すこともある。しかし、預金者以外のほとんどの貸し手（債権者）と、銀行の株主は何も受け取れない。

多くの場合にFDICはペイオフを選択することはなく、健全な銀行により速やかに事業継承がなされるように処理を行う。銀行の事業継承では、通常はすべての預金が保護される——たとえ25万ドル以上であっても——が、その一方でほとんどの場合に株主は保護されない。翌営業日には、銀行は正面入口の銀行名の看板を付け替えて、いつもどおりに営業を再開する。倒産した銀行の預金者がよほど注意をしていなければ、その変化には気がつかないかもしれない。

ただし、このような処理は高くつく。ほとんどの場合に、経営破綻した銀行には、資産を超える負債（主に要求払い預金）がある。専門用語では経営破綻した銀行の状態を**債務超過***と言うが、これは資産価値が負債価値を下回っている状態である。一方で、倒産した銀行を引き継ぐ健全な銀行の状態は**資産超過**であり、これは資産価値が負債価値を上回っている状態である。健全な銀行が倒産した銀行を引き継ぐうえでは、何らかの財政的な誘因が必要になるのだが、FDICがそうした誘因を提供する。

2007〜09年の金融危機の期間には、銀行破綻によってFDICは1,000億ドル以上の費用を負担した。しかし責任を負っているのは、FDICだけではない。FDICが負担した費用はすべての銀行から徴収した預金保険料であり、これはすべての銀行の預金者が経営破綻した銀行の尻拭いをさせられているのと同じである。銀行が破綻したときには、経営破綻した銀行の預金者だけでなく、すべての銀行の預金者が後始末の責任を負うことになるのである。

銀行取付け

社会的には有益な機能ではあるが、銀行が行う満期変換とリスク移転は別のリスクを作り出す。重要なことは、満期変換が行われることによって、銀行の資産が非流動資産になることである——つまり、短期負債を長期の非流動資産に変換することによって、銀行は、預金者や貸し手（債権者）から求められたときには即座に返済しなければいけないお金を、事実上は動かせないものにしてしまう。

多くの預金者が銀行の経営に関して不安を抱くと、預金者の大半が同時に預金を引き出そうとするかもしれない。銀行の資産の大部分を長期で非流動的な資産が占めていたならば、銀行は、預金の引出しに対応するのに必要な現金を工面することはできないだろう。銀行の現金が底をつくだろうという噂が立つと、さらに多くの預金者たちが、残り少なくなった銀行の現金から少しでも引

- 銀行の資産価値が負債価値を下回っているときには、その銀行は**債務超過**（insolvent）である。
- 銀行の資産価値が負債価値を上回っているときには、その銀行は**資産超過**（solvent）である。

* 負債は債務とも言うが、債務超過を負債超過とは言わない。

き出そうとすることだろう。

> **銀行パニックは、自己実現的に発生することがある—つまり予想することによって、その予想が現実になる。**

このように、銀行パニックは、自己実現的に発生することがある――つまり予想することによって、その予想が現実になる。想定以上の金額が引き出されたことによって銀行の現金が減少して現金不足が起こり、銀行に現金がなくなる前に預金を引き出そうと預金者が我先にと銀行に殺到することによって、さらに多くの現金が引き出される。たとえ、パニック以前にはこの銀行が健全であったとしても、多くの預金者を失った銀行は、非流動資産に対して一番高い価格を付ける意思がある買い手を見つけ出すための十分な時間の余裕もなくなっているので、資産を「投げ売り」せざるをえなくなってしまう。こうなるとその銀行は、もはや健全とは言いがたい。パニックが拡大し、人々が預金の引出しに殺到するという状態を**銀行取付け**と言う。

銀行取付けは、様々な経済的費用が伴う。一番重要なものは、取付けによって銀行が長期の非流動資産を途中で流動化せざるをえなくなることである。たとえば、建築事業などの物的資本への長期投資の放棄、あるいは非効率な流動化を強いられることなどが含まれる。また、クレジット市場の主要な参加者である銀行に取付けが起こったことにより、クレジット市場の円滑な働きが妨げられる。

近年の金融危機では、銀行取付けは違ったかたちでも発生した。そのいくつかは一般には気づかれることもなかった。2007年に起きた銀行取付けで最も際立っていたのは、住宅ローンに特化したイギリスの銀行であるノーザン・ロックで起きたケースだ。ノーザン・ロックが債務超過に陥って破綻することを恐れた預金者たちは、銀行からの預金引出しを開始した。この預金引出しが雪だるま式に膨らんでいくにつれて、イギリスでは150年ぶりに起こった銀行取付け騒ぎへと拡大していった。ノーザン・ロックは自行を買収してくれる銀行を懸命に探して預金者を落ち着かせようとしたが、取引は成立しなかった。ノーザン・ロックはその後一時、国有化された。

銀行の規制と銀行の支払い能力

銀行取付けが頻繁に起こると、銀行システムは非常に不安定なものになる。

● **銀行取付け**（bank run）は、その銀行が預金引出しに対応できる流動資産が不足するだろうという懸念に駆られて、極めて大量に現金が引き出されるときに発生する。

幸いにも、何万人もの不安に駆られた預金者たちが預金を引き出そうと殺到したノーザン・ロックのような銀行取付け騒ぎは、預金保険制度のおかげで1930年代以降ではまれにしか起こっていない。銀行が何らかの理由で破綻しても、預金者の預金残高は上限額までは保証されている。この上限額以下の預金は、預金保険制度を運営する（政府）機関によって全額払い戻される（アメリカの場合はFDICが預金保険を提供している）*。

預金保険制度があっても、ノーザン・ロックの銀行取付け騒ぎを止められなかった理由は、2007年のイギリスでは上限額が比較的低く、多くの預金者の預金残高がこの上限額を上回っていたからである。また預金残高が全額保証される預金者たちも、ノーザン・ロックの破綻により一時的にせよ預金が引き出せなくなることを心配して、預金の全額を引き出そうとした。

銀行に預金をしている経済主体は、家計だけではない。ナイキ社やマイクロソフト社などの企業も銀行に口座を持っている。銀行がほかの銀行からお金を借りることもある。大企業や銀行業界の全体が不健全な銀行を信頼しなくなったときには、企業や銀行がその不健全な銀行から預金（と短期融資）を引き揚げる、といった機関投資家による取付けが起こる場合もある。機関投資家が持っている預金や短期融資は、FDICが完全に保証するには大きすぎる金額である。このためFDICでは、機関投資家による取付けは防げない。こうした機関投資家による取付け騒ぎは2007～09年の金融危機の期間には頻繁に起きていた。しかし、機関投資家による取付け騒ぎは写真に撮られるような事件ではなく、それがいつ発生したのかを正確に知ることはなかなか難しい。

2008年に起きた投資銀行リーマン・ブラザーズの破綻の直前にも、機関投資家による取付けは起きていた。投資銀行**は、企業や政府による巨額の金融取引（特に投資のための資金を調達すること）を支援する業務に特化した銀行である。投資銀行にはFDICの保証はなく、通常の銀行預金も取り扱ってはいない。それに代わって、投資銀行の貸借対照表の負債の欄はすべて、銀行も含んだ他の機関投資家からのローンである。

リーマン・ブラザーズに資金を貸し付けていた金融機関の多くは、リーマンが破綻する2週間前までには、短期融資をすでに止めていた。言い換えれば、

* 日本では、認可法人である預金保険機構が預金保険を提供している。

** 投資銀行とは、大企業の株式・社債の発行や企業買収を支援する業務を行う金融機関である。日本の銀行はアメリカでは商業銀行に相当するが、投資銀行は商業銀行と違って預金を集めない。ゴールドマン・サックス、JPモルガン、メリルリンチ（バンク・オブ・アメリカの投資銀行部門）等が代表的な投資銀行である。日本では、主に大手証券会社が投資銀行業務を行っている。

リーマンはその破綻の直前に、機関投資家による取付けを経験していたことになる。当時のリーマンは負債の名目額が資産の価値を上回った債務超過に陥っていた。抜け目のない銀行は、破綻直前のリーマンには新規の融資を提供することはなかった。

当然のことながら、銀行はこのような金融危機を何としてでも回避したいと考えている。銀行がとれる戦略には様々なものがあるが、もちろんそれらに優劣はある。予防が最善の対策になることはどの場合にも同じだ。究極的には、ストレス耐性を強くするためには自己資本を増やすことが必要になる。つまり、負債を大幅に上回る資産を保有すればいい。銀行の資産の価値が負債の価値を大幅に上回っているときには、十分な自己資本を持っていることになる。この場合には、銀行が資産超過の状態にあるので、支払い能力に疑問を持たれることはなく、銀行取付けの可能性も減少する。

銀行の準備金が不足しているときには、新規の融資をストップして、長期投資を売却することもできる。しかし、それが裏目に出てしまうこともある。実際に銀行が困難な状況に陥っていることが明るみに出てしまうことにもなり、すでにはじまりつつあるパニックを悪化させることにもなるからだ。さらに、銀行が融資業務を止めるということは、金融仲介の仕事を減らすということであり、最も収入が必要なときに収入を減らしてしまうことになる。

EBE Evidence-Based Economics
根拠に基づく経済学

問い：銀行の破綻はどのぐらい頻繁に起こっているのか？

銀行は、自分たちが安定した強固な組織であるという印象を作り出すのに一生懸命だ。しかし、実際のところ銀行は、その広告の文言ほどには堅固ではない。アメリカだけで見ても、1900年以降におよそ2万行の銀行が破綻している。しかしながら、それらの銀行破綻のほとんどは、1933年に連邦預金保険公社（FDIC）が設立される以前に起きたものだ。これ以降、預金保険制度が創設され、また全国の銀行は厳しい規制を課されることとなった。それにもかかわらず、FDICが設立された以後でも、3,000行以上の銀行が破綻した。

近代の市場経済では、銀行の破綻は定期的に起きているようである。

20世紀初頭以降でも4回の深刻な銀行破綻の波があった。最初の銀行破綻の波は、大恐慌の10年前である1919〜28年に起こった。この時期には、全米の銀行の20%にあたる約6,000行が破綻した。破綻した銀行は、農村地方に集中しており、不動産を担保に農家に融資をした後、その地価が下落したことが原因だった。

第2の波は大恐慌期（1929〜39年）に起こった。この時期には、9,000行以上の銀行が破綻した。この銀行破綻の波は、1920年代の第1の波よりもはるかに深刻なものだった。1933年の1年間だけでも、全米の銀行の25%以上が破綻した。大恐慌を通して全米の銀行の50%弱が破綻に至った。

第3の波は、1980年代から1990年代初頭にかけての預金貸付組合の危機（不良債権危機）として発生した。預金貸付組合（S&L）は地方銀行の一種である。不良債権危機の期間、全米の銀行の15%にあたる約3,000行が破綻した。S&L危機は、農産物と石油の価格乱高下によって引き起こされた。価格が上昇を続けていた間は、銀行は地元の農家と企業にリスクの高い投資をしたが、農産物と石油の価格が下落に転じたときには、それらの投資は破綻した。

第4の波は、2007〜09年の金融危機によって引き起こされた。2012年末までに460行以上の銀行が破綻した。この数字は全米の銀行の5%以下であり、一見するとそれまでの3つの波と比較して影響は小さかったように見える。しかし、2007〜09年の銀行破綻の波の中には、総資産3,000億ドル以上のワシントン・ミューチュアル銀行の2008年の破綻が含まれていた。それ以前に経験した破綻は最大規模でも、総資産400億ドルを有するコンチネンタル・イリノイ銀行の1984年の破綻であった。なおこの金額は、2008年価格では900億ドルに相当する。

さらに重要なことは、2007〜09年の金融危機の時期は、リーマン・ブラザーズなどの複数の金融機関（ノンバンク）が崩壊した時期でもある。前述のとおり、リーマンのような投資銀行は、預金を集めておらず、また貸し手（債権者）の融資はFDICによる保証がされていないという点で、通常の銀行とは異なっている。他の金融機関から6,000億ドル以上の融資を受けていたリーマンの貸借対照表の規模は、ワシントン・ミューチュ

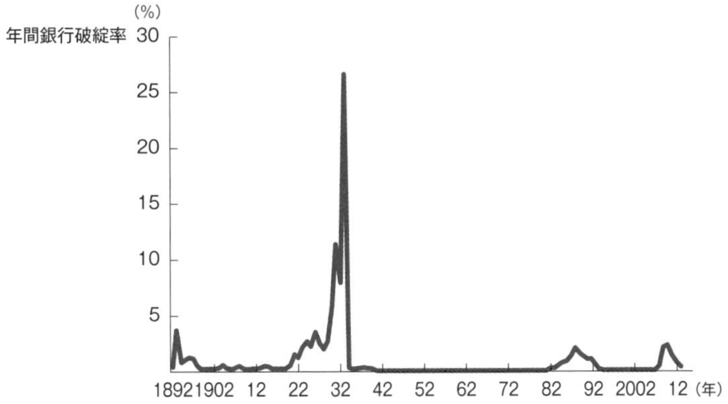

図表13.9　アメリカにおける年間銀行破綻率：1892～2013年

グラフには、アメリカにおける1年間の銀行破綻行数を、同年に営業している銀行の総行数で割った数字が示されている。

出所：セントルイス連銀、連邦準備制度、連邦準備制度理事会、連邦預金保険公社（FDIC）。

アル銀行のほぼ2倍であった。

図表13.9は、アメリカにおける1年間の銀行破綻行数を、同年に営業している銀行の総行数で割った数字をグラフに示したものである。この指標は完璧なものではない――たとえば、ワシントン・ミューチュアル銀行は、その資産規模にかかわらず、1行として数えられる――が、歴史に残るような銀行破綻のパターンについて有用な情報を与えてくれる。

グラフからは2つの事実がわかる。第1に、アメリカの金融危機の歴史上で最も深刻だったのは大恐慌の時期であった（図表13.9でも、1933年の数字が突出している）。第2に、FDICによる銀行規制と預金保険制度が創設された1933年以降、銀行破綻率は極めて低い。FDICは預金を保護するだけではなく、厳格な規制を銀行に課している点に着目しよう。預金保険制度は、銀行取付けの発生を減少させている。同様に、銀行規制は、銀行が預金者のお金を使って無謀なリスクを背負う可能性を減少させる。少なくとも今のところは、FDIC創設以前の金融の混乱と比較して見る限り、FDICの時代は平穏な時代である。

Q 問い　　銀行の破綻はどのぐらい頻繁に起こっているのか？

A 答え 長く平穏な時期もあったとはいえ、1900年以降のアメリカでは、銀行破綻の波が4回発生し、約2万行の銀行が破綻した。

データ 連邦準備銀行と連邦預金保険公社(FDIC)による銀行関係の歴史データ。

注意 巨大な銀行1行の破綻は、小規模な地方の銀行が100行破綻するよりも影響は大きい。銀行破綻の影響を件数だけからとらえるのは、ある意味では誤解を生じさせかねないもの、とも言える。

CHOICE&CONSEQUENCE

選択の結果

大きすぎて潰せない

多くの経済学者は、巨大銀行の影響力が強くなりすぎていることを懸念している。銀行の規模が大きくなると、破綻したときの悪影響は経済全体に波及する。1つの銀行が破綻すると、その銀行に融資をしていたすべての銀行が損害を被る。1つの銀行破綻が別の銀行の財務に損害を与え、それがまたさらに他の銀行へと波及して拡大していくと、ドミノ倒しのように次々と銀行破綻が伝播していく。理論的には1つの巨大銀行の破綻が、金融システム全体を崩壊させてしまうこともありうる。

規制当局は、このような大手金融機関を、「システム上重要な金融機関(SIFI, systemically important financial institution)」と呼び、SIFIが破綻したときの影響について頭を悩ませている。政府が直面している難問は、もしSIFIが問題を抱えていて、たとえそれがSIFIの無責任な決断の結果であったとしても、責任を負うべき政府はSIFIを救済しないわけにはいかないという点だ。たとえば、政府が銀行に資金を(低金利で)融資して、銀行が営業を続けられるように支援することによって、銀行破綻が経済全体に大きな打撃を与えることを回避しようと考えるだろう。

SIFIは「大きすぎて潰せない(Too Big to Fail)」と言うが、これでは、政府は巨大銀行を破綻させることを恐れているので、問題が起きたときには政府が救済する、と言っているようなものだ。それを知っているSIFIは、無責任にリスクを冒すという選択をするかもしれない。たとえ投資がうまくいかなくても、政府は救済支援を提供せざるをえないのだから、銀行は安泰だ。(コイン投げで)「表なら私の勝ち、裏ならあなたの負け」(どちらに転んでも私が得をする)状態とはこのことだ。政府が危機を脱出するために金融支援を行ったときには、結局は、勝者は銀行の株主で、敗者は納税者だ。

このような問題を回避するために、銀行規制当局は2つの手立てを講じている。第1に、現在は大手銀行が債務超過に陥った場合には、事業縮小の手順を具体的に示す責任がある。この手続きは、「清算計画（リビング・ウィル）」とも言われるものであるが、営業を停止する必要が起きた場合には、どのように銀行の資産を売却して債権者に返済するのか、その手順を詳細に説明することが求められている。このような清算計画は、SIFIも含めた破綻した銀行の営業を停止させる政府の判断を、より信頼に価する実行可能なものとするように制度設計がされている。

第2に、規制当局は、銀行のリスクを減らして自己資本を充実させることを要求している。これは、大手銀行が問題を抱えることになる可能性をあらかじめ縮小させる狙いである。この点については14章で再び触れる。

CHOICE&CONSEQUENCE

選択の結果

資産価格の変動と銀行の破綻

銀行破綻の波は、時には銀行業界を巻き込む。このような波はどのようにして発生するのだろうか？　多くの銀行は、なぜ同時に破綻するのだろうか？

投資した長期資産の価格が暴落したときには、銀行は破綻する。銀行は同じ種類の長期資産に投資する傾向があるため、各銀行の資産価値はいっせいに上昇したり下落したりする。銀行の長期資産価値がほんの数パーセント下落したことによって、自己資本がすべて失われ、債務超過に陥ることもある。

資産価値の大きな変動は歴史的にはめずらしいことではない。たとえば1920年代後半には株価と地価が暴騰したが、その後の大恐慌期には暴落した。1980年代後半の不良債権危機（S&L危機）も同様に、資産価値の下落によって引き起こされた。それをもたらした要因の1つが、天然資源価格、特に石油価格の激変だった。1972～80年にかけては、原油価格は1バレル当たり20ドルから100ドル（2010年価格）まで高騰した後に、1986年には1972年の価格まで下落した（基準年価格により比較）。石油価格がピークを付けた1980年には、価格は上昇を続けるものとほとんどが予測していた。その後の石油価格の下落は予想外のものであり、アメリカでは石油生産地域、特にテキサス州、ルイジアナ州、オクラホマ州が打撃を受けて、それらの地域の企業の倒産は1万件を超えた。地域経済の低迷により、住宅価格も大きく下落した。

直近の金融危機（2007～09年）も資産価格の下落に関連している。アメリカ経済の株式時価総額の実質価値は半分に縮小し、住宅地の実質価値は3分の1を超える下落をした。

資産価格が大幅に変動するのはなぜだろうか？　株価に関しては定説では、株価はファンダメンタルズと関係がある、とされている。ファンダメンタルズとは、企業の将来の利益と将来の金利に関する合理的な予測値である。この理論はしばしば、効率的市場理論と呼ばれるものであり、ノーベル賞を受賞した経済学者のユージン・ファーマが提唱した。ファーマによると、株価はファンダメンタルズのみによって完全に合理的に決定される。株価の動きはすべて新しい情報の合理的評価を反映するものであり、投資家の感情に任せた結果ではない、と主張した[2]。効率的市場理論に基づくならば、資産価格の大幅な変動は、重要な新しい情報が投資家に伝わり、投資家がその情報を活用して、株式市場で取引されている企業の将来の収益性についての彼らの考えを合理的に修正したことの結果なのである。

一方、過去30年でますます注目を集めることになったもう1つの見方がある。ノーベル賞を受賞した経済学者のロバート・シラーは、資産価格の変動を資産バブルに関連づけて考えた[3]。バブルは、資産価格がファンダメンタルズから乖離したときに発生する。大きな資産価格バブルはしばしば発生するが、これは心理的な要因とバイアスによって誘導される、と考える経済学者もいる。バブルは特に、経済や株式市場が非常な好景気の時期に起きる。そうであるとすれば、バブルが起こったときにそれを認識することができるならば、市場の崩壊時期をある程度は予測することができるだろう。

資産価格崩壊の要因が何であるにしても、銀行部門が危機を乗り切るうえで銀行規制が果たしている役割の有効性には、ほとんどの経済学者は同意している。世界中の銀行規制当局は、銀行の自己資本を増加させるべく――負債より多くの資産を持つように――新しい規制を作成中だ。このような規制が実行されれば、貸借対照表上の資産価値の急落に対しても、それを乗り切るための銀行の体力は増強される。14章と15章では、景気後退などのマクロ経済の変動、そして景気後退の深刻さを緩和することを目的に政府が行う様々な政策についてさらに詳しく学ぶこととしよう。

まとめ

◉経済資源の効率的配分にとっては、信用(クレジット)は不可欠なものである。信用を与えられることによって、企業は投資のための融

2) Eugene F. Fama, "Efficient Capital Markets: A Review of Theory and Empirical Work," *Journal of Finance*, Vol. 25, No. 2, 1970, pp. 383-417.

3) Robert J. Shiller, *Irrational Exuberance*, Princeton University Press, 2005. 翻訳は、植草一秀監訳『投機バブル　根拠なき熱狂』ダイヤモンド社、2001年。

資を受けることができるし、家計は住宅購入のためにローンを組むことができる。

◉クレジット市場において重要な価格は名目金利ではなく、実質金利である。実質金利は、貸すことと借りることの価格にインフレーションの影響を考慮したものである。実質金利には、借り手と貯蓄主体にとっての現在と将来の経済的トレードオフが反映されている。

◉企業や家計や政府は、お金を借りるときには、クレジット市場を利用する。信用需要曲線は、借り手の信用需要量と実質金利の関係を表している。信用需要曲線は、借り手の最適化行動から導出される。

◉信用供給曲線は、信用供給量と実質金利の関係を表している。信用供給曲線は、貯蓄主体の最適化行動から導出される。貯蓄主体は、消費を先延ばしにする便益（実質金利）を考慮に入れて、現在の消費と将来の消費の配分を決める。

◉信用需要曲線と信用供給曲線の交点が、クレジット市場均衡である。均衡実質金利において、信用需要量と信用供給量が等しくなる。

◉クレジット市場において、預金者と借り手が、銀行やその他の金融仲介機関によって仲介される。銀行は、経済において3つの重要な役割を担う。第1に銀行は、信頼できる借り手を探し出して、預金者の預金を振り向ける。第2に銀行は、要求払い預金のかたちで預金者から集めた短期の資金を、長期のプロジェクトに投資する。第3に銀行は、分散させたポートフォリオを持ち、預金者から株主へ（経済危機の場合には政府へ）リスクを移転させることでリスク管理を行う。

◉政府は預金保険制度を提供して、銀行取付けの可能性を減少させる。また政府は、危機の拡大を回避するためには、破綻の危機にある銀行を救済するための介入も行う。1900年以降、アメリカ経済は銀行破綻の深刻な波を4回経験している。

キーワード

債務者または**借り手**

信用または**クレジット**

金利または**利子率**
名目金利または**名目利子率**
実質金利または**実質利子率**
信用需要曲線
信用供給曲線
クレジット市場
金融仲介機関
証券
銀行準備
要求払い預金
自己資本
満期
満期変換
債務超過
資産超過
銀行取付け

復習問題

1.... 名目金利と実質金利の違いについて説明しなさい。

2.... 企業、家計、政府は、お金を借りるときにはクレジット市場を利用する。信用需要曲線とは、信用需要量と実質金利の関係を表したものである。

a. 信用需要曲線が右下がりである理由を説明しなさい。

b. 信用需要曲線がシフトする原因は何だろうか？

3.... 人々が将来のために貯蓄しようと思う要因は何だろうか？

4.... 貯蓄がある家計や企業は、銀行やその他の金融機関にお金を貸し出す。信用供給曲線とは、信用供給量と実質金利の関係を表したものである。

a. 信用供給曲線が右上がりである理由を説明しなさい。

b. 信用供給曲線がシフトする原因は何だろうか？

5.... 銀行の貸借対照表（バランスシート）で重要な項目は何だろうか？　表を使って説明しなさい。

6.... 影の銀行システムとは何だろうか？

7.... 銀行は経済の金融仲介機関としてどのような機能を果たしているのだろうか？説明しなさい。

8.... 満期変換について説明しなさい。

9.... 自己資本とは何だろうか？　自己資本がゼロより大きいときに、銀行が直面するリスクを負うのは誰だろうか？

10.. 銀行取付けについて説明しなさい。

11.. 預金保険とは何だろうか？　預金保険は、銀行取付けをうまく回避させられるだろうか？

12.. 本章の選択の結果のコラム「大きすぎて潰せない」で説明したように、銀行規制当局は、「システム上重要な金融機関（SIFI）」と呼ばれる大手金融機関の破綻を恐れている。

a. SIFIの破綻は経済にどのような影響を及ぼすかについて説明しなさい。

b. 銀行規制当局は、SIFIの破綻を回避するためには、あるいは破綻の影響を最小限に食い止めるためには、どのような措置をとっているのかについて説明しなさい。

13.. 長期資産に投資して、その後に資産価格が大きく下落すると銀行は破綻することがある。資産価格が、金融危機や銀行の破綻につながるほど大きく変動する理由は何だろうか？　2つの見解を示しなさい。

14 金融システム

The Monetary System

1922〜23年のドイツでは、なぜハイパーインフレーションが起きたのか?

一国の物価水準が3年以内に2倍に達する状態をハイパーインフレーションと言う。1923年のドイツで起きたインフレーションは、このレベルをはるかに超えていた。時には物価が、3〜4日おきに2倍になり、1カ月の間に物価が8回も2倍になったこともある。1923年10月1日には100万ドイツマルクだった卵1個の価格が、30日後には約2億5,600万ドイツマルクまで暴騰した。

2倍増を8回繰り返すとこうなる：

2倍、4倍、8倍、16倍、32倍、64倍、128倍、256倍

ドイツのハイパーインフレ期には、物価はおよそ5,000億倍まで上昇した。ドイツの貨幣はほとんど価値を失い、1日分の食料を紙幣で買うた

本章の構成

14.1	14.2	14.3	14.4
貨幣	貨幣、物価、GDP	インフレーション	連邦準備制度

EBE

1922〜23年のドイツでは、なぜハイパーインフレーションが起きたのか?

KEYIDEAS キーアイデア

◉貨幣には3つの役割がある。交換手段、価値貯蔵手段、計算単位である。

◉貨幣数量説では、マネーサプライ、流通速度、価格、実質GDPの関係が示されている。

◉貨幣数量説では、インフレ率は、マネーサプライの成長率から実質GDPの成長率を差し引いたものと等しくなると予測する。

◉中央銀行の使命は、インフレの抑制である。

◉連邦準備銀行（アメリカの中央銀行）は、民間銀行の準備預金を保有している。

◉連邦準備銀行は、民間銀行の準備預金を管理することを通して、以下の3つのことを行える。（1）短期の指標金利を設定する、（2）マネーサプライとインフレ率に影響を与える、（3）長期実質金利に影響を与える。

めには、その分の紙幣を運ぶためのスーツケースかカートが必要なほどだった。子どもが凧を作る材料に小額紙幣を使ったエピソードも話題になった。

何らかの特別な原因がドイツでハイパーインフレーションを引き起こしたのだろうか？　ハイパーインフレは、過去100年間で様々な国で発生している。オーストリア、アルゼンチン、ブラジル、チリ、中国、ハンガリー、ギリシャ、ポーランドなど、数えあげればきりがない。なぜハイパーインフレが起きるのか？　ハイパーインフレはどうすれば回避することができるのか？　本章を通して検証していこう。過去の教訓から学んだおかげで、第2次世界大戦以降はほとんどの国でハイパーインフレは起きていない。とはいっても、すべての国々が過去の経験からきちんと学んでいるわけではなく、ジンバブエ、イラン、ベネズエラでは、2011年以降にもハイパーインフレが起こり、経済が衰退している。

14.1 貨幣

世界経済は極めて複雑な社会システムだ。世界中のGDPを合計すると年間80兆ドルであり、それに相当する財とサービスが生み出されている。これらを取引するために使われる資産が**貨幣**である。世界経済がどのように動くのかを理解するためにはまず、貨幣がどのように社会システムを円滑に動かしているのかを最初に理解しなければならない。

書店でアルバイトをする英文科の学生を例に使って、貨幣の役割について考えてみよう。学生は、労働を貨幣と交換している。そのアルバイト代で、欲しかったiPhoneを買うかもしれない。この例では、貨幣が円滑な交換を実現している。書店でアルバイトをした20時間の労働を差し出して、結果としてiPhoneを手に入れている。このとき貨幣がなければ、自分の労働とiPhoneを直接取引することになるのだが、それは難しい。アップル社にとっては、iPhoneと交換に学生の労働を受け取るよりも、iPhoneと交換にお金を受け取ったほうがはるかに効率的だ。

貨幣の機能

貨幣は、現代の経済社会において、同時に3つの機能を果たしている。

1. 交換手段
2. 価値貯蔵手段
3. 相対的価値の尺度、すなわち、計算単位

交換手段とは、財やサービスと引換えに交換することができるものであり、それによって取引を容易に行うことができるようになる資産である。たとえば、ピザを買うために10ドルを支払うときには、交換手段として、貨幣（この場合には紙幣）を使用する。貨幣の使用は、財やサービスを買ったり売ったりするうえで、便利で、広く一般に受け入れられている方法である。

貨幣は、購買力を将来に持ち越すことを可能にする**価値貯蔵手段**として使用

● **貨幣**（money）とは、人々が財やサービスを売買するに際して、支払いをしたり、受け取ったりするときに使用される資産である。
● **交換手段**（medium of exchange）とは、財やサービスと交換することができる資産である。

される際には、より良い交換手段として機能する。たとえば、火曜日に10ドルを受け取ったら、その10ドルは水曜日の買い物で使うこともできるし、10年後であっても使うことができる。ピザ屋の店長が代金として今日10ドルを受け取るのは、その10ドルが将来も使えることを疑っていないからである。

貨幣は、現代の経済社会において、同時に3つの機能を果たしている。貨幣は交換手段であり、価値貯蔵手段であり、相対的価値の尺度、すなわち、計算単位である。

貨幣は、価格を表す尺度でもある。ジーンズ1本の価値（価格）について考えてみよう。原理的には、たとえば、ジーンズ1本はだいたい卵200個分の価値に相当すると示すこともできるし、バナナ100本分の価値に相当すると示すこともできる。しかし、価格を表す尺度がお店によって様々であったならば買い物は難しくなる。価格を計測する尺度——測定する単位——が1つであれば買い物は簡単になる。現代の経済社会では、**計算単位**として貨幣が使用される——計算単位とは、様々な財やサービスの価格を示すうえで、広く一般に使用される尺度である。現代の経済社会では、ある財を購入するために必要な費用は、卵の個数やバナナの本数ではなく、ドルの量によって測定される。

交換手段、価値貯蔵手段、広く一般に受け入れられている計算単位があると、経済取引はずっと簡単なものになる。貨幣は、この重要な役割のすべてを同時に果たしているのである。

貨幣の種類

紙幣は、西暦1000年頃に中国で発明されたものであるが、貨幣には紙幣ではない別の形態も人類の歴史を通じて存在した。紙幣が採用される以前は、それ自体に価値があるものがお金として使用されていた。ヤギ、ニワトリ、馬などもお金として使用されたが、最もよく知られた例が金《きん》や銀である。

近代社会ではそれらの代わりに、**不換紙幣**——すなわち、政府が法令により定めたものであり、法定通貨として使用されている紙幣ではあるが、金や銀のような物的商品としての価値はないもの（資産）——が、使われるようになった。紙幣は、他の人々がお金として受け取ってくれるから価値があるのであり、

- **価値貯蔵手段**（store of value）とは、購買力を将来に持ち越すことを可能にする資産である。
- **計算単位**（unit of account）とは、様々な財やサービスの価値（価格）を示すうえで、広く一般に使用される尺度である。
- **不換紙幣**（fiat money）とは、政府が法令により定めたものであり、法定通貨として使用されている紙幣ではあるが、金（きん）や銀のような物的商品としての価値はないもの（資産）である。

100ドル札に印刷されているベンジャミン・フランクリンの肖像が好きだから100ドル札を貯めているわけではない。100ドル札は、交換手段、価値貯蔵手段、計算単位として有用であり、将来も有用であり続けると信じられているがゆえに、100ドル札は利用価値を持っているのである。

理論的には、プロ野球の使用済みチケットの半券や、バチカン市国のサン・ピエトロ広場で拾った小石などといった、供給が限定された物はすべて不換紙幣の役割を担うことができる。しかし、チケットの半券や小石が貨幣として使われる場合、偽造されるリスクは極めて高い。この問題は、偽造が難しくかつ違法になる（そして持ち運びが容易な）不換紙幣を政府だけが作ることによって、ある程度は解決できる。

マネーサプライ

財やサービスを購入するために、あなたは今日どのくらいの金額を使用できるだろうか？　多くの場合に、手元に現金として持っている金額よりもはるかに大きい金額を使用することができる。財布には10ドルが入っているが、（決済用の）当座預金口座には1,000ドルの残高があるとしよう。小切手を切りさえすれば、利用できる金額は10ドルから1,010ドルへとたちまち急増する。貯蓄預金口座から当座預金口座に資金を振り替えさえすれば、さらに利用できる金額を増やすこともできる[*]。

経済学で貨幣という場合には、財やサービスを購入するために即座に引き出すことができるほとんどの形態の資産が含まれている。この概念を念頭に置くとき、**マネーサプライ**[**]には、流通している貨幣、当座預金、貯蓄預金、その他のほとんどの種類の銀行預金が含まれている。マネーサプライの定義で、M2と呼ばれるものを聞いたことがあるかもしれない。M2と定義されるマネーサプライには、上述の様々な種類の銀行預金が含まれている。

マネーサプライには、M1、M2、M3のような様々な定義があるが、本章では複雑になりすぎることを避けるために、M2にのみ焦点を当てて議論する。

図表14.1は、1959～2014年の流通貨幣（銀行の金庫にある現金、すなわち手元現金は含まれない）とマネーサプライ（M2）の推移をグラフにしたものである。重要な関係を際立たせるために、両者は名目GDPで割られているが、

● **マネーサプライ**（money supply）には、流通している貨幣、当座預金、貯蓄預金、その他のほとんどの種類の銀行預金（トラベラーズチェック、マネー・マーケット・アカウント（MMA）など）が含まれている。これは、M2と呼ばれる。

* 日本では、個人には当座預金は普及しておらず、普通預金が使われる。
** マネーサプライは、マネーストックとも言う。Fedや日本銀行の統計では「マネーストック」と呼ばれる。

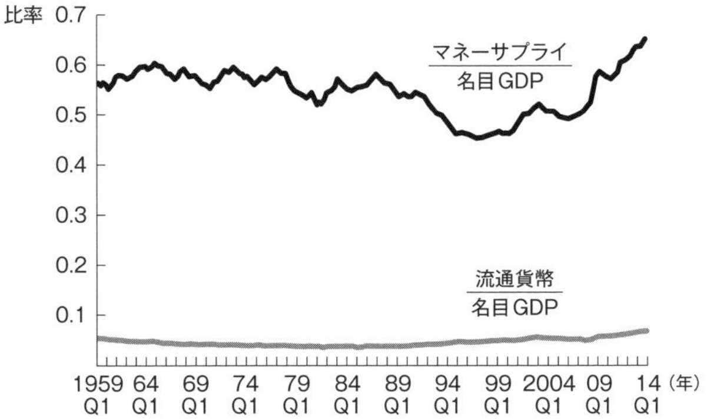

図表14.1　流通貨幣とマネーサプライ(M2)の名目GDPに対する比率

2つの比率

(1) $\frac{\text{流通通貨}}{\text{名目GDP}}$

(2) $\frac{\text{マネーサプライ(M2)}}{\text{名目GDP}}$

ここで「通貨」とは流通貨幣であり、銀行の金庫にある現金(手元現金)は含まれない。マネーサプライ(M2)には、流通貨幣、当座預金、貯蓄預金、その他のほとんどの種類の銀行預金(トラベラーズチェック、マネー・マーケット・アカウント(MMA)など)が含まれる。グラフには、流通貨幣が、マネーサプライの約11%であることが示されている。

出所：Board of Governors of the Federal Reserve (マネーサプライ、流通貨幣) and Bureau of Economic Analysis, National Income and Product Accounts (GDP). データは、1959年第1四半期(Q1)から、2014年第1四半期(Q1)までの四半期ごとの数値である。

2つの比率はまったく異なっていることがわかる。2014年の1年間で比較すると、流通貨幣はGDP1ドル当たり7セントしかなかったが、総マネーサプライはGDP1ドル当たり65セントだった。すなわち総マネーサプライは、流通貨幣の約9倍である。これは、銀行口座の残高に比べて持ち歩く現金の量は少ないことを考えれば当然だ。加えて、重要な金融取引が現金を使って行われることはまれである。先進国では、住宅や車を買うために現金が詰まったスーツケースを持ち歩くのは麻薬密売人ぐらいだ。実際、毎月の家賃支払いなどの少額取引でさえ、現金はめったに用いられない。

2つの比率の傾向を見るために、図表14.1を活用することもできる。

$$\frac{\text{流通貨幣}}{\text{名目GDP}}$$

$$\frac{\text{マネーサプライ}}{\text{名目GDP}}$$

の比率は年によって変化し、近年は増加傾向にあるが、長期的には大きく変化

CHOICE&CONSEQUENCE

選択の結果

金《きん》に交換できた貨幣とできなくなった貨幣

南北戦争がはじまった1861年、アメリカ政府は兵士の給料を金《きん》と交換できる紙幣で支払っていた。しかし、1862年には、金不足のために、金と交換できない不換紙幣に変わった。

5ドル札の2葉の写真からもその違いを確認できる。上の写真は1861年に発行された5ドル札であり、要求により（on demand）金と交換できる「要求払い手形」と呼ばれた。5ドル札の中央には「ON DEMAND」と印字されている。下の写真は1862年に発行された5ドル札であるが、金とは交換ができなくなったため「ON DEMAND」の文字は印字されていない。

1862年の不換紙幣導入をめぐっては、激しい論争が交わされた。多くの政治家たちは、金か銀に交換できない紙幣は成立しえないと考えていた。しかし、1862年に不換紙幣が発行されると、即座に受け入れられ、ハイパーインフレーションも起こさなかった。この方式は、1879年に金との交換ができる紙幣（兌換紙幣制）が再び導入されるまで続いた。

南北戦争期（1861～65年）は、不換紙幣がアメリカで使用されていた期間

写真：Heritage Auctions, www.HA.com

金と交換ができる兌換紙幣（写真上）と、金と交換ができない不換紙幣（写真下）。

の1つである。独立戦争期（1775~83年）にも、植民地州では一時的に不換紙幣が使用された。また米英戦争期（1812～14年）にも、不換紙幣が一時的に採用されている。ただしいずれの場合も、兌換紙幣制に復帰している。

20世紀になって兌換紙幣の流通は徐々に減少し、最後の兌換紙幣の発行は1971年だった。その後も、不換紙幣制はうまく機能している。実際、紙幣の購買力は、金の購買力よりもはるかに安定している。今ではアメリカは再び「金本位制」（金と紙幣を交換できる制度）に復帰すべきであると考えている経済学者はほとんどいない。

むしろ、現在では新たに不換電子マネーが民間部門で導入されつつある。これらの新貨幣は政府が保証していないため、不換通貨とは言えず、将来成功するかどうかは誰にもわからない。これらは電子暗号通貨（仮想通貨、暗号資産）として、コンピューターの暗号化されたコードによって保護され、盗難は不可能ではないとしても極めて困難である。コンピューターコードが使用されることにより、仮想通貨の保有者の素性も隠される。一番有名な仮想通貨は、最初にできたビットコインだ。

暗号通貨は、当初から様々な論争を引き起こした。コカインなどの違法取引の電子決済にあたっては、仮想通貨が頻繁に使用されていた。交換所が悪質なハッカーに侵入されて、仮想通貨が盗まれることもあった。たとえば、ビットコイン交換所のマウントゴックス社は4億7,700万ドル相当のビットコインを盗まれて倒産した。この暗号通貨の需要は増減が大きく、通貨の価値を不安定なものにした。たとえば、2013年のビットコインの価格は、年初の1ビットコイン＝13ドルからはじまり、同年11月30日には1ビットコイン＝1,163ドルの最高値を付けた後に、年末には1ビットコイン＝732ドルに下落した。

していない。

14.2 貨幣、物価、GDP

ここまでの議論を通して、マネーサプライ、物価、そして名目GDPの関係を理解するための準備を整えることができた。図表14.1で見た、名目GDPに対する流通貨幣の比率が、長期では比較的安定しているという事実も活用する。

名目GDP、実質GDP、インフレーション

まず、9章で学んだ定義から出発しよう。名目GDPは、現在（生産された年）の価格を用いて計算された（最終財とサービスの）総生産価値である。実質

GDPは、特定の基準年の市場価格（生産された年と同じ年ではない場合もある）を使用して計算された（最終財とサービスの）総生産価値である。インフレ率は、経済の一般物価水準の成長率である。

この概念を説明するために、サッカーボールだけを生産している国を例にして考えてみよう。市場価格が1個当たり50ドルのサッカーボールを10個生産し、2013年の総販売額は500ドルだったが、2014年は550ドルになった。名目GDPは50ドル（＝550ドル－500ドル）増加した。では、この50ドルの増加の原因は何だろうか？　次の2つのシナリオの可能性がある。

1. サッカーボールの1個当たりの価格は50ドルのままだが、生産量が11個に増加した。
2. サッカーボールの生産量は10個のままだが、1個当たりの価格が55ドルに上昇した。

シナリオ1と2はいずれの場合でも、名目GDPは550ドルになり、1年前からは10%の上昇である。

シナリオ1の場合には、サッカーボールの価格は変化していないが、生産量が10個から11個に増加した。この場合のインフレ率は0%で、実質GDPは10%の上昇になる。2013年を基準年とすると、実質GDPは、500ドル（＝10個×50ドル）から550ドル（＝11個×50ドル）へと10%上昇している。

シナリオ2の場合には、サッカーボール1個当たりの価格が50ドルから55ドルに上昇したが、生産量は10個のままだ。この場合のインフレ率は10%で、実質GDPは変わらない。2013年を基準年とすると、どちらも生産量は10個で変わらないため、500ドル（＝10個×50ドル）で変化していない。

この例から、名目GDPの基本的な特徴がわかる。名目GDPの上昇は、物価水準の上昇、実質GDP水準の上昇、あるいはこの2つの水準の上昇、という3つの上昇のいずれかによって引き起こされる。つまり、名目GDPの成長率は、物価水準の成長率（インフレ率）と実質GDPの成長率の合計である。

名目GDPの成長率＝物価水準の成長率＋実質GDPの成長率
＝インフレ率＋実質GDPの成長率

この基本的関係を利用することによって、マネーサプライの成長率、インフレ率、そして実質GDPの成長率の関係を表す理論を導き出すことができる。

貨幣数量説

貨幣数量説によれば、インフレ率とはマネーサプライの成長率と実質GDPの成長率の差である。

マネーサプライと名目GDPの関係の説明からはじめよう。図表14.1に示されているように、長期的には、名目GDPに対するマネーサプライの比率は、おおむね一定である。

$$\frac{\text{マネーサプライ}}{\text{名目GDP}}=\text{一定}$$

貨幣数量説では、この比率は完全に一定であると想定している。一般的には、図表14.1からも明らかなように、完全に一定ではない。この意味では、貨幣数量説は間違っている。しかし貨幣数量説は、20〜30年という期間（経済学で長期と呼ぶ期間におおむね相当する）について、経済がどのように動くかを近似しようとする。もう一度、図表14.1を見てみよう。名目GDPに対するマネーサプライの比率は毎年変化しているものの、長期的にはほぼ一定であるように見える（名目GDPをマネーサプライで割った比率は、貨幣の流通速度である――これは図表14.1で示されたものとは分子と分母が逆になった比率である。ただし本書では、貨幣の流通速度については扱わない）。

2つの変数の比率が一定であるということは、分母と分子は同じ成長率となる。マネーサプライが10%成長した場合には、名目GDPに対するマネーサプライの比率を一定に保つためには、名目GDPも10%成長する必要がある。

したがって、貨幣数量説では、マネーサプライの成長率と名目GDPの成長率は同一であると考える。

$$\text{マネーサプライの成長率}=\text{名目GDPの成長率}$$

名目GDPの成長率は、(1)インフレ率と、(2)実質GDPの成長率、の2つに分解することができる。上式の名目GDPの成長率に、インフレ率＋実質GDPの成長率、を代入する。

$$\text{マネーサプライの成長率}=\text{インフレ率}+\text{実質GDPの成長率}$$

この等式を整理して、左辺にインフレ率を持ってくる。

$$\text{インフレ率}=\text{マネーサプライの成長率}-\text{実質GDPの成長率}$$

これが貨幣数量説の直接的な含意である。この等式から、インフレ率とはマネーサプライの成長率と実質GDPの成長率の差であることがわかる。この差

● **貨幣数量説**（quantity theory of money）では、名目GDPに対するマネーサプライの比率は完全に一定であると想定する。

が広がるときには、インフレ率は上昇する。この等式によって、経済データで検証できる明確な予測を立てることができる。

14.3 インフレーション

9章で学んだように、インフレ率とは物価指数の上昇率である。もちろん、物価はつねにプラスに動くわけではない。もしも物価水準が下がれば、その下落は**デフレーション**と呼ばれる。インフレ率が−1%であるというときには、デフレ率が1%であることを意味する。大恐慌期のアメリカと日本の失われた20年のデフレ期を除けば、第2次世界大戦以降は、物価指数は下落するのではなくて、上昇を続けてきた。

インフレーションの原因は何だろうか？

貨幣数量説では、マネーサプライの成長率が実質GDPの成長率を上回るときにインフレーションが起きる。これは、前述の式からも導き出せる。

図表14.2では、1960〜90年の30年間について110カ国のデータを用いてこの関係を調べている。グラフからわかるように、インフレ率（縦軸）は、マネーサプライの成長率から実質GDPの成長率を差し引いた数値（横軸）と密接な関係がある。グラフの変数はすべて年率、つまり1年当たりの増加率で表されている。貨幣数量説では、インフレ率は、「マネーサプライの成長率−実質GDPの成長率」と1対1の同率で上昇すると予測する。この関係は、図表14.2によってもおおむね確認される。各国データのほとんどは、傾き1を示す45度線の近傍にある。このことからも、貨幣数量説が導き出す主要な長期予測が実証的にも確認できる。

図表14.2にも示されているが、1960〜90年の30年間に極めて高いインフレーションを経験した国もある。アルゼンチンのインフレ率が最も高く、1960〜90年の年間平均で80%だった。アルゼンチンの場合には、1980年代の物価の急上昇が、30年間の平均インフレ率を押し上げた。1980年代には物価が1カ月で50%以上上昇したこともあった。

本章の冒頭で述べたとおり、物価水準が3年以内に2倍に達する状態をハイパーインフレーションと言う。ハイパーインフレは、マネーサプライの急激な増加と密接な関連がある。ほとんどの場合に、極端なマネーサプライの増加は、

●**デフレーション**（deflation）率（またはデフレ率）とは、物価水準の下落率のことである。

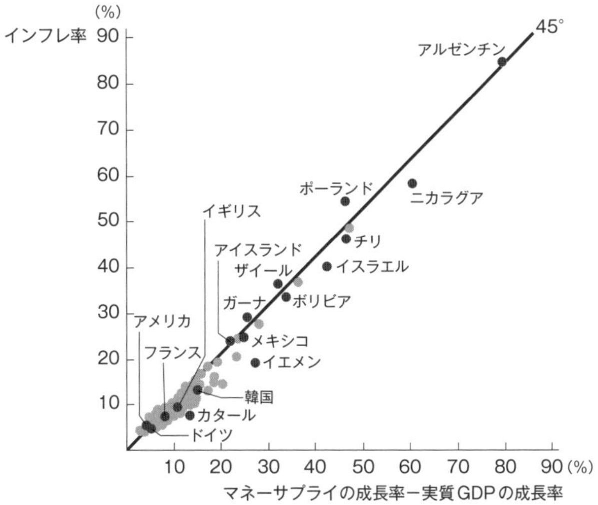

図表14.2　貨幣数量説の長期予測の検証

グラフでは、1960〜90年の30年間について110カ国のデータを用いて、貨幣数量説による長期予測を実証的に検証した。縦軸は、各国のインフレ率（年率換算）である。横軸は、マネーサプライの成長率から実質GDPの成長率を差し引いた数値（年率換算）である。各国は、1つの点で示されている。原点から描かれた傾き1の45度線が、貨幣数量説が予測している関係である。

出所：George T. McCandless and Warren E. Weber, "Some Monetary Facts," *Federal Reserve Bank of Minneapolis Quarterly Review*, Vol. 19, No. 3, 1995, pp. 2–11.

巨額の財政赤字を原因とする。政府の税収が支出より少ないときには、政府は財やサービスを購入するために、民間からお金を借り入れるか、あるいは紙幣を発行する。政府が紙幣を発行し、財やサービスの購入のためにそれを使用すると、流通貨幣が増加するために、マネーサプライも増加する。これが、1922〜23年のドイツで、政府がハイパーインフレーションを引き起こした原因である。

インフレーションが及ぼす影響

最適化の意思決定に重要な要因が、相対価格――たとえば、労働者の1時間当たりの賃金に対する牛乳1ガロンの価格――だけならば、緩やかなインフレが問題になることはない。原理的には、インフレが財の価格と労働者の賃金の両方を引き上げるならば、労働者が財やサービスを買う能力は経済全体のインフレの影響を受けない。すべての財の価格が5%上昇し、同時に労働者の賃金も5%上昇するならば、相対価格と労働者の購買力は変化しない。インフレが、すべての財の価格とすべての労働者の賃金を、インフレ率分だけ上昇させるならば、インフレはあまり重要視する問題ではない。

しかし、すべての価格とすべての賃金がつねに同調するように動くわけではない（少なくとも短期的には）。インフレ率の上昇は、一部の人々に予想外の利益をもたらす一方で、別の人々には予想外の損失をもたらす。あなたが雇用主と名目賃金について3年契約を交わしたとしよう。この3年契約の期間中にインフレ率が予想外に上昇した場合には、（あなたの雇用主が契約の更改に応じてくれない限り）この予想外のインフレによりあなたは損失を被る。この例では、損失を被るのはあなたたち従業員であり、企業の株主はこの予想外のインフレで得をする。なぜならば、インフレによって、企業が労働者に支払う賃金のインフレ調整後の実質価値は減少するからである。

次に、インフレと連動していない企業年金（全般的な物価水準の上昇に連動して自動的に年金額が増えるように設定されていない年金）を受給している退職者について考えてみよう。インフレ率の上昇によって、年金の購買力が低下するので、退職者は損失を被ることになる。ここでも、この関係の反対側にいる、企業年金を支払っている株主は得をする。年金の（インフレ調整後の）実質費用は低下するからである。

別の例でも考えてみよう。固定金利で住宅ローンを借りるケースである。住宅を購入するために銀行からお金を借り、固定された（前もって決められた）金利でそのローンを返済する。このときインフレ率が上昇すれば、ローンの実質金利は下がり、住宅ローンの負担は減少する。この場合には、消費者が得をして、銀行の株主は損失を被る。

賃金契約、企業年金、または住宅ローンの支払いなどの契約がインフレーションと連動していない場合には、インフレ率の上昇は、ある経済主体には損失を与える一方で、別の経済主体には利益をもたらす。

上の3つの例では、インフレーションは勝者と敗者を生み出したが、社会全体への影響については明確ではない。インフレが社会に及ぼす影響には、一般的にはマイナスのものもあれば、プラスのものもある。次に、この点について考えていこう。

インフレーションの社会的費用

インフレーションが社会的費用を課すことになる重要な3つの理由について、まず説明しよう。

1. インフレになると営業費用が増える 高いインフレ率の下では、企業は価格を頻繁に変更する必要がある。ハイパーインフレーションが最悪期の1923年のドイツでは、物価は3～4日おきに2倍になった。これは、物価が1時間ごとにおよそ1%上昇していたことに相当する。あなたが事業を経営するにあたって、1日に何回も新しい値札に付け替える手間を想像してみるといい。このような極端な例ではなくて、年率20%のインフレでも、1年間に何度も価格を変更する必要がある。経済学では、価格を変更する企業の費用を「メニューコスト」と呼ぶ。レストランが価格を変更する際には、新しいメニュー表を印刷することに喩えた表現だ。

2. インフレになると相対価格が変わる 高いインフレ率の下でも、価格は同調して動くわけではない。1部1ドルで販売されている新聞のケースで考えてみよう。隣街にも1部1ドルで販売されているライバル紙があるとする。インフレ率が高いにもかかわらず、一方の新聞社が1ドルの価格に固執すれば、新聞の実質（インフレ調整後の）価格は低下する。言い換えると、全般的な物価水準が上昇するにつれて、1ドルの購買力は下落していく。ここで一方の新聞社が価格を2倍に値上げしたとしよう（新聞を販売している売店の数は変わっていない）。この価格変更の結果、価格は2倍になるが、2社の新聞社が記者に支払っている賃金や印刷費は同じままである。売店の販売価格の差が歪みを生み出す。同一価格であるべき2紙に、一時的にせよ非常に異なる価格が付けられている。価格差がある期間中は、両社とも利益は得られないだろう。価格が安いほうの新聞社は、収益が得られるほど十分な水準の価格に設定されていない（全般的な物価水準の上昇に伴い、労働と印刷の費用が上昇しているためである）。値上げの結果、価格が競争相手の2倍になった新聞社は、急速に読者を失うだろう。結果的に、価格が安いほうの新聞社も2ドルに値上げするだろうが、複雑な組織では、通常は大きな決断が即座に下されることはないので、これには数カ月かかるかもしれない。これはインフレが、相対価格の乱れを生み出し、経済活動の効率性を低下させる、という数多くの例の1つだ。

3. インフレーションは時には価格規制のような非生産的な政策を生む インフレーションが有権者の怒りを買い、それに反応した政治家が、さらに経済活動を阻害する価格規制などの制度を作り出してしまうことがある。多くの場合に4章で説明した1970年代のガソリン価格の上限規制のような政策は、角を矯《た》めて牛を殺す、という結果となる。たとえば価格規制は、長蛇の行列を作り出したり、供給崩壊などの問題を引き起こすことがある。さらに、その財を正式な規制価格で運よく獲得した消費者の一部が、地下経済（アングラ・エコノミー）でもっと高い価格で転売するという、価格規制の部分的な失敗に帰す結果となる。価格規制は、その財を消費するために購入するのではなく、別の誰かにより高い金額で転売するために購入しようという、非効率的なインセンティブを消費者に作り出す。

インフレーションの社会的便益

一方で、インフレーションはある種の社会的便益を生み出す。2つの例を紹介しよう。

1. 政府が紙幣を発行すると政府の収入が発生する　新しい紙幣を大量に発行して使用するとハイパーインフレーションが起きるが、少量の新しい紙幣を発行して使用することは、政府にとっては社会的便益をもたらす税収のもとになりうる。しかし、この追加的な政府収入は両刃の剣でもある。政府が支出を増やせば市民は利益を得るが、それがインフレを引き起こせば、市民が所有する紙幣の実質価値を下落させてしまうため市民は損失を被る。しかし紙幣の発行が少量にとどまるのであれば、社会的純便益は正味ではプラスになる。

政府が紙幣を発行することから得られる便益が**通貨発行益**である。大部分の国にとっては、通貨発行益は政府の主たる財源というわけではない。しかしアメリカの場合には、アメリカ紙幣を大量に保有している人々が世界中にはたくさんいるために（特に地下経済の関係者たち）、通貨発行益の重要度は比較的大きい。もちろんアメリカの紙幣の需要には、アメリカ以外の各国の人々による、不安定な自国通貨に代わる安定した価値貯蔵手段の保有を望むという、完全に合法的な理由に基づくものもある。アメリカ政府は毎年、約300億ドルの通貨発行益を得ている。

紙幣を発行することで通貨発行益を得ることができるため、政府がこれを乱用してしまうこともある。多額の財政赤字に苦しむ政府が急速にマネーサプライを拡大させ、結果としてインフレを引き起こす原因になる。最近では、ジンバブエ、イラン、ベネズエラで起こった例がある。

紙幣の大量発行は、政府にとって短期的には魅力がある方法である。しかし長期的には、政府の借金を返済するために紙幣を発行するという方法は、いずれは収拾がつかなくなり、ハイパーインフレという破滅的事態を引き起こすこ

● 政府が紙幣を発行することから得られる便益が**通貨発行益**（seignorage）である。

とになる。

2. インフレーションが経済活動を刺激する、こともある 労働者の名目賃金が短期では固定されているとしよう。名目賃金が固定されている理由は、年間労働契約のためであるかもしれないし、また、名目賃金が競争均衡を上回る水準で維持される下方硬直性があるためかもしれない（この点については12章で議論した）。名目賃金が固定されているときには、インフレ率が高まれば、インフレ調整後の賃金は下落する。インフレ調整後の賃金とは、賃金を消費者物価指数（CPI）などの全般的な物価指数で割ったものであるが、これを**実質賃金**と言う。実質賃金の下落は、企業の雇用意欲を増加させる。すなわち、全般的な物価水準の上昇は、企業がより高い価格で財を売ることを可能にするために、企業の労働需要曲線を右にシフトさせる。労働需要曲線の右へのシフトは、雇用とGDPを上昇させる。

インフレーションは、実質金利も引き下げる。13章で学んだように、「実質金利＝名目金利－インフレ率」である。インフレ率が上昇するときに、名目金利が即座に反応しなければ、実質金利は下落する。実質金利とは、お金を借りた場合のインフレ調整後の費用であり、実質金利の下落は、消費と投資のための資金の借入れを刺激する。消費と投資の上昇は（その他すべてを一定として）、GDPを上昇させる。

したがって、適度なインフレは、実質賃金を低下させ（雇用を刺激する）、実質金利を低下させる（消費と投資を刺激する）ことを通して、短期的には経済を刺激する。

14.4 連邦準備制度

どの国にとっても、金融制度の中軸となるのは中央銀行である。ここでは、中央銀行の基本的な業務について紹介しよう。本章では、中央銀行が裁量を持つ最も重要な手段について紹介して、金融システムの構造と機能について説明する。

中央銀行と金融政策の目的

中央銀行とは、金融機関を監督し、重要な金利を管理し、マネーサプライを間接的にコントロールしている、政府機関である。こうした活動をまとめて**金**

● **実質賃金**（real wage）とは、名目賃金を消費者物価指数（CPI）などの、物価指数で割ったものである。

EBE Evidence-Based Economics
根拠に基づく経済学

問い：1922～23年のドイツでは、なぜハイパーインフレーションが起きたのか？

第1次世界大戦の終結後、連合国は敗戦した中央同盟国、特にドイツに対して重い賠償金を科した。ドイツの賠償金額は、1919年に調印されたベルサイユ条約で定められたものである。ところが戦後ドイツを引き継いだワイマール共和国は、要求された賠償金額を支払うことができず、フランスはその代償として、ドイツの工業地域であるルール地方を1923年1月に占領したが、それに抵抗したルール地方の労働者はストライキを起こした。これが政府の財政問題とも相まって、ドイツ経済の機能をマヒさせてしまった。経済状況は悪化し、ドイツ政府は税収では財政の必要額の8%しか賄うことができず、その残りは民間からの借入れと紙幣の発行で支払われた。

図表14.3には、この間に起きたドイツの流通貨幣の爆発的な増加が描かれている。貨幣数量説から予測されるように、ドイツのマネーサプライの急激な増加は（同時に実質GDPの増加を伴うものでない限りは）、インフレ率の急騰を引き起こす。ほかの説明がまったく考えられないわけではないが、ドイツ政府が支出を減少させる、民間からの借入れを増加

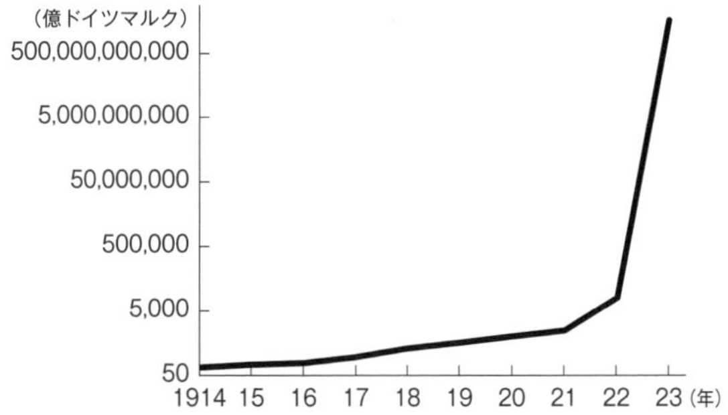

図表14.3 ワイマール共和国期の流通貨幣

1920年代初頭に、ドイツの流通貨幣は爆発的に増加した。

出所：Carl-Ludwig Holtfrerich, *The German Inflation 1914–1923: Causes and Effects in International Perspective*, Berlin/New York: Walter de Gruyter, 1986.

させる、あるいは債務不履行を実行するなどによって、要求された賠償金額を支払うために紙幣を大量に発行することを回避できてさえいれば、ドイツではハイパーインフレは起きなかっただろう、と経済学者たちは考えている。

ドイツ経済の崩壊は、ナチス党が台頭する舞台を整えることにもなった。ハイパーインフレがピークに達していた時期、1923年11月8日に3,000人のナチス党員がミュンヘンでクーデター未遂事件（ミュンヘン一揆）を起こした。事件の起きた場所からビアホール一揆としても知られるクーデター未遂事件の結果、アドルフ・ヒトラーは逮捕され8カ月投獄された。その間、ヒトラーが獄中で執筆した自伝が『わが闘争』であり、それがナチス党結集の引き金ともなった。

1922～23年のハイパーインフレが終息した後も、残念ながらドイツ経済の混乱は6年間続くこととなった。1929年には大恐慌がドイツを襲ったが、それは深刻なデフレと失業を伴うものであった。ドイツは、10年あまりの間に3つの経済的大惨事――1918年の第1次世界大戦の敗北と損害（賠償金の支払い）、1922～23年のハイパーインフレ、そして1929年の大恐慌とデフレ――を経験することとなった。大恐慌はドイツの経済的困窮を決定づけるものであった。またそれ以前には不人気だったナチス党が台頭することとなり、1933年にはヒトラーがドイツ首相に就任した。

Q 問い 1922～23年のドイツでは、なぜハイパーインフレーションが起きたのか？

A 答え ドイツ政府は、第1次世界大戦の敗戦後に連合国により科された賠償金を支払うことができなかった。経済の停滞もあって、ドイツ政府は借金返済のために大量の紙幣を発行したため、ハイパーインフレが引き起こされることとなった。

データ マネーサプライに関する時系列データ、特に流通貨幣の時系列データ

注意 ドイツのマネーサプライと物価水準は、1922～23年には同時に上昇したが、相関関係が必ずしも因果関係を意味するわけではない。しかしドイツのこのケースでは、ほかにも裏づけとなる証拠は多数存在し、おそらく因果関係があったと考えられる。

融政策と呼ぶ。また中央銀行は、金融当局と呼ばれることもある。

アメリカの中央銀行は**連邦準備銀行**であり、**Fed**と略して呼ばれることも多い*。Fedは連邦政府ではなく、独立した規制当局であり、連邦政府とはほぼ完全に独立して運営されている銀行である。図表14.4には、12の地域を管轄する連邦準備銀行（地区連銀）と、ワシントンD.C.にある連邦準備制度理事会を示している。Fedの最も重要な政策決定は、連邦公開市場委員会（FOMC）で行われる。FOMCは、12の地区連銀総裁の中から輪番で選ばれる5名と、連邦準備制度理事会の7名の理事によって組織される。

金融政策は、目標と政策手段の両面において多面的である。広義においては、Fedは金融政策を通して2つの重要な目標・目的を追求する――(1)インフレーションを低く、予測可能な水準で安定させること、(2)雇用を（持続可能な）最大水準で実現すること。この2つの目標が、Fedに課された二重の使命（デュアル・マンデート）である。

インフレーションを低く、予測可能な水準で安定させるという目標は、「物価の安定」と言い表されることもあるが、この表現は多少の誤解を招くかもしれない。なぜなら、Fedをはじめとするほとんどすべての中央銀行は、実際には「物価の安定」を、年率2%程度のインフレーションと考えているからである。インフレ目標とは、長期において非常に低い水準のインフレを達成するように試みる政策を意味する。ほとんどの中央銀行は、公式あるいは非公式なかたちでインフレ目標を採用してきた。

Fedは金融政策を通して2つの重要な目標・目的を追求する―(1)インフレーションを低く、予測可能な水準で安定させること、(2)雇用を(持続可能な)最大水準で実現すること。この2つの目標が、Fedに課された二重の使命(デュアル・マンデート)である。

- **中央銀行**(central bank)とは、金融機関を監督し、重要な金利を管理し、マネーサプライを間接的にコントロールしている、政府機関である。こうした活動をまとめて**金融政策**(monetary policy)と呼ぶ。
- アメリカの中央銀行は**連邦準備銀行**(Federal Reserve Bank)であり、**Fed**と略して呼ばれることも多い。

* 日本の中央銀行は、日本銀行である。地区ごとに連邦準備銀行があるアメリカとは違い、1つの銀行であり、全国に32の支店がある。総裁、2名の副総裁、6名の政策委員会審議委員から構成される政策委員会が最高意思決定機関である。いずれも任期は5年である。政策委員会において特に金融政策を決める会議は、金融政策決定会合と呼ばれる。金融政策決定会合の議長はこれまで総裁が務めているが、規則上は委員の互選によるとされていて、論理的には総裁以外が議長となることも可能である。
日本銀行法第1章総則第2条は、「日本銀行は、通貨及び金融の調節を行うに当たっては、物価の安定を図ることを通じて国民経済の健全な発展に資することをもって、その理念とする。」と書かれており、アメリカと違って、物価と雇用が並列して書かれる二重の使命(デュアル・マンデート)とはなっていない。物価の安定が最終的な目標ではなく、国民経済の健全な発展が最終目標である。中央銀行の使命の与え方は国によって様々である。

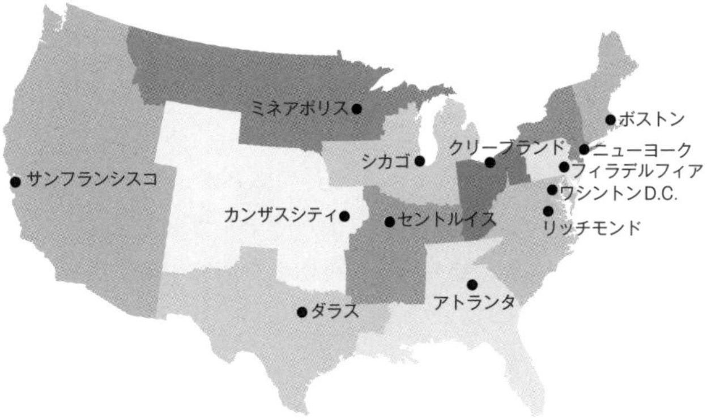

図表14.4　連邦準備銀行の地域区分

連邦準備制度は、1913年に創設された。中央銀行の権限の政治的集中を避けるために、Fedは12の地域に分割された連邦準備銀行（地区連銀）とワシントンD.C.に本拠を置く連邦準備制度理事会に分けられている（アラスカ州とハワイ州はサンフランシスコ地区連銀が管轄。プエルトリコはニューヨーク地区連銀が管轄）。

ユーロを通貨として使用しているヨーロッパ諸国（ユーロ圏諸国）では、欧州中央銀行（ECB）がFedと同じ役割を担っている。しかし、ECBはインフレ抑制と予測可能性をより重要視し、雇用最大化目標には重きを置いていないようにも見える。これは一部には、1920年代のハイパーインフレの悲惨な経験を持つドイツが、ECBの意思決定に影響を及ぼしていることと関係しているかもしれない。

中央銀行は何をしているのか？

中央銀行の業務は、民間銀行の日常業務と密接にかかわったものであり、その内容は多岐にわたっている。第1に、中央銀行は民間銀行、特に大規模銀行に対する規制に関して中心的な役割を担っている。中央銀行は、大手民間銀行の財務状況、つまり「帳簿」の監査を行い、各行に対して決算のバランスシートの資産と債務の項目について正確な報告を求める。民間銀行の資産構成がリスクの高いものになっていると中央銀行が考えたら、民間銀行の決算に対して異議を唱えることもある。中央銀行は、民間銀行の自己資本の規模をモニタリングしており、将来の起こりうるべき損失をも吸収できるだけの十分な自己資本を民間銀行が保有していることを要求する。これらは、いわゆる「ストレス・テスト」と呼ばれるものであるが、2007～09年の金融危機以降、こうした業務は中央銀行の役割として重要度がますます増している。

中央銀行はまた、銀行間の決済システムの支援もする。ある銀行が別の銀行に送金する場合を考えてみよう。たとえば、預金者が小切手を切り、その小切手の受取人が違う銀行の口座に入金するときには、中央銀行がその清算手続きをする。仮に、JPモルガン・チェース銀行の顧客が、シティバンクの顧客に100ドルの小切手を切った場合には、FedがJPモルガン・チェース銀行からシティバンクへ100ドル送金して、Fedは小切手を清算する。Fedは、銀行のための銀行としての活動をするのである。

Fedは、民間銀行の準備預金も保有する（銀行の手元現金は含まれない）。準備預金の管理は、Fedが行う最も重要で複雑な役割の1つであり、ここからはこの点に重点を置いて説明する。Fedが準備預金を管理することによって、以下の3点が可能になる。

1. 短期金利、特にフェデラル・ファンド・レートに影響を与える。
2. マネーサプライとインフレ率に影響を与える。
3. 長期実質金利に影響を与える。

雇用がどこに関係しているのか疑問に思われるかもしれない。雇用最大化の持続は、Fedの二重の使命の1つである。金利は、家計と企業の借入意欲に影響を及ぼす。金利が下がると、借入れを刺激するので消費が増える。その結果、労働需要曲線は右にシフトし、雇用が増加する。その逆に、金利が上がると借入意欲が低下するので、消費は減り、その結果として、労働需要曲線は左にシフトして、雇用が減少する。本章では、Fedが準備預金を管理する方法と、準備預金額が金利やマネーサプライやインフレ率に影響を及ぼす理由に重点を置いて説明する。

上記のポイントを理解するため、以下のように進めていこう。

1. 経済における準備預金の役割について説明する。民間銀行の業務を説明するときには13章で紹介した内容についても触れる。準備預金は市場で取引されるものであり、様々な参加者、すなわち準備預金を需要する民間銀行と準備預金を供給する中央銀行がいるのだが、それぞれの役割について説明する。
2. 準備預金市場の均衡について説明する。これが短期の指標金利と関連している（この金利の下で、準備預金の需要量と供給量は等しくなる）。

3. 次に、Fedがマネーサプライとインフレ率に及ぼす影響について説明する。これらは準備預金市場からも影響を受ける。
4. 最後に、家計と企業の投資判断に直接関係している長期金利に対して、短期金利がどのような影響を及ぼしているのかを説明する。

準備預金

13章で定義したように、準備預金とは、民間銀行が中央銀行に保有している預金と、民間銀行の手元現金を合計したものである。準備預金はM2には含まれないことに注意が必要だ。すなわちM2とは、家計と企業（銀行を除いた企業）が財やサービスを購入するために使用できるマネーサプライである。しかし、以下に説明するように、準備預金はマネーサプライに影響を与える。準備預金の量は金融制度の運営に重要な役割を果たしている。それでは、民間銀行はどのように準備預金の量を決めて、必要なときには追加の準備預金をどのように獲得しているのだろうか？

通常の業務では、民間銀行は日常的に必要な金額の資金を持つ必要がある。銀行の準備預金は、この資金の供給源である。

ある1日をとってみれば、とある民間銀行の預金口座への新しい入金額よりも引出し額のほうが多くなることがあるかもしれない。その民間銀行に口座を持つ大企業が、月末の従業員への給与支払いのために、資金を引き出すこともあるだろう。別の大企業は、企業の買収資金として10億ドルを引き出すことがあるかもしれない。また民間銀行にとっては、過去に融資を受けた別の銀行へ返済するための資金も必要であるかもしれない。

これらの事例からもわかるように、民間銀行には**流動性**、つまり、取引を行うために即座に使うことができる資金が必要である。日常業務を行い、かつ法定準備率を満たすだけの十分な資金があるならば、その民間銀行には十分な流動性資産があると言える。法定準備率は中央銀行によって設定される。アメリカでは、現在の法定準備率は、民間銀行の要求払い預金の10％である。当座預金やその他の預金口座などの要求払い預金からは、事前予告なしに（「要求に応じて」）預金を引き出すことができる。要するに、民間銀行は、要求払い預金の10％に相当する金額の準備を（手元現金、またはFedへの預金として）

● **流動性**（liquidity）とは、即座に支払いに使うことができる資金のことである。見方を変えれば、即座に（要求に応じて）支払いに使える資金は流動性を持っていることになる。

保有していなければならない。この法定準備率で要求された水準を超えた準備は、超過準備と言われる。

銀行が取引を行うために資金——流動性——が必要な際の第1の防御線が、自行の手元現金であり、または中央銀行への預金として保有されている準備預金だ。銀行に十分な準備預金があれば、日常の資金需要に応じてそれらは使用される。しかし、業務を行うには十分な準備が不足するという場合もある。短期に追加資金を工面する方法が見つけられなければ、銀行は新規融資ができないかもしれないし、さらに困った状況では、お金を引き出したい預金者に払い戻しができないかもしれない。

幸いにも、銀行には追加の流動性を得る方法がある。他の銀行から資金を借りるのである。ある銀行で多額の預金引出しがあった場合には、おそらくその一方に多額の預金が預け入れられている銀行が存在する。すべての銀行が突然多額の引出しに遭遇するという可能性がないわけではないだろうが、多くの場合に問題は、流動性の必要性は銀行業界全体の現象というよりも、限られた銀行にのみ生じる現象である。

これを理解するには、ゼネラル・エレクトリック（GE）社などの大手企業の給料日に何が起こるのかを想像してみるといい。GE社の30万人の従業員は1カ月当たり平均約7,000ドルの給与を得ている。簡単化のため、GE社はすべての現金を1つの銀行にまとめて預金し、月に1回の従業員への給与支払いをすべて電子送金（銀行振込み）で行っているとしよう。給料日の当日には、GE社の銀行口座からは、30万人×7,000ドル＝21億ドルが減少する一方で、GE社の従業員の銀行口座残高では21億ドルが増加する。仮にGE社と従業員全員の口座が同じ銀行にあるとすれば、銀行の預金から引き出された金額と預金に振り込まれた金額が相殺されるので、預金引出しは正味では起こらない。

（より現実的な想定として）口座が別々の銀行にあった場合でも、GE社側の銀行からは21億ドルの預金が引き出される一方で、従業員側の銀行には21億ドルの預金が預け入れられるだろう。この時点では、GE社側の銀行では準備預金が不足するかもしれないが、その一方で従業員側の銀行は超過準備であふれているだろう。GE社側の銀行は不足に対処するために準備預金の借入れを希望し、従業員側の銀行は超過準備の貸出しを希望するだろう。

ここで、**フェデラル・ファンド市場**が登場する*。フェデラル・ファンド市

●**フェデラル・ファンド市場**（federal funds market）とは、銀行が準備預金の貸し借りをオーバーナイト・ローンによって組成する市場である。

場は、銀行がお互いに準備預金の貸し借りをする場だ。この市場では、銀行は通常は期限を1日（24時間）とするローンを組むため、フェデラル・ファンド市場はオーバーナイト市場とも言われる。ローンは通常は朝に組成され、翌朝には返済される。実際には、連邦準備銀行にある準備預金によってローンが組成されることから、フェデラル・ファンドという名前がつけられた。フェデラル・ファンド市場の金利は、**フェデラル・ファンド・レート**である。

オーバーナイト・ローンと聞くと奇妙なものに感じられるかもしれないが、大手銀行にとっては銀行間で非常に手際よくローンが組成されるために、24時間（あるいはそれ以下の時間）を期限とするローンであっても十分に有用なのである。個人で考えるならば、24時間を期限とする住宅ローンを提示されたとしても、誰も借りようとは思わないだろう。毎朝すべての書類にもう一度サイン（署名）するという作業を、毎朝、30年間にわたって続けようとは考えないだろう。しかし、大手銀行は、お互いに何十億ドルものローンを毎朝一瞬のうちに組成する。毎朝、各銀行はその日の業務に必要な流動性資産の量を見積もり、それに従って貸し借りを行う。翌朝もこれと同じことが繰り返される。

フェデラル・ファンド市場の需要サイド

図表14.5には、準備預金の需要曲線が描かれている。正確に言うと、民間銀行が連邦準備銀行に預金として預けている準備預金である（民間銀行の手元現金は含まれない）。縦軸はフェデラル・ファンド・レート、横軸は準備預金の量である。準備預金の需要曲線は、民間銀行が保有する準備預金の総額であるという点に注意が必要だ（借入れをした準備預金だけではない）。したがって、100億ドルの準備預金を保有している銀行Aが、その中から10億ドルを銀行Bに貸し出したときには、準備預金の正味の需要は以下の式となる。

(100億ドル	− 10億ドル)	+ 10億ドル	= 100億ドル
(銀行Aの当初の準備預金)	(銀行Bに対する準備預金の貸出し)	(銀行Bによる準備預金の借入れ)	

二重計算を防ぐために、貸し出された10億ドルの準備預金は、借り入れた

●**フェデラル・ファンド・レート**（federal funds rate）とは、銀行がフェデラル・ファンド市場のオーバーナイト・ローンに対して要求する金利である。貸出しに利用される資金は、連邦準備銀行にある準備預金である。

* 日本の場合、フェデラル・ファンド市場に相当するのは、コール市場である。フェデラル・ファンド・レートに対応するのは、コール・レートである。

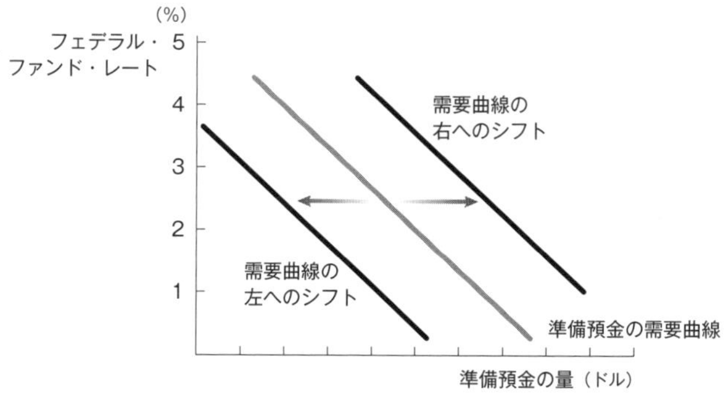

図表14.5　フェデラル・ファンド市場の需要曲線

準備預金の（正味の）需要曲線は右下がりである。フェデラル・ファンド・レートが高い場合には、準備預金を保有する費用が増加し、最適化行動をとる銀行が需要する準備預金の量は減少するからである。逆に、フェデラル・ファンド・レートが低い場合には、銀行が需要する準備預金の量は増加する。フェデラル・ファンド・レートの変化は、その他すべてを一定として、需要曲線に沿った動きとなる。景気拡大期や景気収縮期には、預金量（後出）が変化したり流動性に対するニーズが変化したりするために、需要曲線全体がシフトする。

銀行にとっての準備預金としてのみ計算される。この例では、民間銀行が保有する準備預金の総額は100億ドルのまま変化していない。

需要曲線は、フェデラル・ファンド・レートの水準と、それに対応して民間銀行が需要する準備預金の総額の組み合わせを示している。準備預金を保有する費用——すなわち、準備預金を借り入れるために支払う金利——が低下すると、最適化行動をとる銀行はより多くの準備預金を保有することを選択するので、需要曲線は右下がりとなる。準備預金は銀行にとってのセーフティネットであり、セーフティネットの費用が減少すれば、銀行はより大きなセーフティネットを保有することを好む。

したがって、金利が下落すると、準備預金の需要量は増加する。フェデラル・ファンド・レートの変化は（その他すべてを一定として）、準備預金の需要曲線に沿った移動を引き起こす。

一方で、フェデラル・ファンド・レート以外の要因が変化した場合には、需要曲線の全体がシフトする。準備預金の需要曲線のシフトは、所与の（ある与えられた）フェデラル・ファンド・レートに対応して準備預金の需要量が変化した結果である。準備預金の需要曲線をシフトさせるのは、以下に示す5つの主要な原因があるのだが、最後の2つはFedが直接コントロールできるものである。

- **景気拡大、または景気収縮**　景気拡大期には、民間銀行は、顧客に新しいローンを提供するためには流動性を必要とする――たとえば製造会社などが、新しい工場を建設して生産を拡大したいと考えているかもしれない。準備預金は、こうしたローンの資金として使用できる流動性を提供する。したがって、民間銀行の新規融資の拡大は、準備預金の需要曲線の右へのシフトを引き起こす。同じように、民間銀行の新規融資の収縮は準備預金の需要曲線の左へのシフトを引き起こす。
- **流動性の必要度の変化**　銀行からの巨額の資金流出が予想される銀行取付け騒ぎの発生などが考えられる場合にも、準備預金の需要は増加する。預金の払い戻しには流動性を必要とするが、これはまさしく準備預金が提供するものだ。したがって、大量の預金の払い戻しが予想されるときには、準備預金の需要曲線は右にシフトする。
- **預金量の変化**　準備預金の需要は、預金残高の総額に比例する。アメリカでは法定準備率によって、銀行に対して、顧客の預金残高の10%相当額を手元現金かFedの預金として保有することを義務づけている。したがって、預金残高が増加するときには、準備預金の需要曲線は右にシフトする。その逆に、預金残高が減少するときには、準備預金の需要曲線は左にシフトする。
- **法定準備率の変化**　Fedには10%とされている法定準備率を変更する権限がある。この権限を使うことはまれではあるが、Fedが法定準備率を引き上げると、準備預金の需要曲線は右にシフトする。その逆に、Fedが法定準備率を引き下げると、準備預金の需要曲線は左にシフトする。
- **Fedの準備預金に対して支払われている金利の変化**　Fedは、民間銀行によるFedの預金――すなわち、民間銀行がFedに保有している準備預金――に対して、わずかではあるが金利を支払っている。2014年にFedは、民間銀行の準備預金に対して0.25%の金利を支払った。Fedがこの金利を引き上げれば、準備預金を預けることが民間銀行にとって利益になるので、準備預金の需要曲線は右にシフトする。その逆に、Fedがこの金利を引き下げると、準備預金から得られる利益は減少するため、準備預金の需要曲線は左にシフトする。

図表14.5には、準備預金の需要曲線の左右へのシフトが描かれている。

フェデラル・ファンド市場の供給サイド、およびフェデラル・ファンド市場の均衡

次に、フェデラル・ファンド市場を供給サイドから見てみよう。Fedの日常業務を理解するためには、準備預金の供給曲線はFedが毎朝設定する垂直な線で表される、と考えるとわかりやすい。Fedはこの垂直な供給曲線を毎日左右に動かしているのだが、ここではまず、垂直な供給曲線は需要曲線の左右へのシフトに対しては反応しないという簡単なモデルに基づいて説明しよう（図表14.6）。

フェデラル・ファンド市場における供給曲線と需要曲線の交点が、**フェデラル・ファンド市場均衡**である。この交点では、民間銀行による準備預金の需要量とFedが提供する準備預金の供給量が等しくなる。また、この交点がフェデラル・ファンド市場の均衡レートである。

実際には、準備預金（民間銀行がFedに保有している準備預金）は、Fedが民間銀行に対して発行する電子的に記録された借用証書である。民間銀行は、準備預金と引換えにFedに資産を売却することになるが、そのほとんどが政府の債券である。すなわち、連邦政府が直接発行する国債、あるいは、住宅ローン市場に資金を提供する連邦住宅抵当公庫（ファニーメイ）などの政府支援機関が直接発行する債券である。

Fedが民間銀行が保有する準備預金の量を増やそうと考えた場合には、民間銀行から国債を購入し、その代わりに民間銀行が保有している電子的に記録された準備預金を増加させる。その逆に、Fedが民間銀行が保有する準備預金の量を減らしたいと考えた場合には、民間銀行に国債を売却し、その代わりに民間銀行が保有している準備預金を減少させる。国債を売買することによって、Fedはフェデラル・ファンド市場の垂直な供給曲線を左右にシフトさせ、民間銀行が（Fedに）保有している準備預金の量をコントロールする。このような取引が**公開市場操作**であり、Fedの最も重要な金融政策の手段になっている。

- フェデラル・ファンド市場における供給曲線と需要曲線の交点が、**フェデラル・ファンド市場均衡**（federal funds market equilibrium）である。
- Fedが民間銀行が保有する準備預金の量を増やそうと考えた場合には、民間銀行から国債を購入し、その代わりに民間銀行が保有している電子的に記録された準備預金を増加させる。その逆に、Fedが民間銀行が保有する準備預金の量を減らしたいと考えた場合には、民間銀行に国債を売却し、その代わりに民間銀行が保有している準備預金を減少させる。国債を売買することによって、Fedはフェデラル・ファンド市場の垂直な供給曲線を左右にシフトさせ、民間銀行が（Fedに）保有している準備預金の量をコントロールする。このような取引が**公開市場操作**（open market operation）である。

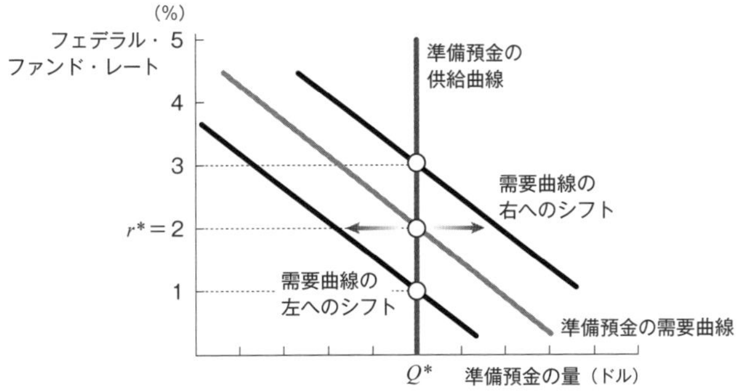

図表14.6　フェデラル・ファンド市場の均衡

Fedは準備預金の供給を1日ごとに固定させているため、準備預金の供給曲線は垂直になる。右下がりの需要曲線と供給曲線の交点が、フェデラル・ファンド市場均衡である。Fedは需要曲線の動きに反応して供給曲線をシフトさせないと想定すると、需要曲線の左へのシフトがフェデラル・ファンド・レートを引き下げるのに対して、需要曲線の右へのシフトはフェデラル・ファンド・レートを引き上げる。

公開市場操作による取引については、図表14.7に示した。

Fedが金融政策を実行する方法には、2つの選択肢がある。第1の方法について、図表14.6に基づいて考えてみよう。この場合には、需要曲線がシフトしてもFedの準備預金は変化せず一定である。この方法が採用された場合には、需要曲線のシフトは、フェデラル・ファンド・レートの変化を引き起こす。

第2の方法は、フェデラル・ファンド・レートの目標水準を実現できるように準備預金の量を調節することである。図表14.8は、フェデラル・ファンド・レートの目標金利（ここでは2%水準）を実現する準備預金の量を決める方法が示されている。この場合には、Fedは、最初にフェデラル・ファンド・レートの目標を決定し、そのフェデラル・ファンド・レートに適合する需要曲線上の点を見つける。Fedは、その需要曲線上の点に対応した量の準備預金を提供する。このような方法によって、Fedは、たとえ需要曲線が毎日シフトしたとしても、フェデラル・ファンド・レートを一定の水準で維持することができる。需要曲線が右にシフトするときには、Fedは、フェデラル・ファンド・レートが上昇しないように、準備預金の供給を増加させる。需要曲線が左にシフトするときには、Fedは、フェデラル・ファンド・レートが下落しないように、準備預金の供給を減少させる。

過去30年間を通して、Fedでは、図表14.6で説明した第1の方法ではなく、図表14.8で説明した第2の方法へと実行する方法を転換させてきた。1995年以

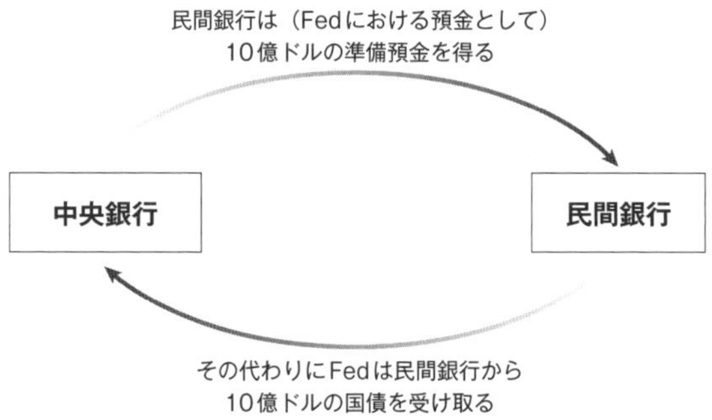

図表14.7　フェデラル・ファンド・レートを下げる公開市場操作

公開市場操作とは、中央銀行と民間銀行との間の取引である。図に示した例では、Fedが10億ドルの借用証書を民間銀行に渡すことが、Fedにおける準備預金になる。その代わりに、Fedは民間銀行から10億ドルの国債を受け取る。

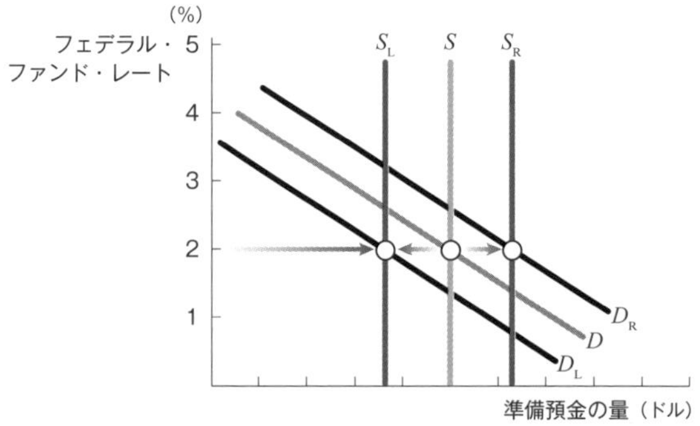

図表14.8　フェデラル・ファンド・レートを一定の水準に維持するための準備預金の供給量

Fedは、準備預金の需要曲線のシフトに対応して、フェデラル・ファンド・レートを一定の水準に維持するために準備預金の量を調整する。準備預金の需要曲線が右へシフトする場合（$D \rightarrow D_R$）には、Fedは、準備預金の新しい供給曲線と新しい需要曲線が、同じフェデラル・ファンド・レートの水準で交わるように、準備預金の当初の供給曲線を右にシフトさせる必要がある（$S \rightarrow S_R$）。その逆に、準備預金の需要曲線が左にシフトする場合（$D \rightarrow D_L$）には、Fedは準備預金の当初の供給曲線を左にシフトさせる必要がある（$S \rightarrow S_L$）。

降には、連邦公開市場委員会（FOMC）はフェデラル・ファンド・レートの目標水準（または目標範囲）について定期的に公表するようになっている。

図表14.8は、準備預金の需要曲線がシフトしたときに、Fedがフェデラル・ファンド・レートを一定の水準に維持するために実行する方法を示している。これはまさしく、1980年代後半以降にFedがほぼ毎日行っている方法である。

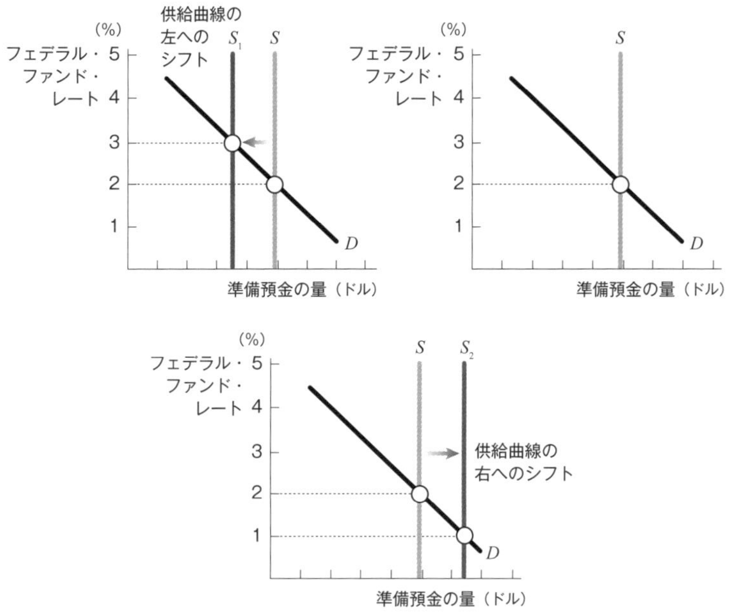

図表14.9　準備預金の供給曲線のシフトによって誘発されるフェデラル・ファンド・レートの変化

Fedは、準備預金の供給曲線を左にシフトさせることによって、フェデラル・ファンド・レートを上昇させることができる。このシフトによる新しい均衡点では、フェデラル・ファンド・レートはより高い水準になる。同様にFedは、準備預金の供給曲線を右にシフトさせることによって、フェデラル・ファンド・レートを下落させることができる。このシフトによる新しい均衡点では、フェデラル・ファンド・レートはより低い水準になる。

しかし時にはFedは、経済に影響を与える目的でフェデラル・ファンド・レートを変更することがある。金利が引き上げられると経済成長は抑制され、金利が引き下げられると経済成長は刺激される。ここでは、Fedが行う方法について説明する。

図表14.9には、Fedが準備預金の供給曲線を左にシフトさせることによって、フェデラル・ファンド・レートを上昇させる方法が示されている。すでに学んだことであるが、Fedは、国債を民間銀行に売却し、民間銀行は準備預金を使って国債を購入することによって、民間銀行がFedに預けている準備預金の量は減少する。その結果、準備預金の供給曲線を左にシフトさせることができる。供給曲線のシフトによって新しい均衡点へと導かれ、準備預金の「価格」はより高くなる――すなわち、フェデラル・ファンド・レートは上昇する。

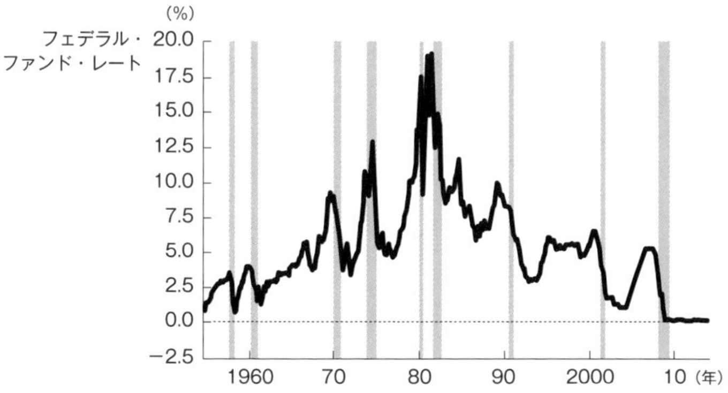

図表14.10 フェデラル・ファンド・レート：1954年7月～2014年1月

第2次世界大戦後のフェデラル・ファンド・レートの変動は激しいものであった。景気後退期（図では網掛けされている）には、フェデラル・ファンド・レートは下落する傾向にあった。経済が停滞している時期には、Fedはフェデラル・ファンド・レートを引き下げることによって経済を刺激することを図ったのである。

出所：連邦準備制度理事会。

同じ図表14.9には、Fedが準備預金の供給曲線を右にシフトさせることによって、フェデラル・ファンド・レートを下落させることができることも示されている。Fedは、民間銀行から国債を購入して、その国債の代金として民間銀行に追加の準備預金を与えることによって、供給曲線を右にシフトさせることができる。この供給曲線のシフトによって新しい均衡点へと導かれ、準備預金の「価格」をより低いものにする――すなわち、フェデラル・ファンド・レートは下落する。

図表14.10には、1954年7月から2014年1月に至るフェデラル・ファンド・レートの過去の変動が示されている。グラフにも示されているように、フェデラル・ファンド・レートは急激に上昇することもある。こうした乱高下は、準備預金の供給曲線のシフトによって引き起こされたり（図表14.9）、準備預金の需要曲線のシフトによって引き起こされたりする（図表14.6）。

まとめ：Fedはフェデラル・ファンド・レートをどのようにコントロールしているのだろうか？ ここまでの議論をまとめてみよう。Fedは、準備預金の供給量を（公開市場操作を通して）シフトさせるか、あるいは準備預金の需要曲線をシフトさせることによって、フェデラル・ファンド・レートに影響を及ぼすことができる。Fedは、法定準備率を引き上げる（2014年6月時点では要求払い預金の10%）か、あるいは、準備預金に対して支払う金利を引き上げる（2014年6月時点では0.25%）ことによって、準備預金の需要曲線を右にシフトさせることができる。こうした需要曲線をシフトさせる政策にはどちらも、フェデラル・ファンド・レートの均衡点を上昇させる効果がある。

一方でFedは、法定準備率を引き下げるか、あるいは、準備預金に対して支払う金利を引き下げることによって、準備預金の需要曲線を左にシフトさせることができる。こうした需要曲線をシフトさせる政策にはどちらも、フェデラル・ファンド・レートの均衡点を下落させる効果がある。

Fedは、フェデラル・ファンド・レートに影響を及ぼす3つの基本的な政策手段を持っている。(1)準備預金の供給量を変化させる、(2)法定準備率を変更する、(3)準備預金に対して支払う金利を変更する、の3つの政策手段である。

要するに、Fedは、フェデラル・ファンド・レートに影響を及ぼす3つの基本的な政策手段を持っている。(1)準備預金の供給量を変化させる、(2)法定準備率を変更する、(3)準備預金に対して支払う金利を変更する、の3つの政策手段である。今日ではFedは主に、（公開市場操作を通して）金利に影響を与えるために準備預金の供給量を変化させる手段に重点を置いて実施している。第2の手段である、法定準備率の変更はめったに実施されることはなくなった。アメリカで法定準備率が最後に変更されたのは、1992年だった。第3の手法である準備預金の支払いに対する金利が変更されることもほとんどない（実際にこの政策が行使されたのは、2008年に議会で承認された1回のみ）が、将来はもっと行使されることが予想されている。

Fedはマネーサプライとインフレ率にどのような影響を及ぼすのか？

フェデラル・ファンド・レート、すなわち重要な短期金利の決定に関する議論はこれで完了した。これは、Fedが準備預金を管理することを通して及ぼす3つの影響力の第1のものであった。続いて第2の、Fedがマネーサプライとインフレ率に対して与える影響力について説明する。

実際には、Fedはマネーサプライやインフレ率を直接コントロールすることはできない。現実には、Fedは準備預金の量を管理している。それゆえに、Fedがマネーサプライをコントロールしていると誤解している人も多い。しかし実際には、準備預金はマネーサプライの一部ではない。マネーサプライは、家計や企業が民間銀行に預けている預金と流通貨幣により構成されている。

マネーサプライやインフレーションを直接にはコントロールしてはいないものの、Fedはこれらの重要なマクロ経済変数に影響を及ぼそうとはする。インフレは（雇用とともに）Fedの二重の使命の1つであるが、マネーサプライは違う。このため、Fedの大きな関心はインフレに向けられており、マネーサプライへの関心は間接的なものである。したがって、インフレ率がFedの目標である2%に近い場合には、Fedはマネーサプライの成長率の短期的変動に関しては気にしない。

長期的には、貨幣数量説の実証分析で学んだように、インフレ率は、マネーサプライの成長率から実質GDPの成長率を差し引いたものとおおむね等しくなる。この関係があるため、インフレ率がFedのインフレ目標を上回りはじめたときには、Fedはマネーサプライの成長率を抑制しようとする。

ここで留意しなければいけないのは、銀行が新しいローンを組むとマネーサプライは上昇する、という点だ。シティバンクで20万ドルの住宅ローンを組んだ住宅購入者の例で考えてみよう。住宅を売った人は、住宅の購入者からその代金を受け取り、自分の銀行に預金する（預金するのは、シティバンクであるかもしれないが、別の銀行であるかもしれない）。この預金は、マネーサプライを20万ドル分だけ増加させる。すなわち、この新規住宅ローンが組成されたことが、マネーサプライを20万ドル分だけ増加させ、結果として、新規の住宅ローンが数多く組成されたときには、マネーサプライは急増する。Fedは、マネーサプライの成長を抑制しようと考えたときには、民間銀行による家計や企業への融資の増加を抑制する手段を用いる。

次で説明するように、フェデラル・ファンド・レートは、長期金利に影響を及ぼす。この長期金利は、家計と企業が需要する新規融資に影響を及ぼす。すなわちFedは、フェデラル・ファンド・レートを引き上げることによって、家計や企業にとっての金利を上げ、これによって銀行融資の需要量を下げ、マネーサプライの成長率を下げる。

まとめ：Fedがマネーサプライとインフレ率に及ぼす影響　Fedは、3つの手段を用いてフェデラル・ファンド・レートを上昇させることができる。Fedは、第1に、公開市場操作を通して準備預金の量を減少させる。第2に、法定準備率を上昇させる。第3に、準備預金に対して支払う金利を引き上げる。こ

CHOICE&CONSEQUENCE
選択の結果

フェデラル・ファンド市場以外で準備預金を得る

通常であれば、フェデラル・ファンド市場は何の問題もなく動いている。追加の準備が必要な銀行はそれを借り入れているし、余分な準備を持っている銀行はそれを貸し出している。しかし通常ではないとき、たとえば金融市場でパニックが起きているようなときには、超過準備を持っている銀行にとっては信頼に足る銀行がどこであるかがわからなくなり、フェデラル・ファンド市場が機能不全に陥る可能性がある。どの銀行が健全な――すなわち、貸し手に対する返済能力がある――状態であり、どの銀行が健全ではない（債務超過に陥っている）のかがわからなくなっている。こうした状況では、超過準備を持つ銀行は、準備預金を貸し出そうとはしなくなるだろう。

そうした危機が起こると、必要な準備預金を調達できない銀行も出てくるかもしれない。このようなときにはFedが介入して、資金が必要な銀行に準備預金を提供することができる。これは「連銀貸出し（または割引窓口、discount window）」と呼ばれる機能である。割引窓口による融資は、フェデラル・ファンド市場から調達できる資金よりも金利が高いことから、連銀貸出しは民間銀行が準備預金を借り入れる際の最後の手段となっている。これが、Fedが「最後の貸し手」と呼ばれるゆえんである。ほかに手段がないときには、銀行は準備預金をFedから直接借り入れることができるからだ。

れらの3つの政策はフェデラル・ファンド・レートを上昇させて、家計と企業の借入れ金利を上昇させる。結果として、フェデラル・ファンド・レートの上昇は、家計や企業に対する融資の増加を抑制し、マネーサプライの成長を抑制するとともに、インフレ率を下落させる。その逆に、フェデラル・ファンド・レートが引き下げられるときには、家計や企業に対する融資は増加し、マネーサプライとインフレ率はともに上昇する。

フェデラル・ファンド・レートと長期実質金利の関係

ここまでは、Fedが準備預金の管理を通して及ぼす3つの影響力のうち、最初の2つについて学んできた。ここからは、第3の影響力について学ぶ。銀行準備の市場に介入することによって、Fedはフェデラル・ファンド・レートと長期実質金利の両方に影響を及ぼすことができる。すでに学んだとおり、実質金利はローンの実質価格であると定義できる。言い換えるならば、インフレ調整後のローンの価格である。実質金利は以下のように定義される。

実質金利＝名目金利－インフレ率

次の例で考えてみよう。インフレ率が2%の国で、ある企業が5%の名目金利で100ドルを1年間借りたとする。1年後、その企業の返済額は、100ドル×(1年＋0.05)＝105ドル、になる。しかし、インフレによって、このお金の購買力は減少する。インフレ率は2%であるので、返済した105ドルの購買力は、105ドル/(1年＋0.02) となり、最初にローンが組まれた年では約103ドルの価値でしかない。これは借入額より3ドル高いだけだ。すなわち、借り手の実質費用は3ドルのみであり、これは最初に借り入れた100ドルの3%に相当する。一般的に、ローンの実質費用は、名目金利からインフレ率を差し引いたものである。この例では実質金利は、5%－2%＝3%と計算される。

投資は、長期名目金利から長期インフレ率を差し引いた**長期実質金利**に依存する。経済学で長期と言うときは、少なくとも10年先までの期間を意味する。多くの投資は、少なくとも10年間にわたって資金を必要とするため、長期実質金利は経済に直結している。住宅ローンには、その返済期間が30年間に及ぶものもある。2階建て大型旅客機の「スーパー・ジャンボ」エアバスA380の開発のように、大手企業の研究開発プロジェクトでは、構想段階から完成披露まで20年かかることもある。

対照的に、フェデラル・ファンド・レートは短期名目金利である。したがって、Fedが基本的に管理している短期金利と、ほとんどの投資判断に重要な影響を及ぼしている長期実質金利とは直接には対応しているわけではない。フェデラル・ファンド・レートが長期実質金利に及ぼす影響力について理解するために、ローンが組成されたときに期待される実質金利について考えてみよう。これは、ローンの期間に対して（実際に）実現した実質金利とは異なったものとなるかもしれない。したがって、実現した実質金利と期待される実質金利は区別する必要がある。

実現した実質金利は、以下のように定義される。

実現した実質金利＝名目金利－実現したインフレ率

たとえば、2010年12月31日に借り入れて、2020年12月31日に返済するローンで考えてみよう。ここで実現した実質金利は、2010年12月31日に契約で合

● **長期実質金利**(long-term real interest rate)とは、長期名目金利から長期インフレ率を差し引いたものである。
● **実現した実質金利**(realized real interest rate)とは、名目金利から実現したインフレ率を差し引いたものである。

意した名目金利から、2010年12月31日から2020年12月31日の期間に実現したインフレ率を差し引いたものである。実現したインフレーションとは、対象期間に実際に起こったインフレであることに注意しよう。ローンの契約時点では、借り手には実現したインフレ率がどのぐらいになるかはまだわからない。したがって借り手には、2020年12月31日のローンの返済時までは実現した実質金利を計算することはできない。

しかし、現在とローン返済時点の間のインフレ率について予想（これを「期待」と呼ぶ）することはできる。すなわち、この期待インフレ率を用いることによって、密接に関連している概念である**期待実質金利**を以下のように定義できる。

期待実質金利＝名目金利－期待インフレ率

ローンが組成されるときには、最適化行動をとる借り手も貸し手もともに期待実質金利について考えるだろう。この時点では、実現したインフレ率はまだわからない。期待実質金利が人々の判断に重要な役割を果たすので、その構成要素の1つであるインフレ期待は重要だ。**インフレ期待**とは、経済主体による将来のインフレ率の予想である。

ここまでの議論によって、フェデラル・ファンド・レートの変化がどのように期待長期実質金利に影響を及ぼすのかを考えるための準備は整った。一致した見解はないものの、フェデラル・ファンド・レートが変化するときには期待長期実質金利が――同じ方向に――変化する傾向もある、という点ではおおよその合意が得られている。

フェデラル・ファンド・レートが低下すれば、民間銀行はフェデラル・ファンド市場においてより低い金利で準備を借り入れることができるようになる。借入れ費用が下落した民間銀行は、より低い金利でローンを提供しはじめる。これによって、民間銀行の信用供給（曲線）は右にシフトする。

さらに、長期ローンは、実質的にはたくさんの短期ローンが連結することで成り立っているため、長期の名目金利が下がる。すなわち、10年ローンとは、1年ローンが1つひとつ連結したものであ

一致した見解はないものの、フェデラル・ファンド・レートが変化するときには期待長期実質金利が―同じ方向に―変化する傾向もある、という点ではおおよその合意が得られている。

●**期待実質金利**（expected real interest rate）とは、名目金利から、期待インフレ率を差し引いたものである。
●**インフレ期待**（inflation expectation）とは、経済主体による将来のインフレ率の予想である。

CHOICE&CONSEQUENCE
選択の結果

インフレ期待の２つのモデル

人々は、実際にはどのようにしてインフレ期待を形成しているのだろうか？インフレ期待は、近い過去のインフレ水準によって決まる、と考える経済学者もいる。たとえば、「予想される来年のインフレ率は、去年に実現したインフレ率だ」という具合である。これは適応的期待とされるものであるが、過去を振り返って形成されるインフレ期待である。将来が近い過去の姿に似ていると考えるのは自然なことであり、このような過去を振り返って形成されるインフレ期待を考えることはもっともらしいことである。

しかし、将来起きることが近い過去に起きたことと同じであると信じることが、最も合理的である、とは言い切れない。適応的期待理論が予測するよりも、人々はもっと洗練された予想をする、と考えている経済学者も多い。このような適応的期待モデルを批判する経済学者が想定するのが、合理的期待モデルである。これは、人々がインフレ期待を形成するにあたっては、入手できるすべての情報を、最も洗練された方法で活用することによって予想すると想定するモデルである。経済主体が合理的期待を持っているときには、彼らは経済の動きをよく理解し、それを活用してできる限り良い予測を立てる有能な予測士である。

この合理的期待形成モデルは、人間の合理性の能力を過大評価しているという批判もある。経済学者たちによって、これらの２つのモデルが——または人の期待の形成に関する別のモデルが——消費者と労働者の現実のインフレ期待を表しているかについて、長年議論が続けられてきたのだが、まだ決着はついていない。

ると考えることができる——これは、車両が連結された貨物列車に似ている。フェデラル・ファンド・レートが下落すると、民間銀行が組成するローンの最初の1年分の費用は低下する。フェデラル・ファンド・レートが変化するとき、その変化の方向は通常は少なくとも数年間は反転しないため、10年ローンとして連結されている1年ローンの最初の数年間分が影響を受ける。10年を返済期限とする長期ローンの名目金利とは1年ローンの10回分の平均であると考えられる。フェデラル・ファンド・レートの変化により、1年ローンの最初の数回分が影響を受けるため、長期名目金利も同じ方向に変化する。

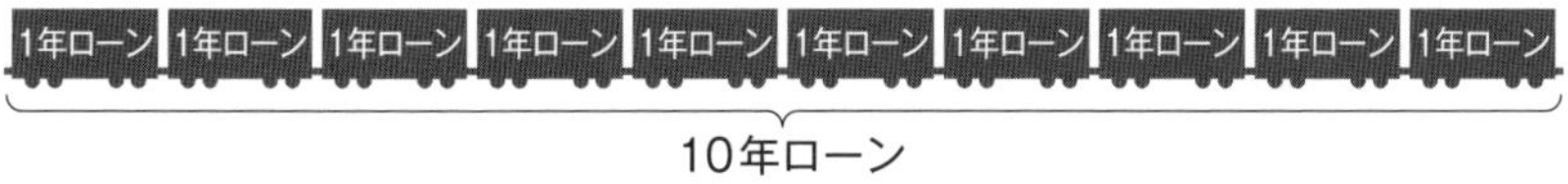

より具体的な数値例で考えてみよう。Fedがフェデラル・ファンド・レートを4%から3%に引き下げ、この変更が2年間は継続した後、3年目にはまた4%に戻すとする。このとき10年間の名目金利は、1年ローンの10回分の平均であると考えられるので、4%から3.8%に下がる。最初の2回のローンは3%で、残りの8回分のローンが4%になるため、1年ローンの10回分の平均は以下の式となる。

$$\frac{3\% + 3\% + 4\% + 4\% + 4\% + 4\% + 4\% + 4\% + 4\% + 4\%}{10} = 3.8\%$$

次に、（ここで計算した）長期名目金利の変化が期待長期実質金利にどのように影響を及ぼすのかを見る必要がある。そのためには、金融政策が、長期名目金利と期待長期インフレ率の両方に及ぼす影響について考えることが必要である。

まず、フェデラル・ファンド・レートが下落したにもかかわらず、インフレ期待が変わらないときには、何が起こるのかを想像してみよう。もしもインフレ期待が変わらないにもかかわらず、名目金利が下落したときには、期待実質金利は低下する。したがって、フェデラル・ファンド・レートの下落は長期名目金利を引き下げ、期待長期実質金利を下落させる。

図表14.11は、こうした関係を整理したものである。この例では、中央銀行に預けられている準備預金の増加からはじまる。この変化は、Fedが行った公開市場操作の結果である。このとき、Fedは銀行から国債を購入して、その国債の代価として銀行に準備預金を供給する。準備預金の供給曲線の右へのシフトは、フェデラル・ファンド・レートを引き下げる――この例では、4%から3%への下落である。そして、これが長期名目金利を4%から3.8%に下落させる。期待長期インフレ率が2%で維持されているならば、期待長期実質金利は（公開市場操作が実施される以前の）4% − 2% = 2%、から、（公開市場操作が実施された後には）3.8% − 2% = 1.8%、に下がる。

ここでインフレ期待が変わる場合には、分析はもっと複雑なものになるのだが、その場合であっても、期待長期実質金利は通常は、フェデラル・ファンド・レートが引き下げられるときにはそれに反応して下落する。

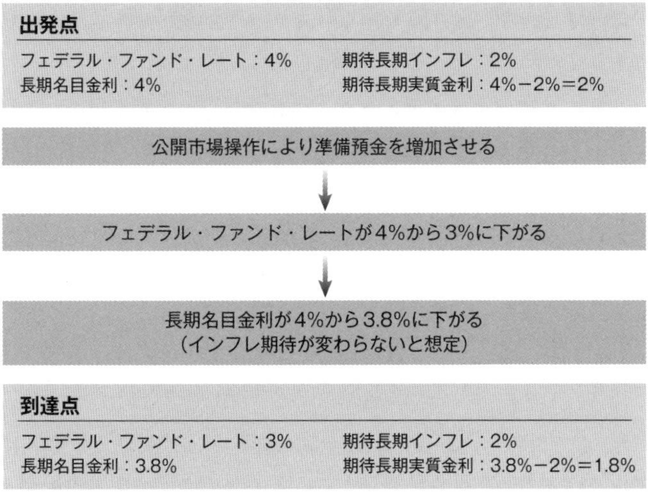

図表 14.11　公開市場操作が期待長期実質金利に及ぼす影響

Fedに預けられている準備預金の増加は、フェデラル・ファンド・レートを引き下げ、それが長期名目金利を下落させる。インフレ期待が変わらないときには、期待長期実質金利は下落する。その下落幅は、長期名目金利の下落した幅と同じであり、長期名目金利と同じ分だけ下がる。

まとめ：Fedが期待長期実質金利に及ぼす影響　長期実質金利は、長期名目金利から期待長期インフレ率を差し引いたものである。Fedが、フェデラル・ファンド・レートなどの短期金利に影響を与えるときには、長期名目金利にも影響は及ぶ。長期ローンとは短期ローンがいくつも連結したようなものであり、10年ローンとは1年ローンが10回連結されたものである。フェデラル・ファンド・レートが引き下げられたときには、最初の1年分のローンの金利も低下する。加えて、フェデラル・ファンド・レートが変化するときには、通常は数年間は方向を反転させることはないので、10年ローンのうちの最初の数年間分が影響を受けることになる。ほとんどの場合に、Fedがフェデラル・ファンド・レートを引き下げても、長期インフレ期待にはほとんど影響はない。要するに、長期名目金利が下落してもインフレ期待にはほとんど変化は起こらないために、フェデラル・ファンド・レートが下落するときには、長期実質金利も下落するという傾向がある。

まとめ

◉貨幣は、私たちの生活において重要な役割を果たしている。貨幣は、広範囲の経済取引を可能にし、以下の機能を同時に果たしている。(1)財やサービスの取引を可能にする交換手段、(2)購買力を保持し、将来に持ち越すことを可能にする価値貯蔵手段、(3)異なる財やサービスの価値（価格）を示すうえで広く一般に使用される計算単位。

◉マネーサプライとは、個人が取引で即座に使用することができるお金の量のことである。マネーサプライは、流通貨幣（銀行の手元現金は含まれない）と民間銀行の様々な預金口座の残高の合計として定義される。マネーサプライのこの定義は、M2とも言われる。M2と定義されるマネーサプライには、いかなる形態の準備預金も含まれない。

◉貨幣数量説では、マネーサプライと名目GDPの関係が示されている。名目GDPとは、現在（生産された年）の価格を用いて計算された経済の総生産価値である。貨幣数量説では、長期インフレ率は、マネーサプライの長期成長率から、実質GDPの長期成長率を差し引いたものである。

◉実質GDPの成長率が一定の下で、マネーサプライの成長率が上昇するとインフレーションが誘発される。極端な場合にはハイパーインフレを招く。インフレを伴うマネーサプライの上昇は、社会的費用を生む。インフレーションの社会的費用には、企業が頻繁に価格を変更することによる、相対価格の歪み、価格規制、企業が負担する「メニューコスト」などがある。
マネーサプライの適度な上昇は、適度なインフレを生み、社会にとってある種の便益ももたらす。社会の便益には、通貨発行益が含まれる。またインフレは、一時的に実質賃金と実質金利を下落させるので、実質GDPの成長を刺激する。

◉中央銀行は、インフレーションを低く、予測可能な水準で安定させる、という目標を持っている。

◉Fedは、民間銀行の準備預金を保有する（銀行の手元現金は含まれない）。準備預金の管理は、Fedが行う最も重要な役割の1つである。Fedが準備預金を管理することによって、以下の3点が可能になる。

(1)短期金利、特にフェデラル・ファンド・レートに影響を与える、(2)マネーサプライとインフレ率に影響を与える、(3)長期実質金利に影響を与える。

◉ Fedは、準備預金市場とフェデラル・ファンド・レートに影響を及ぼすことができる様々な政策手段を持っている。たとえば、準備預金の供給量をコントロールする(公開市場操作)、法定準備率を変更する、準備預金に対して支払う金利を変更する、などである。

キーワード

貨幣
交換手段
価値貯蔵手段
計算単位
不換紙幣
マネーサプライ
貨幣数量説
デフレーション
通貨発行益
実質賃金
中央銀行
金融政策
連邦準備銀行またはFed
流動性
フェデラル・ファンド市場
フェデラル・ファンド・レート
フェデラル・ファンド市場均衡
公開市場操作
長期実質金利
実現した実質金利
期待実質金利
インフレ期待

復習問題

1.... 近代経済における貨幣の3つの機能を挙げて、それぞれについて説明しなさい。

2.... 不換紙幣は、貨幣として使用されていた金や銀のような商品とどのように違うのだろうか？

3.... マネーサプライのM2とは、どのように定義されているのだろうか？

4.... 本章の「貨幣数量説」についての議論に基づいて、以下の質問に答えなさい。

a. 貨幣数量説について説明しなさい。

b. 過去のデータから貨幣数量説の予測がどのように生まれたのかについて説明

しなさい。

5.... インフレーション、デフレーション、ハイパーインフレーションの違いとは何だろうか？

6.... ハイパーインフレーションに共通して見られる原因は何だろうか？

7.... インフレに伴うコストとは何だろうか？

8.... インフレに便益はあるのだろうか？　説明しなさい。

9.... フェデラル・ファンド・レートとは何だろうか？　準備預金の需要曲線をシフトさせる要因は何だろうか？

10.. 公開市場操作とは何だろうか？　Fedが公開市場操作を行うのはなぜだろうか？

11.. Fedが「最後の貸し手」と呼ばれる理由は何だろうか？

12.. Fedは長期実質金利にどのように影響を及ぼすのだろうか？

13.. インフレ期待を表すのに使用される2つのモデルとは何だろうか？

15 景気変動

Short-Run Fluctuations

2007~09年の景気後退はなぜ起きたのか?

　どの国にも景気変動がある。言い換えると、経済の成長率は年によって変化する。たとえば1982~2007年の間を見ると、アメリカでは、緩やかな2回の景気後退はあったものの、経済は急速に成長した。この期間を平均すると、国内総生産（GDP）の成長率は実質で3.4%だった。ところが、2007年の終わりから深刻な景気収縮がはじまり、この経済活動の縮小が世界中の多くの家計に深刻な影響を及ぼすことになった。失業者はアメリカだけでも740万人増加し、アメリカの住宅の価格は3分の2、株価は半値になった。このため老後の蓄えのほとんどを失ってしまった家計も多い。2007年12月からはじまった景気後退は2009年まで続き、この年の6月から再び景気は回復に向かった。

　2007~09年の景気後退の原因は何だったのだろうか？　本章では、経済と金融に危機を引き起こした要因を検証する。最初に、景気変動の一

本章の構成

15.1	15.2	15.3	EBE
景気変動と景気循環	マクロ経済均衡と景気変動	経済モデルの拡張	2007~09年の景気後退はなぜ起きたのか?

KEYIDEAS キーアイデア

- ◉景気後退は、実質GDPが（最低２四半期連続して）減少した状態を表す。
- ◉景気変動には、共変動、予測の難しさ、経済成長の持続性、という３つの重要な特徴がある。
- ◉景気変動は、技術変化、景況感の変化、および貨幣的要因と金融的要因、が原因となって発生する。
- ◉経済ショックは、賃金の下方硬直性と乗数効果によって増幅される。
- ◉景気拡大は、雇用の拡大と失業の減少を伴って、GDPが増加した期間である。
- ◉2007～09年の景気後退には３つの要因があった――住宅バブルの崩壊、資産の減少、金融危機、である。

般的な特徴と考えられる原因を考察し、次に、経済活動の短期的原因と影響を理解するのに役立つモデルを紹介する。

15.1 景気変動と景気循環

現代の市場経済は、長期的成長を生み出す驚くべき能力を示してきた。11章で見たように、アメリカ経済は過去100年間に著しい成長を遂げてきた。しかし、先進国であっても、成長率が一定であることはほとんどない。良い時期もあれば悪い時期もあり、成長率がプラスのときもマイナスのときもある。このような変動は予測が難しい。実質GDP成長率の短期的な変化を、**景気変動**または**景気循環**と言う。

先進国であっても、成長率が一定であることはほとんどない。

図表15.1は、2009年を基準年とした1929～2013年のアメリカの実質GDPのグラフである。実質値では全般的な物価

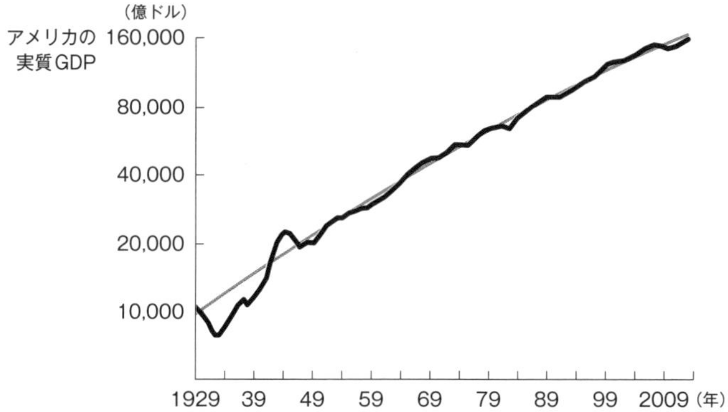

図表15.1 アメリカの実質GDPとトレンド線：1929～2013年（2009年価格）

グラフには、実質GDPとトレンド線が描かれている。トレンド線は、毎年の変動を一定にできれば実現できたはずの実質GDP水準を示したものである。縦軸は対数目盛で示されている。

出所：米商務省経済分析局（BEA）「国民所得生産勘定」（GDP）。トレンド線は、著者の計算による。

水準は固定されているので、実質値の変化にはインフレーションの影響は含まれない（グラフは、実質GDPに関する信頼できるデータが使用できる1929年からはじまっている）。

このグラフには、トレンド線も描かれている。トレンド線とは、魔法の杖を用いて一定の成長率を維持することができる（経済の変動を回避できる）とするならば、実現できたはずの実質GDPの水準を示したものである。図表15.1のトレンド線は、この期間に変動することなく成長した場合の経済の経路を描いている。しかし、変動しない経済は現実には存在しない。景気が変動することは避けられない。政府の政策ができることは、変動そのものをなくすことではなく、変動の幅を小さくすることである。

図表15.1を見ると、トレンド線からの際立った乖離が2回見られる。大恐慌期（1930年代）とアメリカが第2次世界大戦に参戦していた時期（1941～45年）だ。大恐慌期には、アメリカ経済はGDPのトレンド線を大きく下回った。対照的に第2次世界大戦期には、アメリカの経済はGDPのトレンド線を上回った。

図表15.2は、同じデータを別の視点から見たものであり、実質GDPがトレンド線から乖離している比率を示している。すなわち図表15.1の2本の線の差

●実質GDP成長率の短期的な変化を、**景気変動**（economic fluctuation）または**景気循環**（business cycle）と言う。

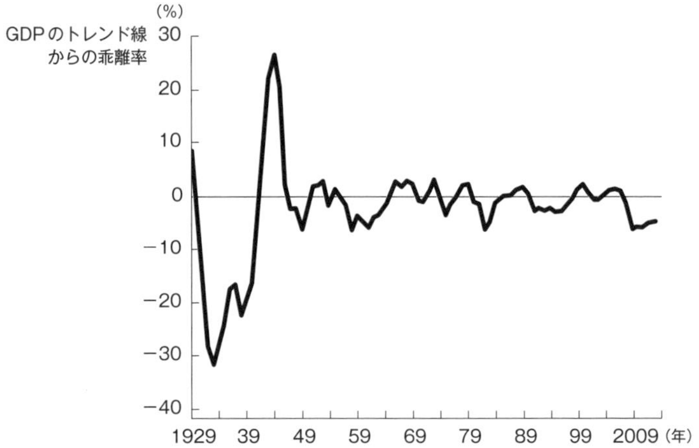

図表15.2　アメリカの実質GDPとトレンド線からの乖離率：1929〜2013年

アメリカの実質GDPが、GDPのトレンド線（トレンドGDP）から乖離している比率を示したグラフである（トレンド線は図表15.1）。乖離率の計算式は、以下のとおり。

$$100 \times \frac{\text{実質GDP} - \text{トレンドGDP}}{\text{トレンドGDP}}$$

出所：米商務省経済分析局（BEA）「国民所得生産勘定」（GDP）。トレンド線は、著者の計算による。

を比率で示したものである。図表15.2からも、大恐慌期と第2次世界大戦期の2つの時期が際立って違うことがわかる。直近の景気後退期（2007〜09年）もグラフから確認できる。景気後退が終わり4年を経た2013年でさえ、実質GDPはまだトレンド線の水準を下回っている。

図表15.1に示したように、経済学では経済活動とトレンドを比較する。それに加えて、経済学では、GDPの成長率の毎年の変動に注目する。GDP成長率がプラスの期間を、景気拡大（景気拡張）または好景気と呼ぶ。一方、GDP成長率がマイナスの期間を、不景気、景気収縮、または景気後退と呼ぶ。

9章で学んだとおり、景気後退とは、実質GDPが（最低2四半期連続して）減少した状態を表す。もちろん、経済が成長する期間も重要だ。**景気拡大**は、景気後退が終わったときをはじまりとし、次の景気後退がはじまったときを終わりとする。過去100年を通してアメリカ経済では、平均的な景気拡大期は、平均的な景気後退期の4倍の長さだった。

図表15.3は、1929年以降に14回発生したアメリカの景気後退とその期間、

● **景気拡大**（economic expansion）は、景気後退と景気後退の間の時期を言う。景気拡大は、景気後退が終わったときをはじまりとし、次の景気後退がはじまったときを終わりとする。

開始年月	最終年月	期間	景気の山から谷までの実質GDPの減少率
1929年 8 月	1933年 3 月	43カ月	26.3%
1937年 5 月	1938年 6 月	13カ月	3.3%
1945年 2 月	1945年10月	8 カ月	12.7% (1)
1948年11月	1949年10月	11カ月	1.5%
1953年 7 月	1954年 5 月	10カ月	1.9%
1957年 8 月	1958年 4 月	8 カ月	3.0%
1960年 4 月	1961年 2 月	10カ月	0.3%
1969年12月	1970年11月	11カ月	0.2%
1973年11月	1975年 3 月	16カ月	3.1%
1980年 1 月	1980年 7 月	6 カ月	2.2%
1981年 7 月	1982年11月	16カ月	2.5%
1990年 7 月	1991年 3 月	8 カ月	1.3%
2001年 3 月	2001年11月	8 カ月	0.3%
2007年12月	2009年 6 月	18カ月	4.3%

図表15.3 アメリカの1929~2013年の景気後退

1929年以降、アメリカ経済では景気後退は約6年ごとに起こり、その期間は平均して約1年であった。景気の谷は、景気後退期において実質GDPが底を打ったときであり、このときを、景気後退の終わりとする。ほとんどの景気後退では、景気の山から谷までの実質GDPの減少率は、3%以下だった。しかし、1929~33年の大恐慌期には、アメリカ経済の実質GDPは、景気の山から谷までの間に26.3%減少した。

注(1):1947年以前のアメリカのGDPは年間GDPのみ。1945年の景気後退の期間は1年に満たない期間であったため、年間データから推計したものである。1944~46年には実質GDPは12.7%減少した。

出所:景気後退の時期については全米経済研究所(NBER)、その他は米商務省経済分析局(BEA)「国民所得生産勘定」(実質GDP)。

およびそれぞれの景気の山から谷までの実質GDPの減少率をまとめたものである。景気の山は、実質GDPがピークのときであり、山で景気後退がはじまる。景気の谷は、景気後退期において実質GDPが底を打ったときで、谷で景気後退は終わる。1929年以降、景気後退は約6年ごとに起こり、その期間は平均で約1年である。

景気変動のパターン

景気変動には、3つの中心的な特徴がある。

1. 様々な集計的マクロ経済変数の共変動
2. 景気変動を予測することの難しさ
3. 経済成長の持続性

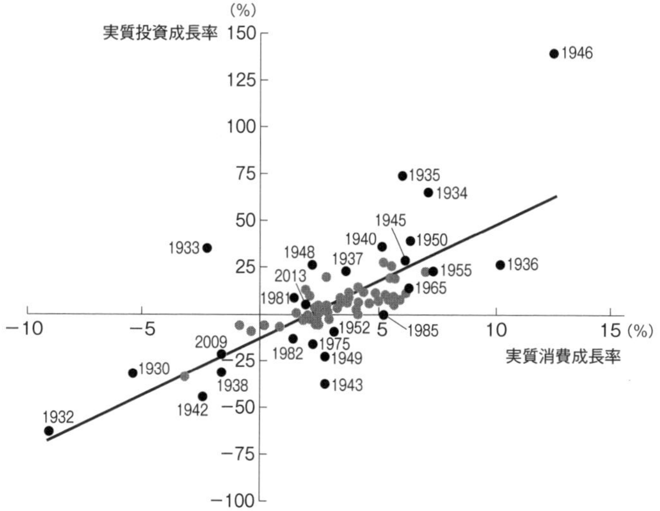

図表15.4　実質消費成長率と実質投資成長率：1929〜2013年

横軸は1年間の実質消費の成長率、縦軸は同一年の実質投資の成長率を示している。1つの点が、ある年のデータに相当する。各点の横軸（実質消費）と縦軸（実質投資）の数値を見ることで、実質消費と実質投資の成長率がわかる。たとえば、グラフの右上（第1象限）の1950と示された点は、1950年の実質消費の成長率（横軸）は約6%、実質投資の成長率（縦軸）は約39%であったことを示している。消費の成長率が比較的高いときには、投資の成長率も比較的高い傾向がある。グラフの左下（第3象限）の2009と示された点は、2009年の実質消費の成長率（横軸）は約－2%で、実質投資の成長率（縦軸）は約－22%であったことを示している。消費の成長率が比較的低いときには、投資の成長率も比較的低い傾向がある。これを経済学では、消費と投資が共に動くという意味で、共変動を示すと言う。

出所：米商務省経済分析局（BEA）「国民所得生産勘定」。

それぞれの特徴について説明しよう。

共変動　様々な集計的マクロ経済変数は、好景気や景気後退の期間には、同じ方向に拡大したり収縮したりする。経済学では、こうしたパターンを共変動と呼ぶ。図表15.4には、消費と投資という2つの重要な変数の共変動が示されている。2つの変数は、どちらもインフレ調整済みの数値である（すなわち、実質消費と実質投資である）。横軸は1年間の実質消費の成長率、縦軸は同一年の実質投資の成長率を示している。1つの点が、ある年のデータに相当する。各点の横軸（実質消費）と縦軸（実質投資）の数値を見ることで、表示された年の実質消費と実質投資の成長率を読み取ることができる。

グラフからわかるように、各点は右上がりの線に沿って集まっている。これは、消費と投資が共変動していることを意味する。消費の成長率が高いときには、投資の成長率も同じように高い。その逆に、消費の成長率が低い（またはマイナスの）ときには、投資の成長率も低い（またはマイナス）、という傾向がある。言い換えるならば、消費と投資は一緒に成長するか、または一緒に収縮する、という傾向がある。

グラフからもわかるように、投資は消費よりも変動しやすい。縦軸は－100％から＋150％の範囲で変動しているが、横軸は－10％から＋15％の範囲でしか変動していない。企業は、景気が停滞すると投資を急減させるが、好景気の時期には投資を即座に増やすため、投資の成長率の変動は大きなものになる。一方、家計にとっては、消費の変動は小さいほうが望ましいと考えている。たとえば、スマホの画面が割れてしまったときには、そのときお金がない場合は別として、景気が良くなるまで買い替えを待とうと思う人はいないだろう。

雇用とGDPも消費と投資と同じ方向に動き、失業はGDPとは反対方向に動く。たとえば景気収縮期には、実質消費、実質投資、雇用そして実質GDPはすべて減少するが、失業は増加する。

予測の難しさ　景気変動の第2の中心的な特徴は、予測することの難しさである。1929年以降のアメリカ経済の景気後退を示した図表15.3からわかるとおり、景気後退の期間は最短が6カ月であったのに対して、最長では43カ月に及んだ場合がある。2007～09年の景気後退は、18カ月続いた。景気拡大の期間も様々である。1929年以降の景気拡大の期間は、最短が1年であったのに対して、最長は10年であった。

景気後退と景気拡大の期間は様々であり、繰り返しで、予想可能な周期ではない。実際、現代経済学の知識をもってしても、景気後退と景気拡大が終わる時期についてかなり前に予測することは不可能である。これを厳密には、「予測ができない」と言う代わりに、「予測が難しい」と表現する。なぜならば、高度な統計テクニックを使用することで、少しは予測することができるからである。現在の経済学では、1カ月後あるいは2カ月後に景気後退が終わることを予測することはできる。しかし、景気後退がはじまったときに、景気後退が終わる時期を予測することは、実際にはできない。同様に、景気拡大が終わる時期も予測することはできない。予測することの難しさを知っておくことは重要である。というのも、景気循環をめぐる初期の理論では、その多くが、景気変動とは経済成長において規則正しく揺れる振り子のような構造を持っていると想定していたからだ。したがって予測は可能であると考えられていたわけだが、それは現実の景気変動の姿からはかけ離れたものである。

経済成長の持続性　景気変動の第3の中心的な特徴は、その持続性である。たとえ景気後退のはじまりと終わりの時期を予測することが不可能であるとしても、経済成長はランダムなものではない。経済が成長しているときには、おそらくはその次の四半期の経済も引き続き成長する。同じように、経済が収縮しているとき――言い換えれば、成長率がマイナスのとき――には、次の四半期の経済もおそらく収縮するだろう。もし今期の経済が停滞していれば、次の四半期の経済もまだ景気停滞が続くと予測できる。このように、経済成長にはある程度の持続性がある。

大恐慌

景気変動の歴史の中で、ほかとは突出して違う出来事が**大恐慌**である。これは、GDPの測定方法が100年前に開発されて以来、アメリカ経済を襲った最悪の経済収縮であった。**恐慌**とは、合意がなされた定義ではないものの、一般的には20%以上の失業率を伴って長期化した景気後退を指す。アメリカ経済はいくつもの景気後退を経験してきたが、1929年の経済収縮のみが恐慌の定義に当てはまる。たとえば、2007～09年の景気後退期の失業率は最悪時には10%に達したが、これは大恐慌の最悪時と比較すると半分以下の水準である。

大恐慌は、アメリカの株式市場の崩壊とともに1929年にはじまった。1929～33年にかけて、世界中の株価が暴落したことで、危機はさらに深刻なものになった。アメリカの株式市場は、1933年に底を打ったものの、その水準は4年以前のピーク時から約80%暴落していた。アメリカでは、多数の農家や住宅所有者が破産した。実質GDPは1929年の水準から26.3%下落し、失業率は、1929年の約3%から1933年には約25%まで上昇した。銀行の数は、1929～33年にかけて、2万3,679行から1万4,207行に減少した（銀行数の減少は、倒産だけでなく、買収されたケースも含んでいる）。世界中のほぼすべての先進国が同じ状況に陥ったが、アメリカの景気収縮は最も深刻なものだった。

- **大恐慌**（Great Depression）とは、1929年にはじまった深刻な経済収縮のことであり、実質GDPが底を打った（景気の谷）のは1933年だった。また、実質GDPがトレンド線を下回った期間は、1930年代後半の第2次世界大戦前夜まで続いた。
- **恐慌**（depression）とは、合意がなされた定義ではないものの、一般的には20%以上の失業率を伴って長期化した景気後退を指す。

大恐慌は、ほとんどの経済学者、政策立案者、そして経営者にとってまったく予想外の出来事だった。

大恐慌からは、前述した景気変動の3つの中心的な特徴のすべてを確認できる。第1に、経済全体で強い共変動がある。図表15.5(a)には、1929～39年の実質GDP、実質消費、および実質投資の間の共変動が示されている。この3つの経済変数は1929年に下落をはじめて、1932～33年には底を打った。これらとは反対方向に動いた失業率は、1929年の約3%からはじまり、1933年には最大の約25%に至ったことが図表15.5(b)に示されている。最後に、金融市場もこの動きを反映し、実質GDPと共変動を示している。重要な株式指標であるダウ工業平均株価（DJIA）も、経済活動の水準に合わせて変動している（図表15.5(c)を参照)。

大恐慌には予測することの難しさもあった――この場合にはむしろ、予測はまったく不可能であったが。実際、大恐慌は、ほとんどの経済学者、政策立案者、そして経営者にとってまったく予想外の出来事だった[1]。イェール大学教授で新聞コラムニストでもあったアーヴィング・フィッシャーは、1920年代後半に優れた景気予測で名を馳せていたが、景気の力強さと不況に陥る可能性の低さを繰り返し主張した。フィッシャーが「株価は現在の高値水準のまま推移するだろう」と寄稿したのは、株式市場が大暴落する数日前の1929年10月24日のことだった。1929年10月に起きた最初の株価暴落の後でさえ、そして広範囲にわたって経済が収縮しはじめた後でさえ、フィッシャーは楽観的な観測を変えなかった。1930年5月19日でさえ、フィッシャーは次のように書いている。「1920～21年の深刻な不況は竜巻に喩えられるものであるが、今日の景気後退はそれに比べればはるかに穏やかなものであり、喩えるならば雷雨程度のものだ」。しかし、フィッシャーの景気予測が間違ったものであったことは歴史のうえでも明白である。むしろ彼の主張とは逆に、1920～21年の景気後退は小規模なものであったのに対して、1929年からはじまったのはまさしく深刻な恐慌であった。

フィッシャーは間違っていたのだが、楽観的な予測は当時の多数派でもあった。優れた経済学者や経済予測をする者の中で、大恐慌を予測した者は1人もいなかった。このことをよく考えてみよう。1930年1月18日には、ハーバード大学の優れた経済予測グループが「景気後退の最も深刻な局面は過ぎ去った

1) Kathryn M. Dominguez, Ray C. Fair, and Matthew D. Shapiro, “Forecasting the Depression: Harvard versus Yale,” *American Economic Review*, Vol. 78, No. 4, 1988, pp. 595-612.

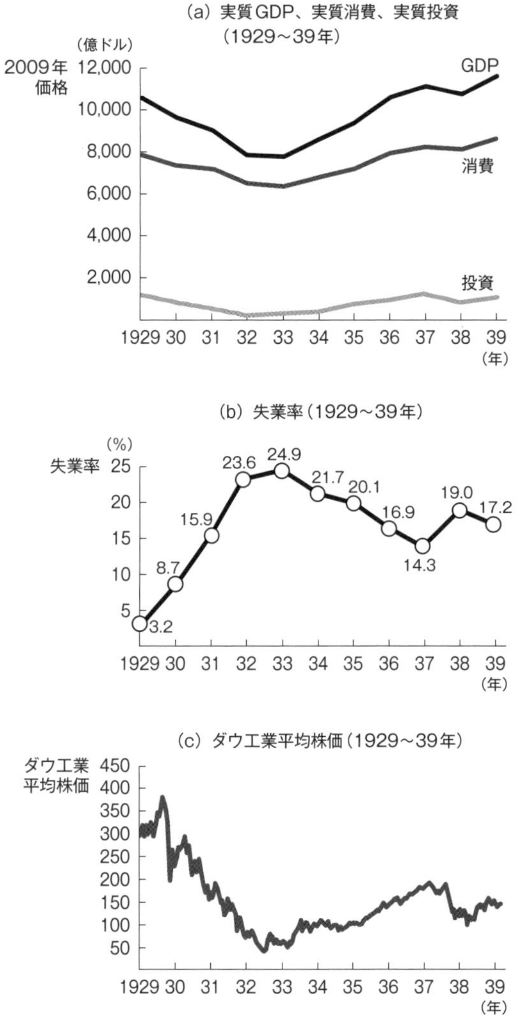

(a) 大恐慌は1929年にはじまり、実質GDPは1933年に底を打った――景気の谷である。グラフからわかるように、景気収縮期と長い回復期間を通して、実質GDP、実質消費、実質投資は共変動を示している。

出所：米商務省経済分析局(BEA)「国民所得生産勘定」。

(b) 失業率は、GDPの変化とは反対方向に動く。GDPが下落したときには、失業率は上昇する傾向がある。大恐慌を通して、失業率は1929年の約3%から、1933年には約25%まで上昇した。

出所：米商務省国勢調査局「植民地時代から1970年までのアメリカの歴史統計」No. 93 (1975)。

(c) 株価は、金融市場の動きを反映して変動する、もう1つの経済活動指標である。ダウ工業平均株価(DJIA)は、アメリカの主要企業30社の株価の平均を算出した指標である。

出所：Global Financial Data.

図表15.5 大恐慌時の経済変数の動き

兆候がある」と書いていた。実際には、大恐慌はまだはじまったばかりだったのである。

また大恐慌は、極めて長い持続性、という景気変動の第3の特徴も併せ持っていた。実質GDPがマイナス成長に陥っていた期間は、1929～33年まで4年間も続いた。

15.2 マクロ経済均衡と景気変動

景気変動は、なぜ起きるのだろうか？　景気変動の重要性とこの分野に関する研究の膨大な蓄積を考え合わせれば、誰もが合意できる、納得がいく答えがあると思われるだろう。しかし実際には、経済学者の間でこれほど論争を引き起こしているテーマはほかにはない。新聞の経済コラムや経済ブログでも意見の相違が目立つ。そのために経済学者の間でこれまで積み上げられ、共有されてきた、景気変動に関する膨大な知識が存在することが隠されてしまっている。この共有の知識とは、これから私たちが説明する景気変動のモデルの基礎を形成しているものだ。

労働需要と変動

まず、労働市場の議論に戻って分析をはじめよう。12章では、労働需要曲線と労働供給曲線の交点が労働市場均衡を決めることを学んだ。本節ではまず、賃金が伸縮的な労働市場から議論をはじめて、次に賃金に下方硬直性があるときにはどのように労働需要曲線のシフトの影響が増幅されるのか――つまり、どのように景気変動の程度が増幅されるのか――を示すことにしよう。

図表15.6(a)には、賃金が伸縮的な場合における、労働需要曲線と労働供給曲線、およびその交点が示されている。労働需要は企業による利潤最大化に基づいており、労働供給は家計による労働と余暇の最適なトレードオフに基づいている。

労働市場均衡は、すなわち賃金と雇用水準は、労働供給曲線と労働需要曲線の交点で決まる。これは経済変動モデルを構築するための重要な基礎となる。雇用の変動はこの労働市場均衡の変化に対応するものであり、実質GDPと雇用変動は連動している。図表15.6(a)はこの関係を示したものであるが、労働需要曲線が左にシフトすることで、均衡における雇用は減少する。景気後退前の当初の均衡点が「1：景気後退前」である。経済ショックにより労働需要曲線が左にシフトすると、賃金は下落し労働需要量は減少して、新しい均衡点「2：景気後退期」に移動する。

図表15.6(b)は、10章で学んだ集計的生産関数を表している。物的資本と技術を一定としたこの曲線では、雇用とGDPの関係が示されている（労働者1人当たりの人的資本は一定とされているので、労働の効率性と雇用は比例す

労働需要曲線のシフトについてのまとめ

12章では、労働需要曲線のシフトを起こす重要な要因について学んだ。

1. **生産物価格の変化** 生産物の価格が下落するときには、労働の価値限界生産力も下落する。このとき、所与の（ある与えられた）賃金の下では、企業が雇用をする労働者数が減少し、労働需要曲線は左にシフトする（その逆に、企業が生産する製品の価格が上昇するときには、労働の価値限界生産力も上昇するため、労働需要曲線は右にシフトする）。
2. **生産物やサービスの需要の変化** 企業が生産する製品の需要が減少すると、その製品の価格が下がり、このために労働の価値限界生産力は下落するので、労働需要曲線は左にシフトする（その逆に、企業が生産する製品の需要が増加すると、労働の価値限界生産力は上昇するので、労働需要曲線は右にシフトする）。12章で強調したこれらの要因に加えて、13章で見たように、信用が拡大する（すなわち、金利が低下する）ときにも、生産物の需要は増加する。
3. **技術と生産性の変化** 労働の限界生産力が下落するときには、労働需要曲線は左にシフトする（その逆に、労働の限界生産力が上昇するときには、労働需要曲線は右にシフトする）。
4. **投入価格の変化** 企業は、財とサービスを生産するためには、労働だけではなく、物的資本とエネルギーなどのその他の生産要素も使用する。これらのその他の生産要素のコストが上昇するときには、企業はその購入を減少させる。このときには労働の限界生産力が低下するので、労働需要曲線は左にシフトする（他の生産要素の価格が下がると、企業はその購入を増加させるので、労働需要曲線は右にシフトする）。クレジット市場均衡の変化も、物的資本を取得するための企業のコストに影響を与えるために、労働需要に影響を及ぼす。

る）。(b)からわかるように、雇用が減少する（労働需要曲線が左へシフトする）と、実質GDPも減少する（財とサービスを生産する労働者数が減少するためである）。したがって、雇用と実質GDPは連動して上昇したり下落したりする。これは、経済全体における共変動のもう1つの例である。

雇用の減少が波及して経済はさらに調整されるため、(b)に示されているより、実際には実質GDPの減少幅はより大きくなることがある。労働者が解雇されると、それまで稼働していた工場や設備などの物的資本の生産性が下がるので、企業は工場を閉鎖し操業を停止することにもなる。物的資本の操業率は設備稼

(a) 労働需要曲線の左へのシフト（賃金が伸縮的な場合）

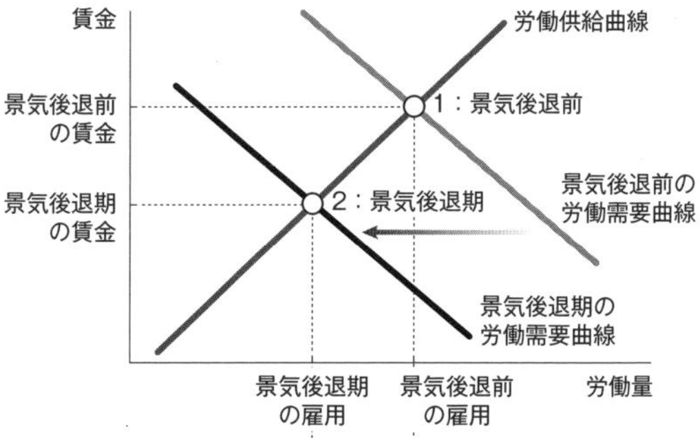

労働需要曲線の左へのシフトは、均衡雇用量の低下と賃金の下落を引き起こす（点2：景気後退期）。この例では、賃金は伸縮的であり、労働需要曲線が左へシフトした結果として、賃金は下落する。

(b) 雇用と実質GDPの関係

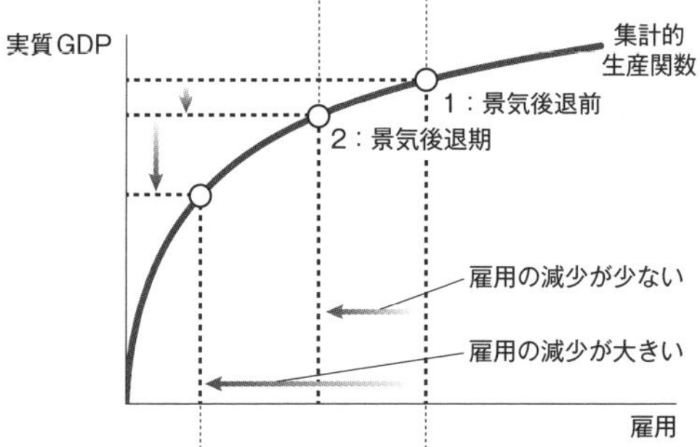

(b)には、雇用と実質GDPの関係を示す集計的生産関数が描かれている。雇用が景気後退前の均衡点（点1）から、景気後退期の均衡点（点2）まで減少したときには、経済は集計的生産関数に沿って動き、実質GDPは減少する。賃金が伸縮的である場合の雇用の減少（(a)の点2）は、賃金に下方硬直性がある場合の雇用の減少（(c)の点3）より小さい。その結果として、賃金に下方硬直性がある場合に比べて賃金が伸縮的であるほうが実質GDPの減少は小さくなる。

(c) 労働需要曲線の左へのシフト（賃金が下方硬直的な場合）

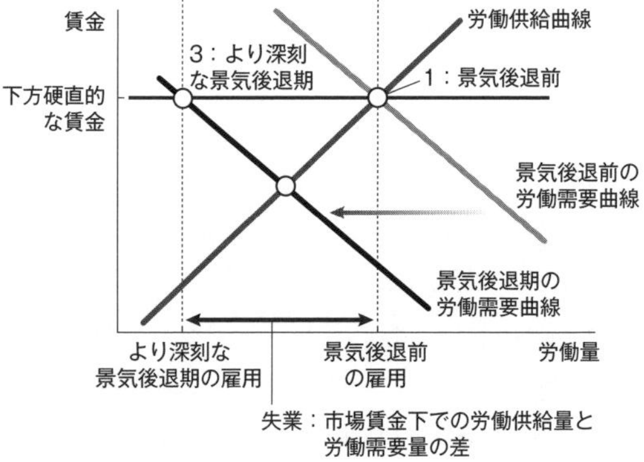

賃金に下方硬直性がある場合に、労働需要曲線が左へシフトすると、均衡労働量は大きく下落する。新しい均衡点（点3：より深刻な景気後退期）では、市場賃金で働く意思があるにもかかわらず仕事を見つけることができない労働者が多数発生する（点1と点3の示す労働量の差が失業者数である）。市場賃金で働く意思があるにもかかわらず仕事が見つけられない労働者は、公式統計でも失業者である。

図表15.6 労働需要曲線の左へのシフトの影響

働率と呼ばれるものであるが、景気後退期には通常、設備稼働率は低下する。たとえば、2007～09年の景気後退期におけるアメリカの設備稼働率は、通常の80%から67%にまで低下し、実質GDPを押し下げる要因となった。

賃金に下方硬直性があるときには、労働需要曲線のシフトの影響は増幅される。

12章で議論したように、賃金に下方硬直性があるときには、労働需要曲線のシフトの影響は増幅されることが、図表15.6(c)に示されている。賃金が下方硬直的な場合には、企業は賃金を引き下げることはできないか、あるいはそれを望まない。それは契約の問題であったり、賃金の引下げが労働者の士気にかかわる問題だったりする。結果として企業は、伸縮的賃金の場合に比べて、より多くの労働者を解雇することになる。賃金が下方硬直的である場合には、労働需要曲線の左へのシフトは、賃金が下方にも伸縮的であった場合に比べると、雇用をより多く減少させる。したがって(b)に示されるように賃金の下方硬直性によって、景気後退はより深刻なものになり、賃金が伸縮的であった場合に比べて、集計的生産関数に沿った移動もより大きなものになる。

賃金の下方硬直性は、失業が発生する要因の1つである。賃金に下方硬直性がある場合には、市場賃金の下では、仕事をしたい労働者数は、企業が雇いたい労働者数を上回る。より深刻な景気後退期には、失業者（市場賃金で働く意思があるにもかかわらず、仕事を見つけることができない労働者）の数は、(c)下方の矢印、すなわち点1と点3の労働量の差で表される。

労働供給曲線のシフトが雇用と失業の変動を引き起こすこともあるが、変動の最も重要な要因は労働需要曲線のシフトである。短期的マクロ経済均衡の特徴を理解するためには、労働需要が変動する理由を学ばなくてはならない。

変動の要因

経済学では、労働の需要曲線に影響を与える要因の特定に努めてきた。これらの要因は景気後退やその他のマクロ経済変動を引き起こす。

12章では、労働需要曲線をシフトさせる要因を以下のように分類した。(1)生産物価格の変化、(2)生産物やサービスの需要の変化、(3)技術と生産性の変化、そして(4)投入価格の変化、である。

本章では、12章とは別の分類をして経済学の異なる3種類の学説を説明しよう。3つの学派は、マクロ経済変動の原因について違った考え方を持っている。

LETTING THE **DATA SPEAK**

データは語る

失業率と実質GDPの成長率：オークンの法則

図表15.6は集計的生産関数に従って、雇用と実質GDPは密接に関連していることを示している。これは**オークンの法則**と呼ばれる式とも関連している。

オークンの法則は、1960年代初頭に失業率の低下と実質GDPの成長率には密接な関係があることに最初に気づいた、経済学者アーサー・オークンの名をとって名づけられた[2)]。実質GDPの成長率が高いときには、雇用は増加し、失業率は減少する傾向にある。

ここで、実質GDPの年間成長率（%）をgとするとき、オークンの法則は以下の式で表される*。

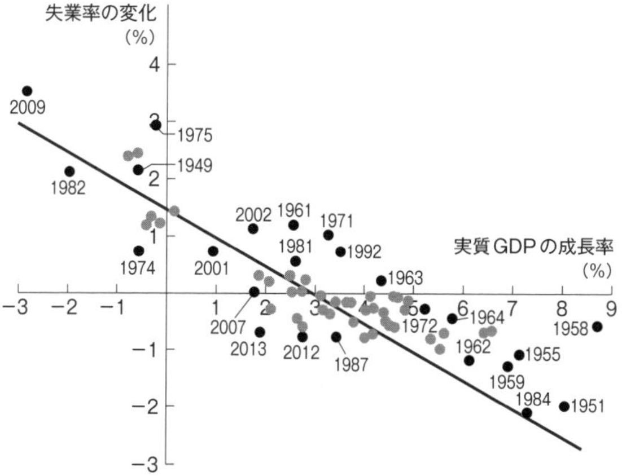

図表15.7 失業率と実質GDPの成長率の変化の関係

グラフには、失業率と実質GDPの成長率の変化(g)を示すオークンの法則が描かれている。オークンの法則(右下がりの黒線)によれば、

$$失業率の前年差=-\frac{1}{2}\times(g-3\%)$$

この式からは、以下のことがわかる。すなわち、実質GDPの成長率(g)が3%のときには、失業率は変化しない。実質GDPの成長率(g)が3%を上回ったときには失業率は低下する。実質GDPの成長率(g)が3%を下回ったときには失業率は上昇する。図は1948〜2013年のデータである。

出所：米労働省労働統計局（BLS）（失業率）、米商務省経済分析局（BEA）「国民所得生産勘定」（実質GDP）。

● **オークンの法則**(Okun's law)によれば、

$$失業率の前年差=-\frac{1}{2}\times(g-3\%)$$

ここでgは、実質GDPの年間成長率(%)である。

2) Arthur M. Okun, "Potential GNP: Its Measurement and Significance," 1963. 後にCowles Foundation Paper 190として再版された。

* 前年差とは、前年との差である。

$$(\text{失業率の前年差}) = -\frac{1}{2} \times (g - 3\%)$$

この式からは、以下のことがわかる。実質GDPの成長率（g）が3%のときには、失業率は変化しない。gが3%を上回ったときには失業率は低下する。gが3%を下回ったときには失業率は上昇する。すなわち、実質経済成長率が高いときには失業率は低下し、実質経済成長率が低いときには失業率は上昇する。オークンの法則は、図表15.7の右下がりの黒線で示されている。完全に一致しているわけではないが、オークンの法則はデータとほぼ合っている。

失業率と実質GDPの成長率の全般的な関係は、データからも明らかではあるが、2つの変数がつねに同じ動きを示すわけではない。失業率はしばしば、実質GDP成長率が景気後退の終わりを示したときから1年かそれ以上遅れて、後から下落する。この遅れにはいくつかの理由が挙げられるが、最も重要な理由は労働保蔵である。労働者を求人し、訓練するには費用がかかる。そこで企業は、景気後退が短期間にとどまるのならば訓練された労働者を解雇しようとはしない。景気後退期にも労働者を解雇することなく、労働者の労働時間を削減することにより対応する、あるいは仕事がない労働者に給与を支払うという対応をする企業もある。経済が回復して、このような企業が生産を増加させるとき、企業は、不況の間に確保（保蔵）していた労働者を十分に活用して生産の増加を開始できるので、最初から新しい労働者を雇う必要がなくなる。

1. 実物的景気循環理論（リアル・ビジネス・サイクル理論）：生産性と技術の変化を強調する
2. ケインズ理論：将来への期待の変化を強調する
3. 貨幣理論および金融理論：価格と金利の変化を強調する

これらの3つの学説は、12章で学んだ労働需要曲線をシフトさせる4つの要因のうちの1つあるいは複数の要因から導き出されたものである。景気循環を研究する多くの経済学者は、どの学説をとっても重要な洞察が含まれていると考えてはいるが、1つの学説ですべてが説明できるとは考えていない。景気変動を説明するために本書で使用するモデルは、単一の一般的な枠組みの中にこの異なるすべての学説の考え方を取り入れたものだ。

1. 技術変化：実物的景気循環理論の説明　10章と11章では、企業間や労働者間の技術の違いによって、各国ごとの所得や成長率の違いを説明できることを学んだ。そうであるならば、技術的要因によって一国内の景気変動について説明することができるかもしれない。たとえば研究開発（R&D）によって、企業はより価値の高い製品を開発することができる（従来型の携帯電話はスマートフォンに置き換わった）。これが、労働の価値限界生産力を引き上げ、企業に事業拡大をもたらし、労働需要の増加につながる可能性は高い。企業は生産能力を引き上げようとするので、経済の投資水準は引き上げられる。このような変化は、以下の3つの理由から家計所得を上昇させる。すなわち、(1)雇用が増加する、(2)賃金が上昇する、(3)企業利益の増加は企業の株主を豊かにする。この結果、家計は消費を増加させる。したがって、ある種の技術改善は労働需要を増加させ、投資や消費などのマクロ経済活動を活発にする。

こうした考え方は古典派経済学者の研究でも見られるが、その中でも特にアーサー・セシル・ピグーによる研究が有名である[3]。この研究は、1980年代に復活するとともに発展し、**実物的景気循環理論（リアル・ビジネス・サイクル理論）**として知られることになった。実物的景気循環理論では、景気変動を引き起こす要因として、技術の変化の役割が強調されている[4]。

10章と11章で学んだように、技術進歩の速さが長期的な経済成長の根底にはあり、技術的なブレイクスルーが特定の産業の産出量を急激に増加させることがある。しかし、技術面に焦点を当てる理論だけからでは、実質GDPが減少する景気後退の原因を説明することは難しい。技術的能力が衰えるという「技術後退」が景気後退を引き起こす、という説明はできそうにはない。たとえば、大恐慌の原因は技術水準の急激な衰えにある、という説明がされる可能性は低いであろう。

とはいえ、技術進歩の速度は、長期的経済成長において重要な役割を持つと考えられている。11章で学んだように、新しい技術を持続的に開発し続ける国、あるいは別の国々から最新の技術をつねに取り入れている国々は、速いペースで経済が成長するだろう。したがって、たとえ技術進歩が景気後退の主要な原因ではないとしても、数十年にわたる長期的な経済成長においては、非常に重要な決定要因となっている。

実物的景気循環理論の支持者は、投入価格——特に原油価格——の変化が重要であると強調することも多い。石油価格の上昇は、石油を使用する企業の

● **実物的景気循環理論**（real business cycle theory）は、**リアル・ビジネス・サイクル理論**とも言われる。景気変動を引き起こす要因として、技術の変化の役割を強調する学説である。

3) Arthur C. Pigou, *Industrial Fluctuations*, New York: Macmillan, 1929.

4) Finn E. Kydland and Edward C. Prescott, "Time to Build and Aggregate Fluctuations," *Econometrica*, Vol. 50, No. 6, 1982, pp. 1345–1370.

生産性が低下したのと同様に考えることができる。ほぼすべての企業が何らかのかたちで石油を使用している――すなわち石油製品は主要なエネルギー源泉である――ので、石油価格の変化は技術が変化したかのように機能する。価格の高騰など、石油価格の変化は突然起きるので、この要因は景気後退を説明するのに役立つ。

2. 景況感と乗数：ケインズおよびケインズ理論の説明 景気変動に関する現代の多くの分析は、イギリスの経済学者ジョン・メイナード・ケインズ（1883–1946）の洞察が基礎になっている。ケインズは学者であり、株式トレーダーであり、イギリス政府の顧問であった。

大恐慌がはじまったとき、46歳だったケインズは、恐慌の最中にその原因を説明するための新しい理論の研究をはじめた。この成果は、彼の画期的著書である『雇用・利子および貨幣の一般理論』[5)]に結実した。この中には、政府の政策の役割に対する新しい含意も含まれていた。ケインズの理論は、当時熱い論争を巻き起こしたのだが、その論争は現在もなお続いている。しかし、現代マクロ経済学に対するケインズの偉大な貢献について否定する者はいない。

ケインズは、心理的要因が消費者や企業の気分を変え、それが結果的に、消費や投資そしてGDPに影響を与えることになると考えた。そして、こうした心理的要因が引き起こす現象を**アニマル・スピリット**と名づけた。ケインズは、たとえ経済の基盤であるファンダメンタルズ（技術、物的資本、人的資本など）がほとんど変化しなくても、アニマル・スピリットが激しく変動することがある、と考えた。たとえば、経済のファンダメンタルズがまったく変化していなかったとしても、非常に楽観的観測から、ひどく悲観的観測に変わることがある。

アニマル・スピリットの考え方に基づくならば、もっと広範囲に及ぶ現象を説明することができる。期待の変化や、企業や家計が直面している（現実の、または感覚的な）不確実性の変化、などといった**景況感**が変化するときには、家計の消費と企業の投資は変化する。

- 心理的要因は、消費者や企業の気分を変え、それが結果的に、消費や投資そしてGDPに影響を与えることになる。こうした心理的要因が引き起こす現象が**アニマル・スピリット**（animal spirits）である。
- **景況感**（sentiment）には、将来の経済活動に対する期待の変化、企業や家計が直面している不確実性の変化、そしてアニマル・スピリットの変化が含まれる。景況感が変化するときには、家計の消費と企業の投資は変化する。

5) John M. Keynes, *The General Theory of Employment, Interest and Money*, Palgrave Macmillan, 1936. 翻訳は、塩野谷祐一訳『普及版　雇用・利子および貨幣の一般理論』東洋経済新報社、1995年。

たとえば、企業が自社製品の需要が減少すると予測するときには、何が起こるのかを考えてみよう。このような悲観的観測は、労働需要に直接的に影響を及ぼす。たとえば、ユナイテッド航空が、航空旅客の将来的需要は悲観的であると予測したときには、客室乗務員やパイロットの雇用は削減される。航空機の新規発注も減らされるだろう。これが、ボーイング社などのメーカーの航空機の需要を減少させる。結果として、ユナイテッド航空とボーイング社の両社の労働需要曲線は左にシフトする。

この悲観的観測がGDPに及ぼす影響について考えてみよう。最初に、ユナイテッド航空が航空機の新規発注を減らすと、投資が減少する点について考えよう。ここでは、9章で学んだ国民所得勘定式を使う。

$$Y = C + I + G + X - M$$

ユナイテッド航空の行動が変化したときには、投資（I）は減少し、したがって、GDP（Y）も減少する。ただし、この減少は、消費支出（C）や政府支出（G）、または純輸出（$X - M$）が増加すれば、少なくとも部分的には相殺されるかもしれない。C、Gまたは$X - M$の変化により完全に相殺することができたならば、投資が著しく減少しても、GDPすなわちYを維持することは可能だ。仮に、Iが50億ドル減少しても、Cが50億ドル増加すれば、Iの減少は相殺される。

ところが企業が悲観的になって、雇用と投資を減らすときには、家計が消費を増やすことは望めないだろう。現実に、投資が減少するときには、家計は仕事を失うリスクが高まる。したがって、ほとんどの場合に、消費は投資と同じ方向に動く（共変動の議論を参照していただきたい）。

雇用に対する影響は図表15.6に示されている。特に、賃金に下方硬直性があるときには、労働需要の変化は雇用に大きな影響を及ぼす。投資の減少は、企業の労働需要曲線を左にシフトさせるので、雇用を減少させ、最終的にはGDPを減少させる。

家計がより悲観的になった場合の影響も同様である。家計は、悲観的になると、「不測の事態」に備える貯蓄を増やして、いつか経済的に困ったときの準備のために、今の消費を減らす。このため、多くの企業の製品の今期の需要が減少するので、企業の労働需要曲線は左にシフトする。

ケインズの理論には、もう1つ重要な示唆がある。穏やかな経済ショックが経済を直撃した場合でも、それが反応の連鎖を生み、最終的にははるかに大きな経済収縮をもたらす、という可能性だ。航空会社の重役が悲観的観測を強めると、直接的影響が生まれる。航空会社の経営者が悲観的観測を強めたときには、その影響は即座に現れる（ユナイテッド航空の雇用が減少する）とともに、さざ波のごとく影響は連鎖して伝播していく（ボーイング社などの航空機メーカーの雇用が減少する）。影響力のさざ波は関連する企業へとさらに広がり、それらの企業は雇用を減らしはじめるので、労働需要曲線は左にシフトする。この悲観的観測は、家計にも伝播する。労働市場での雇用機会が少ないことを感じとって、家計は財やサービスへの需要を減少させる。このように、最初の経済ショックは、その後に続く一連の反応により増幅されていく。こうした経済メカニズムを、**乗数**と呼ぶ。

乗数の潜在的な影響力を想像するには、株価の下落が消費者を弱気にさせ、家計の消費意欲を減退させることを想像してみるといい。1つの出来事が、別のドミノの駒を数多く倒す原因となる。企業は生産を削減し、従業員を解雇するだろう。失業すると財とサービスを購入できなくなるので、企業はかつては消費者でもあった失業者たちにそれまで売っていた製品の生産量をさらに減少させることになる。ケインズによれば、このようなサイクルは破滅的な結果をもたらす。労働者の解雇は経済にさらにダメージを与えるので、それがさらなる解雇を生み出してしまう。このように影響が連鎖することによって増幅される。最初の経済ショックは、たとえそれがプラスの出来事であれ、マイナスの出来事であれ、その結果は増幅される。すなわち、ショックの影響が掛け算される*。経済にプラスの情報であれば、消費者は財とサービスの需要を増やし、それに反応して企業は労働需要曲線を右にシフトさせる。こうして、最初の出来事の影響に乗数が働く。ケインズが提唱した乗数理論は、現代経済学の多くのモデルで重要な役割を担っている。

乗数の仕組みには、**自己実現的予言**の要素がある。将来には労働需要曲線は左へシフトするといった出来事が予測されると、企業は現在の雇用を削減する。この企業の行動が、予測した出来事を実現へと導くのである。これは景況感が経済の変化に対する強力な触媒になるからだ。たとえば、経済主体の多くが、将来の経済状況を悲観的に予測しているときには、その結果とられる行動は実際にも経済の水準を低下させてしまうものとなる。自分たちの悲観的観測の一部あるいは全部を実現してしまう。消費者は、財とサービスの購入を止めてしまうかもしれない。企業は、工場や設備への投資を中止するかもしれない。こ

● **乗数**（multiplier）とは、最初の経済ショックの影響が増幅されていく経済メカニズムである。

● **自己実現的予言**（self-fulfilling prophecy）とは、出来事を予測する（将来には労働需要曲線は左へシフトする）ことが、その出来事を実現する行動を誘発する状況を指す。

* 掛け算（乗算）で掛ける数を、乗数と言うことに由来している。

のとき労働需要曲線は左へシフトするので、雇用は減少し失業率は上昇する。自己実現的予言という概念は、アニマル・スピリットによって引き起こされる期待の変化が、結果的に「合理的」になる、という点も強調している。すなわち、家計や企業が経済に対して悲観的になっているときには、人々が悲観的行動をとる結果、経済は収縮する。つまり、悲観的観測はそれ自体を実現してしまうのだ！

3. 貨幣的・金融的要因：ミルトン・フリードマンの説明 景気循環を動かすもう1つの要因は、貨幣的要因である。14章で説明したように、マネーサプライは名目GDPに影響を与える。一般的には、マネーサプライの急激な減少による名目GDPの下落は、一般物価水準だけではなく、実質GDPにも影響を及ぼす。この場合には、マネーサプライの変化は景気循環を作り出す。この考え方の主な提唱者が、天性の才能と影響力という点でケインズと肩を並べる数少ないマクロ経済学者の1人である、ミルトン・フリードマンだ[6)]。

貨幣的要因が実質GDPの変動をどのように誘発するのかを理解するために、金融引締め政策がマネーサプライ（M2）を急速に減少させるというシナリオに基づいて考えてみよう。

貨幣数量説で予測されるように、マネーサプライの減少は物価水準を下落させる（14章を参照）。賃金には下方硬直性があるために、物価水準の下落は雇用を減少させる。その理由を理解するには、以下の流れを思い出そう。一般物価水準が下落するということは、企業が生産物価格を引き下げ、その結果として労働の価値限界生産力が低下することを意味している。結果として、所与の賃金では各企業の労働需要量は減少する。したがって、生産物価格の下落は、労働需要曲線を左にシフトさせることになる。もし賃金が生産物価格と同じ割合で下落するならば、企業の雇用は、生産物価格が下落する以前の雇用と同じ水準になるだろう。しかし、（12章で学んだように）賃金には下方硬直性があるために、賃金は引き下げられることはないので、最適化を図る企業は、その代わりに雇用している労働者数を削減する。

さらに、金融引締め政策は実質金利を上昇させる（14章を参照）。実質金利とは、企業が投入物（すなわち物的資本）に対して支払う価格である（13章を参照）。したがって、実質金利の上昇は、生産費用を上昇させる。物的資本

6) Milton Friedman and Anna J. Schwartz, *A Monetary History of the United States*, 1867-1960, Princeton University Press, 1963.

は労働とともに使用されるため、物的資本の費用が上昇すれば、企業が雇用する労働者数は減少するので、労働需要曲線は左にシフトする。

クレジット市場における機能の崩壊も景気変動を誘発する。信用の供給と需要は、均衡金利と経済の信用量を決定する（13章を参照）。クレジット市場が崩壊する――たとえば、銀行破綻や別のタイプの金融危機が考えられる――時には、投資と消費は減少するので、実質GDPと雇用は減少する。すなわち、信用供給曲線が左へシフトするときには、企業の労働需要曲線も左にシフトする。

乗数と景気変動

ここまで、乗数を景況感の変化という要因に即して議論してきた。しかし、乗数は、いかなる経済ショックであっても、その影響力を増幅させる。技術、景況感、金融市場の変化など、経済ショックの原因が何であるかは問わない。図表15.8は、乗数効果を伴う景気収縮で発生する簡単なフィードバックのループを表したものだ。消費が減少すると、企業が労働需要を減少させるので、労働需要曲線は左にシフトする。労働需要曲線の左へのシフトは解雇につながり、家計の所得を減少させるので、家計の消費はさらに減少する。このサイクルがさらに続くときには、ひと回りするごとに景気収縮の深刻さは増していく。

図表15.9には、賃金が伸縮的な場合の労働供給曲線と労働需要曲線を描いて、賃金と雇用がどのように乗数効果の影響を受けるかを示している。経済は、当初は均衡点「1：景気後退前」にある。経済にショックが起こり、労働需要曲線が左にシフトすると、経済は新しい短期的均衡点「2：ショックの直後」に移動する。短期的均衡点としているのは、この均衡点「2」ではまだ、乗数効果が働いていないためである。この後に、最初の解雇によって、失業者は財とサービスの需要を削減するのだが、それが財とサービスを提供している企業の労働需要をさらに削減することになるので、労働需要曲線はさらに左にシフトする。これによって、経済は景気後退の影響をさらに受けて、均衡点「3：景気の谷」に移動する。景気の谷とは、景気後退期において実質GDPが底を打ったときである。図表15.9では、これらの動きを労働需要曲線の2回のシフトによって示している。

乗数は、いかなる経済ショックであっても、その影響力を増幅させる。技術、景況感、金融市場の変化など、経済ショックの原因が何であるかは問わない。

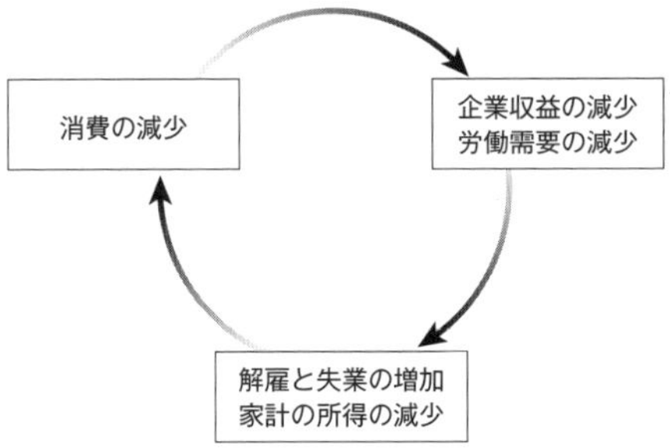

図表 15.8 経済を収縮させる乗数効果

このフィードバックのループは、どこから見はじめてもかまわない。たとえば、消費を減少させるような経済ショックが起こると、消費財を生産する企業は労働需要を減少させるので、労働需要曲線は左にシフトする。労働需要曲線の左へのシフトは解雇につながり、家計の所得を減少させるので、家計の消費はさらに減少する。このサイクルがさらに続くときには、ひと回りするごとに景気収縮の深刻さが増していく。このようにして、最初のショックの影響が増幅されるのである。

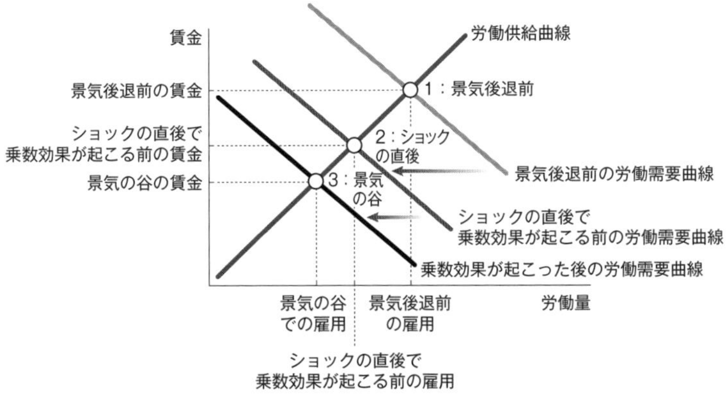

図表 15.9 乗数効果（賃金が伸縮的な場合）

経済は当初は均衡点「1:景気後退前」にある。経済にショックが起こると労働需要曲線を左にシフトさせるので、経済は新しい短期的均衡点「2:ショックの直後」に移動するが、この均衡点「2」ではまだ乗数効果は働いていない。最初の解雇によって労働需要はさらに減少するので――労働需要曲線はさらに左にシフトする。経済は景気後退の影響をさらに受けて均衡点「3:景気の谷」に移動する。景気の谷とは、景気後退期において実質GDPが底を打ったときである。

a. 労働需要への最初の経済ショック（1回目の左へのシフト）

b. 最初の経済ショックの結果による解雇を原因として引き起こされる、2回目の労働需要曲線の左へのシフト。この2回目の左へのシフトが乗数効果である。

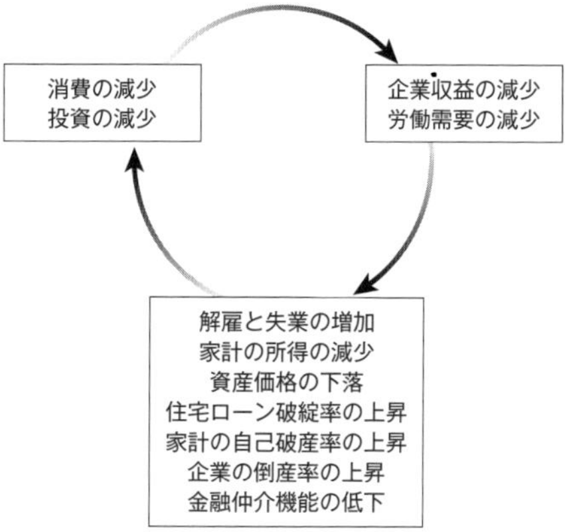

図表15.10 乗数効果(より詳細な説明)

このフィードバックのループも、どこから見はじめてもかまわない。たとえば、消費を減少させるような経済ショックが起こると、消費財を生産する企業は労働需要を減少させるので、労働需要曲線が左にシフトする。経済が悪化すると、解雇、資産価格の下落、住宅ローンの破綻、家計の自己破産、企業の倒産、金融仲介機能の低下(生き残ろうと努力する銀行がある一方で、一部の銀行は倒産する)などが引き起こされる。このことが結果として、消費と投資を再び減少させる。このサイクルが繰り返し続くことによって、ひと回りするごとに景気収縮の深刻さは増していく。

理論的には、労働需要曲線はさらに左へシフトを続けるのだが、それぞれのシフトは、その周期の1つ前の解雇が生み出す。しかし現実では、経済は最後には安定し、負の連鎖は止まる。たとえば、新しい企業が倒産した古い企業と入れ替わることだろう。企業が収益を維持するだけの十分な需要を得られなければ、その企業に雇われていた物的資本と人的資本は、別の企業、特に新しいビジネス分野に再配分されるだろう。新規企業の参入は、労働需要曲線の左へのシフトを止めて、やがては右へとシフトを逆転させることになる。

図表15.8に示された乗数効果のループには、現代経済で起きる重要なメカニズムが抜け落ちている。図表15.10ではこれらのメカニズムを追加して、最初の負の経済ショックの影響を増幅させる要因をより詳しく全体像として表した。これらのメカニズムには、以下の要因が含まれている。株や国債および住宅の価値などの資産価格が下落する。銀行のバランスシートを弱体化させる住宅ローン破綻率の上昇、クレジットカードローンを含む数多くの種類の消費者信用の債務不履行を生み出す家計の自己破産率の上昇、貸し手に膨大な損失をもたらす企業の倒産率の上昇、銀行が新しい融資に消極的になる、または既存の顧客にでさえ新しくローンを延長できなくなることによって金融仲介機能が低下す

る、などがある。こうしたメカニズムのすべてがさらに乗数効果となって、消費と投資を引き下げ、労働需要はさらに押し下げられる。労働需要の減少は、雇用とGDPをさらに下押しし、経済はさらに弱体化し、さらなる乗数効果を生み出す。

賃金が下方硬直的で乗数効果が働くときの短期均衡

景気後退ショックのより詳しい経済の全体像は、賃金の下方硬直性と乗数効果を組み合わせることによって得ることができる。この2つの要因は、労働需要曲線のシフトが雇用に及ぼす影響を増幅させる。ショックの影響は以下の順序で発生する。

a. 最初の経済ショックが労働需要曲線を左にシフトさせる。
b. 賃金に下方硬直性がある場合には、企業は、最初の経済ショックに対して、雇用時間と賃金を多少減らすのではなく、雇用を大幅に削減することによって調整する。
c. 乗数効果によって、労働需要曲線はさらに左にシフトする。

この3つの影響を示したのが、図表15.11である。経済にショックが起こる以前は、経済の均衡点は「1：景気後退前」である。最初の経済ショックによって経済は新たな短期的均衡点「2：ショックの直後」に移動する。ここでは賃金には下方硬直性があるため、雇用だけが調整される。乗数効果が働くことによって、労働需要曲線はさらに左にシフトし、経済は最終的には次の均衡点「3：景気の谷」まで移動する。賃金の下方硬直性と乗数効果が最初の景気後退ショックによる収縮の影響を増幅させた結果である。賃金の下方硬直性と乗数効果がなければ、労働需要曲線の最初の左へのシフトは、経済を均衡点「A」に移動させるだけであっただろう。しかし賃金の下方硬直性と乗数効果があるため、経済は「3：景気の谷」まで移動し、点Aよりも雇用ははるかに減少することになったのである。

中期的な均衡：部分的な回復と完全な回復

景気後退の悪影響を2～3年のうちに覆すような様々な力が働く。それらは市場主導の場合もあれば、政策主導の場合もある。この2～3年の期間を中期と呼び、数四半期の期間に相当する短期とは区別する。また、長期とは、10

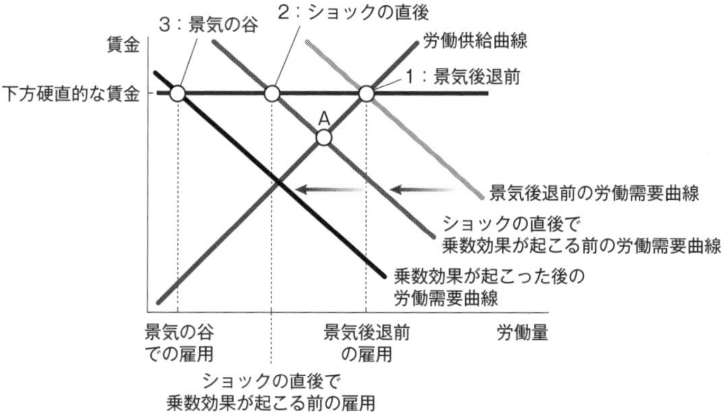

図表15.11　乗数効果（賃金が硬直的な場合）

労働需要曲線の左へのシフトによって、経済は「1：景気後退前」から「2：ショックの直後」に移動する。乗数効果が働くことによって、労働需要曲線はさらに左にシフトし、経済は硬直的賃金の下での均衡点「3：景気の谷」に移動する。賃金の下方硬直性と乗数効果がなければ、労働需要曲線の最初の左へのシフトは、経済を均衡点「A」に移動させるだけであっただろう。賃金の下方硬直性と乗数効果があるため、経済は「3：景気の谷」まで移動し、点Aよりも雇用ははるかに減少する。

年あるいはそれ以上の期間を言う。回復のメカニズムは、2種類に分けられる。

i．市場の力によって、労働需要曲線が反転して右にシフトする
ii．政府の拡張的政策によって、労働需要曲線が反転して右にシフトする

それぞれについて詳しく検証していこう。

i．市場の力によって、労働需要曲線が反転して右にシフトする。この反転には多くの要因があるが、最も重要なものを以下で説明しよう。

・過剰になっていた在庫がさばけると、労働需要は部分的に回復する（反転して右にシフトする）。たとえば、住宅建設ブームの後は、新規住宅建設の着工はほとんどなく、建設労働者の労働需要曲線は左にシフトする。しかし、未売却住宅の在庫が最終的にさばけると、新築住宅の建設が再びはじまり、労働需要曲線は反転して右にシフトする。こうした効果は、車であろうが、コンピューター製造であろうが、在庫を抱えたすべての企業に当てはまる。在庫は永久に残るわけではない。在庫が少なくなると、企業は生産を増加させる。このときの労働需要

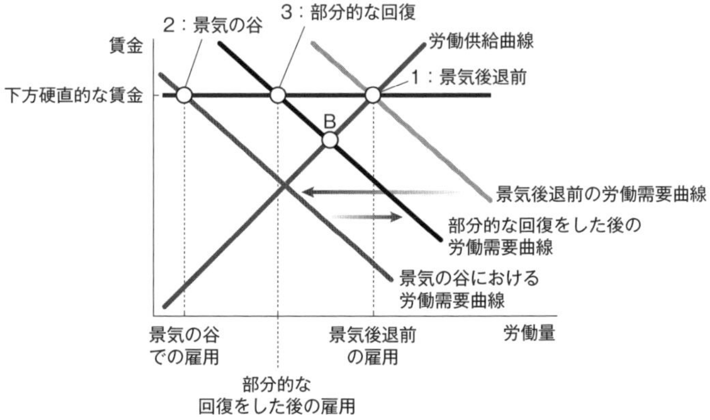

図表15.12 労働需要曲線が部分的に右にシフトすることによる部分的な回復

賃金に下方硬直性がある場合には、「景気の谷における労働需要曲線」まで労働需要曲線は左にシフトし、経済は「1:景気後退前」から「2:景気の谷」まで移動する。労働需要曲線の部分的な回復によって、経済は「2:景気の谷」から「3:部分的な回復」まで移動する。しかし、賃金には下方硬直性があるために、経済は競争均衡点（点B）には到達しない。

曲線の右へのシフトは、図表15.12に示したとおりである。

・技術進歩により企業活動が活発になると、労働需要は部分的に回復する（反転して右にシフトする）。たとえば、2007～09年の景気後退の後、新しい掘削技術によって、シェールオイルの地質堆積物から天然ガスとオイル抽出が可能になり、エネルギー会社が利益を得ることが可能になった。これによって、アメリカにおいては掘削作業やパイプラインの建設などのエネルギー関連産業が急速に拡大した。そして、潤沢なエネルギー資源がある地域に立地していたことによって比較優位を有することになった産業を成長させることとなった。

・銀行システムとその他の金融仲介システムが回復し、企業が活動資金である融資を利用できるようになると、労働需要は部分的に回復する（反転して右にシフトする）。2007～09年の金融危機の間、多くの中小企業は銀行から融資を受けることが難しかった。危機を切り抜けて経営が健全化した銀行は、企業への融資に意欲的になった。この結果、融資を受けた企業は事業を拡大し、より多くの労働者を雇用した。融資の拡大が、借り手である企業の労働需要曲線を右にシフトさせたのである。

ii．政府の拡張的政策によって、労働需要曲線が反転して右にシフトする。

ここでは重要な政策手段についてまとめよう。

・中央銀行は、金融政策を活用することによって、労働需要曲線を右にシフトさせることができる。金利の引下げは、企業の投資と家計の消費の両方を刺激する。

・全般的なインフレーションが企業の生産物価格を押し上げているときには、労働需要曲線も右にシフトする。生産物価格が上昇することにより、所与の賃金における生産の収益率が上昇するので、雇用を増加させる。このことが、労働需要曲線を右にシフトさせる。図表15.13(a)には、インフレにより労働需要曲線が右へシフトすることの帰結が示されている。賃金は下方硬直性によって固定されているために、労働需要曲線の右へのシフトは、点Aを点Bまで移動させるが、雇用は完全には回復しない。

この時点では、労働供給曲線はどうなるのか、とみなさんは思っているのではないだろうか。インフレが労働供給に影響を及ぼすことはないのだろうか？　インフレによって生産物価格は上昇しているため、所与の賃金の下では、消費できる量は少なくなる。たとえば、すべての価格が2倍になった場合には、同じ賃金で同じ時間働いたとしても、労働者は以前の半分しか消費することはできない。インフレの結果、この労働者は（同じ理由で、すべての労働者も）所与の賃金の下では市場に供給する労働時間を減らす。図表15.13(a)には、結果として起きる労働供給曲線の左へのシフトも示されている。しかし、ここで重要な点は、賃金に下方硬直性がある限り、この労働供給曲線のシフトはまったく影響を及ぼしていないことである。雇用は、労働需要曲線と下方硬直的な賃金水準を表した水平線の交点で決まっている。このことからわかる重要なポイントは、下方硬直性があるために賃金が固定されているときには、インフレによって引き起こされる労働需要曲線のシフトが雇用を増加させる、という点である。

この分析は、労働供給曲線のシフトが実際に影響を及ぼしはじめるのはいつかも教えてくれる。インフレ水準が極めて高く、シフトが十分に大きい場合には、賃金はもはや賃金の下方硬直性で固定されない。市場均衡賃金は、下方硬直的な賃金を上回る水準になる。このときには図表15.13(b)に示されているように、均衡賃金が、下方硬直的な賃金より高くなる。このような均衡賃金に到達し、さらにインフレが加

(a)からわかるように、賃金に下方硬直性がある場合(賃金は「下方硬直的な賃金」として示された水平線の水準より下がることはない)には、労働市場における均衡は妨げられる。「当初の労働需要曲線」と「当初の労働供給曲線」は、点Cで交わるが、この市場均衡賃金は、下方硬直的な賃金を下回っている。したがって、当初の労働市場での雇用は、下方硬直的な賃金と当初の労働需要曲線との交点Aとなる。インフレが起こると、労働需要曲線は右にシフトする(企業は生産物をより高い価格で販売することができるようになる)が、労働供給曲線は左にシフトする(所与の賃金では、購買力が下落する)。このシフトの結果、市場均衡賃金(点D)はまだ下方硬直的賃金よりも下回っている。したがって、インフレ後の労働市場での均衡は、下方硬直的な賃金とインフレ後の労働需要曲線との交点Bとなる。

(a) インフレーションが起きたが、市場均衡賃金は
下方硬直的賃金よりも下回っている

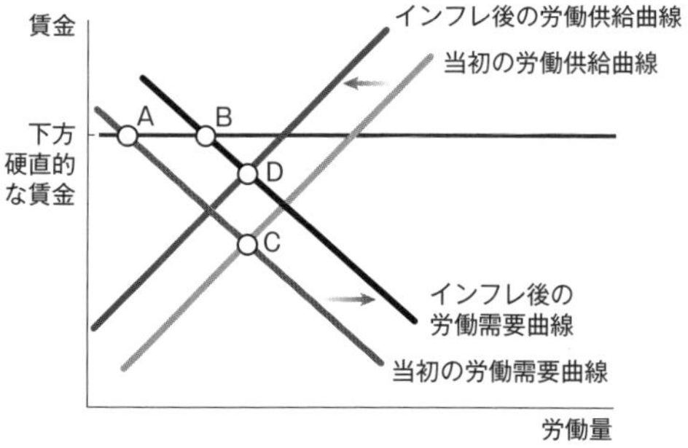

(b)では、当初の労働市場での均衡は点Aであり、下方硬直的な賃金は、当初の市場均衡賃金(点C)を上回っている。インフレにより、労働需要曲線は右にシフトし、労働供給曲線は左にシフトする。このとき、インフレによるシフトが十分に大きい場合には、市場均衡賃金が下方硬直的賃金を上回ることになる。最終的な労働市場での雇用は点Eとなり、賃金は下方硬直的賃金を上回って上昇している。

(b) インフレ率が十分に高く、市場均衡賃金は
下方硬直的賃金を上回って上昇している

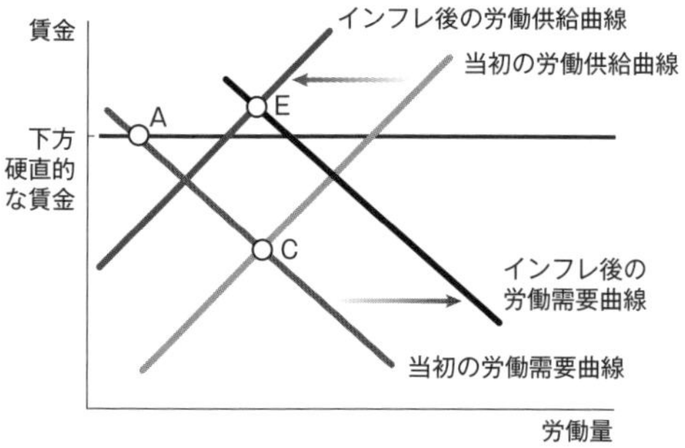

図表15.13 インフレーションが労働市場均衡に及ぼす影響

速したとしても、労働需要曲線と労働供給曲線が同じだけシフトするならば、賃金は上昇するが雇用量は変化することはない。

・政府は、労働需要曲線を右にシフトさせるために(政府支出や税などの)財政政策も活用する。政府支出の増加は、企業が生産する製品の需要を増加させるので、労働需要曲線を右にシフトさせる。減税は、企業と消費者の可処分所得を増加させるので、購買力を押し上げることを通して、企業が生産する製品の需要を増加させ、労働需要曲線を右にシフトさせる。

図表15.14は、市場の影響と政策の効果を結合して、経済が収縮から回復に

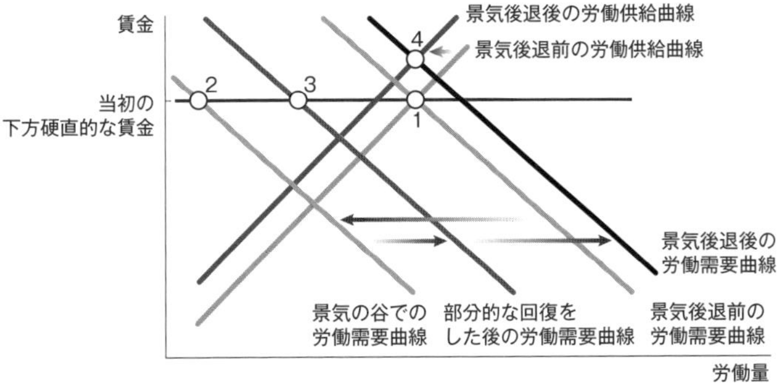

図表15.14　景気の完全な回復

労働需要曲線は「景気後退前の労働需要曲線」から左へシフトして、「景気の谷での労働需要曲線」へ移動する。下方硬直性があるために賃金は下落しないので、経済は点「1」から点「2」へ移動する。次に、労働需要曲線が反転して右にシフトする（「部分的な回復をした後の労働需要曲線」）ために、雇用水準は部分的に回復して点「3」になる。この点ではまだ下方硬直的賃金があることで、労働市場は均衡点で雇用が決まらない。最終的には、労働需要曲線が右へシフトし、（インフレに誘導された）労働供給曲線が左へシフトすることによって経済は点「4」に移動する。この点では、市場均衡賃金が当初の下方硬直的賃金よりも上回っているので、賃金の下方硬直性はもはや制約にはならない。

至る過程を描いたグラフである。経済は当初は点「1」にある。下方硬直的な賃金と乗数効果によって、労働需要が急速に収縮するので、経済は点「2」に移動する。この点で雇用が最も低くなる。労働需要曲線はその後、市場メカニズムと政府の介入による効果によって、景気後退前の水準まで回復する。インフレーションにより、労働需要曲線の右へのシフトと労働供給曲線の左へのシフトという2つのシフトが引き起こされる。回復の初期には、硬直的賃金の水準の下で雇用が決まり、経済は点「2」から点「3」に移動する。

最終的に、労働需要曲線の右へのシフトと労働供給曲線の左へのシフトが、経済を点「4」に移動させる。このとき、市場均衡賃金は当初の下方硬直的な賃金を上回っているため、賃金の下方硬直性はもはや制約にはならない。

この例では、経済は当初の雇用水準まで戻っている。ただし、当初の雇用水準が、持続不可能な好況によってもたらされていた場合には、この例は当てはまらない。

図表15.14に示されているとおり、景気後退後の賃金は景気後退前の賃金を上回っている。これは景気後退の最中とそれ以降にも継続していたインフレーションの結果である。インフレが生産物価格と賃金の両方を押し上げたのである。

名目賃金と実質賃金

本章では（12章と同様に）、労働者に支払われた実際の賃金を使用して分析している。実際の賃金とは**名目賃金**とも呼ばれるものであるが、これは、インフレーションを調整した**実質賃金**とは区別して使用される。名目賃金と実質賃金の違いは、名目GDPと実質GDPとの違いと似通っている。実質賃金は、名目賃金を消費者物価指数（CPI）などの一般物価の指数で割ることによって算出される。実質賃金は、名目賃金の（物価水準で調整した）購買力であると解釈することもできる。

労働需要と労働供給に関するすべての分析は、実質賃金を用いてもほぼ同様に行うことができる。取り扱う変数を変えることによって結論が変わることはないが、違った側面にも焦点が当てられることになる。実質賃金に重点を置いて分析する場合には、労働者にいくら支払うか（名目賃金）と、顧客にいくら請求するか（生産物価格）の比率を見て、企業は雇用を判断する、と想定する。さらに、すでに指摘したことであるが、労働供給の決定では、労働者は自分たちの賃金の購買力（自分たちの賃金で買うことができる実質消費量）に基づいて判断する、と想定している。

名目賃金の下方硬直性は、負のマクロ経済ショックを増幅させる要因の1つである。これは、実質賃金で労働市場を見た場合であっても、同様に作用する。特に、名目賃金に下方硬直性があるということは、名目賃金が下落しないので、実質賃金も即座には調整されないということを意味している。したがって、労働市場は市場が均衡する実質賃金には到達しない。

しかしインフレ期には、たとえ名目賃金が下がらなくても、実質賃金は下落する。実質賃金とは、名目賃金を消費者物価指数で割ったものであり、インフレは物価指数を上昇させる。したがって、(1)物価指数が上昇し、(2)名目賃金が固定されているときには、実質賃金は下落する。これは、図表15.13(a)で焦点を当てたシナリオとまったく同じである。このように、実質賃金を分析することによって、名目賃金に下方硬直性がある経済においても、景気後退から回復するには、適度なインフレが役立つことを別の側面から説明できる。

15.3 経済モデルの拡張

ここまで議論をしてきた景気後退の枠組みは、景気拡大の分析にも適用することができる。同じ例で、ユナイテッド航空が自社製品（航空旅客）の需要に

● 実際の賃金とは**名目賃金**（nominal wage）とも呼ばれるものであるが、これは、インフレーションを調整した**実質賃金**（real wage）とは区別して使用される。実質賃金は、名目賃金を消費者物価指数（CPI）などの一般物価の指数で割ることによって算出される。

楽観的観測を持つときには、労働需要曲線を右にシフトさせる。さらに多くの企業が将来の需要に楽観的になったときには、図表15.15のように集計的労働需要曲線が右にシフトする。

労働需要曲線が左にシフトした場合と異なっているのは、右シフトの場合には硬直的賃金は問題にならないことである。12章でも強調したように、労働者は賃金が削減されることは嫌がるが、賃金上昇には同じ反応はしない。つまり、賃金は下方向には硬直的であるが、上方向には硬直的ではない。このため図表15.15では、労働需要曲線が右へシフトするにしたがって、雇用は労働供給曲線に沿って変化する（図表15.11に示されたような、水平線に沿った移動ではない）。

労働需要曲線の右へのシフトの影響は、賃金硬直性があることによって増幅されることはないが、乗数効果は存在しているので、最初のシフトの影響は増幅される。たとえばユナイテッド航空が航空機や他の投入物の購入を増やすと、ユナイテッド航空に供給している企業は、その労働需要曲線を右にシフトさせる。労働需要の増加は、家計所得の上昇につながり、家計は消費を増やすので、次の乗数効果の引き金となる。こうして乗数効果が積み重ねられた結果、図表15.15で示したように、労働需要曲線はさらに右にシフトする。

景気拡大には負の側面もある。好景気がはじまる以前の経済が完全雇用に近

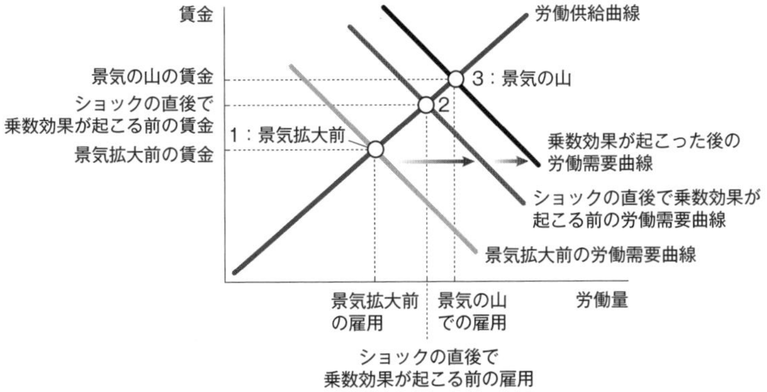

図表15.15 労働需要曲線の右へのシフト

正常に機能している経済において、正の経済ショックが起こると好景気をもたらす。まず、正の経済ショックの直接的影響により労働需要曲線は右にシフトする。この影響は、乗数効果によって増幅される。賃金は上方には伸縮的であるために、労働需要曲線のシフトに対する調整はすべてが、労働供給曲線に沿って発生するものである。

く、最大生産能力に近い状態（失業率は低く、企業は生産能力をほぼ最大水準で稼働させている状態）であったとすると、経済には成長する余地はほとんど残されていない。この場合には、楽観的観測、または好景気を最初に引き起こした別の要因が、どこかの時点で逆方向に作用する可能性もある。このような反転には、まさしく本章で分析してきた労働需要曲線の左へのシフトのようなものが含まれる。このような労働需要曲線の左へのシフトが、負の乗数効果を生み出し、経済を好景気前の水準に緩やかに戻すのではなく、逆に景気後退にまで押しやるかもしれない。

こうした好景気における負の側面は、政府にとっては最も難しい課題の1つである。堅実な政策であれば、好景気が最終的に反転したときの潜在的な負の影響を抑えるために好景気を抑制するように努める。しかし、好景気に伴う雇用の増加と失業の低下は政権の人気を高めるので、政策で好景気を続けようとして、（特に選挙期間には）さらに過熱させてしまう。

EBE Evidence-Based Economics
根拠に基づく経済学

問い：2007〜09年の景気後退はなぜ起きたのか？

2007〜09年の景気後退の数々の原因は、ドミノ倒しのように連なっていた。1つの負の経済ショックが次のショックを引き起こすという出来事が連なり、アメリカと世界経済全体を覆った。その中でも、3つの要因が危機に大きな影響を及ぼした。すなわち、(1)住宅価格の下落が新築着工戸数を激減させた、(2)消費が急激に下落した、(3)住宅ローン破綻が連鎖的に増大し、それが多くの銀行の破綻を招き、金融システムを機能不全に陥らせた。

全体を俯瞰して見てみよう。

1. 景気後退前の2000〜06年には、住宅価格の上昇が住宅建設ブームを引き起こし、新築住宅の在庫が増えた。2006〜09年にかけて住宅価格が急落したときには、住宅建築業者は新築住宅の在庫を大量に抱えており、また価格下落によって新築住宅建設の採算はとれなくなっていたので、新築住宅着工戸数は激減した。その結果、労働需要曲線は大きく左にシフトした。

2. 住宅価格の下落は、多くの消費者の資産を減少させ、持ち家を担保にした借入れの限度額を引き下げることとなった——それが、さらに消費を減退させていった。消費者向けの財とサービスを生産している企業は、生産物の需要の相当な減少に突然見舞われたために、生産を減らし、労働需要曲線は左にシフトすることになった。

3. 住宅価格の下落が、非常に多くの住宅ローン破綻につながった（理由については後述する）。これらの住宅ローンは、多くの大手銀行の貸借対照表（バランスシート）上で長期資産として保有されていたものであるが、それが毀損したことによって、銀行経営を危機の瀬戸際に追いやり、場合によっては債務超過に陥らせた。銀行は破綻するか、そこまでには至らないまでも銀行準備を増やしてバランスシートを改善するために貸出しを削減した。このため、民間部門への融資は減少し、借り手であった企業は生産を削減することになり、労働需要曲線は左にシフトした。また家計への融資の削減は消費を減らし、需要曲線の左へのシフトという次の連鎖の引き金となった。

ここまでが全体像である。ここからは、経済の個々の出来事に焦点を当てて、データを使って検証していこう。

住宅と建設：バブルの崩壊

多くの経済学者は、1990年代終わりから2006年にかけての住宅価格の急騰をバブルであったと考えている。すなわち、資産価格（この場合には住宅価格）の著しい上昇は、資産の本当の長期的価値を反映していなかったということである。図表15.16では、1987～2013年の期間の、アメリカの主要10都市におけるインフレ調整済みの毎月の住宅価格指数を示している。指数は、2000年1月の100が基準であるが、2006年5月には190まで急上昇し、その後に暴落がはじまった——2009年4月には120まで下落し、さらに下がり続けた。住宅価格バブルが弾けたのである。

住宅価格の下落は、住宅建設業界に壊滅的な影響を与えた。図表15.17は、住宅建設投資の実質値を示したグラフである。新築住宅着工戸数は

2005年第3四半期をピークに、その後は下落を続けた。グラフが示すように、騒ぎが収まった2009年には、住宅建設は約60%下落したことがわかる。

そして懸念されたとおり、住宅建設業界が縮小したときには、住宅業界の雇用も激減した。2006年4月のピーク時には住宅建設業界では350万人が雇用されていたが、2010年までにはその数は200万人へと、43%減少した。オフィスビルやショッピングモールなどの商業用不動産を含めて、すべての不動産価格が下落したために、関連産業は打撃を受けた。たとえば、住宅以外の建設産業の雇用は、景気が後退をはじめた2008年初頭の440万人から、2010年には340万人にまで減少した。

これらを合わせてみると、不動産価格の急落は、建設関連産業の労働需要曲線を大きく左にシフトさせ、雇用を大きく減少させた。この重要な部分である、労働需要曲線の左へのシフトは、図表15.6に示されたものと同じである。(a)は賃金が伸縮的な場合である。(c)は賃金に下方硬直性がある場合であるが、雇用の減少はさらに大きなものになる。

建設業界の経済活動の停滞は、乗数効果ももたらすことになった。多くの建設業関係の労働者が稼ぎを得られなくなったことで、このような労働者を顧客としていたホームセンターなどの多くの企業の製品の需要

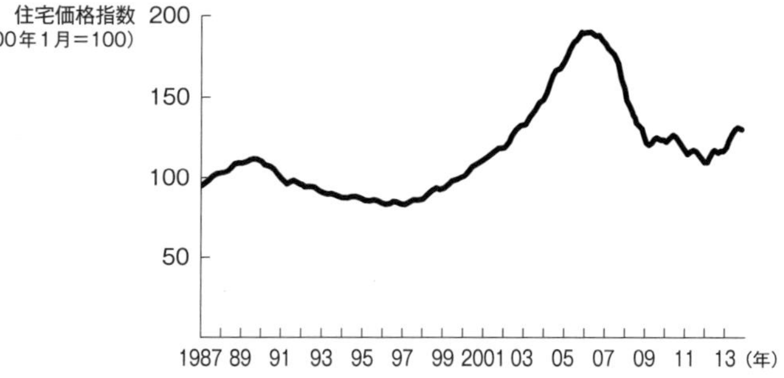

図表15.16 アメリカの主要10都市における実質住宅価格指数：1987年1月～2013年12月

アメリカの実質住宅価格は1990年代後半から急上昇しはじめ、1996～2006年の10年間に実質価格は2倍以上になった。その後は、2006～09年にかけて急落した。

出所：S&P/Case-Shiller home price index and Bureau of Labor Statistics (Consumer Price Index) (S&P/ケース・シラー全米住宅価格指数)、米労働省労働統計局 (BLS)「消費者物価指数」。

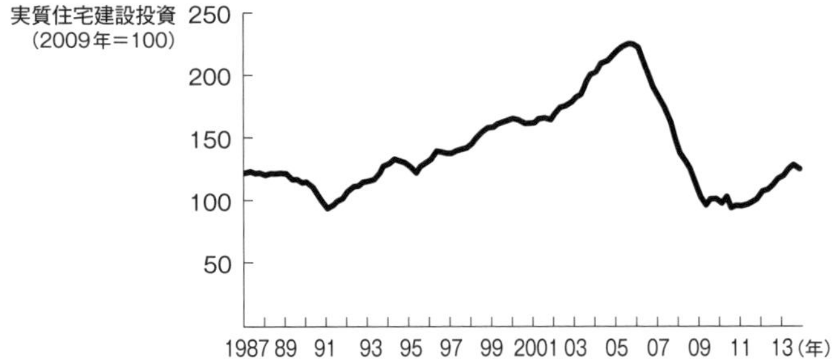

図表15.17　アメリカの実質住宅建設投資：1987年第1四半期～2013年第4四半期

アメリカの実質住宅建設投資は1995～2005年の間に約2倍になったが、そのピークは、住宅価格がピークに達する直前の時期だった。その後、住宅建設は急減し、1995年の水準を下回った。新築住宅の過剰在庫がさばけたことで、2011年以降、住宅建設は再び緩やかに回復した。

出所：米商務省経済分析局（BEA）「国民所得生産勘定」。

も急落した。住宅建設と住宅販売の減少は、洗濯機や冷蔵庫などの家電製品の需要も減少させた。このような乗数効果によって、住宅価格下落の影響は増幅され、総労働需要曲線をさらに左にシフトさせたので、総雇用の減少はいっそう深刻なものになった。

消費の減少

住宅価格の下落はまた、全般的な家計消費の大幅な減少を伴うものであった。これが2007～09年の景気後退の第2の重要な要因だ。

2000年代初頭には、多くの家計が銀行から借り入れた資金を使って消費を拡大させていた。多くの場合に、資金は住宅ローンのかたちをとって借り入れられていた——たとえば、最初の第1の住宅ローンに追加して第2の住宅ローンが組成された。すなわち借換えによる「キャッシュアウト」が広く行われていた——キャッシュアウトとは、金利低下時には、住宅保有者が、住宅ローンの残債を低金利の住宅ローンに借り換えることによって、（ローン返済額は一定に維持したままで）住宅ローンの規模を大きくして、その差額を現金で受け取るというものである。住宅バブルのピーク時には、消費者は第2の住宅ローンと「キャッシュアウト」を使って、自宅の価値から1年当たり4,000億ドルを現金化していた。住宅ローンを増額しなかった消費者も、2000～06年にかけての住宅価格高騰時には、実質消費を増やす傾向があった。住宅価格上昇が富を増やし、消費者が消費できると思う金額を高めたのである。

しかし、この豊かになったという感覚は、2007年には消えはじめた。2009年3月までには、住宅市場と株式市場の両方が暴落したことにより、アメリカの家計はおよそ15兆ドルの資産を失った。ほとんどの家計が消費を減らし、景気後退のはじまった2007年第4四半期からそれが終わった2009年第2四半期までの期間で、総実質消費は2.7％も下落した。これは企業の製品に対する需要の著しい下落であり、労働需要曲線をさらに左にシフトさせるという乗数効果を呼び起こすこととなった。

住宅ローン破綻と銀行破綻の連鎖

住宅価格の暴落によって、住宅ローン返済の滞納が急増した。多くの借り手が住宅ローンの返済を止めてしまった。たとえば、2006年に頭金なしで30万ドルの家を購入した家族がいるとしよう。主要10都市住宅価格指数に基づくならば、その家の価値は2009年には20万ドルまで下落する。しかし、住宅ローン債務は住宅価値の下落に影響されないので、借り手には約30万ドルの債務が残っている（最初の3年間では、住宅ローンの元金はほとんど返済されていない）。結果として、20万ドルの価値しかない家に約30万ドルの債務が残される。家の価値以上の借金を抱えることは、「アップサイドダウン」または「アンダーウォーター」と言われる。アンダーウォーターの家計が家を売却しても、住宅ローンを返済できる十分な金額は得られない。アメリカのあちこちでこうした状況に陥った家計には、住宅ローンを破綻させるインセンティブが生まれる――住宅ローンの返済を止めて、家を手放すのである。家計が経済的に苦しくなると（たとえば失業や、その他の労働所得を低下させるショックによる）、このインセンティブはさらに強くなる。

そして現実に、多くの家計がその選択肢を選ぶこととなった。失業して住宅ローンを返済する余裕がなくなったことが理由であったかもしれない。あるいは、家の価値をはるかに上回った住宅ローンに課される利子を支払い続けることはしたくないと考えたからかもしれない。住宅価格が上昇し続けていた時期には、差し押さえ率は年に約1.7％であった。

言い換えると、住宅ローンを抱えたアメリカの家計の1.7%は毎年差し押さえられていた。図表15.18には、この差し押さえ率が、金融危機の期間に5.4%にまで上昇したことが示されている。これが意味することを、数字に置き換えて考えてみよう。アメリカの持ち家約7,500万戸のうち、3分の2にあたる5,000万戸には住宅ローンが付けられている。つまり差し押さえ率5.4%とは、金融危機のピーク時には年間で約300万戸もの住宅が差し押さえられたことになる。2007〜12年にかけては、約1,000万戸が差し押さえられることになった。

住宅の差し押さえは、住宅所有者だけではなく銀行にとってもありがたくない話だ。銀行は20万ドルの価値しかない住宅を差し押さえても、その住宅ローンが30万ドルであった場合には、その金額を取り戻す手段はない。うまくいったとして、30万ドルのローンに対して10万ドルの損失を覚悟のうえで、その家を20万ドルで売却できるだけである。現実には、差し押さえ物件を売却するときの価格は20万ドルをはるかに下回る。同時期に売却物件が多いであろうし、窓辺の植木鉢で花を育てたり、芝を刈ったり、防犯をきちんとして自宅を管理する家主がいない家の価値は20万ドルをはるかに下回ってしまうことだろう。

結果的に、銀行は保有資産のうちの住宅ローンの部分で莫大な損失を被った。住宅価格が急騰していた2005年には、銀行の不動産関連の損失は不動産ローンの価値の0.2%のみだった。ところが2009年には不動産関連の損失は、不動産ローンの総額の8%に増大した。2005年の40倍の値だ。

住宅ローン破綻による打撃を耐え抜くことができなかった銀行は多い。銀行規制当局である連邦預金保険公社（FDIC）の監督下にあった銀行約5,000行のうち、2007〜11年にかけて約400行が破綻した。

しかし、2007〜09年の景気後退期で最も大規模であったのは、FDICの監督下にはなかったリーマン・ブラザーズ証券の経営破綻だった。リーマンは自社では、住宅ローンを行ってはいなかった。自社では、（企業向け）商業ローンを組成し、また他の銀行が組成したローン債権を購入していた。これらのローンが2008年に価値を失ったことにより、リーマンの損失は巨額な水準に膨らみ、さらに重要なことには取引相手の信用さえも失った。

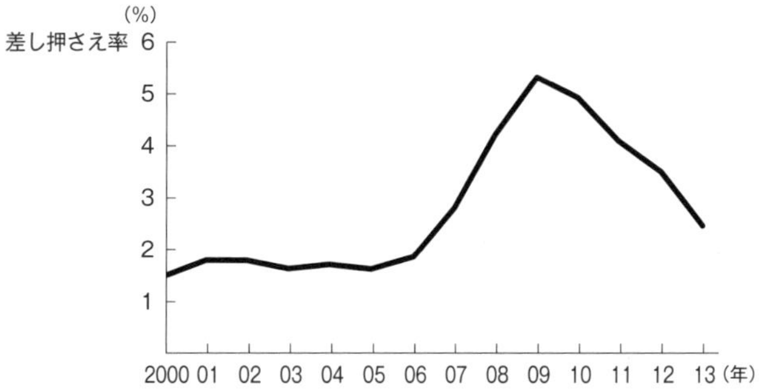

図表15.18　差し押さえ手続きをはじめたアメリカの住宅ローンの割合：2000～13年

グラフは、アメリカにおける、住宅ローンの差し押さえ申請の割合の推移である。差し押さえ率2%とは、住宅ローンを抱えた家計の2%で、差し押さえ手続きが開始されたことを意味している。

出所：モーゲージ・バンカーズ協会「差し押さえ率」。

2008年9月の2週間の間に、リーマンの最大の取引相手と貸し手の多くが、リーマンとの取引を中止した。新しい問題が明るみに出るたびに不確実性が増大して、リーマンの将来に対する信用が失われていった。リーマンは組織的な銀行取付けを経験したのだ。これは13章で学んだ特殊な種類の銀行取付けである。出口に向かって走る銀行の顧客は、他の巨大銀行やヘッジファンドのような大手金融機関であり、リーマンに融資する金融機関はなくなり、その時点でリーマンは、流動性不足と債務超過に陥った。

リーマン・ブラザーズの経営破綻により、世界経済の繁栄を脅かす金融パニックが突如はじまった。巨大銀行の危機は、アイスランド、イギリス、ギリシャ、アイルランド、ポルトガル、スイス、フランス、ドイツ、オランダ、スペイン、イタリア、キプロスへと伝播した。多くの国々が突然、恐慌の瀬戸際に立たされることになったのだ。

金融市場の崩壊により、破綻した銀行はローンを組成できなくなり、銀行部門による企業への融資が激減した。生き残った銀行でさえ、家計や企業への新しい融資がすぐに焦げ付くのではないかと不安になり、融資には消極的になった。金融部門の縮小は、さらに乗数効果を引き起こし、消費と投資を減少させて、労働需要曲線をさらに左にシフトさせることになった。

Q 問い　2007～09年の景気後退はなぜ起きたのか？

A 答え　実質住宅価格は、2000～06年にかけて90%上昇した後に反転して、2000年水準まで急落した。住宅価格の下落が住宅建設産業を崩壊させ、実質消費の急減、そして住宅ローン破綻の急増につながった。2007～12年にかけては、約1,000万戸の住宅が差し押さえられた。住宅ローンの不履行により、約400行の銀行が破綻した。この中には、投資銀行であるリーマン・ブラザーズの劇的な経営破綻も含まれている*。

データ　住宅価格の時系列データは、ケース・シラー全米住宅価格指数、住宅投資はBEA、差し押さえ率はモーゲージ・バンカーズ協会、銀行の貸借対照表（バランスシート）はFDICとリーマン・ブラザーズによる。

注意　金融危機の原因はほかにもたくさんある。どれが最も重要な要因であったのかについては、まだ定説はない。

まとめ

◉どの国にも景気変動がある。すなわち、経済成長率は毎年変化している。景気後退の期間には、実質GDPは収縮し失業は増加する。景気後退が、1929年にはじまった大恐慌のような大不況になることがある。1929～33年の大恐慌期には実質GDPは26%下落し、失業率は約3%から約25%にまで上昇した。

◉景気変動には3つの重要な特徴がある。

1. 共変動：消費、投資、GDP、そして雇用は、通常は同一方向に変動する。失業は、これらとは反対方向に変動する。

* 日本でもリーマン・ブラザーズの破綻後にGDPが急落したが、それ以前には住宅バブルは発生しておらず、大規模な住宅ローン破綻と金融危機は起こらなかった。日本のGDPが急落したのは、欧米諸国の金融危機によって世界経済の需要が減少して、日本の輸出が大きく減少したためである。当時の経済の収縮は、金融危機を原因とした国（先進国に多い）と、それらの国の景気後退の影響を受けて輸出が減少したことを原因とした国（新興国に多い）に大きく分かれるが、アメリカは前者であり、日本は後者である。
なお、日本も金融危機による景気後退を経験している。1991年にバブルが崩壊して、住宅や事業資産を担保にした融資が回収できなくなることで金融機関の経営が悪化し、これが1997年に大きな金融機関の破綻が相次ぐ金融システム不安につながり、その後に「失われた20年」と呼ばれる大幅で長期にわたる景気後退を招いた。

2. 予測の難しさ:景気変動は、振り子のように規則正しい周期で上がったり下がったりしない。経済がいつ景気後退期に入り、その景気後退がいつ終わるのかを事前に予測することは難しい。
3. 経済成長の持続性:経済が成長しているときには、おそらくはその次の四半期の経済も引き続き成長する。同じように、経済が収縮しているとき——成長率がマイナスのとき——には、次の四半期の経済も引き続き収縮する可能性が高い。

◉経済活動の変動をもたらす要因は数多くある。以下はその代表例である。
1. 技術変化(実物的景気循環理論)に基づく要因:企業の生産性の変化は、労働需要曲線のシフトを引き起こし、雇用と実質GDPを変動させる原因となる。労働需要曲線が左にシフトするときには、雇用と実質GDPは減少する。労働需要曲線が右にシフトするときには、雇用と実質GDPは上昇する。
2. ケインズ理論に基づく要因
・期待、不確実性、アニマル・スピリットの変化を含めた、景況感が変化するときには企業と家計の行動に影響が及ぶ。企業が悲観的観測をしたときには、労働需要曲線は左にシフトする。企業の顧客が悲観的観測をしたときには、購入が減少する。これが企業の製品の需要を減少させるので、企業の労働需要曲線は左にシフトする。
・最初の労働需要曲線のシフトが連鎖を引き起こし、最初の経済ショックの影響が増幅される。たとえば、企業がショックに反応して従業員を解雇すると、解雇された労働者は消費を減らすので、別の企業の製品の需要を減らし、その企業の労働需要曲線を左にシフトさせる。金融的要因もさらに別の乗数効果を作り出す。債務不履行、倒産、資産価格の下落によって、銀行は企業や家計への融資を削減し、労働需要曲線をさらに左にシフトさせる。
3. 貨幣的・金融的要因:賃金に下方硬直性があるときには、企業は賃金を引き下げることができない。あるいは賃金を引き下げようとはしないので、物価水準の下落は経済を収縮させる。雇用は、伸縮的賃金の場合よりもさらに減少する。そして、金融引締め政策は実質金利を上昇させるので、投資は減少する。最後に、金融危機は、企業と家計が得ることができる信用を減少させる。これらの経路のすべてが、労働需要曲線を左へシフトさせ、雇用と実質GDPを減少させる。

◉乗数効果は、2007～09年の深刻な景気後退を理解するのに役立つ。1990年代終わりから2006年にかけて、アメリカの住宅市場はバブルを経験した。2006年にこのバブルが弾けると、実質住宅価格はおよそ40%下落した。そのときまでは好景気に沸いていた建設業界は急激に縮小した。住宅価格の下落、すなわち資産価値が下落したことにより、家計は消費を減少させた。自社製品の需要が減少した企業は労働需要を減らし、これによって解雇と家計消費の減少の負の連鎖がはじまった。住宅価格の崩壊は、住宅ローン破綻と差し押さえも増加させた。住宅ローン破綻と差し押さえは多くの銀行に損失をもたらし、銀行は倒産に至るか、あるいは融資を大幅に削減したために、景気後退はさらに深刻化した。

◉好景気では労働需要曲線が右にシフトして、雇用は増加し、失業は減少する。この影響は、乗数効果によって増幅されるために、雇用はさらに増加する。しかし、好景気は、逆転したときには景気後退に陥る可能性があるため、危険な側面もある。このため、政府が好景気による過熱を抑制するように調整を試みる。ただし、別の理由から政策担当者や政治家は、堅実な行動をとるよりも、好景気を煽る選択をする可能性もある。

キーワード

景気変動または**景気循環**

景気拡大

大恐慌

恐慌

オークンの法則

実物的景気循環理論（リアル・ビジネス・サイクル理論）

アニマル・スピリット

景況感

乗数

自己実現的予言

名目賃金

実質賃金

復習問題

1.... 景気変動とは何だろうか？　景気拡大と景気後退の違いは何だろうか？

2.... 景気変動がたくさんの集計的マクロ経済変数の共変動に関係しているというのは、どういう意味だろうか？　景気拡大期に共変動を示す4つの変数について説明しなさい。

3.... 景気変動の期間を完璧に予測することはできない。これは正しいだろうか、それとも間違っているだろうか？　説明しなさい。

4.... 大恐慌は、経済変動の3つの性質に基づいて説明することができるだろうか？　また、その理由についても説明しなさい。

5.... 労働需要曲線が左にシフトするとき、賃金の伸縮性と下方硬直性はその経済の失業の程度にどのような影響を及ぼすのだろうか？

6.... 実物的景気循環理論では、景気変動をどのように説明しているだろうか？

7.... ジョン・メイナード・ケインズは、景気変動を説明するにあたって、アニマル・スピリットと景況感の概念を用いた。2つの概念は、どのように用いられたのだろうか？

8.... 乗数の概念は、景気変動に関するケインズ理論の重要な要素の1つである。乗数とは何だろうか？　例を使って説明しなさい。

9.... 金融引締め政策は、経済全体の景気後退をどのように引き起こすのだろうか？

10.. 現代経済において、景気後退の影響を覆す2つの重要なメカニズムは何だろうか？

11.. 2007〜09年の景気後退は、どのように説明することができるだろうか？

12.. 2000〜06年にかけて、アメリカの住宅価格は90％上昇した。本章で詳しく説明したように、この上昇は突然反転した。

a. 経済学者たちは、1990年代後半から2006年にかけての住宅価格の上昇はバブルだったと言う。その理由は何だろうか？

b. 住宅価格の下落は、どのような経路をたどってアメリカの金融システムを機能不全に陥らせる原因となったのだろうか？

用語解説

ア行

アニマル・スピリット（animal spirits）　心理的要因は、消費者や企業の気分を変え、それが結果的に、消費や投資そしてGDPに影響を与えることになる。こうした心理的要因が引き起こす現象がアニマル・スピリットである。

アメリカ・メキシコ・カナダ協定（USMCA）　→　北米自由貿易協定、を参照

移出　→　輸出、を参照

移入　→　輸入、を参照

因果関係（causation）は、ある出来事が別の出来事に直接影響を及ぼす（原因と結果の関係がある）ときに生じる。

インセンティブの問題（incentive problem）　2つの経済主体の最適化行動が一致しない場合には、それらの経済主体はインセンティブの問題に直面する。

インフレ期待（inflation expectation）とは、経済主体による将来のインフレ率の予想である。

インフレ率（inflation rate）　物価の上昇率がインフレ率である。これは、1年間の物価指数の上昇率を計算したものである。

受入意思額（willingness to accept）とは、財を追加的に1単位売るために売り手が受け入れる最小の金額である。最適化行動をとる企業にとって、受入意思額は、生産の限界費用と同じである。

円グラフ（pie chart）とは、円を分割したもので、それぞれの面積が全体に対する割合を示す。

オークンの法則（Okun's law）によれば、

$$\text{失業率の前年差} = -\frac{1}{2} \times (g - 3\%)$$

ここでgは、実質GDPの年間成長率（%）である。

カ行

会計上の利益（accounting profit）とは、総収入から明示的な費用を差し引いたものである。

価格受容者（price-taker）とは、市場価格を受け入れる売り手や買い手のことである。買い手はより安い価格を交渉することはできず、売り手はより高い価格を交渉することはできない。

科学的方法（scientific method）とは、経済学者、社会科学者、自然科学者が以下のことを行うために使う一連のプロセスである。(1)世の中の出来事を表すモデルを考え出す。(2)データを用いてそのモデルを検証する。

価格統制（price control）とは、財やサービスの価格を政府が規制することである。

仮説（hypothesis）とは、データを使って検証しうる予測である。仮説は通常、モデルから導き出される。

傾き（slope）とは、y軸の変数の値の変化をx軸の変数の値の変化で割ったものである。

価値貯蔵手段（store of value）とは、購買力を将来に持ち越すことを可能にする資産で

ある。

貨幣（money）とは、人々が財やサービスを売買するに際して、支払いをしたり、受け取ったりするときに使用される資産である。

貨幣数量説（quantity theory of money）では、名目GDPに対するマネーサプライの比率は完全に一定であると想定する。

借り手 → **債務者**、を参照

関税（tariff）とは、外国から輸入される財とサービスに課される税である。

完全競争市場（perfectly competitive market）では、(1)売り手はみな同じ財やサービスを売り、そして、(2)個人の買い手も個別の売り手も、自分だけでは財やサービスの市場価格に影響を及ぼすほどの力はない。

完全に弾力的な需要（perfectly elastic demand）とは、消費者は、たとえほんのわずかな価格上昇であっても、その財の消費をやめることである。

完全に非弾力的な需要（perfectly inelastic demand）とは、需要が価格にまったく影響を受けないことである。

機会費用（opportunity cost）とは、代替的な選択肢の中で最善のものを指す。

企業（firm）は、財やサービスを生産して販売する主体である。

技術（technology） 良い技術を持っている経済は、労働と資本を効率よく使用し、高い生産性を実現する。

技術進歩（technological change）とは、新しい技術、新しい財およびサービスが経済で発明・導入され使用されるようになる過程のことである。それによって経済は、物的資本ストックと労働の総効率単位などの生産要素が同じでも、より高い水準のGDPを達成できる。

希少資源（scarce resource）とは、人々が欲しがっている量が、人々が利用できる量を超えているものである。

希少性（scarcity）とは、限られている資源に対して限りない欲求がある状態である。

期待実質金利（expected real interest rate）とは、名目金利から、期待インフレ率を差し引いたものである。

規範的経済学（normative economics）とは、個人または社会がするべきことを提言する経済分析である。

規模の経済（economies of scale） 生産量が増加して、平均総費用が減少する場合には、規模の経済が存在する。

規模の不経済（diseconomies of scale） 生産量が増加して、平均総費用が増加する場合には、規模の不経済が存在する。

逆の因果関係（reverse causality）は、原因と結果の方向を取り違えたときに生じる。

キャッチアップ成長（catch-up growth）とは、比較的貧しい国が、より発展した国で発明された知識や技術を活用することによって、自国の1人当たりGDP を増加させていく成長プロセスである。

供給曲線（supply curve）とは、様々な価格における供給量をグラフにしたものである。すなわち、供給表をグラフで表したものである。

供給曲線に沿った移動（movement along the supply curve） 財の価格が変化しても、供給曲線がシフトしないときには、その価格の変化は供給曲線に沿った移動を引き起こす。

供給曲線のシフト（supply curve shift）は、同じ価格の下で供給量が変化するときにのみ起こる。

供給の価格弾力性（price elasticity of supply）とは、ある財の価格の1%の変化に対して、

その財の供給量が何％変化するのかを示す尺度である。

供給の法則（law of supply）とは、（その他すべてを一定として）価格が上昇するときには供給量は増加する、という関係であり、ほとんどすべての場合において当てはまる。

供給表（supply schedule）とは、その他すべてを一定として、様々な価格における供給量を示したものである。

供給量（quantity supplied）とは、所与の価格において、売り手が供給したいと思う財やサービスの量である。

恐慌（depression）とは、合意がなされた定義ではないものの、一般的には20％以上の失業率を伴って長期化した景気後退を指す。

競争均衡（competitive equilibrium）は、供給曲線と需要曲線の交点である。

競争均衡価格（competitive equilibrium price）では、供給量と需要量は一致する。

競争均衡量（competitive equilibrium quantity）とは、競争均衡価格に対応する量である。

協調の問題（coordination problem）　経済主体間の利害が一致するときには、それらの経済主体間の取引を円滑にまとめるという協調の問題が発生する。

均衡（equilibrium）とは、誰もが同時に最適化をしていて、そこから行動を変えることで便益を得る人は誰もいない、という特別な状態である。

銀行準備（bank reserve）とは、銀行が保有する現金とその銀行が連邦準備銀行（Fed）に保有している預金口座残高の合計である。

銀行取付け（bank run）は、その銀行が預金引出しに対応できる流動資産が不足するだろうという懸念に駆られて、極めて大量に現金が引き出されるときに発生する。

金融政策（monetary policy）　→　**中央銀行**、を参照

金融仲介機関（financial intermediary）は、金融資本の供給者（貯蓄主体など）から金融資本の使用者（借り手など）へと、資金が流れるようにする役割を果たす。

金利または**利子率**（interest rate）と**名目金利**または**名目利子率**（nominal interest rate）　金利iは、1ドルのローンの1年間の費用であり、Lドルのローンの年間費用は、$i \times L$、で表される。

クレジット　→　**信用**、を参照

クレジット市場（credit market）は、借り手が預金者から資金を調達する場所である。

グローバル化（globalization）とは、外国と貿易や投資を行うことを通して、一国の経済が、より開かれ、統合された経済へとシフトすることである。

景気拡大（economic expansion）は、景気後退と景気後退の間の時期を言う。景気拡大は、景気後退が終わったときをはじまりとし、次の景気後退がはじまったときを終わりとする。

景気後退（recession）とは、（最低2 四半期を連続して）経済全体の産出量が減少している期間である。

景気変動（economic fluctuation）　実質GDP成長率の短期的な変化を、景気変動または**景気循環**（business cycle）と言う。

景況感（sentiment）には、将来の経済活動に対する期待の変化、企業や家計が直面している不確実性の変化、そしてアニマル・スピリットの変化が含まれる。景況感が変化するときには、家計の消費と企業の投資は変化する。

経験主義（empiricism）とは、データを使用する分析である。経済学者は、理論を検証したり、世の中で起きたことの要因を分析するためにデータを活用する。

経済学（economics）とは、経済主体が希少資源の配分をどう選択するか、またその選択が社会にどう影響を及ぼすのかを研究する学問である。

経済主体（economic agent）とは、選択を行う個人や集団である。

経済成長（economic growth）、または**成長**（growth）は、一国の1人当たりGDPの増加で表す。

経済的利潤（economic profit）とは、総収入から明示的な費用と一緒に、潜在的な費用を差し引いたものである。

計算単位（unit of account）とは、様々な財やサービスの価値（価格）を示すうえで、広く一般に使用される尺度である。

限界収入（marginal revenue）とは、生産量を1単位増やすことから得られる総収入の増加分である。

限界生産力（marginal product）とは、1単位の投入物を追加することに伴う生産量の増加分である。

限界生産力逓減の法則（law of diminishing marginal product）とは、他の生産要素投入を一定として、ある生産要素の投入を増やすと、その生産要素のGDPへの限界的な寄与は小さくなることである。

限界での最適化原理（principle of optimization at the margin）とは、実現可能な最善の選択肢をとるとあなたの状況がより良くなり、別の選択肢に変えると状況がより悪くなるということである。

限界費用（***MC***, marginal cost）とは、生産量を1単位増加させることに伴う総費用の増加分である。言い換えると、実現可能なある選択肢から別の選択肢に変えることに伴う総費用の増加分である。

限界分析（marginal analysis）とは、ともに実現可能なある選択肢と別の選択肢の違いに焦点を当てて費用と便益を計算することである。

限界便益逓減（diminishing marginal benefit）とは、財の消費が多くなるにつれて、追加の1単位に対する支払意思額は減少することである。

研究開発（**R&D**, research and development）とは、企業または経済において技術進歩を目的とする、科学的知識の向上、新しいイノベーションの創出、または生産過程における既存の知識の改善、などを目指す活動。

交易条件（terms of trade）とは、財と財を交換するレート（比率）である。

公開市場操作（open market operation） 連邦準備銀行（Fed）が民間銀行が保有する準備預金の量を増やそうと考えた場合には、民間銀行から国債を購入し、その代わりに民間銀行が保有している電子的に記録された準備預金を増加させる。その逆に、Fedが民間銀行が保有する準備預金の量を減らしたいと考えた場合には、民間銀行に国債を売却し、その代わりに民間銀行が保有している準備預金を減少させる。国債を売買することによって、Fedはフェデラル・ファンド市場の垂直な供給曲線を左右にシフトさせ、民間銀行が（Fedに）保有している準備預金の量をコントロールする。このような取引が公開市場操作である。

交換手段（medium of exchange）とは、財やサービスと交換することができる資産である。

構造的失業（structural unemployment）は、労働供給量が労働需要量を継続的に上回っているときに起きる。

行動経済学（behavioral economics）では、心理学理論と経済学理論を組み合わせて人の行動を説明する。

恒等式（identity） 2つの変数が数学的に同値になるように定義されているとき、この2つの変数を結びつける式を恒等式と言う。

購買力平価（**PPP**, purchasing power parity）は、それぞれの国の代表的な製品を組み合わせたもの（バスケット）の価格を集計したものである。その相対的な価格は、国ごとの所得を比較するために使用される。

公平性（equity）は、社会の中での資源の分配に関する判断である。

効用（utility）とは、財やサービスを消費することから得られる満足度や幸福感を示す抽象的な尺度である。

効率賃金（efficiency wage）とは、労働者が受け入れる賃金の水準を上回る賃金であり、その高い部分が労働者の生産性を向上させ、その企業の利潤率を改善させる。

国内総生産（**GDP**, gross domestic product）とは、特定の期間内に、一国内で生産された最終財とサービスの市場価値である。

国民経済計算（national income accounts）とは、一国の経済全体の活動を測定するものである。

国民所得勘定式（national income accounting identity）、$Y = C + I + G + X - M$、は、GDPを「消費＋投資＋政府支出＋輸出－輸入」に分解したものである。

国民所得生産勘定（**NIPA**, National Income and Product Accounts）とは、国民経済計算のアメリカにおける公式名称である。

国民総生産（**GNP**, gross national product）とは、その国の居住者によって所有されている生産要素（資本および労働）によって作り出される生産の市場価値である。

弧弾力性（arc elasticity）とは、需要が変化する範囲のちょうど中間点で計算した弾力性である。

固定生産要素（fixed factor of production）とは、短期では変更できない投入物である。

固定費用（fixed cost）は、固定生産要素の費用であり、何も生産していない場合でも、固定費用は発生する。

サ行

最適（optimum）とは、実現可能な最善の選択肢である。言い換えれば、最適とは最適な選択のことである。

最適化（optimization）とは、利用しうる情報をもとにして、実現可能な最善の選択肢を選ぼうとすることである。

債務者（debtor）または**借り手**とは、資金を借りる経済主体のことである。

債務超過（insolvent）　銀行の資産価値が負債価値を下回っているときには、その銀行は債務超過である。

差分による最適化（optimization in difference）は、ある選択肢から別の選択肢に変えた場合の純便益の違いを計算し、その変化の違いを比較して、最善の選択肢を選ぶ方法である。

産業革命（industrial revolution）とは、18世紀終わりにイギリスからはじまった、生産過程における一連のイノベーションと改善を総称する言葉である。

サンクコスト（sunk cost）は、いったん支払われてしまえば、現在と将来の生産を決定する際には、それは考慮に入れない。

散布図（scatter plot）は、データの点の位置によって2つの変数の関係を示す。

時系列グラフ（time series graph）は、異なる時点のデータを示す。

自己実現的予言（self-fulfilling prophecy）とは、出来事を予測する（将来には労働需要曲線は左へシフトする）ことが、その出来事を実現する行動を誘発する状況を指す。

自己資本（stockholders' equity）とは、銀行の総資産と総負債の差額と定義される。

資産超過（solvent）　銀行の資産価値が負債価値を上回っているときには、その銀行は資産超過である。

事実解明的経済学（positive economics）とは、データで証明できる形で世の中を客観的に記述したり、予測したりする経済分析である。

死重損失（deadweight loss）とは、市場の歪みによって生まれる社会的余剰の減少である。**死荷重**とも言う。

市場（market）とは、財やサービスを取引する経済主体の集合であり、取引のためのルールと取決めが定められている。

市場価格（market price）　すべての売り手と買い手が同じ価格に直面しているとき、その価格は市場価格と呼ばれる。

市場供給曲線（market supply curve）とは、すべての潜在的な売り手の個別の供給曲線の合計である。その他すべてを一定として、総供給量と市場価格の関係をグラフにしたものである。

市場均衡賃金（market-clearing wage）　競争均衡での賃金を、市場均衡賃金と言う。この賃金水準で、労働需要量と労働供給量が一致し、仕事が欲しいすべての労働者が仕事に就くことができる。

市場需要曲線（market demand curve）とは、すべての潜在的な買い手である個人の需要曲線の合計である。その他すべてを一定として、総需要量と市場価格の関係をグラフにしたものである。

指数的成長（exponential growth）とは、数量（たとえばGDP、または1人当たりGDP）がほぼ一定の成長率で増加するプロセスである。

自然失業率（natural rate of unemployment）とは、その周囲を現実の失業率が変動する率である。

自然実験（natural experiment）とは、実験者がコントロールしない形で、無作為またはほぼ無作為に、対象者が対照群と処置群に振り分けられた実証分析である。

持続的成長（sustained growth）とは、長期にわたって1人当たりGDPが正で比較的安定して成長するプロセスである。

失業者（unemployed）とは、賃金が支払われる仕事がなく、直近の4週間に積極的に職探しを行い、現在働ける状態にある労働者を指す。

失業率（unemployment rate）とは、労働力人口の中の失業者の割合である。

実験（experiment）とは、変数の因果関係を検証するために変数の条件を調整する方法である。

実現した実質金利（realized real interest rate）とは、名目金利から実現したインフレ率を差し引いたものである。

実質金利または**実質利子率**（real interest rate）とは、名目金利からインフレ率を差し引いたものである。

実質GDP（real GDP）は、（最終財とサービスの）総生産価値である。ただし、生産された各単位を測定するための価値としては、特定の基準年の市場価格を使用する。

実質GDP成長（real GDP growth）とは、実質GDPの成長率のことである。

実質賃金（real wage）とは、名目賃金を消費者物価指数（CPI）などの、物価指数で割ったものである。**名目賃金**、も参照。

実証的エビデンス（empirical evidence）とは、観察や測定によって得られる一連の事実である。

実物的景気循環理論（real business cycle theory）は、**リアル・ビジネス・サイクル理論**とも言われる。景気変動を引き起こす要因として、技術の変化の役割を強調する学説である。

GDPデフレーター（GDP deflator）とは、名目GDPを同じ年の実質GDPで割った数字に100を掛けたものである。一国の財とサービスの価格が基準年から見てどのくらい上昇したのかを示す指標である。

支払意思額（willingness to pay）とは、財の追加の1単位に対して買い手が支払う意思のある最大の金額である。

資本所得（capital income）とは、物的資本または金融資本を所有することから獲得する所得である。

社会的余剰（social surplus）とは、消費者余剰と生産者余剰の合計である。

収穫一定の法則（constant returns to scale）　生産量が増加していても、平均総費用が変化しない場合には、収穫一定の法則が成り立つ。

収穫逓減の法則（law of diminishing returns）とは、投入物の増加に伴う生産量の増加分は、投入物を増やし続けていくと、ある時点を境にして、減少しはじめる、という法則である。

就業者（employed）　フルタイムでもパートタイムでも、賃金が支払われている労働者は就業者である。

集計（aggregation）　個人の行動を加算していくプロセスを集計と言う。

集計的生産関数（aggregate production function）とは、一国のGDPと生産要素との関係を示すものである。

自由参入（free entry）　産業への自由参入とは、企業の新規参入が法的障壁または技術的障壁によって制約されないことである。

従属変数（dependent variable）とは、別の変数の変化から影響を受ける変数である。

自由退出（free exit）とは、産業からの退出が法的障壁または技術的障壁によって制約を受けない退出である。

収入（revenue）とは、生産物の販売から企業が得られるお金の総額である。

自由貿易（free trade）とは、政府による規制も助成もない貿易である。

16歳以上人口（potential workers）は、総人口から、16歳未満の子ども、軍役中の者、福祉施設や刑務所などに収容されている者、を除いたすべての一般市民を言う。

出生率（fertility）とは、大人1 人当たりの子どもの数、または出産適齢期の女性1人当たりの子どもの数である。

需要曲線（demand curve）とは、様々な価格における需要量をグラフにしたものである。すなわち、需要表をグラフで表したものである。

需要曲線に沿った移動（movement along the demand curve）　財の価格が変化しても、需要曲線がシフトしないときには、その価格の変化は需要曲線に沿った移動を引き起こす。

需要曲線のシフト（demand curve shift）は、同じ価格の下で需要量が変化するときにのみ起こる。

需要の価格弾力性（price elasticity of demand）とは、ある財の価格の1%の変化に対して、その財の需要量が何%変化するのかを表す尺度である。その値のことを**弾性値**とも言う。

需要の交差価格弾力性（cross-price elasticity of demand）は、別の財の価格の1%の変化に対して、ある財の需要量が何%変化するのかを示す尺度である。

需要の所得弾力性（income elasticity of demand）とは、消費者の所得の1%の変化に対して、その財の需要量が何%変化するのかを示す尺度である。

需要の法則（law of demand）とは、（その他すべてを一定として）価格が下落するときには需要量は増加する、という関係であり、ほとんどすべての場合において当てはまる。

需要表（demand schedule）とは、その他すべてを一定として、様々な価格における需要量を示したものである。

需要量（quantity demanded）とは、所与の価格において、買い手が購入したいと思う財やサービスの量である。

循環的失業（cyclical unemployment）とは、現実の失業率と自然失業率との差である。

純輸入国（net importer）とは、一定期間の輸入額が輸出額を上回っている国である。

証券（security）とは、金融上の契約である。証券には株式と債券がある。株式は会社の所有権を配分する契約である。また債券は、貸し手への返済を約束する契約である。

乗数（multiplier）とは、最初の経済ショックの影響が増幅されていく経済メカニズムである。

消費（consumption）とは、国内の家計によって購入された、消費財と消費サービスの市場価値である。

消費者物価指数（**CPI**, Consumer Price Index）とは、比較する年の価格で特定の消費財バスケットを購入するためにかかる費用を、基準年の価格で同じ消費財バスケットを購入できる費用で割って、100を掛けたものである。

消費者余剰（consumer surplus）とは、ある財に対する買い手の支払意思額と実際に支払う金額の差である。

省略された変数（omitted variable）とは、分析の対象からは外れているが、分析に入れれば2つの変数が相関している理由を説明しうる変数である。

所得効果（income effect）とは、価格が変化したときに生じる消費の変化が、消費者を低い位置にある無差別曲線上、あるいはその逆に高い位置にある無差別曲線上に移動させることである。

ジョブ・サーチ（**職探し**、job search）とは、労働者が自分に適した仕事を見つけるために行う活動である。

人口転換（demographic transition）とは、農業から工業に転換するときに多くの社会が経験する、出生率の低下と1家族当たりの子どもの数の減少である。

人的資本（human capital）とは、生産物あるいは経済的価値を生み出す労働者の技能の蓄積である。

信用（credit）または**クレジット**とは、債務者が受け取るローンを指す。

信用供給曲線（credit supply curve）は、信用供給量と実質金利の関係を表している。

信用需要曲線（credit demand curve）は、信用需要量と実質金利の関係を表している。

水準による最適化（optimization in level）は、各選択肢ごとに純便益の合計を計算し、最善の選択肢を選ぶ方法である。

生産（production）とは、投入物（労働や機械設備）が生産物（財やサービス）に転換される過程である。

生産可能性曲線（production possibilities curve）とは、ある財の生産水準に対して、生産できるもう1つの財の最大生産量を示した曲線である。

生産者余剰（producer surplus）とは、市場価格と限界費用曲線の差である。

生産性（productivity）とは、労働者が（1時間）働くことにより生み出される財とサービスの価値である。

生産の効率性（efficiency of production）とは、所与の生産要素と知識から、最大の産出量を生み出す社会（経済）の能力。

生産費用（cost of production）とは、企業が投入物に対して支払う費用である。

生産要素（factors of production）とは、生産過程での投入物である。

正常財（normal good）では、所得の増加は需要曲線を右にシフトさせる（財の価格は一定とする)。言い換えると、所得が増えると消費者は正常財の購入を増やす。

生存水準（subsistence level）とは、生命を維持するために必要な栄養量（カロリーベース）の摂取、住居、衣類を得るために一般的に必要とされる1人当たりの最低所得水準である。

成長 → **経済成長**、を参照

成長率（growth rate）とは、2つの時点間で基準となる（2期間の当初の時点の）数量と比較した、2時点間の数量の変化である（本章で扱う数量は、1人当たりGDP）。

正の関係（positively related） 2つの変数が同じ方向に動くとき、その2つの変数には正の関係があると言う。

正の相関（positive correlation）とは、2つの変数が同じ方向に変化することである。

政府支出（government expenditure）とは、政府によって購入された、財とサービスの市場価値である。

世界価格（world price）とは、世界の市場で売られる財の価格である。

絶対優位（absolute advantage）とは、個人・企業・国が、同じ資源を活用して、他の生産者よりも、ある財を多く生産できる能力である。

ゼロ相関（zero correlation） 変数の動きに関連がない場合には、ゼロ相関と言う。**負の相関**、も参照。

相関関係（correlation）とは、2つの出来事が相互に関連していることを言う。

操業停止（shutdown）とは、一定期間は何も生産しないという短期での決定である。

総費用（total cost）は、変動費用と固定費用の合計である。

その他すべてを一定とする（holding all else equal）とは、経済においてその他の要素が変化しないことを意味する。経済学ではしばしば、ラテン語で同じことを意味する*ceteris paribus*が使われる。

タ行

大恐慌（Great Depression）とは、1929年にはじまった深刻な経済収縮のことであり、実質GDPが底を打った（景気の谷）のは1933年だった。また、実質GDPがトレンド線を下回った期間は、1930年代後半の第2次世界大戦前夜まで続いた。

退出（exit）とは、市場を去るという、長期の判断である。

代替効果（substitution effect）とは、価格が変化したときに生じる消費の変化が、消費者を、同じ無差別曲線上の別の位置に移動させることである。

代替財（substitute） 一方の財の価格の低下が、関連するもう一方の財の需要曲線を左にシフトさせるとき、2つの財は代替財である。

ダブル・オーラル・オークション（double oral auction）では、口頭で買い値と売り値が公表される。

短期（short run）とは、企業の投入物の一部だけが変更できる期間を指す。

弾性値 → **需要の価格弾力性**、を参照

弾性値が1の需要（unit elastic demand）の場合には、価格の変化率と需要の変化率は一致する。

団体交渉（collective bargaining）とは、企業と労働組合の間で行われる契約の交渉である。

弾力性（elasticity）とは、他の変数の変化に対する、ある経済変数の反応の程度を表す尺度である。

弾力的な需要（elastic demand）とは、需要の価格弾性値が1よりも大きいことである。

中央銀行（central bank）とは、金融機関を監督し、重要な金利を管理し、マネーサプライを間接的にコントロールしている、政府機関である。こうした活動をまとめて**金融政策**（monetary policy）と呼ぶ。

超過供給（excess supply） 市場価格が競争均衡価格よりも高いときには、供給量が需要

量を上回る超過供給になる。

超過需要（excess demand） 市場価格が競争均衡価格よりも低いときには、需要量が供給量を上回る超過需要になる。

長期（long run）とは、企業のどんな投入物でも変更できる期間を指す。

長期実質金利（long-term real interest rate）とは、長期名目金利から長期インフレ率を差し引いたものである。

貯蓄率（saving rate）とは、所得の中から貯蓄に回される割合である。

賃金の下方硬直性（downward wage rigidity）とは、労働者が賃金カットを受け入れないことから生まれる。

賃金の硬直性（wage rigidity）とは、市場賃金が、労働市場が均衡する競争均衡を上回る水準で固定されている状態を指す。

通貨発行益（seignorage） 政府が紙幣を発行することから得られる便益が通貨発行益である。

データ（data）とは、世の中を描写する事実、測定結果、または統計のことである。

デフレーション（deflation）率（またはデフレ率）とは、物価水準の下落率のことである。

投資（investment）とは、国内の家計と国内の企業によって購入された、新しい物的資本の市場価値である。

投入物（input）とは、ほかの財やサービスを生産するために使用する財やサービスである。

独立変数（independent variable）とは、別の変数の影響を受けない変数であり、実験では、実験者が操作する。

特化（specialization）とは、全体の生産性を上昇させることを目的に、労働者の特定の習熟度（スキル）を伸ばすことである。

トレードオフ（trade-off）とは、何かを得るために、何か別のものをあきらめる必要がある状態である。

ナ行

二者間交渉（bilateral negotiation）では、1人の買い手と1人の売り手が、相対で買い値と売り値を提示して交渉する。

ハ行

パレート効率的（Pareto efficient）とは、他の誰かに損失を与えることなく、利益を得ることができない状態である。

比較静学（comparative statics）では、経済変数が変わる前の状態と後の状態を比較する。

比較優位（comparative advantage）とは、ある財を他の生産者よりも低い機会費用で生産する、個人・企業・国の能力である。

非弾力的な需要（inelastic demand）とは、需要の価格弾性値が1より小さいことである。

1人当たり所得（income per capita）、または**1人当たりGDP**（GDP per capita）は、GDPをその国の総人口で割ることによって算出される。

1人1日1ドルの貧困線（one dollar a day per person poverty line）は、経済学者や社会学者が国際的な貧困の程度を比較するために使用する絶対的貧困の尺度である。

費用便益分析（cost-benefit analysis）とは、ドルや円などの共通の測定単位を使用して費用と便益を積算していくことである。

Fed → **連邦準備銀行**、を参照

フェデラル・ファンド市場（federal funds market）とは、銀行が準備預金の貸し借りをオーバーナイト・ローンによって組成する市場である。

フェデラル・ファンド市場均衡（federal funds market equilibrium） フェデラル・ファンド市場における供給曲線と需要曲線の交点が、フェデラル・ファンド市場均衡である。

フェデラル・ファンド・レート（federal funds rate）とは、銀行がフェデラル・ファンド市場のオーバーナイト・ローンに対して要求する金利である。貸出しに利用される資金は、連邦準備銀行にある準備預金である。

付加価値（value added） 生産アプローチでは、それぞれの企業の付加価値が測定される。付加価値とは、企業の売上げの総額から、他の企業から購入した中間財の金額を差し引いたものである。

不換紙幣（fiat money）とは、政府が法令により定めたものであり、法定通貨として使用されている紙幣ではあるが、金（きん）や銀のような物的商品としての価値はないもの（資産）である。

物的資本（physical capital）とは、機械（設備）や建物（構築物）のように、生産に使用されるあらゆる財である。

物的資本ストック（physical capital stock）とは、生産に使用される機械（設備）や建物（構築物）、その他の労働以外の投入物の価値の合計である。

負の関係（negatively related） 2つの変数が反対方向に動くとき、その2つの変数には負の関係があると言う。

負の相関（negative correlation）とは、2つの変数が反対の方向に変化することである。変数の動きに関連がない場合には、**ゼロ相関**（zero correlation）と言う。

平均（mean, average）とは、様々な値をすべて足し合わせて、それを値の数で割ったものである。

平均固定費用（*AFC*, average fixed cost）は、総固定費用を総生産量で割ったものである。

平均総費用（*ATC*, average total cost）は、総費用を総生産量で割ったものである。

平均変動費用（*AVC*, average variable cost）は、総変動費用を総生産量で割ったものである。

変数（variable）とは、変化する要素のことである。

変動生産要素（variable factor of production）とは、短期において変更できる投入物である。

変動費用（variable cost）は、変動生産要素の費用であり、企業の生産量の決定に伴って変化する。

棒グラフ（bar chart）は、棒の高さ（長さ）を変えることで、各グループの性質を示す。

補完財（complement） 一方の財の価格の低下が、関連するもう一方の財の需要曲線を右にシフトさせるとき、2つの財は補完財である。

北米自由貿易協定（**NAFTA**, North American Free Trade Agreement）は、貿易圏を作り、貿易障壁を減らすことを目的に、アメリカ、メキシコ、カナダの3国が調印した協定である。2018年に3国はNAFTAを**アメリカ・メキシコ・カナダ協定**（**USMCA**）に移行することに合意した。

保護主義（protectionism）とは、自由貿易は有害であり、政府が介入して貿易を制限する必要がある、という考え方である。

補助金（subsidy）とは、経済主体に何らかの行動をさせることを目的に、インセンティブとして提供される金銭あるいは税制上の優遇措置である。

マ行

マクロ経済学（macroeconomics）とは、経済全体を研究する学問である。マクロ経済学は、一国の総産出量、インフレ率、失業率など、経済全体の現象を分析する。

摩擦的失業（frictional unemployment）とは、労働者が求人に関する完全な情報を得ることができないために、ジョブ・サーチに時間がかかることに起因する失業のことである。

マネーサプライ（money supply）には、流通している貨幣、当座預金、貯蓄預金、その他のほとんどの種類の銀行預金（トラベラーズチェック、マネー・マーケット・アカウント（MMA）など）が含まれている。これは、M2と呼ばれる。

マルサス・サイクル（Malthusian cycle）では、総所得の増加が人口の増加を引き起こし、それが1人当たりの所得を減らしてしまうので、結果として人口を減少させてしまう。これは、産業革命以前の世界の姿を描写したパターンであった。

満期（maturity）とは、負債を返済すべき期日である。

満期変換（maturity transformation）とは、銀行が短期負債を長期資産である投資（長期投資）に変換するプロセスである。

ミクロ経済学（microeconomics）とは、個人、家計、企業、そして政府がどのように選択を行うか、その選択が価格、資源配分、そして別の主体の幸福にどう影響を及ぼすのかを研究する学問である。

無作為抽出（randomization）とは、意図的ではなく無作為（ランダム）に、対象者を処置群と対照群に振り分けることである。

無差別曲線（indifference curve）は、消費者が同じ水準の満足度を得られる財の組み合わせの集合である。

名目金利、名目利子率（nominal interest rate） → **金利**、を参照

名目GDP（nominal GDP）は、（最終財とサービスの）総生産価値である。ただし、生産された各単位を測定するための価値としては、現在（生産された年）の市場価格を使用する。

名目賃金（nominal wage） 実際の賃金とは名目賃金とも呼ばれるものであるが、これは、インフレーションを調整した**実質賃金**（real wage）とは区別して使用される。

モデル（model）とは、世の中の出来事を簡単化して描写したり、説明したりしたものだ。経済学ではモデルを理論と言うこともある。モデルと理論は同義で使用される。

ヤ行

輸出（export）とは、国内で生産し、外国で販売される財である。また、生産した財を国内の他の地域に送り出すことを**移出**（export）と言う。

輸入（import）とは、外国で生産し、国内で販売される財である。また、国内の他の地域で生産された財を受け入れることを**移入**（import）と言う。

要求払い預金（demand deposit）とは、銀行からお金を引き出したり、小切手を振り出したり、お店での買い物にデビットカードを使用することで、預金者が必要なときにいつでも引き出すことができる資金である。

予算集合（budget set）とは、消費者が自らの所得で購入できる財とサービスのすべての組み合わせである。

予算制約（budget constraint）とは、限られた予算の範囲内で消費者が選択できる財やサービスの組み合わせである。

ラ行

リアル・ビジネス・サイクル理論（real business cycle theory） → **実物的景気循環理論**、を参照

利潤（profit） 企業の利潤は、総収入から総費用を差し引いた値である。

利子率（interest rate） → **金利**、を参照

流動性（liquidity）とは、即座に支払いに使うことができる資金のことである。見方を変えれば、即座に（要求に応じて）支払いに使える資金は流動性を持っていることになる。

留保価値（reservation value）とは、買い手と売り手が、取引をするかしないかについて、どちらでもかまわないと判断する価格である。

劣等財（inferior good）では、所得の増加は需要曲線を左にシフトさせる（財の価格は一定とする）。言い換えると、所得が増えると消費者は劣等財の購入を減らす。

連邦準備銀行（Federal Reserve Bank） アメリカの中央銀行は連邦準備銀行であり、Fedと略して呼ばれることも多い。

労働供給曲線（labor supply curve）は、労働供給量と賃金の関係を表す。

労働者1人当たり所得（GDP）（income per worker, GDP per worker）は、GDPを労働者（就業者）数で割ることによって算出される。

労働需要曲線（labor demand curve）は、需要される労働量と賃金の関係を表している。労働の価値限界生産力は、様々な賃金水準で需要される労働量がどのように変化するかを示す労働需要曲線にもなっている。

労働所得（labor income）とは、労働に対して人々に支払われる様々な形態の所得である。

労働の総効率単位（total efficiency units of labor）とは、経済における労働者の総数と、労働者（雇用されている個人）の平均人的資本（効率性）を掛け合わせた指標である。労働の効率単位とも言う。

労働力人口（labor force）とは、就業者と失業者の合計である。

労働力率（labor force participation rate）とは、16歳以上人口の中の労働力人口の割合である。

索　引

本書において示される「用語解説」の該当ページは太字で示されている。

【A to Z】

AFC(平均固定費用)　**175**
ATC(平均総費用)　**173**, 220
AVC(平均変動費用)　**174**, 219
CPI(消費者物価指数)　**326**, 491, 548
Fed(連邦準備銀行)　458, **494**
GDP(国内総生産)　**233**, 284, **295**, 337, 369, 445, 478, 518
GNI(国民総所得)　**315**
GNP(国民総生産)　**316**
MC(限界費用)　**72**, 102, 126, **175**, 214, 218
NAFTA(北米自由貿易協定)　**283**, 357
NIPA(国民所得生産勘定)　268, **293**, 520
PPP(購買力平価)　**337**, 375
R&D(研究開発)　**355**, 396, 510, 534
SNA(国民経済計算)[日本]　**294**
USMCA(アメリカ・メキシコ・カナダ協定)　283

【ア行】

アニマル・スピリット　**535**
アメリカ・メキシコ・カナダ協定(USMCA)　283
移出　→　輸出、を参照
市場(いちば)　**86**
移入　→　輸入、を参照
因果関係　23, **38**, 493
　逆の――　40
インセンティブ(の問題)　21, 48, 78, 122, 166, **237**, 354, 395, 428, 490, 554
インフレ期待　444, **511**
インフレ率　9, **328**, 443, 485, 546
受入意思額　**102**, 214
円グラフ　**50**
オークンの法則　**532**

【カ行】

会計上の利益　**181**
価格
　競争均衡――　**107**
価格受容者(プライステイカー)　**87**, 126, 167, 214, 270
科学的方法　**29**
価格統制　**230**
下級財　→　劣等財、を参照
仮説　**32**, 399
傾き　**55**
価値貯蔵手段　**478**
貨幣　**478**, 533
貨幣数量説　**485**, 538
可変生産要素　→　変動生産要素、を参照
可変費用　→　変動費用、を参照
下方硬直性
　賃金の――　429, 531
借り手(債務者)　**442**, 510, 544
関税　**279**, 400
完全競争市場　**87**, 126, 167, 214, 271
完全に弾力的な需要　**147**, 247
完全に非弾力的な需要　**149**
機会費用　**14**, 28, 66, 125, 181, 253, 412, 450
期間変換　→　満期変換、を参照
企業　4, 38, 61, 91, 154, **169**, 219, 252, 291, 348, 383, 406, 441, 488, 524
技術　105, 193, 219, 251, 306, **347**, 368, 412, 528
技術進歩　193, 266, 353, **387**, 417, 534
希少資源　**4**, 44, 213
希少性　**5**, 78, 127
期待
　インフレ――　444, 511
期待実質金利　**511**
規範的経済学　**7**, 239
規模の経済　**190**, 279
規模の不経済　**191**
逆の因果関係　**40**
キャッチアップ成長　**380**
供給
　超過――　108, 273, 452

供給曲線　101, 124, 177, 214, 270, 413, 449, 502, 528
　市場――　102, 177, 214
　信用――　450, 539
　労働――　418, 528
供給曲線に沿った移動　105, 418, 451
供給曲線のシフト　105, 195, 418, 451, 505, 545
供給の価格弾力性　182
供給の法則　101
供給表　101
供給量　100, 182, 228, 275, 418, 450, 497, 530
恐慌　9, 525
競争均衡　107, 193, 216, 420, 491, 544
競争均衡価格　107
競争均衡量　107
競争市場
　完全――　87, 126, 167, 214, 271
協調の問題　236
均衡　10, 29, 84, 131, 177, 214, 270, 396, 406, 441, 491, 528
　競争――　107, 193, 216, 420, 491, 544
均衡価格
　競争――　107
銀行準備　458, 551
均衡賃金
　市場――　420, 545
銀行取付け　465, 501, 556
均衡量
　競争――　107
金融政策　491, 545
金融仲介機関　455
金利(利子率)　384, 442, 488, 529
　実質――　444, 491, 538
　名目――　442, 491
グラフ
　円――　50
　散布図の――　53, 309, 346
　時系列――　52
　棒――　51, 141, 341, 390, 430
クレジット(信用)　442, 529
クレジット市場　452, 539
グローバル化　278
景気拡大　501, 521
景気後退　9, 272, 293, 389, 411, 448, 491, 518
景気変動、景気循環　370, 519
景況感　535
経験主義　10, 29
経済学　6, 29, 61, 86, 122, 170, 212, 248, 290, 334, 394, 408, 444, 480, 521
　規範的――　7, 239
　行動――　64
　事実解明的――　7
　マクロ――　9, 290, 334, 472, 535
　ミクロ――　9, 160, 291
経済主体　4, 71, 85, 200, 212, 291, 355, 442, 488, 537
経済成長(成長)　233, 236, 270, 272, 292, 335, 370, 445, 485, 505, 519, 522
経済的利潤　182, 221
計算単位　479
限界収入　178, 218
限界生産力　170, 350, 385, 414, 529
限界生産力逓減の法則　350, 385, 435
限界での最適化原理　75
限界費用(*MC*)　72, 102, 126, 175, 214, 218
限界分析　71, 135
限界便益逓減　90, 350
研究開発(R&D)　355, 396, 510, 534
交易条件　261
公開市場操作　502
交換手段　478
構造的失業　424
硬直性
　賃金の――　424
行動経済学　64
恒等式　170, 296
購買力平価(PPP)　337, 375
公平性　239, 398
効用　159
効率賃金　428
国内総生産(GDP)　233, 284, 295, 337, 369, 445, 478, 518
国民経済計算　293, 366, 393
国民経済計算(SNA)[日本]　294
国民所得勘定式　304, 336, 383, 536
国民所得生産勘定(NIPA)　268, 293, 520
国民総所得(GNI)　315
国民総生産(GNP)　316
弧弾力性　146
固定生産要素　170
固定費用　173, 221

コール市場　→　フェデラル・ファンド市場、を参照
ゴールドスタンダード　58

【サ行】

最適　11, 31, 68, 114, 126, 166, 218, 252, 386, 415, 528
最適化　10, 29, 60, 102, 129, 167, 216, 252, 306, 355, 383, 412, 444, 487, 538
　差分による――　62
　水準による――　62
最適化原理
　限界での――　75
債務者(借り手)　442, 510, 544
債務超過　464, 509, 551
差分による最適化　62
産業革命　229, 395
サンクコスト(埋没費用)　186
散布図　53, 309, 346
時系列グラフ　52
自己実現的予言　537
自己資本　459, 495
資産超過　464
事実解明的経済学　7
死重損失、死荷重　231, 281
市場　5, 78, 85, 124, 167, 212, 269, 290, 342, 406, 441, 484, 519
　完全競争――　87, 126, 167, 214, 271
　クレジット――　452, 539
市場価格　21, 79, 87, 136, 167, 216, 271, 294, 484
市場供給曲線　102, 177, 214
市場均衡
　フェデラル・ファンド――　502
市場均衡賃金　420, 545
市場需要曲線　93, 137, 177, 214
指数的成長　372
自然失業率　431
自然実験　42, 233
持続的成長　381
失業
　構造的――　424
　循環的――　431
　摩擦的――　423
失業者　123, 239, 293, 408, 518
失業率　9, 43, 118, 283, 293, 409, 525
　自然――　431
実験　10, 41, 141, 201, 228, 258
実現した実質金利　510
実質金利、実質利子率　444, 491, 538
　期待――　511
　実現した――　510
　長期――　510
実質GDP　233, 320, 337, 445, 482, 519
実質GDP成長　322, 445, 519
実質賃金　491, 548
実証的エビデンス　30, 218, 284
実物的景気循環理論(リアル・ビジネス・サイクル理論)　534
GDP
　実質――　233, 320, 337, 445, 482, 519
　名目――　319, 337, 445, 480, 538
GDP成長
　実質――　322, 445, 519
GDPデフレーター　322
支払意思額　90, 134, 188, 214
紙幣
　不換――　479
資本
　自己――　459, 495
資本所得　308, 397
社会的余剰　216, 279
収穫一定の法則　191
収穫逓減の法則　171
就業者　340, 385, 408
集計　9, 91, 291, 337, 382, 437, 523
集計的生産関数　348, 383, 528
自由参入　194
従属変数　51
自由退出　196
収入　6, 32, 79, 115, 155, 177, 239, 281, 296, 397, 413, 452, 490
自由貿易　271
16歳以上人口　408
出生率　394
需要
　超過――　108, 275, 453
需要曲線　89, 124, 177, 214, 270, 413, 445, 491, 528
　市場――　93, 137, 177, 214
　信用――　445
　労働――　415, 491, 528
需要曲線に沿った移動　96, 446, 500
需要曲線のシフト　95, 196, 416, 446, 500, 528
需要の価格弾力性　144

需要の交差価格弾力性　151
需要の所得弾力性　152
需要の法則　90, 143
需要表　88, 135
需要量　88, 134, 228, 273, 415, 443, 497, 528
循環的失業　431
純輸入国　269
上級財　→　正常財、を参照
証券　456
乗数　537
消費　7, 84, 125, 213, 263, 302, 336, 383, 449, 491, 523
消費者物価指数(CPI)　326, 491, 548
消費者余剰　136, 188, 216, 249
省略された変数　39
処置　41
所得
　資本——　308, 397
　1人当たり——　292, 336, 393
　労働——　308, 554
所得効果　161
ジョブ・サーチ、職探し　423
人口転換　394
人的資本　277, 312, 346, 382, 412, 528
信用(クレジット)　442, 529
信用供給曲線　450, 539
信用需要曲線　445
水準による最適化　62
静学
　比較——　68
生産　18, 56, 86, 126, 169, 212, 249, 290, 335, 369, 413, 471, 483, 518
生産可能性曲線　250
生産者余剰　139, 188, 216, 249
生産性　170, 266, 341, 387, 417, 529
生産の効率性　355, 381
生産費用　173, 223, 538
生産要素　265, 297, 348, 382, 417, 529
正常財　96, 153
生存水準　393
成長(経済成長)　233, 236, 270, 272, 292, 335, 370, 445, 485, 505, 519, 522
　キャッチアップ——　380
　指数的——　372
　持続的——　381
成長率　9, 43, 291, 356, 371, 431, 445, 485, 519
正の関係　36, 101, 318, 350
正の相関　39
政府支出　303, 383, 448, 536
世界価格　271
絶対優位　260
ゼロ相関　39
相関
　正の——　39
　ゼロ——　39
　負の——　39
相関関係　38, 493
操業停止　185, 406
総費用　65, 173, 220
その他すべてを一定とする　54, 88, 134, 246, 385, 419, 444, 491

【タ行】

大恐慌　281, 293, 370, 410, 468, 486, 525
退出　193, 226
代替効果　161
代替財　97, 150, 247
ダブル・オーラル・オークション　242
短期　151, 170, 219, 266, 292, 335, 389, 459, 488, 519
弾性値　→　需要の価格弾力性、を参照
弾性値が1の需要　148
団体交渉　427
弾力性　143, 182, 242
弾力的な需要　147, 246
中央銀行　491, 545
超過供給　108, 273, 452
超過需要　108, 275, 453
長期　88, 151, 170, 266, 311, 335, 370, 407, 450, 481, 519
長期実質金利　510
貯蓄率　7, 310, 384, 452
賃金
　効率——　428
　実質——　491, 548
　名目——　488, 548
賃金の下方硬直性　429, 531
賃金の硬直性　424
通貨発行益　490
データ　7, 30, 65, 99, 145, 205, 242, 250, 305, 337, 377, 422, 470, 486, 520
撤退　→　退出、を参照
デフレーション　486
投資　10, 28, 201, 277, 302, 354, 379,

428, 448, 491, 523
投入物　104, 168, 247, 294, 337, 538
独立変数　51
特化　170, 257, 433, 465
トレードオフ　12, 60, 124, 231, 250, 384, 449, 528

【ナ行】

NAFTA(北米自由貿易協定)　283, 357
二者間交渉　243

【ハ行】

パレート効率的　218
比較静学　68
比較優位　255, 357, 544
非弾力的な需要　148, 246
1人当たり所得、1人当たりGDP　233, 292, 336, 369, 393
1人1日1ドルの貧困線　343, 393
費用便益分析　15, 60, 131
Fed(連邦準備銀行)　458, 494
フェデラル・ファンド市場　498
フェデラル・ファンド市場均衡　502
フェデラル・ファンド・レート　499
付加価値　299
不換紙幣　479
物的資本　169, 228, 266, 297, 347, 382, 448, 528
物的資本ストック　347, 382
負の関係　55, 77, 89, 343, 400
負の相関　39
プライステイカー　→　価格受容者、を参照
平均　15, 35, 106, 146, 173, 219, 264, 298, 334, 372, 427, 449, 486, 518
平均固定費用(*AFC*)　175
平均総費用(*ATC*)　173, 220
平均変動費用(*AVC*)　174, 219
変数　39, 68, 94, 143, 242, 296, 337, 372, 416, 485, 522
　従属――　51
　省略された――　39
　独立――　51
変動生産要素　170
変動費用　173, 219
棒グラフ　51, 141, 341, 390, 430
補完財　97, 151
北米自由貿易協定(NAFTA)　283, 357
保護主義　279
補助金　84, 200

【マ行】

埋没費用　→　サンクコスト、を参照
マクロ経済学　9, 290, 334, 472, 535
摩擦的失業　423
マネーサプライ、マネーストック　480, 538
マルサス・サイクル　394
満期　461
満期変換(期間変換)　461
ミクロ経済学　9, 160, 291
無作為抽出　41
無差別曲線　159
名目金利、名目利子率　442, 491
名目GDP　319, 337, 445, 480, 538
名目賃金　488, 548
モデル　30, 64, 87, 124, 230, 293, 393, 418, 502, 519

【ヤ行】

輸出(移出)　110, 233, 263, 303, 383, 536
輸入(移入)　233, 263, 303, 383, 432
要求払い預金　458, 497
予算集合　126
予算制約　12, 124, 250
余剰
　社会的――　216, 279

【ラ行】

リアル・ビジネス・サイクル理論　→　実物的景気循環理論、を参照
利潤　4, 154, 178, 219, 413, 443, 528
利子率　→　金利、を参照
　実質――　444
　名目――　442
流動性　497, 556
留保価値　214
劣等財　96, 153
連邦準備銀行(Fed)　458, 494
労働供給曲線　418, 528
労働者1人当たり所得(GDP)　340
労働需要曲線　415, 491, 528
労働所得　308, 554
労働の総効率単位　348, 381
労働力人口　9, 284, 293, 385, 408
労働力率　409

著者紹介

ダロン・アセモグル

Daron Acemoglu

マサチューセッツ工科大学（MIT）経済学部エリザベス&ジェイムズ・キリアン記念教授。イギリス・ヨーク大学経済学士（1989年)、ロンドン・スクール・オブ・エコノミクス（LSE）数理経済学・計量経済学修士（1990年)、同経済学博士（1992年)。

アメリカ科学アカデミー（NAS)、アメリカ芸術科学アカデミー（AAAS)、計量経済学会（エコノメトリック・ソサエティ)、ヨーロッパ経済学会（EEA)、国際労働経済学会（アメリカ）などのフェロー。シカゴ大学T・W・シュルツ賞（第1回、2004年)、労働経済学への目覚ましい貢献に対してシャーウィン・ローゼン賞（第1回、2004年)、トルコ科学アカデミー科学賞（2006年)、ブダペストのライク・ラズロ・カレッジが授与するジョン・フォン・ノイマン賞（2007年）など、数々の賞を受賞している。

また2005年には、40歳以下の優秀な若手経済学者を対象にアメリカ経済学会（AEA）から2年に一度贈られるジョン・ベイツ・クラーク賞、2012年には経済学への影響力があった研究に対して2年に一度贈られるアーウィン・プレイン・ネンマーズ経済学賞を授与されている。オランダ・ユトレヒト大学、トルコ・ボアジチ大学（ボスポラス大学）から名誉博士号を授与される。

専門は政治経済学、経済発展と成長、人的資本理論、成長理論、イノベーション、サーチ理論、ネットワーク経済学、ラーニングなど多岐にわたる。主要著書に、*Economic Origins of Dictatorship and Democracy*（ジェイムズ・ロビンソンと共著。同書はウッドロー・ウィルソン&ウィリアム・ライカー賞を受賞)、*Introduction to Modern Economic Growth*（単著)、*Why Nations Fail: The Origins of Power, Prosperity, and Poverty*（ジェイムズ・ロビンソンと共著、鬼澤忍訳『国家はなぜ衰退するのか――権力・繁栄・貧困の起源』早川書房、2013年。同書は『ニューヨーク・タイムズ』紙ベストセラーに選出された)、*The Narrow Corridor: States, Societies, and the Fate of Liberty*（ジェイムズ・ロビンソンと共著、櫻井祐子訳『自由の命運――国家、社会、そして狭い回廊』早川書房、2020年)、がある。

デヴィッド・レイブソン
David Laibson

ハーバード大学経済学部ロバート・I・ゴールドマン記念教授。全米経済研究所（NBER）にて、資産価格、景気変動、エイジング研究部会の研究員も務める。
専門は行動経済学、異時点間選択、マクロ経済学、家計経済学。ハーバード大学人間行動イニシャチブ基金のリーダーを務める。退職年金研究所（ペンシルベニア大学ウォートン校）、ハーバード大学年金投資委員会、ラッセル・セージ財団のボードメンバーを務める。国立衛生研究所（NIH）の健康と退職に関する調査委員、および消費者金融保護局（CFPB）学術研究審議会委員でもある。マーシャル奨学金受賞者、計量経済学会（エコノメトリック・ソサエティ）およびアメリカ芸術科学アカデミー（AAAS）フェロー。シカゴ大学T・W・シュルツ賞、生涯の経済的安定の研究に対する貢献に贈られるTIAA-CREF（アメリカ大学教職員退職年金/保険基金）ポール・A・サミュエルソン賞などを受賞。ハーバード大学経済学士（summa）、ロンドン・スクール・オブ・エコノミクス（LSE）計量経済学・数理経済学修士、マサチューセッツ工科大学（MIT）経済学博士（1994年）。博士号の取得以来、ハーバード大学で教鞭をとっている。教育への貢献に対して、ハーバード大学のファイ・ベータ・カッパ賞、およびハーバード・カレッジ賞を受賞している。

ジョン・リスト
John A. List

シカゴ大学経済学部ケネス・C・グリフィン記念教授、経済学部長。ウィスコンシン大学スティーブンス・ポイント校（UWSP）卒業、ワイオミング大学経済学博士。セントラル・フロリダ大学、アリゾナ大学、メリーランド大学を経て、2005年よりシカゴ大学で教鞭をとる。2002〜03年には大統領経済諮問委員会（CEA）シニア・エコノミスト、また長年にわたって全米経済研究所（NBER）研究員を務める。
アメリカ芸術科学アカデミー（AAAS）会員（2011年）、計量経済学会（エコノメトリック・ソサエティ）フェロー（2015年）。ケネス・J・アロー賞・シニア部門を受賞（2008年）、農業・応用経済学会のケネス・ガルブレイス賞受賞（2010年）。ユルヨ・ヨハンソン講演（2012年）、クライン講演（2016

年)。オランダ・ティルブルグ大学より2014年、カナダ・オタワ大学より2017年に名誉博士号を授与される。また慈善寄付の研究に関して2015年と2016年に『ノン・プロフィット・タイムズ』紙のトップ50イノベーターに選出された。

専門はミクロ経済学、特に事実解明的経済学と規範的経済学の両方の課題にフィールド実験の手法を用いることに取り組んでいる。フィールド実験による研究では、市場内部の動き、インセンティブの与え方が市場の均衡と配分に与える影響、行動経済学がどのように標準的経済学のモデルを拡張するのか、といった課題に焦点を当てている。研究テーマは、なぜ都市中心部の学校は荒廃するのか、なぜ差別が生じるのか、なぜ人々は慈善寄付をするのか、なぜ企業の経営失敗が起こるのか、なぜ女性の賃金が男性のそれよりも低いのか、そもそも人々の行動原理は何か、などの多岐にわたる。

200本以上の研究論文を査読雑誌に発表し、著書も多い。その1つに、世界的なベストセラーとなった*The Why Axis: Hidden Motives and the Undiscovered Economics of Everyday Life*(ウリ・ニーズィーと共著、望月衛訳『その問題、経済学で解決できます。』東洋経済新報社、2014年)、がある。

【監訳者紹介】
岩本康志（いわもと　やすし）
1961年生まれ。東京大学大学院経済学研究科教授。京都大学経済学部卒業、大阪大学経済学博士。一橋大学大学院経済学研究科教授、国立国会図書館専門調査員等を歴任。2008年に日本経済学会・石川賞受賞。著書に、『財政論』（共著、培風館）、『健康政策の経済分析――レセプトデータによる評価と提言』（共著、東京大学出版会、2017年度日経・経済図書文化賞受賞）、『新版 マクロ経済学』（共著、有斐閣）、『社会福祉と家族の経済学』（編著、東洋経済新報社、2002年NIRA大来政策研究賞受賞）。他に論文多数。

【訳者紹介】
岩本千晴（いわもと　ちはる）
関東学園大学経済学部経済学科准教授。ボストン大学経済学修士、中央大学大学院総合政策研究科博士後期課程修了、博士（総合政策）。訳書に、スティグリッツ／グリーンウォルド『スティグリッツのラーニング・ソサイエティ――生産性を上昇させる社会』（東洋経済新報社）、ミアン／サフィ『ハウス・オブ・デット』（東洋経済新報社）、コングルトン『議会の進化――立憲的民主統治の完成へ』（共訳、勁草書房）。

アセモグル／レイブソン／リスト　入門経済学

2020年9月24日　第1刷発行
2023年3月17日　第2刷発行

著　者――ダロン・アセモグル／デヴィッド・レイブソン／ジョン・リスト
監訳者――岩本康志
訳　者――岩本千晴
発行者――田北浩章
発行所――東洋経済新報社
〒103-8345　東京都中央区日本橋本石町 1-2-1
電話＝東洋経済コールセンター　03(6386)1040
https://toyokeizai.net/

装　丁……………橋爪朋世
D T P……………アイランドコレクション
本文基本設計……末吉亮（図工ファイブ）
印　刷……………港北メディアサービス
製　本……………大口製本印刷
編集担当…………佐藤朋保
編集協力…………堀雅子／村瀬裕己
Printed in Japan　　ISBN 978-4-492-31514-9